Tratado
de
Direito
Penal

TRATADO DE DIREITO PENAL

Cezar Roberto Bitencourt

Volume 6

PARTE ESPECIAL
(Arts. 337-E a 337-P e arts. 359-A a 359-R)

Crimes em licitações e contratos administrativos (Lei n. 14.133/2021)

Crimes contra as finanças públicas

Crimes praticados por prefeitos (Lei n. 10.028/2000)

Crimes contra o Estado democrático de direito (Lei n. 14.197/2021)

3ª edição
revista e atualizada
2025

- O autor deste livro e a editora empenharam seus melhores esforços para assegurar que as informações e os procedimentos apresentados no texto estejam em acordo com os padrões aceitos à época da publicação, *e todos os dados foram atualizados pelo autor até a data da entrega dos originais à editora.* Entretanto, tendo em conta a evolução das ciências, as atualizações legislativas, as mudanças regulamentares governamentais e o constante fluxo de novas informações sobre os temas que constam do livro, recomendamos enfaticamente que os leitores consultem sempre outras fontes fidedignas, de modo a se certificarem de que as informações contidas no texto estão corretas e de que não houve alterações nas recomendações ou na legislação regulamentadora.

- Data do fechamento do livro: 23/10/2024

- O autor e a editora se empenharam para citar adequadamente e dar o devido crédito a todos os detentores de direitos autorais de qualquer material utilizado neste livro, dispondo-se a possíveis acertos posteriores caso, inadvertida e involuntariamente, a identificação de algum deles tenha sido omitida.

- Direitos exclusivos para a língua portuguesa
  Copyright ©2025 by
  Saraiva Jur, um selo da SRV Editora Ltda.
  Uma editora integrante do GEN | Grupo Editorial Nacional
  Travessa do Ouvidor, 11
  Rio de Janeiro – RJ – 20040-040

- **Atendimento ao cliente: https://www.editoradodireito.com.br/contato**

- Reservados todos os direitos. É proibida a duplicação ou reprodução deste volume, no todo ou em parte, em quaisquer formas ou por quaisquer meios (eletrônico, mecânico, gravação, fotocópia, distribuição pela Internet ou outros), sem permissão, por escrito, da **SRV Editora Ltda.**

- Capa: IDÉE arte e comunicação
  Diagramação: Desígnios Editoriais

- **OBRA COMPLETA 978-85-5360-767-9**
  DADOS INTERNACIONAIS DE CATALOGAÇÃO NA PUBLICAÇÃO (CIP)
  VAGNER RODOLFO DA SILVA - CRB-8/9410

B624t	Bitencourt, Cezar Roberto
	Tratado de direito penal - volume 6 - parte especial / Cezar Roberto Bitencourt. - 3. ed. - São Paulo : Saraiva Jur, 2025.
	416 p.
	ISBN: 978-85-5362-754-7 (impresso)
	1. Direito. 2. Direito penal. I. Título.

	CDD 345
2024-3513	CDU 343

Índices para catálogo sistemático:
1. Direito penal   345
2. Direito penal   343

Respeite o direito autoral

PUBLICAÇÕES DO AUTOR

Tratado de direito penal — parte geral, 31. ed., São Paulo, Saraiva, 2025, v. 1.

Tratado de direito penal — parte especial, 25. ed., São Paulo, Saraiva, 2025, v. 2.

Tratado de direito penal — parte especial, 21. ed., São Paulo, Saraiva, 2025, v. 3.

Tratado de direito penal — parte especial, 19. ed., São Paulo, Saraiva, 2025, v. 4.

Tratado de direito penal — parte especial, 19. ed., São Paulo, Saraiva, 2025, v. 5.

Tratado de direito penal — parte especial, 3. ed., São Paulo, Saraiva, 2025, v. 6.

Direito penal das licitações, 2. ed., São Paulo, Saraiva, 2021.

Reforma Penal da Lei Anticrime, São Paulo, Saraiva, 2021.

Código Penal comentado, 10. ed., São Paulo, Saraiva, 2019.

Falência da pena de prisão — causas e alternativas, 6. ed., São Paulo, Saraiva, 2025 (no prelo).

Tratado de direito penal econômico, São Paulo, Saraiva, 2016, v. 1.

Tratado de direito penal econômico, São Paulo, Saraiva, 2016, v. 2.

Comentários à Lei de Organização Criminosa: Lei n. 12.850/2013 (em coautoria com Paulo César Busato), São Paulo, Saraiva, 2014.

Crimes contra o sistema financeiro nacional e contra o mercado de capitais, 4. ed., São Paulo, Saraiva, 2023.

Crimes contra a ordem tributária (em coautoria com Luciana de Oliveira Monteiro), 2. ed., São Paulo, Saraiva, 2023.

Erro de tipo e erro de proibição, 6. ed., São Paulo, Saraiva, 2013.

Penas alternativas, 4. ed., São Paulo, Saraiva, 2013.

Crimes contra as finanças públicas e crimes de responsabilidade de prefeitos, 2. ed., São Paulo, Saraiva, 2010.

Reforma penal material de 2009 — crimes sexuais, sequestro relâmpago, Rio de Janeiro, Lumen Juris, 2010.

Direito Penal no terceiro milênio — estudos em homenagem ao Prof. Francisco Muñoz Conde (Organizador), Rio de Janeiro, Lumen Juris, 2008.

Teoria geral do delito — uma visão panorâmica da dogmática penal brasileira, Coimbra, Almedina, 2007.

Juizados Especiais Criminais Federais — análise comparativa das Leis 9.099/95 e 10.259/2001, 2. ed., São Paulo, Saraiva, 2005.

Direito penal econômico aplicado (em coautoria com Andrei Z. Schmidt), Rio de Janeiro, Lumen Juris, 2004.

Teoria geral do delito (bilíngue) (em coautoria com Francisco Muñoz Conde), 2. ed., São Paulo, Saraiva, 2004.

Código Penal anotado (em coautoria com Luiz R. Prado), São Paulo, Revista dos Tribunais.*

Elementos de direito penal — parte especial (em coautoria com Luiz R. Prado), São Paulo, Revista dos Tribunais.*

Elementos de direito penal — parte geral (em coautoria com Luiz R. Prado), São Paulo, Revista dos Tribunais.*

Juizados Especiais Criminais e alternativas à pena de prisão, Porto Alegre, Livraria do Advogado Ed.*

Lições de direito penal, Porto Alegre, Livraria do Advogado Ed.*

Teoria geral do delito, São Paulo, Revista dos Tribunais.*

---

* Títulos esgotados.

ABREVIATURAS

ADPCP	—	*Anuario de Derecho Penal y Ciencias Penales* (Espanha)
AICPC	—	*Anuario del Instituto de Ciencias Penales y Criminológicas* (Venezuela)
CCI	—	Código Criminal do Império
CF	—	Constituição Federal do Brasil
CLT	—	Consolidação das Leis do Trabalho
CP	—	Código Penal brasileiro
CPC	—	*Cuadernos de Política Criminal* (Espanha)
CPP	—	Código de Processo Penal brasileiro
CTB	—	Código de Trânsito Brasileiro, antigo Código Nacional de Trânsito (CNT)
CTN	—	Código Tributário Nacional
DP	—	*Doctrina Penal Argentina*
EE	—	Estatuto do Estrangeiro
IBCCrim	—	Instituto Brasileiro de Ciências Criminais
ILANUD	—	*Instituto Latinoamericano para la Prevención del Delito y Tratamiento del Delincuente* (ONU, Costa Rica)
LCP	—	Lei das Contravenções Penais
LEP	—	Lei de Execução Penal
LINDB	—	Lei de Introdução às Normas do Direito Brasileiro
NPP	—	*Nuevo Pensamiento Penal* (Argentina)
PPU	—	*Promociones y Publicaciones Universitarias*
REEP	—	*Revista de la Escuela de Estudios Penitenciarios* (Espanha)
REP	—	*Revista de Estudios Penitenciarios* (Espanha)
RIDP	—	*Revue Internationale de Droit Pénal* (Paris)
RIPC	—	*Revista Internacional de Política Criminal* (ONU)

ÍNDICE

Publicações do Autor V
Abreviaturas VII
Nota do Autor à 1ª edição XXV

CRIMES CONTRA A ADMINISTRAÇÃO PÚBLICA *LATO SENSU*

PRIMEIRA PARTE

DOS CRIMES EM LICITAÇÕES E CONTRATOS ADMINISTRATIVOS

1. Considerações preliminares sobre a Lei n. 14.133, de 2021 1

CAPÍTULO I | CONTRATAÇÃO DIRETA ILEGAL

1. Considerações preliminares 4
2. Bem jurídico tutelado e conteúdo do injusto 6
3. Sujeitos ativo e passivo do crime 8
   3.1 Sujeito ativo do crime 8
      3.1.1 Concorrente particular (sem a qualificação de agente ou autoridade pública — art. 6º, V e VI, da Lei n. 14.133) 10
      3.1.2 Procurador jurídico de órgão público: emissão de pareceres 12
   3.2 Sujeito passivo do crime 15
4. Tipo objetivo: adequação típica 17
   4.1 Inexigência de licitação — art. 74 19
   4.2 Dispensa de licitação — art. 75 22
      4.2.1 Fora das hipóteses previstas em lei 24
5. Deixar de observar formalidades pertinentes à dispensa ou à inexigibilidade de licitação 27
6. Atipicidade da utilização equivocada de uma modalidade de licitação por outra 28
7. Tipo subjetivo: adequação típica 29
   7.1 (Des)necessidade de elemento subjetivo especial do injusto 31
8. Inobservância de formalidades e falsidade ideológica: princípio da consunção 33

8.1 Irrelevância da diversidade de bens jurídicos e da maior gravidade do crime-meio	36
9. Normas penais em branco e retroatividade das normas integradoras	37
10. Consumação e tentativa	41
10.1 Desistência voluntária e arrependimento eficaz nos crimes licitatórios	44
11. Classificação doutrinária	46
12. Pena e natureza da ação penal	46

CAPÍTULO II | FRUSTRAÇÃO DO CARÁTER COMPETITIVO DE LICITAÇÃO

1. Considerações preliminares	47
2. Bem jurídico tutelado	49
3. Sujeitos ativo e passivo	50
4. Fraude civil e fraude penal: ontologicamente iguais	50
5. Tipo objetivo: adequação típica	52
5.1 Mediante ajuste, combinação ou qualquer outro expediente	56
5.1.1 Mediante "ajuste" ou "combinação"	56
5.1.2 Mediante "qualquer outro expediente"	58
5.2 Elementares inexistentes: exigência de vantagem ilícita e prejuízo alheio	59
5.3 Vantagem decorrente da adjudicação do objeto da licitação: irrelevância da natureza econômica	60
6. Tipo subjetivo: adequação típica	63
6.1 Elemento subjetivo especial do injusto: intuito de obter, para si ou para outrem, vantagem decorrente da licitação	64
7. Fracionamento do objeto licitado e emprego de outra modalidade de licitação	65
8. Consumação e tentativa	68
9. Classificação doutrinária	69
10. Pena e ação penal	69

CAPÍTULO III | ADVOCACIA ADMINISTRATIVA NOS CRIMES LICITATÓRIOS

1. Considerações preliminares	70
2. Bem jurídico tutelado	71
3. Sujeitos ativo e passivo do crime	72
4. Tipo objetivo: adequação típica	73
4.1 Causar a instauração de licitação ou celebração de contrato	76
4.2 Invalidação de licitação ou de contrato decretada pelo Poder Judiciário	77

5. Tipo subjetivo: adequação típica 80
    5.1 (Des)necessidade de elemento subjetivo especial do injusto 80
6. Consumação e tentativa 81
7. Classificação doutrinária 82
8. Pena e ação penal 82

CAPÍTULO IV | MODIFICAÇÃO OU PAGAMENTO IRREGULAR EM CONTRATO ADMINISTRATIVO

1. Considerações preliminares 84
2. Bem jurídico tutelado 86
3. Sujeitos ativo e passivo do crime 86
    3.1 Sujeito ativo do crime 86
        3.1.1 Contratado (sem a qualificação de funcionário público) 87
        3.1.2 Procurador jurídico de órgão público: emissão de pareceres 87
    3.2 Sujeito passivo do crime 88
4. Tipo objetivo: adequação típica 89
    4.1 Qualquer modificação ou vantagem, inclusive prorrogação contratual 90
    4.2 Durante a execução do contrato, no ato convocatório da licitação ou nos instrumentos contratuais 92
    4.3 Elemento normativo especial da ilicitude: sem autorização em lei 95
    4.4 Elementar implícita e exercício regular de direito 96
5. Pagamento de fatura preterindo ordem cronológica de sua exigibilidade ... 97
    5.1 Vinculação do pagamento a cada unidade de Administração, obedecendo a cada fonte diferenciada de recurso 100
6. Contratado que concorre para a ilegalidade: limitação de sua punibilidade .. 103
7. Norma penal em branco: sem autorização em lei, no ato convocatório da licitação e prorrogação contratual 105
8. Elemento subjetivo: adequação típica 106
9. Consumação e tentativa 108
10. Classificação doutrinária 109
11. Pena e ação penal 109

CAPÍTULO V | PERTURBAÇÃO DE PROCESSO LICITATÓRIO

1. Considerações preliminares 110
2. Bem jurídico tutelado 110
3. Sujeitos do crime 111
4. Tipo objetivo: adequação típica 111
    4.1 Elementares implícitas ou exercício regular de direito 112

4.2 Descaracterização de possível excesso em exercício regular de direito	114
5. Tipo subjetivo: adequação típica	116
6. Consumação e tentativa	117
7. Classificação doutrinária	119
8. Pena e ação penal	119

CAPÍTULO VI | VIOLAÇÃO DE SIGILO EM LICITAÇÃO

1. Considerações preliminares	120
2. Bem jurídico tutelado	121
3. Sujeitos ativo e passivo	122
4. Tipo objetivo: adequação típica	123
4.1 Proteção penal específica do dever de fidelidade funcional	124
5. Tipo subjetivo: adequação típica	126
6. Consumação e tentativa	126
7. Concurso de crimes e conflito aparente de normas	127
8. Classificação doutrinária	129
9. A desproporcional cominação de penas e sua questionável constitucionalidade	130
10. Pena e ação penal	132

CAPÍTULO VII | AFASTAMENTO DE LICITANTE

1. Considerações preliminares	133
2. Bem jurídico tutelado	134
3. Sujeitos ativo e passivo do crime	135
4. Tipo objetivo: adequação típica	137
4.1 Mediante violência, grave ameaça, fraude ou oferecimento de vantagem de qualquer tipo	138
4.1.1 Mediante violência (*vis corporalis*)	138
4.1.2 Mediante grave ameaça (*vis compulsiva*)	139
4.1.3 Mediante fraude	140
4.1.4 Mediante o oferecimento de vantagem de qualquer tipo: irrelevância da natureza ou espécie da vantagem oferecida	140
5. Abstenção ou desistência de licitar, em razão de vantagem oferecida	143
6. Crime praticado mediante violência: concurso material de crimes ou cúmulo material de penas	145
7. Tipo subjetivo: adequação típica	146
8. Consumação e tentativa	147

9. Classificação doutrinária 148
10. Pena e ação penal 148

CAPÍTULO VIII | FRAUDE EM LICITAÇÃO OU CONTRATO
1. Considerações preliminares 150
2. Bem jurídico tutelado 152
3. Objeto material: licitação instaurada ou contrato dela decorrente 152
4. Sujeitos do crime 154
   4.1 Sujeito ativo do crime 154
   4.2 Sujeito passivo do crime 154
5. Tipo objetivo: adequação típica 155
   5.1 Meios executórios da conduta fraudulenta descrita no *caput* do art. 337-L 156
      5.1.1 Entrega de mercadoria ou prestação de serviços com qualidade ou em quantidade diversas das previstas no edital ou nos instrumentos contratuais. A previsão não existia no diploma legal revogado 157
      5.1.2 Fornecimento, como verdadeira ou perfeita, de mercadoria falsificada ou deteriorada, inservível para o consumo ou com prazo de validade vencido 157
      5.1.3 Entregando uma mercadoria por outra 158
      5.1.4 Alterando substância, qualidade ou quantidade da mercadoria fornecida 159
      5.1.5 Tornando, por qualquer modo, injustamente, mais onerosa a proposta ou a execução do contrato 159
   5.2 "Licitação instaurada" para aquisição ou venda de bens ou mercadorias, ou contrato dela decorrente 163
6. Tipo subjetivo: adequação típica 164
   6.1 (Des)necessidade de elemento subjetivo especial do injusto 165
7. Consumação e tentativa 168
8. Classificação doutrinária 169
9. Pena e ação penal 170

CAPÍTULO IX | CONTRATAÇÃO INIDÔNEA
1. Considerações preliminares 171
2. Bem jurídico tutelado 172
3. Sujeitos ativo e passivo do crime 172
4. Tipo objetivo: adequação típica 173
   4.1 A elementar normativa "declarado inidôneo" 177

5. Declarado inidôneo que vier a licitar ou contratar com o poder público..	178
6. Tipo subjetivo: adequação típica	180
7. Consumação e tentativa	181
8. Classificação doutrinária	183
9. Pena e ação penal	183

CAPÍTULO X | IMPEDIMENTO INDEVIDO

1. Considerações preliminares	184
2. Bem jurídico tutelado	185
3. Sujeitos do crime	186
4. Tipo objetivo: adequação típica	188
5. Tipo subjetivo: adequação típica	190
6. Consumação e tentativa	191
7. Classificação doutrinária	192
8. Pena e ação penal	192

CAPÍTULO XI | OMISSÃO GRAVE DE DADO OU DE INFORMAÇÃO POR PROJETISTA

1. Considerações preliminares	193
2. Bem jurídico tutelado	194
3. Sujeitos ativo e passivo	194
4. Tipo objetivo: adequação típica	194
5. Tipo subjetivo: adequação típica	195
6. Consumação e tentativa	196
7. Pena e ação penal	196

CAPÍTULO XII | A PENA DE MULTA NOS CRIMES LICITATÓRIOS

1. Considerações preliminares	197
2. O Direito Penal positivo brasileiro	198
2.1 Cominação e aplicação da pena de multa	198
3. O sistema dias-multa aplicado pelo Código Penal	199
4. Limites da pena de multa	199
5. Competência para execução da pena de multa a partir da Lei n. 13.964/2019	200
6. A inaplicabilidade do sistema trifásico adotado pela Reforma Penal de 1984 para a pena de prisão	203
7. Sistema trifásico da aplicação da pena de multa, a partir da Lei n. 3.964/2019	204
7.1 As três fases do cálculo da pena de multa	206

SEGUNDA PARTE

CRIMES CONTRA AS FINANÇAS PÚBLICAS

CAPÍTULO XIII | ASPECTOS GERAIS DOS CRIMES CONTRA AS FINANÇAS PÚBLICAS

1. Pressuposto e fundamentos dos crimes contra as finanças 209
2. Bem jurídico e injusto penal 209
3. Responsabilidade fiscal, criminal e improbidade administrativa 210
4. Cumulação de sanções e *bis in idem*: inconstitucionalidade 211
5. Efeitos da condenação, penais e extrapenais 211
6. Leis penais em branco e *novatio legis* criminalizadora 212

CAPÍTULO XIV | CONTRATAÇÃO DE OPERAÇÃO DE CRÉDITO

1. Bem jurídico tutelado 214
2. Sujeitos do crime 215
   2.1 Sujeito ativo 215
   2.2 Sujeito passivo 216
3. Tipo objetivo: adequação típica 216
   3.1 Sem prévia autorização legislativa 217
   3.2 Autorização legislativa e autorização legal 218
   3.3 Operação de crédito 218
   3.4 Interno ou externo: elementar típica 218
4. Tipo subjetivo: adequação típica 218
5. Consumação e tentativa 219
   5.1 Consumação 219
   5.2 Tentativa 219
6. Modalidades de operação de crédito 219
   6.1 Inobservância do limite, condição ou montante 220
   6.2 Inobservância do limite da dívida consolidada 220
   6.3 Definição legal de "dívida consolidada" 221
7. Pena e ação penal 221

CAPÍTULO XV | INSCRIÇÃO DE DESPESAS NÃO EMPENHADAS EM RESTOS A PAGAR

1. Bem jurídico tutelado 222
2. Sujeitos do crime 223

2.1	Sujeito ativo	223
2.2	Sujeito passivo	223

3. Tipo objetivo: adequação típica 223
    3.1 Inscrição em restos a pagar 224
    3.2 Despesa não empenhada previamente 225
    3.3 Que exceda limite estabelecido em lei 226
4. Tipo subjetivo: adequação típica 226
5. Consumação e tentativa 226
    5.1 Consumação 226
    5.2 Tentativa 227
6. Distinção do crime anterior 227
    6.1 Interpretação garantista 227
7. Desistência voluntária 227
8. Conflito aparente de normas 228
    8.1 Exceção à teoria monística 228
9. Pena e ação penal 228

CAPÍTULO XVI | ASSUNÇÃO DE OBRIGAÇÃO NO ÚLTIMO ANO DO MANDATO OU LEGISLATURA

1. Bem jurídico tutelado 229
2. Sujeitos do crime 230
    2.1 Sujeito ativo 230
    2.2 Sujeito passivo 230
3. Tipo objetivo: adequação típica 231
    3.1 Despesa não paga no mesmo exercício financeiro 231
    3.2 Indisponibilidade de caixa para o exercício seguinte ... 232
    3.3 Contrapartida suficiente de disponibilidade de caixa 232
4. Assunção de obrigação antes dos dois últimos quadrimestres .. 233
    4.1 Mandato ou legislatura 234
5. Tipo subjetivo: adequação típica 234
    5.1 Erro de tipo: irrelevância da evitabilidade 235
6. Consumação e tentativa 235
    6.1 Consumação 235
    6.2 Tentativa 235
7. Pena e ação penal 236

CAPÍTULO XVII | ORDENAÇÃO DE DESPESA NÃO AUTORIZADA

1. Bem jurídico tutelado 237

2. Sujeitos do crime 237
   2.1 Sujeito ativo 237
   2.2 Sujeito passivo 238
3. Tipo objetivo: adequação típica 238
   3.1 Despesa não autorizada por lei 239
   3.2 Despesa "justificada" (embora não autorizada por lei) ... 240
4. Tipo subjetivo: adequação típica 241
5. Consumação e tentativa 241
   5.1 Consumação 241
   5.2 Tentativa 241
6. Pena e ação penal 242

CAPÍTULO XVIII | PRESTAÇÃO DE GARANTIA GRACIOSA

1. Bem jurídico tutelado 243
2. Sujeitos do crime 243
   2.1 Sujeito ativo 243
   2.2 Sujeito passivo 244
3. Tipo objetivo: adequação típica 244
   3.1 Retenção de receita tributária 245
   3.2 Contragarantia de operação de crédito 246
   3.3 Na forma da lei 246
   3.4 Contragarantia exigida por ente federativo superior ... 247
4. Garantia não condicionada à adimplência: atipicidade ... 248
5. Tipo subjetivo: adequação típica 248
6. Consumação e tentativa 248
   6.1 Consumação 248
   6.2 Tentativa 248
7. Pena e ação penal 249

CAPÍTULO XIX | NÃO CANCELAMENTO DE RESTOS A PAGAR

1. Bem jurídico tutelado 250
2. Sujeitos do crime 250
   2.1 Sujeito ativo 250
   2.2 Sujeito passivo 251
3. Tipo objetivo: adequação típica 251
4. Inscrição não superior ao limite permitido: atipicidade ... 253
5. Tipo subjetivo: adequação típica 253

	5.1 Erro de tipo e erro de proibição	254
6.	Consumação e tentativa	254
7.	Conflito aparente de normas: arts. 359-F e 359-B	255
	7.1 Exceção à teoria monística	255
8.	Pena e ação penal	255

CAPÍTULO XX | AUMENTO DE DESPESA TOTAL COM PESSOAL NO ÚLTIMO ANO DO MANDATO OU LEGISLATURA

1.	Bem jurídico tutelado	256
2.	Sujeitos do crime	257
	2.1 Sujeito ativo	257
	2.2 Sujeito passivo	257
3.	Tipo objetivo: adequação típica	257
	3.1 Aumento de despesa total com pessoal	258
	3.2 Elementar temporal: últimos 180 dias de mandato ou legislatura	259
	3.3 Executar: obediência hierárquica	260
4.	Tipo subjetivo: adequação típica	260
5.	Consumação e tentativa	260
	5.1 Consumação	260
	5.2 Tentativa	261
6.	Semelhanças e diferenças com o disposto no art. 359-C	261
7.	Pena e ação penal	261

CAPÍTULO XXI | OFERTA PÚBLICA OU COLOCAÇÃO DE TÍTULOS NO MERCADO

1.	Bem jurídico tutelado	262
2.	Sujeitos do crime	262
	2.1 Sujeito ativo	262
	2.2 Sujeito passivo	263
3.	Tipo objetivo: adequação típica	263
4.	Controle jurídico ou legislativo	263
5.	Tipo subjetivo: adequação típica	264
	5.1 Erro de tipo e erro de proibição	264
6.	Consumação e tentativa	264
	6.1 Consumação	264
	6.2 Tentativa	265
7.	Pena e ação penal	265

TERCEIRA PARTE

CRIMES PRATICADOS POR PREFEITOS
(LEI N. 10.028/2000)

CAPÍTULO XXII | NOVOS CRIMES PRATICADOS POR PREFEITOS

SEÇÃO I | ASPECTOS COMUNS ÀS NOVAS INFRAÇÕES PENAIS DO DECRETO-LEI N. 201/67

1. Bem jurídico tutelado 268
2. Sujeitos dos crimes 268
   2.1 Sujeito ativo 268
   2.2 Sujeito passivo 269
3. Concurso eventual de pessoas 270
   3.1 Coautoria em crime omissivo: possibilidade 270
4. Competência por prerrogativa de função 271
5. Suspensão condicional do processo 272
6. Penas aplicáveis e ação penal 273

SEÇÃO II | NOVOS CRIMES EM ESPÉCIE — INCLUÍDOS NO DECRETO-LEI N. 201/67 PELA LEI N. 10.028/2000

1. Disposições gerais 273

SEÇÃO III | DEIXAR DE ORDENAR, NO PRAZO, REDUÇÃO DO MONTANTE DA DÍVIDA CONSOLIDADA

1. Tipo objetivo: adequação típica 274
2. Montante da dívida consolidada e sua redução no prazo legal 275
   2.1 Prazos estabelecidos em lei 275
      2.1.1 Pressupostos fundamentais do crime omissivo 276
   2.2 Limite máximo fixado pelo Senado Federal 277
3. Tipo subjetivo: adequação típica 278
   3.1 Erro de tipo e erro de proibição 278
4. Consumação e tentativa 279
5. Concurso com o art. 359-A do Código Penal: operação de crédito 279
   5.1 Princípio da especialidade 281

SEÇÃO IV | ORDENAR OU AUTORIZAR A ABERTURA DE CRÉDITO EM DESACORDO COM OS LIMITES

1. Tipo objetivo: adequação típica 283
   1.1 Abertura de operação de crédito 283
   1.2 Em desacordo com os limites estabelecidos pelo Senado Federal 284

2. Elementos normativo-negativos do tipo 285
3. Tipo subjetivo: adequação típica 285
4. Consumação e tentativa 286
    4.1   Consumação 286
    4.2   Tentativa 286

SEÇÃO V | NÃO ANULAR OS EFEITOS DE OPERAÇÃO DE CRÉDITO IRREGULAR

1. Tipo objetivo: adequação típica 287
    1.1   Elementar normativa: na forma da lei 288
    1.2   Elementares contraditórias: cancelamento, amortização ou constituição de reserva 288
        1.2.1   Para anular os efeitos de operação de crédito 289
    1.3   Formas irregulares de operação de crédito: com inobservância de limite, condição ou montante estabelecido em lei 289
2. Tipo subjetivo: adequação típica 290
3. Consumação e tentativa 290

SEÇÃO VI | NÃO LIQUIDAÇÃO DE OPERAÇÃO DE CRÉDITO POR ANTECIPAÇÃO DE RECEITA

1. Tipo objetivo: adequação típica 290
    1.1   Operação de crédito por antecipação de receita orçamentária 291
    1.2   Encerramento do exercício financeiro 292
    1.3   Liquidação integral 292
2. Excludente de criminalidade e dirimente de culpabilidade 292
3. Tipo subjetivo: adequação típica 293
4. Consumação e tentativa 293

SEÇÃO VII | REFINANCIAMENTO OU POSTERGAÇÃO DE DÍVIDA CONTRAÍDA ANTERIORMENTE

1. Tipo objetivo: adequação típica 294
    1.1   Realização de operação de crédito em desacordo com a lei 294
2. Tipo subjetivo: adequação típica 294
3. Consumação e tentativa 295

SEÇÃO VIII | CAPTAR RECURSOS ANTECIPANDO RECEITA TRIBUTÁRIA POR FATO GERADOR FUTURO

1. Tipo objetivo: adequação típica 295
2. Tipo subjetivo: adequação típica 297
3. Consumação e tentativa 297

SEÇÃO IX | DESTINAÇÃO DE RECURSOS PROVENIENTES DA EMISSÃO DE TÍTULO PARA FINALIDADE DIVERSA DA PREVISTA EM LEI
1. Tipo objetivo: adequação típica 297
2. Tipo subjetivo: adequação típica 298
3. Consumação e tentativa 298

SEÇÃO X | TRANSFERÊNCIA VOLUNTÁRIA EM DESACORDO COM A LEI
1. Tipo objetivo: adequação típica 299
2. Transferência voluntária em desacordo com a lei 300

QUARTA PARTE

TÍTULO XII DA PARTE ESPECIAL DO CÓDIGO PENAL

CAPÍTULO XXIII | CRIMES CONTRA O ESTADO DEMOCRÁTICO DE DIREITO
1. Considerações preliminares 303

CAPÍTULO XXIV | CRIME DE ATENTADO À SOBERANIA NACIONAL
1. Considerações preliminares 308
2. Bem jurídico tutelado 309
3. Sujeitos ativo e passivo 309
4. Desvalor da ação e desvalor do resultado no crime de atentado à soberania ... 310
5. Tipo objetivo: adequação típica 310
   5.1 Princípio da tipicidade estrita e tipificação deficiente 311
   5.2 Princípio da legalidade e as leis vagas, indeterminadas ou imprecisas ... 312
6. Figuras majorada ou qualificada: declaração de guerra e participação de operação bélica 314
7. Tipo subjetivo: adequação típica 315
   7.1 Elemento subjetivo especial do injusto: com o fim de provocar atos típicos de guerra contra o País ou invadi-lo 318
8. Consumação e tentativa 319
9. Classificação doutrinária 320
10. Pena e ação penal 320

CAPÍTULO XXV | ATENTADO À INTEGRIDADE NACIONAL
1. Considerações preliminares 321
2. A injustificável desproporcional cominação de penas 322
3. As qualificadoras inexistentes 323

4. Bem jurídico tutelado	324
5. Sujeitos ativo e passivo	325
6. Tipo objetivo: adequação típica	325
6.1 Praticar violência ou grave ameaça: meio ou essência da própria conduta tipificada	326
6.1.1 Violência física (*vis corporalis*)	327
6.1.2 Grave ameaça (*vis compulsiva*)	328
6.2 Qualquer outro meio de redução da resistência: impossibilidade	330
7. Tipo subjetivo: adequação típica	331
8. Consumação e tentativa	331
9. Classificação doutrinária	332
10. Pena e ação penal	332

CAPÍTULO XXVI | CRIME DE ESPIONAGEM

1. Considerações preliminares	333
2. Bem jurídico tutelado	335
3. Sujeitos ativo e passivo	336
4. Tipo objetivo: adequação típica	336
4.1 Favorecimento especial de espião	337
4.2 Figura qualificada: entregar documento com violação de sigilo	338
4.3 Facilitar a prática de qualquer dos crimes previstos neste artigo	339
5. Tipo subjetivo: adequação típica	339
6. Consumação e tentativa	340
7. Classificação doutrinária	341
8. Pena e ação penal	342

CAPÍTULO XXVII | ABOLIÇÃO VIOLENTA DO ESTADO DEMOCRÁTICO DE DIREITO

1. Considerações preliminares	343
2. Bem jurídico tutelado	344
3. Sujeitos ativo e passivo	345
4. Tipo objetivo: adequação típica	345
4.1 Meios de execução da abolição do Estado Democrático de Direito: por meio de violência ou grave ameaça	346
4.1.1 Violência física (*vis corporalis*)	346
4.1.2 Grave ameaça (*vis compulsiva*)	347
5. Tipo subjetivo: adequação típica	349
6. Consumação e tentativa	349

7. Classificação doutrinária 350
8. Pena e ação penal 351

CAPÍTULO XXVIII | GOLPE DE ESTADO
1. Considerações preliminares 352
2. Bem jurídico tutelado 354
3. Sujeitos ativo e passivo 354
4. Tipo objetivo: adequação típica 355
   - 4.1 Meios de execução do golpe de Estado: por meio de violência ou grave ameaça 355
     - 4.1.1 Violência física (*vis corporalis*) 355
     - 4.1.2 Grave ameaça (*vis compulsiva*) 356
5. Tipo subjetivo: adequação típica 358
6. Consumação e tentativa 358
7. Classificação doutrinária 359
8. Pena e ação penal 360

CAPÍTULO XXIX | INTERRUPÇÃO DO PROCESSO ELEITORAL
1. Considerações preliminares 361
2. Bem jurídico tutelado 362
3. Sujeitos do crime 362
4. Tipo objetivo: adequação típica 362
   - 4.1 Impedir ou perturbar a aferição de seu resultado, mediante violação indevida de mecanismos de segurança do sistema eletrônico de votação 363
5. Tipo subjetivo: adequação típica 364
6. Classificação doutrinária 364
7. Consumação e tentativa 365
8. Pena e ação penal 365

CAPÍTULO XXX | VIOLÊNCIA POLÍTICA POR DISCRIMINAÇÃO
1. Considerações preliminares 366
2. Bem jurídico tutelado 366
3. Sujeitos ativo e passivo 367
4. Tipo objetivo: adequação típica 367
   - 4.1 Com emprego de violência física, sexual ou psicológica, o exercício de direitos políticos de qualquer pessoa em razão de sexo, raça, cor, etnia, religião ou procedência nacional 368
5. Tipo subjetivo: adequação típica 369
6. Classificação doutrinária 370

7. Consumação e tentativa 370
8. Pena e ação penal 371

CAPÍTULO XXXI | CRIME DE SABOTAGEM

1. Considerações preliminares 372
2. Bem jurídico tutelado 373
3. Sujeitos ativo e passivo 373
4. Tipo objetivo: adequação típica 374
5. Inexistência de concurso de crimes entre sabotagem e abolição violenta do Estado Democrático de Direito 375
6. Tipo subjetivo: adequação típica 375
7. Consumação e tentativa 376
8. Classificação doutrinária 377
9. Pena e ação penal 377

Bibliografia 378

NOTA DO AUTOR À 1ª EDIÇÃO

Nosso Código Penal, em vigor desde 1942, completou oitenta anos de vigência, particularmente, quanto a sua Parte Especial, na qual se encontra o extenso rol de crimes, aliás, excessivamente "inchado" pelo legislador contemporâneo. Não se ignora, logicamente, que sua Parte Geral foi atualizada sob o comando do saudoso Ministro Francisco de Assis Toledo, mais precisamente pela denominada Reforma Penal de 1984.

Aliás, nos último vinte anos o legislador brasileiro tem abusado do direito de incluir novos crimes, além de majorar excessivamente as sanções cominadas a um sem-número de infrações penais, transformando a Parte Especial do Código Penal de 1940 em verdadeira colcha de retalhos.

O legislador contemporâneo demonstra, frequentemente, que desconhece a *anatomia* do Código Penal brasileiro, ao incluir, injustificadamente, novas figuras penais completamente inadequadas, impróprias, senão contraditórias, com as especificidades de cada capítulo, parágrafo, seção ou parte, do Código Penal criteriosamente elaboradas pelo cuidadoso legislador de 1940. Aliás, a reiteração desse procedimento do legislador atual, nas últimas décadas, destrói a metodologia cuidadosamente utilizada na elaboração criteriosa do Código Penal de 1940, que o dividiu em duas partes: uma geral e outra especial. Construiu cada uma dessas partes sob vários títulos e os dividiu em capítulos específicos, sendo, inclusive, alguns deles ainda decompostos em seções, exatamente para respeitar sua sistemática harmoniosa. Nessa *sistematização*, o legislador de então, cuidadosamente, selecionou e agrupou matérias da mesma natureza ou de natureza similar para constituir cada título (em um total de onze) e subdividiu os referidos títulos em capítulos e seções, respeitando a natureza das respectivas matérias, facilitando, inclusive, sua disciplina, seu estudo e sua harmonização.

A elaboração criteriosamente harmoniosa do legislador penal de 1940 editou um dos melhores diplomas legais codificados da história brasileira, elogiado, inclusive, por inúmeros países do continente europeu. Lamentavelmente, no entanto, vem sendo destruído paulatinamente, nas últimas décadas, pelo legislador contemporâneo, com permanentes e frequentes reformas *ad hoc*. Incluem-se aqui e acolá novos tipos penais inobservando a metodologia adotada na elaboração desse diploma legal de 1940, cuja Parte Especial encontra-se em vigor há oitenta anos.

Trata-se apenas de um dos tantos exemplos malsucedidos de incluir novos crimes no Código Penal, ou simplesmente de exasperar as respectivas sanções penais, como vem ocorrendo atualmente. Nos últimos tempos (em pouco mais de dez anos), foram incluídos no vetusto Código Penal mais de trinta novos crimes, desordenadamente, sem uma criteriosa atualização desse diploma, ou mesmo sua substituição.

Enfim, além desses problemas metodológicos, dogmáticos e jurídicos, ocasionou-nos, como doutrinador, a impossibilidade de mantermos em volume único (o volume 5) de nosso *Tratado de Direito Penal* as considerações doutrinárias sobre os *crimes contra a Administração Pública*. Por isso, em comum acordo com a prestigiosa Editora Saraiva Educação, fomos levados a dividir nossos comentários em dois volumes, acrescentando o sexto volume com comentários sobre o que denominados "crimes especiais contra a Administração Pública". Dessa forma, desmembrado do volume 5 publicado até 2022, passamos a abordar neste volume 6 somente os crimes acrescidos ao Código Penal de 1940 por leis extravagantes, as quais inflaram demasiadamente o Código Penal original.

Assim, por razões didáticas e pragmáticas, de comum acordo com a Editora Saraiva Educação, decidimos elaborar o sexto volume do nosso *Tratado de Direito Penal*, abordando os crimes acrescidos ao Texto original de 1940, dividido em quatro partes: crimes licitatórios e nos respectivos contratos administrativos; crimes contra as finanças públicas; crimes praticados por prefeitos municipais e crimes contra o Estado Democrático de Direito. Acreditamos que ficarão melhor estruturados neste sexto volume e, além da praticidade, que seja do agrado daqueles que se interessam pelo nosso trabalho doutrinário.

Obrigado a todos.

Brasília, 31 de outubro de 2022.

CRIMES CONTRA A ADMINISTRAÇÃO PÚBLICA *LATO SENSU*

DOS CRIMES EM LICITAÇÕES E CONTRATOS ADMINISTRATIVOS

PRIMEIRA PARTE

Sumário: Considerações preliminares sobre a Lei n. 14.133, de 2021.

1. Considerações preliminares sobre a Lei n. 14.133, de 2021

A Lei n. 14.133, publicada no dia 1º de abril de 2021, além de estabelecer novas normas gerais de licitação e contratação para a administração pública, modificando leis correlatadas, revogou *in totum* a Lei n. 8.666/93 e acrescentou um novo capítulo ao Título XI da Parte Especial do Código Penal (Capítulo II-B). Aqueles crimes previstos na Lei n. 8.666/93 não existem mais, pois o novo diploma legal substituiu todos eles por outros. A Lei n. 14.133/2021 alterou, inclusive, a metodologia adotada pelo diploma anterior, determinando em seu art. 178 que os *crimes licitatórios* passam a integrar o Título XI da Parte Especial do Código Penal. Ela os incluiu dentre os "crimes praticados por particular contra a administração pública em geral", que tipificam os *crimes comuns*, isto é, que podem ser praticados por qualquer pessoa, sendo ou não funcionário público.

Referido diploma legal determinou a revogação de todos os crimes contemplados por aquele diploma legal, previstos nos arts. 89 a 108, na data de sua publicação, qual seja, a partir de 1º de abril de 2021. Manteve, contudo, em vigor a parte não penal da Lei n. 8.666/93, pelo prazo de dois anos, a partir da publicação desta nova lei. Esse novo diploma legal apresenta, basicamente, as mesmas figuras penais, com algumas variantes, sem desfigurá-las em demasia, além do acréscimo de algum novo tipo penal.

Apresenta, assim, algumas questões de natureza temporal que nos obrigarão, necessariamente, a revisitar velhos questionamentos de velhos-novos institutos relativamente à temporalidade dos crimes, tais como *abolitio criminis, novatio legis in mellius* e *novatio legis in pejus*. Examinaremos esses aspectos em capítulo especial, principalmente, porque teremos de verificar eventuais retroatividades ou irretroatividades desses velhos/novos crimes, porque, praticamente, todos apresentam sensível aumento das sanções cominadas, com exceção de uma ou outra figura. Apresenta-se, portanto, a necessidade de examinarmos qual ou quais dessas novas previsões legais são *lex gravior* ou *lex mitior*, sendo que somente estas podem retroagir por beneficiarem o infrator, justificando-se, por isso, a invocação do velho e saudável brocardo latino *tempus regit actum*. Enfim, crimes novos ou quaisquer agravações em crimes anteriores nunca podem retroagir, princípio consagrado, inclusive, em nossa Constituição Federal (inciso XXXIX do art. 5º), *nullum crimen, nulla poena sine lege*.

Embora, de um modo geral, tenha se repetido os velhos crimes da lei anterior, todos eles (exceção de um ou dois), com novas elementares e, principalmente, com exagerada ampliação das sanções penais, impedem a *retroavidade* das inovações da Lei n. 14.133/2021 para alcançar fatos anteriores à sua vigência. Na realidade, pode-se afirmar, sem exagero, que o legislador adotou uma política de, digamos, *recauchutagem* dos tipos penais descritos na Lei n. 8.666/93, alterando algumas elementares, acrescentando ou excluindo outras, mas, invariavelmente, *ampliando absurdamente* as penas de reclusão cominadas, sempre cumuladas com pena de multa. Assim, por exemplo, o crime tipificado no art. 337-E criminaliza as condutas de *"admitir, possibilitar ou dar causa à contratação direta fora das hipóteses previstas em lei"*, aplicando pena de reclusão de quatro a oito anos e multa. Esta nova tipificação repete, praticamente, o conteúdo do antigo art. 89, com linguagem distinta daquela utilizada pela lei anterior, direta e objetiva, deixando de ser um crime próprio quanto ao sujeito ativo, ampliando o seu alcance e, por cominar pena mais grave, não pode ter efeito retroativo.

A rigor, o legislador exagerou na exasperação das sanções penais, estabelecendo em alguns deles, por exemplo, de 4 (quatro) a 8 (oito) anos de reclusão e multa, visivelmente com a pretensão de excluí-los do *acordo de não persecução penal* (art. 28-A) do CPP, acrescentado pela Lei n. 13.964/2019. No art. 337-F proposto para substituir o crime do art. 90 da atual Lei de Licitações, também não retroage porque as suas penas mínima e máxima foram dobradas. É interessante notar a opção, absolutamente equivocada, do legislador de aumentar as penas dos novos crimes dos arts. 337-E e 337-337-F, 337-H e 337- L, todos eles com pena de 4 a 8 anos de reclusão e multa, impedindo a possibilidade de realização de acordo de não persecução penal, nos termos do art. 28-A do Código de Processo Penal.

Houve, ainda, a criação de um novo tipo penal, disposto no art. 337-O, denominado *"omissão grave de dado ou de informação por projetista"*. Em que pese o nome do crime, proíbe-se tanto a omissão quanto as ações de modificar e entregar, para a Administração, levantamento cadastral ou "condição de contorno" em relevante dissonância com a realidade, frustrando o caráter competitivo da licitação. Como não há crime sem lei anterior que o defina (art. 1º do Código Penal), esse novo crime também não retroage, aliás, a previsão de crimes nunca retroage, podendo atingir somente fatos novos.

A Lei n. 14.133/2021 determina que os novos crimes e respectivas sanções entram em vigor na data da publicação, ou seja, já estão em vigor desde o dia 1º de abril. Contudo, relativamente às disposições de natureza não penal, concedeu a atual Lei n. 8.666/93 a vigência por mais dois anos, permitindo, inclusive, que a administração pública opte por licitar de acordo com a lei anterior ou com o novo diploma legal (art. 191, § 2º).

Logo, nos próximos dois anos há, vigendo, duas leis especiais de licitações que podem ser escolhidas pelos licitantes, as quais, certamente, surtirão efeitos, inclusive, na esfera penal, podendo apresentar algumas complexidades conflituosas entre os dois diplomas legais, especialmente entre o novo art. 337-E com o art. 89 do diploma revogado.

Por exemplo, na hipótese de os contratantes que optarem pelo sistema da lei anterior, nos casos de *inexigibilidade de licitação*, se, na *"aquisição ou locação de imóvel cujas características de instalações e de localização tornem necessária sua escolha"* (art. 73, V), nessas operações, com tais características, é necessária a realização de licitação, sob pena de incorrerem nas penas do crime do art. 89 da lei revogada? Não, nunca a criminalização de qualquer conduta pode retroagir para atingir fatos já realizados.

A incidência da lei revogada é impossível, posto que todos os crimes da referida lei foram revogados. Logo, não importa que se opte pelo regime de licitação da lei anterior, a *eventual ocorrência de crime licitatório* incorrerá, necessariamente, nas previsões da Lei n. 14.133/2021, porque a outra não mais existe. Lei revogada não tem mais incidência sobre comportamento algum. Como será?! Inequivocamente, enfatizando, nunca mais haverá incidência do art. 89 da lei anterior, exatamente porque foi revogada. Será indiferente qual diploma legal o cidadão tenha escolhido para contratar com o Poder Público, na seara criminal não há alternativa, será sempre e necessariamente sob o império da lei nova!

Esse é, digamos, apenas um dos tantos conflitos intertemporais que ambos os diplomas legais apresentarão nos próximos anos, e, certamente, deverão ser resolvidos à medida que forem se apresentando.

CONTRATAÇÃO DIRETA ILEGAL | I

Sumário: 1. Considerações preliminares. 2. Bem jurídico tutelado e conteúdo do injusto. 3. Sujeitos ativo e passivo do crime. 3.1. Sujeito ativo do crime. 3.1.1. Concorrente particular (sem a qualificação de agente ou autoridade pública — art. 6º, V e VI, da Lei n. 14.133). 3.1.2. Procurador jurídico de órgão público: emissão de pareceres. 3.2. Sujeito passivo do crime. 4. Tipo objetivo: adequação típica. 4.1. Inexigência de licitação — art. 74. 4.2. Dispensa de licitação — art. 75. 4.2.1. Fora das hipóteses previstas em lei. 5. Deixar de observar formalidades pertinentes à dispensa ou à inexigibilidade de licitação. 6. Atipicidade da utilização equivocada de uma modalidade de licitação por outra. 7. Tipo subjetivo: adequação típica. 7.1. (Des)necessidade de elemento subjetivo especial do injusto. 8. Inobservância de formalidades e falsidade ideológica: princípio da consunção. 8.1. Irrelevância da diversidade de bens jurídicos e da maior gravidade do crime-meio. 9. Normas penais em branco e retroatividade das normas integradoras. 10. Consumação e tentativa. 10.1. Desistência voluntária e arrependimento eficaz nos crimes licitatórios. 11. Classificação doutrinária. 12. Pena e natureza da ação penal.

Contratação direta ilegal

Art. 337-E. Admitir, possibilitar ou dar causa à contratação direta fora das hipóteses previstas em lei:

Pena — reclusão, de 4 (quatro) a 8 (oito) anos, e multa.

---

1. Considerações preliminares

A seção da Lei n. 14.133/2021 destinada aos crimes e às penas é inaugurada pelo tipo penal contido no art. 337-E, que criminaliza a primeira infração penal dos denominados *crimes licitatórios*, exatamente com condutas que não adotam o *procedimento licitatório*, quando deveriam fazê-lo, ou simplesmente por deixarem de observar as formalidades necessárias para não licitar. Curiosamente, nesta hipótese, o legislador exageradamente formalista criminaliza, o que, de plano, nos parece abusivo, um *error in procedendo*, o qual poderia muito bem ser resolvido no plano puramente administrativo, com as sanções que lhes são próprias. Outra particularidade que chama a atenção é a gravidade das sanções cominadas, para condutas que, no máximo, representariam algum perigo para a Administração Pública, pois não lhes é exigido a produção de qualquer dano ao patrimônio público. Já víamos como equivocada a mesma conduta criminalizada no art. 89 da Lei n. 8.666/93, cuja pena era sensivelmente inferior, ou seja, detenção, de 3 (três) a 5 (cinco) anos, e multa.

Nesta nova criminalização, pela Lei n. 14.133/2021, não se faz distinção, na descrição típica, entre "dispensar ou inexigir" licitação fora das hipóteses permitidas, mas adota como descrição típica a seguinte: "admitir, possibilitar ou dar causa à contratação direta *fora das hipóteses previstas em lei*", ou seja, dispensando ou não exigindo licitação para contratar com o poder público, quando esta era obrigatória. Ficaram implícitas as condutas anteriores, *dispensar ou inexigir* a licitação, previstas na lei revogada. Simplificou-se a redação do presente tipo penal, mas continua criminalizando a conduta do funcionário público que *não observar as formalidades legais*, ou seja, que *admite a contratação licitatória direta sem observar a ausência de dispensa ou inexigência de licitação*. Em outros termos, com redação diferente, o novo texto legal *criminaliza a contratação direta*, na ausência de hipótese de dispensa ou inexigência de licitação.

Trata-se de tipificação penal nova, não encontrando qualquer correspondência com o disposto no art. 335 do CP, que criminalizava a violação de *concorrência pública*, além da *hasta pública*. Em relação a esta segunda figura, do Código Penal, o referido dispositivo legal continuava em vigor, segundo Vicente Greco Filho, "a intenção do legislador, quanto ao delito previsto no *caput*, foi a de apenar o administrador que dispensa ou considera inexigível o procedimento licitatório fora das hipóteses legais ou que deixa de observar as formalidades pertinentes a dispensa ou inexigibilidade"[1].

As hipóteses em que a *licitação pública* era *dispensável* encontravam-se relacionadas no art. 24 e as de *inexigibilidade* no art. 25 da Lei n. 8.666/93, hoje revogados pela Lei n. 14.133/2021. Neste novo diploma legal as *inexigibilidades de licitações* estão relacionadas no art. 74 e as dispensas de licitações, por sua vez, estão elencadas no art. 75. Mudou o texto legal, mas se manteve a criminalização da inobservância de exigências de licitatórias.

O crime é o mesmo que era tipificado no revogado art. 89, com as mesmas circunstâncias e exigências formais, cujo tipificação ficou nos seguintes termos: "admitir, possibilitar ou dar causa à contratação direta *fora das hipóteses previstas em lei*, fora das hipóteses previstas em lei". As penas aplicadas, que eram de três a cinco anos foram elevadas, absurdamente, para quatro a oito anos de reclusão. Não obstante, em razão da identidade nas expressões empregadas pelo tipo penal, o STJ vem firmando o entendimento de que "Apesar da revogação da Lei n. 8.666/93 pela Lei n. 14.133/2021, os crimes cometidos em prejuízo dos procedimentos licitatórios ou das contratações diretas realizadas pela Administração Pública não foram revogados. Especificamente em relação ao crime previsto no art. 89 da Lei n. 8666/93, em continuidade típico-normativa, agora encontra-se em vigor no art. 337-E do Código Penal" (STJ, AgRg no HC n. 858.804/BA, Relator Ministro Messod Azulay Neto, Quinta Turma, julgado em 17-6-2024, *DJe* de 20-6-2024).

Sintetizando, "contratação direta ilegal", descrita no *caput* do art. 337-E, *admitir, possibilitar ou dar causa à contratação direta fora das hipóteses previstas em lei*, com redação diferente, tem o mesmo significado da primeira parte da redação do art. 89

---

1. Vicente Greco Filho, *Dos crimes da Lei de Licitações*, 2. ed., São Paulo: Saraiva, 2007.

da lei revogada, que prescrevia *dispensar* ou *inexigir* licitação, ou *deixar de observar* formalidades pertinentes. Em outros termos, como veremos adiante, o novo texto legal criminaliza *a inobservância das formalidades legais exigidas, salvo as hipóteses de dispensa ou inexigência legal da realização de licitação pública* (arts. 74 e 75 da nova lei), recordando que na lei revogada inexigibilidade ou dispensa de licitação estavam relacionadas nos arts. 24 e 25, respectivamente.

2. Bem jurídico tutelado e conteúdo do injusto

O *conceito de bem jurídico* somente aparece na história dogmática em princípios do século XIX. Diante da concepção dos Iluministas, que definiam o fato punível como *lesão de direitos subjetivos*, Feuerbach sentiu a necessidade de demonstrar que em todo preceito penal existe um direito subjetivo, do particular ou do Estado, como objeto de proteção[2]. Binding, por sua vez, apresentou a primeira depuração do conceito de bem jurídico, concebendo-o como *estado valorado* pelo legislador. Von Liszt, concluindo o trabalho iniciado por Binding, transportou o centro de gravidade do conceito de bem jurídico do direito subjetivo para o "interesse juridicamente protegido", com uma diferença: enquanto Binding ocupou-se, superficialmente, do bem jurídico, Von Liszt viu nele um conceito central da estrutura do delito. Como afirmou Mezger, "existem numerosos delitos nos quais não é possível demonstrar a lesão de um direito subjetivo e, no entanto, se lesiona ou se põe em perigo um bem jurídico"[3]. No entanto, no atual estágio da teoria do delito, deve-se partir do ponto de vista de que no tipo somente se admitem aqueles elementos que fundamentam o conteúdo material do injusto. O tipo tem a finalidade precípua de identificar o bem jurídico protegido pelo legislador.

O *bem jurídico* constitui a base da *estrutura* e *interpretação* dos tipos penais. O bem jurídico, no entanto, não pode identificar-se simplesmente com a *ratio legis*, mas deve possuir um *sentido social próprio*, anterior à norma penal e em si mesmo decidido, caso contrário, não seria capaz de servir a sua função sistemática de parâmetro e limite do preceito penal e de contrapartida das *causas de justificação* na hipótese de conflito de valorações. A proteção de bem jurídico, como fundamento de um Direito Penal liberal, oferece um critério material, extremamente importante e seguro na construção dos tipos penais, porque, assim, "será possível distinguir o delito das simples *atitudes interiores*, de um lado, e, de outro, dos fatos materiais não lesivos de bem algum"[4].

Se uma *concepção predominantemente liberal* concede ao Direito Penal uma *função protetora de bens e interesses*, uma *concepção social*, em sentido amplo, pode, por sua vez, adotar uma orientação *predominantemente imperialista* e, portanto, reguladora de vontades e atitudes internas, como ocorreu, por exemplo, com o *nacional-socialismo* alemão. A primeira concepção destaca a importância do bem

---

2. H. H. Jescheck, *Tratado de derecho penal*, trad. de Mir Puig e Muñoz Conde, Barcelona, Bosch, 1981, p. 350.
3. Edmund Mezger, *Tratado de derecho penal*, trad. de José Arturo Ridruguez-Muñoz, Madrid, Revista de Derecho Privado, 1935, p. 399.
4. Cobo del Rosal e Vives Anton, *Derecho penal*, p. 247.

jurídico, a segunda apoia-se na *infração do dever*, na desobediência, na rebeldia da vontade individual contra a vontade coletiva. Agora, se um *Estado Social* pretende ser também um *Estado Democrático de Direito*, terá de outorgar proteção penal à ordem de valores constitucionalmente assegurados, rechaçando os *postulados funcionalistas* protetores de um determinado *status quo*.

Finalmente, o bem jurídico pode ser definido "como todo valor da vida humana protegido pelo Direito". E, como o ponto de partida da estrutura do delito é o *tipo de injusto*, este representa a lesão ou perigo de lesão do bem juridicamente protegido. Contudo, na maioria das vezes, é praticamente impossível qualquer tentativa de justificação da intervenção penal a partir da ideia de *direitos públicos subjetivos*, pois a proteção de interesses individuais, quando existentes, é somente *mediata*. Mesmo em um Estado Democrático de Direito, a *artificialidade* da maioria desses delitos deixa claro que a *intervenção penal*, não raro, contraria os interesses gerais concretos, legitimando o controle social mesmo que, *in concreto*, a punição de uma conduta não esteja respaldada por uma *reprovabilidade social* prévia.

A definição do bem jurídico tutelado nos *crimes licitatórios* somente poderá ocorrer a partir do exame da *política de moralidade administrativa* adotada pela Constituição Federal de 1988. A identificação do *bem jurídico* protegido pelas condutas tipificadas deve ser obtida nos limites da norma penal incriminadora, independentemente de eventual irregularidade administrativa, isto é, deverá ser observada a estrita legalidade da tipicidade taxativa. A despeito de se poder identificar uma *objetividade jurídica genérica* nos crimes licitatórios, qual seja, preservar os princípios básicos da legalidade, da impessoalidade, da moralidade, da igualdade, da publicidade, e da probidade administrativa, não se pode olvidar que cada tipo penal possui a sua própria objetividade jurídica, sem, contudo, afastar-se do amplo contexto em que está inserido. Em outros termos, cada tipo penal possui um *bem jurídico específico* e determinado, fundamentador da conduta proibida, mas esse bem jurídico deverá ser encontrado ao se analisar cada figura típica.

Enfim, *bem jurídico tutelado*, especificamente na *proibição de contratação direta*, isto é, sem licitar, prevista neste art. 337-E da Lei n. 14.133/2021, qual seja, da *impossibilidade de contratação direta fora das hipóteses previstas em lei*, visa assegurar a *estrita excepcionalidade das hipóteses* de contratação direta, sem licitação, fora das hipóteses previstas em lei. Ou seja, resulta claro que a regra das contratações públicas deve ser mediante licitação pública, a exceção será a *contratação direta*, isto é, sem licitar. Essa metodologia, digamos assim, garante a respeitabilidade, probidade, integridade e moralidade das *contratações públicas*, que são ofendidas com as condutas descritas no art. 337-E. Esse dispositivo legal, ora examinado, visa, acima de tudo, proteger a lisura e transparência na *contratação pública*, exigindo retidão no *processo licitatório* para permitir ampla competição observando a regra da isonomia concorrencial.

O administrador público (agente público ou autoridade pública) deve, para bem desempenhar suas funções, despir-se de *interesses ou sentimentos pessoais*, priorizando o cumprimento pronto e eficaz de suas atribuições de ofício, que deve ser realizado escrupulosa e tempestivamente visando obter o melhor resultado para a Administração Pública, aproveitando, por extensão, a toda comunidade. O sentimento do administrador público, enfim, não pode ser outro senão o de cumprir e fazer cumprir o *processo licitatório* com toda transparência e correção, observando estritamente as disposições legais pertinentes à matéria. A criminalização constante do art. 337-E, objetiva, enfim, impedir procedimento que ofenda ou dificulte o tratamento isonômico dos concorrentes e a seleção da proposta mais vantajosa para a Administração Pública.

3. Sujeitos ativo e passivo do crime

3.1 *Sujeito ativo do crime*

Segundo o texto da Lei n. 14.133/2021, em seu art. 6º, V e VI, regra geral, podem ser *sujeitos ativos* dos crimes licitatórios o *agente público* (inc. V) ou a *autoridade pública* (inc. VI), ou ambos, dependendo das circunstâncias fáticas, que houver *participado* do processo ou procedimento licitatório, que seja responsável por esse procedimento e dele tenha participado. Deve-se observar que este novo diploma legal (Lei n. 14.133) define expressamente quem é *agente público* e *autoridade pública*, para efeitos de responsabilidade no procedimento (processo) licitatório. Digamos que, neste caso, o legislador complicou desnecessariamente a identificação de "funcionário público", sem definir corretamente quem é ou pode ser responsável pela prática do procedimento licitatório.

Dessa forma, consideramos tecnicamente possível responsabilizar pelos *crimes licitatórios*, a ambos, isto é, *agente* e *autoridade pública*, desde que tenham, concretamente, participado, direta ou indiretamente, no referido *procedimento* ou tenha tal atribuição afetado sua responsabilidade, comprovadamente.

Tratando-se de *crime próprio ou mesmo de mão própria, para alguns*, evidentemente, não pode praticar esse crime funcionário público que não se encontre no exercício da função pública ou que, por qualquer razão, encontre-se temporariamente dela afastado, como, por exemplo, férias, licença etc. Nada impede, contudo, que o *sujeito ativo*, qualificado pela condição de funcionário público (agente ou autoridade), consorcie-se com alguém que não seja funcionário público, para a prática deste crime licitatório, na condição de participante *extraneus*. Logicamente, nessa hipótese, o *extraneus* será, igualmente, *partícipe*, dependendo das circunstâncias concretas, nos termos definidos no art. 29 e seu § 1º do Código Penal.

Não se pode ignorar, por outro lado, que, em se tratando de *agente* ou *autoridade pública* (funcionário público), deve-se observar a atribuição ou *competência* específica para a prática de determinados atos ou fatos licitatórios, sendo insuficiente, portanto, a simples circunstância de reunir a qualidade ou condição de *funcionário público* (agente ou autoridade). Em outras palavras, *funcionário* que não reúna a atribuição devida para *autorizar a realização do procedimento licitatório, ou nele funcionar,* não pode praticar esse crime na condição de coautor ou autor. A partir desse ponto, deve-se observar o disposto no art. 84 e § 1º da Lei revogada, que definia, com alguma peculiaridade distinta do Código Penal, quem é considerado *funcionário público*, inclusive por equiparação, para os fins e efeitos da lei licitatória, subsidiariamente ao disposto no art. 6º, V e VI, da Lei n. 14.133. A partir de agora, a definição de funcionário público, para efeitos desta nova lei, deve-se aplicar, subsidiariamente, à definição de *funcionário público* definida pelo Código Penal. Demonstramos em *capítulo anterior* a definição ou abrangência de *funcionário público*, que a lei anterior atribuía (ou atribui), porque o artigo que define *funcionário público* continua em vigor por dois anos. Como o novo diploma legal dá definição diferente (agente público e autoridade pública), haverá, provavelmente, grande divergência doutrinário-jurisprudencial sobre sua abrangência e aplicabilidade.

Considerando que, a princípio, o *crime próprio*, por si só, não impede a *participação* de quem não reúna a qualidade ou condição exigida pelo tipo penal, exige-nos avançar na análise dessa questão, para examinarmos a eventual (im)possibilidade de *coautoria* nos crimes licitatórios, na medida em que, regra geral, os *crimes próprios* admitem a coautoria de *extraneus*, desde que concorra com um *intraneus*[5]. Contudo, deve-se considerar que o *crime próprio* apresenta uma outra modalidade, especial, distinta, conhecida como *crime de mão própria*, cuja característica fundamental é de só poder ser executado direta e pessoalmente pelo sujeito ativo que reúna a qualidade ou condição exigida pelo tipo penal, *v.g.*, o *infanticídio* (somente a mãe pode praticá-lo).

Essa exigência de *realização pessoal* do *crime de mão própria* tem uma consequência direta e imediata: o terceiro, isto é, o *extraneus* que não reúna a qualidade de funcionário público, não pode ser autor ou coautor de infração penal dessa natureza; a participação de *extraneus*, nessa prática delituosa, somente será admitida na condição de *partícipe*, e, especificamente, no crime definido no antigo art. 89, com a *limitação* constante do seu parágrafo único. Enfim, somente poderá ser autor deste crime o *servidor público* que tiver atribuição para emitir decisão sobre *dispensar ou inexigir* licitação, como também *deixar de exigir* formalidades relacionadas a essas circunstâncias. Outros servidores não detentores de tais atribuições, *ipso facto*, somente poderão concorrer para esse crime na condição de meros *partícipes*, nos termos do art. 29 do CP, concorrendo, de qualquer modo, para o crime. Desnecessário acrescentar que à *responsabilidade individual* desses servidores — *partícipes* — é aplicável o disposto nos parágrafos do dispositivo supramencionado[6].

Do que acabamos de expor, fica claro que, a nosso juízo, somente o *servidor público (agente ou autoridade, na nova terminologia)* com atribuição para *dispensar*

---

5. Sobre a distinção entre *autoria* e *participação em sentido estrito*, veja-se nosso *Tratado de direito penal*; parte geral, 29. ed., São Paulo, Saraiva, 2023, v. 1, p. 267 e seguintes.
6. "§ 1º Se a participação for de menor importância, a pena pode ser diminuída de um sexto a um terço.
§ 2º Se algum dos concorrentes quis participar de crime menos grave, ser-lhe-á aplicada a pena deste; essa pena será aumentada até metade, na hipótese de ter sido previsível o resultado mais grave."

ou *inexigir* licitação, bem como para (in)observar as formalidades legais desse procedimento pode ser *sujeito ativo* desse crime. Ademais, a simples *incompetência* (falta de atribuição) para o exercício da "atividade licitatória", por si só, não é suficiente para tipificar o crime descrito no artigo (art. 337-E), em qualquer de suas modalidades, ao contrário de entendimento esposado por alguns doutrinadores, como é o caso, por exemplo, de Vicente Greco Filho. Com efeito, para Greco Filho, a *incompetência* do servidor público que decreta a dispensa ou a inexigibilidade da licitação também pode configurar infração penal, pois "ocorre, na hipótese, o crime por que, havendo incompetência da autoridade, também há ilegalidade na dispensa"[7]. *Venia concessa*, não nos convence essa orientação, posto que referida conduta praticada por funcionário incompetente configura apenas uma *ilegalidade administrativa*, que não se confunde com *tipicidade*; embora possa gerar a nulidade do ato, não tem o condão de, por si só, transformá-la em crime, cuja configuração, ademais, não abdica, em hipótese alguma, do caráter subjetivo de agir. Em outros termos, a ausência do *dolo*, elemento indispensável à tipicidade subjetiva, impede a confusão entre infração administrativa e infração penal, esta sempre mais enriquecida com a exigência de dolo, culpabilidade etc. Na realidade, somente o *funcionário público competente* para declarar a dispensa ou inexigibilidade da licitação, ou para observar as formalidades necessárias, pode praticar este crime, que é, repetindo, *de mão própria*, e, por essa razão, não pode ser executado por outrem, inclusive por funcionário incompetente, como afirmamos acima[8].

Por fim, aspecto assaz relevante é o questionamento da (im)possível responsabilização criminal de *procurador jurídico* do órgão público por emitir *parecer técnico*, que fundamenta a dispensa ou inexigibilidade de licitação (arts. 74 e 75 da Lei n. 14.133/2021), posteriormente interpretada, em outras instâncias, como necessária. Por sua relevância, preferimos examinar esse aspecto em tópico separado, específico, logo adiante.

3.1.1 Concorrente particular (sem a qualificação de agente ou autoridade pública — art. 6º, V e VI, da Lei n. 14.133)

O texto deste art. 337-E, embora tipifique, em tese, o mesmo crime, não repete a previsão do parágrafo único do art. 89 da Lei n. 8.666/93, o qual determinava que *"na mesma pena incorre aquele que, tendo comprovadamente concorrido para a consumação da ilegalidade, beneficiou-se da dispensa ou inexigibilidade ilegal, para celebrar contrato com o Poder Público"*. Pois esse parágrafo único limitava a responsabilidade penal do *extraneus*, o qual somente seria responsabilizado, como *partícipe*, pela previsão do parágrafo único do art. 89 se o, digamos, "não funcionário público" se beneficiasse concretamente com o resultado do referido crime.

---

7. Vicente Greco Filho, *Dos crimes da Lei de Licitações*, 2. ed., São Paulo, Saraiva, 2007, p. 61.
8. No mesmo sentido, Diógenes Gasparini, *Crimes na licitação*, 2. ed., São Paulo, NDJ, 2001, p. 96.

Pois o novo texto legal omitiu essa previsão legal, que era, a nosso juízo, uma *previsão restritiva da abrangência típica*, na medida em que impedia que o particular, regra geral, pudesse ser coautor desse crime, salvo se, segundo o parágrafo único, se beneficiasse diretamente dessa participação.

E agora essa omissão da Lei n. 14.133/2021 beneficia ou prejudica o particular, que não apenas não reúne a condição ou qualidade de funcionário público, mas também não é o "agente público" ou "autoridade pública" (art. 6º, V e VI), que são os participantes ou responsáveis pelo processo ou *procedimento licitatório* na definição desse novo diploma legal? Essas "autoridades", inegavelmente, são os destinatários dessa previsão do art. 337-E, acrescentado ao Código Penal pela Lei n. 14.133/2021.

A questão fundamental, em primeiro lugar, é definir a *natureza* dessa infração penal, se será *crime próprio* (ou especial) ou *crime de mão própria*, pois ambos têm alcances ou abrangências distintas. O *crime próprio* ou especial é aquele que exige determinada qualidade ou condição pessoal do agente. Pode ser *condição jurídica* (acionista), *profissional* ou *social* (comerciante), *natural* (gestante, mãe, pai), parentesco (ascendente, descendente) etc. *Crime de mão própria*, por sua vez, é aquele que só pode ser praticado pelo agente pessoalmente, não podendo utilizar-se de interposta pessoa (falso testemunho, adultério, prevaricação etc.). Ninguém pode ser coautor, por exemplo, do falso testemunho, do adultério etc. A distinção fundamental entre *crime próprio* e *crime de mão própria* consiste no fato de que nos *crimes próprios* o sujeito pode determinar a outrem a sua execução (autor), embora possam ser praticados por apenas um número limitado de pessoas; nos crimes de mão própria, por sua vez, embora possam ser praticados por qualquer pessoa, ninguém os comete por intermédio de outrem, como destacava o saudoso amigo Prof. René Ariel Dotti, "crime de mão própria é o que não pode ser praticado por outrem no lugar do agente como ocorre com a autoacusação falsa (CP, art. 341), e a deserção (arts. 187 e ss.). Vale o antigo e expressivo exemplo: o desertor somente foge pelas próprias pernas"[9].

O *crime de mão própria*, regra geral, admite a *intervenção de terceiro* sem a qualificação exigida pela descrição típica (*funcionário público*), na condição de *mero partícipe*, ou seja, *participante com uma atividade secundária*, acessória, sem realizar diretamente a conduta nuclear do tipo penal. Com efeito, o tipo penal que era descrito no parágrafo único do art. 89 da lei revogada apresentava uma peculiaridade especial: *limitação da intervenção* e a punibilidade do *extraneus*, que era *condicionada* a obtenção de *benefício* representado pela celebração de contrato com o Poder Público.

Dito de outra forma, *diante daquela previsão da lei revogada*, ainda que alguém (*extraneus*) tenha concorrido para a consumação da ilegalidade, se não houver se beneficiado celebrando contrato com o Poder Público, não responderia como participante desse crime. Tratava-se, na realidade, de verdadeira e *expressa limitação à*

---

[9]. René Ariel Dotti, *Curso de Direito Penal* — Parte Geral, 7. ed., São Paulo, Revista dos Tribunais, 2020, p. 582.

responsabilidade penal de "quem, de qualquer modo, concorre para o crime" (art. 29), constituindo uma exceção à *teoria monística da ação* que, por determinação do art. 12 do CP, aplicar-se-ia também *aos fatos incriminados por lei especial*, "se esta não dispuser de modo diverso".

Logo, a partir desta nova Lei dos *Crimes Licitatórios*, que não faz essa ressalva, os participantes desse crime, estranhos aos quadros de funcionários públicos, a nosso juízo, não poderão ser responsabilizados criminalmente, pois só podem praticá-lo os *funcionários públicos* (agente público e autoridade, nos termos do art. 6º, V e VI, da Lei n. 14.133). Além dessa previsão típica, de *crime próprio*, referido diploma legal não repetiu a ressalva constante do parágrafo único do art. 89 do texto da Lei n. 8.666/93, na visível pretensão de excluir a participação privilegiada do cidadão comum, que não reúne as características destacadas no diploma anterior.

3.1.2 Procurador jurídico de órgão público: emissão de pareceres

Seria admissível que o *procurador jurídico* de uma Unidade Federativa ou de qualquer dos entes públicos, como tais eram definidos na antiga Lei de Licitações, possa responder por *crime licitatório*, em razão de haver *emitido parecer favorável* à dispensa ou inexigibilidade de licitação? Interpretação, *a posteriori*, que considera necessária ou exigível a licitação, *autorizaria imputar a participação no crime definido pelo art. 337-E* ao procurador que emitiu parecer manifestando-se pela desnecessidade de licitação?

Regra geral, o *procurador jurídico* dos órgãos ou entes públicos é integrante das denominadas *procuradorias jurídicas*, tais como Procuradoria-Geral da União, Procuradoria-Geral do Estado, Procuradoria-Geral do Município, e similares, Procuradoria da Fazenda Nacional, da Petrobras, do INSS etc. Enfim, os "profissionais" (servidores) dessas procuradorias — funcionários públicos, lato ou estrito senso — são, via de regra, *advogados públicos*, competindo-lhes examinar os aspectos jurídicos dos atos, decisões e medidas que referidos órgãos ou entes públicos devem ou precisam realizar; devem, no exercício desse mister, emitir *fundamentado parecer*, que, aliás, não se confunde com mero conselho, opinião ou sugestão. Trata-se, na verdade, da *emissão de um juízo técnico sobre determinada matéria* que é de sua especialidade.

A Constituição Federal de 1988 *ampliou a imunidade do advogado*, declarando-o "inviolável por seus atos e manifestações *no exercício da profissão*, nos limites da lei" (art. 133). Na realidade, a Constituição Federal assegura ao advogado, no exercício profissional, não apenas a *imunidade material* contida no art. 142, I, do CP, mas verdadeira *inviolabilidade profissional*, em juízo ou fora dele (art. 133). Com efeito, o constituinte brasileiro percebeu a dificuldade do mister exercido pelo advogado e do *munus* público que assume no patrocínio da busca da justiça, reconhecendo a necessidade de assegurar-lhe a *inviolabilidade* de suas manifestações quando no exercício desse *munus*, em juízo ou fora dele.

A *imunidade profissional*, disciplinada no Estatuto da OAB (Lei n. 8.906/94), representa a regulamentação do texto constitucional que elevou o advogado à condição de *indispensável à administração da justiça* e considerou

-o *inviolável* por seus atos e manifestações *no exercício da profissão*, "nos limites da lei" (art. 133 da CF). Na verdade, a própria Carta Magna, que reconheceu a indispensabilidade do advogado na administração da justiça, atribuiu-lhe a *inviolabilidade no exercício de sua atividade profissional*, e ela própria delineou os seus limites, "nos termos da lei". Contudo, não se está sustentando inviolabilidade ilimitada; ao contrário, o seu limite está contido na própria lei, qual seja, "no exercício da atividade profissional". Claro está que não se trata de um privilégio especial para os advogados, mas somente uma efetiva *garantia constitucional*, indispensável para o bom desempenho de sua atividade advocatícia, extremamente técnica e com grande carga de *subjetividade*, que, não raras vezes, pode apresentar orientações diversas, inclusive em sentido diametralmente opostas, igualmente defensáveis. Sabemos todos que, juridicamente, nada é cem por cento certo, o Direito não é uma ciência exata, comportando interpretações conflitantes, díspares, sem, contudo, significar *erro* ou má-fé de uma ou outra orientação distinta.

Busca-se, enfim, com a *inviolabilidade profissional* assegurar o exercício de *uma advocacia ética* e indispensável à *administração da justiça* e à própria *Administração Pública*, que não se confunde com autorização para, leviana ou abusivamente, usar dos meios técnicos e científicos para praticar, impunemente, crimes ou ilegalidades de qualquer natureza.

Sob essa ótica e sob a garantia constitucional da *inviolabilidade profissional* é que os *procuradores jurídicos* das Instituições Públicas devem atuar e ser reconhecidos e respeitados no exercício de seu *munus* público. O Superior Tribunal de Justiça já teve oportunidade de enfrentar esse tema, e, invariavelmente, tem reconhecido a *atipicidade da conduta de procurador que apenas emite parecer pela dispensa de licitação*. Reconheceu, ademais, que a emissão de parecer jurídico está protegida pela *imunidade* assegurada pelo art. 133 da CF. Nesse sentido, destacamos a seguinte ementa do Superior Tribunal de Justiça, a título meramente exemplificativo:

"PROCESSUAL PENAL. AGRAVO REGIMENTAL NO *HABEAS CORPUS*. ART. 89 DA LEI N. 8.666/1993. INÉPCIA DA DENÚNCIA. PROCURADOR MUNICIPAL. EMISSÃO DE PARECER. 1. Na linha da orientação desta Corte, '*a mera emissão de parecer opinativo encontra-se sob a inviolabilidade dos atos e manifestações da atividade de advocacia, em razão da essencialidade do advogado à atividade jurisdicional, nos termos do art. 133 da Constituição Federal*' (RHC n. 126.954/SC, relator Ministro Sebastião Reis Júnior, Sexta Turma, julgado em 14-12-2021, *DJe* de 17-12-2021). 2. Agravo regimental provido"[10].

---

10. AgRg no HC 521.329/MG, rel. Min. Rogerio Schietti Cruz, rel. p/ acórdão Min. Antonio Saldanha Palheiro, 6ª T., j. em 13-9-2022, *DJe* de 5-5-2023.

É irretocável, a nosso juízo, essa orientação do STJ aqui representada pelas ementas supratranscritas, considerando-se que, além dos fundamentos que acima expusemos, as condutas descritas no art. 89, como *crime de mão própria,* só podem ser praticadas pelo *servidor público* (competente) que decidir pela dispensa ou inexigibilidade da licitação, e não pelo procurador ou assessor jurídico, cuja atribuição é emitir parecer juridicamente fundamentado. O administrador público adota ou aceita o parecer se quiser, se o desejar.

Aliás, o próprio *servidor público* encarregado que decide *dispensar ou não exigir* licitação, *respaldado por fundado parecer* da procuradoria jurídica, tampouco comete o ilícito descrito no art. 89, por faltar-lhe o elemento subjetivo indispensável à *tipicidade subjetiva*, qual seja, o *dolo*. A comprovação, *a posteriori*, de que se trata de hipótese que demandaria licitação não terá o condão de, por si só, transformar a conduta anterior em delituosa, podendo, no máximo, dependendo das circunstâncias, configurar infração administrativa, gerando ou não a nulidade do ato. Com efeito, quem decide respaldado por respeitável e fundamentado *parecer jurídico* não age com *dolo* de violar a proibição de agir sem licitação, quando esta era devida. Entender diferente significa respaldar autêntica *responsabilidade penal objetiva*, proscrita do direito penal da culpabilidade no marco de um Estado Democrático de Direito, especialmente ante a ausência de modalidade culposa nos crimes licitatórios.

Para concluir este tópico, nessa mesma linha, invocamos, por sua pertinência, antológico acórdão do Superior Tribunal de Justiça que, decidindo pela improcedência de *ação de improbidade administrativa*, com relatoria do saudoso Ministro Teori Zavascki, em sua ementa, afirma o seguinte:

"3. É razoável presumir vício de conduta do agente público que pratica um ato contrário ao que foi recomendado pelos órgãos técnicos, por pareceres jurídicos ou pelo Tribunal de Contas. Mas não é razoável que se reconheça ou presuma esse vício justamente na conduta oposta: de ter agido segundo aquelas manifestações, ou de não ter promovido a revisão de atos praticados como nelas recomendado, ainda mais se não há dúvida quanto à lisura dos pareceres ou à idoneidade de quem os prolatou"[11].

Ora, se assim é para *ação de improbidade administrativa*, especialmente com fundamento no art. 10 da Lei n. 8.429/92, não é razoável que se reconheça ou presuma vício em conduta respaldada em parecer jurídico, com maior razão a sua inadmissibilidade em matéria criminal, considerando-se, ademais, que os *crimes licitatórios* não admitem modalidade culposa (princípio da excepciona-

---

11. REsp 827.445/SP, rel. Min. Luiz Fux, rel. p/ acórdão Min. Teori Albino Zavascki, 1ª T., j. em 2-2-2010, *DJe* de 8-3-2010.

lidade do crime culposo). Logo, o *servidor público* que decide pela dispensa ou inexigibilidade de licitação respaldado em fundado parecer jurídico não comete crime algum, sendo sua conduta atípica.

3.2 Sujeito passivo do crime

Sujeito passivo é o Estado-Administração (União, Estados, Distrito Federal e Municípios), bem como a entidade de direito público na qual houve a dispensa indevida ou inexigibilidade do procedimento licitatório ou inobservância de suas formalidades legais. Enfim, pode ser qualquer dos entes relacionados no art. 85 da lei de regência, que estende a *subjetividade passiva* criminal para "quaisquer outras entidades sob seu controle direto ou indireto". O Estado é sempre sujeito passivo primário de todos os crimes, naquela linha de que a lei penal tutela sempre o *interesse da ordem jurídica geral*, da qual aquele é o titular. No entanto, há crimes, como este, que ora estudamos, em que o próprio Estado surge como sujeito passivo direto e imediato, pois lhe pertence o bem jurídico ofendido pela ação do servidor público infiel.

Questão interessante a examinar é se a pessoa jurídica, eventualmente *prejudicada* pela inobservância do procedimento licitatório, seria também *sujeito passivo*. Sua relevância decorre da possibilidade ou legitimidade para ação privada subsidiária da pública, prevista no art. 103 da lei licitatória, além de outros aspectos.

Convém destacar, primeiramente, que *sujeito passivo* não se confunde com *prejudicado*; embora, de regra, coincidam na mesma pessoa, as condições de sujeito passivo e *prejudicado* podem recair, no entanto, em sujeitos distintos: *sujeito passivo* é o titular do bem jurídico protegido, e, nesse caso, o lesado; *prejudicado* é qualquer pessoa que, em razão do fato delituoso, sofre prejuízo ou dano material ou moral decorrente de infração penal. Essa distinção não é uma questão meramente acadêmica, sem interesse prático, como pode parecer à primeira vista. Na verdade, o *sujeito passivo* tem legitimidade para propor ação penal subsidiária da pública, além do direito de representar contra o sujeito ativo, pode habilitar-se como assistente do Ministério Público em processo criminal (art. 268 do CPP). Ademais, o sujeito passivo tem o direito à reparação *ex delicto*, ao passo que ao *prejudicado* resta somente a possibilidade de buscar a reparação do dano na esfera cível.

Em síntese, consideramos que se eventualmente determinada pessoa jurídica se vir lesada em decorrência de *indevida dispensa ou inexigibilidade de licitação* (arts. 74 e 75), ficando impossibilitada, nessa hipótese, de participar do certame licitatório, e, consequentemente, da possível futura contratação, não se caracterizará como *sujeito passivo*, mediato ou imediato, dessa infração penal. Será, no máximo, um terceiro *prejudicado* pela supressão indevida do procedimento licitatório, restando-lhe, como acabamos de afirmar, buscar, em ação própria, a reparação do dano na esfera cível.

Por fim, discordamos do entendimento tradicional da doutrina que *define o particular* sempre como sujeito passivo secundário, mesmo quando atinge direta e imediatamente bens jurídicos deste. Na verdade, não vemos nenhuma razão lógica ou jurídica para colocá-lo em segundo plano, mesmo que se trate de infração penal contra a Administração Pública, que não é o caso do dispositivo ora examinado, pois, especificamente, lesa somente bem jurídico pertencente ao Poder Público. Na realidade, *o Estado é sempre sujeito passivo* de todos os crimes, desde que avocou a si o monopólio do *ius puniendi*, daí o caráter público do Direito Penal que somente tutela interesses particulares pelos reflexos que sua violação acarreta na coletividade. Com efeito, sob essa ótica a lei penal protege, em primeiro plano, o interesse da ordem jurídica geral, cujo titular é o Estado e, secundariamente, o interesse do particular. Contudo, no quotidiano são os bens e interesses individuais que são ofendidos, atingindo, por consequência, diretamente o seu titular, que é verdadeiramente o sujeito passivo da infração penal. Nessa linha lecionava Heleno Fragoso, afirmando: "O que na doutrina se considera sujeito passivo é o titular do interesse imediatamente ofendido pela ação delituosa ou do bem jurídico particularmente protegido pela norma penal, ou seja, o sujeito passivo *particular* ou *secundário*". Por isso, a nosso juízo, nessa maioria de crimes, chega a ser desnecessário mencionar o Estado como sujeito passivo, pois seria uma afirmação pleonástica. No entanto, em determinados crimes, *não há sujeito passivo particular*, como ocorre, por exemplo, nos chamados *crimes contra a paz pública* (arts. 286 a 288), como também acontece, especificamente, na hipótese do art. 89 da Lei n. 8.666/93. Contudo, o Estado continua, como sempre, sendo o sujeito passivo mediato do bem jurídico lesado, em todas as infrações penais, inclusive naquelas de exclusiva iniciativa privada.

Em outros crimes, porém, como os tipificados nos *"crimes contra a Administração Pública"*, praticados, em grande parte, por seus próprios funcionários, é o Estado que aparece como sujeito passivo particular, pois é titular do bem jurídico diretamente ofendido pela ação incriminada. Quando, nessa espécie de crime, atinge-se também o patrimônio ou qualquer outro interesse penalmente tutelado do particular, este também se apresenta como sujeito passivo, e, se alguém deve ser denominado como sujeito secundário, acreditamos que, ainda assim, deveria ser o Estado, que é sempre ofendido, e não o particular eventualmente lesado.

Em síntese, o Estado, que é o *sujeito passivo permanente* de todos os crimes praticados contra a Administração Pública, deveria ser, contudo, considerado como sujeito passivo *secundário*, sempre que houver lesado ou ofendido diretamente bem jurídico pertencente a algum particular. Finalmente, somente para evitarmos dificuldades metodológicas, seguiremos a doutrina majoritária, ressalvando apenas nosso entendimento pessoal sobre essa temática.

4. Tipo objetivo: adequação típica

O *art. 337-E,* repetindo, substituiu o revogado art. 89 da lei anterior, que tipificava o crime de *dispensa ou inexigência ilegal de licitação,* mantendo a essência dessa criminalização realizando a *contratação direta fora das hipóteses previstas em lei.* Trata-se, basicamente, da mesma *criminalização,* apenas, com outra configuração típica, protegendo, no entanto, o mesmo bem jurídico, como veremos adiante, com as condutas *admitir, possibilitar* ou *dar causa* à contratação direta fora das hipóteses previstas em lei. *Admitir, possibilitar* ou *dar causa* são os três verbos, com o mesmo significado, indicadores das condutas incriminadas, neste primeiro artigo, definidor dos novos-velhos *crimes licitatórios* especialmente daquele que era tipificado no art. 89 da Lei n. 8.666/93, que perdurou por quase 28 anos no cenário nacional, qual seja, a *dispensa ou inexigência ilegal de licitação.* O crime e o bem jurídico tutelado continuam os mesmos daquela lei, ora revogada. Aliás, revogada somente na parte relativa à seara criminal, posto que o restante desse diploma legal perdurará vigendo pelo período de, pelo menos, dois anos.

Admitir, como primeira conduta incriminada, neste dispositivo legal, pode significar tolerar, permitir, reconhecer como verdadeiro, como certo ou incerto, enfim pode ter vários significados e várias formas ou modos de ação, além de complementos os mais variados, isto é, trata-se de um verbo com um leque de significados ou possibilidades reais ou imaginários. Em sentido jurídico-penal *admitir* significa a permissão de acesso ou ingresso em algo, em algum lugar, em uma sociedade, em determinada ação ou conjunto de ações, *admitir* pode significar ainda o acesso a um processo, em uma sociedade, enfim, uma variedade de situações, inclusive a *contratação* de algo, de alguma coisa, de uma empreitada, ou *a admissão de contratação da realização de obra pública,* direta ou indiretamente, que é o caso deste tipo penal, e, principalmente, *admitir a contratação direta e fora das hipóteses previstas em lei.*

Possibilitar ou *dar causa* têm, basicamente, o mesmo significado de *admitir, consentir ou dar causa* na realização da contratação sem a licitação pública *"fora das hipóteses previstas em lei"*, quais sejam, naquelas condições elencadas nos arts. 74 e 75 deste novo diploma legal. A rigor, este texto legal, na essência, repete o sentido e significado do revogado art. 89 da Lei n. 8.666/93, porque "admitir contratação direta 'fora das hipóteses previstas em lei'" significa exatamente o mesmo que "*dispensar* ou inexigir licitação" quando deveria realizá-la, significa desobrigar, ilegalmente, nos dois dispositivos legais, isentar, "não exigir" ou omiti-la em hipótese que a lei exige a sua realização. Na essência não houve mudança substancial nessa tipificação, qual seja, de contratar sem licitação quando era obrigatória a sua realização. Na realidade, ambos os textos legais têm o mesmo significado e o *mesmo comando proibitivo*, qual seja, a impossibilidade de contratação sem licitar, quando esta é legalmente obrigatória, seja por ser exigível a licitação, seja por não ser *dispensada*.

A única real diferença reside no estilo literário, no enxugamento textual da Lei n. 14.133, que adota uma linguagem objetiva e direta na definição do mesmo crime, com outros termos. Cretella Júnior afirmava que *dispensa de licitação* "é a celebração direta de contrato entre a Administração e o particular sem nenhum procedimento administrativo prévio"[12]. Embora, teoricamente, à luz do vernáculo, se possa interpretar os verbos "dispensar ou inexigir" como sinônimos, no contexto da *lei licitatória* esse procedimento hermenêutico mostra-se inadequado, em razão do sentido que esse diploma legal lhes atribuiu expressamente (arts. 74 e 75), concebendo-os com sentidos diversos. Por isso, não nos parece recomendável interpretá-los conjuntamente como se tivessem o mesmo significado, a exemplo do que faz Greco Filho, comentando a lei anterior, *in verbis*: "A primeira parte do dispositivo incriminador (dispensar ou inexigir licitação fora das hipóteses legais) consiste no ato de declarar dispensada ou inexigível licitação em situação que não corresponda a um dos casos dos arts. 24 e 25, já citados, não só pela alegação de hipótese não prevista, mas também pela inexistência da situação fática que legitimaria a dispensa ou inexigibilidade"[13]. Dito de outra forma, concordamos com o conteúdo da ideia, mas divergimos da forma de expressá-la, considerando-se que uma coisa é "dispensar licitação", e outra, bem diferente, é "inexigi-la", ambas "fora das hipóteses previstas em lei" (as hipóteses de *dispensa* estão contidas no art. 75, e as de *inexigência*, no art. 74 da Lei n. 14.133/2021), no sentido adotado pelo legislador. *Mutatis mutandis*, ocorre o mesmo com as duas previsões legais, a da lei revogada e a deste novo diploma legal (Lei n. 14.133).

Aliás, é absolutamente desnecessário qualquer ato ou ação declarando a *dispensa ou inexigência* de licitação para a tipificação da infração penal, sendo suficiente a contratação pública direta, ilegal nas hipóteses não permitidas (arts. 74 e 75 combinados com o art. 337-E), sem efetuar o procedimento previsto na lei de regência. Em outros termos, incorrerá na primeira conduta incriminada — *dispensa*

---

12. José Cretella Júnior, *Licitações e contratos públicos*, 18. ed., Rio de Janeiro, Forense, 2006, p. 69.
13. Vicente Greco Filho, *Dos crimes da Lei de Licitações*, 2. ed., São Paulo, Saraiva, 2007, p. 58.

de licitação, fora das hipóteses legais — o administrador que contrata diretamente, *sem licitação*, quando devia promovê-la, segundo a dicção dos arts. 74 e/ou 75, logicamente, combinados com o art. 337-E, caso o administrador deixe de fundamentar sua decisão, isto é, não apresente os motivos adequados que o levaram a não realizar licitação, quando esse certame fazia-se necessário.

Em síntese, não é toda e qualquer *contratação pública direta*, sem licitação, que caracteriza o crime descrito no art. 335-E, mas somente aquelas que não dispensam ou que exigem o procedimento licitatório. Em se tratando de *norma penal incriminadora*, logicamente, deve ser respeitado o *princípio da tipicidade estrita* (taxatividade), ou seja, haverá a incriminação somente se não se tratar daquelas hipóteses excepcionadas na lei de regência. Ou seja, em se tratando, por conseguinte, de uma das hipóteses elencadas nos artigos (74 e 75), não exigem ou *dispensam* licitação, não há que se falar em crime, porque não há necessidade de *licitação* para a contratação, sob pena de violar-se o *princípio da reserva legal*, caracterizando autêntica responsabilidade penal objetiva. Vejamos as hipóteses de *inexigência de licitação* ou *dispensabilidade* dela, como veremos abaixo.

4.1 Inexigência de licitação — art. 74.

As hipóteses de *inexigência de licitação*, por sua vez, relacionadas no art. 74, configuram-se "quando houver inviabilidade de competição", similar as hipóteses previstas na lei revogada[14], *in verbis*: "*Art. 74. É inexigível a licitação quando inviável a competição, em especial nos casos de...*". Constata-se que é a *impossibilidade de estabelecer a competição* entre contratantes que fundamenta a *inexigibilidade de licitação*, e, por óbvio, a *ausência de competidores qualificados* torna im-

---

14. "Art. 25. É inexigível a licitação quando houver inviabilidade de competição, em especial: I — para aquisição de materiais, equipamentos, ou gêneros que só possam ser fornecidos por produtor, empresa ou representante comercial exclusivo, vedada a preferência de marca, devendo a comprovação de exclusividade ser feita através de atestado fornecido pelo órgão de registro do comércio do local em que se realizaria a licitação ou a obra ou o serviço, pelo Sindicato, Federação ou Confederação Patronal, ou, ainda, pelas entidades equivalentes; II — para a contratação de serviços técnicos enumerados no art. 13 desta Lei, de natureza singular, com profissionais ou empresas de notória especialização, vedada a inexigibilidade para serviços de publicidade e divulgação; III — para contratação de profissional de qualquer setor artístico, diretamente ou através de empresário exclusivo, desde que consagrado pela crítica especializada ou pela opinião pública. § 1º Considera-se de notória especialização o profissional ou empresa cujo conceito no campo de sua especialidade, decorrente de desempenho anterior, estudos, experiências, publicações, organização, aparelhamento, equipe técnica, ou de outros requisitos relacionados com suas atividades, permita inferir que o seu trabalho é essencial e indiscutivelmente o mais adequado à plena satisfação do objeto do contrato. § 2º Na hipótese deste artigo e em qualquer dos casos de dispensa, se comprovado superfaturamento, respondem solidariamente pelo dano causado à Fazenda Pública o fornecedor ou o prestador de serviços e o agente público responsável, sem prejuízo de outras sanções legais cabíveis."

possível a instalação do certame licitatório: sem competidores, consequentemente, é inócuo continuar exigindo a instauração do *procedimento licitatório*. Em outros termos, é a *inviabilidade* de realizar-se uma competição entre contratantes que torna *inexigível a licitação*.

Com efeito, o verbo "inexigir" não foi utilizado no texto legal com o significado vernacular de "não exigir", "deixar de exigir", ou mesmo de "dispensar" a exigência de licitação, *mas com o sentido de (in)viabilidade ou de (im)possibilidade da licitação*, como deixa claro o *caput* do art. 74, *in verbis*: "É inexigível a licitação quando inviável a competição, em especial nos casos de". Nesse sentido é a conclusão inatacável de André Guilherme Tavares de Freitas, comentando a revogada lei (Lei n. 8.666/93), *in verbis*:

"Contudo, as palavras 'inexigir' e 'inexigibilidade' não foram empregadas pela Lei de Licitações em seu sentido literal da língua portuguesa, ou seja, 'não exigir', 'não exigibilidade'. O termo 'inexigibilidade' na Lei de Licitações foi empregado no sentido de 'inviabilidade' de competição, isto é, para os casos em que a licitação é inviável, impossível de ser realizada, por não haver como estabelecer uma competição. Essas situações são trazidas através de um rol exemplificativo previsto na Lei de Licitações (art. 25) e só poderão ser seguramente reconhecidas como motivadoras da não realização da licitação, caso a Administração Pública as declare expressamente"[15].

Com efeito, a *"inexigência" de licitação* não decorre da importância do certame, da expressão refletida pelo valor monetário da concorrência ou pela magnitude da contratação pública ou, ainda, qualquer outro dado relevante em jogo, mas é consequência, simplesmente, da *inviabilidade de se estabelecer a competição*, em razão das peculiaridades elencadas nos incisos do art. 74, independentemente do valor da contratação de materiais, obras, serviços ou profissional especializado. Na verdade, a nosso juízo, essas hipóteses elencadas nesse art. 74 de *inexigibilidade de licitação* são meramente *exemplificativas*, na medida em que sempre que se configurar a *inviabilidade de licitação*, mesmo que não conste desse rol, a *licitação será inexigível*. Contrariamente, no entanto, as hipóteses de *dispensa de licitação*, previstas no art. 75, são *numerus clausus*, sendo inadmissível, inclusive, a analogia, interpretação extensiva ou analógica para ampliá-las, a exemplo do que ocorria na lei revogada.

Convém realçar, repetindo, que as hipóteses de *inexigibilidade de licitação* e de *dispensa* de licitação estão elencadas nos arts. 74 e 75 do mesmo diploma legal, respectivamente. Logo, a invocação de hipóteses não previstas nos referidos artigos, para inexigir ou *dispensar licitação*, será suficiente para tipificar as condutas descritas na primeira parte do art. 337-E, ressalvadas as hipóteses de *inviabilidade de licitação* (art. 74), como acabamos de destacar. No entanto, configura-se esse crime não apenas quando o administrador invocar hipótese não relacionada nos referidos dispositivos, para inexigir ou *dispensar licitação*, mas, também, quando a hipótese

---

15. André Guilherme Tavares de Freitas, *Crimes na Lei de Licitações*, 2. ed., Rio de Janeiro, Lumen Juris, 2010, p. 72-73.

invocada, a despeito de neles elencada, não encontrar correspondência na realidade fática. Em outros termos, configura-se o crime quando se tratar de *invocação falsa*, por não haver correspondência entre a realidade fática e o conteúdo descrito na hipótese legal invocada, não havendo, por conseguinte, *subsunção* de fato e norma, por absoluta inadequação fática. Exemplificando, configurará a infração penal, por exemplo, se o gestor público invocar *situação de emergência*, mas faticamente ela não existir, ou, se afirmar que se trata de profissional com notória especialização, mas, *in concreto*, o contratado não tiver essa qualificação.

A *Lei de Licitações* relaciona em seu art. 75 inúmeras hipóteses que não exigem formalidades para a dispensa de licitação pela Administração Pública, desde que — acrescentamos nós — considere conveniente ou oportuna essa dispensa. Significa dizer, em outras palavras, que, mesmo nos casos em que a lei não exige o *certame licitatório*, o administrador público pode, por prudência ou cautela, adotá-la, isto é, exigi-la, seja por pretender maior transparência, seja simplesmente para resguardar-se de eventual irregularidade ou possível questionamento de sua possível necessidade. A locução "é dispensável a licitação", na dicção do art. 75, não significa *obrigatoriedade da dispensa*, mas tão somente assegura ao administrador a *faculdade* de não exigi-la, se preferir, podendo contratar sem essa formalidade, simplificando e agilizando as *contratações públicas*. Contudo, a exigência de licitação, pelo administrador cauteloso, mesmo nessas hipóteses, além de não encontrar vedação legal, é moralmente elogiável, desde que não cause injustificável e indevido atraso ou prejuízo na prestação do serviço público.

A despeito desse nosso entendimento, concordamos com a afirmação de Vicente Greco Filho, relativamente à previsão da lei revogada, segundo o qual "a enumeração do art. 24 é taxativa"[16], limitando-se, portanto, a esses casos legais. Essa taxatividade não implica, evidentemente, compulsoriedade da dispensa, significando apenas que, fora dessas hipóteses legais, a licitação não pode ser dispensada, sob pena de incorrer na conduta incriminada. Em outros termos, a *inexistência de exigência legal de licitação* não impede que o administrador, *sponte sua*, exija o certame licitatório, como demonstramos acima. Sintetizando, não pode ser dispensado o certame licitatório fora das hipóteses elencadas no art. 75, mas o inverso não é verdadeiro, ou seja, o administrador público pode adotá-lo, mesmo nas hipóteses em que não há exigência legal. Afinal, o excesso de zelo não foi criminalizado!

Enfim, a regra geral para as *contratações públicas*, segundo previsão constante no art. 37, XXI, da CF, é a exigência de *licitação pública*. Consequentemente, a *dispensa* ou *não exigência* de licitação nessas contratações constitui verdadeira *exceção*, e, como tal, deve ser sempre expressa e a sua prática adequadamente motivada. Em outros termos, sempre que o gestor público visualizar, *in concreto*, alguma situação que afaste a necessidade de licitação pública não deve, ainda assim, contratar direta-

---

16. Vicente Greco Filho, *Dos crimes da Lei de Licitações*, 2. ed., São Paulo, Saraiva, 2007, p. 43.

mente. Convém que se precavenha e adote previamente o *procedimento* administrativo (instaurar um expediente) recomendado pela Lei das Licitações ou *lei de regência*. Deve-se, em outros termos, fundamentar adequadamente sua opção em contratar sem licitação, ante conclusão que, na hipótese, é autorizada a dispensa ou não exigência de licitação, razão pela qual possa contratar (diretamente) sem licitar.

Essa é, a nosso juízo, a postura correta do administrador probo que deseja pautar sua atuação norteada pela transparência sob os auspícios da dignidade, moralidade, probidade e legalidade, como determina o art. 37 da atual Constituição Federal.

4.2   Dispensa de licitação — art. 75

Dispensar licitação significa desobrigar, isentar, "não exigir" ou omiti-la em hipótese que a lei exige a sua realização. Cretella Júnior afirma que *dispensa de licitação* "é a celebração direta de contrato entre a Administração e o particular sem nenhum procedimento administrativo prévio"[17]. Embora, teoricamente, à luz do vernáculo, se possa interpretar os verbos "dispensar ou inexigir" como sinônimos, no contexto da *lei licitatória* esse procedimento hermenêutico mostra-se inadequado, em razão do sentido que esse diploma legal lhes atribui expressamente (arts. 74 e 75), concebendo-os com sentidos diversos. Por isso, não nos parece recomendável interpretá-los conjuntamente como se tivessem o mesmo significado, a exemplo do que faz Greco Filho comentando a lei revogada, *verbis*: "A primeira parte do dispositivo incriminador (dispensar ou inexigir licitação fora das hipóteses legais) consiste no ato de declarar dispensada ou inexigível licitação em situação que não corresponda a um dos casos dos arts. 24 e 25, já citados, não só pela alegação de hipótese não prevista, mas também pela inexistência da situação fática que legitimaria a dispensa ou inexigibilidade"[18]. Dito de outra forma: concordamos com o conteúdo da ideia, mas discordamos da forma de expressá-la, considerando-se que uma coisa é "dispensar licitação", e outra, bem diferente, é "inexigi-la", ambas "fora das hipóteses previstas em lei". As hipóteses de *inexigência* de licitação estão previstas no art. 74 e as de *dispensa* de licitação no art. 75, ou seja, na ordem inversa da prevista pela lei revogada, que relacionava primeiro *as dispensas* (art. 24), e depois *as inexigibilidades* (art. 25), o que não altera o seu significado.

Basta passar uma vista d'olhos nos dois dispositivos referidos (arts. 74 e 75) para se constatar essa distinção. Aliás, é absolutamente desnecessário qualquer ato ou ação declarando a *dispensa ou inexigência* de licitação para a tipificação da infração penal, *sendo suficiente a contratação pública direta*, nas hipóteses não permitidas, sem efetuar o procedimento previsto no art. 26, parágrafo único. Em outros termos, incorrerá na primeira conduta incriminada — *dispensa de licitação*, fora

---

17. José Cretella Júnior, *Licitações e contratos públicos*,18. ed., Rio de Janeiro, Forense, 2006, p. 69.
18. Vicente Greco Filho, *Dos crimes da Lei de Licitações*, 2. ed., São Paulo, Saraiva, 2007, p. 58.

das hipóteses legais — o administrador que contrata diretamente, *sem licitação*, quando devia promovê-la, segundo a dicção do art. 24. Nesse caso, o administrador deixa de fundamentar sua decisão, isto é, não apresenta os motivos que o levaram a não realizar licitação, quando esse certame fazia-se necessário.

Em síntese, não é toda e qualquer *contratação pública direta*, sem licitação, que caracteriza o crime descrito na primeira parte do art. 337-E, como sustentavam alguns, sob a vigência da lei revogada. Em se tratando de *norma penal incriminadora*, logicamente, deve ser respeitado o *princípio da tipicidade estrita* (taxatividade), ou seja, haverá a incriminação somente se não se tratar daquelas hipóteses excepcionadas na lei de regência. Tratando-se, por conseguinte, de uma das hipóteses elencadas nos arts. 74 ou 75, as quais *dispensam* ou *não exigem* licitação, não há que se falar em crime, sob pena de violar-se o *princípio da reserva legal*, caracterizando autêntica responsabilidade penal objetiva.

Lucidamente, por fim, o legislador teve a coragem e a lucidez de não criminalizar a eventual inobservância de formalidades pertinentes à dispensa ou à inexigibilidade, ao contrário do que fizera o legislador de 1993, que considerou, equivocadamente, essa inobservância das formalidades com uma terceira modalidade de conduta incriminada. E o mais grave é que essa terceira modalidade referia-se às hipóteses em que, legalmente, era dispensada e não exigida licitação. Era criminalizada um mero erro de forma, pois era para hipótese em que era, *legalmente, dispensável ou inexigível a licitação*, mas que, ao fazê-lo, o servidor público não cumpria, rigorosamente, com o *procedimento* estabelecido para proceder a sua *dispensa ou inexigibilidade*. Na verdade, lamentavelmente, o legislador resolveu criminalizar um *error in procedendo*, na medida em que a situação era de *dispensa* ou *inexigência* de licitação, e que o servidor (gestor público) adotara a opção correta, mas *errara* no aspecto formal da execução do ato administrativo.

Rigorosamente, nessa hipótese, houve um claro *exagero* do legislador ao criminalizar um simples *erro administrativo*, sem objetividade jurídica punível identificável, além de não produzir qualquer lesão ao patrimônio público ou mesmo a propalada *ordem pública* (de difícil identificação!). A rigor, tínhamos grande dificuldade em aceitar a *constitucionalidade* daquela criminalização, que pecava pelo excesso, violando, em outros termos, o *princípio da proporcionalidade*, considerando-se que mero *error in procedendo*, além de indevidamente criminalizado, era sancionado com pena de três a cinco anos de detenção e multa. Ademais, é extremamente difícil apurar-se a existência de *elemento subjetivo* orientador da conduta equivocada do servidor público, no caso, a existência de dolo, na medida em que não há previsão de modalidade culposa.

Concluindo, a nosso juízo, a mera *omissão procedimental*, isto é, o simples fato de o administrador público não fundamentar adequadamente, segundo as formalidades estabelecidas, dando os motivos que o levam a *contratação pública direta*, sem licitar, por si só, é insuficiente para caracterizar conduta incriminada de "dispensa ou inexigência de licitação" ilegal. E *criminalizar*, como fazia a segunda parte do art. 89, *caracteriza visível e abusivo excesso do poder punitivo estatal*, violando flagrantemente o *princípio da proporcionalidade*, como sempre sustentado[19].

4.2.1 Fora das hipóteses previstas em lei

Primeiramente, convém destacar que o tipo descrito no art. 337-E configura hipótese daquelas classificadas como *norma penal em branco*, isto é, norma de *conteúdo incompleto*, vago, lacunoso, impreciso, também denominada *norma imperfeita*, por depender de complementação por outra *norma jurídica*, para concluir a descrição da conduta proibida, no caso, de outros dispositivos da mesma lei, que é o caso, que se complementa com os arts. 74 e 75 da mesma lei. A falta ou inexistência dessa dita *norma complementadora, quando ocorre*, impede que a descrição da conduta se complete, ficando em aberto a descrição típica, mas não ocorre no caso concreto.

A locução *"fora das hipóteses previstas em lei"* constantes do *caput* do art. 337-E, *sub examine,* constitui *elemento normativo do tipo* ou os denominados *elementos normativos especiais da ilicitude*. Qual o significado e qual a verdadeira dimensão dessas elementares? Referem-se somente às hipóteses relacionadas nos próprios dispositivos da lei de regência ou abrangem outros diplomas legais, inclusive de âmbito estadual e municipal?

Os *elementos normativos do tipo* não se confundem com os *elementos normativos especiais da ilicitude*. Enquanto aqueles são elementos constitutivos do tipo penal, estes, embora integrem a descrição do crime, referem-se à *ilicitude* e, assim sendo, constituem elementos *sui generis* do fato típico, na medida em que são, ao mesmo tempo, caracterizadores da ilicitude e integrantes da tipicidade. Esses "elementos normativos especiais da ilicitude", normalmente, são representados por expressões como "indevidamente", "injustamente", "sem justa causa", "sem licença da autoridade", "sem autorização legal" etc. Os elementos normativos do tipo, por sua vez, são representados, normalmente, por expressões tais como *honesto, alheio, funcionário público, motivo torpe* etc. Constata-se, assim, que a elementar — *fora das hipóteses previstas em lei* — é normativa especial da ilicitude, pois, ao mesmo tempo em que integra a tipicidade, refere-se também à ilicitude. Essa distinção dogmática interessa, fundamentalmente, no exame do *erro* (de tipo ou de proibição), na medida em que apresenta consequências distintas, conforme já tivemos oportunidade demonstrar em outras obras, para onde remetemos o leitor[20].

A locução "fora das hipóteses previstas em lei" refere-se especificamente a diploma legal denominado *lei formal*, que é *ato legislativo* emanado do poder competente, isto é, do Poder Legislativo, no caso, do Congresso Nacional, e elaborado de acordo com o *processo legislativo* previsto no texto constitucional; consequen-

---

19. Cezar Roberto Bitencourt, *Tratado de direito penal*: crimes contra o patrimônio, 7. ed., São Paulo, Saraiva, 2011, p. 144-147.
20. Cezar Roberto Bitencourt, *Tratado de direito penal*: parte especial, p. 450-452; *Erro de tipo e erro de proibição*, 5. ed., São Paulo, Saraiva, 2011.

temente, esta elementar normativa é restrita e refere-se exclusivamente a "lei", *stricto sensu*, não abrangendo regulamentos, resoluções ou circulares, ou mesmo leis estaduais ou municipais, ao contrário do que admite, por exemplo, Tavares de Freitas, quando afirma: "Eventualmente, as regras a serem observadas nos casos de dispensa ou inexigibilidade de licitação podem estar dispostas em outras sedes além do art. 26 desta lei, devendo, pois, caso a caso, ser analisado se *'leis ou atos estatais, distritais e municipais existentes ou por serem editados' estabelecem outras formalidades* a serem satisfeitas pelo servidor público nas hipóteses em que pretenda a contratação direta, situação em que, *no caso de inobservância*, também pode estar praticando o tipo penal em comento"[21] (sem grifo no original). Trata-se, *venia concessa*, de interpretação equivocada, que ignora por completo o sentido estrito do termo "fora das hipóteses previstas em lei", que tem significado específico, restrito, formal, compreendendo o conteúdo e o sentido desse tipo de diploma legal; constitui, em outras palavras, um comando normativo claro, preciso e expresso, de tal forma que não paira dúvida ou obscuridade a respeito do seu conteúdo, ou seja, refere-se a *lei*, lei federal elaborada pelo Congresso Nacional, a única que pode tipificar crimes, e, no caso, disciplinar as licitações públicas. Aliás, é a própria Lei n. 14.133/2021, como já destacamos, que estabelece quais as hipóteses que podem *dispensar ou inexigir licitação*, limitando-se, portanto, aos dispositivos da própria lei o exercício de *norma integradora* daquela em branco constante do art. 89.

Em outros termos, o tipo penal descrito nesse dispositivo compõe-se de *norma penal em branco homóloga*, isto é, em sentido lato, recorrendo a complementações constantes em seu próprio seio, no caso, autocomplementando-se. *Normas penais em branco em sentido lato* são aquelas cujo complemento origina-se na mesma *fonte formal* da norma incriminadora, havendo, portanto, *homogeneidade de fonte legislativa*[22], como demonstramos adiante. Consequentemente, a elementar "fora das hipóteses previstas em lei" não abrange, por óbvio, disposições constantes de portarias, regulamentos, resoluções, ordens de serviços ou mesmo leis de unidades federativas, que não são leis *stricto sensu*, elaboradas pelo Congresso Nacional. Com efeito, a adequação típica da conduta, nessa modalidade delitiva, exige o descumprimento de leis *stricto sensu*, e não simplesmente *normativas* de outra natureza ou de outras esferas legislativas. Aliás, o conteúdo dessa elementar é satisfeito pelos arts. 74 e 75 da mesma lei, não admitindo complemento de outras fontes legislativas, pois abalariam a segurança jurídica e violariam o *princípio da reserva legal*.

Por fim, a tipificação deste crime neste art. 337-E, ao contrário do que ocorria com a lei anterior (Lei n. 8.666/93), embora também configure norma penal em branco *homóloga*, não admite complemento de nenhum outro diploma legal. Com efeito, essas formalidades, na nossa ótica, limitam-se àquelas estabelecidas nos arts.

---

21. André Guilherme Tavares de Freitas, *Crimes na Lei de Licitações*, p. 75.
22. Cezar Roberto Bitencourt, *Tratado de direito penal*: parte geral, 29. ed., São Paulo, Saraiva, 2023, v. 1, p. 177-179.

74 e 75 da mesma lei. Nesse sentido, discordamos, mais uma vez, do entendimento sustentado por Tavares de Freitas, relativamente à lei anterior, quando afirmou, em sua segunda parte: "Já em relação à conduta típica de 'deixar de observar as formalidades pertinentes à dispensa ou à inexigibilidade', localiza-se o complemento deste tipo no art. 26 desta lei, *bem como em eventuais atos normativos que disponham a respeito das formalidades a serem observadas pelo servidor público, nos casos de dispensa ou inexigibilidade, que não, necessariamente, precisam ser federais ou tratar-se de leis propriamente ditas...*"[23].

Na verdade, não se pode dar toda essa abrangência a uma norma penal incriminadora — daquela já revogada e nesta lei — pelas mesmas razões que acabamos de expor, pois ampliaria em demasia o alcance da norma penal incriminadora. Eventuais diretivas estabelecidas por outras esferas legislativas ou administrativas, criando novos procedimentos ou exigindo outras formalidades, como refere o autor supracitado, não ultrapassarão o *plano administrativo*, e jamais poderão integrar a norma penal incriminadora, especialmente desta previsão (art. 335-E, combinado com os arts. 74 e 75 da mesma lei). Esses outros *complementos normativos*, de outras esferas (estadual, municipal etc.), se existirem, seus efeitos ficarão limitados ao plano administrativo, podendo anular o edital ou, dependendo das circunstâncias, o próprio certamente licitatório, sem, contudo, produzir efeito na lei incriminadora. Assim, quaisquer outras exigências, além das previstas na lei de regência, *não integram a norma penal incriminadora*, e, por essa razão, eventuais descumprimentos constituirão, repetindo, no máximo, infrações administrativas, sem qualquer reflexo na seara criminal, sob pena de violar o *princípio da taxatividade da descrição típica*. Em síntese, as *normas penais incriminadoras* devem ser interpretadas sempre restritivamente, sendo inadmissível a *analogia*, assim como *a interpretação extensiva ou analógica*.

Por fim, para concluir este tópico, destacamos, expressamente, que na criminalização deste diploma legal, as eventuais infringências de formalidades, ou eventual desatendimento de outras normas sobre forma ou modo de observar as limitações relativas as dispensas ou exigências licitatórias, não foram criminalizados por este diploma legal, ao contrário doque ocorria na, em boa ora, revogada Lei n. 8.666/93. Igualmente, não há a criminalização do *extraneus* que participa da dispensa ou inexigibilidade ilegal de licitação (parágrafo único do art. 89 da revogada Lei n. 8.666/93). No entanto, essa, pode-se afirmar, era uma previsão restritiva e, por consequência, mais benéfica para eventual *partícipe* nessa modalidade de crime.

Mas essa previsão contida no parágrafo único do art. 89 da lei revogada apresenta uma peculiaridade especial: a limitação da punição a intervenção e, particularmente, da punibilidade do *extraneus*, participante secundário, que era *condicionada* à obtenção de *benefício* representado pela celebração de contrato com o Poder Público. Referida figura não foi recepcionada por esta lei.

---

23. André Guilherme Tavares de Freitas, *Crimes na Lei de Licitações*, p. 86.

5. Deixar de observar formalidades pertinentes à dispensa ou à inexigibilidade de licitação

A atual Lei n. 14.133/2021, acertadamente, não repetiu a segunda parte do revogado art. 89, que criminalizava, igualmente, a *conduta omissiva* de "Deixar de observar formalidades pertinentes à dispensa ou à inexigibilidade". Havia, na verdade, essa *terceira modalidade de conduta incriminada*, na segunda parte do art. 89. Essa terceira modalidade de conduta refere-se a hipótese em que é, *legalmente, dispensável ou inexigível a licitação*, mas que, ao fazê-lo, *o servidor público não cumpre* rigorosamente com o *procedimento* estabelecido para proceder a sua *dispensa ou inexigibilidade*. Na realidade, lamentavelmente, o legislador resolveu, na hipótese, criminalizar um *error in procedendo*, na medida em que a situação é de *dispensa* ou *inexigência* de licitação, e que o servidor (gestor público) adota a opção legal corretamente, mas *erra* no aspecto formal da execução do ato administrativo. Nesse particular, a nosso juízo, andou bem o legislador atual em não criminalizar um simples *erro procedimental*, que comportaria, no máximo, de *lege ferenda*, uma pequena multa administrativa.

Constata-se, nessa hipótese, um claro *exagero* do legislador criminalizando um simples *erro administrativo*, sem objetividade jurídica punível identificável, além de não produzir qualquer lesão ao patrimônio público ou mesmo a propalada *ordem pública* (de difícil identificação!). A rigor, temos dificuldade em aceitar a *constitucionalidade* dessa criminalização, que peca pelo excesso, violando, em outros termos, a *tipicidade estrita* e o *princípio da proporcionalidade*, considerando-se que mero *error in procedendo*, além de indevidamente criminalizado, era sancionado com pena de três a cinco anos de detenção e multa. Ademais, é extremamente difícil apurar-se a existência de *elemento subjetivo* orientador da conduta equivocada do servidor público, no caso, a existência de dolo, na medida em que não há previsão de modalidade culposa.

Concluindo, a nosso juízo, a mera *omissão procedimental*, isto é, o simples fato de o administrador público não fundamentar, segundo as formalidades estabelecidas no art. 26, parágrafo único, da lei revogada, dando os motivos que o levaram a *contratação pública direta*, sem licitar, por si só, era insuficiente para caracterizar a conduta incriminada de "dispensa ou inexigência de licitação" ilegal. E *criminalizar*, como fez a segunda parte do revogado art. 89, caracterizava-se *flagrante e abusivo excesso do poder punitivo estatal*, violando claramente o *princípio da tipicidade estrita e proporcionalidade*, como temos sustentado alhures[24]. Enfim, acertadamente, essa arbitrariedade e desproporcionalidade da lei anterior, aqui revogada, está fora do nosso direito positivo e, aliás, o que é mais importante, no particular, *com efeito retroativo*, afastando a *justa causa* nos eventuais processos criminais em andamento por esse fundamento.

---

24. Cezar Roberto Bitencourt, *Tratado de direito penal*: crimes contra o patrimônio, 7. ed., São Paulo, Saraiva, 2011, p. 144-147.

6. Atipicidade da utilização equivocada de uma modalidade de licitação por outra

A utilização equivocada de uma modalidade de licitação por outra não é crime. Aliás, se avançarmos com coragem na discussão sobre o tema, chegaremos à espantosa conclusão de que sequer há fato típico na utilização de uma modalidade de licitação quando, na hipótese, a lei previa outra. Mais uma vez buscando guarida na abalizada doutrina de Marcelo Leonardo[25], concordamos com incensurável conclusão: "O legislador quis ser rigoroso, mas acabou deixando lacunas na criminalização de condutas. Já não constituía crime, previsto na revogada Lei n. 8.666, a conduta de realizar modalidade de licitação em desacordo com a lei, isto é, diversa da que deveria ter realizado". Por exemplo, fazer convite quando o exigível era concorrência. O art. 89 só punia a *dispensa de licitação, não a sua realização, ainda que em modalidade diversa da exigida*. No mesmo sentido a Lei n. 14.133/2021 não criminaliza a realização de uma licitação por outra, ou seja, a realização de uma licitação equivocada, quando deveria ter sido realizada outra modalidade.

A Lei de Licitações n. 14.133/2021, enfim, não pune a realização equivocada de uma licitação poro outra. Como efeito, a *Lei de Licitações* pune somente a *dispensa de licitação*, quando deveria fazê-la, não a opção por modalidade diversa daquela que seria a correta, como uma forma de reconhecer, a nosso juízo, que seria demasiada ingerência no âmbito de discricionariedade conferido ao administrador para escolha deste ou daquele procedimento, incriminando-o por optar por uma modalidade em lugar de outra, sendo que ambas eram possíveis. A opção por determinada modalidade de licitação, enfim, ainda que não seja a mais adequada, ou até mesmo não recomendada pelo legislador, não encontra adequação tipificada na lei licitatória em que acaba de entrar vigor.

Não se pode conceber que um administrador seja criminalmente processado porque escolheu uma dentre várias opções que lhe eram legalmente autorizadas, especialmente quando a *tomada de preços* (modalidade escolhida) ostenta caráter deveras similar ao da concorrência, por exemplo. Hely Lopes Meirelles, uma das maiores autoridades sobre Direito Administrativo em nosso país, reconhecia a similitude entre tais procedimentos, afirmando: "Tomada de preços é a licitação realizada entre interessados previamente registrados, observada a necessária habilitação, convocados com a antecedência mínima prevista na lei, por aviso publicado na imprensa oficial e em jornal particular, contendo as informações essenciais da licitação e o local onde pode ser obtido o edital. A Lei n. 8.666, de 1993, aproximou a tomada de preços da concorrência, exigindo a publicação do aviso e permitindo o cadastramento até o terceiro dia anterior à data do recebimento das propostas (arts. 21-22, § 2º). A tomada de preços é admissível nas contratações de obras, serviços e compras dentro dos limites de valor estabelecidos na lei e corrigidos por ato administrativo competente"[26].

Por todas essas razões, a escolha equivocada do procedimento licitatório já não encontrava adequação típica na revogada Lei n. 8.666/93 e, principalmente, não encontra respaldo nesta Lei n. 14.133/2021.

---

25. Marcelo Leonardo, *Crimes de responsabilidade fiscal*: crimes contra as finanças públicas; crimes nas licitações; crimes de responsabilidade de prefeitos. Belo Horizonte: Del Rey, 2001, p. 52-53.
26. Hely Lopes Meirelles, *Direito municipal brasileiro*, 16. ed., São Paulo, Malheiros, 2008, p. 428.

7. Tipo subjetivo: adequação típica

O *tipo subjetivo* abrange todos os aspectos subjetivos do tipo de conduta proibida que, concretamente, produzem o tipo objetivo. O *tipo subjetivo* é constituído de um *elemento geral* — dolo —, que, por vezes, é acompanhado de *elementos especiais* — *intenções* e *tendências* —, que são *elementos acidentais*, conhecidos como elementos subjetivos especiais do injusto ou do tipo penal. Neste tipo, antecipando, não há previsão da necessidade de qualquer elemento subjetivo especial, como demonstraremos adiante. Os *elementos subjetivos* que compõem a estrutura do tipo penal assumem transcendental importância na definição da conduta típica, pois é através do *animus agendi* que se consegue identificar e qualificar a *atividade comportamental* do agente. Somente conhecendo e identificando a intenção — *vontade* e *consciência* — do agente poder-se-á classificar um comportamento como típico, especialmente quando a figura típica exige, também, um *especial fim de agir*, que constitui o conhecido *elemento subjetivo especial do tipo*, que, para a corrente tradicional, denominava-se *dolo específico* (terminologia completamente superada).

O *elemento subjetivo* das condutas descritas neste art. 337-E da Lei de Licitações (Lei n. 14.133/2021) é o *dolo*, constituído pela *consciência* e a *vontade* de realização das condutas descritas, quais sejam, *dispensar* ou *inexigir* licitação fora das hipóteses legais, ou *deixar de observar* as formalidades pertinentes à dispensa ou à inexigibilidade. Em outros termos, qualquer das condutas deve ser praticada voluntariamente consciente pelo sujeito ativo, isto é, conhecendo todos os elementos constitutivos do tipo penal. Como afirmava Welzel, "dolo, em sentido técnico penal, é somente a vontade de ação orientada à realização do tipo de um delito"[27]. O dolo, *puramente natural*, constitui o elemento central do injusto pessoal da ação, representado pela vontade consciente de ação dirigida imediatamente contra o mandamento normativo. Embora a Reforma Penal de 1984 tenha afastado a intensidade do dolo da condição de circunstância judicial de medição da pena, não se pode negar, contudo, que uma ação praticada com dolo intenso será muito mais desvaliosa que outra realizada com dolo normal ou de menor intensidade, como, por exemplo, com dolo eventual, a despeito de o legislador ter equiparado as duas espécies de dolo (direto e eventual). Vale indicar que o STJ tem posicionamento no sentido de que é exigido dolo específico de causar dano ao erário ou efetivo prejuízo aos cofres públicos, conforme a seguinte ementa:

"AGRAVO REGIMENTAL EM *HABEAS CORPUS*. PENAL. ART. 89 DA LEI N. 8.666/1993. AÇÃO PENAL. PREFEITO MUNICIPAL. CONTRATAÇÃO DIRETA DE ESCRITÓRIO DE ADVOCACIA. REQUISITO DE SINGULARIDADE DO SERVIÇO SUPRIMIDO PELA LEI N. 14.133/2021. CARÁTER INTELECTUAL DO TRABALHO ADVOCATÍCIO. PARECER JURÍDICO FAVORÁVEL. AUSÊNCIA DE DOLO ESPECÍFICO E DE EFETIVO PREJUÍZO. ATIPICIDADE DA CONDUTA. AGRAVO REGIMENTAL PROVIDO. 1. A consumação do crime descrito no art. 89 da Lei n. 8.666/1993, agora disposto no art. 337-E do CP (Lei n. 14.133/2021), exige a demonstração do dolo específico de causar dano ao erário, bem como efetivo prejuízo aos cofres públicos. 2. O crime previsto no art. 89 da Lei n. 8.666/1993 é norma penal em branco, cujo preceito primário depende da complementação e integração das normas que dispõem sobre hipóteses de dispensa e inexigibilidade de licitações, agora

---

27. Hans Welzel, *Derecho penal alemán*, p. 95.

previstas na nova Lei de Licitações (Lei n. 14.133/2021). 3. Dado o princípio da tipicidade estrita, se o objeto a ser contratado estiver entre as hipóteses de dispensa ou de inexigibilidade de licitação, não há falar em crime, por atipicidade da conduta. 4. Conforme disposto no art. 74, III, da Lei n. 14.133/2021 e no art. 3º-A do Estatuto da Advocacia, o requisito da singularidade do serviço advocatício foi suprimido pelo legislador, devendo ser demonstrada a notória especialização do agente contratado e a natureza intelectual do trabalho a ser prestado. 5. A mera existência de corpo jurídico próprio, por si só, não inviabiliza a contratação de advogado externo para a prestação de serviço específico para o ente público. 6. Ausentes o dolo específico e o efetivo prejuízo aos cofres públicos, impõe-se a absolvição do paciente da prática prevista no art. 89 da Lei n. 8.666/1993. 7. Agravo regimental desprovido"[28]. Em sentido semelhante, vide o seguinte julgado: STJ, AgRg no AREsp n. 2.026.564/BA, relator Ministro Sebastião Reis Júnior, Sexta Turma, julgado em 10-9-2024, publicado em 13-9-2024.

A *consciência* elementar do dolo deve ser *atual*, efetiva, ao contrário da *consciência da ilicitude*, que pode ser *potencial*. Mas a *consciência do dolo* abrange somente a representação *dos elementos integradores do tipo penal*, ficando fora dela a *consciência da ilicitude*, que hoje, como elemento normativo, está deslocada para o interior da culpabilidade. É desnecessário o conhecimento da configuração típica, sendo suficiente o conhecimento das circunstâncias de fato necessárias à composição da figura típica. Sintetizando, em termos bem esquemáticos, *dolo é a vontade de realizar o tipo objetivo, orientada pelo conhecimento de suas elementares no caso concreto.*

Mas a *essência do dolo* deve estar na *vontade*, não de violar a lei, mas de realizar a ação e obter o resultado. Na verdade, *vontade* e *consciência* (representação) são, numa linguagem figurada, uma espécie de *irmãs siamesas*, uma não vive sem a outra, pois a *previsão* sem *vontade* é algo completamente inexpressivo, indiferente ao Direito Penal, e a *vontade* sem representação, isto é, sem *previsão*, é absolutamente impossível, vez que vazia de conteúdo. A *vontade,* como critério aferidor do *dolo eventual,* pode ser traduzida na posição do autor de *assumir* o *risco* de produzir o resultado representado como possível, na medida em que "assumir" equivale a *consentir*, que nada mais é que uma forma de *querer*.

Concluindo, para a configuração do dolo, puramente natural, é indispensável a presença de seus dois elementos: (a) um cognitivo, ou intelectual (consciência), e (b) outro volitivo (vontade), *sendo-lhe extirpado* o elemento normativo (*consciência da ilicitude*). Com efeito, a configuração do *dolo* exige a *consciência* (previsão ou representação) daquilo que se pretende praticar (*dispensar* ou *inexigir* licitação fora das hipóteses legais, ou *deixar de observar* as formalidades pertinentes à dispensa ou a inexigibilidade). Essa *consciência* deve ser *atual*, isto é, deve estar presente no momento da ação, quando ela está sendo realizada. É insuficiente, segundo Welzel, a *potencial consciência* das circunstâncias objetivas do tipo, uma vez que prescindir da atualidade da consciência equivale a destruir a linha divisória entre dolo e culpa, convertendo aquele em mera ficção. Em outros termos, a *consciência dos elementos objetivos e subjetivos do tipo* deve ser real, efetiva, concreta, no momento da ação, sendo insuficiente a mera possibilidade ou potencial consciência de tais elementos. Nesse sentido, fica completamente afastada essa consciência quando, por exemplo, o agente age respaldado em fundamentado parecer

---

28. AgRg no HC 669.347/SP, rel. Min. Jesuíno Rissato (Desembargador Convocado do TJDFT), rel. p/ acórdão Min. João Otávio de Noronha, 5ª T., j. em 13-12-2021, *DJe* de 14-2-2022.

técnico-jurídico de assessoria especializada. Aliás, o parecer é, por si mesmo, a demonstração da *ausência de consciência* (e também de vontade) de infringir a norma proibitiva, é a comprovação do desejo de agir *secundun legis*, afastando, por conseguinte, o elemento subjetivo, ou seja, o *dolus*, e, por extensão, a tipicidade subjetiva. Eventual conclusão, posterior, em outras instâncias, de que a decisão foi equivocada e que era exigível licitação ou as formalidades dispensadas, não têm o condão de atribuir tipicidade ao comportamento que se respaldou em fundamentado parecer jurídico, pois, por óbvio, esbarra na ausência de dolo, na medida em que quem age escudado em estudos de *experts* não pretende violar a norma proibitiva, mas adequar-se a ela. Na verdade, admitindo que a conclusão posterior esteja correta, demonstrará somente que houve uma irregularidade (ou até mesmo uma ilegalidade) puramente administrativa, mas jamais uma infração penal, por falta de tipicidade subjetiva, afastada pelo *erro de tipo*.

A *previsão*, isto é, a consciência, deve abranger correta e completamente todos os elementos essenciais e constitutivos do tipo, sejam eles descritivos, normativos ou subjetivos. Enfim, a *consciência* (previsão ou representação) abrange a realização dos elementos descritivos e normativos, do nexo causal e do evento (delitos materiais), da lesão ao bem jurídico, dos elementos da autoria e da participação, dos elementos objetivos das circunstâncias agravantes e atenuantes que supõem uma maior ou menor gravidade do injusto e dos elementos acidentais do tipo objetivo. Por isso, quando o *processo intelectual volitivo* não atinge um dos componentes da ação descrita na lei, o dolo não se aperfeiçoa, isto é, não se completa. Mas essa *previsão*, gizando, constitui somente a *consciência dos elementos integradores do tipo penal*, ficando fora dela a *consciência da ilicitude*, que hoje está deslocada para o interior da culpabilidade. É desnecessário o conhecimento da configuração típica, sendo suficiente o conhecimento das circunstâncias de fato necessárias à composição do tipo.

E, por fim, o dolo deve ser integrado pelo elemento volitivo, isto é, pela *vontade*, incondicionada, que também deve abranger a ação ou omissão (conduta), o resultado e o nexo causal. A vontade pressupõe a *previsão*, isto é, a *representação*, na medida em que é impossível querer algo conscientemente senão aquilo que se previu ou representou na nossa mente, pelo menos parcialmente. Nesse sentido, destacava Welzel: "O dolo como simples resolução é penalmente irrelevante, visto que o direito penal não pode atingir ao puro ânimo. Somente nos casos em que conduza a um fato real e o governe, passa a ser penalmente relevante". A vontade de realização do tipo objetivo pressupõe a possibilidade de *influir no curso causal*[29], pois tudo o que estiver fora da possibilidade de influência concreta do agente pode ser desejado ou esperado, mas não significa querer realizá-lo. Somente pode ser objeto da norma jurídica, proibitiva ou mandamental, algo que o agente possa realizar ou omitir. Dessa forma, o dolo, puramente psicológico, completa-se com a *vontade* e a *consciência* da ação, do resultado tipificado como injusto e da relação de causalidade, sem qualquer outro elemento constitutivo.

7.1 *(Des)necessidade de elemento subjetivo especial do injusto*

Não se vislumbra nas elementares objetivas e subjetivas constantes do *caput* do art. 89 a exigência do denominado *elemento subjetivo especial do tipo ou do injus-*

---

29. Hans Welzel, *Derecho penal alemán*, p. 97.

to (segundo a terminologia dominante). Contudo, na figura contida no parágrafo único, segundo Rui Stoco[30] e Vicente Greco Filho[31], pode-se vislumbrar a presença do *elemento subjetivo especial* de concorrer para a ilegalidade com o fim de celebrar contrato com o Poder Público. No entanto, preferimos interpretar essa elementar *como se fora uma espécie de condição objetiva de punibilidade* (a despeito de integrar o tipo penal), pois consideramos que a conduta incriminada *somente se consuma com a efetiva contratação* do agente com o Poder Público, embora reconheçamos ser bem razoável a interpretação de Greco e Stoco. Na verdade, concebemos essa infração penal como *crime material*, que somente se consuma com a efetiva contratação pública, e, se for considerada aquela elementar, como *elemento subjetivo do injusto*, essa concretização seria desnecessária.

As elementares subjetivadoras especiais — configuradoras do *especial fim de agir* — são, normalmente, representadas por expressões, tais como "a fim de", "para o fim de", "com a finalidade de", "para si ou para outrem", "com o fim de obter", "em proveito próprio ou alheio", entre outras, indicadoras de uma finalidade transcendente, além do dolo natural configurador do tipo subjetivo. Com efeito, pode figurar nos tipos penais, ao lado do dolo, uma série de características subjetivas que os integram ou os fundamentam. A doutrina clássica denominava, impropriamente, o *elemento subjetivo geral* do tipo *dolo genérico* e o *especial fim* ou motivo de agir, de que depende a ilicitude de certas figuras delituosas, *dolo específico*. Essa classificação — dolo geral e dolo específico — encontra-se completamente superada, representando um anacronismo do antigo *direito penal clássico*, abandonado pelas doutrinas contemporâneas. O próprio Welzel esclareceu que: "Ao lado do dolo, como momento geral *pessoal-subjetivo*, que produz e configura a ação como acontecimento dirigido a um fim, apresentam-se, frequentemente, no tipo *especiais* momentos subjetivos, que dão colorido num determinado sentido ao conteúdo ético-social da ação"[32]. Assim, o *tomar* uma coisa alheia é uma atividade dirigida a um fim por imperativo do dolo; no entanto, seu sentido ético-social será completamente distinto se aquela atividade tiver como *fim* o uso passageiro ou se tiver o desígnio de apropriação.

Na realidade, o *especial fim* ou motivo de agir, embora amplie o aspecto subjetivo do tipo, não integra o dolo nem com ele se confunde, uma vez que, como vimos, o *dolo* esgota-se com a *consciência* e a *vontade* de realizar a ação com a finalidade de obter o resultado delituoso, ou na *assunção do risco* de produzi-lo. O *especial fim de agir* que integra determinadas definições de delitos condiciona ou fundamenta a *ilicitude* do fato, constituindo, assim, *elemento subjetivo do tipo* de ilícito, de forma autônoma e independente do dolo. A denominação correta, por isso, é *elemento subjetivo especial do tipo* ou *elemento subjetivo especial do injusto*, que se equivalem, porque pertencem, ao mesmo tempo, à ilicitude e ao tipo que a ela corresponde.

A ausência desses *elementos subjetivos especiais* descaracteriza o tipo subjetivo, independentemente da presença do dolo. Enquanto o dolo deve materializar-se no

---

30. Rui Stoco, *Leis penais e sua interpretação jurisprudencial*, 7. ed., São Paulo, Revista dos Tribunais, 2001, v. 3, p. 2560.
31. Vicente Greco Filho, *Dos crimes da Lei de Licitações*, 2. ed., São Paulo, Saraiva, 2007, p. 63.
32. Welzel, *Derecho Penal*, p. 83.

fato típico, os elementos subjetivos especiais do tipo especificam o dolo, sem necessidade de se concretizarem, sendo suficiente que existam no psiquismo do autor, isto é, desde que a conduta tenha sido orientada por essa finalidade específica. A grande variedade de alternativas possíveis das mais diversas formas de elementos subjetivos especiais do tipo impede que se possa realizar, com segurança, a sua classificação, cuja ausência não traduz nenhum prejuízo ao desenvolvimento didático do tema.

A evolução dogmática do Direito Penal nos revela que determinado ato poderá ser justo ou injusto, dependendo da *intenção* com que o agente o pratica. Um comportamento, que externamente é o mesmo, pode ser *justo* ou *injusto*, segundo o seu aspecto interno, isto é, de acordo com a *intenção* com que é praticado. Assim, por exemplo, quando o ginecologista toca a região genital da paciente com fins terapêuticos, exercita, legitimamente, sua nobre profissão de médico; se o faz, no entanto, com intenções voluptuárias, sua conduta é ilícita. Determinados crimes requerem um agir com ânimo, finalidade ou *intenção adicional* de obter um resultado ulterior ou uma ulterior atividade, distintos da realização do tipo penal. Trata-se, portanto, de uma finalidade ou ânimo que vai além da simples realização do tipo. As *intenções especiais* integram a estrutura subjetiva de determinados tipos penais, exigindo do autor a persecução de um objetivo compreendido no tipo, mas que não precisa ser alcançado efetivamente. Faz parte do tipo de injusto uma *finalidade transcendente* — um especial fim de agir —, como, por exemplo, *para si ou para outrem* (art. 157); *com o fim de obter* (art. 159); *em proveito próprio ou alheio* (art. 180) etc.

Enfim, ao contrário do que afirma, equivocadamente, Marçal Justen Filho, as condutas incriminadas no *caput* do art. 89 não exigem qualquer *elemento subjetivo especial do injusto*[33], a despeito de, *in concreto*, poder a ação incriminada ter alguma motivação especial. Havendo alguma finalidade especial, poderá transformar-se no denominado *crime-meio*, deixando, nessa hipótese, de ser punível a infração licitatória. Assim, por exemplo, quando o sujeito ativo deixa, propositalmente, de cumprir as formalidades pertinentes à dispensa de licitação, com o objetivo definido de obter determinada vantagem econômica, com o afastamento do procedimento licitatório; nessa hipótese, responderá somente pelo *crime-fim* que, eventualmente, tal conduta caracterizar, independentemente da natureza dos bens jurídicos em questão, bem como da maior ou menor punibilidade desta última conduta.

8. Inobservância de formalidades e falsidade ideológica: princípio da consunção

Configura-se a *consunção* quando o *crime-meio* é realizado como uma fase ou etapa do *crime-fim*, onde vai esgotar seu potencial ofensivo, ocorrendo, por isso, a punição somente da conduta criminosa final do agente. Com efeito, pela *consunção* os crimes praticados como *meio necessário* à execução de outros são por estes *absorvidos*, ainda que sejam previstos como crimes autônomos. Ou seja, quando a

---

33. Marçal Justen Filho, *Comentários à Lei de Licitações e contratos administrativos*, 11. ed., São Paulo, Dialética, 2005.

conduta qualificada como *crime licitatório*, por exemplo, for *meio de execução* (crime-meio) para a consecução de outra *fraude*, isto é, de outra infração penal, esta sim almejada — *crime-fim* —, será absorvida por esta.

A *diversidade de bens jurídicos* tutelados, por sua vez, não é obstáculo para a configuração da consunção. Inegavelmente — exemplificando — são diferentes os bens jurídicos tutelados na *invasão de domicílio* para a prática de *furto*, e, no entanto, somente o *crime-fim* (furto) é punido, como ocorre também na *falsificação de documento* para a prática de *estelionato*, não se punindo aquele, mas somente este (Súmula 17 do STJ[34]). Não é, por conseguinte, a diferença dos bens jurídicos tutelados, e tampouco a disparidade de sanções cominadas[35], mas a razoável inserção na linha causal do *crime final*, com o esgotamento do dano social no último e desejado crime, que faz as condutas serem tidas como únicas (consunção) e punindo-se somente o crime último da cadeia causal, que efetivamente orienta a conduta do agente.

A doutrina tem se manifestado detidamente sobre esse tema. Para Jescheck, há consunção quando o conteúdo do injusto e da própria culpabilidade de uma ação típica inclui também outro fato ou outro tipo penal, expressando o desvalor do ocorrido em seu conjunto[36]. Pelo *princípio da consunção*, ou absorção, a norma definidora de um crime constitui meio necessário ou fase normal de preparação ou execução de outro crime. Em termos bem esquemáticos, há *consunção* quando o fato previsto em determinada norma é compreendido em outra, mais abrangente, aplicando-se somente esta. Na *relação consuntiva*, os fatos não se apresentam em relação de gênero e espécie, mas de *minus* e *plus*, de continente e conteúdo, de todo e parte, de inteiro e fração. Nesse sentido professava Aníbal Bruno, afirmando: "O fato definido em uma lei ou disposição de lei pode estar compreendido no fato previsto em outra, de sentido mais amplo. Então, é essa disposição mais larga que vem aplicar-se à hipótese. É o *princípio da consunção*. Pode ocorrer isso quando o fato previsto em uma norma figura como elemento constitutivo do tipo delituoso definido em outra, conduta inicial, meio para realizá-lo ou parte do todo que ele representa"[37]. Por isso, o crime consumado absorve o crime tentado, o crime de perigo é absorvido pelo crime de dano. A *norma consuntiva* constitui fase mais avançada na realização da ofensa a um bem jurídico, aplicando-se o princípio *major absorbet minorem*. Assim, as lesões corporais que determinam a morte são absorvidas pela tipificação do homicídio, ou o furto com arrombamento em casa habita-

---

34. "Quando o falso se exaure no estelionato, sem mais potencialidade lesiva, é por este absorvido."
35. O STJ voltou a aplicar a pena de estelionato tentado, desprezando a existência do crime-meio de falsidade (a despeito da menor pena do estelionato — CComp 30.090/SP).
36. Hans-Heinrich Jescheck & Thomas Weingend, *Tratado de derecho penal*, 5. ed., Granada, Comares, 2002, p. 792-793.
37. Aníbal Bruno, *Direito penal*: parte geral, 3. ed., Rio de Janeiro, Forense, 1967, v. 1, p. 262.

da absorve os crimes de dano e de violação de domicílio etc. A norma *consuntiva* exclui a aplicação da norma *consunta,* por abranger o delito definido por esta[38].

O Ministro Néfi Cordeiro, do TRF da 4ª Região, quando ainda era desembargador, em seu magnífico voto divergente[39], que acabou vencedor nos *embargos infringentes,* citando Zaffaroni[40]*,* acaba transcrevendo magistério de Impallomeni[41], nos seguintes termos:

"A tese de que o delito é tipicidade e não ação, está dita com todas as palavras por Impallomeni, ainda que não usasse essa terminologia, como é lógico. 'A ação — dizia — não é mais do que o modo como se efetua a violação da lei; e o cumprir diversos fins criminais por meio de uma ou de várias ações é indiferente, pois que o delito, que é a violação da lei, não consiste no meio adotado; o meio não é mais que a condição indispensável para a perpetração do delito'. Isso lhe permitiria afirmar que 'a unidade ou pluralidade de ações com que se lesionam vários direitos não é, em muitos casos, mais que um mero acidente que não pode influir sobre a valoração jurídica do fato'".

E conclui, o digno e culto Ministro, arrematando nos seguintes termos:

"Ou seja, é natural à realização dos mais variados tipos penais que venha o fator final (como chama Zaffaroni) a ser obtido por uma ou várias ações, que mesmo atingindo diretamente diferentes bem jurídicos e configurando variados crimes, somente merecerão pena específica em caso de desvalor específico. Ou seja, quando sejam as condutas (isoladamente criminosas) realizadas como meio de crime final e nele esgotem seu desvalor, não haverá tipificação separada para os crimes-meio, pois única é a conduta de desvalor final: o crime pretendido".

Portanto, exemplificando, sendo a *fraude* (inobservância das formalidades para dispensa de licitação) realizada — como (crime) *meio* — para a obtenção do resultado adulterado de um *concurso público* (falsidade ideológica), este é o *crime-fim,* o do art. 299 do CP — único que pode receber *imputação.* De observar-se, ademais, que *a inobservância das formalidades* de dispensa de licitação não tem *quaisquer efeitos, mesmo potenciais, fora do desvio final,* qual seja, da *adulteração do resultado do certame.* Consequentemente, deve receber o tratamento de ação dentro da linha causal do desvio — *alteração do resultado* —, esgotando-se neste todo seu potencial lesivo, que foi o objetivo da etapa inicial — *irregularidade licitatória* — ao suprimir as *formalidades de sua dispensa.*

Ademais, é importante observar a existência de uma *relação de conexão* entre o crime do art. 335-E incluído no Código Penal pela Lei n. 14.133/2021 e o crime

---

38. Repetimos essas afirmações apenas por razões didáticas, para ficarem melhor contextualizadas, embora tenhamos nos ocupado, em capítulo próprio, dos princípios orientadores da solução do aparente conflito de normas.
39. ApCr 1999.70.00.031756-0/PR.
40. Eugénio Raúl Zaffaroni, *Tratado de derecho penal*, Buenos Aires, Ediar, v. IV, p. 529.
41. Apud Zaffaroni, *Tratado de derecho penal*, p. 523-524.

do art. 299 do mesmo CP, no exemplo dado. Com efeito, o *meio* supostamente utilizado — *omissão do procedimento legal para dispensa de licitação* — tendo como *fim* apresentar resultado adulterado de concurso público. Consequentemente, *apesar de não ser uma etapa necessária* da falsidade ideológica (art. 299 do CP), no exemplo dado, *a inobservância do procedimento legal* de licitação deve ser *meio* finalisticamente orientado ao *fim* de adulteração do resultado. Assim como no *crime de estelionato*, cuja *falsidade* é absorvida pela *finalidade patrimonial* do agente (Súmula 17 do STJ), também aqui se pode falar na *irregularidade da dispensa de licitação* (art. 335-E da Lei n. 14.133/21) sendo absorvida pela *falsidade do resultado pretendido*. Aquele *crime-meio*, este *crime-fim*.

8.1 Irrelevância da diversidade de bens jurídicos e da maior gravidade do crime-meio

A jurisprudência tem entendido, acertadamente, que (a) o fato de o *bem jurídico* protegido por dois tipos penais não ser o mesmo, bem como (b) o fato de a pena do *crime-meio* ser mais elevada, não impede a adoção do princípio da absorção pelo *crime-fim*. Com efeito, não convence o argumento de que é impossível *a absorção* quando se tratar de *bens jurídicos distintos*, ou quando a punição do *crime-fim* for inferior à do *crime-meio*, não encontrando fundamento lógico, dogmático ou hermenêutico. A prosperar tal argumento, jamais se poderia, por exemplo, falar em absorção nos *crimes contra o sistema financeiro* (Lei n. 7.492/86), na medida em que todos eles possuem uma objetividade jurídica específica, distinta, portanto, um dos outros. Embora se possa admitir a relevância de referido argumento, ele não é suficiente para excluir o *princípio da consunção*. Caso contrário, poder-se-ia concluir, por exemplo, que o *crime de evasão de divisas* (art. 22 da Lei n. 7.492/86) não poderia absorver o *crime definido no art. 6º* da mesma lei, nos casos em que o numerário em dólares seja enviado ao exterior por meio da *omissão de informação à autoridade cambial*, considerando que ambos estariam direcionados a objetividades jurídicas diversas. É conhecido, entretanto, o entendimento do TRF da 4ª Região no sentido de que o art. 22 absorve o art. 6º da Lei n. 7.492/86[42]. Em casos semelhantes, o TRF da 4ª Região também vem entendendo que a prática de *falsificação*

---

42. "PENAL. LEI N. 7.492/86. ART. 6º. ART. 22, *CAPUT*. COMPRA DE DÓLARES. NÃO IDENTIFICAÇÃO DO VENDEDOR. NECESSIDADE DE INTERMEDIAÇÃO DE BANCO CREDENCIADO. FALTA DE REGISTRO NO SISBACEN. CONSUNÇÃO. Constitui o delito previsto no art. 22 da Lei n. 7.492/86 a compra de dólares que desrespeitou os requisitos estipulados pela Circular n. 2.202 do BACEN então vigente. Caracterizado o intuito de evadir divisas ao serem transportados dólares em carro-forte sem a intermediação de banco habilitado, sem a identificação da origem dos valores e sem o devido registro no SISBACEN. Ocorre a consunção quando a sonegação de informação do art. 6º da Lei n. 7.492/86 é meio para o fim de praticar a evasão de divisas. Apelação parcialmente provida" (TRF da 4ª Região, Proc. 200104010804291/PR, 7ª T., rel. Maria de Fátima Freitas Labarrère, j. em 26-10-2004, *DJU* de 17-11-2004, p. 838).

de documento (arts. 297 e 304 do CP) é *absorvida* pela conduta de *obtenção fraudulenta de financiamento* (art. 19 da Lei n. 7.492/86)[43], que é efetivamente o *crime-fim*, independentemente da diversidade de bens jurídicos tutelados.

É irrelevante, por outro lado, que a pena do *crime-meio* seja mais elevada que a pena do *crime-fim*. No conhecido enunciado da Súmula 17 do STJ, registre-se, novamente, reconheceu-se que o *estelionato* pode absorver a *falsificação de documento*. Destaque-se que a pena do art. 297 é de dois a seis anos de reclusão, ao passo que a pena do art. 171 é de um a cinco anos. Jamais se questionou, contudo, que tal circunstância impediria a *absorção*, mantendo-se em plena vigência a referida súmula. Não é por outra razão que o TRF da 1ª Região vem entendendo que se verifica *uma relação de absorção entre os arts. 4º e 5º da Lei n. 7.492/86*, a despeito de a pena daquele ser de três a doze anos de reclusão, e a deste de dois a seis. Aliás, é bom lembrar, por fim, que o próprio TRF da 4ª Região, com a antiga composição da 7ª Turma, já mantinha entendimento no sentido de que o art. 5º absorvia o art. 4º da Lei n. 7.492/86[44].

Enfim, essa argumentação comparativa tem a finalidade exclusiva de demonstrar que a *diversidade de bens jurídicos tutelados* e o fato de a pena cominada ao *crime-meio* ser superior à do *crime-fim* não impedem a absorção deste por aquele.

9. Normas penais em branco e retroatividade das normas integradoras

A maioria das *normas penais incriminadoras*, ou seja, aquelas que descrevem as condutas típicas, compõem-se de *normas completas*, integrais, possuindo *preceitos e sanções*; consequentemente, referidas *normas* podem ser aplicadas sem a complementação de outras. Há, contudo, algumas normas incompletas, com pre-

---

43. "PENAL. CRIME CONTRA O SISTEMA FINANCEIRO NACIONAL. INCOMPETÊNCIA DA JUSTIÇA FEDERAL. TRANCAMENTO DA AÇÃO PENAL. CRIME-FIM. ABSORÇÃO DOS DELITOS DE FALSIFICAÇÃO DE DOCUMENTO PÚBLICO E USO DE DOCUMENTO FALSO (ARTS. 297 E 304 DO CP). APRESENTAÇÃO DE CND FALSA PARA OBTENÇÃO DE FINANCIAMENTO. AUSÊNCIA DE PREJUÍZO À UNIÃO OU AO INSS. (...) III. Os delitos de falsificação de documento público e uso de documento falso (arts. 297 e 304 do CP) ficam absorvidos pelo delito-fim que, no caso, foi o praticado contra o Sistema Financeiro Nacional para a obtenção, mediante a apresentação de CND falsificada, de empréstimo junto ao BRDE. IV. Não merece acolhida a defesa que diz que não houve prejuízo à União ou ao INSS porquanto o crime se caracteriza, consoante o art. 19 da Lei n. 7.492/86, por 'obter, mediante fraude, financiamento em instituição financeira', o que, efetivamente, ocorreu" (TRF da 4ª Região, 8ª T., rel. Des. Federal Luiz Fernando Wowk Penteado, j. em 16-2-2005, *DJU* de 2-3-2005, p. 555).
44. "(...) Face ao princípio da especialidade, afasta-se o concurso material, aplicando-se somente a pena relativa ao art. 5º, e não a do art. 4º da referida Lei n. 7.492/86. Precedente. (...)" (TRF da 4ª Região, ApCr 8.895, Proc. 200104010876514/PR, 7ª Turma, rel. José Luiz B. Germano da Silva, j. em 15-4-2003, *DJU* de 11-6-2003, p. 752).

ceitos genéricos ou *indeterminados*, que precisam da complementação de outras normas, sendo conhecidas, por isso mesmo, como *normas penais em branco*. Na linguagem figurada de Binding, "a lei penal em branco é um corpo errante em busca de alma"[45]. Trata-se, na realidade, de normas de conteúdo *incompleto*, vago, lacunoso, impreciso, por isso mesmo são também denominadas *normas imperfeitas*, por dependerem de complementação por outra *norma jurídica* (lei, decreto, regulamento, portaria, resolução etc.), para concluírem a descrição da conduta proibida. A falta ou inexistência dessa dita *norma complementadora* ou *integradora* impede que a descrição da conduta proibida se complete, ficando em aberto a descrição típica. Dito de outra forma, a *norma complementar* de uma lei penal em branco *integra o próprio tipo penal*, uma vez que esta é imperfeita, e, por conseguinte, incompreensível por não se referir a uma conduta juridicamente determinada e, faticamente, identificável.

O art. 335-E, integrado ao Código Penal pela Lei n. 14.133/2021, constitui exemplo típico dessa denominada *norma penal em branco*, pois a incompletude de sua descrição conta com a *integração* de outras *normas*, no caso, com definições contidas em outros dispositivos da própria lei. Essa necessidade constata-se claramente na locução "fora das hipóteses previstas em lei", cujos complementos residem especialmente nas previsões das hipóteses de *dispensa* (art. 75) e *inexigibilidade* (art. 74) de licitações. Na verdade, essas expressões indicam a necessidade de *norma complementar* para *integrar* adequadamente a descrição típica que ora examinamos. As normas integradoras ou complementares, por sua vez, encontram-se nos dispositivos que acabamos de citar.

A *norma integradora* — regra geral — pode advir da mesma lei onde se encontra a norma penal incriminadora, ou de outra lei do mesmo Poder, ou seja, do Poder Legislativo Federal, mas pode também provir de diploma normativo editado por outro Poder (Executivo, Judiciário, por exemplo) ou de outras esferas legislativas (Estadual, Municipal, por exemplo). Nas duas primeiras hipóteses, estamos diante de *norma penal em branco homogênea*, sendo o mesmo Poder que elabora a *norma penal incriminadora* e o seu complemento, aliás, é o que ocorre, na nossa concepção, com as condutas (dispensar ou inexigir) constantes do *caput* do art. 337-E do Código Penal, acrescido pela Lei n. 14.133/2021. Esta lei excluiu a elementar normativa que a previsão anterior, mantinha, qual seja, *"deixar de observar formalidades pertinentes"*.

A eventual criação de outros procedimentos, por outras instâncias de Poder, poderá funcionar somente no *plano administrativo*, mas não poderá integrar a norma penal incriminadora. Ou seja, seus efeitos limitar-se-ão ao âmbito administrativo, sem refletir no criminal, por opção do próprio legislador que estabeleceu o *procedimento* na mesma lei, restringindo o *mandato* para a norma integradora.

Não se pode perder de vista que a *fonte legislativa* (Poder Legislativo, Poder Executivo etc.) que complementa a *norma penal em branco* deve, necessariamente,

---

45. Apud Sebastian Soler, *Derecho penal agentino*, Buenos Aires, TEA, 1976, v. 1, p. 122.

respeitar os limites que esta impõe, para não violar uma possível *proibição de delegação de competência* na lei penal material, definidora do tipo penal, em razão do *princípio constitucional da reserva legal* (art. 5º, XXXIX, da CF) e do *princípio da tipicidade estrita* (art. 1º do CP). A lei que complementa a norma penal em branco integra o próprio tipo penal. Em outros termos, é indispensável que essa integração ocorra nos parâmetros estabelecidos pelo *preceito da norma penal em branco*. É inadmissível, por exemplo, que um ato administrativo ultrapasse o *claro* da lei penal (criando, ampliando ou agravando o comando legal), sob pena de violar o *princípio da reserva legal* de crimes e respectivas sanções (art. 1º do CP). Com efeito, as *normas penais incriminadoras ou restritivas* devem ser interpretadas sempre levando em consideração a sua finalidade (teleologia), sendo vedada a *analogia*, a *interpretação extensiva*, assim como *a interpretação analógica*. A *validez* da norma complementar decorre da *autorização* concedida pela *norma penal em branco*, como se fora uma espécie de *mandato*, devendo-se observar os seus estritos termos. "A lei formal ou material — afirmam Zaffaroni e Pierangeli — que completa a lei penal em branco integra o tipo penal, de modo que, se a lei penal em branco remete a uma lei que ainda não existe, não terá validade e vigência até que a lei que a completa seja sancionada"[46].

Aliás, tratando-se de *norma penal em branco*, a própria denúncia do *Parquet* deve identificar qual lei complementar satisfaz a elementar exigida pela norma incriminadora, ou seja, deve constar da narrativa fático-jurídica qual lei desautoriza a prática da conduta imputada, sob pena de revelar-se inepta, pois a falta de tal descrição impede o aperfeiçoamento da adequação típica.

Colocadas essas premissas, surge a questão inevitável: a *norma penal em branco*, ou, melhor dito, a norma que a complementa, *retroage* ou não. Afinal de contas, há a possibilidade de ser ampliadas ou reduzidas as hipóteses de *dispensa* (art. 75) e *inexigibilidade* (art. 74) de licitações por norma de fonte diversa (heterogênea)? Por outro lado, não seriam inconstitucionais as normas *penais em branco estrito senso*, isto é, aquelas complementadas por normas de categorias inferiores à lei ordinária, sem, portanto, passar pela elaboração do regular e devido *processo legislativo* (art. 22, I, da CF)? Aliás, não poucas vezes, essas normas inferiores surgem no bojo de simples portarias, regulamentos, resoluções etc., como ocorre, por exemplo, com a hipótese de *substância entorpecente e drogas afins*, ou, mais abrangentemente, com as normativas do Banco Central e do Conselho Monetário Nacional relativamente aos crimes financeiros, particularmente o de *evasão de divisas*. Indiscutivelmente, referidos órgãos não têm legitimidade e tampouco autorização constitucional para elaborar normas com conteúdo incriminador, como vem ocorrendo nas últimas décadas.

Primeiramente, examinamos a questão da *retroatividade* das normas ditas integradoras ou complementadoras. O tema é profundamente controvertido, tanto na

---

46. Eugénio Raúl Zaffaroni & José Henrique Pierangeli, *Manual de direito penal brasileiro*, p. 452.

doutrina nacional quanto na estrangeira. Os argumentos são os mais variados em ambas as direções. A nosso juízo, contudo, a polêmica tem como fundamento maior a definição que se atribua a "norma penal em branco". Como pontificava Magalhães Noronha[47], a norma penal em branco não é destituída de preceito. Ela contém um comando, provido de sanção, de se obedecer ao complemento preceptivo que existe ou existirá em outra lei.

Do exposto, percebe-se que a norma fundamental permanece, com seu preceito *sui generis* e sua sanção. As mudanças ocorrem, de regra, na *norma complementar*. E, em relação a essa *norma*, continua perfeitamente válida a lição de Sebastian Soler quando afirmava: "Só influi a variação da norma complementar quando importe verdadeira alteração da *figura abstrata do Direito Penal,* e não mera circunstância que, na realidade, deixa subsistente a norma; assim, por exemplo, o fato de que uma lei tire de certa moeda o seu caráter, nenhuma influência tem sobre as condenações existentes por falsificação de moeda, pois não variou o objeto abstrato da tutela penal; não variou a norma penal que continua sendo idêntica"[48].

Concluindo, as *leis penais em branco* não são revogadas em consequência da revogação de seus complementos. Tornam-se apenas temporariamente inaplicáveis por carecerem de elemento indispensável à configuração da tipicidade. Recuperam, contudo, *validez e eficácia* com o surgimento de *nova norma integradora*, que, sendo mais grave, a nosso juízo, não pode retroagir para atingir fato praticado antes de sua existência.

Quanto à questionada *constitucionalidade* de normas complementares de outras, tidas como incompletas, pode-se afirmar, de plano, que o legislador deve agir com criteriosa cautela, *evitando eventual ampliação da conduta incriminada* na norma que pretende complementar. Não se pode esquecer, por outro lado, que a *norma integradora* não pode alterar ou ultrapassar os parâmetros estabelecidos pelo preceito da *norma penal em branco,* que é a incriminadora. Sua função limita-se a especificações e detalhamentos secundários, que podem ser transitórios, temporários e até fugazes. Se a norma complementar, especialmente se tiver cunho ou natureza administrativa, ultrapassar o "claro da lei penal" (criando, ampliando ou agravando o comando legal), estará violando o princípio *nullum crimen, nulla poena sine lege,* e, por consequência, desrespeitando o princípio constitucional da reserva legal (art. 5º, XXXIX, da CF).

Logo, estar-se-á diante de *norma complementadora flagrantemente inconstitucional,* não por ser norma integradora, mas por ultrapassar os limites que lhe são reservados como tal, alterando o comando legal, que é exclusivo da lei incriminadora (elaborada pelo Congresso Nacional, sob o crivo do devido processo legislativo), mesmo carente de complemento normativo. Repetindo, não se pode esquecer que a *validez* da norma complementar decorre da *autorização* concedida pela norma penal em branco, como uma espécie de *mandato,* devendo-se observar os seus estri-

---

47. Edgard Magalhães Noronha, *Direito Penal,* 2. ed., São Paulo, 1963, v. 1, p. 48.
48. Sebastian Soler, *Derecho Penal argentino,* p. 193.

tos termos, cuja desobediência ofende o *princípio constitucional da legalidade*. Não se trata de insegurança jurídica ou indeterminação, mas de violação mesmo da garantia constitucional dos princípios da legalidade e da taxatividade da tipicidade, que ficariam altamente comprometidos.

10. Consumação e tentativa

O momento consumativo dos crimes de *dispensa ou inexigibilidade ilegal de licitação* pode apresentar alguma controvérsia, decorrente de sua complexidade estrutural e da similitude dessas condutas. Nas circunstâncias, não é desarrazoada eventual divergência doutrinária e mesmo jurisprudencial, embora com reflexos significativos no plano prático. As hipóteses — *dispensar* ou *inexigir* ilegalmente licitação — somente se consumam com a efetiva celebração do contrato licitatório, mesmo antes de efetivada sua execução.

Com efeito, a *dispensa* ou *não exigência* de licitação fora das hipóteses previstas em lei, em si mesma, não diz nada, não significa nada, nem no mundo jurídico nem no mundo fático. É um nada enquanto valor ético-jurídico, como também enquanto norma proibitiva ou imperativa de conduta penal, não passando de *mera abstração*, enquanto não houver *contratação pública* de algo (de obra, serviço ou aquisição de material). Antes desse momento fica inclusive praticamente impossível comprovar a existência ou não de *vontade consciente* (dolo) de descumprir o comando legal; é possível, inclusive, cancelar os trâmites administrativos, que fazem parte de uma *atividade complexa* (criação, redação, revisão, aprovação, assinatura, publicação etc.), sem que tais atos tenham invadido a seara da proibição penal; aliás, nem no plano administrativo gera efeito algum, não se podendo, nessa fase, sequer falar em infração administrativa. Aliás, enquanto não houver *infração administrativa* é impossível admitir-se a configuração de *infração penal*, pois esta pressupõe aquela: a ausência de *ilicitude administrativa*, por sua vez, impede a caracterização de *ilicitude penal* (lembrar da figura dos *dois círculos concêntricos*)[49]. Com efeito, a *dispensa* ou *inexigência* somente se materializa com o ato de *contratar*, instante

---

49. Cezar Roberto Bitencourt, *Tratado de direito penal*; parte geral, 29. ed., São Paulo, Saraiva, 2023, v. 1, p. 382: "Convém destacar, novamente, que a *antijuridicidade penal* (ilicitude penal) não se limita à seara penal, projetando-se para todo o campo do direito. Foi nesse sentido que Welzel afirmou que 'a antijuridicidade é uma contradição da realização do tipo de uma norma proibitiva com o ordenamento jurídico em seu conjunto'. Por isso, um *ilícito penal* não pode deixar de ser igualmente *ilícito* em outras áreas do direito, como a civil, a administrativa etc. No entanto, o inverso não é verdadeiro: um *ato lícito no plano jurídico-civil* não pode ser ao mesmo tempo um *ilícito penal*. Contudo, apesar de as ações penal e extrapenal serem independentes, o *ilícito penal*, em regra, confunde-se com o *ilícito extrapenal*. Porém, sustentar a *independência das instâncias administrativa e penal*, como parte da jurisprudência tem insistido, é uma conclusão de *natureza processual*, ao passo que a afirmação de que a *ilicitude é única* implica uma concepção de *natureza material*; em consequência, uma afirmação não invalida a outra, pois são coisas distintas, que devem ser valoradas em planos igualmente distintos.

em que se poderá ter por consumado o crime nessas duas modalidades de condutas, independentemente da execução do contrato.

Adotando, basicamente, a mesma orientação, embora com outros termos, era o magistério de Paulo José da Costa Jr., que sustentava: "Perfaz-se o crime de *dispensa da licitação* no instante em que o agente público contratar obra ou serviço, adquirir ou locar imóvel sem promover a necessária licitação, fora dos casos previstos em lei. Aperfeiçoa-se a modalidade de *inexigência* de licitação quando o agente público não promovê-la, fora dos casos enumerados em lei"[50].

Nessa linha, é inconcebível pretender sustentar que o crime consuma-se — nas modalidades de *dispensa ou inexigência de licitação* — com a simples edição de um ato administrativo dispensando a realização do procedimento licitatório, como pretendem alguns doutrinadores[51]. Qual seria a lesão, dano ou ofensa ao bem jurídico tutelado se a Administração Pública não prosseguir com a efetivação da contratação, seja por constatar que se equivocou sobre a exigência legal, seja por receber orientação de sua assessoria especializada, isto é, simplesmente, por desinteressar-se espontaneamente pela opção que fizera? A resposta inevitavelmente será que não houve nenhum prejuízo, dano ou ofensa ao interesse ou patrimônio público protegido! Não há e nem pode haver nenhuma sanção nem mesmo no âmbito administrativo. Não caberá sequer *ação de improbidade administrativa* (Lei n. 8.429/92)[52], aliás, tampouco é aplicável aquela *responsabilidade objetiva* (que se limita ao âmbito administrativo) prevista no § 6º do art. 37 da CF[53].

Com efeito, todo o *ilícito penal* será, necessariamente, um *ilícito civil ou administrativo*, mas, como afirmamos, a recíproca não é verdadeira, isto é, nem sempre o ilícito civil ou administrativo será obrigatoriamente um *ilícito penal*, pois este terá de ser sempre e necessariamente *típico*, surgindo como traço distintivo a *tipicidade*, que é aquele *plus* exigido pelo *princípio da reserva legal*. Para ilustrar essa distinção, o saudoso Assis Toledo invocava a figura de *dois círculos concêntricos*: o menor, o *ilícito penal*, mais concentrado de exigências (tipicidade, elemento subjetivo etc.); o maior, o *ilícito extrapenal*, com menos exigências para sua configuração. O *ilícito* situado dentro do círculo menor — penal — não pode deixar de estar também dentro do maior — civil —, porque se localiza em uma área física comum aos dois círculos, que possuem o mesmo centro; no entanto, não ocorre o mesmo com o ilícito situado dentro do círculo maior — extrapenal —, cujo espaço periférico, muito mais abrangente, extrapola o âmbito do ilícito penal, salvo quando for limitado pela tipicidade penal".
50. Paulo José da Costa Jr., *Direito penal das licitações*, p. 16-17.
51. Diógenes Gasparini, *Crimes na licitação*, 2. ed., São Paulo, NDJ, 2001, p. 46.
52. "Art. 10. Constitui ato de improbidade administrativa que causa lesão ao erário qualquer ação ou omissão, dolosa ou culposa, que enseje perda patrimonial, desvio, apropriação, malbaratamento ou dilapidação dos bens ou haveres das entidades referidas no art. 1º desta Lei, e notadamente: I — facilitar ou concorrer por qualquer forma para a incorporação ao patrimônio particular, de pessoa física ou jurídica, de bens, rendas, verbas ou valores integrantes do acervo patrimonial das entidades mencionadas no art. 1º desta Lei; (...) VIII — frustrar a licitude de processo licitatório ou dispensá-lo indevidamente; (...)."
53. "Art. 37. (...) § 6º As pessoas jurídicas de direito público e as de direito privado prestadoras de serviços públicos responderão pelos danos que seus agentes, nessa qualidade causarem a

O objetivo ou finalidade da Lei de Licitações, convém frisar, é *punir o mau administrador público, aquele mal-intencionado e desleal*, e não o apenas despreparado ou incompetente para o exercício da função; objetiva punir *a conduta infiel do servidor público* e não a simples irregularidade administrativa decorrente de erro ou equívoco deste. Ademais, não se pode ignorar que infração penal, em hipótese alguma, pode prescindir do *elemento subjetivo* orientador da conduta lesiva, no caso, o *dolo* (que não se presume, prova-se), sem o qual a conduta carecerá de *tipicidade subjetiva*, e, sem esta, não se pode falar em crime.

Em sentido semelhante, embora abordando *a ação de improbidade administrativa*, invocamos o impecável acórdão do Tribunal de Justiça do Rio Grande do Sul, sob a relatoria de Genaro José Baroni Borges, que pontifica: "O propósito da Lei de Improbidade é punir o administrador público desonesto, não o inábil; punir a conduta imoral ou de má-fé do agente público e/ou de quem o auxilie, não a mera ilegalidade, a mera impropriedade, pequenos deslizes ou pecadilhos administrativos. Salvo evidente má-fé ou ostente indícios de desonestidade, mesmo a forma culposa de agir do agente público não basta para justificar a incidência das sanções de improbidade, sem o correspondente e efetivo prejuízo patrimonial. Apelos providos. Unânime"[54].

Se assim é, e o é para *improbidade administrativa*, com muito mais razão será para infração penal, mais enriquecida de exigências, como tipicidade, antijuridicidade, culpabilidade, dolo etc., no caso, punível com sanção extremamente grave, qual seja, pena de detenção de três a cinco anos e multa. Para quem, no entanto, a despeito de todo o exposto, acredita que com o simples ato administrativo estaria realizando a conduta proibida ou imperativa, lembramos dos institutos da *desistência voluntária* e do *arrependimento eficaz*, cujos textos (que escrevemos em nosso *Tratado de direito penal*) serão reproduzidos, com pequenas adaptações, logo a seguir em tópico separado. Com efeito, qualquer desses dois institutos configuram-se quando o administrador *não chega a concretizar o contrato licitatório*, suspendendo ou interrompendo, voluntariamente, o procedimento adminstrativo.

Quanto à segunda modalidade de conduta incriminada — *inexigência de licitação* —, aplica-se basicamente tudo o que dissemos a respeito da "dispensa", na medida em que *dispensá-la* outra coisa não é *inexigi-la*. Dispensar ou não exigir significam a mesma coisa, isto é, *contratar sem licitar*, fora das hipóteses legalmente permitidas, embora, como destacamos anteriormente, a *inexigência* é empregada, neste texto legal, com sentido especial, ou seja, significando *inviabilidade* de licitação. Por essa razão, consideramos desnecessário prolongarmo-nos em considerações a respeito do mesmo tema.

---

terceiros, assegurado o direito de regresso contra o responsável nos casos de dolo ou culpa."
54. ApCv 70033633702, 21ª CCv, j. em 27-10-2010. Outros precedentes: ApCv 70023042476, 21ª CCv, TJRS, rel. Genaro José Baroni Borges, j. em 22-9-2010; ApCv 70031394208, 2ª CCv, TJRS, rel. Denise Oliveira Cezar, j. em 18-8-2010.

10.1 Desistência voluntária e arrependimento eficaz nos crimes licitatórios

Considerando a complexidade dos crimes licitatórios constantes no art. 89, e especialmente a existência de uma fase preliminar de preparação administrativa — configuradores, poder-se-ia dizer, de *meros atos preparatórios* —, ganha importância revisar os conceitos da *desistência voluntária* e do *arrependimento eficaz*, com as adaptações recomendáveis.

Com efeito, o agente que inicia a realização de uma conduta típica pode, voluntariamente, interromper a sua execução. Isso caracteriza a *tentativa abandonada* ou, na linguagem do nosso Código Penal, a *desistência voluntária*, que é impunível. Essa impunidade assenta-se no interesse que tem o Estado (política criminal) em estimular a não consumação do crime, oferecendo ao agente a oportunidade de sair da situação que criara, sem ser punido. É a possibilidade de retornar da esfera da ilicitude em que penetrara para o mundo lícito. Na feliz expressão de Von Liszt, "é a *ponte de ouro* que a lei estende para a retirada oportuna do agente"[55].

Embora o agente tenha iniciado a execução do crime, não a leva adiante; mesmo podendo prosseguir, desiste da realização típica. "Na desistência voluntária, o agente mudou de propósito, já não quer o crime; na forçada, mantém o propósito, mas recua diante da dificuldade de prosseguir"[56], caracterizando, assim, a tentativa punível. Frank sintetizou com grande eloquência a distinção entre desistência voluntária e tentativa, na seguinte frase: "posso, mas não quero (desistência voluntária); quero, mas não posso (tentativa)". Não é necessário que a *desistência* seja espontânea, basta que seja voluntária, sendo indiferente para o Direito Penal essa distinção. *Espontânea* ocorre quando a ideia inicial parte do próprio agente, e *voluntária* é a desistência sem coação moral ou física, mesmo que a ideia inicial tenha partido de outrem, ou mesmo resultado de pedido da própria vítima. A *desistência voluntária* só é possível, em tese, na *tentativa imperfeita*, porquanto na *perfeita* o agente já esgotou toda a *atividade executória*, sendo difícil, portanto, interromper o seu curso. Na tentativa perfeita poderá, em princípio, ocorrer o arrependimento eficaz.

No *arrependimento eficaz* o agente, após ter esgotado todos os meios de que dispunha — necessários e suficientes —, *arrepende-se* e evita que o resultado aconteça. Isto é, pratica nova atividade para evitar que o resultado ocorra. Aqui, também, não é necessário que seja espontâneo, basta que seja voluntário. O *êxito* da atividade impeditiva do resultado é indispensável, caso contrário, o *arrependimento* não será *eficaz*. Se o agente não conseguir impedir o resultado, por mais que se tenha arrependido, responderá pelo crime consumado. Mesmo que a vítima contribua para a consumação, como, por exemplo, o agente coloca veneno na alimentação da esposa, que, desconhecendo essa circunstância, a ingere. Aquele, arrependido, confes-

---

55. Franz Von Liszt, *Tratado de derecho penal*, trad. Luiz Giménez de Asúa, Madrid, Reus, 1929, p. 20.
56. Aníbal Bruno, *Direito penal*, 3. ed., Rio de Janeiro, Forense, 1967, t. 2, p. 246.

sa o fato e procura ministrar o antídoto. No entanto, esta, desiludida com o marido, recusa-se a aceitá-lo e morre. O *arrependimento*, nessa hipótese, *não foi eficaz*, por mais que tenha sido sincero. O agente responderá pelo crime consumado. Poderá, eventualmente, beneficiar-se de uma atenuante genérica, pelo arrependimento.

Tanto na desistência voluntária como no arrependimento eficaz, o agente responderá pelos atos já praticados que, de per si, constituírem crimes. Note-se que tanto numa quanto noutro não se atinge o momento consumativo do crime "por vontade do agente", afastando, em ambos, a *adequação típica*, pela inocorrência do segundo elemento da tentativa, que é "a não consumação do crime por circunstâncias alheias à vontade do agente". E, por óbvio, *não há tentativa* quando a conduta não atinge a consumação atendendo à própria vontade do infrator. Faz parte do *tipo ampliado*[57] — da tentativa, portanto — que a "não ocorrência do evento seja estranha à vontade do agente". Na desistência voluntária e no arrependimento eficaz inexiste a elementar "alheia à vontade do agente", o que torna o *fato atípico*, diante do preceito definidor da tentativa.

Ora, é exatamente o que ocorre quando, por exemplo, o gestor público, depois de *haver determinado a instauração do procedimento licitatório*, expedido os editais, marcado prazo para abertura das propostas, mas antes de fazê-lo, desiste de abri-las (ou mesmo após), voluntariamente, dando por encerrada a licitação e cancelando o procedimento. Nesse caso, sem dúvida alguma, estaremos diante da figura da *desistência voluntária*. Contudo, se prosseguir nessa *fase administrativa*, mas interrompendo-a, e antes de firmar o contrato com o(s) vencedor(es), cancela o certame, voluntariamente. Nessa hipótese, pode-se falar em *arrependimento eficaz*, embora não faça nenhuma diferença, juridicamente, quanto aos efeitos da desistência voluntária ou do arrependimento eficaz: ambos excluem aquele crime que, inicialmente, motivara a ação do agente. Responderá, por certo, pelos atos já praticados que, em si mesmos, constituírem crimes (art. 15, *in fine*, do CP). Contudo, regra geral, os *atos administrativos*, próprios do procedimento licitatório, ainda que irregulares, não constituirão o crime do art. 337-E, podendo, eventualmente, dependendo das circunstâncias, tipificar outra infração penal, quiçá, do próprio Código Penal, aplicável subsidiariamente.

Concluindo, em toda a *fase procedimental*, puramente administrativa, antes da contratação pública, ainda que ocorra alguma irregularidade, algum equívoco, algum *error in procedendo*, não tipifica as condutas descritas no *caput* do art. 337-E, especialmente se for cancelada essa fase, como demonstramos acima. Poderá, no máximo, configurar alguma infração administrativa, punível nesse âmbito, salvo, evidentemente, a prática deliberada e comprovada de alguma *fraude* por parte do quadro funcional, mas, nesse caso, será o crime.

---

57. Cezar Roberto Bitencourt, *Tratado de direito penal*; parte geral, 29. ed., São Paulo, Saraiva, 2023, v. 1, p. 522: "A tentativa é um tipo penal ampliado, um tipo penal aberto, um tipo penal incompleto, mas um tipo penal".

11. Classificação doutrinária

Trata-se de *crimes próprios*, que exigem *qualidade especial* do sujeito ativo, qual seja, a de *funcionário público*. Dito de outra forma, nenhuma das condutas nucleares pode ser praticada por alguém que não reúna essa qualidade ou condição, que, no caso, é um pressuposto básico para poder ser imputada a alguém. Contudo, deve-se considerar que o *crime próprio* apresenta uma outra modalidade, especial, distinta, conhecida como *crime de mão própria,* que é aquele que só pode ser praticado pelo agente pessoalmente, não podendo utilizar-se de interposta pessoa (infanticídio, falso testemunho, adultério [já revogado] etc.); *formal*, nas modalidades de *dispensar* ou *inexigir* ilegalmente licitação somente se consumam com a efetiva celebração do contrato licitatório, mesmo antes de efetivada sua execução, e não com a mera realização de um ou outro ato administrativo, que caracterizariam meros atos preparatórios (impuníveis, portanto); *material*, na modalidade de "deixar de observar as formalidades", para quem reconhece sua constitucionalidade, pois sua *consumação* ocorre somente com a efetivação do *contrato licitatório*, que representa a materialização da conduta criminosa, e não com a mera declaração de dispensa ou inexigibilidade de licitação. Aliás, essa *contratação ilegal* constitui a vantagem expressamente exigida pelo tipo penal, sem a obtenção da qual esse crime não se consuma: somente assim o agente beneficia-se "da dispensa ou inexigibilidade ilegal para celebrar contrato com o Poder Público"; *de forma livre*, podendo ser praticado pelos meios ou formas escolhidos pelo sujeito ativo; *instantâneo*, consuma-se no momento em que o agente pratica a ação incriminada, esgotando-se aí a lesão jurídica, nada mais podendo ser feito para evitar a sua ocorrência; em outros termos, não há delonga, não existe um lapso temporal entre a execução e sua consumação; *doloso*, não há previsão da modalidade culposa (excepcionalidade do crime culposo); *unissubjetivo*, que pode ser praticado por um agente apenas, embora admita a figura do concurso eventual de pessoas; *plurissubsistente,* trata-se de crime cuja conduta *admite desdobramento*, isto é, o *iter criminis* pode ser dividido em atos, facilitando, inclusive, a identificação da figura tentada.

12. Pena e natureza da ação penal

As penas cominadas, cumulativamente, são de reclusão de quatro a oito anos, e multa. Trata-se de uma das quatro infrações penais mais graves desta lei. A ação penal, a exemplo de todos os crimes desta lei, é pública incondicionada, sendo desnecessário qualquer manifestação de eventual ofendido (art. 100 do CP). Será admitida ação penal privada subsidiária da pública, se esta não for ajuizada no prazo legal (art. 103).

FRUSTRAÇÃO DO CARÁTER COMPETITIVO DE LICITAÇÃO — II

Sumário: 1. Considerações preliminares. 2. Bem jurídico tutelado. 3. Sujeitos ativo e passivo. 4. Fraude civil e fraude penal: ontologicamente iguais. 5. Tipo objetivo: adequação típica. 5.1. Mediante ajuste, combinação ou qualquer outro expediente. 5.1.1. Mediante "ajuste" ou "combinação". 5.1.2. Mediante "qualquer outro expediente". 5.2. Elementares inexistentes: exigência de vantagem ilícita e prejuízo alheio. 5.3. Vantagem decorrente da adjudicação do objeto da licitação: irrelevância da natureza econômica. 6. Tipo subjetivo: adequação típica. 6.1. Elemento subjetivo especial do injusto: intuito de obter, para si ou para outrem, vantagem decorrente da licitação. 7. Fracionamento do objeto licitado e emprego de outra modalidade de licitação. 8. Consumação e tentativa. 9. Classificação doutrinária. 10. Pena e ação penal.

Frustração do caráter competitivo de licitação

Art. 337-F. Frustrar ou fraudar, com o intuito de obter para si ou para outrem vantagem decorrente da adjudicação do objeto da licitação, o caráter competitivo do processo licitatório:

Pena — reclusão, de 4 (quatro) anos a 8 (oito) anos, e multa.

---

1. Considerações preliminares

O novo texto legal manteve, praticamente, o mesmo conteúdo do anterior, *suprimindo* somente o *meio de execução da conduta tipificada*, que era "mediante ajuste, combinação ou qualquer outro expediente", ficando, consequentemente, aberto, ou seja, podendo ser realizada de qualquer forma e por qualquer meio a referida conduta delitiva. Em outros termos, o legislador reordenou o texto legal, que se encontrava na ordem direta. Ou seja, o legislador contemporâneo leu a redação de 1940, cujo "formato da oração" encontrava-se na ordem direta, com um aposto, digamos assim, indicando o *meio de execução* da conduta típica (meio de execução da ação executiva do crime), "mediante ajuste, combinação ou qualquer outro expediente", o qual foi excluído, do novo texto.

Venia concessa, houve grande prejuízo linguístico-literário, inclusive, dificultando, de certa forma, a compreensão do referido texto, com grave problema estrutural da frase preferida pelo atual legislador. Mudou, digamos assim, não mudando o conteúdo frasal, apenas desnudando o (des)conhecimento linguístico do legislador contemporâneo, algo que temos denunciado, digamos assim, nos últimos trinta anos de sofríveis alterações do nosso impecável, em termos linguístico-literários, vetusto Código Penal de 1940.

Enfim, houve duas alterações de redação no "novo" tipo penal: a primeira que é, digamos, bastante significativa, ou seja, a exclusão do "meio" de realização do crime, que era "mediante ajuste, combinação ou qualquer outro expediente"! (ficou qualquer meio ou forma); a segunda, menos importante, foi o deslocamento da elementar típica, que era "o objeto direto da ação", para o final da redação, qual seja, "o caráter competitivo do processo licitatório", ficando um tanto quanto incompreensível o desmantelamento da redação anterior, cuja construção frasal era impecável, sob o ponto de vista literário.

Afora o fato, igualmente, incompreensível, *político-juridicamente* falando, de mais uma elevação desmedida da sanção criminal (ao todo foram quatro, de doze crimes, um terço com essa mesma sanção penal, injustificável sob todos os pontos de vista político-criminais), que era de dois a quatro anos, e multa, para, pasmem, quatro a oito anos de reclusão, além da multa. Vejamos, para não esquecermos, o texto da redação anterior da Lei n. 8.666/93, *in verbis*:

Art. 90. *Frustrar ou fraudar, mediante ajuste, combinação ou qualquer outro expediente, o caráter competitivo do procedimento licitatório, com o intuito de obter, para si ou para outrem, vantagem decorrente da adjudicação do objeto da licitação:*

Pena – detenção, de 2 (dois) a 4 (quatro) anos, e multa.

Enfim, essa terceira alteração importante nesse tipo penal, muito mais grave, incompreensível, inadmissível e desumana, que adotou o também absurdo aumento da pena injustificável sob todos os aspectos, político, jurídico, penitenciário, humanístico, social, sociológico, político-criminal, entre tantos outros argumentos que se queira acrescentar, nesta análise político-jurídico das inovações que culminaram com a revogação da Lei n. 8.666/93, e o acréscimo de artigos correspondentes no Código Penal (arts. 337-E até 337-O). Aliás, o legislador atual dobrou a pena aplicável nesse crime, sem nenhuma justificativa sobre os fundamentos dessa desarrazoada elevação de penas, sem qualquer fundamento e sem nenhuma melhoria no sistema penitenciário nacional, sem aumento de vagas, ignorando, inclusive, que há uma carência atual de mais de quatrocentas mil vagas nesse sistema.

A única coisa certa e não questionável, na alteração deste diploma legal, que, de um modo geral, manteve exatamente o mesmo conteúdo do texto anterior, foi integrá-la à Parte Especial do nosso vetusto Código Penal de 1940. Na edição anterior, havíamos escrito que, aparentemente, a criminalização das condutas neste tipo penal assemelham-se àquelas do art. 335 do CP, que protegia a concorrência pública e a venda em hasta pública. Contudo o novo dispositivo acrescenta inúmeras outras elementares que o distinguem daquele artigo do Código Penal de 1940, inclusive pela inclusão do elemento subjetivo especial do injusto, qual seja, *o intuito de obter, para si ou para outrem, vantagem decorrente da adjudi-*

cação do objeto da licitação. Na verdade, neste dispositivo da lei de regência, não é fraudar ou frustar a concorrência pública, como prevê aquele dispositivo do Código Penal, mas frustrar ou fraudar *o caráter competitivo do próprio procedimento licitatório*. "Os pontos de referência, portanto — destaca Greco Filho —, não são a licitação ou seu resultado, mas os princípios da igualdade e da competitividade que devem nortear o certame, indispensáveis a que a Administração possa obter a melhor proposta"[1].

Passamos a examinar, finalmente, as peculiaridades que este dispositivo legal apresenta, aliás, com sua estrutura tipológica alterada pela Lei n. 14.133, publicada no dia 1º de abril de 2021.

2. Bem jurídico tutelado

Além da *objetividade jurídica genérica* dos crimes licitatórios, qual seja, preservar os princípios básicos da legalidade, da impessoalidade, da moralidade, da igualdade, da publicidade e da probidade administrativa, já destacamos que cada tipo penal possui a sua própria objetividade. Há, na verdade, uma multiplicidade de bens jurídicos protegidos, destacando-se, sobremodo, a *competitividade do certame*, a despeito da grande importância de tantos outros como a própria *transparência dos atos públicos e a probidade, moralidade e dignidade administrativa*. Embora o bem jurídico tutelado específico, no entanto, seja *o caráter competitivo do procedimento licitatório*, o qual deve ser o mais amplo possível, permitindo que todos aqueles que satisfaçam os requisitos legais possam, se o desejarem, participar do certame licitatório. A finalidade perseguida pela incriminação das condutas descritas — *frustrar* ou *fraudar* o caráter competitivo do procedimento licitatório — é, inegavelmente, a *concorrência legítima na competição licitatória*, com preços justos, assegurando uma participação honesta, aberta, legítima e saudável entre concorrentes, e, ao mesmo tempo, preservando sempre a dignidade e moralidade administrativa.

Com efeito, a busca, a qualquer custo, de *vantagem econômica* (embora o texto não mencione essa natureza) é, sem sombra de dúvida, o móvel que, normalmente, desvirtua a correção, retidão e moralidade da competição licitatória, e que este diploma legal pretende evitar. Aliás, fica muito claro no próprio texto deste dispositivo legal, quando adota como objeto dos verbos nucleares, frustrar ou fraudar, expressamente, "o caráter competitivo do procedimento licitatório". Esse é, igualmente, o *bem jurídico prioritariamente tutelado* e que, em hipótese alguma, *pode ser desrespeitado*, sem macular definitivamente a lisura da concorrência pública.

Protege-se, em outros termos, a inviolabilidade do patrimônio público e privado, particularmente em relação aos atentados que podem ser praticados mediante fraude. Tutela-se tanto o *interesse social*, representado pela *confiança recíproca* que deve presidir os relacionamentos patrimoniais individuais e comerciais, quanto o *interesse público* de reprimir a fraude causadora de dano alheio, hoje tão em moda, e que causa danos irreparáveis à Administração Pública.

---

1. Vicente Greco Filho, *Dos crimes da Lei de Licitações*, p. 72.

3. Sujeitos ativo e passivo

Sujeito ativo do crime pode ser qualquer pessoa, sem qualquer condição especial (crime comum). No entanto, se o *meio* utilizado para a execução da conduta criminosa for "mediante ajuste ou combinação" estar-se-á diante de *concurso necessário*, pois somente duas ou mais pessoas poderão *ajustar* ou *combinar* a prática delitiva. Por outro lado, concurso *eventual de pessoas*, em qualquer de suas formas (coautoria e participação), pode facilmente se configurar. Na descrição típica, o legislador destaca que a *vantagem* indevida pode ser *para si* (o sujeito ativo) ou para *outrem*. Essa terceira pessoa pode ser *coautor* ou *partícipe* do crime, sendo alcançada pelo concurso de pessoas (art. 29 do CP), *dependendo das demais circunstâncias*.

Contudo, nada impede que o "outrem", beneficiário do produto, isto é, da *vantagem decorrente da adjudicação do objeto da licitação*, seja terceiro estranho e insciente do crime, isto é, sem qualquer *participação* quer em seu planejamento, quer em sua execução; se ignorar, inclusive, a origem criminosa da vantagem que se lhe atribui, *não será passível de punição*.

Sujeito passivo pode ser, igualmente, qualquer pessoa, física ou jurídica; deve-se destacar que pode haver dois "sujeitos passivos", isto é, inclusive o órgão público licitante que tem a moralidade administrativa e a regularidade de seu certame licitatório atingidos pela fraude ou frustração do procedimento licitatório.

Os eventuais concorrentes do certame fraudado ou frustrado sofrem realmente prejuízo ante a inviabilização da licitação. Esses concorrentes sofrem também com a violação dos princípios da competitividade do certame e da igualdade dos concorrentes. Referidos princípios, destaca André Guilherme Tavares de Freitas, "são voltados principuamente aos licitantes, são garantias titularizadas por estes, razão pela qual, quando tais bens são atingidos, teremos, também, na qualidade de prejudicados, além da Administração Pública, os licitantes participantes do respectivo certame". E prossegue: "Serão estes últimos, igualmente, sujeitos passivos desse crime por terem sido 'alijados da competição de maneira irregular e, por conseguinte, prejudicados quanto à sua expectativa de direito de contratar com a Administração Pública'"[2].

4. Fraude civil e fraude penal: ontologicamente iguais

Nélson Hungria estabeleceu a seguinte distinção entre ilícito penal e ilícito civil: "*Ilícito penal* é a violação da ordem jurídica, contra a qual, pela sua *intensidade* ou *gravidade*, a única sanção adequada é a pena, e *ilícito civil* é a violação da ordem jurídica, para cuja debelação bastam as sanções atenuadas da indenização, da execução forçada ou *in natura*, da restituição ao *status quo ante*, da breve prisão coercitiva, da anulação do ato, etc."[3] (grifos do original). Em outros termos, a dis-

---

2. Tavares de Freitas, *Crimes na lei de licitações*, p. 101.
3. Nélson Hungria, *Comentários ao Código Penal*, 5. ed., Rio de Janeiro, Forense, 1981, v. 7, p. 178.

tinção apresentada por Hungria não se fundamenta em sua realidade ontológica, isto é, não se refere propriamente a essência, mas repousa unicamente na natureza da sanção aplicada pelo ordenamento jurídico.

Comerciar é a *arte de negociar*, de tirar vantagem econômica do negócio ou de qualquer transação que se realize. Esse aspecto encerra um jogo de inteligência, de *astúcia*, uma espécie de brincadeira de *esconde-esconde*, donde resultou a expressão popular de que "o segredo é a alma do negócio". Em outros termos, é normal, nas transações comerciais ou civis, *certa dose de malícia* entre as partes, que, com habilidade, procuram ocultar eventuais deficiências de seu produto para, assim, realizar um *negócio* mais lucrativo ou vantajoso. Não era outro o entendimento de Magalhães Noronha, que reconhecia: "Se assim não fosse, raro seria o negócio ou a transação em que se não divisaria fraude punível, pois, neles, são frequentes os pequenos ardis, os ligeiros artifícios, os leves expedientes visando a resultado rendoso"[4].

A questão fundamental é, afinal, quando essa malícia ou habilidade ultrapassa os limites do *moralmente legítimo* para penetrar no campo do ilícito, do proibido, do engodo ou da indução ao erro. Na verdade, a *ilicitude* começa quando se extrapolam os limites da "malícia" e se utilizam o engano e o induzimento a erro para a obtenção de *vantagem*, em prejuízo de alguém. No entanto, nessas circunstâncias, se estiver caracterizado o engano, a burla, ainda assim pode configurar-se não mais que a *fraude civil*, que terá como consequência a anulação do "contrato", com as respectivas perdas e danos. Heleno Fragoso destacava um exemplo muito elucidativo: "Se alguém vende um automóvel, silenciando sobre defeito essencial (por exemplo: quebra da transmissão), isto será uma fraude civil, que anulará o contrato. Se alguém, todavia, vende um automóvel sem motor, iludindo o adquirente, praticará um estelionato, ou seja, uma fraude penal"[5]. Com efeito, atos maliciosos de comércio que não atingem o nível de burla, embora irregulares, não atingem o nível de crime (*v.g.*, estelionato), para o qual é insuficiente a habitual sagacidade do mundo dos negócios.

Como se distingue a *fraude civil* da *fraude penal*? Há diferença essencial entre uma e outra? Existem critérios seguros para apurá-las? Esse é um dilema que exige cautela em sua elucidação.

Doutrina e jurisprudência por longo tempo debateram-se na tentativa de encontrar critérios seguros que permitissem detectar a distinção entre as espécies ou natureza da fraude, civil ou penal. Carmignani, retrocedendo à concepção romana, afirmou que na fraude penal deveria existir grande perversidade e impostura. A famosa teoria *mise-en-scène*, atribuída a um autor alemão, foi desenvolvida pelos franceses e recepcionada por Carrara. Para os defensores dessa concepção, a *fraude civil* pode revestir-se de simples mentira ou silêncio, enquanto a *fraude penal* exigiria determinada *artificiosidade* para ludibriar a vítima. Essa teoria também perdeu

---

4. Magalhães Noronha, *Direito penal*, 15. ed., São Paulo, Saraiva, 1979, v. 2, p. 380.
5. Heleno Fragoso, *Lições de direito penal*, 10. ed., Rio de Janeiro, Forense, 1988, v. 1, p. 44.

atualidade e adeptos, pois a distinção da natureza da fraude não reside apenas no meio ou modo de execução[6].

Após demorada enumeração de teorias, Nélson Hungria acaba concluindo: "O critério que nos parece menos precário é o que pode ser assim fixado: há quase sempre fraude penal quando, relativamente idôneo (*sic*) o meio iludente, se descobre, na investigação retrospectiva do fato, a ideia preconcebida, o propósito *ab initio* da frustração do equivalente econômico. Tirante tal hipótese de ardil grosseiro, a que a vítima se tenha rendido por indesculpável inadvertência ou omissão de sua habitual prudência, o *inadimplemento preordenado* ou *preconcebido* é talvez o menos incerto dos sinais orientadores na fixação de uma linha divisória nesse terreno *contestado* da fraude..."[7].

Várias teorias, enfim, objetivas e subjetivas, pretenderam explicar a distinção entre as duas espécies de fraude, civil e penal. Os argumentos, no entanto, não apresentaram suficientes e convincentes conteúdos científicos que ancorassem as conclusões que sugeriam, levando a moderna doutrina a recusá-las. Na verdade, não há diferença ontológica entre *fraude civil* e *fraude penal*, sendo insuficientes todas as teorias que — sem negar-lhes importância — procuraram estabelecer *in abstracto* um princípio que as distinguisse com segurança; não se pode, responsavelmente, firmar *a priori* um juízo definitivo sobre o tema. Fraude é fraude em qualquer espécie de *ilicitude* — civil ou penal —, repousando eventual diferença entre ambas tão somente em seu *grau de intensidade*. Não há, na realidade, qualquer distinção ontológica entre uma e outra digna de consideração.

Na fraude civil objetiva-se o lucro do próprio negócio, enquanto na fraude penal visa-se o "lucro" ilícito. A inexistência de *dano civil* impede que se fale em prejuízo ou dano penal[8]. Essa distinção, além de complexa, não é nada pacífica, mas apresenta, inegavelmente, um bom critério que não se pode desprezar simplesmente, até porque não existe um *critério científico* que abstrata ou concretamente distinga, com segurança, uma fraude da outra!

Concluindo, somente razões político-criminais podem justificar a separação, em termos de direito positivo, entre *fraude civil* e *fraude penal*. Essa *cisão*, mesmo objetivando atender ao interesse social, não pode adequar-se a um padrão abstrato de irretocável conteúdo e segurança científicos. Por isso, o máximo que se pode tolerar é a fixação de critérios elucidativos que permitam uma segura opção do aplicador da lei.

5. Tipo objetivo: adequação típica

Trata-se de um tipo penal de *conteúdo variado* (ou de ação múltipla), isto é, ainda que o agente pratique, *cumulativamente*, todas as condutas descritas nos verbos nucleares, praticará um único crime. Convém destacar que, a despeito de

---

6. Heleno Fragoso, *Lições de direito penal*, p. 447.
7. Hungria, *Comentários ao Código Penal*, p. 191.
8. Frederico Marques, Estelionato, ilicitude civil e ilicitude penal, RT 560:286.

tratar-se de um crime praticado mediante *fraude*, este não se confunde com o crime de *estelionato*. Aliás, a configuração do *estelionato* exige a presença simultânea dos seguintes requisitos fundamentais: 1) *emprego de artifício, ardil ou qualquer outro meio fraudulento*; 2) *induzimento ou manutenção da vítima em erro*; 3) *obtenção de vantagem patrimonial ilícita em prejuízo alheio*. Afora o *meio*, que também deve ser *fraudulento*, nenhum desses outros elementos essenciais é indispensável para a configuração do crime de "frustração do caráter competitivo de licitação" (art. 337-F). No estelionato, há *dupla relação causal*: primeiro, a vítima é enganada mediante fraude, *sendo esta (fraude) a causa*, e o engano, o *efeito*; segundo, *nova relação causal entre* o erro, *como* causa, e a obtenção de vantagem ilícita e o respectivo prejuízo, *como* efeitos. *Na verdade, é indispensável que a* vantagem *obtida, além de* ilícita, *decorra de* erro *produzido pelo agente, isto é, que aquela seja consequência deste*. *Não basta a existência do erro* decorrente da fraude, *sendo necessário que da ação resulte* vantagem ilícita *e* prejuízo patrimonial. Ademais, à vantagem ilícita deve corresponder um prejuízo alheio[9].

As condutas incriminadas neste art. 337-F do Código Penal, *acrescentado* pela Lei n. 14.133/2021, são "frustrar" ou "fraudar" o caráter competitivo do procedimento licitatório, as quais devem ser, necessariamente, identificadas, isto é, descritas na inicial acusatória discorrendo em que ambas consistem, individualmente. São, portanto, duas modalidades de condutas incriminadas que identificam *a frustração* e *a fraude*, cujo objeto material é o *procedimento licitatório* frustrado (inviabilizado) ou fraudado. Vejamos, a seguir, cada uma delas.

(a) *Frustrar* significa privar, iludir, inviabilizar a realização do procedimento licitatório, mediante ajuste, combinação ou, como diz a lei, *qualquer outro expediente*; ou, na erudita definição de Paulo José da Costa Jr., "*frustrar*, do latim *frustrare*, é tornar inútil, fazer falhar, baldar, tornar sem efeito"[10]. Dito em bom português, "frustrar" é inviabilizar, inutilizar ou impedir tanto a realização do "procedimento licitatório", como também o seu "caráter competitivo", ou seja, frustrar implica impedimento da licitação, esta não se realiza pura e simplesmente.

Não se pode olvidar que são duas coisas distintas, a realização do "procedimento licitatório", e o "caráter competitivo" deste: a *frustração* de qualquer dos dois é suficiente para tipificar a primeira conduta que ora examinamos. Neste dispositivo objetiva-se, fundamentalmente, preservar o *caráter competitivo* do certame licitatório; no caso, mais que o próprio *procedimento*, a relevância reside na sua *natureza competitiva*, de tal sorte que preservar ou realizar o referido procedimento sem essa característica viola o bem jurídico que se pretende proteger, qual seja, a *competitividade* da concorrência pública (em sentido lato). Por outro lado, *frustrar* o próprio procedimento leva consigo (na frustração) também a *competitividade*, violando, por conseguinte,

---

9. Cezar Roberto Bitencourt, *Tratado de direito penal*; parte especial, 7. ed., São Paulo, Saraiva, 2010, v. 3, p. 270-271.
10. Paulo José da Costa Jr., *Direito penal das licitações*, 2. ed., São Paulo, Saraiva, 2004, p. 24.

igualmente a proteção penal, por isso, a nossa afirmação de que a violação de qualquer dos dois é suficiente para tipificar a primeira conduta do tipo *sub examine*.

(b) *Fraudar*, por outro lado, é usar ou utilizar manobra ardilosa, astuciosa, isto é, realizada com emprego de artifício. *Fraude*, em outros termos, é a utilização de artifício, de estratagema, de engodo ou ardil para vencer a vigilância da vítima ou responsável pela vigilância. Não vemos, a rigor, nenhuma restrição quanto à forma, meio ou espécie de *fraude*, bastando que seja idônea para desviar a atenção ou simplesmente enganar o administrador público ou os concorrentes do procedimento licitatório. Assim, caracteriza *meio fraudulento* qualquer artimanha utilizada para enganar, mascarar ou alterar a forma procedimental ou o caráter competitivo da licitação.

A fraude pode assumir diversas feições, como, por exemplo, no *crime de furto*, mesmo fraudulento, há o *dissenso da vítima*, enquanto no *estelionato* há a *aquiescência* da vítima, mesmo que viciada. Dito de outra forma, a fraude é *unilateral* no furto, e *bilateral* no estelionato, pela aquiescência do ofendido, ainda que viciada pelo engodo. No *furto*, a fraude burla a vigilância da vítima, que, assim, não percebe que a *res* lhe está sendo subtraída; no *estelionato*, ao contrário, a fraude induz a vítima a erro. Esta, voluntariamente, entrega seu patrimônio ao agente. No *furto*, a fraude visa desviar a oposição atenta do dono da coisa, ao passo que no *estelionato* o objetivo é obter seu consentimento, viciado pelo erro, logicamente.

Pois, curiosamente, a *fraude* no crime descrito no art. 337-F do Código Penal, acrescentado pela Lei n. 14.133/2021 — a despeito da *unilateralidade* característica do furto e da *bilateralidade* existente no estelionato —, acreditamos que reúne um misto dessas duas modalidades de fraude: assemelha-se à *fraude do furto* quando burla a vigilância do administrador público ou dos demais concorrentes, visando desviar a atenção destes, mas também se identifica com a do *estelionato* quando objetiva induzi-los a erro. A fraude neste crime licitatório pode, na verdade, assumir ora uma, ora outra característica, ou, inclusive, ambas ao mesmo tempo.

Enfim, a *fraude* e a *frustração* implicam, necessariamente, o *engano* e/ou o *erro* do administrador público e dos demais concorrentes, visando, evidentemente, a obtenção de alguma *vantagem*, normalmente econômica. *Erro* é a falsa representação ou avaliação equivocada da realidade. O *administrador* supõe, por erro, tratar-se de uma realidade, quando na verdade está diante de outra; faz, em razão do *erro*, um juízo equivocado da proposição do agente. A *conduta fraudulenta* do sujeito leva o administrador a incorrer em *erro*. O agente, com sua ação fraudulenta, cria uma situação enganosa, fazendo parecer realidade o que efetivamente não é, ou seja, o administrador, em razão do estratagema, do ardil ou engodo utilizado pelo agente, é levado ao erro, desconhecendo a verdade dos fatos.

"Fazer ajustes" ou "combinação", *venia concessa*[11], não é a conduta incriminada no dispositivo que ora examinamos, mas tão somente *meios* declinados no tipo penal

---

11. Vicente Greco Filho, *Dos crimes da Lei das Licitações*, 2. ed., São Paulo, Saraiva, 2007, p. 74.

através dos quais o agente pode executar qualquer das duas condutas antes referidas, além da possibilidade, como demonstraremos adiante, de utilizar-se de *qualquer outro expediente*. Esses aspectos serão objeto de análise no tópico seguinte.

A ação tipificada não é, tampouco, *obter vantagem ilícita* (para si ou para outrem), ao contrário da *finalidade*, de um modo geral, dos crimes contra o patrimônio tipificados no Código Penal, embora, não se possa negar, que o *fim especial* das condutas tipificadas seja, de um modo geral, obter *vantagem* decorrente da adjudicação do objeto da licitação. Na verdade, essa vantagem integra o *elemento subjetivo especial do injusto* que, como tal, não precisa concretizar-se para a consumação do crime, sendo suficiente que tenha sido o móvel da ação criminosa. Mas as ações tipificadas são, repetindo, *frustrar* ou *fraudar* o caráter competitivo do procedimento licitatório, claro, tendo como *finalidade subjetiva* a obtenção de *vantagem*, cuja natureza, por sua complexidade temática, examinaremos adiante.

O texto do art. 90 da revogada Lei n. 8.666/93 exemplificava em que consistia as condutas de "frustrar" e "fraudar", mantidas no atual texto legal, destacando, *ipsis litteris*, "mediante ajuste, combinação ou qualquer outro expediente, o caráter competitivo do procedimento licitatório, com o intuito de obter, para si ou para outrem, vantagem decorrente da adjudicação do objeto da licitação".

Visivelmente, na tipificação desta conduta o legislador atual "desidratou", esvaziou o conteúdo do *modus operandi* da fraude e do próprio artigo, retirando-lhe a substância que consiste na forma e na finalidade da própria fraude que, não raro, objetiva a obtenção, para si ou para outrem, de vantagem, no mínimo indevida, no caso, do caráter competitivo do procedimento licitatório. No entanto, a despeito da conduta inexplicável do legislador, tentando esvaziar o conteúdo deste art. 335-F, as condutas de *frustrar* e *fraudar* visam, invariavelmente, obter, para si ou para outrem, vantagem indevida decorrente da adjudicação do objeto da licitação. É da natureza das condutas de *frustrar* e *fraudar* essa finalidade espúria e os meios utilizados são, basicamente, sempre os mesmos, ainda que implícitos. Portanto, os *meios fraudulentos* utilizados para obter vantagem indevida do caráter competitivo do procedimento licitatório são os mais variados possíveis, ficando em aberto, neste tipo penal, sem qualquer restrição ante a omissão do legislador. São, digamos, os *meios* e *formas* tradicionais dessas condutas criminalizadas na ordem jurídica brasileira.

Essas questões, enfim, que examinamos acima são verdadeiras hipóteses legais de *fraude ao caráter competitivo do procedimento licitatório*, como destaca, com propriedade, Vicente Greco Filho, referindo-se à lei revogada: "Entre as hipóteses possíveis de fraude ao caráter competitivo do certame encontram-se as condutas previstas no art. 3º, § 1º, I, da lei, consistentes na inclusão das chamadas 'cláusulas discriminatórias', que são disposições dos atos de convocação que, não justificadas pelo seu objeto, visem a prejudicar ou beneficiar indevidamente possível concorrente"[12].

---

12. Vicente Greco Filho, *Dos crimes da Lei de Licitações*, p. 73.

Devemos acrescentar, apenas, que também o inciso II do mesmo dispositivo revogado consagrava novas hipóteses de vedações de cláusulas restritivas à competição licitatória. Trata-se de omissão compreensiva, posto que se trata de texto legal alterado por lei posterior ao trabalho citado do Prof. Greco Filho, o qual comentava a lei revogada.

5.1 Mediante ajuste, combinação ou qualquer outro expediente

As condutas incriminadas de "frustrar" ou "fraudar" o caráter competitivo do procedimento licitatório devem ser, necessariamente, identificadas, isto é, descritas na inicial acusatória discorrendo em que ambas consistem, individualmente. Os crimes praticados mediante fraude utilizam sempre, e invariavelmente, hipóteses similares, por isso, esses dispositivos legais são, normalmente, repetitivos, pelo menos, aqueles que os declinam. Por isso, a omissão ou supressão de tais meios não chegam a causar grandes dificuldades, pois sem declará-los, qualquer meio utilizado para obter a vantagem indevida pretendida será válido.

Os *meios*, quando declinados, através dos quais as condutas podem ser praticadas, são, aparentemente, vinculados, isto é, identificados e definidos pelo legislador expressamente, quais sejam, normalmente, "mediante ajuste, combinação ou qualquer outro expediente", mas nem sempre o legislador os explicita. No texto revogado deste artigo, o legislador havia estabelecido *dois meios* ou modos pelos quais a conduta poderia ser perpetrada — mediante *ajuste*, ou *combinação* —, mas, incontinente, adotou uma fórmula genérica — *qualquer outro expediente* — que, segundo a doutrina especializada, *deve guardar alguma similitude com os dois meios devidamente identificados*. Significa dizer, em outras palavras, que esse "qualquer outro expediente" dever ter características que o identifiquem como *meio fraudulento*, pois é de *fraude* que se trata, restringindo-se, assim, a abrangência dessa descrição típica.

Enfim, a despeito de o legislador ter suprimido os meios possíveis de serem utilizados para a prática dessa conduta, exemplificaremos abaixo, porque, como ficou em aberto, teoricamente, pode ser praticado por qualquer meio possível ou admitido nessa forma de conduta.

5.1.1 Mediante "ajuste" ou "combinação"

Convém destacar, preliminarmente, que simples *ajuste, determinação* ou *instigação*, por determinação legal expressa, não são puníveis, se o crime não chega, pelo menos, a ser tentado (art. 31 do CP). Referido dispositivo legal não fala em "combinação", mas apenas por ser desnecessário, pois, como veremos, não deixa de ser uma espécie de "ajuste". No entanto, neste caso *sub examine, ajuste* e *combinação* não são as condutas incriminadas, mas simples *meios* pelos quais o sujeito ativo pode "frustrar" ou "fraudar" (estas sim são as condutas tipificadas) *procedimento licitatório*.

Ajuste e *combinação*, a rigor, não apresentam diferenças significativas, sendo utilizados, no quotidiano, como sinônimos, aliás, como faz o próprio legislador. A doutrina tem se esforçado, sem muito êxito, na tentativa de demonstrar conteúdos distintos a esses verbos nucleares. Assim, por exemplo, Paulo José da Costa Jr., *in verbis*: "*Ajuste* é o concerto (*sic*), o ajustamento. *Combinação* é o acordo, o contrato"[13]. Vamos combinar, quaisquer dessas definições podem ser empregadas, sem dificuldades, tanto com o sentido de "ajuste" quanto de "combinação"[14]. Por essa razão, não vemos necessidade para tentar aprofundar a definição e especialmente a distinção entre um e outra.

Neste crime, poderá configurar-se a exigência de *concurso necessário*, dependendo do *meio* utilizado para "frustrar" ou "fraudar" o *caráter competitivo do procedimento licitatório*. Preferindo o agente adotar um dos meios específicos — "ajuste" ou "combinação" —, certamente, haverá *concurso necessário*, na medida em que essas locuções determinam a necessidade da intervenção de duas ou mais pessoas para *ajustarem* ou *combinarem* a ação delitiva. No entanto, se a opção for por "meio genérico" — *qualquer outro expediente* —, a conduta pode ser *unilateral*, isto é, praticada por um agente, sendo admissível, contudo, o concurso eventual de pessoas.

Fala-se, ainda, na possibilidade de o *ajuste* ou a *determinação* poder ser *total* ou *parcial*. Seria *total* se, por exemplo, sua finalidade fosse assegurar a vitória de um dos participantes; seria *parcial*, contudo, se objetivasse a criação de "cláusulas discriminatórias", dificultando ou excluindo determinados concorrentes, como exemplifica o veto legal constante do art. 3º, § 1º, I e II, da lei de regência. Nesse sentido, afirma Adel El Tasse: "Cabe ainda observar que os ajustes ou combinações mencionados podem ser com *caráter total*, quando o objetivo for o estabelecimento da vitória de um dos licitantes, ser *parcial*, se tratar de criação de regras paralelas que mascarem o ideal competitivo da licitação, não se estabelecendo diretamente qual dos licitantes será o vencedor do processo, mas criam-se regras paralelas às oficiais, que geram prejuízo ao sentido competitivo, que deve ser resguardado"[15].

---

13. Paulo José da Costa Jr., *Direito penal das licitações*, p. 25.
14. Convém, por outro lado, tomar cuidado para não confundir com induzimento e instigação: com efeito, *induzir* significa suscitar o surgimento de uma ideia, tomar a iniciativa intelectual, fazer surgir no pensamento de alguém uma ideia até então inexistente. Por meio da *indução* o indutor anula a vontade de alguém, que, finalmente, acaba suicidando-se; logo, a intervenção daquele é que decide o resultado final; por isso, a conduta do indutor é mais *censurável* do que a conduta do instigador, que veremos adiante. Essa forma de "instigação" *lato sensu* — por meio da indução — os autores têm denominado "determinação", quando se referem à participação em sentido estrito, que nós, também lá, preferimos chamá-la *induzimento*, para manter a harmonia com o sentido que é utilizado nesse tipo penal; *instigar*, por sua vez, significa animar, estimular, reforçar uma ideia existente. Ocorre a *instigação* quando o instigador atua sobre a vontade do autor, no caso, do instigado. O instigador limita-se a provocar a resolução de vontade da indigitada vítima, não tomando parte nem na execução nem no domínio do fato. Tanto no induzimento quanto na instigação é a própria vítima que se autoexecuta (Cezar Roberto Bitencourt, *Tratado de direito penal*; crimes contra a pessoa, 11. ed., São Paulo, Saraiva, 2012).
15. Adel El Tasse, Licitações e contratos administrativos, in Luiz Flávio Gomes & Rogério Sanches Cunha (coords.), *Legislação criminal especial*, 2. ed., São Paulo, Revista dos Tribunais, 2010, v. 6, p. 796.

5.1.2 Mediante "qualquer outro expediente"

Com efeito, para *fraudar* ou *frustrar* o certame licitatório o agente pode — além de valer-se de "ajuste" ou "combinação", que seriam meios específicos — utilizar-se de "qualquer outro expediente" — que é um meio genérico, e constitui uma fórmula abrangente para abrir o leque de possibilidades de ludibriar o *formalismo* do certame licitatório. *Qualquer outro expediente* é uma locução similar à utilizada na definição do *crime de estelionato* (art. 171 do CP), no caso, "*qualquer outro meio fraudulento*", que representa uma *fórmula genérica* para admitir qualquer espécie (modo ou forma) de *engodo*, de *fraude,* desde que tenha idoneidade suficiente para enganar a vítima ou, no caso, os funcionários ou autoridades encarregados do certame licitatório. *Qualquer outro expediente* significa que, embora não conste expressamente do texto legal, também podem ser admitidos, como meios fraudulentos, o *artifício* e o *ardil*. Artifício é toda *simulação* ou *dissimulação* idônea para enganar ou mesmo induzir uma pessoa a erro ou a equívoco, levando-a à percepção de uma *falsa aparência da realidade. Ardil*, por sua vez, é a trama, o estratagema, a astúcia com a qual o agente pode enganar alguém.

Com essa locução aberta — *qualquer outro expediente* — torna-se desnecessária a precisão conceitual de *artifício* e *ardil*[16], que são meramente exemplificativos da *fraude penal*, tratando-se de crime de forma livre. Significa poder afirmar, ademais, que, se o Ministério Público imputar a prática do fato delituoso mediante *artifício* e, ao final, a prova dos autos demonstrar que se trata de *ardil*, não haverá nenhum prejuízo para a defesa, e tampouco se poderá afirmar que o *Parquet* pecou por desconhecimento técnico-dogmático. Indispensável, na verdade, é que o *Parquet* descreva claramente em que consiste a *fraude* que está imputando, pois o acusado defende-se do fato descrito e não do nome ou terminologia atribuída pelo acusador.

Enfim, para nós, sem sombra de dúvidas, as duas condutas incriminadas — *frustrar e fraudar* o caráter competitivo do procedimento licitatório — podem ser praticadas por outros meios, tais como *artifício, ardil* ou algum *outro meio similar*, onde a astúcia e a dissimulação do agente possam se fazer presentes para fraudar o caráter competitivo do procedimento licitatório, pois o texto legal admite, como meio fraudatório, "qualquer outro expediente", logicamente, similar ao ajuste ou à combinação.

Não se deve esquecer, contudo, que a *interpretação* em matéria penal-repressiva deve ser sempre *restritiva*, e somente nesse sentido negativo é que se pode admitir o *arbítrio judicial*, sem ser violada a taxatividade do princípio da reserva legal. A seguinte expressão de Nélson Hungria ilustra muito bem esse raciocínio: "Não pode ser temido o *arbitrium judicis* quando destinado a evitar, *pro libertate*, a excessiva amplitude prática de uma norma penal inevitavelmente genérica"[17], como é

---

16. Guilherme de Souza Nucci, *Código Penal comentado*, 2. ed., São Paulo, Revista dos Tribunais, 2002, p. 562.
17. Nélson Hungria, *Comentários ao Código Penal*, p. 179.

o caso dos meios indicados para a prática deste crime. Por isso, deve-se adotar grande cautela no exame da elementar típica "qualquer outro expediente", pois ela terá abrangência distinta para uma e outra figuras típicas, ou seja, é mais aberto para a hipótese de "frustrar" o caráter competitivo do procedimento licitatório, sendo, no entanto, mais restrito quando se tratar da conduta de "fraudar" tal procedimento. Com efeito, nesta segunda hipótese, esse "qualquer outro expediente" limita-se a outra forma ou meio fraudulento, que, necessariamente, deve ser similar aos meios que descrevemos anteriormente.

O executor desse crime fraudulento de procedimento licitatório, pode, por exemplo, usar, inclusive, qualquer outro expediente para enganar ou fraudar o caráter competitivo de um certame licitatório. É indispensável, também por essa razão, que "qualquer outro expediente" seja suficientemente *idôneo* para *enganar* a Administração Pública, para *ludibriá-la*, isto é, para induzi-la a erro. *Qualquer outro expediente*, por exemplo, será o *meio fraudulento* através do qual o agente fraudará o sistema licitatório. A *inidoneidade do meio*, no entanto, pode ser relativa ou absoluta: sendo relativamente inidôneo o meio fraudulento para enganar a Administração Pública, poderá configurar-se tentativa do crime de "fraude ao caráter competitivo de licitação"; contudo, se a inidoneidade for absoluta, tratar-se-á de crime impossível, por absoluta ineficácia do meio empregado (art. 17).

Ao contrário do que ocorre no crime de estelionato (art. 171 do CP), não é indispensável que a Administração Pública (autoridade ou funcionário responsável pelo procedimento licitatório) seja *induzida* ou *mantida* em erro, basta que a conduta criminosa (fraudulenta) tenha idoneidade suficiente para enganar, para ludibriar, para induzir Administração Pública a erro. A eventual ausência dessa idoneidade torna a conduta *atípica*, por falta de potencialidade lesiva.

Por fim, é indispensável que resultem descritas na denúncia a existência e a caracterização do *meio fraudulento*, qual seja, *ajuste, combinação ou qualquer outro expediente* com o intuito de obter, para si ou para outrem, *vantagem* decorrente da adjudicação do objeto da licitação. Além de descrever na denúncia em que consiste a *fraude* ou *frustração* do caráter competitivo do objeto da licitação, o *Parquet* deve demonstrar como e por que a frustração do caráter competitivo da licitação pode verificar-se.

Embora seja desnecessária a efetiva obtenção da *vantagem* decorrente da adjudicação do objeto da licitação, é necessário que se comprove, materialmente, a ocorrência da *frustração* ou da *fraude* decorrente do meio utilizado pelo agente. Em outros termos, é indispensável uma conexão causal, isto é, *uma relação de causa e efeito*, entre a fraude praticada pelo agente e a inviabilidade do certame licitatório.

5.2 Elementares inexistentes: exigência de vantagem ilícita e prejuízo alheio

A obtenção de *vantagem ilícita* não é uma elementar normativa do crime do art. 337-F do Código Penal, constituindo somente o *elemento subjetivo especial do in-*

justo, que será analisado em outro tópico. Tampouco há previsão da ocorrência de *prejuízo alheio* que, se existir, representará somente uma consequência a mais do crime, que sequer se pode afirmar que constitua o seu exaurimento. Na verdade, a eventual concretização de *vantagem* decorrente da adjudicação do objeto da licitação representará o exaurimento da conduta criminosa.

A *obtenção da vantagem* ou *proveito ilícito* pode decorrer, também, da circunstância de o agente *induzir* a vítima a *erro* ou de *mantê-la* no *estado de erro* em que se encontra o administrador público. Embora, ao contrário da previsão no crime de estelionato, "induzir ou manter em erro" não constituam *meios expressos* de executar o presente crime. Enfim, é possível que o agente provoque a incursão da vítima em *erro* (usando de meio fraudulento), ou apenas se aproveite dessa situação em que a vítima se encontra (em erro), *frustrando*, nesse caso, o caráter competitivo do certame.

De notar-se que, embora o texto legal não fale em "induzir a erro" ou "aproveitar-se" de quem em erro se encontra, é possível que o agente se utilize de *qualquer desses expedientes*, como *meio*, para *fraudar*, na primeira hipótese, e para *frustrar*, na segunda. Na realidade, embora este crime não exija, concretamente, *vantagem econômica* e tampouco *prejuízo alheio*, ao contrário do que ocorre no crime de estelionato, constata-se que, como este, a *fraude* produtora do engano (ou do erro) é sua característica essencial. Mesmo na primeira modalidade de conduta — *frustrar* —, que não se confunde com a *fraude*, não deixa de apresentar certa similaridade com esta, na medida em que pode propiciar ou facilitar a situação criadora do *engano* ou do *erro*, ou então o agente aproveita-se de determinada situação existente ou criada por outrem, *frustrando* o objetivo do certame licitatório, que é garantir a sua *ampla competitividade*.

5.3 Vantagem decorrente da adjudicação do objeto da licitação: irrelevância da natureza econômica

Curiosamente, o art. 337-D, que ora examinamos, não adjetiva a elementar "vantagem", nem mesmo de *ilícita*, embora se possa presumi-la como tal. Contudo, a sua natureza econômica ou não merece detida reflexão. O Código Penal de 1940, em determinados tipos penais, define a elementar *vantagem*, ora de ilícita, ora de econômica, mas dificilmente deixa de adjetivá-la. Impõe-se que se examine a natureza da *vantagem* decorrente da adjudicação do objeto da licitação, especialmente se será, necessariamente, econômica ou não.

Heleno Fragoso, ao examinar duas elementares semelhantes, adotava o mesmo entendimento: *qualquer vantagem* — na extorsão mediante sequestro (art. 159) — e *vantagem ilícita* — no estelionato (art. 171); para Fragoso, tanto numa quanto noutra hipótese "a vantagem há de ser econômica". Na primeira, dizia, "embora haja aqui uma certa imprecisão da lei, é evidente que o benefício deve ser de ordem econômica ou patrimonial, pois de outra forma este seria apenas um crime contra a liberdade individual"[18]. Na segunda, relativamente ao estelionato, mantendo sua coerência tradicional, pontificava: "Por *vantagem ilícita* deve entender-se qualquer utilidade ou proveito de ordem patrimonial, que o agente venha a ter em detrimento do sujeito passivo sem que ocorra justificação legal"[19]. Não se pode desconhecer que ambos os crimes encontram-se no título que trata dos crimes contra o patrimônio.

Essa *correção metodológico-interpretativa* de Fragoso, porém, não constitui unanimidade na doutrina nacional, merecendo, ainda que sucintamente, ser examinadas as suas particularidades.

Com efeito, Magalhães Noronha, examinando o crime de "extorsão mediante sequestro", professava: "O Código fala em *qualquer* vantagem, não podendo o adjetivo referir-se à *natureza* desta, pois ainda aqui, evidentemente, ela há de ser, como no art. 158, *econômica*, sob pena de não haver razão para o delito ser classificado no presente título"[20]. No entanto, o mesmo Magalhães Noronha, em sua análise da elementar *vantagem ilícita*, contida no crime de "estelionato", parece ter esquecido que essa infração penal também está classificada no título dos Crimes contra o Patrimônio, ao asseverar que "essa vantagem pode não ser econômica, e isso é claramente indicado por nossa lei, pois, enquanto que, na extorsão, ela fala em indevida vantagem econômica, aqui menciona apenas a vantagem ilícita. É, aliás, opinião prevalente na doutrina"[21]. Nessa linha de Magalhães Noronha, com posição não muito clara, Luiz Regis Prado, na atualidade, referindo-se à "extorsão mediante sequestro", leciona: "No que tange à *vantagem* descrita no tipo, simples interpretação do dispositivo induziria à conclusão de que não deva ser necessariamente econômica. Contudo, outro deve ser o entendimento. De fato, a extorsão está encartada entre os delitos contra o patrimônio, sendo o delito-fim, e, no sequestro, apesar de o próprio tipo não especificar a natureza da vantagem, parece indefensável entendimento diverso"[22]. Em relação ao "estelionato", referindo-se à elementar *vantagem ilícita*, Regis Prado sustenta: "Prevalece o entendimento doutrinário de que a referida vantagem não necessita ser econômica, já que o legislador não restringiu o seu alcance como o fez no tipo que define o crime de extorsão, no qual empregou a expressão *indevida vantagem econômica*"[23].

Ambos apresentam-se incoerentes assumindo postura em relação à extorsão mediante sequestro e outra relativamente ao estelionato! Constata-se que, ao contrário de Heleno Fragoso, que manteve interpretação coerente, Magalhães Noronha e Regis Prado adotam entendimento contraditório, na medida em que, em situações semelhantes — "qualquer vantagem" e "vantagem ilícita" —, adotam soluções

---

18. Heleno Fragoso, *Lições de direito penal*, p. 367.
19. Heleno Fragoso, *Lições de direito penal*, p. 452.
20. Magalhães Noronha, *Direito penal*, p. 287.
21. Magalhães Noronha, *Direito penal*, p. 390.
22. Luiz Regis Prado, *Curso de direito penal brasileiro*, São Paulo, Revista dos Tribunais, 2000, v. 2, p. 413.
23. Luiz Regis Prado, *Curso de direito penal brasileiro*, v. 2, p. 501.

díspares, como acabamos de ver. Por outro lado, examinando o mesmo tema, no crime de "extorsão mediante sequestro", fizemos a seguinte afirmação: "Preferimos, contudo, adotar outra orientação, sempre comprometida com a segurança dogmática da tipicidade estrita, naquela linha que o próprio Magalhães Noronha gostava de repetir de que 'a lei não contém palavras inúteis', mas que também não admite — acrescentamos nós — a inclusão de outras não contidas no texto legal. Coerente, jurídica e tecnicamente correto, o velho magistério de Bento de Faria, que pontificava: 'A vantagem — exigida para restituição da liberdade ou como preço do resgate — pode consistir em dinheiro ou qualquer outra utilidade, pouco importando a forma da exigência'[24]. Adotamos esse entendimento, pelos fundamentos que passamos a expor. (...) Curiosamente, no entanto, na descrição desse tipo penal — *extorsão mediante sequestro* —, contrariamente ao que fez na constituição do crime anterior (extorsão), que seria, digamos, o tipo matriz do 'crime extorsivo', o legislador brasileiro não inseriu na descrição típica a elementar normativa *indevida vantagem econômica*. Poderia tê-la incluído; não o fez. Certamente não terá sido por esquecimento, uma vez que acabara de descrever tipo similar, com sua inclusão (art. 158). Preferiu, no entanto, adotar a locução 'qualquer vantagem', sem adjetivá-la, provavelmente para não 'restringir seu alcance'"[25], até porque destacou que podia ser "qualquer" vantagem.

Por tudo isso, em coerência com o entendimento que esposamos sobre a locução "qualquer vantagem", que acabamos de transcrever, sustentamos que a *vantagem ilícita* — elementar do crime de estelionato —, pelas mesmas razões, não precisa ser necessariamente de natureza econômica. O argumento de que a natureza econômica da vantagem é necessária, pelo fato de o estelionato estar localizado no título que disciplina os crimes contra o patrimônio, além de inconsistente, é equivocado. Uma coisa não tem nada que ver com a outra: os crimes contra o patrimônio protegem a inviolabilidade patrimonial da sociedade em geral e da vítima em particular, o que não se confunde com a *vantagem ilícita* conseguida pelo agente. Por isso, não é a *vantagem* obtida que deve ter natureza econômica; o *prejuízo* sofrido pela vítima é que deve ter essa qualidade.

Referindo-nos ao estelionato, destacamos que "o *prejuízo alheio*, além de patrimonial, isto é, economicamente apreciável, deve ser real, concreto, não podendo ser meramente potencial. *Prejuízo*, destacava Magalhães Noronha[26], é sinônimo de dano, e, como o crime é contra o patrimônio, esse dano há de ser patrimonial. Aqui se justifica essa interpretação, pois está de acordo com o bem jurídico tutelado, que é a inviolabilidade do *patrimônio alheio*. Elucidativo, nesse particular, o magistério

---

24. Bento de Faria, *Código Penal brasileiro comentado*, Rio de Janeiro, Record, 1961, v. 5, p. 63.
25. Cezar Roberto Bitencourt, *Tratado de direito penal*, 7. ed., São Paulo, Saraiva, 2010, v. 3, p. 155-156.
26. Magalhães Noronha, *Direito penal*, p. 391.

de Sebastian Soler[27]: 'Prejuízo patrimonial não quer dizer somente prejuízo pecuniário: a disposição tomada pode consistir na entrega de uma soma em dinheiro, de uma coisa, móvel ou imóvel, de um direito e também de um trabalho que se entenda retribuído, ou de um serviço tarifado. Pode também consistir na renúncia a um direito que positivamente se tem. Deve tratar-se, em todo caso, de um valor economicamente apreciável, sobre o qual incida o direito de propriedade no sentido amplo em que tal direito é entendido pela lei penal'"[28].

Com efeito, quando a lei quer limitar a *espécie de vantagem*, usa o elemento normativo *indevida, injusta, sem justa causa, ilegal*, como destacamos em inúmeras passagens de nosso *Tratado de direito penal*, ao abordarmos os crimes contra o patrimônio. Assim, havendo a *fraude* para enganar e obter *vantagem ilícita*, para si ou para outrem, não importa sua natureza (econômica ou não).

Para concluir, a *vantagem ilícita* não precisa ter natureza econômica, mas deve, necessariamente, ser *injusta*, ao passo que o *prejuízo alheio*, em razão do *bem jurídico violado*, deve ser economicamente apreciável. Da mesma forma, a *vantagem* obtida com o objeto da adjudicação decorrente da licitação, nos termos do art. 90, não necessita, obrigatoriamente, ter natureza econômica, bastando que eventual prejuízo dela decorrente represente um *prejuízo patrimonial* ao prejudicado, sendo sujeito passivo ou não dessa infração penal. Por outro lado, é importante destacar que a "vantagem" prevista como *elemento subjetivo especial do injusto* não se limita a simples contratação da licitação, mas deve, necessariamente, ser identificada e individualizada, independentemente de o sujeito ativo obter a contratação pretendida. Em outros termos, *a vantagem deve decorrer da celebração do contrato*, como sua consequência, e não se restringir somente a lograr ser o escolhido para contratar. Nesse sentido, a lúcida lição de Vicente Greco Filho, *in verbis*: "No artigo anterior, o *benefício* a que se refere o dispositivo é o de simplesmente contratar sem licitação. No presente, a situação não é a mesma. A *vantagem* deve ser identificada independentemente de ser o agente o contratante. Este, por certo, auferiu vantagem consistente em realizar o contrato, fazendo a movimentação econômica, aliás, restrita na atualidade, e só isso já caracteriza vantagem. Os demais devem ter em sua intenção outro tipo de escolha, também fraudada, em licitação futura etc. A vantagem deve ser decorrente da realização do contrato, ainda que não para o contratante"[29]. Enfim, a *vantagem* pretendida deve decorrer do contrato de licitação celebrado.

6. Tipo subjetivo: adequação típica

O elemento subjetivo geral deste crime do art. 337-F é o *dolo*, representado pela vontade livre e consciente de *frustrar ou fraudar, por qualquer meio fraudu-*

---

27. Sebastian Soler, *Derecho penal argentino*, Buenos Aires, TEA, 1951, p. 356.
28. Cezar Roberto Bitencourt, *Tratado de direito penal*, 7. ed., São Paulo, Saraiva, 2010, v. 3, p. 276.
29. Vicente Greco Filho, *Dos crimes da Lei de Licitações*, p. 75.

lento (mediante ajuste, combinação ou qualquer outro expediente), *o caráter competitivo de procedimento licitatório*. Essa *vontade consciente* deve abranger não apenas a *ação* como também o *meio fraudulento*, a natureza *competitiva do procedimento licitatório*, além da *vantagem* decorrente da adjudicação do objeto da licitação.

É necessário que o agente tenha *consciência* de que obtém uma *vantagem* decorrente da adjudicação do objeto da licitação, pois sem essa consciência ou sem a vantagem a conduta será atípica. Não há previsão de modalidade culposa desta infração penal, consequentemente, ainda que os fatos tenham ocorrido, e inclusive resultado vantagem, a ausência de dolo afasta a adequação típica, pela falta de previsão da modalidade culposa.

6.1 *Elemento subjetivo especial do injusto: intuito de obter, para si ou para outrem, vantagem decorrente da licitação*

Faz-se necessário, ainda, o *elemento subjetivo especial* do tipo, constituído pelo *especial fim* de obter, para si ou para outrem, vantagem decorrente da adjudicação do objeto da licitação. Assim, a prática de qualquer das condutas que frustre ou fraude o procedimento licitatório não caracterizará este crime, sem visar a obtenção da vantagem mencionada. A simples ação produtora da frustração ou da fraude da licitação ou, principalmente, do caráter competitivo do procedimento licitatório não tipificará esta conduta. Nesse sentido, o magistério de Paulo José da Costa Jr.: "Sem essa tendência interna transcendente, e obtenção de uma vantagem econômica com a adjudicação, não se perfaz o crime"[30].

No entanto, convém destacar, para que a conduta seja típica não é necessário que a vantagem pretendida seja alcançada, sendo suficiente que exista, com fim especial, na mente do sujeito ativo, isto é, que ela seja o móvel da ação, ao contrário do que parece entender Costa Jr. Na verdade, como temos sustentado, "o *especial fim* ou motivo de agir, embora amplie o aspecto subjetivo do tipo, não integra o dolo nem com ele se confunde, uma vez que, como vimos, o *dolo* esgota-se com a *consciência* e a *vontade* de realizar a ação com a finalidade de obter o resultado delituoso, ou na *assunção do risco* de produzi-lo. O *especial fim de agir* que integra determinadas definições de delitos condiciona ou fundamenta a *ilicitude* do fato, constituindo, assim, *elemento subjetivo do tipo* de ilícito, de forma autônoma e independente do dolo. A denominação correta, por isso, é *elemento subjetivo especial do tipo* ou *elemento subjetivo especial do injusto*, que se equivalem, porque pertencem, ao mesmo tempo, à ilicitude e ao tipo que a ela corresponde.

A ausência desses *elementos subjetivos especiais* descaracteriza o tipo subjetivo, independentemente da presença do dolo. Enquanto o dolo deve materializar-se no fato típico, os elementos subjetivos especiais do tipo especificam o dolo, sem neces-

---

30. Paulo José da Costa Jr., *Direito penal das licitações*, p. 27.

sidade de se concretizarem, sendo suficiente que existam no psiquismo do autor, isto é, desde que a conduta tenha sido orientada por essa finalidade específica"[31].

Enfim, as condutas de *frustrar* ou *fraudar constantes do art. 90*, sem o *fim especial*, poderão, eventualmente, adequar-se à proibição inserta ou no art. 93 ou no art. 95, dependendo das demais circunstâncias.

7. Fracionamento do objeto licitado e emprego de outra modalidade de licitação

O *fracionamento do objeto licitado* ocorre para que se possa adotar uma modalidade de licitação mais simples (tomada de preços, por exemplo), em detrimento de outra mais complexa e mais formalizada (*v.g.*, a concorrência). Assim, o *fracionamento do objeto licitado* e o *emprego de modalidade mais simples e menos ampla de licitação* (tomada de preços) constituem condutas absolutamente dependentes e interligadas entre si e assim devem ser analisados.

Com efeito, pode o administrador público demonstrar que, *in concreto*, a realização de diversas licitações não constitui *fracionamento ilegal* do objeto licitado, mas de opção legítima do administrador, seja porque se revela a melhor e mais econômica para o erário público, seja por se tratar da única ou da mais viável, no âmbito da *discricionariedade* que lhe assegura o Direito Administrativo, e, por conseguinte, trata-se da opção que atende melhor ao interesse público. Esse aspecto, por óbvio, afasta a adequação típica do procedimento adotado pelo administrador, que objetiva, acima de tudo, preservar o equilíbrio orçamentário do ente público e respeitar a Lei de Responsabilidade Fiscal. Convém destacar que o administrador público trabalha com previsões orçamentárias que, necessariamente, deve respeitar, sob pena de responder fiscal e criminalmente por seus atos. Ressalte-se, ademais, que, por vezes, a previsão orçamentária não se concretiza no exercício financeiro, demandando cortes de verbas e não realização de projetos muitas vezes extremamente relevantes para a sociedade. Não raro, essas dificuldades orçamentárias inviabilizam a realização de obras vitais para a coletividade, sendo recomendável o seu *desdobramento* para execução em etapas, como única forma de realizá-las.

Com efeito, não se pode ignorar a *limitação orçamentária* dos entes federados (União, Estado ou Município), sob pena de infringir a *Lei de Responsabilidade Fiscal* — Lei Complementar n. 101/2000.

A Lei Complementar n. 101/2000 determina:

Art. 15. Serão consideradas não autorizadas, irregulares e lesivas ao patrimônio público a geração de despesa ou assunção de obrigação que não atendam o disposto nos arts. 16 e 17.

---

31. Cezar Roberto Bitencourt, *Tratado de direito penal*; parte geral, 29. ed., São Paulo, Saraiva, 2023, v. 1, p. 352.

Art. 16. A criação, expansão ou aperfeiçoamento de ação governamental que acarrete aumento da despesa será acompanhado de:

(...)

II — declaração do Ordenador de Despesa de que o aumento tem adequação orçamentária e financeira com a Lei Orçamentária Anual e compatibilidade com o Plano Plurianual e com a Lei de Diretrizes Orçamentárias.

Em síntese, segundo a legislação supracitada, nem sempre se pode realizar serviços ou obras na modalidade de "concorrência" (portanto, em um único certame, ou mesmo em poucas e grandes obras), sob pena de nunca poder concretizá-las, por não se poder prever a alocação de recursos inexistentes. Por essa razão, determinadas obras ou serviços devem ser, necessariamente, desdobrados ou fracionados, para enquadrá-los na limitação orçamentária do respectivo órgão público; consequentemente, isso jamais poderá ser considerado como *fracionamento ilegal de obras ou serviços* a serem licitados, pelo contrário, trata-se efetivamente de fracionamento legal de obras públicas ou serviços, aliás, imposto pela legislação específica.

Na verdade, o administrador pode e deve usar o seu *poder discricionário* — com cautela e senso de responsabilidade, observando as limitações e necessidades orçamentárias — para optar por outra modalidade de licitação, *v.g.*, *tomada de preços*. Nesses casos, o administrador diligente está devidamente autorizado a desdobrar ou fracionar a compra ou execução de obras ou serviços (ou mesmo compra de material) de acordo com sua *disponibilidade orçamentária*, sem que isso possa caracterizar *fracionamento ilegal* ou indevido de licitações, ao contrário do que eventualmente têm interpretado o *Parquet* e o próprio Judiciário. Com efeito, nessas circunstâncias, deve-se planejar a compra, obra ou serviço, individualmente, de forma independente, de acordo com as possibilidades orçamentárias reais, até o limite dos recursos existentes. A isso denomina-se *uso correto do poder discricionário do administrador*. Trata-se, a rigor, de *opção legítima e discricionária* do administrador probo, sem esbarrar em qualquer vedação legal.

Enfim, para que se configure o *fracionamento* é necessário que estejam presentes *três pressupostos*, quais sejam, que (a) as obras sejam da mesma natureza, (b) possam ser executadas no mesmo local e (c) de forma conjunta e concomitantemente. Nesse sentido, pode-se invocar a doutrina de Marçal Justen Filho, *in verbis*: "Não é possível tratar objetos semelhantes como parcelas de uma única contratação. Assim, por exemplo, *não haveria sentido em a Administração realizar uma única contratação para comprar todo o material de expediente necessário para seu consumo durante o exercício inteiro*. Não vejo fundamento para, não obstante realizar cinco ou dez licitações diversas ao longo do tempo, ser a Administração compelida a escolher modalidade a partir do valor global dos desembolsos. Sendo autônomos e independentes os contratos, devem ser assim tratados, inclusive para fins de avaliação da obrigatoriedade e modalidade de licitação. O tratamento isolado das contratações autônomas entre si é a regra. A exceção é produzir-se o somatório"[32] (grifamos).

Com efeito, o *fracionamento* é vedado tão somente na hipótese em que *desnatura* o próprio objeto contratado, como bem exemplifica o mesmo doutrinador: "O fracionamento em lotes deve respeitar a integridade qualitativa do objeto a ser executado. (...) Se a Administração necessitar adquirir um veículo, não teria sentido licitar a compra por partes (pneus, chassis, motor etc.). Em suma, o impedimento de ordem técnica significa que a unidade do objeto a ser executado não pode ser destruída através do fracionamento"[33]. Deve-se observar, ademais, a existência ou não de relação direta entre os objetos da licitação, as características e peculiaridades individuais que as identificam, e que, ao mesmo tempo, podem distingui-las, bem como particularidades relativas à viabilidade técnica, ensejando, inclusive, a necessidade ou recomendação de licitações distintas.

No particular, vale citar, mais uma vez, Marçal Justen Filho, quando afirma que "se a vontade da Lei fosse submeter todas as contratações ao regime de concorrência, o sistema legal seria outro. Ao contrário, a Lei admite contratações com dispensa de licitação e prevê casos de convite e tomadas de preço. Logo, essas alternativas devem ser prestigiadas tanto quanto a concorrência"[34]. Por outro lado, optar pela modalidade de *concorrência* não significa, por si só, assegurar maior publicidade ou maior número de participantes, na medida em que restringe as empresas capacitadas a participar de um certame maior, reunindo todas as obras ou serviços em um único contrato. Na verdade, via de regra, procedimento como esse *seria totalmente contrário à competição, finalidade maior da Lei de Licitações*, visto que eliminaria a possibilidade de participação de várias empresas de menor porte, que poderiam, teoricamente, participar efetivamente dos certames na modalidade de *tomada de preços* para obras menores.

Por fim, Marçal Justen Filho reconhece que *o fundamento jurídico* do fracionamento consiste na ampliação das vantagens econômicas para a administração. Adota-se o *fracionamento* como instrumento de redução de despesas administrativas. A possibilidade de participação de um maior número de interessados não é o objetivo imediato e primordial, mas via instrumental para obter melhores ofertas (em virtude do aumento da competitividade). Ademais, as únicas diferenças entre a *tomada de preços* e a *concorrência* são os *prazos* e a *forma de publicidade*, visto que a *tomada de preços* permite a participação ampla de concorrentes, a exemplo do que ocorre com a concorrência.

Com efeito, o *fracionamento* do objeto licitado, em verdade, *aumenta a competitividade*, pois muito mais limitada seria a participação de empresas na licitação

---
32. Marçal Justen Filho, *Comentários à Lei de Licitações e Contratos Administrativos*, 11. ed., São Paulo, Dialética, 2004, p. 207.
33. Marçal Justen Filho, *Comentários à Lei de Licitações e Contratos Administrativos*, p. 207.
34. Marçal Justen Filho, *Comentários à Lei de Licitações e Contratos Administrativos*, p. 207.

de uma grande obra. Poder-se-ia estar diante de alguma irregularidade administrativa, mas não de infração penal, para a qual há a exigência da tipicidade. Em outros termos, o *fracionamento* de uma licitação *não frauda* e *nem frustra* "o caráter competitivo do procedimento licitatório", especialmente quando se opta pela *tomada de preços*, pois permite a participação de qualquer empresa, inclusive daquelas aptas à modalidade "concorrência". Aliás, abre a possibilidade para os competidores que não poderiam desta participar. O inverso não é verdadeiro, porque diversas obras na modalidade "tomada de preços" convertidas em uma "concorrência" impediriam a participação de inúmeras empresas de pequeno porte. Dito de outra forma, o *fracionamento do objeto da licitação*, ainda quando irregular, *não encontra adequação típica* no art. 337-F do Código Penal, sendo, no particular, uma *conduta atípica*.

8. Consumação e tentativa

O crime do art. 337-F — frustrar ou fraudar o caráter competitivo de procedimento licitatório — somente se consuma com a efetiva frustração ou fraude do referido procedimento. Mais que isso: é necessário que o "caráter competitivo" resulte frustrado ou fraudado, sendo insuficiente, portanto, a simples ação visando frustrá-lo ou fraudá-lo, sendo indispensável que resulte realmente frustrada ou fraudada a *competitividade do procedimento licitatório*, como exige o tipo penal. Trata-se, por conseguinte, de crime de dano, portanto, material, que exige a produção desse resulado.

Na modalidade de "frustrar", à evidência, somente se consuma a infração com o efetivo impedimento da realização do procedimento licitatório, pois o seu não impedimento poderá, no máximo, configurar a figura tentada. Por outro lado, na modalidade de "fraudar", a situação não é muito diferente: a conduta fraudulenta precisa resultar materializada em ato, fato ou documento que comprove sua concretização. Não se pode confundir, para efeito de consumação, a materialização da frustração ou da fraude com a efetiva obtenção da *vantagem* referida no dispositivo legal, na medida em que dita *vantagem* representa somente o *fim especial da ação*, que, como tal, não precisa se concretizar, sendo suficiente que exista no psiquismo do agente, isto é, que seja o móvel da ação. Na verdade, tampouco é necessário à consumação que ocorra *prejuízo econômico*, o qual, se vier a existir, representará somente o exaurimento do crime.

Tratando-se de crime material, com *iter criminis* claramente constatável, é perfeitamente possível a ocorrência da figura tentada, que a casuística permitirá sua comprovação. Para que exista tentativa punível é indispensável que haja, pelo menos, o início da execução do *iter criminis*. Admitimos uma certa dificuldade para distinguir simples *atos preparatórios* dos *atos já executórios*, especialmente quando o legislador opta por utilizar esses verbos excepcionados no art. 31 do CP, como ocorre nesta figura penal, a exemplo do que também acontece com a previsão do art. 122 daquele diploma legal (induzimento, instigação ou auxílio ao suicídio).

9. Classificação doutrinária

Trata-se de *crime comum*, podendo ser praticado por qualquer pessoa, independentemente de qualquer qualidade ou condição especial; *crime material*, como crime de dano exige a produção de um resultado, representado pela efetiva frustração ou fraude do procedimento licitatório; *instantâneo*, consuma-se no momento em que o agente pratica as ações incriminadas, esgotando-se aí a lesão jurídica, nada mais podendo ser feito para evitar a sua ocorrência; *comissivo*, sendo impossível praticá-lo através da omissão; *doloso*, não havendo previsão da modalidade culposa; *unissubjetivo*, pode, como a maioria dos crimes, ser praticado por um agente, embora admita naturalmente eventual concurso de pessoas; *plurissubsistente*, trata-se de crime cuja conduta *admite fracionamento*, isto é, pode ser dividida em atos, tanto que admite a figura tentada em ambas as figuras penais.

10. Pena e ação penal

As penas cominadas, cumulativamente, para esta infração penal são de quatro a oito anos de reclusão e multa. A ação penal, como em todos os crimes incluídos no Código Penal previstos pela Lei n. 14.133, é pública incondicionada (art. 100). Será admitida ação penal privada subsidiária da pública se esta não for ajuizada no prazo legal (art. 103).

ADVOCACIA ADMINISTRATIVA NOS CRIMES LICITATÓRIOS — III

Sumário: 1. Considerações preliminares. 2. Bem jurídico tutelado. 3. Sujeitos ativo e passivo do crime. 4. Tipo objetivo: adequação típica. 4.1. Causar a instauração de licitação ou celebração de contrato. 4.2. Invalidação de licitação ou de contrato decretada pelo Poder Judiciário. 5. Tipo subjetivo: adequação típica. 5.1. (Des)necessidade de elemento subjetivo especial do injusto. 6. Consumação e tentativa. 7. Classificação doutrinária. 8. Pena e ação penal.

Patrocínio de contratação indevida

Art. 337-G. *Patrocinar, direta ou indiretamente, interesse privado perante a Administração Pública, dando causa à instauração de licitação ou à celebração de contrato cuja invalidação vier a ser decretada pelo Poder Judiciário:*

Pena — reclusão, de 6 (seis) meses a 3 (três) anos, e multa.

---

1. Considerações preliminares

A criminalização da denominada *advocacia administrativa* constitui inovação do Código Penal de 1940, na medida em que o Código Criminal de 1830 e o Código Penal de 1890 desconheciam essa figura típica, que não passava de simples infração administrativa.

Relativamente aos *crimes contra a ordem tributária, econômica e contra as relações de consumo*, a advocacia administrativa é disciplinada pela Lei n. 8.137/90 (art. 3º, III), que, por ser *especial*, afasta a geral (Código Penal). Por isso, o *patrocínio de interesse privado* ante a administração fazendária, em matéria tributária ou previdenciária, é criminalizado pela Lei de Sonegação Tributária (*lex especialis derogat legi generali*), que aplica, inclusive, a pesadíssima pena de reclusão de um a quatro anos. Na mesma linha a Lei n. 14.133/2021, que regulamenta *as licitações e contratos da Administração Pública*, também criou sua própria figura de *advocacia administrativa*, atribuindo-lhe, contudo, a denominação de "patrocínio de contratação indevida".

Tal como ocorre na hipótese dos crimes tributários, também na seara das licitações públicas, havendo *advocacia administrativa*, será aplicável a previsão contida nessa lei, cuja pena cominada é de seis meses a três anos de reclusão e multa.

Dispomos, como acabamos de constatar, de três modalidades de advocacia administrativa — uma geral e duas especiais — punindo, pela mesma conduta, com sanções absolutamente distintas, a despeito de tratar-se, basicamente, do *mesmo bem jurídico tutelado*, ignorando *princípios básicos*, como os da *proporcionalidade* e da *humanidade* da pena criminal.

2. Bem jurídico tutelado

Bem jurídico protegido é a Administração Pública, especialmente sua moralidade e probidade administrativa. Protege-se, na verdade, a probidade de função pública, sua respeitabilidade, bem como a integridade de seus funcionários que é incompatível com o exercício de *advocacia administrativa* em favor do interesse privado. Como destaca Damásio de Jesus, "a lei penal protege o regular funcionamento da administração governamental, tutelando-a da conduta irregular de seus componentes que, em razão do cargo, procuram defender interesses alheios ao Estado, de particulares, lícitos ou ilícitos"[1]. Com efeito, ao funcionário público, no exercício da função, não é permitido agir para a satisfação de interesse privado, próprio ou de terceiro, ainda que não objetive conseguir alguma vantagem pessoal de qualquer natureza.

Especificamente, o bem jurídico tutelado neste art. 337-G é a garantia da respeitabilidade, probidade, integridade e moralidade das *contratações públicas*, que são ofendidas com a conduta descrita neste artigo. O dispositivo ora examinado visa, acima de tudo, proteger a lisura, transparência e igualdade de tratamento na *contratação pública*, impedindo a interferência de interesses estranhos — mesmo patrocinados por outros funcionários públicos — na retidão do *processo licitatório*, que, certamente, comprometeria a isonomia concorrencial. O administrador público deve, para bem desempenhar suas funções, despir-se de *interesses ou sentimentos pessoais*, priorizando o cumprimento pronto e eficaz de suas atribuições de ofício, que deve ser realizado escrupulosa e tempestivamente sem a intervenção de ninguém. Em outros termos, como destacou Basileu Garcia, a tutela penal, nesta hipótese, objetiva "robustecer a obrigação de extrema imparcialidade dos funcionários em face das pretensões dos particulares perante o Estado, veiculadas pelas repartições públicas"[2].

O sentimento do *administrador público*, enfim, não pode ser outro senão o de cumprir e fazer cumprir o processo licitatório com toda transparência e correção, observando estritamente as disposições legais pertinentes à matéria, sem sofrer influências externas de quem quer que seja. A criminalização constante deste 337-G, acrescentado ao Código Penal pela Lei n. 14.133, de 2021, pretende, enfim, impedir procedimento que ofenda ou dificulte o tratamento isonômico dos concorrentes, ou

---

1. Damásio de Jesus, *Direito Penal*, p. 181.
2. Basileu Garcia, *Dos crimes contra a administração pública*, Rio de Janeiro, Forense, 1944, p. 443.

que, por qualquer razão, dificulte ou impeça a seleção da proposta mais vantajosa para a Administração Pública.

3. Sujeitos ativo e passivo do crime

Sujeito ativo somente pode ser o *funcionário público*, tratando-se, por conseguinte, de *crime próprio*, que exige essa *condição especial* do agente, da qual deve prevalecer-se para *patrocinar interesse privado perante a Administração Pública*, a despeito de não constar expressamente na descrição típica. É da essência dessa infração penal a característica de ser um *crime funcional*, na medida em que o *particular* não sofre essa mesma vedação legal. É indiferente que não fosse *funcionário* quando iniciou a conduta criminosa, desde que nela tenha persistido após sua nomeação. A fase inicial podia ser lícita, mas não sua sequência após ter adquirido a condição especial exigida pelo tipo. No mesmo sentido é o magistério de Vicente Greco Filho, que pontifica: "O sujeito ativo é o funcionário público que patrocina interesse privado perante a Administração. Se o agente não era funcionário e patrocinava interesse privado, mas, posteriormente, vem a ser nomeado agente público e prossegue na intermediação, incide na infração"[3]. Enfim, autor desse crime é somente o *funcionário público*, enquanto funcionário, como funcionário e nessa condição, pois sua característica principal, repetindo, é ser um *crime funcional*, tratando-se, por conseguinte, de *crime próprio*, que não pode ser praticado por qualquer particular, sem essa condição ou qualidade.

O simples fato de o agente ser *servidor público*, por si só, não é suficiente para caracterizar esta infração penal, ainda que pratique conduta semelhante. É indispensável, como destaca o texto legal, que o agente valha-se dessa condição (funcionário público) para obter alguma vantagem perante a Administração Pública em favor do interesse privado. Nesse sentido, merece ser destacada a primorosa lição de Cretella Júnior, *in verbis*: "Valer-se dessa *qualidade* é desempenhar o serviço público não de modo objetivo, mas subjetivo, favorecendo um, em detrimento de outro, infringindo, assim, o princípio de igualdade do administrado perante a Administração. O funcionário age como se a *res publica* fosse sua ou age como se fosse o advogado do interessado, patrocinando-lhe o interesse, perante a Administração"[4].

A prática criminosa pode ser direta ou indireta, isto é, por interposta pessoa, expressamente admitida na descrição da conduta típica. O *particular*, individualmente, não pratica esse tipo de crime, não lhe sendo vedado defender ou patrocinar interesse privado perante a Administração Pública, aliás, pelo contrário, a este lhe é assegurado constitucionalmente esse direito (art. 5º, XIII). Afora esse aspecto, admite-se a possibilidade do concurso eventual de pessoas, ou seja, o particular (sem reunir a condição especial típica), o *extraneus*, pode concorrer para o crime, na

---

3. Vicente Greco Filho, *Dos crimes da Lei de Licitações*, p. 81-82.
4. José Cretella Júnior, *Das licitações públicas*, 18. ed., Rio de Janeiro, Forense, 2009, p. 413.

condição de partícipe, auxiliando o *intraneus*, induzindo-o ou instigando-o à prática delituosa.

Sujeito passivo é o Estado (União, Estados, Distrito Federal e Municípios), bem como suas respectivas autarquias, fundações, empresas públicas, sociedades de economia mista e demais entidades controladas pelo Poder Público. Convém destacar, no entanto, que será sujeito passivo somente o ente público no âmbito do qual a licitação foi instaurada ou o contrato público celebrado.

Se houver *prejuízo a terceiro* — o que, aliás, é bastante provável, considerando-se a existência de concorrentes —, este, certamente, também poderá figurar como sujeito passivo, considerado pela doutrina majoritária como *secundário*. O *prejuízo* sofrido pela inviabilização do certame licitatório o torna também sujeito passivo dessa infração penal, legitimando-o, inclusive, a propor eventual ação penal subsidiária.

4. Tipo objetivo: adequação típica

O *nomen juris* — advocacia administrativa — talvez não seja o mais adequado, pois, *a priori*, dá uma ideia de que a ação seja privativa de advogado, o que não corresponde à realidade, pois o verbo nuclear utilizado "patrocinar" deixa claro que seu significado é defender, proteger, postular, que, teoricamente, pode ser cometido por qualquer pessoa, desde que reúna a condição de funcionário público. Pelo menos, o Anteprojeto da Reforma Penal mudou o *nomen juris* dessa figura penal para *patrocínio indevido*, eliminando, dessa forma, os inconvenientes que acabamos de apontar.

A ação incriminada consiste em *patrocinar*, direta ou indiretamente, *interesse privado* (de particular) perante a Administração Pública. *Patrocinar* é defender, pleitear, advogar, proteger, auxiliar ou amparar o interesse privado de alguém. Contrariamente à previsão do Código Penal (art. 321), não consta expressamente que se trate de *funcionário público* que se valha dessa *qualidade*, ou seja, aproveitando-se da facilidade de acesso junto a seus colegas e da camaradagem, consideração ou influência de que goza entre eles. No entanto, o crime de *advocacia administrativa* é, por excelência, um *crime funcional*, exigindo, consequentemente, que o sujeito ativo ostente a *condição especial de funcionário público*, e, no caso, mais que isso, que o agente valha-se dessa condição para obter facilidades para o patrocinado. Não basta, portanto, ser funcionário público, é necessário que dela se utilize para patrocinar interesse privado. Equivocado, *venia concessa*, o entendimento em sentido contrário de Guilherme Nucci, quando comentando a lei revogada, sustentou que "o art. 91 da Lei n. 8.666/93 dispensa essa condição. Logo, para a configuração do crime, basta que o servidor público — conhecido ou não dos outros funcionários; fazendo uso de informes privilegiados ou não — busque beneficiar terceiros perante os interesses estatais"[5]. Na verdade, a condição de funcionário público é uma

---

5. Guilherme Nucci, *Leis penais e processuais penais comentadas*, 3. ed., São Paulo, Revista dos Tribunais, 2008, p. 819.

elementar implícita do crime de advocacia administrativa, até porque não há qualquer proibição de o particular poder patrocinar interesses privados perante a Administração Pública. Nesse sentido, Greco Filho destaca: "(...) porque não tem cabimento apenar o particular que patrocina os seus interesses ou os de terceiros perante a Administração, porque seriam criminosos todos os advogados que requererem, em nome de seus clientes, perante a Administração ou, mesmo, cada um de nós que pleitear qualquer coisa perante ela. A infração é funcional, portanto, e assim será tratada"[6].

Com efeito, o que este tipo penal proíbe não é que ocorra *patrocínio* de interesse privado perante a Administração Pública, mas que esse *patrocínio* seja realizado por funcionário público valendo-se dessa sua condição. O que se pretende punir é a atitude do funcionário que comprove o seu *animus* de "advogar" interesses alheios, utilizando-se de sua condição e de sua influência de funcionário público para beneficiar o patrocinado, justa ou injustamente. Com o prestígio que tem no interior das repartições públicas e a facilidade de acesso às informações ou troca de favores, a interferência de um funcionário público, *patrocinando* interesse privado de alguém, retira a neutralidade e a isenção que a Administração Pública deve manter na administração de interesse público.

Interesse privado, por sua vez, é qualquer finalidade, meta, vantagem ou objetivo a ser alcançado pelo particular perante a Administração Pública. Contrapondo-se ao interesse público, o interesse privado é vantagem ou proveito que o particular pretende alcançar ou obter perante a Administração Pública. É irrelevante, para este diploma legal, a *legitimidade* ou *ilegitimidade* do interesse privado patrocinado. Para a caracterização do crime, no entanto, é insuficiente a simples informação dos interesses postulados. Não se trata, por outro lado, de "mero interesse" de algum funcionário no andamento mais ou menos rápido de determinados papéis, pedidos ou expedientes, atendendo pedido de algum amigo ou conhecido. Todo cidadão tem ou pode ter interesse privado a postular perante a Administração Pública, por si ou por interposta pessoa, legitimamente. O *particular* que se dirige à Administração Pública, na maioria das vezes, o faz para postular direitos ou interesses, próprios ou de terceiros (várias pessoas postulam, inclusive, interesses dos familiares, de amigos e até de vizinhos). Certamente, não é desse interesse privado que se ocupa o dispositivo legal que ora se examina.

Com efeito, a locução "interesse privado", *lato sensu*, como elementar típica, é mais abrangente e pode compreender "simples interesse" (estrito senso), que se esgota no plano administrativo, como também "um direito", o qual, insatisfeito na esfera administrativa, pode ser postulado no plano judicial. Em ambos os casos — interesse ou direito — a pretensão privada pode ser, ilegalmente, *patrocinada* por funcionário público, valendo-se dessa condição, incorrendo na proibição constante do atual art. 337-G do Código Penal. Repetindo, é necessário, no entanto, que o

---

6. Vicente Greco Filho, *Dos crimes da Lei de Licitações*, p. 79.

funcionário púbico valha-se dessa sua condição para postular o interesse privado, influenciando ou pretendendo influenciar com o seu prestígio (ou pretenso prestígio) a solução satisfatória de sua demanda.

O objeto material da proteção penal é o patrocínio de *interesse privado* perante a Administração Pública, independentemente de ser ou não *legítimo*, na medida em que, ao contrário do Código Penal, esse aspecto não foi nem limitado nem distinguido pelo legislador. A *ilegitimidade do interesse privado*, que na figura similar do Código Penal (art. 321) qualifica o crime, não recebe tratamento diferenciado nesta figura especial. Alguns autores, no entanto, sustentam que, na hipótese deste dispositivo legal, o *interesse privado* patrocinado é sempre *ilegítimo*, como Paulo José da Costa Jr., que afirma: "O interesse patrocinado é sempre *ilegítimo*, porquanto o contrato celebrado deverá ser invalidado pelo Judiciário"[7]. No mesmo sentido, Greco Filho: "Isso significa que a licitação provocada pela atuação do funcionário deve corresponder a uma *pretensão ilegítima*, porque reconhecida como tal pelo Poder Judiciário"[8]. Em sentido semelhante, referindo-se à necessidade da decisão judicial, também se manifesta Diógenes Gasparini: "Não sendo suficiente para esse fim a *anulação* administrativa da licitação instaurada ou do contrato celebrado"[9].

Na verdade, constata-se que referidos autores incorrem em duplo equívoco: em primeiro lugar, o art. 337-G, que substitui o revogado art. 91, mantendo a mesma redação, não faz qualquer referência sobre legitimidade ou ilegitimidade do interesse privado, como imaginam. O Código Penal as distingue tão somente para punir mais severamente a *ilegitimidade* do interesse. Por isso, nesta lei especial, para efeitos de tipicidade é indiferente que o interesse privado seja legítimo ou ilegítimo; em segundo lugar, é irrelevante que a invalidação deva ser decretada pelo Poder Judiciário para efeitos de aferir a natureza do interesse privado. Com efeito, a *invalidação* pode ser decretada não pela natureza legítima ou ilegítima do interesse, mas pelo *modus operandi* de sua defesa ou patrocínio. Dito de outra forma, o interesse privado pode ser *legítimo*, mas não a forma de seu patrocínio ou defesa, por funcionário público, e por isso deve ser *invalidado* pelo Poder Judiciário, pois sua *invalidade* não decorre somente da *ilegitimidade* do interesse, mas fundamentalmente da "ilegitimidade" do patrocínio em si. Aspectos meramente formais podem, inclusive, ser suficientes para gerar a invalidação de iniciação de licitação ou mesmo de celebração de contrato. Não quer dizer, por outro lado, que, para outros fins, a ilegitimidade não possa ser reconhecida no âmbito administrativo, ao contrário do que afirma Costa Jr. e Greco Filho. Em outros termos, o que torna *inválida* a licitação ou o contrato celebrado não é a *ilegitimidade* do interesse privado, mas do patrocínio levado a efeito pelo funcionário público.

---

7. Paulo José da Costa Jr., *Direito penal das licitações*, 2. ed., São Paulo, Saraiva, 2004, p. 30.
8. Vicente Greco Filho, *Dos crimes da Lei de Licitações*, p. 80.
9. Diógenes Gasparini, *Crimes na licitação*, 2. ed., São Paulo, NDJ, 2001, p. 109.

O *patrocínio* pode ser *direto*, isto é, sem interposta pessoa, ou *indireto*, quando se utiliza de terceiro para atingir seu desiderato. Pode ser, ainda, *formal e explícito* (petições, requerimentos etc.) ou *dissimulado e implícito*, seja acompanhando o andamento de processos ou pressionando, de alguma forma, para apurar a decisão ou, ainda, tomando conhecimento das decisões adotadas etc. Em qualquer das hipóteses, é importante que o agente aja aproveitando-se das facilidades que sua condição de funcionário público lhe proporciona. Nesse sentido, já pontificava Hungria: "O patrocínio pode ser exercido direta ou indiretamente, isto é, pelo próprio funcionário ou servindo este (*sic*), como intermediário, de alguém que se sabe agir à sombra do seu prestígio (ex.: um seu filho), e que será copartícipe do crime"[10]. Ademais, no *patrocínio* ou advocacia administrativa não se exige a contrapartida de *vantagem econômica* ou de qualquer outra natureza; pode ser usado, por exemplo, para satisfazer *interesse pessoal*, prestar um favor a alguém etc. A *motivação* da conduta, enfim, é irrelevante para a caracterização do crime.

4.1 Causar a instauração de licitação ou celebração de contrato

Esta modalidade de advocacia administrativa, além de ser *especial*, é bem mais restrita que aquela geral prevista no Código Penal (art. 321), exatamente pela presença destas *elementares normativas,* inexistentes na previsão do Código Penal. É especial porque está limitada ao âmbito daqueles entes públicos aos quais estejam diretamente vinculados os procedimentos licitatórios; e é, ao mesmo tempo, duplamente restringida pela existência dessas elementares, quais sejam: (a) dando causa à instauração de licitação ou à celebração de contrato, (b) cuja invalidação vier a ser decretada pelo Poder Judiciário. Examinaremos, cada uma delas, em tópicos separados, por razões puramente didáticas.

Constata-se, de plano, que a tipificação do crime de *advocacia administrativa*, no âmbito licitatório, é bem mais complexa que a daquele genérico, previsto em nosso diploma codificado. Em outros termos, para a sua configuração, é insuficiente que determinado funcionário público, valendo-se de sua condição funcional, patrocine interesse privado no âmbito de entidade pública, encarregada de um procedimento licitatório; é necessário muito mais que isso, ou seja, exige o tipo penal que a conduta incriminada (patrocinar interesse privado) dê "causa à instauração de licitação ou à celebração de contrato", ou seja, é indispensável que a instauração da licitação ou a celebração de contrato tenham sido causadas diretamente pela conduta do agente. Mais que isso, significa dizer que a *advocacia administrativa*, neste âmbito, não se exerce sobre licitação em andamento, e nem mesmo em licitação que tenha sido iniciada sem a ação do agente. Da mesma forma ocorre com a hipótese de celebração de contrato, que, necessariamente, deve decorrer da ação incriminada do funcionário público. Por isso, *venia concessa*, é absolutamente equivocado o seguinte exemplo citado por Cretella Júnior: "Se o *funcionário*, prevalecendo do seu *status*, dá preferência em uma licitação pública, a uma das

---

10. Hungria, *Comentários ao Código Penal*, p. 384.

partes, que não ofereceu o menor preço ou melhor serviço, temos aqui a advocacia administrativa"[11]. Constata-se que, nesse exemplo, o funcionário público, com sua ação, não deu "causa à instauração da licitação", pois ela já estava em andamento, e tampouco o exemplo mencionou que ela foi anulada por decisão judicial.

Embora pareça um pouco paradoxal, mas essa é a única interpretação que se pode tirar do presente texto legal. Constata-se que estamos diante de um crime *material vinculado*, ou seja, para sua tipificação é indispensável que a ação do agente — *patrocinar interesse privado* — seja o móvel gerador da instauração da licitação ou da celebração de contrato, numa relação de causa e efeito. Em outros termos, ainda que tenha havido a atuação do agente, valendo-se de sua condição de funcionário, se sua ação não foi determinante na instauração da licitação ou da celebração do contrato, ela não se revestirá da tipicidade aqui descrita.

Assim, nesses termos, ainda que se trate de funcionário público, *patrocinando* interesse privado perante pessoa jurídica de direito público, responsável por determinada contratação pública, valendo-se de sua condição funcional, mas dita conduta será se não *causa à instauração de licitação e tampouco de celebração de contrato*. Ou seja, quando outras razões determinarem a *instauração do procedimento licitatório* ou a celebração de contrato, não terá sido, por consequência, determinante a conduta do agente para a produção de tais resultados. Não há, na verdade, a indispensável relação de causa e efeito entre a conduta do agente e o resultado, qual seja, a instauração de licitação ou celebração de contrato; e, como se trata de *elementares normativas do tipo*, a ausência de suas ocorrências (de uma ou de outra) impede a configuração típica.

4.2 *Invalidação de licitação ou de contrato decretada pelo Poder Judiciário*

Ainda que a conduta tipificada tenha se realizado nas condições que destacamos acima, inclusive "dando causa à instauração de licitação ou à celebração de contrato", a adequação típica dessa *advocacia administrativa especial* continua incompleta. Com efeito, esse tipo penal, tal como foi estruturado, exige ainda, simultaneamente, uma espécie *sui generis*[12] de "condição objetiva de punibilidade", qual seja, "*cuja invalidação vier a ser decretada pelo Poder Judiciário*". No entanto, não se pode esquecer que se trata de uma *elementar típica*, e como tal deve ser examinada. Sem a *invalidação decretada pelo Poder Judiciário*, não se pode falar em "crime de advocacia administrativa especial", e muito menos em ação penal decorrente desse crime. A exigência dessa decisão judicial, contudo, tem recebido de setores significativos da doutrina especializada a interpretação de que se trata de "condição objetiva de punibilidade", a nosso juízo, equivocadamente.

---

11. Cretella Júnior, *Das licitações públicas*, p. 414.
12. Com esta expressão estamos indicando, desde logo, que não se trata de *condição objetiva de punibilidade*, ao contrário de alguns entendimentos, que refutaremos logo adiante.

Para Guilherme Nucci, "a invalidação, por óbvio, depende de terceiro, fora da alçada do agente e, justamente por tal razão, é uma *condição objetiva de punibilidade*. O mesmo se dá, por comparação, no contexto dos crimes *falimentares*, em que a sentença[13], decretando a falência, é condição para a punição do agente, embora não dependa deste, mas de terceira parte, no caso, do Judiciário"[14] (grifamos). Referindo-se à necessidade da *invalidação judicial*, Tavares de Freitas conclui: "Antes da satisfação dessa condição, o agente já terá praticado esse crime, porém, não poderá ser punido enquanto não observada a condição. Por conseguinte, entendemos que é *condição objetiva de punibilidade* a futura e eventual invalidação a ser decretada pelo Poder Judiciário"[15] (grifamos).

Diversamente manifestam-se, no entanto, outros penalistas, tais como Vicente Greco Filho, para quem: "Na hipótese do crime comentado, o evento futuro, invalidação pelo Poder Judiciário, está expresso no tipo, de modo que é dele elemento, não se podendo reduzi-lo a mera condição de punibilidade. Se esse fato é elemento do tipo, estará consumada a infração somente quando ele ocorrer, com sentença transitada em julgado..."[16]. Paulo José da Costa Jr., igualmente, a despeito de Tavares de Freitas atribuir-lhe outro entendimento, sustenta, *in verbis*: "A sentença judicial, invalidando uma ou outra, vale dizer, anulando a licitação instaurada ou o contrato celebrado, é um *prius* com relação à apuração do ilícito descrito no presente tipo. Um seu pressuposto indispensável, elemento integrante do tipo"[17].

A solução dessa desinteligência sobre a natureza jurídica da *elementar normativa* do tipo — *cuja invalidação vier a ser decretada pelo Poder Judiciário* — somente poderá ser encontrada através do exame dogmático e hermenêutico da estrutura do tipo penal *sub examine*.

A interpretação de que se trata de condição objetiva de punibilidade, *venia concessa*, não se sustenta, pois ignora fundamentos básicos da teoria geral do delito, especialmente a estrutura do tipo penal e seus elementos constitutivos, os quais devem ser completamente abrangidos pelo dolo do agente. Com efeito, as *condições objetivas de punibilidade* são alheias à estrutura do crime, isto é, não o integram e, por conseguinte, não são objetos do dolo ou da culpa[18]. *Elementares constitutivas da descrição*

---

13. Guilherme de Souza Nucci, *Leis penais e processuais penais comentadas*, 3. ed., São Paulo, Revista dos Tribunais, 2008, p. 819.
14. São coisas completamente diferentes, neste exemplo da Lei de Falências, a sentença que a decreta está fora do tipo penal, aliás, em outro artigo (art. 180), define-a expressamente como tal. A comparação, portanto, é absolutamente equivocada.
15. André Guilherme Tavares de Freitas, *Crimes da Lei de Licitações*, p. 115. Na mesma linha é o entendimento de Diógenes Gasparini, *Crimes na licitação*, p. 110.
16. Greco Filho, *Dos crimes da Lei de Licitações*, p. 83.
17. Paulo José da Costa Jr., *Direito Penal das licitações*, p. 32.
18. Cezar Roberto Bitencourt, *Tratado de direito penal*, 11. ed., São Paulo, Saraiva, 2011, v. 2, p. 126-127. Veja, nesse sentido, nosso entendimento sobre a natureza jurídica da morte e das lesões corporais graves no crime descrito no art. 122 do CP.

típica — como a que estamos examinando — não são *condições objetivas de punibilidade*, e tampouco podem ser como tais consideradas, pois, como *elementares típicas*, devem ser, necessariamente, abrangidas pelo dolo ou pela culpa, sob pena de autêntica responsabilidade penal objetiva. As *condições objetivas de punibilidade*, por sua vez, são exteriores à ação, isto é, não integram a descrição da conduta típica, mas delas depende a punibilidade do crime, por razões de política criminal (oportunidade, conveniência)[19]. Aliás, exemplo disso é exatamente a *sentença declaratória da falência*, que é absolutamente diferente da elementar que ora se examina, pois é exterior à descrição do tipo penal, localizando-se, em apartado, no art. 180 da Lei de Falências.

Consequentemente, o entendimento adotado por Vicente Greco Filho e Paulo José da Costa Jr., por nós antes destacado, ainda que sucintos, são dogmaticamente incensuráveis. Na verdade, essa *elementar normativa* — invalidação decretada pelo Poder Judiciário —, como integrante do tipo penal, deve ser, necessariamente, abrangida pelo dolo do agente, sob pena de não se configurar *subjetivamente* o tipo penal. A eventual dificuldade de o agente, no momento da ação, ter *consciência* da configuração dessa elementar não é fundamento idôneo para afastá-la de sua verdadeira função dogmática. A utilização de péssima técnica legislativa, responsável por dificultar a adequação típica de alguma conduta, *in concreto*, não autoriza interpretação equivocada, infundada e dogmaticamente insustentável na tentativa de salvar o texto legal. É inadmissível sacrificar os fundamentos dogmáticos para tentar suprir ou salvar a ignorância do legislador que, praticamente, inviabiliza a tipificação de alguma conduta correspondente a esse dispositivo legal, como pretende, por exemplo, Tavares de Freitas[20].

Por fim, a *inadequação típica* da conduta humana, por não satisfazer alguma elementar, não autoriza sua desclassificação para a *advocacia administrativa* prevista no art. 321 do CP, ao contrário do entendimento de alguns pensadores[21]. Sem nos alongarmos, *venia concessa*, dois fundamentos básicos impedem que se adote essa orientação: em primeiro lugar, a previsão constante do art. 321 do CP *não constitui crime subsidiário*, como se fora um soldado de reserva; em segundo lugar, não se pode ignorar que o *princípio da especialidade* afasta, por completo — e não apenas condicionalmente —, a aplicação daquela previsão geral constante no dispositivo do Código Penal. Na verdade, esse princípio afasta a aplicação do Código Penal, pois, no *âmbito licitatório*, somente a conduta que satisfizer as elementares constante do art. 91, que ora examinamos, será criminosa. Em outros termos, as normas incriminadoras do Código Penal são inaplicáveis nos *crimes licitatórios*, sob pena de violentar inexoravelmente o *conflito aparente de normas*.

---

19. Para aprofundar o estudo sobre as *condições objetivas de punibilidade*, ver Walter Barbosa Bittar, *Condições objetivas de punibilidade e causas pessoais de exclusão de pena*, Rio de Janeiro, Lumen Juris, 2004.
20. Tavares de Freitas, *Crimes na Lei de Licitações*, p. 115-116.
21. Diógenes Gasparini, *Crimes na licitação*, 2. ed., São Paulo, NDJ, 2001, p. 109; Vicente Greco Filho, *Dos crimes da Lei das Licitações*, p. 80.

5. Tipo subjetivo: adequação típica

O *tipo subjetivo* é constituído de um *elemento geral — dolo —*, que, por vezes, é acompanhado de *elementos especiais — intenções* e *tendências —*, que são *elementos acidentais*, conhecidos como elementos subjetivos especiais do injusto ou do tipo penal. Os *elementos subjetivos* que compõem a estrutura do tipo penal assumem transcendental importância na definição da conduta típica, pois é através do *animus agendi* que se consegue identificar e qualificar a *atividade comportamental* do agente.

O elemento subjetivo da conduta descrita neste art. 337-G da Lei de Licitações é o dolo, constituído pela vontade consciente de patrocinar interesse privado perante a Administração Pública, valendo-se o agente de sua condição de funcionário público. É desnecessário que o agente vise vantagem pessoal ou aja por interesse ou sentimento pessoal, basta que o faça conscientemente de estar defendendo interesse privado perante o Poder Público. É necessário, ademais, que a *vontade consciente* abranja todos os elementos constitutivos do tipo, independentemente de sua natureza ou função dogmática. É indispensável que o agente tenha *consciência* de que com sua ação estará dando causa à instauração de licitação ou à celebração do contrato respectivo. Em outros termos, *a ação de patrocinar interesse privado* perante a Administração Pública deve ser praticada consciente e voluntariamente pelo sujeito ativo, isto é, conhecendo todos os elementos constitutivos do tipo penal. O dolo, puramente natural, constitui o elemento central do injusto pessoal da ação, representado pela vontade consciente de ação dirigida imediatamente contra o mandamento normativo.

A complexidade estrutural deste tipo penal exige, de certa forma, uma espécie de exercício de futurologia para que o agente possa ter *consciência* da decretação da invalidade, pelo Poder Judiciário, da instauração da licitação ou mesmo da celebração do contrato. A inegável dificuldade operacional da concretização desse conhecimento do agente não autoriza sua dispensa, sob pena de consagrar-se autêntica responsabilidade penal objetiva. Com efeito, a *previsão*, isto é, a consciência, deve abranger correta e completamente todos os elementos essenciais e constitutivos do tipo penal, sejam eles descritivos, normativos ou subjetivos. Enfim, a *consciência* (previsão ou representação) abrange a realização dos elementos descritivos e normativos, do nexo causal e do evento (delitos materiais), da lesão ao bem jurídico, dos elementos objetivos das circunstâncias agravantes e atenuantes que supõem uma maior ou menor gravidade do injusto e dos elementos acidentais do tipo objetivo. Por isso, quando o *processo intelectual volitivo* não atinge um dos componentes da ação descrita na lei, o *dolo* não se aperfeiçoa, isto é, não se completa.

Finalmente, não há previsão de modalidade culposa, como a imensa maioria, quase totalidade, dos crimes contra a Administração Pública.

5.1 *(Des)necessidade de elemento subjetivo especial do injusto*

Não se vislumbra nas elementares objetivas e subjetivas constantes do art. 337-G da lei extravagante a exigência do denominado *elemento subjetivo especial do tipo ou do injusto* (segundo a terminologia dominante). Contudo, segundo Rui Stoco[22] e Vicente Greco Filho[23], pode-se vislumbrar a presença do *elemento subjetivo especial* de concorrer para a ilegalidade com o fim de celebrar contrato com o Poder Público.

No entanto, preferimos interpretar essa elementar como se fora uma espécie *sui generis de condição objetiva de punibilidade* (a despeito de integrar, como elementar, o tipo penal)[24], pois consideramos que a conduta incriminada *somente se consuma com a efetiva contratação* do agente com o Poder Público, embora reconheçamos ser bem razoável a interpretação de Greco e Stoco. Na verdade, concebemos essa infração penal como *crime material*, que somente se consuma com a efetiva contratação pública, e, se for considerada aquela elementar, como *elemento subjetivo especial do injusto*, essa concretização seria desnecessária, pois bastaria que integrasse da finalidade pretendida pelo agente.

As elementares subjetivadoras especiais — configuradoras do *especial fim de agir* — são, normalmente, representadas por expressões, tais como "a fim de", "para o fim de", "com a finalidade de", "para si ou para outrem", "com o fim de obter", "em proveito próprio ou alheio", entre outras, indicadoras de uma finalidade transcendente, além do dolo natural configurador do tipo subjetivo.

Com efeito, pode figurar nos tipos penais, ao lado do dolo, uma série de características subjetivas que os integram ou os fundamentam. Na realidade, o *especial fim* ou motivo de agir, embora amplie o aspecto subjetivo do tipo, não integra o dolo nem com ele se confunde, uma vez que, como vimos, o *dolo* esgota-se com a *consciência* e a *vontade* de realizar a ação com a finalidade de obter o resultado delituoso, ou na *assunção do risco* de produzi-lo. O *especial fim de agir* que integra determinadas definições de delitos condiciona ou fundamenta a *ilicitude* do fato, constituindo, assim, *elemento subjetivo do tipo* de ilícito, de forma autônoma e independente do dolo. A denominação correta, por isso, é *elemento subjetivo especial do tipo* ou *elemento subjetivo especial do injusto*, que se equivalem, porque pertencem, ao mesmo tempo, à ilicitude e ao tipo que a ela corresponde.

6. Consumação e tentativa

Consuma-se o crime de *advocacia administrativa* com a realização do primeiro ato que caracterize o patrocínio, ou seja, com a prática de um ato inequívoco de patrocinar interesse privado perante a Administração Pública, sendo — ao contrário

---

22. Rui Stoco, *Leis e sua interpretação jurisprudencial*, 7. ed., São Paulo, Revista dos Tribunais, 2001, v. 3, p. 2560.
23. Vicente Greco Filho, *Dos crimes da Lei de Licitações*, 2. ed., São Paulo, Saraiva, 2007, p. 63.
24. Embora, como demonstramos acima, não se trate de condição objetiva de punibilidade, mas de verdadeira elementar típica que precisa ser abrangida pelo dolo, ao contrário das verdadeiras condições objetivas de punibilidade.

da figura similar do Código Penal — indispensável o sucesso do patrocínio, ou seja, dar causa à instauração de licitação ou à celebração de contrato, cuja invalidação venha a ser decretada pelo Poder Judiciário. Não é necessário, contudo, que o funcionário público atue como verdadeiro patrono do indivíduo, pois advogado não é, e tampouco é necessária a existência de contrato ou instrumento de mandato para caracterizar a conduta incriminada.

A *tentativa* é admissível, embora de difícil ocorrência. Como se trata de crime material, se não ocorrer o resultado do patrocínio, ou seja, dar causa à instauração de licitação ou à celebração de contrato, cuja invalidação venha a ser decretada pelo Poder Judiciário, o crime será tentado.

7. Classificação doutrinária

Trata-se de *crime próprio* (que exige qualidade ou condição especial do sujeito ativo, no caso, que seja *funcionário público*, sendo, portanto, *crime funcional*); *material* (consuma-se somente se causar a instauração de licitação ou celebração de contrato, cuja invalidação venha a ser decretada pelo Poder Judiciário, ao contrário do crime de advocacia administrativa prevista pelo Código Penal, que é *formal* e, consequentemente, não exige resultado naturalístico para sua consumação); *de forma livre* (que pode ser praticado por qualquer meio ou forma pelo agente); *instantâneo* (não há demora entre a ação e o resultado); *unissubjetivo* (que pode ser praticado por um agente apenas); *plurissubsistente* (crime que, em regra, pode ser praticado com mais de um ato, admitindo, em consequência, fracionamento em sua execução).

8. Pena e ação penal

As penas cominadas, cumulativamente, são reclusão, de 6 (seis) meses a 3 (três) anos, e multa, não havendo figura qualificada, ao contrário da previsão similar do Código Penal (art. 321), que considera qualificado o crime se o *interesse for ilegítimo*. Constata-se, como frequentemente ocorre na legislação extravagante, promulgada após a redemocratização do País, que há uma *desproporcional exacerbação punitiva*: na figura do Código Penal a pena cominada, alternativamente, é de três meses a um ano de detenção, ou multa; para a figura qualificada — quando o interesse é ilegítimo — a cominação era cumulativa, mas, ainda assim, detenção de três meses a um ano e multa.

Na nossa ótica, não se aplica a este crime a majorante prevista no art. 84, § 2º[25], pela condição de funcionário público do sujeito ativo. E a razão é simples: qualquer outro sujeito que não reúna a qualidade ou condição de funcionário público poderia

---

25. "A pena imposta será acrescida da terça parte, quando os autores dos crimes previstos nesta Lei forem ocupantes de cargo em comissão ou de função de confiança em órgão da Administração direta, autarquia, empresa pública, sociedade de economia mista, fundação pública, ou outra entidade controlada direta ou indiretamente pelo Poder Público."

ser autor desta infração penal? Não, a qualidade de *funcionário público* é condição essencial para a prática do crime de advocacia administrativa, logo, trata-se de pressuposto do crime, sem o qual a adequação típica não se materializa. Portanto, sustentar a aplicação da referida majorante significa punir duas vezes pelo mesmo fato, pois essa condição já foi valorada na definição do tipo penal e na sua respectiva cominação. Sustentar diferentemente significa fechar os olhos para o *bis in idem*, inadmissível em direito penal da culpabilidade.

A ação penal é pública incondicionada, a exemplo do crime similar previsto no Código Penal (art. 321), sendo desnecessária qualquer manifestação do ofendido ou seu representante legal. Por outro lado, também aqui se trata de infração penal de menor potenci*al ofensivo*, sendo da competência do Juizado Especial Criminal.

IV
MODIFICAÇÃO OU PAGAMENTO IRREGULAR EM CONTRATO ADMINISTRATIVO

Sumário: 1. Considerações preliminares. 2. Bem jurídico tutelado. 3. Sujeitos ativo e passivo do crime. 3.1. Sujeito ativo do crime. 3.1.1. Contratado (sem a qualificação de funcionário público). 3.1.2. Procurador Jurídico de órgão público: emissão de pareceres. 3.2. Sujeito passivo do crime. 4. Tipo objetivo: adequação típica. 4.1. Qualquer modificação ou vantagem, inclusive prorrogação contratual. 4.2. Durante a execução do contrato, no ato convocatório da licitação ou nos instrumentos contratuais. 4.3. Elemento normativo especial da ilicitude: sem autorização em lei. 4.4. Elementar implícita e exercício regular de direito. 5. Pagamento de fatura preterindo ordem cronológica de sua exigibilidade. 5.1. Vinculação do pagamento a cada unidade de Administração, obedecendo a cada fonte diferenciada de recurso. 6. Contratado que concorre para a ilegalidade: limitação de sua punibilidade. 7. Norma penal em branco: sem autorização em lei, no ato convocatório da licitação e prorrogação contratual. 8. Elemento subjetivo: adequação típica. 9. Consumação e tentativa. 10. Classificação doutrinária. 11. Pena e ação penal.

Modificação ou pagamento irregular em contrato administrativo

Art. 337-H. Admitir, possibilitar ou dar causa a qualquer modificação ou vantagem, inclusive prorrogação contratual, em favor do contratado, durante a execução dos contratos celebrados com a Administração Pública, sem autorização em lei, no edital da licitação ou nos respectivos instrumentos contratuais, ou, ainda, pagar fatura com preterição da ordem cronológica de sua exigibilidade:

Pena — reclusão, de 4 (quatro) anos a 8 (oito) anos, e multa.

1. Considerações preliminares

O texto deste art. 337-H reproduz, quase integralmente, o texto do revogado art. 92 da igualmente revogada Lei de Licitações (Lei n. 8.666/93), sem conseguir melhorá-la razoavelmente. Com efeito, o novo texto legal substituiu a locução "celebrados com o Poder Público" por "com a Administração Pública". Substituiu, ainda, "no ato convocatório da licitação" por "celebrados com a Administração Pública"! E concluiu a redação do novo texto legal, suprimindo o final do anterior, que tinha essa redação "observado o disposto no art. 121 desta Lei". Logo, não melhorou quase nada, pois repetiu, quase integralmente, o texto da lei revogada. Perdoem-nos, prezados leitores, mas o texto deste artigo é, seguramente, um dos piores que já tivemos oportunidade de examinar (e olha que não foram poucos), mas a falta de técnica, de clareza expositiva, de construção vernacular dificulta sobremodo a compreensão e, por extensão, a interpreteção jurídica de seu significado. Por mais que tenhamos nos esforçado, enfrentamos grande dificuldade para ordenar o pensamento, para tentar compreender a linguagem confusa, obscura e desconexa utilizada nesta construção tipológica. Essa dificuldade poder-se-ia atribuir a este autor, por suas próprias deficiências, mas, sem pretendermos buscar algum álibi, destacamos que outros doutrinadores de escol também devem ter enfrentado as mesmas dificuldades, pelo menos é o que se pode depreender de algumas de suas manifestações.

Paulo José da Costa Jr., por exemplo, examinando a consumação deste crime, destaca: "*Data maxima venia*, quer nos parecer que estamos, também aqui, diante de uma redação defeituosa, em razão dos vocábulos inúteis da locução normativa. Preceitua o parágrafo único do art. 92 que o contratado, para incidir na mesma pena, deverá obter vantagem indevida, ou beneficiar-se injustamente das modificações ou prorrogações. Ora, beneficiar-se injustamente das modificações ou prorrogações contratuais equivale à obtenção de uma vantagem indevida. Não bastaria, pois..."[1]. Vicente Greco Filho, por sua vez, cansado de tentar fazer contorcionismo hermenêutico, destaca: "O legislador, porém, tendo em vista sua miopia, não se lembrou de que a regra também seria aplicável às empresas públicas, sociedades de economia mista e empresas controladas pelo Poder Público, as quais não atuam no sistema de dotações orçamentárias e elementos de despesas, e sim no sistema privado de regime de caixa..."[2]. Na página anterior, referindo-se a incongruência do então art. 92 da lei revogada com o art. 5º do mesmo diploma legal, Greco Filho destacou "... *mas, seguindo sua sina de má redação*, a norma sancionatória não guarda correspondência com a norma instituidora do dever jurídico"[3] (destacamos). Em nota de rodapé, Greco Filho ainda acrescentou: "A locução normativa do parágrafo único é defeituosaa, em razão dos vocábulos inúteis empregados, já que beneficiar-se injustamente das modificações ou prorrogações contratuais equivale à obtenção de vantagem indevida"[4].

Enfim, depois de nossos desabafos, esforçamo-nos ao máximo, mas, ainda assim, certamente, não conseguimos grande melhoria em termos hermenêuticos. Trata-se de um universo rico para divergências, que, como sempre, serão bem recebidas, pois colaborarão para o enriquecimento do debate, e, quando mais não seja, para comprovar que realmente estamos diante de um texto extremamente polêmico, defeituoso e conflituoso. Perdoem-nos este desabafo em nossos comentários, mas foi um trabalho angustiante até encontrarmos um caminho razoavelmente racional.

---

1. Paulo José da Costa Jr., *Direito penal das licitações*, p. 38.
2. Vicente Greco Filho, *Dos crimes da Lei de Licitações*, p. 89-90.
3. Vicente Greco Filho, *Dos crimes da Lei de Licitações*, p. 88.
4. Vicente Greco Filho, *Dos crimes da Lei de Licitações*, p. 92, nota 159.

2. Bem jurídico tutelado

Além da *objetividade jurídica genérica* de todos os crimes deste diploma legal, qual seja, preservar os princípios básicos da legalidade, da impessoalidade, da moralidade, da igualdade, da publicidade e da probidade administrativa, este dispositivo legal tem seu próprio bem jurídico tutelado, sem, contudo, afastar-se do amplo contexto em que está inserido. Enfim, *bem jurídico tutelado*, especificamente, neste art. 337-H (antigo art. 92), é assegurar a inalterabilidade dos contratos administrativos, no âmbito licitatório, garantindo a respeitabilidade, probidade e moralidade das contratações públicas, que podem ser ofendidas com as condutas descritas neste dispositivo legal. O dispositivo ora examinado visa, acima de tudo, proteger o patrimônio público, a lisura e transparência dessas *contratações*, exigindo retidão no tratamento da coisa pública, atendendo o disposto no art. 37 da Constituição Federal.

O administrador público deve, para bem desempenhar suas funções, despir-se de *interesses ou sentimentos pessoais*, priorizando o cumprimento pronto e eficaz de suas atribuições de ofício, que devem ser realizadas de forma escrupulosa e tempestivamente visando obter o melhor resultado para a Administração Pública, aproveitando, por extensão, a toda comunidade. O sentimento do administrador público, enfim, não pode ser outro senão o de cumprir e fazer cumprir o processo licitatório com toda transparência e correção, observando estritamente as disposições legais pertinentes à matéria.

3. Sujeitos ativo e passivo do crime

3.1 *Sujeito ativo do crime*

As condutas descritas no *caput* do art. 337-H (antigo art. 92) — *admitir, possibilitar ou dar causa a qualquer modificação ou vantagem ao adjudicatário* — identificam-se com atribuições próprias do exercício de função pública, consequentemente, trata-se de crimes que exigem uma *qualidade especial* do sujeito ativo, qual seja, a de *funcionário público*, configurando o denominado *crime próprio*. Em outros termos, nenhuma dessas condutas pode ser praticada por alguém que não reúna a qualidade ou condição de *funcionário público*, que, no caso, é um pressuposto básico para poder ser imputada a alguém.

É indispensável, ademais, que o agente encontre-se no *exercício de sua função pública*, e que tenha *atribuição especial* para a prática do *procedimento licitatório*. Evidentemente que não pode praticar esse crime quem não se encontra no exercício da função ou, por qualquer razão, encontre-se temporariamente dela afastado, como, por exemplo, de férias, de licença etc. Nada impede, contudo, que o sujeito ativo, qualificado pela condição de funcionário público, consorcie-se com um *extraneus* para a prática do crime, devendo-se observar, evidentemente, a *limitação* preconizada pelo parágrafo único, conforme demonstraremos adiante. Essa limitação, contudo, não se aplica a qualquer outro *extraneus* que não seja "o contratado", e tampouco se aplica à conduta descrita na segunda parte do *caput* deste art. 337-H, qual seja, "pagar fatura ...", como veremos oportunamente.

Não se pode ignorar, por outro lado, que em se tratando de *funcionário público* deve-se observar a atribuição (ou existência) de atribuições ou competência específicas para a prática de determinados atos ou fatos, sendo insuficiente, portanto, a simples circunstância de reunir a qualidade ou condição de *funcionário público*. Dito de outra forma, *funcionário* que não reúna a atribuição devida para autorizar a realização do procedimento licitatório não pode praticar esse crime. Na nossa concepção, somente o *servidor público* com competência para admitir, possibilitar ou dar causa a qualquer modificação ou vantagem ao adjudicatário, ou ainda para pagar fatura, pode ser sujeito ativo desse crime.

3.1.1 Contratado (sem a qualificação de funcionário público)

O parágrafo único do art. 337-H, agora analisado, limita a responsabilidade penal do "contratado", como *partícipe ou participante*, que não reúna a qualidade de funcionário público, exigida pelo *caput*. O *crime de mão própria*, regra geral, admite a *intervenção de terceiro* sem a qualificação exigida pela descrição típica (*funcionário público*), na condição de *mero partícipe*, ou seja, participante com uma atividade secundária, acessória, sem realizar diretamente a conduta nuclear do tipo penal. O tipo descrito no parágrafo único deste artigo apresenta, no entanto, uma *peculiaridade especial*: limitação da intervenção e da punibilidade daquele que é "contratado", *condicionando-a* à comprovação de ter concorrido para a ilegalidade e obtido *benefício injusto das modificações ou prorrogações contratuais*. Por essa razão, concordamos com o entendimento, segundo o qual a conduta tipificada no parágrafo único caracteriza *crime próprio*, na medida em que ser contratado é *condição especial* desse sujeito ativo.

Dito de outra forma, ainda que o contratado tenha concorrido para a consumação da ilegalidade, descrita na primeira parte do *caput*, se não houver se *beneficiado* com as modificações ou prorrogações contratuais, não responderá por esse crime (parágrafo único). Não é outro o magistério de Costa Jr.: "Consoante mandamento expresso do parágrafo único do mencionado dispositivo, o contratado só responde pelo crime se, além de ter 'comprovadamente concorrido para a consumação da ilegalidade, obtém vantagem indevida ou se beneficia, injustamente, das modificações ou prorrogações contratuais'"[5]. Trata-se, na realidade, de verdadeira e expressa *limitação à responsabilidade penal* de "quem, de qualquer modo, concorre para o crime" (art. 29), constituindo mais uma exceção à *teoria monística da ação*, a qual, por determinação do art. 12, aplicar-se-ia também aos *fatos incriminados* em *lei especial*, "se esta não dispuser de modo diverso". Neste caso, no entanto, a lei especial dispõe diversamente.

3.1.2 Procurador jurídico de órgão público: emissão de pareceres

Desenvolvemos este tema adequadamente quando analisamos o conteúdo do art. 337-E, para onde remetemos o leitor, que encontrará o nosso entendimento devidamente fundamentado. Desde logo, no entanto, destacamos que o *procurador jurídico* que emite parecer devidamente fundamentado não responde por crime algum, ainda que seu parecer não seja acatado em instâncias superiores. Infelizmente,

---

5. Paulo José da Costa Jr., *Direito penal das licitações*, p. 37-38.

no âmbito administrativo a jurisprudência do STJ tem se firmado no sentido de que "É possível enquadrar o consultor jurídico ou o parecerista como sujeito passivo em Ação de Improbidade Administrativa. Para isso, requer-se que o parecer, opinativo ou vinculante, sirva para possibilitar, embasar ou justificar a realização do ato ímprobo, ou atribuir-lhe aparência de legalidade. Ademais, exige-se que o documento ora viole dispositivo legal expresso, ora se afaste do bom senso ou da compreensão razoável da lei, ora omita entendimento doutrinário ou precedentes em sentido contrário, ora contrarie a jurisprudência majoritária. Finalmente, faz-se necessária a presença do elemento subjetivo"[6].

Regra geral, o *procurador jurídico* dos órgãos ou entes públicos são integrantes das denominadas *procuradorias jurídicas*, tais como Procuradoria-Geral da União, Procuradoria-Geral do Estado, Procuradoria-Geral do Município, e similares, Procuradoria da Fazenda Nacional, da Petrobras, do Instituto Nacional da Previdência Social etc. Enfim, os "profissionais" (servidores) dessas procuradorias — funcionários públicos (lato ou estrito senso) — são, via de regra, *advogados públicos*, competindo-lhes examinar os aspectos jurídicos dos atos, decisões e medidas que referidos órgãos ou entes públicos devem ou precisam realizar; devem, no exercício desse mister, emitir *fundamentado parecer*, que, aliás, não se confunde com mero conselho, opinião ou sugestão.

Para concluir este tópico, sucintamente, invocamos, por sua pertinência, antológico acórdão do Superior Tribunal de Justiça que, decidindo pela improcedência de *ação de improbidade administrativa*, com relatoria do Ministro Teori Zavascki, em sua ementa, afirma o seguinte: "3. É razoável presumir vício de conduta do agente público que pratica um ato contrário ao que foi recomendado pelos órgãos técnicos, por pareceres jurídicos ou pelo Tribunal de Contas. Mas não é razoável que se reconheça ou presuma esse vício justamente na conduta oposta: de ter agido segundo aquelas manifestações, ou de não ter promovido a revisão de atos praticados como nelas recomendado, ainda mais se não há dúvida quanto à lisura dos pareceres ou à idoneidade de quem os prolatou"[7].

Ora, se assim é para *ação de improbidade administrativa*, especialmente com fundamento no art. 10 da Lei n. 8.429/92, não é razoável que se reconheça ou presuma vício em conduta respaldada em parecer jurídico, com maior razão a sua inadmissibilidade em matéria criminal, considerando-se, ademais, que os *crimes licitatórios* não admitem modalidade culposa (princípio da excepcionalidade do crime culposo). Logo, o *servidor público* que decide pela dispensa ou inexigibilidade de licitação respaldado em fundado parecer jurídico não comete crime algum, sendo, portanto, sua conduta atípica.

3.2 *Sujeito passivo do crime*

Sujeito passivo é o Estado/Administração (União, Estados, Distrito Federal e Municípios), bem como a entidade de direito público na qual houve a conduta incriminada no art. 337-H da lei de regência. Enfim, pode ser qualquer dos entes relacionados no

---

6. AREsp 1.541.540/RJ, rel. Min. Herman Benjamin, 2ª T., j. em 2-3-2021, *DJe* de 16-8-2021.
7. REsp 827.445/SP, rel. Min. Luiz Fux, rel. p/ acórdão Min. Teori Albino Zavascki, 1ª T., j. em 2-2-2010, *DJe* de 8-3-2010.

art. 85 da lei, que estende a *subjetividade passiva* criminal para "quaisquer outras entidades sob seu controle direto ou indireto. O Estado é sempre sujeito passivo primário de todos os crimes, naquela linha de que a lei penal tutela sempre o *interesse da ordem jurídica geral*, da qual aquele é o titular (ressalvamos, em nossos comentários ao art. 337-H, nosso entendimento contrário, embora, por razões didáticas e metodológicas, acompanhemos o entendimento majoritário). No entanto, há crimes, como este, que ora estudamos, em que o próprio Estado surge como sujeito passivo direto e imediato, pois lhe pertence o bem jurídico ofendido pela ação do servidor público infiel.

Convém destacar, primeiramente, que *sujeito passivo* não se confunde com *prejudicado*, embora, de regra, coincidam na mesma pessoa, as condições de sujeito passivo e *prejudicado* podem recair, no entanto, em sujeitos distintos: *sujeito passivo* é o titular do bem jurídico protegido, e, nesse caso, o lesado; *prejudicado* é qualquer pessoa que, em razão do fato delituoso, sofre prejuízo ou dano material ou moral decorrente de infração penal. Essa distinção não é uma questão meramente acadêmica, sem interesse prático, como pode parecer à primeira vista. Na verdade, o *sujeito passivo* tem legitimidade para propor ação penal subsidiária da pública (art. 103 da Lei n. 8.666/93), além do direito de representar contra o sujeito ativo, pode habilitar-se como assistente do Ministério Público no processo criminal (art. 268 do CPP). Ademais, o sujeito passivo tem o direito à reparação *ex delicto*, ao passo que ao *prejudicado* resta somente a possibilidade de buscar a reparação do dano na esfera cível.

Na hipótese do *pagamento de fatura com preterição da ordem cronológica de sua exigibilidade*, no entanto, o prejudicado sofrerá dano patrimonial diretamente e, nessas condições, deve ser recepcionado também como *sujeito passivo* dessa figura penal, com todas as prerrogativas que lhe são próprias, como acima mencionamos.

4. Tipo objetivo: adequação típica

Trata-se de um tipo penal composto de duas partes distintas, isto é, de incriminações autônomas: a primeira compõe-se de três verbos nucleares alternativos, que proíbem a *alteração* (modificação) *ilegal de contrato licitatório* em benefício do adjudicatário; a segunda incrimina o *pagamento de fatura preterindo a ordem cronológica* de sua exigibilidade. Nesse sentido, afirma Greco Filho, "no primeiro caso, procura-se evitar as tão comuns prorrogações ou aditamentos contratuais que fazem com que o contrato original acabe sendo ampliado grande número de vezes. (...) A segunda incriminação, pagamento de fatura com preterição da ordem cronológica, é sancionatória da disposição do art. 5º"[8]. A prática de mais de uma dessas condutas da primeira parte constitui crime único (*crime de ação múltipla* ou *de conteúdo variado*); no entanto, a prática de qualquer delas e da conduta descrita na segunda parte (*pagar fatura*) constituirá *concurso de crimes*, devendo o agente ser responsabilizado dessa forma.

As condutas descritas na primeira parte do *caput* do artigo ora examinado são: a) *admitir* — que tem o significado de aceitar, concordar, consentir, tolerar, permitir

---

8. Vicente Greco Filho, *Dos crimes da Lei de Licitações*, p. 87.

e recepcionar; b) *possibilitar* — que é tornar possível, viabilizar, ensejar, dar condições para que algo ocorra, ambas, a nosso juízo, podem ser praticadas tanto na forma comissiva quanto omissiva, além de encerrarem, na essência, o mesmo significado. Não vemos, a rigor, ampliação ou restrição com o emprego dos dois verbos nucleares, parecendo-nos mais uma das tantas redundâncias, no uso das quais o legislador brasileiro é pródigo; e, finalmente, c) *dar causa* — é causar, ocasionar, oportunizar, criar as condições propiciadoras de modificação ou vantagem ao adjudicatário. Esta modalidade de conduta, aparentemente, só poderia ser *comissiva*. Contudo, a omissão de atos indispensáveis, inclusive causadores de nulidades do procedimento, não poderiam ser também causadores ou propiciadores das condições que podem permitir alguma modificação ou vantagem ao adjudicatário? Quer nos parecer que sim, como, por exemplo, um *servidor público* omite (esquece?!) de cumprir uma formalidade essencial do procedimento licitatório, esquece de tomar alguma assinatura indispensável, ou deixa de publicar corretamente o edital, esquece de apanhar a assinatura da autoridade responsável no contrato que é publicado incorretamente etc., anulando não apenas todo o procedimento licitatório, mas o próprio contrato; enfim, com sua *omissão* propicia a oportunidade (dá causa a ...), que pode ser usada ou não, para *causar modificação ou qualquer vantagem ao adjudicatário*. Nessas condições, embora, teoricamente, "dar causa a ..." pressuponha apenas a forma comissiva, *in concreto*, pode-se constatar a admissibilidade de "dar-se causa a..." também através de *condutas omissivas*, que a casuística poderá nos ilustrar.

Essas três condutas — *admitir, possibilitar* e *dar causa* (causar) — que, a nosso juízo, são redundantes, repetindo, pois quem *admite* ou *possibilita* está, em última instância, *dando causa*, configuram *crime de ação múltipla* ou *de conteúdo variado*, ou seja, ainda que o agente realize todas elas simultânea ou sucessivamente responderá por crime único.

Na tentativa de facilitar a compreensão deste *complexo* tipo penal, cuja complexidade reside exclusivamente em sua equivocada redação, decomporemos *suas elementares*, procurando colocá-lo, dentro do possível, na ordem direta, especialmente a sua primeira parte. Na segunda parte do *caput* a incriminação refere-se a "pagar fatura com preterição da ordem cronológica de sua exigibilidade". Por se referir à conduta distinta, e poder haver responsabilidade penal cumulativa com aquelas da primeira parte, preferimos abordá-la em tópico separado, onde poderemos desenvolver melhor o raciocínio sobre suas particularidades especiais. Mas, antes disso, faremos a "decomposição" da primeira parte, examinando individualmente as suas elementares típicas.

4.1 Qualquer modificação ou vantagem, inclusive prorrogação contratual

Os verbos nucleares — *admitir, possibilitar ou dar causa* — têm um complemento, ou se preferirem, um *objeto*, que é a produção de (causar) *"qualquer modificação ou vantagem, inclusive prorrogação contratual, em favor do adjudicatário"*.

Tanto isso é verdade que se essas ações forem praticadas em contratos com o Poder Público, como prevê o texto legal, mas se não resultarem em "vantagem" para o *adjudicatário,* não haverá crime, por ausência dessa *elementar normativa.*

O texto é confuso, obscuro e mal redigido, gerando perplexidade ao intérprete que tem dificuldade de identificar a que "modificação" refere-se o legislador, afinal, seria "modificação" de quê?! Modificação ou *vantagem* em quê? A construção frasal é, *venia concessa,* inadequada! Pode-se intuir, pela locução seguinte — *inclusive prorrogação contratual* — que a mencionada "modificação" também deve referir-se a instrumento contratual, mas a conjunção adversativa "ou" também gera dificuldade interpretativa, acrescentando "vantagem". A sequência da frase, igualmente, não ajuda a elucidar o que pode ter pretendido o legislador, pois nos complementos que indicariam onde ou quando a "modificação ou vantagem" estão proibidas de ocorrer, encontra-se, entre eles, "no ato convocatório da licitação". Ora, nesse momento do procedimento licitatório — *convocação da licitação* — não há contrato, consequentemente, não se pode pensar na alteração de algo que não existe: alteração de alguma coisa ou objeto pressupõe a sua existência, para poder ser alvo de alteração (*ato convocatório de licitação* é *unilateral,* e não se confunde com contrato). Mas, enfim, vamos imaginar, isto é, vamos *fazer de conta* que o sábio legislador pretendeu realmente referir-se à *alteração de contrato,* em todas as fases mencionadas.

Ainda, a "modificação ou vantagem" em favor do adjudicatário é criminalizada — segundo se depreende do texto legal — se ocorrer "durante a execução dos contratos", sem autorização legal. Essa, em outros termos, é a preocupação do legislador: impedir que ocorram modificações nos contratos — durante sua execução — para beneficiar o adjudicatário. Mas, ainda assim, esbarramos numa dificuldade, onde essas modificações podem ocorrer (ou, melhor, não devem acontecer?!): "no ato convocatório da licitação ou nos respectivos instrumentos contratuais"! Ora, nos instrumentos contratuais é a sede natural para ocorrerem alterações, que, no caso, não devem acontecer para beneficiar o contratado. Alterações que o prejudiquem não há problema, não é crime, embora possam, eventualmente, constituir alguma infração administrativa. No entanto, como já referimos, no ato convocatório da licitação não há contrato a ser modificado, aliás, é um instrumento unilateral. Aí não pode ocorrer a modificação que se quer criminalizar. Pode-se entender que o legislador pretendeu coibir também no ato convocatório modificações que favoreçam o contratado, mas é outra coisa, não é modificação contratual, porque de contrato não se trata!

Por fim, em que consistiria a "vantagem" que o legislador tratou como alternativa à "modificação"? Certamente não será a *própria alteração* ou modificação contratual em si! Por essa razão, não podemos concordar com a advertência de Greco Filho, para quem "cabe observar que a lei, em seu contexto geral, considera vantagem ou benefício a simples contratação, ainda que não haja o chamado superfaturamento"[9]. Evidentemente, *venia concessa*, não é esse o sentido de *vantagem* vislumbrado pelo legislador, caso contrário, ainda que a modificação contratual redundasse em prejuízo para o contratado e vantagem para o erário público, ainda assim ele estaria incorrendo em crime. Aliás, elucidativa, nesse sentido, a redação do parágrafo único, que, para criminalizar a conduta do contratado, exige não só que tenha concorrido para a ilegalidade, como também obtido *vantagem indevida* ou *se beneficiado injustamente* com as modificações ou prorrogações contratuais. No particular, concordamos com a conclusão de Costa Jr., quando afirma: "*In casu*, o funcionário público admite, possibilita ou enseja qualquer modificação ou vantagem em benefício do adjudicatário. Evidentemente, a modificação que se vem a operar, para favorecer o adjudicatário, haverá de ser em detrimento do erário público"[10].

Assim, pode-se concluir, a *vantangem em favor do adjudicatário*, que o legislador criminaliza, deve decorrer do *conteúdo da modificação imprimida no contrato* ou instrumentos contratuais. Será esse novo conteúdo que representará a "vantagem" ao contratado, que, aliás, deve ser *indevida* ou *injusta*, porque, como se depreende do parágrafo único, se for devida ou justa não pode ser crime. Constituir-se-á o crime em epígrafe somente se as alterações contratuais resultarem *indevida* ou *injustamente* vantajosas para o contratado, significando, por conseguinte, que se tais modificações não aportarem *vantagem* ou *benefício* algum ao contratado (indevida ou injusto, respectivamente) não se configurará esta infração penal. Em outros termos, a ausência de vantagem ou benefícios, indevidos ou injustos, ao contratado inviabiliza a adequação típica da alteração contratual. Poderá, dependendo das circunstâncias, até configurar outra infração penal, mas não esta por absoluta inadequação típica.

4.2 *Durante a execução do contrato, no ato convocatório da licitação ou nos instrumentos contratuais*

A pergunta que se impõe — e deve ser respondida — é, afinal, quando ou onde estão proibidas penalmente "qualquer modificação ou vantagem em favor do adjudicatário?! Haveria possibilidade legal ou contratual de modificação ou alteração do contrato original? Afinal, a práxis não tem demonstrado a existência de *prorrogações* ou *alterações* nos contratos licitatórios ao longo do tempo de vigência do atual diploma legal? Seriam todos ilegais ou até mesmo criminosos?

Desdobrando, enfim, esse questionamento: *quando* poderão verificar-se (ou melhor, quando não deverão ocorrer) as modificações contratuais vantajosas para o contratado? Pela dicção do texto penal *sub examine* resulta clara essa proibição: "durante a execução dos contratos celebrados com o poder público". *Onde*: (a) "no ato convocatório da licitação" (edital) e (b) "nos respectivos instrumentos contratuais" (contratos e respectivos aditamentos).

---

9. Vicente Greco Filho, *Dos crimes da Lei de Licitações*, p. 87.
10. Paulo José da Costa Jr., *Direito penal das licitações*, p. 36.

Na verdade, a Lei de Licitações não consagra vedação absoluta à prorrogação ou modificação como fala o texto penal, dos *contratos licitatórios*. Pelo contrário, sua flexibilidade fica ressaltada no próprio art. 337-H, quando condiciona sua relevância penal, a ausência de autorização legal, editalícia ou contratual. A rigor, como procuraremos demonstrar, não havendo vedação legal, o *ato convocatório da licitação* e o *contrato* poderão prever sua modificação. Em outros termos, para eventual modificação ou alteração contratual deverão ser conjugados a lei, o ato convocatório (edital) e o contrato. Onde a lei proibir os outros dois instrumentos — *ato convocatório e contrato* — não poderão deliberar em sentido contrário, mas se qualquer destes vedar, é indiferente que, no caso, a lei permita. Dito de outra forma, qualquer destes dois — edital e contrato — só poderão prever modificação quando a lei não proíbe, mas poderão proibir quando a lei permite. E mais, o contrato só poderá prever a possibilidade de modificação contratual, quando a lei e o ato convocatório da licitação não fizerem restrição, ou seja, há uma espécie de subordinação hierárquica, na seguinte ordem: lei, edital e contrato. Sem vedação em lei e no edital, o contrato poderá prever modificações, nos limites permitidos pela legislação. Enfim, não havendo vedação legal, o ato convocatório e o contrato poderão dispor sobre a prorrogação contratual. Ou seja, ainda que a lei permita, o *ato convocatório da licitação* e o *contrato* poderão vedar a sua prorrogação, afinal, seria, *mutatis mutandis*, uma vedação especial regularmente prevista para o caso concreto, mas, esclareça-se, o contrato somente poderá fazer tal previsão se não houver restrição tanto na lei quanto no ato convocatório (edital). A regra geral é de que uma vez *celebrado um contrato* com o Poder Público este deve ser executado, sem modificações ou alterações, tal como foi assinado. No entanto, a própria *Lei de Licitações* revogada previa, como já destacamos, a possibilidade de ocorrerem *alterações*, consoante dispunha em seu art. 65 e respectivos parágrafos e incisos. O art. 57 da mesma lei revogada, que disciplinava a durabilidade dos contratos, como já referimos, admite hipóteses de *prorrogação*, desde que observadas as formalidades e casos especificados, pois não se pode desconhecer que eventuais prorrogações possam ser do interesse, e até necessidade, da própria Administração Pública, quer pela imprevisibilidade de fatos supervenientes, quer por razões da natureza do contrato celebrado, da obra ou serviço contratados[11]. Mas, nesses casos, como desta-

---

11. "Art. 57. A duração dos contratos regidos por esta Lei ficará adstrita à vigência dos respectivos créditos orçamentários, exceto quanto aos relativos: I — aos projetos cujos produtos estejam contemplados nas metas estabelecidas no Plano Plurianual, os quais poderão ser prorrogados se houver interesse da Administração e desde que isso tenha sido previsto no ato convocatório; II — à prestação de serviços a serem executados de forma contínua, que poderão ter a sua duração prorrogada por iguais e sucessivos períodos com vistas à obtenção de preços e condições mais vantajosas para a administração, limitada a sessenta meses (*redação dada pela Lei n. 9.648, de 1998*); III — (*vetado*) (*redação dada pela Lei n. 8.883, de 1994*); IV — ao aluguel de equipamentos e à utilização de programas de informática, podendo a duração estender-se pelo prazo de até 48 (quarenta e oito) meses após o início da vigência do contrato; V — às hipóteses previstas nos incisos IX, XIX, XXVIII e XXXI do art. 24, cujos

cava Greco Filho, comentando a lei revogada, "as prorrogações e alterações, para serem legítimas, devem obedecer ao procedimento legal previsto nos dispositivos acima citados, como, por exemplo, a fundamentação da hipótese permissiva, a existência de previsão no Plano Plurianual, conforme a hipótese etc."[12].

E, a despeito de o *contrato* ser um instrumento jurídico *bilateral* — tanto para fazê-lo como para desfazê-lo —, o texto legal revogado (art. 65, I) assegura a possibilidade de a Administração Pública alterá-lo, inclusive *unilateralmente*, estabelecendo um privilégio que, de certa forma, desequilibra a relação contratual e fere a estrutura e natureza jurídica desse instituto, que se caracteriza exatamente por sua *bilateralidade*. Estabelecia, igualmente, as hipóteses em que as partes, de comum acordo (art. 65, II), *podiam alterar as condições contratuais*, nos limites legalmente previstos, justificando-se, por isso, a presença da *elementar normativa típica*, "sem autorização em lei". Aliás, em sentido semelhante, merece ser transcrito o lúcido magistério de Greco Filho: "A Lei n. 8.666/93 prevê os casos de alterações contratuais no art. 65, unilateralmente por parte da Administração ou por acordo das partes; o art. 57, por sua vez, prevê a duração dos contratos, admitida prorrogação nos casos especificados. A prorrogação também é admitida se prevista no instrumento convocatório, nas mesmas condições originais. Esses são os casos legais de alterações ou prorrogações, de modo que, fora deles, incide a incriminação, desde que isso caracterize vantagem e seja 'em favor' do adjudicatário, como consta do texto"[13].

Por outro lado, não se pode descartar a possibilidade de a *alteração* ou *prorrogação* de contrato em vigor resultar em prejuízo ou desvantagem para o contratado

---

contratos poderão ter vigência por até 120 (cento e vinte) meses, caso haja interesse da administração (*incluído pela Lei n. 12.349, de 2010*). § 1º Os prazos de início de etapas de execução, de conclusão e de entrega admitem prorrogação, mantidas as demais cláusulas do contrato e assegurada a manutenção de seu equilíbrio econômico-financeiro, desde que ocorra algum dos seguintes motivos, devidamente autuados em processo: I — alteração do projeto ou especificações, pela Administração; II — superveniência de fato excepcional ou imprevisível, estranho à vontade das partes, que altere fundamentalmente as condições de execução do contrato; III — interrupção da execução do contrato ou diminuição do ritmo de trabalho por ordem e no interesse da Administração; IV — aumento das quantidades inicialmente previstas no contrato, nos limites permitidos por esta Lei; V — impedimento de execução do contrato por fato ou ato de terceiro reconhecido pela Administração em documento contemporâneo à sua ocorrência; VI — omissão ou atraso de providências a cargo da Administração, inclusive quanto aos pagamentos previstos de que resulte, diretamente, impedimento ou retardamento na execução do contrato, sem prejuízo das sanções legais aplicáveis aos responsáveis. § 2º Toda prorrogação de prazo deverá ser justificada por escrito e previamente autorizada pela autoridade competente para celebrar o contrato. § 3º É vedado o contrato com prazo de vigência indeterminado. § 4º Em caráter excepcional, devidamente justificado e mediante autorização da autoridade superior, o prazo de que trata o inciso II do *caput deste artigo poderá ser prorrogado por até 12 (doze) meses (incluído pela Lei n. 9.648, de 1998).*"
12. Vicente Greco Filho, *Dos crimes da Lei de Licitações*, p. 87.
13. Vicente Greco Filho, *Dos crimes da Lei de Licitações*, p. 87.

ou adjudicatário, não existindo, nesses casos, a presente infração penal, mesmo que este tenha concorrido para a referida alteração contratual. Essa *atipicidade* decorre exatamente da ausência da elementar "vantagem em favor do adjudicatário" — elementar obrigatória exigida pelo *caput* (crime próprio do servidor público) —, bem como das elementares "vantagem indevida" e "benefício injusto" — elementares normativas exigidas pelo parágrafo único (crime próprio do contratado). Em síntese, alterações ou prorrogações contratuais podem haver, legitimamente, desde que, previstas em lei, no ato convocatório da licitação ou nos instrumentos contratuais, devendo-se destacar, por amor à clareza, que estes dois últimos institutos (subsidiários) devem obedecer à legislação específica. Podem, inclusive, tais prorrogações ser ilegais, mas pela ausência dessas elementares típicas — vantagem ou benefício — não apresentam adequação típica, podendo restar, subsidiariamente, alguma infração administrativa.

Por fim, o novo texto legal faz uma ressalva específica, como uma espécie *sui generis*, de *elemento negativo do tipo*, qual seja, *"sem autorização em lei, no edital da licitação ou nos respectivos instrumentos contratuais, ou, ainda, pagar fatura com preterição da ordem cronológica de sua exigibilidade"*. Em outros termos, essa ressalva no próprio texto do art. 377-H, praticamente, anula a *disposição criminalizadora*, significando, em outros termos, que *"se houver previsão contratual, no edital ou autorização em lei"*, tudo o que está proibido neste tipo penal será legalmente permitido, excluindo, portanto, a criminalização das referidas condutas elencadas nesse texto legal.

4.3 *Elemento normativo especial da ilicitude: sem autorização em lei*

A locução *"sem autorização em lei"* é uma *elementar normativa negativa do tipo penal*. Qual o conteúdo ou abrangência dessa elementar típica? Seria *elemento constitutivo da tipicidade* ou seria *elemento normativo negativo especial da ilicitude*, embora se localize no tipo penal?!

Os *elementos normativos do tipo* não se confundem com os *elementos normativos especiais da ilicitude*. Enquanto aqueles são elementos constitutivos do tipo penal, estes, embora integrem a descrição do crime, referem-se à *ilicitude*, e, assim sendo, constituem elementos *sui generis* do fato típico, na medida em que são, ao mesmo tempo, caracterizadores da *ilicitude* e integrantes da *tipicidade*. Esses "elementos normativos especiais da ilicitude", normalmente, são representados por expressões como *indevidamente, injustamente, sem justa causa, sem licença da autoridade, sem autorização legal* etc.

Pois essa elementar normativa *sem autorização em lei* (normalmente o legislador penal tem preferido utilizar "sem autorização legal", que significa a mesma coisa) refere-se, exclusivamente, a *ato legislativo* emanado do Poder competente, isto é, do Poder Legislativo, e elaborado de acordo com o processo legislativo previsto no texto constitucional; refere-se exclusivamente a "lei", *stricto sensu*, não abrangendo regulamentos, resoluções ou circulares, como admitiria uma elementar do tipo "não autorizada", por exemplo. Portanto, a expressão "sem autorização em lei" tem significado restrito, formal, compreendendo o conteúdo e o sentido desse tipo de diploma jurídico; constitui, em outras palavras, um comando normativo claro, preciso e expresso, de tal forma que não paira dúvida ou obscuridade a respeito do seu conteúdo, ou seja, refere-se à necessidade de *autorização legal*. Consequentemente, a adequação típica da conduta, nessa modalidade delitiva, exige o *descumprimento de lei* e não simplesmente de regulamentos, resoluções ou similares, que têm hierarquia inferior.

A rigor, neste dispositivo legal, há três espécies de elementos normativos negativos do tipo, quais sejam, (a) *sem autorização em lei*, (b) no edital da *licitação* e (c) *nos respectivos instrumentos contratuais*. Ou seja — ressalva o texto legal —, pode haver previsão da possibilidade de modificação contratual em qualquer desses três instrumentos — *lei, edital* e *contratos* —, desde que sejam observadas as restrições contidas no primeiro, conforme destacamos nos dois tópicos anteriores. Enfim, a ausência de proibição em lei, e a previsão no edital ou em contrato, não podem ser contrariadas ou revogadas por portaria, resoluções, regulamentos etc. E, nessas três hipóteses, não há que se falar em crime previsto neste artigo.

O erro eventual sobre a elementar — *sem autorização em lei* — merece uma atenção especial, mas o caráter sequencial das distintas categorias — *tipicidade, antijuridicidade* e *culpabilidade* — obriga-nos a comprovar primeiro o problema do *erro de tipo,* e somente solucionado este se pode analisar o problema do *erro de proibição*. Logo, como a tipicidade vem em primeiro lugar, e como essa elementar reside no tipo, deve ser tratado como *erro de tipo*. Sintetizando, como o dolo deve abranger todos os elementos que compõem a figura típica, e se as características especiais do *dever jurídico* forem um elemento determinante da tipicidade concreta, a nosso juízo, o *erro* sobre elas deve ser tratado como *erro de tipo*[14].

4.4 *Elementar implícita e exercício regular de direito*

Com uma simples leitura despretensiosa desse dispositivo legal constata-se, de plano, que se trata de tipo que reúne alguma complexidade tipológica, com várias elementares, objetivas, normativas e subjetivas. No entanto, fatos, circunstâncias ou mesmo peculiaridades do caso poderão, ainda que excepcionalmente, justificar ou até recomendar a modificação do contrato durante a sua execução, e até mesmo a sua prorrogação. Dito de outra forma, nada impede que, eventualmente, possa haver *justa causa* para se proceder a modificação no acordado, e, consequentemente, possa afastar, legitimamente, a aplicação dessa proibição penal.

Com efeito, podem ocorrer fatos supervenientes que justifiquem a necessidade de alteração contratual, até mesmo para viabilizar o seu cumprimento. Na verdade,

---

14. Para aprofundar o estudo sobre o erro de tipo, ver nosso entendimento em Cezar Roberto Bitencourt, *Tratado de direito penal*; parte geral, 29. ed., São Paulo, Saraiva, 2023, v. 1, p. 508.

quer nos parecer que o *caput* do referido artigo contém, *implicitamente*, o elemento normativo "sem justa causa", além daquele expresso — *sem autorização em lei* —, relativamente à modificação ou prorrogação contratual, porque há situações em que a modificação ou prorrogação são não apenas legítimas, mas necessárias, como na hipótese, por exemplo, de catástrofes, acidentes de grandes proporções, enfim, casos imprevisíveis ou, de qualquer sorte, tratar-se de caso fortuito ou força maior. Tais hipóteses criariam, no mínimo, uma situação de *estado de necessidade* (art. 24 do CP), ou, pelo menos, caracterizariam a *inexigibilidade de outra conduta*, que exclui a culpabilidade.

Nessas circunstâncias, isto é, em uma *colisão de deveres* ou mesmo de *interesses*, qual deve prevalecer? A escolha do *dever* poderá não ser exatamente mais adequada aos fins do Direito, no entanto, a opção do agente poderá ainda ser motivada por fatores pessoais de tal significado que lhe seria *impossível um comportamento diverso*. Na verdade, na pior das hipóteses, o cidadão tem o direito de defender, legitimamente, seus interesses contrariados e, em tais circunstâncias, podemos admitir que o indivíduo até invoque o *exercício regular de um direito*, e, certamente, quem exerce *regularmente um direito* não comete crime, não viola a ordem jurídica, nem no âmbito civil, e muito menos no âmbito penal.

De notar-se que o exercício de qualquer direito, para que não seja ilegal, deve ser *regular*. O *exercício de um direito*, desde que *regular*, não pode ser, ao mesmo tempo, proibido pela ordem jurídica. *Regular* será o exercício que se contiver nos *limites* objetivos e subjetivos, formais e materiais impostos pelos próprios fins do Direito. Fora desses limites, haverá o *abuso de direito* e estará, portanto, excluída essa *justificação*. O *exercício regular de um direito* jamais poderá ser *antijurídico*. Qualquer direito, público ou privado, penal ou extrapenal, regularmente exercido, afasta a antijuridicidade. Mas o exercício deve ser *regular*, isto é, deve obedecer a todos os requisitos objetivos exigidos pela ordem jurídica.

5. Pagamento de fatura preterindo ordem cronológica de sua exigibilidade

Na segunda parte do dispositivo *sub examine*, a conduta incriminada é "*pagar* fatura com preterição da ordem cronológica de sua exigibilidade". *Pagar* é liquidar o débito, resgatá-lo mediante pagamento, honrar um compromisso financeiro com o efetivo pagamento. Essa previsão legal transforma em crime o descumprimento da determinação constante do art. 5º da lei de regência, que estabelece o *dever de cada unidade da Administração* obedecer à ordem cronológica de suas exigibilidades, ressalvada a presença de relevantes razões de interesse público, como demonstraremos adiante.

De um modo geral a doutrina tem procurado ampliar o entendimento do conteúdo do texto legal, dando conotação mais abrangente no significado de *pagamento de despesas licitadas*, afrontando o dogma da tipicidade estrita. Vejamos, exemplificativamente, o entendimento de alguns autores. Greco Filho, nessa linha, afirma: "Na segunda parte do artigo a conduta consiste em pagar, mas obviamente a lei não quer referir-se ao caixa do banco que entrega o dinheiro. Refere-se ao agente público que, dentro das competências administrativas, autoriza o pagamento, desencadeando o procedimento para efetivá-lo. Observe-se, porém, que pode haver um órgão que autoriza e outro órgão pagador, podendo, em ambos, haver subversão da ordem"[15]. No mesmo sentido, José Torres Pereira Junior pontifica: "(...) pagar fatura significa autorizar o desencaixe de verba para a satisfação de fatura apresentada pelo adjudicatário, em decorrência da realização de obra, da prestação de serviço ou da entrega de bens contratados com a Administração Pública, de acordo com o disposto no art. 64 da Lei n. 4.320, de 17.03.1964"[16]. Tavares de Freitas, mesmo sendo mais específico, não consegue identificar efetivamente a conduta incriminada, ao afirmar: "Traz esta segunda modalidade delitiva o verbo-núcleo do tipo 'pagar', que deve ser entendido como satisfação da autorização para pagamento; vale dizer, da ordem de pagamento, que é 'o despacho exarado por autoridade competente, determinando que a despesa seja paga' (art. 64, *caput*, da Lei n. 4.320/64)"[17].

Venia concessa, essas afirmações que acabamos de citar não correspondem à dicção do tipo penal *sub examine*. Por que razão, muitas vezes, os autores, interpretando determinado texto legal, afirmam que o legislador não quis dizer o que o texto legal diz, ou que o significado ou sentido não é aquele contido no texto literal etc. Por que, afinal, o que está escrito no texto legal não é o que o texto quer dizer? No entanto, em Direito Penal material — e isso é dogma — não se pode criminalizar condutas que não estejam expressas no texto legal. Na verdade, a conduta incriminada é "pagar fatura com preterição da ordem cronológica", e, segundo o disposto no art. 65 da Lei n. 4.320/64, invocada pelos doutrinadores citados, "o pagamento da despesa será efetuado por tesouraria ou pagadoria regularmente instituídas, por estabelecimentos bancários credenciados e, em casos excepcionais, por meio de adiantamento". Significa dizer, portanto, que faticamente há pagamento de despesas e que a conduta de "pagar fatura" (ou documento equivalente)[18] pode ser praticada, inclusive preterindo ordem cronológica. Com efeito, a lei penal não criminaliza a conduta de "autorizar o pagamento", como refere Greco Filho, nem de "determinar que a despesa seja paga", como prevê o art. 64 da Lei n. 4.320/64, ou "autorizar desencaixe de verba para a satisfação da fatura apresentada", como sustenta José

---

15. Vicente Greco Filho, *Dos crimes da Lei de Licitações*, p. 92.
16. José Torres Pereira Junior, *Comentários à Lei das Licitações e Contratações da Administração Pública*, 6. ed., Rio de Janeiro, Renovar, 2003, p. 852.
17. André Guilherme Tavares de Freitas, *Crimes na Lei de Licitações*, p. 133.
18. Fatura aqui não tem aquele sentido técnico do Direito Comercial, correspondente ao objeto do contrato de compra ou venda, realização etc. Ou seja, a dívida não depende, para se tornar exigível, de qualquer formalidade ou documento elaborado pelo particular contratado. Em outros termos, a obrigação não se torna exigível para a Administração Pública porque recebeu uma fatura, mas porque o particular cumpriu, total ou parcialmente, a sua obrigação contratual.

Torres Pereira Junior, e tampouco a "satisfação da autorização para pagamento", como prefere Tavares de Freitas.

Enfim, essas atividades sugeridas pelos mencionados autores não passam de *atos preparatórios*, os quais são penalmente impuníveis (art. 31 do CP). Mas, em definitivo, o que o legislador criminaliza é o *pagamento de fatura*, isto é, das despesas correspondentes à execução de obra, serviço ou compra licitados. Assim, as condutas sugeridas pelos doutrinadores já referidos, com muito boa vontade, poderão, no máximo, caracterizar *tentativa de pagamento*, dependendo das circunstâncias, isto é, se for inviabilizada "por circunstâncias alheias à vontade do agente" (art. 14, II, do CP).

Pela leitura e fria interpretação do texto penal tem-se a impressão, à primeira vista, de que o simples pagamento da fatura preterindo a ordem cronológica é suficiente para caracterizar essa infração penal. Contudo, não é exatamente isso, na medida em que se trata de *norma penal em branco*, cuja finalidade é sancionar eventual descumprimento da previsão contida no art. 5º do mesmo diploma legal. Com efeito, este dispositivo legal determina que se deve "obedecer, para cada fonte diferenciada de recursos, a estrita ordem cronológica das datas de suas exigibilidades"; no entanto, é o mesmo dispositivo que ressalva a possibilidade de, se existirem, "relevantes razões de interesse público e mediante prévia justificativa da autoridade competente, devidamente publicada"[19], poder haver modificação contratual. Logo, estamos diante de mais uma *elementar normativa implícita*, qual seja, *indevidamente* ou *sem justa causa*. Não há crime, enfim, quando houver justificativa para inobservância da ordem cronológica de pagamento. Em sentido semelhante, reconhece Justen Filho, exemplificando: "Assim, por exemplo, podem existir questões orçamentárias: existem recursos disponíveis para o pagamento de certas despesas e não para outras. Ou poderão existir prazos diferentes para liquidação das despesas. Enfim, a reprovação volta-se contra a violação do dever de pagar segundo a ordem cronológica, para cada fonte diferenciada de recursos e segundo as datas de exigibilidade"[20].

Realmente, *razões relevantes de interesse público*, e devidamente justificadas, isto é, demonstradas pela *autoridade competente*, além de publicadas, *justificam* a eventual inobservância da cronologia do pagamento. Essa avaliação pertence exclusivamente à autoridade competente que, nas circunstâncias, decide sobre a existência ou não de relevantes razões do interesse público. Essa decisão pertence ao âm-

---

19. "Art. 5º Todos os valores, preços e custos utilizados nas licitações terão como expressão monetária a moeda corrente nacional, ressalvado o disposto no art. 42 desta Lei, devendo cada unidade da Administração, no pagamento das obrigações relativas ao fornecimento de bens, locações, realização de obras e prestação de serviços, obedecer, para cada fonte diferenciada de recursos, a estrita ordem cronológica das datas de suas exigibilidades, *salvo quando presentes relevantes razões de interesse público e mediante prévia justificativa da autoridade competente, devidamente publicada*" (grifamos).
20. Marçal Justen Filho, *Comentários à Lei de Licitações*, p. 632.

bito da *discricionariedade* da autoridade competente, que não pode ser invadido ou valorado por autoridade de outras searas. Essa autoridade até pode errar na valoração, mas, afastada a má-fé, não pode ser responsabilizada em nenhuma esfera (administrativa, cível ou penal).

Em sentido semelhante ao nosso entendimento é o magistério de Greco Filho, nos seguintes termos: "Quanto à possibilidade de alteração da ordem desde que presentes relevantes razões de interesse público e mediante prévia justificativa da autoridade competente, devidamente publicada, é óbvio que, se ocorrida a hipótese, há exclusão do crime. Havendo justa causa na alteração da ordem, consubstanciada na descrição do art. 5º, não há antijuridicidade"[21]. Divergimos apenas quanto ao grau ou intensidade, na medida em que a conduta praticada foi lícita, isto é, *devidamente autorizada pela lei* (art. 5º, *in fine*), estando *implícita* no tipo penal a elementar *sem justa causa*. Pois a presença da *justa causa* — relevantes razões de interesse público — afasta a própria adequação típica, não se devendo falar, consequentemente, em exclusão de crime, se crime não houve, mas de *atipicidade* ou de inadequação típica da conduta. Logo, o que é afastada não é apenas a *antijuridicidade*, mas a própria *tipicidade*, por falta de uma elementar normativa implícita.

5.1 Vinculação do pagamento a cada unidade de Administração, obedecendo a cada fonte diferenciada de recurso

Vicente Greco Filho, com a perspicácia que lhe é peculiar, flagra as contradições da segunda parte do então art. 92 com o disposto no art. 5º do mesmo diploma legal, o qual estabelecia os critérios para pagamento dos compromissos financeiros decorrentes das licitações. Em sua fundada crítica destaca que a norma penal "não guarda correspondência com a norma instituidora do dever jurídico" (art. 5º). E, acertadamente, conclui Greco Filho: "O crime refere a violação da ordem de *apresentação*; o art. 5º, a ordem das datas de suas exigibilidades. A incriminação, ainda, deixa de referir a possibilidade de alteração da ordem, desde que presentes relevantes razões de interesse público, mediante prévia justificativa da autoridade competente, devidamente publicada, e, também, que a ordem a ser respeitada deve ser em cada unidade da Administração e para cada fonte diferenciadora de recursos"[22]. Faremos sucintas considerações sobre esse procedente comentário de Greco Filho.

Primeiramente, em relação ao final do *caput* do art. 92, que se referia "a violação da ordem de *apresentação*", justiça se faça, já foi corrigida pela Lei n. 8.883/94, ficando estabelecido que a ordem cronológica a ser observada é a "de sua exigibilidade", a exemplo do previsto no art. 5º. No demais, assiste razão a Greco Filho.

Quanto à equivocada ausência, no tipo penal, *da possibilidade de alteração da ordem cronológica*, quando presentes relevantes razões de interesse público e mediante prévia justificativa da autoridade competente, necessariamente, deve ser su-

---

21. Vicente Greco Filho, *Dos crimes da Lei de Licitações*, p. 88-89.
22. Vicente Greco Filho, *Dos crimes da Lei de Licitações*, p. 88.

perada com a interpretação sistemática, conjugando-se os dois dispositivos então mencionados — arts. 92 e 5º —, recurso hermenêutico que resta facilitado em razão de tratar-se de *norma penal em branco*, que é integrada exatamente por esse art. 5º. As consequências dessa interpretação são exatamente aquelas que comentamos no final do tópico anterior, ou seja, presente o interesse público, devidamente fundamentado pela autoridade competente, e publicado em órgão oficial, fica afastada a adequação típica da conduta.

Na verdade, deve-se interpretar essa verdadeira *justa causa* — relevantes razões de interesse público — como uma *característica negativa do tipo*; logo, a presença dessa circunstância afasta a tipicidade da conduta, pois estaria legitimada por essa espécie *sui generis* de justa casa, que legitima a superação da ordem cronológica de pagamentos exigíveis. Parece-nos, pois, de uma clareza meridiana que a proibição de violar a ordem cronológica de sua exigibilidade *pressupõe a ausência de justa causa*, que, na hipótese, é representada pela presença de *relevantes razões de interesse público*, devidamente fundamentada pela autoridade competente. Em outros termos, não há crime quando a não observância dessa ordem cronológica for *justificável*.

O tipo penal (norma penal em branco), da lei revogada, proibia tão somente "pagar fatura com preterição da ordem cronológica de sua exigibilidade" (art. 92, *in fine*), mas o art. 5º — que era norma complementadora — determinava que, no pagamento das obrigações relativas às licitações, devia "cada unidade da Administração (...) obedecer, para cada fonte diferenciada de recursos, a estrita ordem cronológica ...". Resta-nos clara a vinculação da ordem de pagamento *à unidade de Administração* e *"à fonte diferenciada de recursos"*. Ambas as locuções, na nossa concepção, conforme raciocínio exposto acima, constituem — lá disposição anterior, repetida cá na nova lei — *características negativas do tipo*, que, como suas complementadoras, devem, necessariamente, ser observadas. Não há dúvida, contudo, de que a observância irrestrita da *ordem cronológica* é exigida somente dentro da *mesma Unidade da Administração*, e *para cada fonte diferenciada de recursos*.

Passamos a identificar com maior precisão cada uma das elementares anteriormente enunciadas, especialmente por comportarem interpretações técnicas.

Primeiramente, *ordem cronológica de suas exigibilidades* significa que a Administração Pública não pode, a seu bel-prazer, escolher a quem efetuar o pagamento, devendo respeitar exatamente a *ordem legal*. Com essa previsão evita-se a prática reprovável de condicionar os pagamentos a gestões políticas ou influências inconfessáveis, eternas fontes de corrupção. A severidade dessa previsão resta demonstrada com sua inobservância sendo tipificada como crime (art. 92, *in fine*).

Exigibilidade, por sua vez, consiste no poder do credor (o contratado) *exigir* o pagamento por parte da Administração. Ou seja, para a identificação da *ordem cronológica* é irrelevante a data da realização da licitação e da assinatura do contrato, mas a *data da exigibilidade da obrigação*. Segundo Marçal Justen Filho, "a exigibilidade se inicia a partir da data final do período de adimplemento"[23]. Essa conclusão decorre do disposto no art. 40, XIV, *a*, ou seja, o prazo máximo para a Administração adimplir sua obrigação é de trinta dias, a partir do cumprimento, total ou parcial, da execução pelo contratado; o início da *exigibilidade* coincide com a data final do prazo de adimplemento, pois somente a partir daí o contratado pode demandar sua execução, logo, os trinta dias anteriores é o período que a Administração tem para exercer, livremente, sua obrigação de pagar. Concluindo, nas palavras autorizadas de Justen Filho: "A exigibilidade é determinada no momento em que se exaure o período de adimplemento. Isso se passa com o recebimento definitivo. Portanto, a cobrança se reporta à exigibilidade e a ordem de preferência se determina, automaticamente, pela aquisição da exigibilidade da obrigação. A Administração não pode pagar antes obrigação que adquiriu exigibilidade posteriormente, nem mesmo com o argumento de que a fatura foi emitida com data prévia ou que deu entrada na repartição pública com antecedência. Insista-se em que a ordem de preferência é estabelecida em função da data em que a obrigação adquiriu exigibilidade e tal se opera com o recebimento definitivo da prestação"[24].

Questão básica: O que vem a ser "cada unidade da Administração"? E "cada fonte diferenciada de recursos"?

Segundo Vicente Greco Filho, "deve-se entender como unidade da Administração o órgão que, por força das leis administrativas e orçamentárias, tenha competência para determinar pagamentos; cada um deles é uma unidade, e dentro dela deve ser considerada a ordem de apresentação e exigibilidade das faturas. Isso é bastante razoável, tendo em vista que diversas unidades tenham competência para autorizar pagamentos, e somente uma a tenha para fazê-los. Nesse caso, a ordem a ser respeitada é a da entrada do documento no órgão pagador. Ou seja, pode cometer o crime o agente que autoriza o pagamento (e este se efetiva porque o crime consiste em *pagar*) em detrimento da ordem de sua unidade, bem como o agente pagador que subverte a ordem de chegada das autorizações de pagamento"[25].

Fonte diferenciada de recursos, por outro lado, na linguagem orçamentária, significa a origem dos recursos, se próprios, decorrentes de operações de crédito, de transferência, ou de convênios etc. Em outras palavras, os *recursos* podem ter as mais variadas origens ou, como diz a lei, *fontes*. Por sua pertinência, transcrevemos o didático esclarecimento de Marçal Justen Filho sobre o real significado de "fonte diferenciada de recursos", *in verbis*:

"Não é possível interpretar o texto legislativo na acepção de 'rubrica orçamentária'. O legislador, quando pretendeu indicar essa figura, sempre o fez de modo expresso e específico. Portanto, teria de admitir-se que teria ocorrido erro na formulação redacional legislativa — o que não pode ser excluído de modo absoluto, mas deve ser

---

23. Marçal Justen Filho, *Comentários à Lei de Licitações*, p. 85, *in fine*.
24. Marçal Justen Filho, *Comentários à Lei de Licitações*, p. 87.
25. Vicente Greco Filho, *Dos crimes das Leis de Licitações*, p. 89.

reputado como excepcional. Mas o argumento mais relevante reside em que adotar aludida interpretação conduziria a neutralizar a eficiência do dispositivo. É que restringir a preferência ao âmbito estrito da rubrica orçamentária conduziria à possibilidade de o Estado *controlar* o processo de liquidação das dívidas. Então, bastaria liberar recursos para determinadas rubricas e não para outras: o resultado seria a frustração da ordem cronológica das exigibilidades. Credores que fossem menos simpáticos aos olhos dos governantes não receberiam os pagamentos, na medida em que não ocorreria a liberação dos recursos para as rubricas orçamentárias "adequadas". Mais ainda, solução dessa ordem reflete um evidente incentivo à corrupção, cuja repressão seria extremamente problemática. Dito de outro modo, não se pode admitir interpretação que se configura incompatível com o espírito da regra legal e com o princípio da moralidade consagrado constitucionalmente"[26].

Com efeito, deve-se considerar que a previsão legislativa refere-se à *sistematização* realizada pelo próprio art. 5º, relativamente a "fornecimento de bens, locações, realização de obras e prestação de serviços". Cada um desses grupos de contratações — que, certamente, terão suas verbas destinadas — deverá ser considerado como "fonte diferenciada de recursos". Assim, de modo que o pagamento correspondente terá de respeitar a ordem cronológica das referidas categorias.

6. Contratado que concorre para a ilegalidade: limitação de sua punibilidade

O *crime de mão própria*, regra geral, admite a *intervenção de terceiro* sem a qualificação de *funcionário público*, mas somente na condição de *mero partícipe*, ou seja, participante com uma atividade secundária, acessória, sem realizar diretamente a conduta nuclear do tipo penal. Mas este tipo penal apresenta uma peculiaridade especial: a limitação da intervenção e, particularmente, da punibilidade do *extraneus*, no caso, o "contratado", que é *condicionada* à comprovação de haver "concorrido para a consumação da ilegalidade", além de obter "vantagem indevida" ou se beneficiar, injustamente, "das modificações ou prorrogações contratuais". Trata-se, como se constata, de *crime próprio*, na medida em que somente "o contratado" pode praticá-lo, não se estendendo essa restrição de punibilidade a quem não reúna essa *condição especial* exigida por esse dispositivo penal.

Essa é a única interpretação que se pode extrair desse texto legal, segundo o qual incorre na mesma pena "o contratado que, tendo comprovadamente concorrido para a consumação da ilegalidade, obtém *vantagem indevida* ou se beneficia, injustamente, das modificações ou prorrogações contratuais". Em outros termos, ainda que o contratado tenha *concorrido para a consumação da ilegalidade*, não será penalmente responsável se não houver obtido *vantagem indevida* ou *se beneficiado, injustamente, das modificações ou prorrogações contratuais*. Ademais, parece-nos *razoável* essa limitação, tendo-se em vista a finalidade do conteúdo proibiti-

---

26. Marçal Justen Filho, *Comentários à Lei de Licitações*, p. 88.

vo do *caput* do artigo *sub examine*: impedir que modificações, alterações ou prorrogações contratuais beneficiem o adjudicatário (contratado). O *crime é próprio*, logo a proibição destina-se ao servidor público, que não poderá descumpri-la, salvo se houver autorização legal, contratual ou editálica. Trata-se, na verdade, de uma clara e expressa limitação à responsabilidade penal de "quem, de qualquer modo, concorre para o crime" (art. 29 do CP), constituindo outra exceção à *teoria monística da ação*, que, por determinação do art. 12 do CP, aplicar-se-ia também *aos fatos incriminados por lei especial*.

Não desconhecemos, é verdade, o respeitável entendimento diverso de Vicente Greco Filho, para quem, comentando artigo similar da lei revogada, a previsão do parágrafo único do art. 92 estaria estabelecendo *forma de participação elevada a condição de crime autônomo*. Nesse sentido, afirma Greco Filho, comentando o mesmo dispositivo revogado:

"O parágrafo único do dispositivo comentado prevê como crime autônomo para o contratado o que poderia ser participação e, como norma especial, exclui esta última. Essa observação é importante porque o parágrafo acrescenta circunstâncias que precisam estar presentes para ocorrência do crime e que não se encontra no *caput*. Ou seja, pode o agente público cometer o crime, com o concurso do contratado, mas este pode não praticar crime algum. Vejamos: o administrador comete a infração se modifica o contrato em favor do adjudicatário, por exemplo, ampliando o prazo de entrega da obra, sem autorização legal. Ainda que tenha o contratado concorrido para a ilegalidade, como no caso de tê-la requerido, somente incidirá no parágrafo único se, com isso, obtém vantagem indevida ou se se beneficia, injustamente, das modificações ou prorrogações contratuais"[27].

Na realidade, a redação, *sui generis,* desse parágrafo único já revogado, pode-se afirmar com absoluta segurança, *não criou uma figura especial* de conduta típica *assemelhada*, como, eventualmente, o legislador penal faz (*v.g.*, arts. 171, § 2º, 296, § 1º, 334, § 1º, etc.). Não se trata, tampouco, de *crime autônomo* semelhante ao tipo-base, a exemplo do que consta nos dispositivos antes mencionados, que consagram as denominadas *figuras típicas equiparadas*. Aliás, o *legislador especial* não ignora essa linguagem utilizada pelo de 1940, nos dispositivos antes mencionados, pois a adota com o mesmo significado no parágrafo único do art. 97, igualmente revogado, por exemplo[28].

Na verdade, seria desnecessário acrescer um parágrafo ao tipo penal para determinar que o *partícipe* incorre nas mesmas penas, pois a *norma de extensão* do art. 29 (norma de adequação típica de subordinação mediata) já o alcançaria, por força do disposto no art. 12 (primeira parte), ambos do Código Penal. Por outro lado, tampouco elevou o *instituto da participação* estrito senso à condição de crime

---

27. Vicente Greco Filho, *Dos crimes da Lei de Licitações*, p. 90.
28. "Incide na mesma pena aquele que, declarado inidôneo, venha a licitar ou a contratar com a Administração."

autônomo, pois não lhe criou nenhuma conduta específica e não lhe previu sanção alguma, apenas, por cautela dogmática, *condicionou* sua punibilidade a (a) *comprovadamente* ter concorrido para "consumação da ilegalidade" e (b) a beneficiar-se, injustamente, das modificações ou prorrogações contratuais. São, na verdade, duas *condições limitadoras* da punição do *contratado*, e não a criação de nova figura autônoma para este, completamente desvinculada do *caput*.

Enfim, concluindo, o legislador limitou a responsabilização do contratado, punindo-o somente se este beneficiar-se com as modificações ou prorrogações contratuais. Trata-se, com efeito, como se fora uma espécie *sui generis* de *condição objetiva de punibilidade*, sem a configuração da qual esse *partícipe* especial (o contratado) não será alcançado pela norma penal. Mas, convém que se destaque, essa "condição objetiva" é exigida somente em relação ao *partícipe contratado*, não se estendendo a qualquer outro eventual participante.

Ademais, essa limitação existe somente em relação à primeira parte da previsão do *caput*, porque somente a ela se refere o parágrafo único. Logo, relativamente à conduta — *pagar a fatura* — descrita na segunda parte do *caput*, o contratado, se concorrer para ela, responderá normalmente como qualquer partícipe alcançado pelo disposto no art. 29 do CP, sem a limitação prevista no parágrafo único.

7. Norma penal em branco: sem autorização em lei, no ato convocatório da licitação e prorrogação contratual

Esse revogado art. 92 da revogada Lei n. 8.666/93 constitui mais um exemplo da denominada *norma penal em branco*, pois a incompletude de sua descrição conta com a *integração* de outras *normas*, no caso, inclusive com definições contidas em outros dispositivos da própria lei, como, por exemplo, dos seus arts. 5º, 57 e 65. Essa necessidade constata-se claramente nas locuções "sem autorização em lei" e "vantagem indevida", "modificação ou prorrogação contratual", cujos complementos residem especialmente nas previsões constantes dos artigos supramencionados. Com efeito, essas expressões indicam a necessidade de *norma complementar* para *integrar* adequadamente a descrição típica que ora examinamos. As normas integradoras ou complementares, por sua vez, encontram-se, fundamentalmente, nos dispositivos acima citados.

Não se pode perder de vista que a *fonte legislativa* (Poder Legislativo, Poder Executivo etc.) que complementa a *norma penal em branco* deve, necessariamente, respeitar os limites que esta impõe, para não violar uma possível *proibição de delegação de competência* na lei penal material, definidora do tipo penal, em razão do *princípio constitucional da reserva legal* (art. 5º, XXXIX, da CF) e do *princípio da tipicidade estrita* (art. 1º do CP). *A lei que complementa a norma penal em branco integra o próprio tipo penal.* Em outros termos, é indispensável que essa integração ocorra nos parâmetros estabelecidos pelo *preceito da norma penal em branco*. É inadmissível, por exemplo, que um ato administrativo ultrapasse o *claro* da lei penal (criando, ampliando ou agravando o comando legal), sob pena de violar o *princípio da reserva legal* de crimes e respectivas sanções (art. 1º do CP).

Com efeito, as *normas penais incriminadoras ou restritivas* devem ser interpretadas sempre levando em consideração a sua finalidade (teleologia), sendo vedada a *analogia*, a *interpretação extensiva*, assim como *a interpretação analógica*. A *validez* da norma complementar decorre da *autorização* concedida pela norma penal em branco, como se fora uma espécie de *mandato*, devendo-se observar os seus estritos termos. Aliás, tratando-se de *norma penal em branco*, a própria denúncia do *Parquet* deve identificar qual lei complementar satisfaz a elementar exigida pela norma incriminadora, ou seja, deve constar da narrativa fático-jurídica qual lei desautoriza a prática da conduta imputada, sob pena de revelar-se inepta, pois a falta de tal descrição impede o aperfeiçoamento da adequação típica.

Quanto à questionada *constitucionalidade* de normas complementares de outras, tidas como incompletas, pode-se afirmar, de plano, que o legislador deve agir com criteriosa cautela, *evitando eventual ampliação da conduta incriminada* na norma que pretende complementar, especialmente quando se tratar de outro diploma legal, que não é o caso do revogado art. 92. Não se pode esquecer, por outro lado, que a *norma integradora* não pode alterar ou ultrapassar os parâmetros estabelecidos pelo preceito da *norma penal em branco,* que é a incriminadora. Sua função limita-se a especificações e detalhamentos secundários, que podem ser transitórios, temporários e até fugazes. Se a norma complementar, especialmente se tiver cunho ou natureza administrativa, ultrapassar o "claro da lei penal" (criando, ampliando ou agravando o comando legal), estará violando o princípio *nullum crimen nulla poena sine praevia lege*, e, por consequência, desrespeitando o princípio constitucional da reserva legal (art. 5º, XXXIX, da CF). Logo, estar-se-á diante de *norma complementadora flagrantemente inconstitucional*, não por ser norma integradora, mas por ultrapassar os limites que lhe são reservados como tal, alterando o comando legal, que é exclusivo da lei incriminadora (elaborada pelo Congresso Nacional, sob o crivo do devido processo legislativo etc.), mesmo carente de complemento normativo. Repetindo, não se pode esquecer que a *validez* da norma complementar decorre da *autorização* concedida pela norma penal em branco, como uma espécie de *mandato*, devendo-se observar os seus estritos termos, cuja desobediência ofende o *princípio constitucional da legalidade*. Não se trata de insegurança jurídica ou indeterminação, mas de violação mesmo da garantia constitucional dos princípios da legalidade e da taxatividade da tipicidade, que ficariam altamente comprometidos.

Por fim, para aprofundar o exame desta temática, *lei penal em branco*, remetemos o leitor para as considerações que fizemos sobre o art. 337-E, onde aprofundamos um pouco mais a análise dessa questão.

8. Elemento subjetivo: adequação típica

Elemento subjetivo é o dolo, representado pela vontade consciente de praticar qualquer das condutas descritas no dispositivo em exame, ou seja, admitir, possibilitar ou dar causa a modificação ou vantagem a favor do adjudicatário, durante a execução do contrato. Mais que isso, o servidor público deverá ter *consciência* de que age desautorizadamente, isto é, *sem autorização legal*. Nesse sentido, concordamos com o magistério de Costa Jr., segundo o qual, "para que o delito possa aperfeiçoar-se, no campo subjetivo, deverá o agente público estar consciente da ilegalidade do que está praticando, em detrimento do erário público e em favor do particular. Ou melhor, deverá ter consciência de que está agindo desprovido de qualquer autorização legal"[29].

A *consciência* do agente, como elemento do dolo, deve abranger todas as elementares do tipo. Ademais, essa *consciência* deve ser *atual*, isto é, deve existir no momento em que a ação está acontecendo, ao contrário da *consciência da ilicitude* (elemento da culpabilidade), que pode ser apenas *potencial*. Na verdade, não basta que a "consciência", elemento intelectual do dolo, seja meramente *potencial* como ocorre na *culpabilidade*, sendo indispensável que ela seja real, isto é, que exista concomitantemente à ação. Essa distinção justifica-se porque o agente deve ter *plena consciência*, quando pratica a ação, daquilo que quer realizar, qual seja, admitir, possibilitar ou dar causa à modificação ou vantagem ao adjudicatário em prejuízo do erário público.

Mas, além desse elemento intelectual — consciência ou representação —, é indispensável ainda o *elemento volitivo*, sem o qual não se pode falar em *dolo*, direto ou eventual. Em outras palavras, a *vontade* deve abranger, igualmente, *a ação* (visando a modificação contratual), o *resultado* (execução efetiva da ação proibida), os *meios* (livres, qualquer um eleito pelo agente), a relação, enfim, de causa e efeito. Por isso, quando o processo *intelectual-volitivo* não atinge um dos componentes da ação descrita na lei, o dolo não se aperfeiçoa, isto é, não se realiza. Na realidade, o *dolo* somente se completa com a *presença simultânea* da *consciência* e da *vontade* de todos os elementos constitutivos do tipo penal.

Tudo o que dissemos em relação à primeira parte do dispositivo penal aplica-se, igualmente, à segunda, qual seja, pagar fatura preterindo a ordem cronológica de sua exigibilidade, livremente consciente.

Por fim, nas condutas descritas no presente tipo penal, não há exigência de qualquer elemento subjetivo especial do injusto. Na verdade, por sua estrutura típica, não exige o *especial fim de agir* que integra determinadas definições de delito e condiciona ou fundamenta a *ilicitude* do fato, *elemento subjetivo especial do tipo de ilícito*, de forma autônoma e independente do dolo. Enfim, neste tipo penal o dolo, com seus dois elementos subjetivos, *vontade e consciência*, deve materializar-se no fato típico executado pelo agente, por tratar-se de crime material.

Em relação à figura tipificada no parágrafo único, o elemento subjetivo é igualmente o dolo, constituído pela vontade livre e consciente de concorrer para a consumação da ilegalidade, obtendo vantagem, injusta ou indevida, decorrente das modificações ou prorrogações contratuais. É indispensável, igualmente, que o contratado tenha consciência de que obtém vantagem injusta ou indevida com as modificações ou prorrogações das contratações.

---

29. Paulo José da Costa Jr., *Direito penal das licitações*, p. 39.

Relativamente à conduta tipificada no parágrafo único do artigo revogado — e refiro-me a ele por razões dogmáticas —, sem sombra de dúvida, *não há previsão de elemento subjetivo especial do injusto*, limitando-se sua subjetividade ao dolo constituído de vontade e consciência da ação incriminada e seus consectários. Discordamos, no particular, de Costa Jr., segundo o qual, nesse parágrafo, o elemento subjetivo, que ele ainda denominava *dolo específico*, "estaria representado pela intenção de obter a vantagem indevida, ou o benefício injusto, consistente nas modificações ou prorrogações contratuais"[30]. *Venia concessa*, a conduta descrita nesse parágrafo não tem previsão de elemento subjetivo especial, pois, na verdade, as elementares mencionadas pelo digno autor citado integram o tipo penal, que como crime material devem concretizar-se, inclusive para que o contratado possa responder pela infração penal. Não se pode ignorar que o *elemento subjetivo especial do tipo*, como aspecto subjetivo distinto do dolo, não precisa concretizar-se, basta que oriente a conduta infratora ampliando o alcance do dolo, ao passo que a previsão do parágrafo único, que ora se examina, ao contrário, exige a concretização tanto da contribuição na consumação do crime como também do benefício auferido. Pois essa dupla exigência do texto legal, que é indispensável para o contratado responder por essa infração penal, a torna incompatível com o *elemento subjetivo especial do tipo* (que não se confunde com o dolo), que os causalistas, como o saudoso Prof. Paulo José da Costa Jr., denominavam "dolo específico" (terminologia de há muito superada).

9. Consumação e tentativa

O momento consumativo dos crimes da primeira parte do *caput*, quais sejam, *admitir, possibilitar ou dar causa* a modificação ou vantagem ao adjudicatário, pode apresentar alguma controvérsia, decorrente de sua complexidade estrutural e da similitude dessas condutas. Nas circunstâncias, não é desarrazoada eventual divergência doutrinária e mesmo jurisprudencial, embora com reflexos significativos no plano prático. Nessas condutas, os crimes são materiais, e somente se consumam com a efetiva produção do resultado, qual seja, gerar vantagem ou benefício ao adjudicatário, na medida em que não admitimos vantagem no simples ato de modificar ou alterar contrato em execução, ao contrário de algum entendimento em sentido diferente.

No crime descrito na segunda metade do *caput* deste art. 337-H, qual seja, "ou, ainda, *pagar fatura* preterindo a ordem cronológica de sua exigibilidade", somente se consuma com o efetivo pagamento, por isso, afastamos aquelas afirmações de que a conduta tipificar-se-ia com "autorizar o pagamento, desencadeando o procedimento para efetivá-lo"[31]. Nessa linha, é inconcebível pretender sustentar que o crime consuma-se — nas modalidades de *admitir, possibilitar ou dar causa* — com

---

30. Paulo José da Costa Jr., *Direito penal das licitações*, p. 39.
31. Vicente Greco Filho, *Dos crimes da Lei de Licitações*, p. 92.

a simples modificação de um contrato, como pretendem alguns doutrinadores[32]. Qual seria a lesão, dano ou ofensa ao bem jurídico tutelado, se não houve nenhuma vantagem, indevida ou injusta, para o contratado? A resposta inevitavelmente será que não houve nenhum prejuízo, dano ou ofensa ao interesse ou patrimônio público protegido, logo, seria absolutamente injusto considerar como crime consumado.

Quanto à *conduta descrita* no revogado parágrafo único, que tipificava crime de resultado, como a atual também, consuma-se somente quando houver (se houver) a obtenção de vantagem indevida ou se beneficiar, injustamente, das modificações ou prorrogações contratuais. Com efeito, somente assim o agente beneficia-se da "consumação da ilegalidade", exigida por referido dispositivo revogado.

10. Classificação doutrinária

Trata-se de *crime próprio*, que exige *qualidade especial* do sujeito ativo, qual seja, a de *funcionário público*. Dito de outra forma, nenhuma das condutas nucleares pode ser praticada por alguém que não reúna essa qualidade ou condição, que, no caso, é um pressuposto básico para poder ser imputada a alguém; *material*, pois sua *consumação* ocorre somente com a efetiva produção do resultado, qual seja, gerar vantagem ou benefício ao adjudicatário; igualmente, a conduta descrita na segunda metade do *caput*, qual seja, *pagar fatura* preterindo a ordem cronológica exigível, somente se consuma com o efetivo pagamento. Trata-se de crime *de forma livre*, podendo ser praticado pelos meios ou formas escolhidos pelo sujeito ativo; *instantâneo*, consuma-se no momento em que o agente pratica a ação incriminada, esgotando-se aí a lesão jurídica, nada mais podendo ser feito para evitar a sua ocorrência. Em outros termos, não há delonga, não existe um lapso temporal entre a execução e sua consumação; *doloso*, não há previsão da modalidade culposa (excepcionalidade do crime culposo); *unissubjetivo*, que pode ser praticado por um agente apenas, embora admita a figura do concurso eventual de pessoas; *plurissubsistente*, trata-se de crime cuja conduta *admite desdobramento*, isto é, o *iter criminis* pode ser dividido em atos, facilitando, inclusive, a identificação da figura tentada.

11. Pena e ação penal

As penas cominadas, cumulativamente, para esta infração penal, que eram dois a quatro anos de detenção e multa, simplesmente dobraram a pena privativa de liberdade, além de transformar detenção em reclusão, sem qualquer justificativa razoável. Ou seja, a pena cominada ficou de quatro a oito anos de reclusão, além da multa. A ação penal, como em todos os crimes deste diploma legal, é *pública incondicionada*. Será admitida ação penal privada subsidiária da pública, se esta não for ajuizada no prazo legal (art. 103, § 3º, do Código Penal).

---

32. Paulo José da Costa Jr., *Direito penal das licitações*, p. 38.

PERTURBAÇÃO DE PROCESSO LICITATÓRIO — V

Sumário: 1. Considerações preliminares. 2. Bem jurídico tutelado. 3. Sujeitos do crime. 4. Tipo objetivo: adequação típica. 4.1. Elementares implícitas ou exercício regular de direito. 4.2. Descaracterização de possível excesso em exercício regular de direito. 5. Tipo subjetivo: adequação típica. 6. Consumação e tentativa. 7. Classificação doutrinária. 8. Pena e ação penal.

Perturbação de processo licitatório

Art. 337-I. *Impedir, perturbar ou fraudar a realização de qualquer ato de processo licitatório:*

Pena — *detenção, de 6 (seis) meses a 3 (três) anos, e multa.*

1. Considerações preliminares

Neste crime do art. 337-I do Código Penal, acrescido pela Lei n. 14.133/2021, foi alterado somente o *nomen iuris*, que era "fraude à realização do procedimento licitatório" para "perturbação de processo licitatório", bem como a pena cominada foi elevada de seis meses a dois anos de detenção, para *seis meses a três anos de detenção* e multa. Foi, no entanto, mantido integralmente seu conteúdo normativo no novo texto legal (art. 337-I). Afora isso, foi mantida inalterada a íntegra do conteúdo do artigo revogado, nos seguintes termos: *"impedir, perturbar ou fraudar a realização de qualquer ato de processo licitatório"*.

A *arrematação judicial*, no entanto, que tem objeto jurídico distinto, continua sendo tutelada penalmente pela disposição contida no art. 358 do CP.

2. Bem jurídico tutelado

Bem jurídico protegido é garantir a respeitabilidade, probidade, integridade e moralidade do certame licitatório, especialmente quanto ao tratamento igualitário dos concorrentes. O dispositivo ora examinado visa, acima de tudo, proteger a correção, legalidade e moralidade na realização de cada um e de todos os atos do procedimento licitatório, observando rigorosamente a regra da isonomia concorrencial.

Protege-se, igualmente, a probidade e dignidade da função pública, sua respeitabilidade, bem como a integridade de seus funcionários. O sentimento do administrador público, enfim, deve ser o de cumprir e fazer cumprir todos os atos do procedimento licitatório com transparência, lisura e correção, observando estritamente as disposições legais pertinentes à matéria. A criminalização constante deste art. 337-I objetiva, enfim, *proibir a adoção de procedimento fraudulento*, procrastinatório ou desleal tanto entre os concorrentes como também a contribuição ou participação de algum funcionário, desvirtuando a finalidade e regularidade do procedimento licitatório.

3. Sujeitos do crime

Sujeito ativo do crime pode ser qualquer pessoa, tendo ou não interesse pessoal no procedimento licitatório, não sendo exigida qualidade ou condição especial; pode ser qualquer pessoa, seja ou não licitante, isto é, qualquer terceiro, interessado ou não no processo; pode, inclusive, ser *funcionário público* encarregado do procedimento licitatório, e o próprio procurador da parte, se efetivamente concorrer para a irregularidade de qualquer ato do procedimento licitatório. No entanto, não praticará o crime o advogado que não participar da fraude praticada pelo cliente; e eventual simples *conivência*, que não se confunde com a participação em sentido estrito, somente o exporá a medidas disciplinares, depois de investigada e processada pelo Tribunal de Ética da OAB.

Sujeito passivo é, prioritariamente, qualquer pessoa que seja prejudicada pela conduta irregular ou fraudulenta do sujeito ativo em relação a qualquer ato do procedimento licitatório; secundariamente, o Estado, sempre titular do bem jurídico ofendido *Administração Pública lato sensu*, mais especificamente, na hipótese, do órgão, autarquia ou ente da Administração Pública.

4. Tipo objetivo: adequação típica

As condutas descritas são: a) *impedir* (obstar, estorvar, embaraçar, obstruir ou impossibilitar); b) *perturbar* (tumultuar, confundir, atrapalhar); ou c) *fraudar* (usar de artifício, ardil ou qualquer meio enganoso idôneo para induzir ou manter alguém em erro) *a realização de qualquer ato de procedimento licitatório*. O legislador não estabelece os meios ou formas pelas quais o sujeito ativo pode impedir ou perturbar a realização de qualquer ato do procedimento licitatório, ficando em aberto a um universo incalculável de possibilidades, que somente a casuística poderá nos indicar.

Trata-se de um tipo penal excessivamente aberto, vago e impreciso, sem especificar qual seria *o ato inicial* do procedimento licitatório, cuja violação já representa o início da execução penal. Costa Jr. destaca que a locução *qualquer ato de procedimento licitatório* "é extremamente vaga, ensejando dúvidas exegéticas. Indaga-se, a esse respeito: os atos de preparação do procedimento licitatório, como, por exemplo, a redação dos editais, estão aqui incluídos?"[1]. Indiscutivelmente essa

---

1. Paulo José da Costa Jr., *Direito penal das licitações*, p. 42.

descrição típica é extremamente aberta, imprecisa e gera absoluta insegurança sobre quais seriam esses atos, e quais os que realmente integrariam a descrição típica, gerando perplexidade no intérprete.

Costa Jr. faz uma síntese perfeita da essência deste tipo penal: "O que se vem a impedir, a perturbar ou a fraudar é a realização do procedimento licitatório, ou melhor, a execução de qualquer ato do aludido procedimento. Considera-se como tal desde o ato de abertura do processo, que deve ser protocolado e numerado, bem como os atos subsequentes (edital, apresentação de propostas e abertura), até os atos finais de julgamento e adjudicação"[2].

Fraudar é usar de meio fraudulento, isto é, ardiloso, insidioso, artificioso na realização de qualquer ato de procedimento licitatório. *Fraude* é o engodo, o ardil, o artifício que engana, que ludibria e que desorienta alguém, no caso, os concorrentes, a Administração Pública, enfim qualquer interessado na lisura do certame licitatório. Mas para que a *fraude* se caracterize como tal deve ter idoneidade para enganar licitante, Administração Pública, enganar fiscais etc. Faz-se necessário, completando, o emprego de artifícios e estratagemas idôneos que crie situação de fato ou uma disposição de circunstâncias que torne insuperável o *erro* de pretenso licitante ou da própria Administração, que, em razão do comportamento fraudulento, seja levada a erro na fiscalização e controle do procedimento licitatório. Em outros termos, é indispensável que a conduta fraudulenta seja capaz de *enganar* ou de ludibriar o encarregado do procedimento licitatório ou os próprios licitantes, sob pena de não se configurar a *fraude*.

A *fraude*, neste caso, pode residir em *qualquer ato do procedimento licitatório*, pode, por exemplo, recair na apresentação da documentação necessária, no conteúdo de um ou alguns dos documentos exigidos, ou na própria forma de ditos documentos, isto é, em sua falsidade material ou ideológica, na alteração de datas ou prazos. Enfim, a casuística de cada certame licitatório é que poderá nos dar, *in concreto*, os limites que a *conduta fraudulenta* pode abranger em termos de procedimento licitatório.

O objeto da fraude é o *procedimento licitatório*, que abrange desde o ato de abertura do procedimento administrativo, o qual deve ser devidamente protocolado e numerado, que deve ser acompanhado de autorização da autoridade competente, a sucinta indicação do objeto e dos recursos orçamentários para as respectivas despesas; os atos subsequentes, como o edital, sessões de apresentação e abertura de propostas, até os atos finais de julgamento.

4.1 *Elementares implícitas ou exercício regular de direito*

Com uma simples leitura despretensiosa do art. 93 constata-se, de plano, que se trata de tipo objetivo, isto é, despido de qualquer *elemento normativo* ou mesmo de elemento subjetivo constitutivos do tipo. No entanto, fatos, circunstâncias ou mesmo

---

2. Paulo José da Costa Jr., *Direito penal das licitações*, p. 43.

peculiaridades do caso poderão, ainda que excepcionalmente, autorizar ou justificar a intervenção, interrupção ou suspensão do procedimento licitatório. Dito de outra forma, nada impede que, eventualmente, possa haver *justa causa* para a interrupção do andamento do procedimento licitatório, e, consequentemente, possa afastar, legitimamente, essa proibição legal. Vicente Greco Filho destaca, com acerto, que "o dispositivo contém, implícito, o elemento normativo 'sem justa causa' ou 'indevidamente' quanto ao *impedir* e o *perturbar*, porque há situações em que o impedimento ou perturbação são não só legítimos, mas necessários, como a utilização do mandado de segurança para suspender ou anular o procedimento viciado. Nesse caso o elemento normativo integra-se ao subjetivo, porque a utilização de medida judicial perturbadora da licitação pode caracterizar a infração se tem o agente consciência da improcedência de sua pretensão e utiliza o remédio judicial com a intenção de perturbar o certame"[3].

Discordamos, contudo, da conclusão no exemplo sugerido por Greco Filho, na medida em que o acesso ao Judiciário e o direito de petição são constitucionalmente assegurados ao cidadão. A procedência ou improcedência de determinada demanda judicial é da natureza do processo, e o eventual insucesso da demanda não torna, por si só, ilegítimo o direito de postular, ainda que resulte, afinal, improcedente. Em outros termos, quem promove alguma medida judicial o faz no *exercício de um direito* (direito de ação), não se podendo, por isso, atribuir-lhe a conotação de *impedir* ou *perturbar*, indevidamente, que é o sentido do texto penal. Na verdade, o *impedir* ou *perturbar* tem efetivamente, como sustenta Greco Filho, o significado de fazê-lo *sem justa causa, indevidamente,* não apenas quanto ao mérito, mas também e, principalmente, quanto ao *modus operandi,* que reflete em si mesmo um significado perturbador, desarrazoado, desrespeitoso, injusto e abusivo.

Na realidade, acreditamos que na hipótese de alguém *impedir* ou tentar impedir ou *perturbar* o andamento de um procedimento licitatório através de alguma medida judicial, estará no *exercício legal de um direito*, o direito de ação, e, certamente, quem exerce *regularmente um direito* não comete crime, não viola a ordem jurídica, nem no âmbito civil, e muito menos no âmbito penal. De notar-se que o exercício de qualquer direito, para que não seja ilegal, deve ser *regular*. O *exercício de um direito*, desde que *regular*, não pode ser, ao mesmo tempo, proibido pela ordem jurídica. *Regular* será o exercício que se contiver nos *limites* objetivos e subjetivos, formais e materiais impostos pelos próprios fins do Direito. Fora desses limites, haverá o *abuso de direito* e estará, portanto, excluída essa *justificação*. O *exercício regular de um direito* jamais poderá ser *antijurídico*. Qualquer direito, público ou privado, penal ou extrapenal, regularmente exercido, afasta a antijuridicidade. Mas o exercício deve ser *regular*, isto é, deve obedecer a todos os requisitos objetivos exigidos pela ordem jurídica.

Questão interessante a examinar, neste tópico, é sobre a possibilidade de *eventual existência de excesso no exercício desse direito,* e de esse *excesso* constituir o crime que ora se examina.

---

3. Vicente Greco Filho, *Dos crimes da Lei de Licitações*, p. 98.

4.2 Descaracterização de possível excesso em exercício regular de direito

Hipoteticamente, imaginemos que alguém se valha de *medidas judiciais* postulando pretensões *manifestamente improcedentes* ou equivocadas, ou abuse dos meios legais de impugnação que lhe são legalmente assegurados (*v.g.*, interpondo agravos de instrumentos e regimentais sucessivos, embargos declaratórios, embargos de embargos etc.): incorreria nas proibições constantes do art. 93 da lei de regência? A demanda judicial persistente, no exemplo dado, poderia caracterizar eventual *excesso de um exercício regular de direito*? Eis a questão que demanda maior reflexão.

Já observamos que, segundo Greco Filho, as condutas de *impedir* e *perturbar* contêm, implicitamente, um *elemento normativo*, qual seja, *sem justa causa ou indevidamente*, embora conclua referido autor que poderá configurar esse crime "se tem o agente consciência da improcedência da sua pretensão e utiliza o remédio judicial com a intenção de perturbar o certame"[4]. Em circunstâncias semelhantes, concebendo a interposição de medida judicial como *exercício regular de direito*, Tavares de Freitas, imaginando *excesso punível*, sustenta que o agente responderá por esse crime quando "nos casos de litigância de má-fé, de pretensões manifestamente improcedentes ou equivocadas e em qualquer outra hipótese na qual o agente abuse dos meios legais de impugnação que lhe são oferecidos, entendemos que o crime estará configurado, caso o agente, de forma abusiva, impeça ou perturbe ato de procedimento licitatório"[5].

Sobre a possibilidade de eventual *excesso punível* ou a punibilidade do uso consciente de medida judicial incabível, demanda alguma reflexão. Em primeiro lugar, admitimos, como Greco Filho comentando a lei revogada, cujo texto era igual a este, quando afirmava a existência de *elementar normativa implícita* no art. 93, algo como s*em justa causa,* indevidamente ou *injustamente*. Contudo, discordamos da possibilidade de configurar essa infração penal a utilização de alguma medida judicial, mesmo que o agente tenha consciência de sua improcedência ou não cabimento, e ainda que o faça com o objetivo de atrasar o andamento do certame licitatório, pois, como destacamos no tópico anterior, representará apenas o *exercício regular de um direito* (direito de ação). Todos têm o direito de demandar judicialmente, mesmo sabendo que sua demanda é improcedente, e, inclusive, impertinente, mas caberá ao Judiciário dizê-lo, e, eventual litigância de má-fé, o próprio sistema processual prevê a sanção correspondente, esgotando-se nesse plano a infração e seu respectivo sancionamento.

Quanto a eventual *excesso no exercício regular de direito*, enquanto excludente de criminalidade, é perfeitamente admissível. O que, no entanto, não a converte, no caso *sub examine*, em conduta criminosa por si só. Com efeito, em qualquer das *causas de justificação* (art. 23 do CP), quando o agente, dolosa ou culposamen-

---

4. Vicente Greco Filho, *Dos crimes da Lei de Licitações*, p. 98.
5. André Guilherme Tavares de Freitas, *Crimes na Lei de Licitações*, p. 140.

te, *exceder-se* dos limites da *norma permissiva*, responderá pelo *excesso*. A Reforma Penal de 1984, melhor sistematizada, que a redação original do Código Penal de 1940, prevê a punibilidade do *excesso* em relação a *todas* as excludentes de criminalidade, sem exceção, ao contrário do que previa sua redação primitiva. Assim, o *excesso* pode ocorrer em qualquer das modalidades de *excludentes*[6]. Ademais, esse *excesso* pode decorrer de *dolo*, de *culpa* ou simplesmente de *caso fortuito*, hipótese em que não se poderá falar de responsabilidade penal.

No entanto, para a análise do *excesso*, é indispensável que a situação *inicialmente* caracterize a presença de uma *excludente*, cujo *exercício*, em um segundo momento, mostre-se *excessivo*. Assim, por exemplo, o agente pode encontrar-se, *inicialmente*, no *exercício regular de um direito*, isto é, satisfazendo todos os seus requisitos legais, mas, durante o seu *exercício*, pelos meios que emprega, ou pela imoderação do seu uso ou ainda pela intensidade do seu emprego, *acaba ultrapassando os limites de sua regularidade*, exatamente como ocorre na *legítima defesa*, que se inicia legítima, *deslegitimando-se*, contudo, pela *imoderação* do uso, que faz dos meios (in)adequados. Não há, com efeito, nenhuma *incompatibilidade* entre o excesso e o *exercício regular de um direito* ou de *estrito cumprimento do dever legal*, que, como tal, *inicia*, mas que, na sua *execução*, ultrapassa os limites do estritamente necessário. Em outros termos, inicia-se nos estritos termos da lei, mas como tal não se consuma, excedendo-se na sua realização.

Enfim, o *excesso punível*, que pode configurar-se em qualquer das excludentes legais, seja a título de *dolo*, seja a título de *culpa*, decorre do *exercício imoderado* ou *excessivo* de determinado direito ou *dever*, que acaba produzindo resultado mais grave do que o razoavelmente suportável e, por isso mesmo, nas circunstâncias, não permitido. Sustentar entendimento diverso é ignorar o direito em vigor (art. 23, parágrafo único), que vem reforçado pela *Exposição de Motivos*, com o seguinte destaque: "A inovação está contida no art. 23, que estende o excesso punível, antes restrito à legítima defesa, a todas as causas de justificação". Decidir em sentido contrário, *venia concessa*, significa *negar vigência à lei federal* (art. 105, III, *a*, da CF).

Mas — dito isso — o que poderia caracterizar *excesso* em uma demanda judicial (direito de ação) contra o andamento do certame licitatório? Seria, talvez, uma demanda absolutamente improcedente? Uma medida judicial que se possa afirmar ser meramente protelatória ou, quem sabe, uma litigância de má-fé?

Admitindo-se, no entanto, como provada qualquer dessas circunstâncias, *ad argumentandum tantum*, encontram resposta e sanções no próprio sistema processual, e aí mesmo se esgotam, como é o caso da litigância de má-fé, que o diploma processual civil prevê a punição correspondente. Por outro lado, eventual infração ético-disciplinar do advogado encontrará solução no Código de Ética da OAB, que será o juiz natural para apurar eventual infração dessa natureza. Enfim, esses aspec-

---

6. Cezar Roberto Bitencourt, *Tratado de direto penal*; parte geral, 29. ed., São Paulo, Saraiva, 2023, v. 1, p. 395.

tos, além de não caracterizarem *excesso* do exercício regular de um direito (no máximo, sua inadequação ou impropriedade), tampouco caracterizam a ação tipificada no art. 337, qual seja, impedir, perturbar ou fraudar — qualquer ato do procedimento licitatório, com a conotação que o tipo penal lhe atribui, qual seja, indevidamente, injustamente ou sem justa causa. O meio escolhido, por outro lado — demanda judicial —, é adequado, legítimo e autorizado. Aliás, não raro se constata verdadeira guerra de liminares, especialmente nos certames licitatórios, frequentemente demandadas pelo próprio Ministério Público, por Autarquias ou Empresas Públicas, bem como por particulares. A realidade nos tem demonstrado que muitas e muitas dessas liminares postuladas, e por vezes concedidas, são indevidas, improcedentes e, inclusive, algumas, escancaradamente incabíveis. A despeito de retardarem, justa ou injustamente, o resultado final do certame, não tem sido criminalizada a conduta desses demandantes, exatamente porque o Poder Judiciário é a sede adequada para se discutir essas questões conflituosas, inclusive quanto às contendas relativas a qualquer ato do procedimento licitatório. Postular em juízo o que se tem direito ou se julga ter é um direito de todos, ainda que improcedente. As demandas temerárias encontram resposta no mesmo instrumento utilizado, não devendo repercutir em outras áreas, alheias à própria demanda.

Por fim, somente poderia representar *excesso* no exercício regular de um direito (no caso de direito de ação) se o demandante decidisse resolver a questão (impedir ou retardar a prática de algum ato do procedimento licitatório) pelas próprias mãos, isto é, resolvesse ele próprio executar, por exemplo, uma decisão judicial (*v.g.*, exercício arbitrário das próprias razões). Nesse caso, à evidência, poder-se-ia falar em conduta típica. Concluindo, *venia concessa*, o uso de medidas judiciais, ainda que tenham a finalidade de protelar o andamento do certame licitatório, conscientemente ou não, não tipifica, a nosso juízo, nenhuma das condutas descritas no dispositivo *sub examine*, pois *legitimou-se com a autorização judicial*.

5. Tipo subjetivo: adequação típica

Elemento subjetivo é o dolo, representado pela vontade consciente de praticar qualquer das condutas descritas no dispositivo em exame, ou seja, de impedir, perturbar ou fraudar a realização de qualquer ato do procedimento licitatório, por qualquer meio ou forma eleita pelo sujeito ativo. Trata-se de crime não vinculado, de forma livre, ao contrário daquele previsto no art. 337-L, da mesma lei de regência, que é crime vinculado, somente podendo ser executado por meio de violência, grave ameaça, fraude ou oferecimento de vantagem de qualquer tipo para afastar licitante do certame.

A *consciência* do agente, como elemento do dolo, deve abranger todas as elementares do tipo. Ademais, essa *consciência* deve ser *atual*, isto é, deve existir no momento em que a ação está acontecendo, ao contrário da *consciência da ilicitude* (elemento da culpabilidade), que pode ser apenas *potencial*. Na verdade, não basta que a "consciência", elemento intelectual do dolo, seja meramente *potencial* como ocorre na *culpabilidade*, sendo indispensável que ela seja real, isto é, que exista efetivamente no momento da ação. Dito de outra forma, essa distinção justifica-se porque o agente deve ter *plena consciência*, no momento em que pratica a ação, daquilo que quer realizar, qual seja, *impedir, perturbar ou fraudar a realização de ato licitatório*.

Mas além desse elemento intelectual — consciência ou representação —, é indispensável ainda o *elemento volitivo*, sem o qual não se pode falar em *dolo*, direto ou eventual. Em outras palavras, a *vontade* deve abranger, igualmente, *a ação* (visando que o ato licitatório não se realize corretamente), o *resultado* (execução efetiva da ação proibida), os *meios* (livres, qualquer um eleito pelo agente), a relação, enfim, de causa e efeito. Por isso, quando o processo *intelectual-volitivo* não atinge um dos componentes da ação descrita na lei, o dolo não se aperfeiçoa, isto é, não se realiza. Na realidade, o *dolo* somente se completa com a *presença simultânea* da *consciência* e da *vontade* de todos os elementos constitutivos do tipo penal. Com efeito, quando o processo *intelectual-volitivo* não abrange qualquer dos requisitos da ação descrita na lei, não se pode falar em dolo, configurando-se o *erro de tipo*, e sem dolo não há crime, ante a ausência de previsão da modalidade culposa.

Por fim, nas condutas descritas no presente tipo penal, não há exigência de qualquer elemento subjetivo especial do injusto. Na verdade, por sua estrutura típica, não exige o *especial fim de agir* que integra determinadas definições de delitos e condiciona ou fundamenta a *ilicitude* do fato, *elemento subjetivo especial do tipo de ilícito*, de forma autônoma e independente do dolo. Enfim, neste tipo penal o dolo, com seus dois elementos subjetivos, *vontade e consciência*, deve materializar-se no fato típico executado pelo agente.

Finalmente, não há previsão de modalidade culposa desta infração penal. Assim, eventual *displicência* do funcionário encarregado do certame licitatório, que poderia, em tese, caracterizar alguma conduta culposa, não constitui crime, exatamente pela ausência de previsão da modalidade culposa para este tipo penal[7].

6. Consumação e tentativa

Consuma-se o delito com o *efetivo* impedimento, perturbação ou fraude à realização de qualquer ato do procedimento licitatório. Nas palavras de Costa Jr., "aperfeiçoa-se a primeira modalidade do delito no instante do ato impeditivo do processo licitatório. A segunda, quando o ato licitatório for realizado de modo anormal, em virtude da turbação. Na hipótese de fraude, no momento da realização do ato licitatório, de forma viciada"[8]. Para Costa Jr. e Greco Filho, as três modalidades de condutas descritas configuram crime material, exigindo resultado concreto das referidas ações. No particular, apresentamos pequena divergência, notadamente quanto à segunda modalidade, qual seja, a de "perturbar" a realização de qualquer ato do procedimento licitatório.

---

7. Paulo José da Costa Jr., *Direito penal das licitações*, p. 45.
8. Paulo José da Costa Jr., *Direito penal das licitações*, p. 44. Em sentido semelhante é o magistério de Vicente Greco Filho, *Dos crimes da Lei de Licitações*, p. 99-100.

Com efeito, na hipótese de "impedimento" consuma-se o crime com a efetiva produção do resultado naturalístico, qual seja, a não realização do ato impedido. Isso é concreto, o ato não se realiza, em razão do impedimento oposto pelo agente, configurando-se claramente a entidade crime material ou de resultado. Contudo, na conduta de "perturbar", na nossa ótica, é desnecessário que o "ato turbado" não se realize para que o crime, nessa modalidade, se consume. É necessário, no entanto, que a conduta do agente tenha não apenas *idoneidade para criar transtornos*, atrasando ou dificultando sobremodo a execução de ato do procedimento licitatório, mas que efetivamente crie esse tipo de inconveniente, de modo a demandar outras medidas supletivas e consertivas para que tal ato possa ser levado a efeito. Discordamos, por óbvio, da afirmação de Tavares de Freitas, *in verbis*: "(...) na segunda conduta, 'perturbar', o resultado naturalístico (não realização do ato perturbado) não precisa ser verificado para que o crime seja tido por consumado, bastando a análise da *intenção do agente de gerar*, em relação à prática daquele ato, tumulto, desordem etc."[9] (grifamos).

À evidência, é absolutamente insuficiente a simples manifestação de vontade ou a *intenção do agente de tumultuar* ou perturbar a realização do ato administrativo, sob pena de punir-se as simples "intenções", aliás, de difícil comprovação. Gostamos de lembrar sempre, nesse sentido, o magistério de Welzel, para quem "a vontade má, como tal não se pune, só se pune a vontade má realizada"[10]. Reforçando, ao contrário da doutrina católica, segundo a qual "peca-se por pensamento, palavras, obras e omissões", o pensamento, *in abstracto*, não constitui crime. Para arrematar, convém recordar que a simples *cogitatio*, primeira fase do *iter criminis,* é impunível. Ora, "nesse momento puramente de elaboração mental do fato criminoso, a lei penal não pode alcançá-lo, e, se não houvesse outras razões, até pela dificuldade da produção de provas, já estaria justificada a impunibilidade da *nuda cogitatio*"[11]. Aliás, a próxima fase do *iter criminis*, em regra, os atos preparatórios, tampouco são puníveis, salvo quando constituírem em si mesmos crimes (art. 31 do CP).

Por fim, a terceira modalidade do crime previsto no art. 337-I, a conduta de "fraudar" a realização de algum ato do procedimento licitatório, consuma-se com a realização efetiva do ato de forma viciada em decorrência da fraude levada a efeito pelo sujeito ativo. Esta modalidade, a exemplo da primeira, configura igualmente crime material, cujo resultado é indispensável para a sua consumação. Em relação a esta modalidade, a conduta de fraudar, afinal, estamos de pleno acordo com os três autores antes citados.

---

9. André Guilherme Tavares de Freitas, *Crimes na Lei de Licitações*, p. 140.
10. Hans Welzel, *Derecho penal alemán*, trad. Juan Bustos Ramírez e Sergio Yáñez Pérez, Santiago do Chile, Jurídica, 1987, p. 259.
11. Cezar Roberto Bitencourt, *Tratado de direito penal*; parte geral, 29. ed., São Paulo, Saraiva, 2023, v. 1, p. 523.

A tentativa é admissível apenas nas duas modalidades de conduta — *impedir* e *fraudar* —, cuja consumação pode ser impedida por circunstâncias alheias à vontade do agente. Com efeito, em qualquer delas, pode haver fracionamento da fase executória, sendo possível, consequentemente, a interrupção do seu *iter criminis*. No entanto, na modalidade de "perturbar", já destacamos, parece-nos a tentativa ser de difícil configuração. Nesse sentido, estamos de acordo com Rui Stoco, quando conclui: "Neste caso o crime é formal, não exige resultado material, bastando a conduta de criar dificuldade, de modo que o só comportamento inadequado do agente já caracteriza o crime"[12].

7. Classificação doutrinária

Trata-se de *crime comum* (que não exige qualquer qualidade ou condição especial do sujeito ativo, podendo ser praticado por qualquer pessoa, inclusive por funcionário público); *material*, nas modalidades de *impedir e fraudar*, *de mera conduta*, na modalidade de *perturbar* (que não exige resultado naturalístico para sua consumação); *de forma livre* (que só pode ser praticado por qualquer meio ou forma livremente pelo agente); *instantâneo* (consuma-se no momento em que o agente pratica a ação incriminada, esgotando-se aí a lesão jurídica, nada mais podendo ser feito para evitar a sua ocorrência); *comissivo* (sua prática exige um comportamento ativo do agente, sendo, teoricamente, impossível praticá-lo através da omissão); *de ação múltipla ou de conteúdo variado* (ainda que eventualmente o agente pratique mais de uma das condutas descritas, responderá por crime único); *doloso* (não há previsão da modalidade culposa); *unissubjetivo* (que pode ser praticado por um agente apenas, embora admita a figura do concurso eventual de pessoas); *plurissubsistente*, nas condutas de *impedir e fraudar* (trata-se de crime cuja conduta *admite fracionamento*, isto é, pode ser dividida em atos, tanto que admite a figura tentada em ambas as figuras penais).

8. Pena e ação penal

As penas cominadas, cumulativamente, são de detenção, de seis meses a três anos, e multa. Com essa elevação de pena não será mais possível a adoção do instituto da *transação penal*, mas somente o da *suspensão condicional do processo*, em razão de a pena mínima, abstratamente cominada, não ser superior a um ano, sendo, portanto, da competência da *Justiça Criminal*.

A ação penal é pública incondicionada, sendo desnecessária qualquer manifestação de eventual ofendido. Será admitida ação penal privada subsidiária da pública, se esta não for ajuizada no prazo legal (art. 103 do CP).

---

12. Rui Stoco, *Licitação*, p. 2579.

VIOLAÇÃO DE SIGILO EM LICITAÇÃO — VI

Sumário: 1. Considerações preliminares. 2. Bem jurídico tutelado. 3. Sujeitos ativo e passivo. 4. Tipo objetivo: adequação típica. 4.1. Proteção penal específica do dever de fidelidade funcional. 5. Tipo subjetivo: adequação típica. 6. Consumação e tentativa. 7. Concurso de crimes e conflito aparente de normas. 8. Classificação doutrinária. 9. A desproporcional cominação de penas e sua questionável constitucionalidade. 10. Pena e ação penal.

Violação de sigilo em licitação

Art. 337-J. *Devassar o sigilo de proposta apresentada em processo licitatório ou proporcionar a terceiro o ensejo de devassá-lo:*

Pena — detenção, de 2 (dois) anos a 3 (três) anos, e multa.

1. Considerações preliminares

O presente artigo reproduz, com pequenas alterações, a previsão contida no art. 326 do CP de 1940, que contemplava a seguinte redação: "Devassar o sigilo de proposta de *concorrência pública*, ou proporcionar a terceiro o ensejo de devassá-lo", que já havia sido alterado pelo revogado art. 94 da revogada Lei n. 8.666/93.

Finalmente, com a alteração proposta pela Lei n. 14.133/2021, este artigo, depois de algumas alterações, ficou com a seguinte redação: "devassar o sigilo de proposta apresentada em processo licitatório ou proporcionar a terceiro o ensejo de devassá-lo". Com essa nova alteração a pena cominada ficou a detenção de dois a três anos e multa. Constata-se nessa cominação a dificuldade da dosimetria penal ante o caso concreto, nenhuma margem para o juiz dosar a pena adequada. Trata-se de uma política criminal completamente equivocada que retira do juiz a possibilidade de individualizar correta e adequadamente a pena ao caso concreto. Assim a pena mínima muito próxima da máxima, como é o presente caso, viola o sagrado *princípio constitucional* da correta individualização da pena, aliás, uma tendência absolutamente errônea dos legisladores contemporâneos. Há um grande equívoco de política criminal do legislador que deseja forçar a aplicação de pena mais alta, reduzindo a diferença entre o mínimo e o máximo cominado a determinado crime.

2. Bem jurídico tutelado

O bem jurídico protegido, neste artigo, é a *inviolabilidade do sigilo das propostas* dos concorrentes no *certame licitatório*. A importância desse bem jurídico, na garantia de *honestidade, correção e sobriedade* do certame licitatório, encontra-se, inclusive, abrangida pela *previsão constitucional* que exige a observância da *legalidade, impessoalidade, moralidade, publicidade e eficiência* (art. 37 da CF). A violação desse bem jurídico, que já era criminalizado pelo Código Penal de 1940 (art. 326), recebeu nova e reforçada proteção penal através desta Lei n. 14.133/2021.

À evidência que o bem jurídico tutelado, especificamente, é o sigilo que deve guardar o procedimento que envolve o oferecimento das propostas dos concorrentes de uma *licitação pública*. Aliás, a proteção do *sigilo das propostas* apresentadas no procedimento licitatório é condição fundamental para o sucesso de tal empreendimento, tanto no interesse da Administração Pública quanto dos próprios concorrentes, sob pena de desvirtuar por completo a *lisura e o tratamento isonômico* que esse certame objetiva assegurar aos participantes.

O *sigilo das propostas na licitação* é determinado pelo § 3º do art. 3º da lei de regência[1], constituindo um dos elementos fundamentais que visam assegurar a competitividade e a igualdade do certame licitatório. Na realidade, a criminalização das condutas descritas neste dispositivo legal tutela a *regularidade do procedimento licitatório*, no qual o *sigilo das propostas* funciona como um *pressuposto* para assegurar a melhor proposta dos competidores, segundo as leis de mercado. Para Hungria, comentando o antigo art. 326 do CP, "trata-se de uma modalidade de violação de *sigilo funcional*, que o Código destacou para, em razão de menor gravidade que apresenta, reduzir as penas, quer a privativa de liberdade, quer a pecuniária, embora cominando-as cumulativa (ao invés de alternativamente, como no art. 325)"[2]. Pois, lamentavelmente, nos tempos contemporâneos, o legislador alterou equivocadamente essa política elogiada por Hungria, elevando demasiadamente essas penas, e, principalmente, a pena mínima que ficou em dois anos, aliás, repetindo, muito próxima da pena máxima que é de três anos de reclusão.

---

1. "Art. 3º A licitação destina-se a garantir a observância do *princípio constitucional da isonomia*, a seleção da proposta mais vantajosa para a administração e a promoção do desenvolvimento nacional sustentável e será processada e julgada em estrita conformidade com os princípios básicos da legalidade, da impessoalidade, da moralidade, da igualdade, da publicidade, da probidade administrativa, da vinculação ao instrumento convocatório, do julgamento objetivo e dos que lhes são correlatos (*redação dada pela Lei n. 12.349, de 2010*).
(...)
§ 3º A licitação não será sigilosa, sendo públicos e acessíveis ao público os atos de seu procedimento, salvo quanto ao conteúdo das propostas, até a respectiva abertura" (grifamos).
2. Nélson Hungria, *Comentários ao Código Penal*, 2. ed., Rio de Janeiro, Forense, 1959, v. IX, p. 399.

Com efeito, com essa proteção do sigilo das propostas pretende-se assegurar a lealdade da competição, dificultar a eventual prática de fraudes e proteger o princípio da isonomia e a paridade de armas na competição licitatória. Há todo um cuidado na guarnição e proteção das propostas oferecidas pelos concorrentes, para que um não saiba da proposta do outro. Como destacava Hungria, "como estas são apresentadas dentro de invólucros encerrados, segundo determina a lei, o devassamento há de ser alcançado mediante fraudulenta habilidade, para evitar a indiscrição de vestígios. É bem de ver que o devassamento terá de ser praticado em tempo útil, isto é, antes de expirado o prazo do edital ou antes do momento seletivo, de modo a permitir ou possibilitar a insídia de substituições ou alterações, ou a quebra de normalidade da concorrência"[3].

3. Sujeitos ativo e passivo

Sujeito ativo somente pode ser quem tem a guarda das propostas, que não podem ser abertas antes da audiência pública prevista para esse fim. Trata-se de uma modalidade muito peculiar de *crime próprio*, uma vez que a *condição especial* não se encontra, exclusivamente, no sujeito ativo propriamente — funcionário público —, mas na natureza da atividade ou função pública que desempenha, em razão da qual é o garantidor da indevassabilidade do sigilo das propostas dos competidores do certame licitatório.

Enfim, embora o texto do artigo em exame não diga expressamente, sujeito ativo somente pode ser o *funcionário público*, ainda que o seja transitoriamente, como autoriza o art. 327, *caput*, do Código Penal. Com efeito, somente nessa condição, exercendo função pública, pode ser o responsável pela guarda e proteção das propostas apresentadas pelos concorrentes. Na realidade, as licitações públicas são exclusividade dos órgãos públicos e, consequentemente, quem exerce função pública, vinculada à realização do certamente licitatório, tem o *dever de fidelidade* de manter o sigilo exigido relativamente às propostas, até a audiência própria para divulgá-las. Logo, é indispensável que o agente reúna essa qualidade de funcionário, e exerça essa *função* vinculada, para poder ser autor dessa infração penal, ressalvada, logicamente, a possibilidade do concurso eventual de pessoas.

Em outros termos, tratando-se de crime próprio, o particular, isto é, que não reúna a qualidade ou condição de funcionário público, não pode ser autor dessa infração penal, ressalvada a hipótese de ser alcançado pela *norma de extensão* constante do art. 335-J. Nesse sentido, o impecável magistério de Greco Filho, comentando a lei revogada, quando afirmou: "Se os concorrentes, entre eles, revelam as propostas para fraudar a licitação, incide o art. 90. O dispositivo comentado prevê o crime do funcionário que devassa a proposta ou propicia que seja devassada por terceiro, para revelá-la a concorrente ou possível concorrente, mas não há necessidade de que isso ocorra para a consumação da infração. Basta a devassa do sigilo"[4].

---

3. Nélson Hungria, *Comentários ao Código Penal*, p. 399.
4. Vicente Greco Filho, *Dos crimes da Lei de Licitações*, p. 104.

Sujeito passivo é, prioritariamente, o eventual prejudicado com a devassa do sigilo da proposta. É, na nossa concepção, quem tem legítimo interesse na manutenção do sigilo da proposta, e sofre o prejuízo por sua divulgação antecipada. Secundariamente, a nosso juízo, é a Administração Pública, a qual teve desrespeitado por seu funcionário o *dever de fidelidade funcional*, que é inerente ao exercício de cargo ou função pública. A doutrina majoritária, contudo, entende no sentido inverso, ou seja, sustenta que sujeito ativo imediato é a Administração Pública, enquanto aquele que sofre o prejuízo concreto é sempre o sujeito passivo secundário.

Convém destacar, por outro lado, que *sujeito passivo* não se confunde com *prejudicado*; embora, de regra, coincidam, na mesma pessoa, as condições de sujeito passivo e prejudicado, podem recair, no entanto, em sujeitos distintos: *sujeito* é o titular do bem jurídico protegido, e, nesse caso, o lesado; *prejudicado* é qualquer pessoa que, em razão do fato delituoso, sofre prejuízo ou dano material ou moral. Essa distinção não é uma questão meramente acadêmica, despicienda de interesse prático, como pode parecer à primeira vista. Na verdade, o *sujeito passivo*, além do direito de representar contra o sujeito ativo, pode habilitar-se como assistente do Ministério Público no processo criminal (art. 268 do CPP), e ainda tem o direito à reparação *ex delicto*, ao passo que ao *prejudicado* resta somente a possibilidade de buscar a reparação do dano na esfera cível.

4. Tipo objetivo: adequação típica

Trata-se de uma *espécie* do *gênero* crime de *violação de segredo ou sigilo funcional*. Duas são as modalidades de conduta incriminadas neste artigo: *devassar* o sigilo ou *proporcionar* a terceiro o ensejo de devassá-lo. A primeira — devassar o sigilo — consiste no seu indevido devassamento praticado diretamente pelo *funcionário público* encarregado de receber e guardar as propostas; a segunda — *proporcionar a terceiro* — que o faça, ilegalmente. Nesta segunda hipótese, o funcionário encarregado pela manutenção das propostas e, consequentemente, responsável por assegurar o seu *sigilo absoluto*, *facilita* ou *proporciona* que terceiro o faça (inclusive quem não é funcionário público).

O núcleo do *caput* que protege a inviolabilidade do *sigilo de proposta apresentada em procedimento licitatório* é *devassar*, que significa ver, descobrir, olhar, manusear, perscrutar referida proposta, quando fechada, total ou parcialmente. Nesse sentido, referindo-se a *ação física*, pontifica Greco Filho: "Consiste em *devassar*, que significa violar, tomar conhecimento indevidamente, ou *proporcionar a terceiro o ensejo de devassar*, que significa possibilitar, permitir podendo evitá-lo. Basta que a violação ocorra em face de uma das propostas, não havendo necessidade de atingir todas"[5]. É desnecessária a abertura do invólucro em que ela se encontra; basta, por qualquer meio, tomar conhecimento do seu conteúdo. O *devassamento de proposta licitatória* sempre constitui crime, desde que ocorra antes do

---

5. Vicente Greco Filho, *Dos crimes da Lei de Licitações*, p. 105.

momento adequado para sua abertura pública, devidamente convocada. É, igualmente, desnecessário que o conteúdo da proposta violada seja divulgado, pois o crime consuma-se com o seu devassamento, independentemente de sua divulgação.

Logicamente, para que a conduta de *devassar* possa ocorrer, é necessário que a *proposta* (proposta *apresentada*, é bom que se diga) esteja *fechada*, isto é, que já não tenha sido violada ou *devassada* por alguém. Se a *proposta* não estiver fechada, não se poderá falar que aquele que assim a encontrou a tenha devassado, desde que, à evidência, não tenha concorrido para a sua abertura ou mesmo para a abertura do recipiente onde a proposta estava acondicionada.

Não é imprescindível, por outro lado, que o sujeito ativo *leia* a proposta licitatória apresentada, sendo suficiente que *vulnere* ou rompa o invólucro ou recipiente em que ela se encontra. Consuma-se o crime, a nosso juízo, mesmo que o agente sequer tome conhecimento do seu conteúdo, ou seja, o sujeito ativo comete o crime com a simples abertura do local onde se encontra acondicionada a proposta (envelope ou invólucro), pois essa conduta é suficiente para *vulnerá-la*, retirando-lhe a garantia de sua *indevassabilidade*.

A lei não estabelece os *meios* ou *formas* pelos quais a *proposta no procedimento licitatório* pode ser violada; logo, estamos diante de *crime de forma livre*, e, ante o avanço tecnológico, a *devassa* de proposta licitatória pode ser realizada das mais diversas maneiras, inclusive sem abrir o invólucro onde aquela se encontra (com raios de luz, raio *laser* etc.), desde que consiga violar o seu conteúdo. Fundamental, mais que o *meio* ou *forma* de execução da *devassa*, é que a proposta esteja fechada, comprovando o seu caráter sigiloso e o objetivo de que seu conteúdo seja conhecido somente quando for autorizada a abertura pública das *propostas apresentadas*.

Por último, na segunda parte do dispositivo *sub examine*, criminaliza-se uma segunda conduta, qual seja, "ou proporcionar a terceiro o ensejo de devassá-lo". Significa, em outras palavras, *facilitar-lhe* o acesso ou devassamento de proposta apresentada no certame licitatório (uma ou várias, indiferentemente), é tornar possível ou acessível a sua *devassa* por outra pessoa; é, em outros termos, permitir que terceiro não responsável diretamente pelo sigilo das propostas apresentadas possa devassá-las. Significa que, nesta modalidade de conduta, surge como executor (no caso, coautor) tanto um *funcionário público* (que não tenha como atribuição funcional atuar no procedimento licitatório) quanto também o particular, um *extraneus*, que pode funcionar como *participante*, no caso coautor, a despeito de não reunir a condição especial exigida pelo tipo penal (art. 30 do CP).

Tudo o mais que afirmamos em relação à primeira figura do tipo aplica-se, igualmente, a esta segunda conduta.

4.1 *Proteção penal específica do dever de fidelidade funcional*

Essa previsão legal — a exemplo daquela prevista no art. 325 do CP — objetiva a proteção do *sigilo funcional* específico, qual seja, a *indevassabilidade do sigilo* das propostas dos concorrentes no certame licitatório. O sigilo aqui exigido é o mesmo, próprio e típico da *função pública*, para manter secretos ou sigilosos fatos relevantes, inerentes à função, punindo a violação do sigilo de fatos de que se tem conhecimento no exercício de certas funções ou cargos públicos. Não importa a forma ou o meio pelo qual o *funcionário* toma conhecimento, antecipada e indevidamente, de proposta apresentada no *certame licitatório,* desde que tal conhecimento tenha ocorrido em *razão da função* ou do cargo público que exerce. Por outro lado, é igualmente irrelevante o meio ou forma pela qual o funcionário *proporciona a terceiro* a possibilidade de devassar referida proposta.

Contudo, é indispensável uma *relação causal* entre a devassa do sigilo da proposta e a especial qualidade do sujeito ativo (*em razão da função pública* que exerce); ou seja, um *nexo causal* entre o exercício da função pública e a *devassa do sigilo*, que é exatamente o aspecto revelador da *infidelidade funcional* do sujeito ativo, que a norma penal pretende tutelar. Em outros termos, a responsabilidade penal do funcionário pela *indevassabilidade do sigilo* da proposta decorre exatamente em razão do cargo que ocupa e da função que exerce.

Trata-se, na verdade, de *norma especial* decorrente da conjugação da previsão do art. 337-J com a do § 2º do art. 327 do Código Penal. Decorre deste § 2º o *dever funcional* de preservar sigilo. A presença dessa exigência legal reforça a norma penal incriminadora, que ora examinamos. Na verdade, a lei penal, ao proteger o *sigilo funcional*, assegura, igualmente, o interesse da Administração Pública, que deve gozar da mais absoluta confiança da população em geral, que é identificado como *dever de fidelidade*. O *dever de fidelidade* — segundo Hely Lopes Meirelles — "exige de todo servidor a maior dedicação ao serviço e o integral respeito às leis e às instituições constitucionais, identificando-o com os superiores interesses do Estado. Tal dever impede que o servidor atue contra os fins e os objetivos legítimos da Administração"[6].

Se o segredo violado for particular, o agente poderá, conforme o caso, responder pelos crimes inscritos nos arts. 151, 153 ou 154 do CP, quando, por exemplo, faltar alguma elementar desse tipo penal. Contudo, quando o particular concorrer com o funcionário responsável pela licitação pública, será coautor desta infração penal, por força das previsões contidas nos arts. 29 e 30, ambos do Código Penal, aplicáveis por determinação do art. 12 desse mesmo diploma legal.

A criminalização da conduta *devassar* não exige, pelo menos expressamente, que esta seja *indevida, isto é, ilegítima ou sem justa causa*. Se houvesse essa exigência constituiria um *elemento normativo especial do tipo*. Contudo, essa elementar normativa está implícita, na medida em que se a devassa, por alguma razão, for lícita ou excepcionalmente permitida, a conduta não será típica. A diferença dogmática que decorre da ausência dessa elementar expressa é que torna desnecessário que o dolo do agente a abranja.

---

6. Hely Lopes Meirelles, *Direito administrativo brasileiro*, 16. ed., São Paulo, Revista dos Tribunais, 1991, p. 389.

5. Tipo subjetivo: adequação típica

Elemento subjetivo é o *dolo*, representado pela vontade livre e consciente de devassar o sigilo de proposta ou de proporcionar a terceiro devassá-lo. A *consciência atual* do agente deve abranger a ação, os meios utilizados, o conhecimento de que o sigilo das propostas é indevassável, e que se trata de dever funcional que deve ser respeitado. A ausência dessa *consciência* ou da sua *atualidade* afasta o dolo e, por extensão, a tipicidade. É necessário que o funcionário tenha consciência de que as propostas apresentadas estão legalmente protegidas por sigilo, e que o seu *dever funcional* lhe impede que o devasse. O agente deve estar ciente de que as propostas, e especialmente seus conteúdos, devem ser mantidas em sigilo até a audiência pública de abertura. Em outros termos, é necessário que o funcionário tenha consciência de todos os elementos constitutivos da descrição típica. É indiferente, contudo, que o agente tenha consciência de que a devassa é ilegítima, ou seja, sem justa causa.

Não há exigência de qualquer *elemento subjetivo especial do injusto*. Tampouco exige finalidade de obter *qualquer vantagem* com a devassa do sigilo, que, se existir, poderá caracterizar outro crime, como, por exemplo, corrupção passiva ou concussão. Igualmente, não há previsão de modalidade culposa, por mais clara que seja eventual culpa (consciente) do sujeito ativo.

O *desconhecimento*, pelo agente, de alguma elementar típica pode, em tese, caracterizar *erro de tipo*. Desnecessário dizer, depois do afirmado, que o *erro de tipo*, a exemplo do que ocorre com as demais infrações penais, exclui o dolo, e, por extensão, a própria tipicidade, ante a inexistência de previsão de modalidade culposa desse crime.

6. Consumação e tentativa

Consuma-se o crime com a devassa de proposta apresentada em certame licitatório, ou com a facilitação a terceiro de sua devassa. Enfim, consuma-se o crime com o *devassamento da proposta*, ou seja, com a abertura do invólucro ou recipiente onde ela se encontre. Para a consumação dessa infração penal é desnecessária a divulgação a terceiro do conteúdo da proposta devassada, que, se ocorrer, representará somente o seu exaurimento. É absolutamente desnecessário que resulte qualquer dano material ou patrimonial tanto à Administração Pública como aos concorrentes, na medida em que o resultado não integra a descrição desse tipo penal. Nesse sentido, é o magistério de Paulo José da Costa Jr., que afirma: "Independe o aperfeiçoamento do delito de qualquer dano à Administração Pública. Ao contrário, poderá suceder que o concorrente, ao inteirar-se, pela devassa, da proposta apresentada, oferte preço mais baixo, em benefício do Estado. Nem será necessário à consumação que o particular venha a conhecer os termos da proposta devassada pelo funcionário"[7].

---

7. Paulo José da Costa Jr., *Direito penal das licitações*, p. 50.

Contudo, na hipótese da primeira figura — *devassar* o sigilo de proposta apresentada — a consumação ocorre somente com a efetiva *devassa do sigilo*, isto é, com o conhecimento efetivo do conteúdo da proposta por parte do funcionário ou mesmo de terceiro. Em outros termos, é *necessário que o sigilo seja quebrado* em decorrência da *conduta funcional indevida*, seja ele próprio tomando conhecimento, seja permitindo que outrem o conheça. Trata-se, como se constata, de crime material. Por outro lado, em relação à segunda figura — *proporcionar a terceiro* a possibilidade de devassá-la —, é desnecessário que este tome efetivo conhecimento do conteúdo da proposta, isto é, que efetivamente devasse o seu sigilo. Na verdade, o crime se consuma com a ação do funcionário público de *proporcionar*, isto é, possibilitar, facilitar ou ensejar que o terceiro possa devassá-lo. Enfim, consuma-se no momento em que o funcionário *proporciona* a ação do terceiro, independentemente deste vir a devassá-lo. Trata-se, com efeito, de *crime formal*, antecipando a ocorrência do resultado, como diz a doutrina especializada.

A *tentativa* é admissível, verificando-se quando, por exemplo, alguém é interrompido por terceiro, quando está procurando *violar* o invólucro ou recipiente onde a proposta apresentada se encontre aguardando o momento de sua abertura pública, embora não seja necessária a abertura do envelope para devassá-la; caracteriza, igualmente, a tentativa quando o agente não consegue *apossar-se* da proposta por circunstâncias alheias à sua vontade. Comentando a antiga previsão similar do Código Penal, já revogada, Magalhães Noronha admitia a figura tentada, na hipótese de o funcionário ser surpreendido no momento de rasgar o envelope, antes de tomar conhecimento do conteúdo da proposta, que continua sigilosa[8].

7. Concurso de crimes e conflito aparente de normas

Tema que não raro traz alguma desinteligência entre os doutrinadores refere-se a possível ocorrência de concurso de crimes, material ou formal. Partindo do entendimento de que o lacre ou envelope lacrado por assinaturas onde se encontra a proposta apresentada constitui em si mesmo documento[9], Vicente Greco Filho sustenta que o funcionário que devassar a proposta, destruindo o lacre, comete dois crimes, quais sejam, este da devassa e o do art. 305 do CP, *in verbis*: "Nosso entendimento, portanto, é o de que o *funcionário*, ao devassar o sigilo destruindo o lacre dos envelopes, comete o crime do artigo e, em concurso material, o do art. 305 do Código Penal. O terceiro que devassa, sem concordância ou conhecimento do funcionário, comete o crime do art. 305"[10].

Em sentido oposto, Paulo José da Costa Jr., comentando esse entendimento de Greco Filho, destaca:

---

8. Magalhães Noronha, *Direito penal*, São Paulo, Saraiva, 1965, v. 3, p. 351.
9. Vicente Greco Filho, *Manual de processo penal*, 6. ed., São Paulo, Saraiva, 1999, p. 210.
10. Vicente Greco Filho, *Dos crimes da Lei de Licitações*, p. 107.

"Com a devida vênia, não nos parece sustentável o concurso material sugerido. O agente, na hipótese apresentada, não suprimiu, nem ocultou o documento (no caso, a proposta). Tampouco destruiu. Destruir, consoante Exposição de Motivos do Código Penal italiano vigente, significa 'fazer com que não mais subsista o documento na sua materialidade, no todo ou em parte juridicamente relevante'. Ora, o lacre não configura parte relevante do documento. Nada mais é ele senão um obstáculo que se apresenta à devassa da proposta apresentada"[11].

Preferimos, no entanto, encontrar a solução desta questão por outros meios, como, por exemplo, pelo *conflito aparente de normas,* que tem seus próprios princípios bem definidos, permitindo a aplicação de uma só lei ao caso concreto, excluindo ou absorvendo as demais. A solução, via de regra, deve ser encontrada através da *interpretação*, pressupondo, porém, a unidade de conduta ou de fato, pluralidade de normas coexistentes e relação de hierarquia ou de dependência entre essas normas. Pois, dentre os diversos princípios orientadores do *conflito aparente de normas*, especialidade, subsidiariedade e *consunção*, quer nos parecer que este último resolveria adequadamente a questão proposta pelos doutrinadores a que antes nos referimos.

Com efeito, pelo *princípio da consunção* ou absorção, a norma definidora de um crime constitui *meio necessário* ou fase normal de preparação ou execução de outro crime. Em termos bem esquemáticos, há *consunção* quando o fato previsto em determinada norma é compreendido em outra, mais abrangente, aplicando-se somente esta. Na relação consuntiva, os fatos não se apresentam em relação de gênero e espécie, mas de *minus* e *plus,* de continente e conteúdo, de todo e parte, de inteiro e fração[12].

Por isso, o crime consumado absorve o crime tentado, o crime de perigo é absorvido pelo crime de dano etc. A *norma consuntiva* constitui a fase mais avançada na realização da ofensa a um bem jurídico, aplicando-se o princípio *major absorbet minorem*. Assim, as lesões corporais que determinam a morte são absorvidas pela tipificação do homicídio, ou o furto com arrombamento em casa habitada absorve os crimes de dano e de violação de domicílio etc. Logo, no exemplo questionado o eventual rompimento do lacre é meio necessário para a prática da devassa, sem o qual não poderia acontecer. Consequentemente, a devassa absorve o rompimento do lacre, constituindo crime único. A norma *consuntiva* exclui a aplicação da norma *consunta,* por abranger o delito definido por esta. Há consunção quando o crime-meio é realizado como uma fase ou etapa do crime-fim, onde vai esgotar seu potencial ofensivo, sendo, por isso, a punição somente da conduta criminosa final do agente.

Não convence o argumento de que é impossível *a absorção* quando se tratar de bens jurídicos distintos. A prosperar tal argumento, jamais se poderia, por exemplo,

---

11. Paulo José da Costa Jr., *Direto penal das licitações*, p. 49.
12. Oscar Stevenson, Concurso aparente de normas, in *Estudos de direito e processo penal em homenagem a Nélson Hungria*, Rio de Janeiro, Forense, 1962, p. 39.

falar em *absorção* nos *crimes contra o sistema financeiro* (Lei n. 7.492/86), na medida em que todos eles possuem objetividade jurídica específica. É conhecido, entretanto, o entendimento do TRF da 4ª Região, no sentido de que *o art. 22 absorve o art. 6º da Lei n. 7.492/86*[13]. Na verdade, a *diversidade de bens jurídicos* não é obstáculo para a configuração da *consunção*. Inegavelmente — exemplificando — são diferentes os bens jurídicos tutelados na invasão de domicílio para a prática de furto, e, no entanto, somente o crime-fim (furto) é punido, como ocorre também na falsificação de documento para a prática de estelionato, não se punindo aquele, mas somente este (Súmula 17 do STJ). No conhecido enunciado da Súmula 17 do STJ, convém que se destaque, reconheceu-se que o *estelionato* pode absorver a *falsificação de documento*. Registre-se, por sua pertinência, que a pena do art. *297 é de dois a seis anos de reclusão, ao passo que a pena do art. 171 é de um a cinco anos*. Não se questionou, contudo, que tal circunstância impediria a absorção, mantendo-se em plena vigência a referida súmula.

Concluindo, não é, portanto, a diferença dos bens jurídicos — *inviolabilidade do sigilo das propostas (art. 337-J)* e *fé pública* (art. 305 do CP) —, e tampouco a disparidade de sanções cominadas, mas a *razoável inserção na linha causal do crime final*, com o *esgotamento do dano social* no último e desejado crime, que faz as condutas serem tidas como únicas (consunção) e punindo-se somente o crime último da cadeia causal — no caso, a *devassa do sigilo* de proposta em certame licitatório — que efetivamente orientou a conduta do agente. A eventual ruptura do lacre encontrava-se, na verdade, *na linha causal do crime final*, sendo, portanto, absorvido por este (335-J).

8. Classificação doutrinária

A devassa de proposta apresentada em certame licitatório é *crime comum*, logo, pode ser praticado por qualquer pessoa, independentemente de qualquer qualidade ou condição especial; *instantâneo*, consuma-se no momento em que o agente pratica a ação incriminada, esgotando-se aí a lesão jurídica, nada mais podendo ser feito para evitar a sua ocorrência; *comissivo*, na primeira figura, sendo impossível praticá-lo através da omissão; na segunda, há a possibilidade de sua prática ocorrer tanto por ação quanto por omissão, embora esta última modalidade seja mais rara, mas não impossível; *doloso*, não havendo previsão da modalidade culposa; decorrendo a quebra do sigilo em razão de negligência ou imprudência do funcionário, certamente a conduta será atípica, por falta de previsão legal; *unissubjetivo*, pode, como a maioria dos crimes, ser praticado por um agente, embora admita naturalmente eventual concurso de pessoas; *plurissubsistente*, trata-se de crime cuja conduta *admite fracionamento*, isto é, pode ser dividida em atos, tanto que admite a figura tentada em ambas as figuras penais.

---

13. TRF da 4ª Região, Proc. 200104010804291/PR, 7ª T., rel. Maria de Fátima Freitas Labarrère, j. em 26-10-2004, *DJU* de 17-11-2004, p. 838.

9. A desproporcional cominação de penas e sua questionável constitucionalidade

Incompreensível e injustificadamente o legislador brasileiro restringe exageradamente a margem de discricionariedade do julgador para efetuar a adequada dosagem de pena ao fixar a pena mínima em dois anos de detenção e o máximo em três. Na verdade, essa postura abusiva e arbitrária do legislador praticamente inviabiliza a *individualização judicial* da pena, esquecendo que essa fase compõe-se de três estágios, nos termos do art. 68 do CP, quando devem ser analisadas as circunstâncias judiciais (art. 59), as circunstâncias legais (agravantes e atenuantes) e as *majorantes* e *minorantes* (causas de aumento e de diminuição de pena). Essa *agressividade do legislador* asfixiando o juiz retira-lhe a possibilidade de dosar a pena de acordo com os dados que envolvem cada caso concreto, com suas peculiaridades, além dos aspectos pessoais de cada participante do crime, *viola a garantia constitucional da individualização judicial da pena* (art. 5º, XLVI).

O Poder Legislativo *não pode atuar de maneira imoderada*, nem formular regras legais cujo conteúdo revele deliberação absolutamente divorciada dos padrões de *razoabilidade* assegurados pelo nosso sistema constitucional, afrontando diretamente o *princípio da proporcionalidade*. Para Sternberg-Lieben[14], o *princípio de proporcionalidade* parte do pressuposto de que a *liberdade constitucionalmente protegida* do cidadão somente pode ser restringida em cumprimento do dever estatal de proteção imposto para a preservação da liberdade individual de outras pessoas. Essa concepção abrange tanto a proteção da *liberdade individual* como a proteção dos demais bens jurídicos, cuja existência é necessária para o livre desenvolvimento da personalidade. Ademais, de acordo com o *princípio de proporcionalidade*, a restrição da liberdade individual não pode ser excessiva, mas *compatível e proporcional à ofensa causada* pelo comportamento humano criminoso. Sob essa configuração, o *exercício legítimo do direito de punir,* pelo Estado, deve estar fundamentado não apenas na proteção de bens jurídicos, mas na proteção *proporcional* de bens jurídicos, sob pena de violar o princípio constitucional da *proporcionalidade*.

Mas não basta como a identificação de um bem jurídico a proteger, nem como a demonstração de que esse bem jurídico foi, de alguma forma, afetado, para legitimar a resposta penal estatal. De acordo com o princípio da *proporcionalidade*, enquanto limite do *ius puniendi* estatal, é necessário que (a) a intervenção do Estado seja idônea e necessária para alcançar o *fim de proteção de bem jurídico* e (b) que exista uma relação de adequação entre os meios, isto é, a ameaça, imposição e aplicação da pena, e o fim de proteção de bem jurídico[15].

---

14. Veja a respeito Detlev Sternberg-Lieben, Bien jurídico, proporcionalidad y libertad del legislador penal. In: Roland Hefendehl (ed.), *La teoría del bien jurídico ¿Fundamento de legitimación del derecho penal o juego de abalorios dogmático?* Madrid/Barcelona: Marcial Pons, 2007, p. 106-107.
15. Irene Navarro Frías, El principio de proporcionalidad en sentido estricto: ¿principio

Em matéria penal, mais especificamente, segundo Hassemer, a exigência de *proporcionalidade* deve ser determinada mediante "um juízo de ponderação entre a carga 'coativa' da pena e o fim perseguido pela cominação penal"[16]. Com efeito, pelo *princípio da proporcionalidade* na relação entre crime e pena deve existir um equilíbrio — *abstrato* (legislador) e *concreto* (judicial) — entre a gravidade do injusto penal e a pena aplicada. Ainda segundo a doutrina de Hassemer, o princípio da proporcionalidade não é outra coisa senão "uma concordância material entre ação e reação, causa e consequência jurídico-penal, constituindo parte do postulado de Justiça: ninguém pode ser incomodado ou lesionado em seus direitos com medidas jurídicas desproporcionadas"[17].

Para Ferrajoli[18], as questões que devem ser resolvidas através desse princípio no âmbito penal podem ser subdivididas em três grupos de problemas: em primeiro lugar, o da predeterminação por parte do legislador das condutas incriminadas e da medida mínima e máxima de pena cominada para cada tipo de injusto; em segundo lugar, o da determinação por parte do juiz da natureza e medida da pena a ser aplicada no caso concreto uma vez que o crime é praticado; e, em terceiro lugar, o da pós-determinação da pena durante a fase de execução.

Quanto ao primeiro problema, isto é, o da *proporcionalidade* que deve existir entre o injusto tipificado e a medida da pena em abstrato, é evidente a *desproporcionalidade* da previsão legal constante do preceito secundário do art. 335-J, *sub examine*. Com efeito, essa absurda aproximação entre o mínimo (dois anos) e o máximo (três de reclusão) impede a adequada dosimetria judicial da pena. O normal para um máximo cominado de três anos, o mínimo, via de regra, gira em torno de seis meses, ou não mais que um ano. Não se pode esquecer que a gravidade de uma conduta, tipificada, no mesmo dispositivo, pode apresentar grande variação, sendo, portanto, injustificável uma cominação mínima tão elevada, como no caso desse dispositivo legal.

Nélson Hungria, já na década de 1950, questionando a escala de cominação de pena privativa de liberdade, com mínimo de dois e máximo de quatro anos, concluiu:

"Como se compreende que, não obstante a extensa gradação de gravidade da receptação, se cominasse uma pena que, praticamente, não permite individualização, tal a aproximação entre o seu elevado mínimo e o seu máximo? Será, porventura,

---

proporcionalidad entre el delito y la pena o balance global de costes y beneficios? *InDret*, revista para el análisis del derecho, n. 2, 2010, p. 3-4; Detlev Sternberg-Lieben, in Roland Hefendehl (ed.), *La teoría del bien jurídico*, p. 120.
16. Winfried Hassemer, *Fundamentos del derecho penal*, trad. Francisco Muñoz Conde e Luís Arroyo Sapatero, Barcelona, Bosch, 1984, p. 279.
17. Hassemer, *Fundamentos del derecho penal*, p. 279.
18. Luigi Ferrajoli, *Derecho y razón — teoría del garantismo penal*, Madrid, Trotta, 1995, p. 398-399.

que se deva punir com a mesma severidade o receptador primário e o habitual, o que recepta um paletó usado e o que recepta um solitário de Cr$ 100.000,00?"[19].

Na mesma linha, Nilo Batista, recordando essa passagem de Hungria, também questiona a *constitucionalidade* do "engessamento" do julgador, *in verbis*:

"A constitucionalização do princípio da individualização da pena questiona, hoje mais fundamentadamente do que ao tempo em que Hungria levantava a questão, essas escalas penais em que o patamar mínimo representa a metade do máximo, e o juiz se converte num refém das fantasias prevencionistas do legislador, que passa a ser uma espécie de 'juiz oculto' por ocasião da individualização judicial, usurpando previamente à magistratura sua indelegável tarefa"[20].

Como afirmamos, em várias passagens desta mesma obra, adoto o mesmo entendimento dos dois autores que acabamos de citar.

10. Pena e ação penal

As penas cominadas, cumulativamente, são detenção de dois a três anos, e multa. Infelizmente, como já destacamos reiteradamente, o legislador engessou o julgador impedindo que este possa dosar a pena adequadamente, como recomenda o sistema trifásico (art. 68 do CP). Acreditamos que há boa possibilidade em sustentar essa inconstitucionalidade, inclusive, com a interposição de uma ADI (ação declaratória de inconstitucionalidade).

A ação penal, por sua vez, é pública condicionada, não dependendo da manifestação do ofendido.

---

19. Nélson Hungria, *Comentários ao Código Penal*, 2. ed., Rio de Janeiro, Forense, 1958, v. VII, p. 317.
20. Nilo Batista, *Lições de direito penal falimentar*, Rio de Janeiro, Revan, 2006, p. 148.

AFASTAMENTO DE LICITANTE VII

Sumário: 1. Considerações preliminares. 2. Bem jurídico tutelado. 3. Sujeitos ativo e passivo do crime. 4. Tipo objetivo: adequação típica. 4.1. Mediante violência, grave ameaça, fraude ou oferecimento de vantagem de qualquer tipo. 4.1.1. Mediante violência (*vis corporalis*). 4.1.2. Mediante grave ameaça (*vis compulsiva*). 4.1.3. Mediante fraude. 4.1.4. Mediante o oferecimento de vantagem de qualquer tipo: irrelevância da natureza ou espécie da vantagem oferecida. 5. Abstenção ou desistência de licitar, em razão de vantagem oferecida. 6. Crime praticado mediante violência: concurso material de crimes ou cúmulo material de penas. 7. Tipo subjetivo: adequação típica. 8. Consumação e tentativa. 9. Classificação doutrinária. 10. Pena e ação penal.

Afastamento de licitante

Art. 337-K. *Afastar ou tentar afastar licitante por meio de violência, grave ameaça, fraude ou oferecimento de vantagem de qualquer tipo:*

Pena — *reclusão, de 3 (três) anos a 5 (cinco) anos, e multa, além da pena correspondente à violência.*

Parágrafo único. *Incorre na mesma pena quem se abstém ou desiste de licitar em razão de vantagem oferecida.*

1. Considerações preliminares

As condutas incriminadas neste art. 337-K assemelham-se àquelas contidas na segunda parte dos arts. 335 e 358, ambos do Código Penal, com a diferença de que, neste dispositivo da lei especial, protege a moralidade e regularidade do certame licitatório, além do patrimônio da Administração Pública (federal, estadual ou municipal). O art. 335, no entanto, foi revogado pelo art. 93 da revogada Lei n. 8.666/93, segundo a doutrina especializada. Na realidade, na Lei n. 8.666/93 o legislador dividiu o conteúdo do art. 335 do CP (já revogado tacitamente) e distribuiu a primeira e segunda partes aos também já revogados arts. 93 e 95, respectivamente. Em outros termos, referido art. 335 do CP já está revogado e dispositivos legais revogados não "ressuscitam" com a revogação da lei revogante, até porque, quando mais não fosse, a Lei n. 14.133/2021, que revogou a Lei n. 8.666/93, repete dispositivos semelhantes dessa lei revogada, e, tacitamente, revogaria novamente esse art. 335 do Código Penal, se necessário fosse.

No art. 358, por sua vez, protege-se a administração da justiça e o patrimônio do particular que se encontra sujeito à arrematação judicial. Concretamente, no art. 358 protege-se a *arrematação judicial* — hasta pública — determinada pelo juiz, mas promovida pelo particular, e não a concorrência ou venda em hasta pública, que se refere ao patrimônio público.

A previsão deste art. 337-K, ao contrário do que estabelecia o revogado art. 335 do CP, circunscreve-se ao "licitante" como destinatário da ação incriminada, na medida em que "concorrente" — que constava do dispositivo revogado — é o próprio *licitante*, não havendo sentido em manter a locução "concorrente ou licitante". Com isso, ganha-se em clareza e precisão. Este art. 337-K manteve as alterações procedidas pela Lei n. 8.666/93, apresentando somente novo *nomen iuris* deste crime, "afastamento de licitante".

2. Bem jurídico tutelado

Bem jurídico protegido é, mais uma vez, segundo este art. 337-K, assegurar a respeitabilidade, probidade, integridade e moralidade do certame licitatório, especialmente quanto a *participação igualitária* dos concorrentes naquilo que representa a *essência do certame licitatório*, qual seja, a elaboração, apresentação e avaliação da proposta de todo e qualquer candidato à licitação. O dispositivo ora examinado visa, acima de tudo, proteger a lisura, correção e transparência na realização de todo o certame licitatório, exigindo retidão na apresentação e avaliação das propostas licitatórias para assegurar a mais ampla competição observando a regra da isonomia concorrencial.

O sentimento do administrador público, enfim, não pode ser outro senão o de cumprir e fazer cumprir o processo licitatório com toda transparência, lisura e correção, observando estritamente as disposições legais pertinentes à matéria. A criminalização constante do art. 337-K visa, enfim, coibir a adoção de procedimento que ofenda ou dificulte o tratamento isonômico dos concorrentes e a seleção da proposta legítima e mais vantajosa para a Administração Pública. Para Vicente Greco Filho, "o bem jurídico tutelado é a regularidade do procedimento licitatório, cuja finalidade é a de preservar a moralidade administrativa, a igualdade, e alcançar a contratação mais vantajosa para a Administração"[1]. Para Paulo José da Costa Jr., por sua vez, "tutela-se o bom andamento da Administração Pública, que tenha interesse em que concorrências sejam realizadas normalmente e com seriedade"[2]. A criminalização constante do art. 337-K objetiva, enfim, evitar procedimento que ofenda ou dificulte o *tratamento isonômico dos concorrentes* e a seleção da proposta mais vantajosa para a Administração Pública, e sem prejudicar os licitantes que concorrerem licitamente.

---

1. Vicente Greco Filho, *Os crimes da Lei de Licitações*, p. 110.
2. Paulo José da Costa Jr., *Direito penal das licitações*, p. 53.

3. Sujeitos ativo e passivo do crime

Sujeito ativo do crime de afastar ou procurar afastar licitante pode ser, regra geral, qualquer pessoa que afasta ou procura afastar licitante. Nada impede que, eventualmente, possa ser um *servidor público*, embora não seja exigida essa qualidade ou condição especial, tratando-se, por conseguinte, de *crime comum*; pode, inclusive, ser qualquer pessoa, sendo ou não licitante, isto é, pode ser terceiro não participante direto da licitação, mas interessado em favorecer ou prejudicar algum participante do certame licitatório, ou simplesmente prejudicar o seu regular andamento; pode, também, ser o próprio procurador de licitante, se concorrer efetivamente para a violência ou fraude utilizada.

No entanto, não praticará o crime o advogado que não participar da fraude ou violência cometida pelo cliente licitante. Eventual *conivência* somente com cliente o exporá a medidas disciplinares, a serem apuradas e aplicadas pela Comissão de Ética da Ordem dos Advogados do Brasil, que é o *juiz natural* para apurar e julgar essas infrações profissionais (éticas). A simples *conivência* não transforma o *conivente* em cúmplice ou partícipe de um crime, salvo se se tratar de *servidor público* que tenha o dever legal de intervir, denunciar ou investigar os fatos. O cidadão comum não é obrigado a bancar o "dedo-duro" e se envolver em fatos ilícitos que não lhe dizem respeito para denunciar à autoridade pública. Não tem esse *dever ético*, que é ínsito, regra geral, na gama de deveres que envolvem a condição de servidor público.

Nunca se pode esquecer *as limitações jurídico-dogmáticas da participação em sentido estrito* em crime de terceiro, e especialmente a necessidade dos requisitos imprescindíveis do concurso eventual de pessoas[3]. A conduta típica de cada *participante* deve integrar-se à *corrente causal* determinante do resultado. Nem todo comportamento constitui "participação", pois precisa ter "eficácia causal", provocando, facilitando ou ao menos estimulando a realização da conduta principal. Assim, no exemplo daquele que, querendo *participar* de um homicídio, empresta uma arma de fogo ao executor, que não a utiliza e tampouco se sente estimulado ou encorajado com tal empréstimo a executar o delito. Aquele não pode ser tido como *partícipe* pela simples e singela razão de que o seu comportamento *foi irrelevante*, isto é, sem qualquer eficácia causal para o crime.

Deve existir, ademais, um *liame psicológico* entre os vários participantes, ou seja, *consciência* de que *participam* de uma obra comum. A ausência desse *elemento psicológico* desnatura o concurso eventual de pessoas, transformando-o em condutas isoladas e autônomas. Somente a adesão voluntária, objetiva (nexo causal) e subjetiva (nexo psicológico), à atividade criminosa de outrem, objetivando à realização do *fim comum*, cria o vínculo do concurso de pessoas, sujeitando os agentes à responsabilidade penal pelas consequências de sua ação.

---

3. Cezar Roberto Bitencourt, *Tratado de direito penal*; parte geral, 29. ed., São Paulo, Saraiva, 2023, v. 1, p. 545-546: a) *pluralidade causal de participantes e de condutas*; b) *relevância causal de cada conduta*; c) *vínculo subjetivo entre os participantes*; d) *identidade de infração penal*.

Mas, mais do que isso, é preciso *desmitificar* o seguinte aspecto: o simples *conhecimento* da realização de uma infração penal, por outrem, e até mesmo a *concordância psicológica* (digamos que no íntimo o indivíduo até goste do que está acontecendo) não transforma ninguém em *partícipe* do crime! Tecnicamente, o simples *conhecimento* caracteriza, no máximo, a "conivência", que não é punível, a título de *participação*, se não constituir, pelo menos, *alguma forma de contribuição causal*, ou, então, constituir, por si mesma, uma infração típica[4]. Tampouco será responsabilizado como partícipe quem, tendo ciência da realização de um delito, não o denuncia às autoridades, salvo se tiver o dever jurídico de fazê-lo[5].

Por derradeiro, qualquer que seja a forma ou espécie de *participação punível* é indispensável a presença de dois requisitos fundamentais: *eficácia causal* e *consciência de participar* na ação criminosa de outrem. É insuficiente a simples exteriorização da vontade de participar, como já destacamos. Como também não basta *realizar a atividade de partícipe* se esta não influir na atividade final do autor. Não tem relevância a *participação* se o crime não for, pelo menos, tentado. Que importância teria, por exemplo, o *empréstimo da arma* se o autor não a utiliza na execução do crime ou sequer se sente encorajado a praticá-lo com tal empréstimo? Por outro lado, é indispensável *saber que coopera na ação delitiva de outrem*, mesmo que o autor desconheça ou até recuse a cooperação. O *partícipe* precisa ter *consciência de participar* na ação principal de outrem e no resultado.

Sujeito passivo é o Estado-Administração (União, Estados, Distrito Federal e Municípios), bem como a entidade de direito público na qual houve a prática de conduta incriminada no art. 337-K em exame. O Estado é sempre *sujeito passivo primário* de todos os crimes, naquela linha de que a lei penal tutela sempre o *interesse da ordem jurídica geral*, da qual aquele é o titular, embora, pessoalmente, discordemos dessa orientação, a nosso juízo equivocada, ou, no mínimo, demasiadamente publicista e autoritária (ver nossa justificativa exposta no mesmo tópico de nossos comentários ao art. 337-E desta lei).

Por fim, discordamos do entendimento tradicional da doutrina que define o particular sempre como *sujeito passivo secundário*, mesmo quando atinge direta e imediatamente bens jurídicos deste. Na verdade, não vemos nenhuma razão lógica ou jurídica para colocá-lo em segundo plano, mesmo que se trate de infração penal contra a Administração Pública, que não é o caso do dispositivo ora examinado, pois, especificamente, lesa somente a ordem pública. Na realidade, *o Estado é sempre sujeito passivo* de todos os crimes, desde que avocou para si o monopólio do *ius puniendi*, daí o caráter público do Direito Penal que somente tutela interesses particulares pelos reflexos que sua violação acarreta na coletividade. Contudo, os

---

4. Giuseppe Bettiol, *Direito penal*, 2. ed., trad. de Paulo José da Costa Jr. e Alberto Silva Franco, São Paulo, Revista dos Tribunais, 1977, t. 2, p. 251.
5. Cezar Roberto Bitencourt, *Tratado de direito penal*; parte geral, 29. ed., São Paulo, Saraiva, 2023, p. 556.

fundamentos básicos desse nosso entendimento foram desenvolvidos com mais profundidade quando examinamos as condutas descritas no art. 337-E.

Por essas razões, mesmo nos *crimes contra a Administração Pública,* praticados, em grande parte, por seus próprios funcionários, é o Estado que aparece como sujeito passivo particular, pois é titular do bem jurídico diretamente ofendido pela ação incriminada. Quando, no entanto, nessa espécie de crime, como também nos *crimes licitatórios,* atinge-se também o patrimônio ou qualquer outro interesse penalmente tutelado do particular, este também se apresenta como *sujeito passivo,* e, se alguém deveria ser denominado *sujeito secundário,* acreditamos que, ainda assim, seria o Estado, que é sempre ofendido, e não o particular eventualmente lesado.

Em síntese, o Estado, que é o *sujeito passivo permanente* de todos os crimes praticados contra a Administração Pública, deveria ser, contudo, considerado como sujeito passivo *secundário,* sempre que houver lesado ou ofendido diretamente bem jurídico pertencente a algum particular. Finalmente, somente para evitarmos dificuldades metodológicas, seguiremos a doutrina majoritária, ressalvando apenas nosso entendimento pessoal sobre essa temática.

4. Tipo objetivo: adequação típica

As condutas criminalizadas, no art. 337-K em exame, objetivam *afastar* os concorrentes à licitação pública, em qualquer de suas modalidades, ou seja: *afastar ou procurar afastar o licitante,* por meio de *violência* (física), *grave ameaça* (violência moral), *fraude* (artifício ou ardil) ou *oferecimento de vantagem de qualquer tipo* (de natureza econômica ou não). Em síntese, as condutas incriminadas no *caput* são "afastar" ou "procurar afastar" o licitante, e os *meios* utilizados para executar tais condutas são: *violência, grave ameaça, fraude* ou *oferecimento de vantagem de qualquer tipo*[6]. Em outros termos, as *condutas* incriminadas são representadas pelos verbos nucleares e os "meios" representam os instrumentos ou as formas através dos quais se praticam as ações incriminadas.

Destaca Costa Jr., com acerto, que a conduta incriminada, neste dispositivo, não se destina ao processo licitatório, mas a quem dele irá participar, ou seja, o licitante[7]. Saliente-se que *afastar* o licitante não é apenas ocasionar o seu distanciamento ou sua ausência para não licitar, mas também conseguir que se abstenha de formular proposta, ou a retirada desta, ou, ainda, a *desistência* de apresentar sua proposta. Em outros termos, *afastar,* aqui, não significa deslocar o pretendente no espaço ou no tempo, e tampouco distanciá-lo fisicamente da repartição encarregada do certame licitatório, mas sim *alijá-lo da licitação,* levando-o a abster-se ou desistir de participar do pleito.

---

6. Vicente Greco Filho, no entanto, dá outra classificação: "Três são as condutas previstas no artigo: a violência ou grave ameaça, a fraude e o oferecimento da vantagem, usadas para afastar licitante" (*Dos crimes da Lei de Licitações,* p. 111).
7. Paulo José da Costa Jr., *Direito penal das licitações,* p. 54.

Vejamos cada um dos quatro *meios* que podem ser utilizados pelo agente para afastar o licitante do certame licitatório.

4.1 Mediante violência, grave ameaça, fraude ou oferecimento de vantagem de qualquer tipo

Neste dispositivo o legislador tomou o cuidado de vincular os *meios* através dos quais a ação incriminada pode ser executada, destacando-os como *elementares típicas*. A despeito da existência de conceituações conhecidas e reconhecidas de cada um desses *meios*, acreditamos que, nesta seara especial de direito penal econômico-empresarial, convém que analisemos o significado e limite de cada um desses conceitos jurídico-dogmáticos, com a pretensão unicamente de facilitar a sua compreensão.

4.1.1 Mediante violência (*vis corporalis*)

Este *meio*, expressamente destacado no *caput* do artigo *sub examine*, ganha especial relevo, porque, além de *meio executório* das condutas tipificadas, neste dispositivo legal, a *violência* é condição para dupla punição, na ótica do legislador, conforme veremos. Mais uma vez, neste dispositivo, o legislador equiparou a *violência* à *grave ameaça*, dando-lhes, juridicamente, a mesma importância. Apenas por razões didáticas, faremos análise de cada uma *individualizadamente*.

Tanto a *violência* quanto a *grave ameaça* devem visar o *afastamento do licitante do certame licitatório*, isto é, devem ser o *meio* utilizado para o seu afastamento. No entanto, não há necessidade de que o *sujeito passivo* da violência seja o próprio licitante, podendo recair em algum familiar, sendo suficiente a existência de relação de causa e efeito ou de *meio* e *fim* entre ambos. O crime de afastamento de licitante, enfim, pode ser, eventualmente, daqueles que se poderiam chamar de crime de *dupla subjetividade* passiva, quando são vítimas, ao mesmo tempo, dois indivíduos, titulares de bens jurídicos distintos. Ao praticar o crime, dessa forma, o agente ofende outros bens jurídicos, como a liberdade individual ou a integridade física de alguém, podendo, inclusive, constituir crime autônomo até mais grave (*v.g.*, lesão corporal leve, grave etc.). Enfim, a violência e a grave ameaça podem ser exercidas contra outra pessoa que não o próprio licitante.

O termo *violência* empregado no texto legal significa a *força física*, material, a *vis corporalis*, com a finalidade de vencer a *resistência* da vítima. Essa *violência* pode ser produzida pela própria energia corporal do agente que, no entanto, poderá preferir utilizar outros meios, como fogo, água, energia elétrica (choque), gases etc. A *violência* poderá ser *imediata* quando empregada diretamente contra o próprio ofendido, e *mediata* quando utilizada contra terceiro a que a vítima esteja diretamente vinculada. Não é necessário que a força empregada seja *irresistível*, basta que seja idônea para *coagir* a vítima a permitir que o sujeito ativo realize seu intento. *Violência* à pessoa consiste no emprego de força contra o corpo da vítima, e não contra coisa ou o próprio patrimônio do licitante, a despeito de algum entendimento em sentido contrário. Para caracterizá-la é suficiente que ocorra *lesão corporal leve* ou simples *vias de fato*.

4.1.2 Mediante grave ameaça (vis compulsiva)

Grave ameaça constitui forma típica da "violência moral". É a *vis compulsiva* que exerce uma força intimidativa, inibitória, anulando ou minando a *vontade* e o *querer* do ofendido, procurando, assim, inviabilizar eventual resistência da vítima. Na verdade, a *ameaça*, especialmente quando grave, também pode perturbar, escravizar ou *violentar a vontade* da pessoa como a violência material (física). Em outros termos, *ameaça grave* é aquela capaz de atemorizar a vítima, viciando-lhe a vontade, impossibilitando sua capacidade de resistência. A *grave ameaça* objetiva criar na vítima o fundado receio de iminente e grave mal, físico ou moral, tanto a si quanto a pessoas que lhe sejam caras. É irrelevante a *justiça* ou *injustiça* do mal ameaçado, na medida em que, utilizada para a prática de crime, torna-se também antijurídica.

A *violência moral* pode materializar-se em gestos, palavras, atos, escritos ou qualquer outro meio simbólico. Caracteriza o tipo penal, no entanto, somente a *ameaça grave*, isto é, aquela ameaça que efetivamente imponha medo, receio ou temor na vítima, e que recaia sobre algo que lhe seja de capital importância, opondo-se à sua liberdade de querer e de agir.

Grave ameaça deve consistir em intimidação, e que constitua ameaça de um *mal grave* e sério, capaz de impor medo à vítima. Ademais, o *desvalor do resultado* é o mesmo do crime praticado com violência real. Por outro lado, o *mal* prometido, a título de ameaça, além de *futuro* e *imediato*, deve ser *determinado*, sabendo o agente o que quer impor. Com efeito, o *mal* deve possuir as seguintes características: a) *determinado*, pois, sendo indefinido e vago não terá grandes efeitos coativos; b) *verossímil*, ou seja, que se possa realizar, e não fruto de mera fanfarronice ou bravata do agente, não o caracterizando, por conseguinte, a ameaça de mal futuro e incerto ou de improvável concretização; c) *iminente*, isto é, suspenso sobre o ofendido, podendo concretizar-se a qualquer momento. Não caracteriza o crime de ameaça a promessa de mal nem no *passado*, nem em *futuro* longínquo, quando, respectivamente, não teria *força coatora*, ou esta seria destituída do vigor necessário; d) *inevitável*, pois, caso contrário, se o ofendido puder evitá-lo, não se intimidará; e) *dependente*, via de regra, da vontade do agente, já que, se depender de outrem, perderá muito de sua *inevitabilidade*. Enfim, esses são os requisitos que, em tese, a *ameaça* de mal ou dano graves deve apresentar. A enumeração não é taxativa nem *numerus clausus*, podendo, no caso concreto, apresentar alguns requisitos e em outros não, sem desnaturar a gravidade da ameaça. Em outros termos, é indispensável que a *ameaça* tenha idoneidade intimidativa, isto é, que tenha condições efetivas de constranger a vítima.

Ao contrário do que ocorre com o *crime de ameaça* (art. 147 do CP), no crime de *afastar licitante* (art. 337-K) não é necessário que o *mal grave* prometido seja *injusto*, sendo suficiente que *injusta* seja a pretensão do sujeito ativo ou a forma de obtê-la. A *injustiça do mal* não se encerra em si mesma, mas deverá relacionar-se ao *fim pretendido* e à forma de consegui-lo. O *mal pode ser justo*, mas o fundamento que leva o agente a prometê-lo ou o método utilizado podem não sê-lo. É irrelevante, enfim, que a *ameaça* para afastar o licitante seja *justa* ou *legal*. Sua *finalidade especial* — afastar licitante de certame licitatório — é que determina sua *natureza ilícita*, transformando-a não apenas em *ilegal*, mas também em *penalmente típica*.

O *mal* ameaçado pode consistir em *dano* ou em simples *perigo*, desde que seja *grave*, impondo medo à vítima, que, em razão disso, sente-se inibida, tolhida em sua vontade, incapacitada de opor qualquer resistência ao sujeito ativo, e acaba abstendo-se ou desistindo do certame licitatório. No entanto, repetindo, é desnecessário que o dano ou perigo ameaçado à vítima seja *injusto*, bastando que seja *grave*. Na verdade, a *injustiça* deve residir na *ameaça* em si e não no dano ameaçado, no afastamento do licitante.

4.1.3 Mediante fraude

Mediante fraude é outro meio ou forma de execução das condutas tipificadas — *afastar ou procurar afastar* licitante — mediante um comportamento *fraudulento*, isto é, ardiloso, insidioso, artificioso. A *fraude* é o engodo, o ardil, o artifício que leva a vítima ao engano. A fraude deve constituir meio idôneo para enganar o ofendido quer sobre a natureza, lisura ou legitimidade do certame, quer quanto a finalidade da própria conduta do agente, quer contra os motivos alegados para afastar o licitante etc. *Contudo, a fraude não pode anular a capacidade de entendimento ou mesmo de resistência da vítima.*

Contudo, a *fraude* deve constituir meio idôneo para enganar o *ofendido* — que se encontra de *boa-fé* — sobre, por exemplo, os propósitos do agente, sobre os motivos alegados para que o licitante se afaste da competição, sobre a própria identidade do agente, enfim, entre tantos outros fundamentos. Em outros termos, a vítima precisa ser *enganada* pelo agente, sob pena de não se configurar a *fraude*; havendo dúvida, a menor que seja, há previsão, e quem prevê e consente *assume*, no mínimo, os riscos das consequências, descaracterizando a "entrega" mediante ardil. É irrelevante, repetindo, a "honestidade da vítima" — ao contrário do que prescrevia o Código Penal em sua redação original.

Enfim, a realização das condutas incriminadas apresenta-se, não raro, cheia de dificuldade para concretizar-se, pois não é qualquer *meio* enganoso que serve de suporte a essa entidade criminal. Necessita, para se configurar, que a vítima seja levada a situação de *erro*, ou nela seja mantida, quanto aos fundamentos que expusemos acima. Faz-se necessário o emprego de *artifícios* e *estratagemas*, criando uma situação de fato ou uma disposição de circunstâncias que torne insuperável o *erro* do pretenso licitante.

4.1.4 Mediante o oferecimento de vantagem de qualquer tipo: irrelevância da natureza ou espécie da vantagem oferecida

O legislador, nesta hipótese, preferiu não definir e nem identificar a *natureza da vantagem* oferecida, a exemplo do que fez o legislador do Código Penal de 1940 ao tipificar o crime de extorsão mediante sequestro. A única diferença reside em que, neste dispositivo, adotou-se a locução "vantagem de qualquer tipo", enquanto naquele diploma legal codificado a locução utilizada foi "qualquer vantagem". Ambas, na essência, não apresentam distinção alguma, nem de conteúdo nem de abrangência, mas apenas de estilo.

Os autores clássicos divergiam ao interpretar a elementar normativa do *crime de extorsão mediante sequestro*, "qualquer vantagem", que, *mutatis mutandis*, não é muito diferente de um dos *meios executórios* previstos como possíveis para praticar o crime de "afastar licitante", qual seja, "vantagem de qualquer tipo". Guardadas as peculiaridades de cada tipo penal, bem como as funções dogmáticas distintas, neste — vantagem de qualquer tipo — é *meio executório*; naquele (extorsão mediante sequestro) — qualquer vantagem — é apenas *elementar normativa do tipo*. É conveniente repassar a doutrina dos clássicos relativamente àquele dispositivo do Código Penal, na medida em que, respeitadas as diferenças, poder-se-á adotar solução semelhante.

Com efeito, Magalhães Noronha, examinando aquela elementar, concluía: "O Código fala em *qualquer* vantagem, não podendo o adjetivo referir-se à natureza desta, pois ainda aqui, evidentemente, ela há de ser, como no art. 158, *econômica*, sob pena de não haver razão para o delito ser classificado no presente título"[8]. Esse entendimento era reforçado por Heleno Cláudio Fragoso, com o seguinte argumento: "A ação deve ser praticada para obter *qualquer vantagem* como preço ou condição do resgate. Embora haja aqui uma certa imprecisão da lei, é evidente que o benefício deve ser de ordem econômica ou patrimonial, pois de outra forma este seria um crime contra a liberdade individual"[9].

Preferimos, contudo, relativamente a esse mesmo dispositivo do Código Penal (art. 159), adotar outra orientação[10], sempre comprometida com a segurança dogmática da tipicidade estrita, naquela linha que o próprio Magalhães Noronha gostava de repetir de que "a lei não contém palavras inúteis", mas também não admite — acrescentamos nós — a inclusão de outras, não contidas no texto legal. Coerente, jurídica e tecnicamente correto era o velho magistério de Bento de Faria, que pontificava: "A *vantagem* — exigida para restituição da liberdade ou como preço do resgate, pode consistir em dinheiro ou qualquer outra utilidade, pouco importando a forma da exigência"[11]. Adotamos esse entendimento de Bento de Faria, na interpretação que damos àquele art. 159 do CP, pelos fundamentos que passamos a expor no exame do art. 95.

Com efeito, os tipos penais, desde a contribuição de Mayer, não raro trazem em seu bojo determinados *elementos normativos*, que encerram um *juízo de valor*.

---

8. Magalhães Noronha, *Direito penal*, v. 2, p. 287.
9. Heleno Cláudio Fragoso, *Lições de direito penal*, v. 1, p. 367.
10. Cezar Roberto Bitencourt, *Tratado de direito penal*; parte especial, 7. ed., São Paulo, Saraiva, 2011, v. 3, p. 154-157.
11. Bento de Faria, *Código Penal brasileiro comentado*; parte especial, 3. ed., Rio de Janeiro, Record, 1961, v. 5, p. 63.

Convém destacar, no entanto, como tivemos oportunidade de afirmar, que "os elementos normativos do tipo não se confundem com os elementos jurídicos normativos da ilicitude. Enquanto aqueles são elementos constitutivos do tipo penal, estes, embora integrem a descrição do crime, referem-se à ilicitude e, assim sendo, constituem elementos *sui generis* do fato típico, na medida em que são, ao mesmo tempo, caracterizadores da ilicitude. Esses elementos especiais da ilicitude, normalmente, são representados por expressões como 'indevidamente', 'injustamente', 'sem justa causa', 'sem licença da autoridade' etc."[12].

Curiosamente, no entanto, na descrição desse tipo penal — *extorsão mediante sequestro* —, contrariamente ao que fez na constituição do crime anterior (extorsão), que seria, digamos, o tipo-matriz do "crime extorsivo", o legislador brasileiro não inseriu na descrição típica a elementar normativa *indevida vantagem econômica*, que identificaria a sua natureza. Poderia tê-la incluído, não o fez, certamente não terá sido por esquecimento, uma vez que acabara de descrever tipo similar, com sua inclusão (art. 158). Preferiu, contudo, adotar a locução "qualquer vantagem", sem adjetivá-la, provavelmente para não restringir seu alcance.

Com efeito, a nosso juízo, a *natureza econômica da vantagem* é afastada pela elementar típica *qualquer vantagem*, que deixa clara sua abrangência, pois, se quisesse restringi-la, teria incluído a locução *econômica*. Não o fez. Quando a lei quer limitar a *espécie de vantagem*, usa, invariavelmente, o elemento normativo — *indevida, injusta, sem justa causa* etc. —, como destacamos nos parágrafos anteriores. Assim, havendo *sequestro*, para obter *qualquer* vantagem, para si ou para outrem — não importando a natureza (econômica ou não) ou espécie (indevida ou não) —, como *condição* ou *preço* do resgate, estará caracterizado o crime de extorsão mediante sequestro. Por fim, são absolutamente equivocadas as afirmações de Fragoso[13] (que seria apenas um crime contra a liberdade individual) e Magalhães Noronha[14] (sob pena de não haver razão para o delito ser classificado no presente título), *se a vantagem não for econômica*.

Esqueceram esses doutrinadores que a *extorsão mediante sequestro* é um crime *pluriofensivo*, e "qualquer vantagem" exigida pelo tipo é *alternativa*, como "condição" ou "preço" do resgate. Se *condição* e *preço* tivessem, nessa hipótese, o mesmo significado, a previsão dupla seria supérflua e inútil, circunstância essa rejeitada pelos estudiosos. Aliás, o próprio Magalhães Noronha encarregava-se de defini-los: "Temos que como *condição* de resgate a lei refere-se particularmente ao caso em que o fim do agente seja especialmente obter uma coisa, documento, ou ato, em troca da libertação do sequestrado. *Preço do resgate* dirá, em especial, da

---

12. Cezar Roberto Bitencourt, *Tratado de direito penal*; parte geral, 29. ed., São Paulo, Saraiva, 2023, v. 1, p. 507.
13. Heleno Fragoso, *Lições de direito penal*, v. 1, p. 361.
14. Magalhães Noronha, *Direito penal*, v. 2, p. 287.

hipótese em que a vantagem se concretize em dinheiro"[15]. Essa definição, na verdade, não deixa de ser um tanto quanto contraditória com a posição assumida por Noronha. Assim, por exemplo, aluno que sequestra filho do professor antes da prova final, exigindo, como *condição* do resgate, sua aprovação, não apresenta outra adequação típica que aquela descrita no art. 159. É um grande equívoco afirmar que, nessa hipótese, estar-se-á diante do crime de sequestro descrito no art. 148 do CP, ignorando que tal infração penal não exige nenhuma *motivação especial*; esta, se existir, poderá tipificar outro crime. Com efeito, ao examinarmos esse crime (sequestro), fizemos a seguinte consideração: "Não se exige nenhum *elemento subjetivo especial do injusto* que, se houver, poderá configurar outro crime; se a privação da liberdade objetivar a obtenção de *vantagem ilícita*, caracterizará o crime de *extorsão mediante sequestro* (art. 159); se a *finalidade* for *libidinosa*, poderá configurar crime contra a dignidade sexual (art. 215) etc. Se, no entanto, a finalidade for atentar contra a segurança nacional, constituirá crime especial, tipificado no art. 20 da Lei de Segurança Nacional (Lei n. 7.170, de 14-12-1983). Se for praticado por funcionário público, constituirá o crime de violência arbitrária (art. 322). Se o sequestro for *meio* para a prática de outro crime, será absorvido pelo delito-fim"[16].

Pois bem, *mutatis mutandis*, tudo o que dissemos a respeito dos crimes patrimoniais e, particularmente, em relação à *extorsão mediante sequestro*, aplica-se, no particular, integralmente ao meio executório do art. 95 em exame, pois *vantagem de qualquer tipo* assemelha-se à locução "qualquer vantagem", elementar normativa daquele dispositivo do Código Penal. É irrelevante, portanto, que a *vantagem de qualquer tipo*, referida no artigo que ora examinamos, tenha ou não natureza econômica, pois fosse essa a exigência legal não poderia ser usada a locução "vantagem de qualquer tipo". Como a descrição típica não restringiu a espécie ou natureza da vantagem, contida nesse tipo penal, não cabe ao intérprete fazê-lo, sob pena de restringir *indevidamente* o seu alcance.

5. Abstenção ou desistência de licitar, em razão de vantagem oferecida

O parágrafo único encarrega-se de descrever *conduta omissiva* de pretenso participante de licitação: o licitante *abstém-se* ou *desiste* de licitar, em razão de *vantagem oferecida*. O excessivo rigor do legislador, nos últimos tempos, tem-no levado, não raro, a intolerável redundância, como ocorre na figura descrita neste parágrafo que ora comentamos. Nesse sentido, a procedente crítica de Costa Jr., que destaca essa redundância, *in verbis*: "Se alguém se *abstém* de apresentar a proposta, é porque *desistiu* de licitar, em virtude da vantagem ofertada, que deve ter-se apresentado compensadora. O que se poderia talvez sustentar é que a omissão de parti-

---

15. Magalhães Noronha, *Manual de direito penal*, 2. ed., São Paulo, Saraiva, 2002, v. 2, p. 445.
16. Cezar Roberto Bitencourt, *Tratado de direito penal*; parte especial, 7. ed., São Paulo: Saraiva, 2011, v. 3, p. 153-157.

cipar vem antes da desistência, ou seja, a *desistência* importa num início de participação, da qual se vem ao depois desistir"[17].

Na realidade, tem razão Costa Jr., quanto à sutil distinção que existe entre *abster-se* e *desistir* de licitar: com efeito, na *abstenção* há a recusa em participar na licitação, há a omissão de participar, simplesmente, sem ato algum, ou seja, do nada não se produz nada, não nasce nada; na *desistência*, pelo contrário, há um início de execução, há um começo do agir, há o abandono de uma atividade iniciada, ou seja, não se pode *desistir* de algo que não se iniciou, que não foi começado. A *desistência* implica o abandono de uma tarefa iniciada. No particular, concordamos com a precisa definição de Greco Filho: "Na hipótese do parágrafo único, a ação física consiste em abster-se ou desistir de licitar, isto é, não apresentar proposta ou retirar proposta apresentada em razão da vantagem oferecida"[18].

Outro aspecto de grande relevância na tipificação desse crime constante do parágrafo único do art. 95 é a *vinculação da conduta omissiva* ao oferecimento de qualquer vantagem. Significa afirmar que não basta a desistência ou abstenção de pretenso participante da licitação para configurar-se o crime, sendo indispensável que essa conduta omissiva decorra do recebimento de oferta de vantagem. Em outros termos, é necessário que a *oferta da vantagem* seja a *causa* da desistência ou abstenção de licitar, enfim, a ausência (ou ineficácia) dessa *relação causal* torna a conduta atípica, ainda que o agente tenha desistido ou se abstido de licitar, por qualquer outra razão, ou simplesmente porque decidiu não participar do certame.

Discordamos do entendimento de que a previsão deste parágrafo único seria hipótese de restrição do alcance do art. 29 do CP, embora se possa, de certa forma, ver uma espécie de exceção à *teoria monística* adotada por nosso diploma legal codificado. Na realidade, é *atípica* a conduta do desistente que abandona o certame licitatório imotivadamente ou o faz por qualquer outra razão. Rigorosamente, somente a abstenção ou desistência movida pela oferta de qualquer vantagem para esse fim caracteriza a conduta proibida no parágrafo único que ora examinamos.

Referidas condutas podem ser praticadas durante a realização do certame, especialmente a conduta de *desistir* de licitar. Contudo, a ação de abster-se de licitar, como tal, pode ocorrer mesmo antes do início do prazo para oferta de propostas dos participantes, pois, como demonstramos, nessa modalidade *omissiva* é desnecessário que o agente que se abstém tenha iniciado a ação de licitar; aliás, se já houver iniciado a apresentação de proposta não mais pode *abster-se*, mas somente *desistir*, porque já iniciou a ação de licitar. Repetindo, a *desistência* ou *abstenção* sem estar vinculada a uma proposta de vantagem para abster-se ou desistir de licitar é absolutamente atípica. Embora também seja verdade que para a consumação do crime não é necessário que haja o efetivo recebimento da vantagem, sendo suficiente que ela tenha sido oferecida (e, evidentemente, aceita, caso contrário não terá sido eficaz), e estará configurado aquele *nexo de causalidade* a que nos referimos.

---

17. Paulo José da Costa Jr., *Direito penal das licitações*, p. 55.
18. Vicente Greco Filho, *Dos crimes da Lei de Licitações*, p. 112.

Em outros termos, se o licitante recebe, de alguém, proposta concreta para que se *abstenha* ou *desista* de participar da licitação, esta não se configurará se o pretenso licitante não a aceitar ou não se motivar por ela, mesmo que desista ou se abstenha por outra razão. No entanto, o ofertante, ou seja, aquele que procura *afastar licitante* do certame, responderá por crime consumado, incorrendo na segunda figura do *caput*.

6. Crime praticado mediante violência: concurso material de crimes ou cúmulo material de penas

Quando da *violência* empregada para afastar licitante do certame licitatório resultar lesões corporais, leves ou graves, haverá a *aplicação cumulativa das penas* correspondentes ao dano qualificado pela violência e as decorrentes desta, se constituir em si mesmo crime. Essa é a previsão constante do *preceito secundário* do art. 337-K, a exemplo de muitos dispositivos do Código Penal de 1940 (*v.g.*, art. 163), que não se confunde, no entanto, com o concurso material de crimes.

Registramos, desde logo, que *consideramos grande equívoco* afirmar-se que a punição pela *violência implica concurso material de crimes*[19], pois se ignora a verdadeira *natureza* desse *concurso*. O festejado Heleno Fragoso também incorria nesse deslize quando, examinando o crime de *dano*, afirmava: "Haverá sempre concurso material entre o dano e o crime resultante da violência, aplicando-se cumulativamente as penas"[20]. Com efeito, o fato de determinar-se a *aplicação cumulativa de penas* — do próprio crime visado e da violência — não significa que se esteja reconhecendo aquela espécie de concurso, mas apenas que se adota o sistema do *cúmulo material de penas*, que são coisas completamente diferentes.

Na verdade, o que caracteriza o *concurso material* de crimes não é a soma ou cumulação de penas, como prevê o dispositivo em exame, mas a *pluralidade de condutas*, pois no concurso formal impróprio, isto é, naquele cuja conduta única produz dois ou mais crimes, resultantes de *desígnios autônomos*, as penas também são aplicadas *cumulativamente*. Ora, esse comando legal — preceito secundário do art. 337-K —, determinando a aplicação cumulativa de penas, não autoriza o intérprete a confundir o *concurso formal impróprio* com o *concurso material*. Na verdade, *concurso de crimes* e *sistema de aplicação de penas* são institutos inconfundíveis; o primeiro relaciona-se à teoria do crime, e o segundo, à teoria da pena. Por isso a confusão é injustificável.

Concluindo, o art. 337-K da lei de regência, ao determinar a punição cumulativa com a pena correspondente à violência, não criou uma espécie *sui generis* de concurso

---

19. Luiz Regis Prado, *Curso de direito penal brasileiro*, São Paulo, Saraiva, 2000, v. 2, p. 450.
20. Heleno Cláudio Fragoso, *Lições de direito penal*, 11. ed., Rio de Janeiro, Forense, 1995, v. 1, p. 401. No mesmo erro incorria Magalhães Noronha, *Direito penal*, 15. ed., São Paulo, Saraiva, 1979, v. 2, p. 327.

material, mas adotou tão somente o *sistema do cúmulo material* de aplicação de penas, a exemplo do que fez em relação ao *concurso formal impróprio* (art. 70, segunda parte). Assim, quando a *violência* empregada na prática do crime de *afastamento de licitante* constituir em si mesma outro crime, havendo *unidade de ação* e pluralidade de crimes, estaremos, a rigor, diante de concurso formal de crimes. Aplica-se, nesse caso, por expressa determinação legal, o sistema do *cúmulo material de aplicação de pena*, independentemente da existência de *desígnios autônomos*. A aplicação de penas, mesmo sem a presença de desígnios autônomos, constitui uma exceção no sistema de aplicação de penas previsto para o *concurso formal* impróprio. Mas esta é uma *norma genérica*, prevista na Parte Geral do Código Penal (art. 70, segunda parte); aquela constante do dispositivo em exame (art. 337-K) é *norma específica* contida na lei de regência, onde se individualizam as normas aplicáveis a cada figura delituosa.

No entanto, a despeito de tudo o que acabamos de expor, nada impede que, concretamente, possa ocorrer *concurso material* deste crime com outros crimes violentos, como acontece com quaisquer outras infrações penais, desde que, é claro, haja "*pluralidade* de condutas e *pluralidade* de crimes", mas aí, observe-se, já não será mais o caso de unidade de ação ou omissão, caracterizadora do concurso formal.

7. Tipo subjetivo: adequação típica

Elemento subjetivo é o dolo, representado pela vontade consciente de praticar qualquer das condutas descritas no dispositivo em exame, ou seja, de *afastar* ou *procurar afastar* licitante do certame licitatório, por meio de violência, grave ameaça, fraude ou oferecimento de vantagem de qualquer tipo.

A *consciência* do agente, como elemento do dolo, deve abranger todas as elementares do tipo. Ademais, essa *consciência* deve ser *atual*, isto é, deve existir no momento em que a ação está acontecendo, ao contrário da *consciência da ilicitude* (elemento da culpabilidade), que pode ser apenas *potencial*. Na verdade, não basta que a "consciência", elemento intelectual do dolo, seja meramente *potencial*, como ocorre na *culpabilidade*, é indispensável que ela seja real, isto é, que realmente esteja presente no momento da ação. Dito de outra forma, essa distinção justifica-se porque o agente deve ter *plena consciência*, no momento em que pratica a ação, daquilo que quer realizar — *afastar o licitante*.

Além desse *elemento intelectual*, é indispensável ainda o *elemento volitivo*, sem o qual não se pode falar em *dolo*, direto ou eventual. Em outras palavras, a *vontade* deve abranger, igualmente, *a ação (visando o afastamento do licitante)*, o *resultado* (execução efetiva da ação proibida), os *meios* vinculados, ou seja, aqueles meios expressamente previstos no tipo penal, e o *nexo causal* (relação de causa e efeito). Por isso, quando o processo *intelectual-volitivo* não atinge um dos componentes da ação descrita na lei, o dolo não se aperfeiçoa, isto é, não se realiza. Na realidade, o *dolo* somente se completa com a *presença simultânea* da *consciência* e da *vontade* de todos os elementos constitutivos do tipo penal. Com efeito, quando o processo *intelectual-volitivo* não abrange qualquer dos requisitos da ação descrita na lei, não se pode falar em dolo, configurando-se o *erro de tipo*; e sem dolo não há crime, ante a ausência de previsão da modalidade culposa.

Por fim, nas condutas descritas no presente tipo penal, não há exigência de qualquer elemento subjetivo especial do injusto. Na verdade, por sua estrutura típica, não exige o *especial fim de agir* que integra determinadas definições de delitos e condiciona ou fundamenta a *ilicitude* do fato, o el*emento subjetivo especial do tipo* de ilícito, de forma autônoma e independente do dolo. Enfim, neste tipo penal o dolo, com seus dois elementos subjetivos, *vontade e consciência*, deve materializar-se no fato típico executado pelo agente.

8. Consumação e tentativa

Consuma-se o crime de afastamento de concorrente à licitação com o emprego de um dos meios executórios declinados no tipo penal (violência, grave ameaça, fraude ou oferecimento de vantagem de qualquer tipo, mesmo não aceita), com o objetivo de afastá-lo do certame licitatório. Não é necessário à consumação que ocorra o efetivo afastamento do licitante, pois o próprio legislador equipara, de certa forma, ao afastamento a figura tentada, embora não o diga expressamente. Com efeito, a locução adotada pelo legislador, "afastar ou procurar afastar" licitante, outra coisa não é que equiparar uma certa forma de tentativa — à consumação, diríamos uma modalidade *sui generis* de tentativa, com a agravante de afastar qualquer resultado decorrente da ação incriminada. Nada impede, como veremos adiante, que a primeira figura, *afastar*, possa ser interrompida, por circunstâncias alheias à vontade do agente, e isso, inegavelmente, tipifica a figura da tentativa.

Na hipótese prevista no parágrafo único — *abstenção ou desistência de licitar, em razão de vantagem oferecida* — o crime consuma-se com a *abstenção* em participar da licitação ou com a *desistência* de apresentar a proposta ao certame licitatório, desde que, logicamente, essa omissão ou desistência decorra efetivamente de "vantagem de qualquer tipo" oferecida ao omisso ou desistente do certame. Em outros termos, é indispensável *a relação de causalidade* entre uma efetiva *oferta de vantagem*, de qualquer natureza (que a lei fala, atecnicamente, em "de qualquer tipo") e a abstenção ou desistência do possível licitante. Estamos afirmando, dessa forma, a imprescindibilidade de prova concreta que a causa da *abstenção ou desistência* do possível licitante tenha sido a existência concreta de oferta nesse sentido. É inadmissível, nesse caso, qualquer *presunção, dedução* ou *ilação* sobre a possibilidade de que tenha ocorrido tal oferta.

A despeito de certa *esperteza* do legislador na definição nuclear típica, a primeira figura típica "afastar" admite, teoricamente, a tentativa, quando, por exemplo, a *ação* que visa diretamente *afastar* o licitante, no curso de sua execução, circunstância estranha ao seu querer, impede que se consume seu intento, *v.g.*, o agente é surpreendido por funcionário, que o impede de prosseguir na sua tentativa. No particular, discordamos de Paulo José da Costa Jr., para quem: "já que a figura penal em causa admitiu como crime a tentativa de afastamento, a infração em tela não admite o *conatus*. O crime tentado, por assim dizer, já é o crime consumado"[21]. Nessa mesma linha é o magistério de Vicente Greco Filho: "Como a tentativa foi considerada como crime, a infração não comporta o *conatus*"[22].

Na segunda figura do *caput*, no entanto — *procurar afastar licitante* —, é inadmissível a tentativa, pois *procurar afastar* é uma forma *sui generis* de *tentar* afastá-lo, em que o legislador antecipou sua consumação, como dizia a antiga doutrina. Em outras palavras, ainda que o *licitante* não se *afaste*, o crime já estará consumado. Por outro lado, a figura prevista no *parágrafo único* tampouco admite a figura tentada, por tratar-se de *crime omissivo*, pois não exige qualquer resultado naturalístico produzido pela omissão. Trata-se de crime de ato único, unissubsistente, que não admite *fracionamento*. Se o agente deixa passar o momento que deve agir, consuma-se o crime; se ainda pode agir, não se pode falar em crime. Por isso, a inviabilidade dogmática da figura tentada.

9. Classificação doutrinária

Trata-se de *crime comum* (que não exige qualquer qualidade ou condição especial do sujeito ativo, podendo ser praticado por qualquer pessoa); *formal* (que não exige resultado naturalístico para sua consumação); *de forma vinculada* (que só pode ser praticado através dos *meios* expressamente previstos no tipo penal, ou seja, mediante violência, grave ameaça, fraude ou recebimento de vantagem de qualquer tipo); *instantâneo* (consuma-se no momento em que o agente pratica a ação incriminada, esgotando-se aí a lesão jurídica, nada mais podendo ser feito para evitar a sua ocorrência); *comissivo* (na primeira figura sendo impossível praticá-lo através da omissão; na segunda, há a possibilidade de sua prática ocorrer tanto por ação quanto por omissão, embora esta última modalidade seja mais rara, mas não impossível); *doloso* (não havendo previsão da modalidade culposa); *unissubjetivo* (que pode ser praticado por um agente apenas, embora admita a figura do concurso eventual de pessoas); *plurissubsistente* (trata-se de crime cuja conduta *admite fracionamento*, isto é, pode ser dividida em atos, a despeito da dificuldade de admitir a figura tentada).

10. Pena e ação penal

As penas cominadas, cumulativamente, de prisão e multa. A pena de prisão foi transformada de detenção em reclusão, e elevada de dois a quatro anos, para 3 (três) anos a 5 (cinco) anos, reiterando uma espécie de *política criminal doentia*, aumentando as penas de todos os crimes aos quais tem oportunidade de rever,

---

21. Paulo José da Costa Jr., *Direito penal das licitações*, p. 56.
22. Vicente Greco Filho, *Dos crimes da Lei de Licitações*, p. 112.

como se a prisão aumentada resolvesse todos os problemas da violência, da segurança pública e do sistema penitenciário, sem enfrentar efetivamente as precariedades desse sistema além da pena *correspondente à violência*, quando constituir, em si mesma, crime, que pode ser lesões corporais, homicídio etc. Sempre cumuladas com pena de multa, como tem feito em todas as leis que envolvem matéria criminal, ignorando completamente o fundamento, necessidade e conveniência de aplicar a pena pecuniária.

A ação penal é pública incondicionada, sendo desnecessária qualquer manifestação de eventual ofendido. Será admitida ação penal privada subsidiária da pública, se esta não for ajuizada no prazo legal.

FRAUDE EM LICITAÇÃO OU CONTRATO | VIII

Sumário: 1. Considerações preliminares. 2. Bem jurídico tutelado. 3. Objeto material: licitação instaurada e/ou contrato dela decorrente. 4. Sujeitos do crime. 4.1. Sujeito ativo do crime. 4.2. Sujeito passivo do crime. 5. Tipo objetivo: adequação típica. 5.1. Meios executórios da conduta fraudulenta descrita no *caput* do art. 337-L. 5.1.1. Entrega de mercadoria ou prestação de serviços com qualidade ou em quantidade diversas das previstas no edital ou nos instrumentos contratuais. A previsão não existia no diploma legal revogado. 5.1.2. Fornecimento, como verdadeira ou perfeita, de mercadoria falsificada ou deteriorada, inservível para o consumo com prazo de validade vencido. 5.1.3. Entregando uma mercadoria por outra. 5.1.4. Alterando substância, qualidade ou quantidade da mercadoria fornecida. 5.1.5. Tornando, por qualquer modo, injustamente, mais onerosa a proposta ou a execução do contrato. 5.2. "Licitação instaurada" para aquisição ou venda de bens ou mercadorias, ou contrato dela decorrente. 6. Tipo subjetivo: adequação típica. 6.1. (Des)necessidade de elemento subjetivo especial do injusto. 7. Consumação e tentativa. 8. Classificação doutrinária. 9. Pena e ação penal.

Fraude em licitação ou contrato

Art. 337-L. Fraudar, em prejuízo da Administração Pública, licitação ou contrato dela decorrente, mediante:

I — entrega de mercadoria ou prestação de serviços com qualidade ou em quantidade diversas das previstas no edital ou nos instrumentos contratuais;

II — fornecimento, como verdadeira ou perfeita, de mercadoria falsificada, deteriorada, inservível para consumo ou com prazo de validade vencido;

III — entrega de uma mercadoria por outra;

IV — alteração da substância, qualidade ou quantidade da mercadoria ou do serviço fornecido;

V — qualquer meio fraudulento que torne injustamente mais onerosa para a Administração Pública a proposta ou a execução do contrato:

Pena — reclusão, de 4 (quatro) anos a 8 (oito) anos, e multa.

1. Considerações preliminares

O art. 337-L do Código Penal, acrescentado pela Lei n. 14.133/2021, *criminaliza fraudes* praticadas em licitações ou em contratos dela decorrentes, mediante uma variedade de condutas, elencadas em seus cinco incisos, em prejuízo da Administração Pública. Comina-lhe a pena mínima de quatro anos.

A previsão anterior, que correspondia ao art. 96 da lei revogada, cominava pena de detenção de três a seis anos e multa. Acreditamos que seria mais razoável, a nosso juízo, a pena mínima na faixa de dois a três anos, pois permitiria ao juiz dosar melhor a pena no caso concreto. Assim, com limites mais elásticos, permitiria ao julgador melhores condições para dosar a pena e adequá-la a condutas menos graves. No entanto, essa elevadíssima pena mínima de quatro anos de reclusão foi, injustificadamente, cominada no mesmo patamar em quatro desses novos tipos penais. Vale ressaltar que o STJ tem formado o entendimento de que, assim como outros delitos desse capítulo do Código Penal, "Não houve *abolitio criminis* das condutas tipificadas nos arts. 90 e 96, I, da Lei n. 8.666/1993 pela Lei n. 14.133/2021, permanecendo sua criminalização nos arts. 337-F e 337-L, V, do CP. Incidência do princípio da continuidade típico-normativa"[1].

Por outro lado, a previsão relativa à pena de multa de *seguir a metodologia de cálculo prevista no Código Penal* (art. 337-P) é complementada, no mesmo dispositivo legal, de não poder "ser inferior a dois por cento (2%) do valor do contrato licitado". Por outro lado, a previsão do Código Penal em vigor, desde a Reforma Penal de 1984, é fixar a pena de multa no mínimo de um terço (1/3) do salário mínimo (art. 49, *caput* e seu § 1º), vigente na data do fato. Ora, essa previsão da Lei n. 14.133/2021 choca-se frontalmente com o *sistema dias-multa* adotado pelo Código Penal. São, na verdade, dois sistemas *incompatíveis* um com o outro: a nova previsão legal fixa o piso mínimo de 2% (dois por cento) do valor do contrato licitado, enquanto o Código Penal fixa o mínimo de um terço do salário mínimo vigente na data do fato. Precisaremos fazer uma "ginástica" do gênero "salto triplo carpado" para compatibilizar a pretensão declarada expressamente pelo legislador contemporâneo. Enfim, essa foi a escolha do legislador, desafortunadamente.

Este tipo penal apresenta uma peculiaridade especial, qual seja, fez uma correção na identificação do *sujeito passivo*, como a Administração Pública, antes identificado como Poder Público. Com efeito, o legislador penal original, por meio do uso da expressão "fraudar, *em prejuízo da Fazenda Pública*", foi identificar *a vítima* que é diretamente afetada pela conduta incriminada, restringindo, consequentemente, seu alcance. Posteriormente a revogada Lei n. 8.666/93 corrigiu para Poder Público, parecendo que, finalmente, este dispositivo faz a correção final identificando o sujeito passivo como Administração Pública, que é mais abrangente. Ou seja, com a identificação da Administração Pública abrangem-se os órgãos integrantes de União, Estados, Distrito Federal e Municípios, e respectivas autarquias, empresas públicas, sociedades de economia mista, fundações públicas, de direito público e de direito privado, *além de quaisquer outras entidades sob seu controle direto ou indireto*. Essa, enfim, é a abrangência, neste contexto licitatório, de Administração Pública, que engloba não apenas as entidades de *direito público*, mas também as de

---

1. AgRg no AREsp 2.035.619/SP, rel. Min. Ribeiro Dantas, 5ª T., j. em 26-4-2022, *DJe* de 29-4-2022. Em sentido semelhante, vide: STJ, AgRg nos EDcl no REsp n. 2.003.180/CE, rel. Min. Rogerio Schietti Cruz, 6ª T., j. em 20-5-2024, publicado em 22-5-2024.

direito privado que são obrigadas a licitar. *Fazenda Pública*, por sua vez, em seu sentido técnico-jurídico, refere-se somente aos mesmos entes federativos (União, Estados, Distrito Federal e Municípios) e respectivas autarquias (as fundações de direito público são equiparadas a autarquias). E só! Ficava excluído, portanto, do conceito de *Fazenda Pública* o *patrimônio* das *empresas públicas*, das *sociedades de economia mista* e das *fundações de direito privado,* as quais, embora integrem o conceito de Administração Pública para fins da Lei de Licitações (art. 6º, XI[2]), não são abrangidas pela definição legal de *Fazenda Pública*, como demonstraremos, quando abordarmos os sujeitos do crime.

Enfim, observa-se que se a *fraude* prejudicar vítima distinta, inclusive outras entidades públicas, bem como somente outro licitante, o agente agora responderá por este crime previsto neste art. 337-L.

2. Bem jurídico tutelado

Bem jurídico protegido é, novamente, garantir a respeitabilidade, probidade, integridade e moralidade do *certame licitatório*, mas especialmente preservar o patrimônio da Administração Pública em geral, em todos os níveis de Poderes, federal, estadual e municipal. O dispositivo ora examinado visa, acima de tudo, assegurar a correção, legalidade e moralidade na realização de cada um e de todos os atos do procedimento licitatório, observando rigorosamente a regra do respeito ao bem público.

Protege-se, igualmente, a probidade e dignidade da função pública, sua respeitabilidade, e busca-se assegurar, intransigentemente, o cumprimento do *dever de fidelidade* do servidor público, bem como sua integridade. A criminalização constante deste artigo, enfim, proibir a adoção de *procedimento fraudulento*, procrastinatório ou desleal, que cause prejuízo à Fazenda Pública, objetiva, ao mesmo tempo, evitar a contribuição ou participação de algum funcionário, desvirtuando a finalidade e regularidade do procedimento licitatório.

Necessário atentar para o *objeto material* protegido, nesta infração penal, que é mais restrito, limitando-se à aquisição ou venda de bens, mercadorias ou contrato dela decorrente, que possam causar prejuízo à Administração Pública, cujo conteúdo é limitado pelo disposto no art. 1º da Lei n. 6.830/80, diploma que disciplina a execução de Dívida Ativa perante a Fazenda Pública.

3. Objeto material: licitação instaurada ou contrato dela decorrente

Objeto material da ação fraudulenta são a "licitação e o contrato dela decorrente", uma ou outro, ou ambos ao mesmo tempo; ou seja, a prática deste crime pressupõe "licitação instaurada" e/ou "contrato assinado" em decorrência de licitação instaurada.

---

2. "Art. 6º Para os fins desta Lei, considera-se: (...) XI — Administração Pública — a administração direta e indireta da União, dos Estados, do Distrito Federal e dos Municípios, abrangendo inclusive as entidades com personalidade jurídica de direito privado sob controle do poder público e das fundações por ele instituídas ou mantidas."

Aliás, a *existência de licitação instaurada*, mais que uma elementar do tipo, é *pressuposto* da ocorrência da conduta fraudulenta, a qual, *sem a instauração da licitação*, não pode acontecer, nem na licitação nem no contrato. Qualquer *fraude* verificada antes dessa instauração não se adéqua a este tipo penal. A elementar "contrato dela decorrente", por sua vez, não abrange todo e qualquer *contrato*, mas tão somente aquele que decorra diretamente de licitação instaurada. *Contrato* é um instrumento jurídico bilateral, formal, e, além de firmado pelas partes contratantes (inclusive intervenientes, se houver), deve ser assinado também por duas testemunhas instrumentais. E para resolvê-lo, de comum acordo, deve ser celebrado um "distrato", que é igualmente bilateral e formal, isto é, basicamente, com as mesmas formalidades do contrato.

Constitui *erro crasso* imaginar que se aplica, neste dispositivo, a abrangência geral dos contratos. Essa previsão, no entanto, vale para o âmbito administrativo, mas, para a seara penal, deve ser respeitado o dogma da tipicidade estrita. A despeito de válida aquela definição de *contrato* — todo e qualquer *ajuste* entre órgãos ou entidades da Administração Pública e particulares — não se trata de qualquer *contrato* com a Administração Pública, mas tão somente de contrato relativo à *licitação instaurada*. Observe-se que também estão excluídas deste tipo penal as licitações instauradas para realização de obras ou contratação de serviços, porque não integram a descrição típica.

É um equívoco, por outro lado, não menos grave, equiparar "contrato", elementar do *caput*, com "qualquer pacto firmado pela Administração Pública", como pretendem alguns[3]. Na verdade, a própria lei de regência distingue o "contrato" de "outros instrumentos hábeis", quando determina que "o instrumento de contrato é obrigatório nos casos de concorrência e de tomada de preços" (...) "e facultativo nos demais em que a Administração puder substituí-lo por outros instrumentos hábeis". Ora, quando o artigo mencionado faculta substituir o "instrumento de contrato" por "outros instrumentos hábeis" está reconhecendo que são instrumentos diferentes, isto é, que não têm a mesma estrutura formal e nem a mesma força e confiabilidade jurídica, tanto que os destina a situações menos importantes e menos formais, como são as outras modalidades de certames licitatórios.

Por outro lado, o legislador penal, ao incluir no tipo penal a elementar "ou contrato dela decorrente", se o desejasse poderia ter acrescido, naturalmente, "ou outros instrumentos hábeis", como outros diplomas já fizeram, e transformaria esse instrumental em generalidade, que, facilmente, abrangeria referidas alternativas. Contudo, o legislador da parte penal não o fez, e, consequentemente, não poderá o intérprete fazê-lo, sob pena de violar o princípio da *tipicidade estrita*.

Entendimento diverso violaria o *princípio da taxatividade* da tipicidade, intolerável no direito penal da culpabilidade, e, por extensão, o *princípio da legalidade*, aliás, pelos mesmos fundamentos que desenvolvemos no item 5.1.5 logo adiante.

---

3. André Guilherme Tavares de Freitas, *Crimes na Lei de Licitações*, 2. ed., Rio de Janeiro, Lumen Juris, 2010, p. 164.

4. Sujeitos do crime

4.1 *Sujeito ativo do crime*

Sujeito ativo do crime pode ser qualquer pessoa, tendo ou não interesse pessoal no procedimento licitatório, não sendo exigida qualidade ou condição especial; pode ser qualquer pessoa, seja ou não licitante, isto é, qualquer terceiro, interessado ou não no processo; pode, inclusive, ser *funcionário público* encarregado do procedimento licitatório, e o próprio procurador da parte, se efetivamente concorrer para a irregularidade de qualquer ato do procedimento licitatório. No entanto, não praticará o crime o advogado que não participar da fraude praticada pelo cliente; e eventual *conivência do advogado*, que não se confunde com a participação em sentido estrito, somente o exporá a medidas disciplinares a ser investigada e processada pelo Tribunal de Ética da OAB.

Aparentemente pode dar a impressão de que se trata de *crime próprio* e que só poderia ser praticado pelo *licitante* ou "contratado", mas não é o caso, embora essa seja a regra. Trata-se, na realidade, de *crime comum*, podendo, como já afirmamos, ser praticado por qualquer indivíduo, licitante ou não, inclusive *funcionário público*. O tipo penal identifica somente o objeto contra o qual se destina a conduta fraudulenta, qual seja, *licitação instaurada* ou *contrato dela decorrente*, mas não limitou sua autoria a licitante ou contratado. No mesmo sentido, é a orientação de Tavares de Freitas, *in verbis*: "Diante disso, entendemos versar a hipótese sobre crime comum, que poderá, por conseguinte, ser praticado por qualquer pessoa que consiga utilizar-se das vias de execução previstas neste art. 96 para o fim de fraudar o contrato ou a licitação (...). Evidente que este crime é praticado mais comumente pelos contratados ou licitantes, o que não impede, contudo, a possibilidade de também ser praticado por outras pessoas que não tenham esta qualidade"[4].

4.2 *Sujeito passivo do crime*

Sujeito passivo é a Administração Pública que, neste caso, até pode ser confundido com Poder Público, embora não seja a forma mais adequada para definir o sujeito passivo destes crimes, aliás, utilizado em outros dispositivos penais deste mesmo diploma legal. Aqui, o legislador preferiu não restringir o alcance do destinatário do *prejuízo* ou dano produzido pela conduta incriminada, ou seja, o sujeito passivo da infração penal. Essa previsão contraria a previsão anterior. Certamente, essa sua escolha nos parece a mais correta se comparada à anterior, que definia como sujeito passivo a Fazenda Pública.

---

4. André Guilherme Tavares de Freitas, *Crimes na Lei de Licitações*, p. 160.

5. Tipo objetivo: adequação típica

Estamos diante de um dos quatro crimes mais graves previstos nesta lei, pois todos os quatro recebem a pena de quatro a oito anos de reclusão e multa, e, ao mesmo tempo, é aquele que contém o preceito primário mais extenso deste diploma legal. Mas, a despeito dessa longa extensão, descreve somente uma conduta nuclear, qual seja, "fraudar", em prejuízo da Administração Pública, licitação ou contrato dela decorrente. No entanto, por outro lado, elenca cinco formas ou modos pelos quais essa criminalização pode configurar-se. Vejamos, sucintamente, cada um deles.

Com efeito, os verbos constantes nos cinco incisos vinculados ao *caput,* utilizados no gerúndio, representam simples *meios* ou *formas* pelos quais a *conduta de fraudar* pode ser executada em prejuízo do ente público. Nesse sentido, Tavares de Freitas, acertadamente, manifesta: "O verbo nuclear deste tipo penal é 'fraudar', sendo estabelecido nos cinco incisos os meios de execução de tal fraude"[5]. Aliás, convém relembrar, na boa técnica legislativa, os *verbos nucleares* indicadores da conduta proibida nunca são empregados no gerúndio. Em outros termos, a conduta de *fraudar* pode ser executada "elevando" preços, "vendendo" mercadorias inadequadas, "entregando" uma mercadoria por outra, "alterando" a essência da mercadoria fornecida ou "tornando", injustamente, a proposta ou contrato mais oneroso. No entanto, repetindo, são apenas os *meios* elencados nos cinco incisos do *caput,* por meio dos quais a conduta "fraudar" pode ser executada.

Por estas razões, não nos parece tecnicamente correto afirmar-se que este tipo penal contempla ou descreve inúmeras condutas criminosas, como alguns doutrinadores chegam a afirmar[6]. Rui Stoco, no entanto, a despeito da afirmação ambígua, que destacamos na nota anterior, referindo-se aos incisos do *caput,* reconhece que "as condutas referidas constituem apenas meio e modo para a realização do tipo"[7]. Com efeito, a conduta incriminada é *fraudar* licitação instaurada, causando prejuízo à Administração Pública. As formas representadas por verbos no gerúndio, nos respectivos incisos, apresentam-se como meros instrumentos de execução da ação de fraudar licitação instaurada em prejuízo da Fazenda Pública, mas a conduta incriminada, repetindo, é uma só, a de *fraudar* licitação instaurada.

---

5. André Guilherme Tavares de Freitas, *Crimes na Lei de Licitações,* p. 163.
6. Paulo José da Costa Jr., *Direito penal das licitações,* p. 57: "Cinco as modalidades de condutas elencadas em lei, de forma taxativa"; Vicente Greco Filho, *Dos crimes da Lei de Licitações,* p. 115: "Diversas são as ações previstas, que serão analisadas adiante, mas todas elas referem-se à fraude na licitação ou no contrato relativo à aquisição ou venda de bens ou mercadorias"; Rui Stoco, *Leis penais especiais e sua interpretação jurisprudencial,* p. 2588: "Inúmeras as condutas através das quais o agente pode fraudar, em prejuízo da Fazenda Pública, licitação instaurada ou contrato dela decorrente". Essa afirmação de Stoco não estaria de todo inadequada, apenas deveria substituir a locução "inúmeras condutas" por "inúmeros meios".
7. Rui Stoco, *Leis penais especiais e sua interpretação jurisprudencial,* p. 2589.

Mas antes de examinarmos referidos *meios* — que são vinculados — precisamos analisar a única conduta nuclear típica — *fraudar* — e defini-la, isto é, descortiná-la, *enfim*, examinar o seu conteúdo jurídico-dogmático.

Fraudar "licitação" ou "contrato dela decorrente" significa utilizar-se de *fraude na própria licitação*, já instaurada, ou na execução do contrato celebrado dela decorrente. *Fraude*, por sua vez, é todo e qualquer *meio enganoso*, que tem a finalidade de *ludibriar*, de alterar a verdade de fatos ou a natureza das coisas, e deve ser interpretada como *gênero*, que pode apresentar-se sob várias *espécies* ou modalidades distintas, tais como *artifício, ardil* ou *qualquer outro meio fraudulento*, como distinguiu o legislador de 1940 na definição do crime de estelionato. A *fraude consiste em atos praticados, dissimulados ou não, aptos a iludir, enganar ou ludibriar a contratante*, isto é, *o sujeito passivo*, lesando ou pondo em risco o bem jurídico tutelado. Na realização da conduta fraudulenta, alterando a verdade ou a natureza de fatos, documentos, operações ou quaisquer ações diretivas, sempre com a finalidade de *enganar* alguém, induzindo-o ou mantendo-o em erro, o agente pode empregar, efetivamente, artifício, ardil ou qualquer outro meio fraudulento.

Artifício é toda simulação ou dissimulação idônea para induzir uma pessoa em erro, levando-a à percepção de uma *falsa aparência da realidade*; *ardil* é a trama, o estratagema, a astúcia utilizada pelo agente para ludibriar a boa-fé da vítima; *qualquer outro meio fraudulento*, por sua vez, é uma *fórmula genérica* para admitir quaisquer espécies de fraude que possam enganar a vítima, que são meramente exemplificativas da *fraude penal*, tratando-se, portanto, de *crime de forma livre*. No entanto, o Ministério Público deverá identificar, na denúncia, a *espécie* ou *modalidade* de fraude perpetrada, descrevendo, inclusive, em que esta consiste. Significa admitir, em outros termos, que se o Ministério Público imputar a prática do fato delituoso mediante *artifício*, e, afinal, a prova dos autos demonstrar que se trata de *ardil*, haverá inegável prejuízo para a defesa, ficando claro que o *Parquet* não observou seu *dever funcional* de descrever, detalhadamente, a infração penal imputada, não podendo prosperar a denúncia. Enfim, é indispensável que se descreva na denúncia exatamente em que consiste a *fraude*, quais são os atos *in concreto* que caracterizam aquilo que se denomina *fraude*.

5.1 Meios executórios da conduta fraudulenta descrita no caput do art. 337-L

Como destacamos no tópico anterior, discordamos da afirmação de alguns doutrinadores, para os quais, referindo-se ao revogado art. 96 (atual art. 337-L), afirmam que ele descreve inúmeras *condutas criminosas*[8]. Repetindo, o verbo núcleo

---

8. Paulo José da Costa Jr., *Direito penal das licitações*, p. 57: "Cinco as modalidades de condutas elencadas em lei, de forma taxativa"; Vicente Greco Filho, *Dos crimes da Lei de Licitações*, p. 115: "Diversas são as ações previstas, que serão analisadas adiante, mas todas elas referem-se à fraude na licitação ou no contrato relativo à aquisição ou venda de bens ou mercadorias".

do tipo é *fraudar* licitação instaurada, causando prejuízo à Administração Pública. Os cinco incisos elencados junto ao *caput, com* verbos no gerúndio, identificam somente os *meios, modos ou formas* de realizar o único verbo nuclear desse artigo, "fraudar", que simbolizam simples instrumentos de execução da ação fraudulenta, mas a conduta nuclear do tipo é uma só, ou seja, *fraudar* licitação instaurada ou contrato dela decorrente. Vejamos, sucintamente, cada um desses meios.

5.1.1 Entrega de mercadoria ou prestação de serviços com qualidade ou em quantidade diversas das previstas no edital ou nos instrumentos contratuais. A previsão não existia no diploma legal revogado

Mas significa, sucintamente, não entregar a mercadoria contratada, mas outra no lugar dela. Nessa hipótese é irrelevante que a mercadoria entregue seja mais cara ou melhor avaliada no mercado, importa é que o contrato não está sendo honrado. Entregar mercadoria ou serviço diferente do que foi contratado, ou com qualidade ou quantidade diferente do que foi ajustado no edital ou nos instrumentos contratuais significa desonrar o compromisso firmado.

O Poder Público precisa e tem o direito de receber exatamente o que comprou ou contratou, porque a maior valia da mercadoria entregue ou do serviço contratado é indiferente do ajustado ou comprada. Causa, inegavelmente, prejuízo à Administração Pública. Regra geral, os contratos da administração púbica, seja de serviço, de obra ou de compra de material, têm objeto certo, não entregá-lo de acordo com o ajustado significa descumprir contrato. Esse descumprimento configura a violação do inciso mencionado. Enfim, apenas exemplificando hipóteses de descumprimentos contratuais elencadas no inciso I deste artigo.

5.1.2 Fornecimento, como verdadeira ou perfeita, de mercadoria falsificada ou deteriorada, inservível para o consumo ou com prazo de validade vencido

As previsões dos incisos II, III e IV assemelham-se a modalidades especiais de estelionato, especialmente daquelas figuras especiais contidas no § 2º do art. 171, bem como à fraude ao comércio, prevista no art. 175, ambos do Código Penal, devendo, por isso mesmo, receber tratamento similar, respeitando as elementares típicas de cada infração penal. Logicamente que cada figura apresenta alguma peculiaridade que a distingue daquelas, tornando-a específica.

A ação incriminada consiste — lembrando sempre — em *fraudar* licitação instaurada (ou contrato dela decorrente), *vendendo* (modo ou meio de execução) mercadoria *falsificada* ou *deteriorada,* como se verdadeira ou perfeita fosse. Deve tratar-se, portanto, de *venda* e não de permuta, dação ou entrega da mercadoria a qualquer outro título, e menos ainda de aquisição (referida somente no *caput*). O *objeto material* da ação é *mercadoria,* que pode ser coisa móvel ou semovente (art. 191 do Código Comercial), ficando excluídos, portanto, *outros bens,* aos quais apenas o *caput* refere-se, não sendo incluídos nesta modalidade de execução. *Falsificada* é a mercadoria adulterada a que o sujeito ativo dá a aparência de legítima ou genuína. *Deteriorada* é a mercadoria estragada, total ou parcialmente. A *fraude* requerida pelo tipo penal em exame consiste exatamente em apresentá-la como *perfeita* ou *verdadeira*, enganando o adquirente de boa-fé e causando-lhe, consequentemente, prejuízo.

Como observação complementar a este tópico, cabe realçar que a entrega de mercadorias *adulteradas* ou *falsificadas* só pode ocorrer, necessariamente, na fase de execução do contrato, antes é impossível.

5.1.3 Entregando uma mercadoria por outra

Nesta modalidade, o *meio* ou *forma* de execução da *fraude* à licitação instaurada (ou contrato dela decorrente) é "*entregando* uma mercadoria por outra", ou seja, o sujeito passivo, no caso uma entidade de direito público, *adquire* uma *mercadoria* e recebe outra diversa daquela que havia comprado. Nessa hipótese, há *presunção* da existência de uma relação obrigacional, na qual a mercadoria foi determinada e individualizada, não podendo ser entregue outra em seu lugar. Faltando, portanto, essa individualização e determinação da mercadoria a ser entregue, a conduta é atípica. A *fraude* pode referir-se à substância da mercadoria (farinha por sal), à qualidade ou quantidade. Mesmo que seja falsificada, se o ofendido, isto é, o adquirente, não foi enganado, sabendo que a mercadoria não é verdadeira, a conduta é atípica, por faltar precisamente esse elemento ludibriador, enganador e ardiloso que caracteriza a fraude. Nesse sentido, discordamos da doutrina majoritária que sustenta ser irrelevante o conhecimento do adquirente[9]. O que constitui a *fraude*, neste meio de execução, não é propriamente o emprego de algum ardil, artifício ou outro meio fraudulento induzindo o comprador ou adquirente na aquisição da coisa a erro ou engano. O engano ou fraude está na efetivação, na realização mesma da *venda*, nos fatos mencionados de *vender* e *entregar*. Contudo, destaca Costa Jr.: "Sem dúvida, a mercadoria haverá de ser substituída por outra, de qualidade inferior. Se a substituição se fizer *in melius* não há que falar em crime, em razão da ausência de prejuízo por parte da Fazenda Pública"[10].

Mas, para concluir, as fraudes praticadas pelos meios mencionados nos incisos II e III somente podem configurar o crime descrito neste art. 337-L se o "vendedor" ou "entregador" for o particular para a Administração Pública, estrito senso, pois lhe causará, inevitavelmente, prejuízo. O inverso não é verdadeiro, pois se tais condutas forem praticadas pelos entes federativos e respectivas autarquias, acabarão se beneficiando com a própria torpeza. Contudo, é preciso cautela interpretativa, porque, mesmo não se configurando crime, a Administração Pública, por meio de seus representantes legais, poderá estar lesando o consumidor, e por essa lesão deverá responder, inclusive objetivamente. Vejamos como essa matéria é disciplinada no Código de Defesa do Consumidor (Lei n. 8.078/90).

---

9. Vicente Greco Filho, *Dos crimes da lei das licitações*, p. 117; Paulo José da Costa Jr., *Direito penal das licitações*, p. 58; André Guilherme Tavares de Freitas, *Crimes na Lei de Licitações*, p. 166.
10. Paulo José da Costa Jr., *Direito penal das licitações*, p. 58.

Com efeito, o art. 18, § 6º, da Lei n. 8.078/90 determina: "*São impróprios ao uso e consumo: I — os produtos cujos prazos de validade estejam vencidos; II — os produtos deteriorados, alterados, adulterados, avariados, falsificados, corrompidos, fraudados, nocivos à vida ou à saúde, perigosos ou, ainda, aqueles em desacordo com as normas regulamentares de fabricação, distribuição ou apresentação*". Enfim, definitivamente, a Administração Pública não está imune à responsabilização por lesão que possa eventualmente causar ao consumidor, devendo arcar com ela, de infringir referidos dispositivos legais.

5.1.4 Alterando substância, qualidade ou quantidade da mercadoria fornecida

A fraude tipificada no inciso IV deve ter por objeto a *substância* (a matéria, qual seja, a essência), *qualidade* (espécie, modalidade, seu atributo) ou *quantidade* (número, peso ou dimensão). O contratante descumpre, ainda que parcialmente, aquilo que foi acordado em contrato público, lesando o patrimônio do Estado, como um todo, da Administração Pública. Nesta hipótese, o sujeito ativo deve ter a obrigação de entregar *coisa certa* e *determinada*, obrigação essa que, em tese, poderia ser legal, judicial ou contratual, mas especificamente pela previsão deste dispositivo legal a obrigação deve, necessariamente, não só decorrer de *contrato* (obrigação contratual, portanto), mas de *contrato* que seja *decorrente de certame licitatório*. Essa restrição decorre exatamente do próprio tipo penal, que determina "fraudar licitação instaurada ... ou contrato dela decorrente", ficando excluídas, consequentemente, *fraudes* semelhantes ocorridas em outras espécies de contratos celebrados com o Poder Público. Logicamente, essas outras fraudes em outras modalidades de contratos, alheios ao âmbito licitatório, encontrarão proteção jurídico-penal, provavelmente, no âmbito da figura do estelionato, e particularmente em suas figuras especiais.

A simples falta de *qualidade* (deficiente, insuficiente ou diferente) e até mesmo de *quantidade* (que pode facilmente ser suprida) não configura a infração penal aqui prevista. Para que se configure o crime é imprescindível a ocorrência da *fraude*, se não a beneficiar, mas com certeza a *prejudicada é a Aministração Pública*. Necessariamente, a alteração de qualidade e quantidade deverá ser — para caracterizar o crime — para pior ou para menor, respectivamente. Pois, se a alteração se fizer para melhor ou para quantidade superior à contratada não haverá prejuízo algum à Fazenda Pública, logo, não se poderá cogitar de crime algum[11]. Nestas duas hipóteses, simples deficiências de qualidade e quantidade devem ser resolvidas nos planos cível e administrativo, ganhando importância aquela distinção que fizemos entre fraude civil e fraude penal, quando analisamos o crime previsto no art. 337-E.

5.1.5 Tornando, por qualquer modo, injustamente, mais onerosa a proposta ou a execução do contrato

Trata-se de um enunciado extremamente aberto, abrangente e difuso, sem significado específico, que pode significar (a redundância é proposital) qualquer coisa

---
11. Paulo José da Costa Jr., *Direito penal das licitações*, p. 59.

e nada ao mesmo tempo. "Tornando mais onerosa a proposta" em relação a quê? Qual é, afinal, o paradigma a que deve ser comparada tal proposta para considerá-la mais ou menos onerosa? Embora não se possa afirmar que se trata de um enunciado insignificante, certamente não é demasia afirmar-se que não tem nenhum significado em si mesmo, pairando como uma abstração descontextualizada. E com essa vagueza e imprecisão pretende-se determinar a tipificação de um comportamento penalmente passível de sanção penal, ignorando-se os princípios mais comezinhos e mais elementares de direito penal, como legalidade, taxatividade etc. Mais uma vez cabem, neste contexto, as observações anteriormente feitas relativamente à necessidade, na hipótese, de que haja conluio de todos os participantes, vez que o fator preço é um dos elementos determinantes da concorrência. Aquele que se apresentar "fora de preço" será naturalmente sobrepassado pelos demais. Além, evidentemente, de não representar qualquer dano ao Erário.

Permita-se uma pequena digressão sobre a nossa cultura legislativa. Muitas vezes, pelas próprias características do processo eletivo, os legisladores não possuem o necessário conhecimento técnico (num sentido amplo) do que significa *empreender*. A nossa legislação tributária, *v.g.*, é rica em exemplos de como a atividade privada é vista com preconceito por aqueles que jamais emitiram uma nota fiscal na vida, ou que tiveram que pagar salários obtendo recursos como fruto da atividade empresarial. Quando a Constituição Federal eleva as empresas à condição de corresponsáveis pelo aspecto social de suas atividades, não pode ter no próprio Estado Legislador, infraconstitucional, um "inimigo" prático.

Tratar penalmente questões que são oriundas de procedimentos administrativos deveria exigir não só a já mencionada precisão nas definições legais, bem como o claro entendimento dos procedimentos empresariais em si. Não se pode tratar como criminoso qualquer empresário que tenha participado de *certames licitatórios*, meramente por "deduções" acusatórias. Vejamos o que dizem a respeito deste enunciado alguns dos autores que consultamos. Destaca Costa Jr.: "... o prejuízo da Fazenda Pública acha-se implícito na norma. De algum modo, a proposta apresentada pelo concorrente ou a execução do contrato haverão de ser dispendiosas, o que irá gerar um prejuízo injusto, em detrimento da Fazenda Pública"[12]. Greco Filho sintetiza: "... isto é, *tornar injustamente mais onerosa a proposta* não tem significado se não houver prejuízo para a Administração[13] e se não representar fraude à licitação ou ao contrato. Assim, se a proposta não for a vencedora, a elevação de preços, ainda que arbitrária, não tem relevância penal"[14].

Enfim, com esse enunciado — *tornando, por qualquer modo, injustamente, mais onerosa a proposta ou a execução do contrato* — estamos diante de outra provável

---

12. Paulo José da Costa Jr., *Direito penal das licitações*, p. 59.
13. Nota do autor: apenas para relembrarmos que o *prejuízo* deve ser para a Fazenda Pública, que tem um alcance mais restrito, como demonstramos anteriormente.
14. Vicente Greco Filho, *Dos crimes da Lei de Licitações*, p. 118.

inconstitucionalidade, a exemplo do que ocorre com a previsão constante do inciso I, conforme fundamentos que expusemos acima. Parece-nos, sem sombra de dúvida, que a redação ora questionada agride flagrantemente os princípios da legalidade e da taxatividade da tipicidade, como demonstramos a seguir.

Para que o *princípio de legalidade* seja, na prática, efetivo, cumprindo com eficácia a finalidade de estabelecer quais são as *condutas puníveis* e as sanções a elas cominadas, é necessário que o legislador penal evite ao máximo o uso de expressões *vagas, equívocas, ambíguas* ou excessivamente *abertas* como as que ora criticamos. Nesse sentido profetiza Claus Roxin, afirmando que "uma lei indeterminada ou imprecisa e, por isso mesmo, pouco clara não pode proteger o cidadão da arbitrariedade, porque não implica uma autolimitação do *ius puniendi* estatal, ao qual se possa recorrer. Ademais, contraria o princípio da divisão dos poderes, porque permite ao juiz realizar a interpretação que quiser, invadindo, dessa forma, a esfera do legislativo"[15].

Dessa forma, objetiva-se que o *princípio de legalidade*, enquanto garantia material, ofereça a necessária segurança jurídica para o sistema penal. O que deriva na correspondente exigência, dirigida ao legislador, de *determinação* das condutas puníveis, que também é conhecida como *princípio da taxatividade* ou mandato de determinação dos tipos penais.

Não se desconhece, contudo, que, por sua própria natureza, a ciência jurídica admite certo grau de *indeterminação*, visto que, como regra, todos os termos utilizados pelo legislador admitem várias interpretações. De fato, o legislador não pode abandonar por completo os *conceitos valorativos*, expostos como *cláusulas gerais*, os quais permitem, de certa forma, uma melhor adequação da norma de proibição com o comportamento efetivado. O tema, entretanto, pode chegar a alcançar proporções alarmantes quando o legislador utiliza excessivamente *conceitos que necessitam de complementação valorativa*, isto é, não descrevem efetivamente a *conduta proibida*, requerendo, do magistrado, um *juízo valorativo* para complementar a descrição típica, com graves violações à segurança jurídica.

Na verdade, uma técnica legislativa correta e adequada ao *princípio de legalidade* deverá evitar ambos os extremos, quais sejam, tanto a proibição total da utilização de conceitos normativos gerais como o exagerado uso dessas cláusulas gerais valorativas, que não descrevem com precisão as condutas proibidas. Sugere-se que se busque um meio-termo que permita a proteção dos bens jurídicos relevantes contra aquelas condutas tidas como gravemente censuráveis, de um lado, e o uso equilibrado das ditas *cláusulas gerais* valorativas, de outro lado, possibilitando, assim, a abertura do Direito Penal à compreensão e regulação da realidade dinâmica da vida em sociedade, sem fissuras com a exigência de segurança jurídica do sistema penal, como garantia de que a total *indeterminação* será inconstitucional. Os pontos de vista da justiça e da necessidade de pena devem ser considerados

---

15. Claus Roxin, *Derecho penal*, p. 169.

dentro dos limites da legalidade, ou estar-se-ia renunciando ao princípio da determinação em favor das concepções judiciais sobre a Justiça.

Por todos esses fundamentos, estamos de acordo com Claus Roxin quando sugere que a solução correta deverá ser encontrada mediante os "princípios da interpretação em Direito Penal". Segundo esses princípios, "um preceito penal será suficientemente preciso e determinado se e na medida em que do mesmo se possa deduzir um claro fim de proteção do legislador e que, com segurança, o teor literal siga marcando os limites de uma extensão arbitrária da interpretação"[16]. No entanto, a despeito de tudo, os textos legais em matéria penal — como o que ora examinamos — continuam abusando do uso excessivo de expressões valorativas, ambíguas, vagas e imprecisas, dificultando, quando não violando, os *princípios de legalidade e da tipicidade estrita*.

O princípio da legalidade exige que a norma contenha a descrição hipotética do comportamento proibido e a determinação da correspondente sanção penal, com alguma precisão, como forma de impedir a imposição a alguém de uma punição arbitrária sem uma correspondente infração penal. É intolerável que o legislador ordinário possa regular de forma tão vaga e imprecisa o teor do que seja "tornando, por qualquer modo, injustamente, mais onerosa a proposta ou a execução do contrato", pois afronta, flagrantemente, o princípio de legalidade, sem dúvida alguma.

Curiosamente, há, no entanto, quem ainda defenda uma *interpretação extensiva* desse conteúdo do inciso V, nos seguintes termos: "... vemos que o legislador utilizou-se de uma norma genérica, isto é, *abrangente das outras hipóteses fraudulentas existentes não listadas nos quatro incisos anteriores*, geradoras de prejuízo à Fazenda Pública e que sejam observadas em procedimento licitatório para aquisição ou venda de bens ou mercadorias, o contrato decorrente de tal certame. Assim, o presente inciso não só abrange os demais incisos do art. 96, como, também, *por interpretação extensiva*, as outras hipóteses de fraude adequadas ao aqui mencionado" (destacamos).

Cumpre relembrar, por fim, que as *fraudes* tipificadas neste dispositivo penal, inclusive nestes cinco incisos, sofrem aquela limitação a que já nos referimos no início dos comentários aqui realizados, qual seja, são restritas à Fazenda Pública, excluindo, portanto, aquelas pessoas jurídicas não abrangidas pelo art. 1º da Lei n. 6.830/80. Por outro lado, *limitam-se*, igualmente, à venda de mercadoria, estando excluídos quaisquer outros bens que não se enquadrem na definição legal de "mercadoria".

Finalmente, na nossa concepção, por todas as razões que expusemos, esse dispositivo penal (inciso V), a exemplo do inciso I, é inaplicável, por padecer de absoluta inconstitucionalidade, esperando-se que o Supremo Tribunal Federal, quando tiver oportunidade de apreciá-lo, declare-o como tal. Ressalva-se, contudo, o aspecto relativo à "execução do contrato". Em relação a este pode haver, concretamente, um paradigma a ser confrontado, qual seja, a própria proposta vencedora, isto é, se o

---

16. Claus Roxin, *Derecho penal*, p. 172.

vencedor da licitação, quando da execução do contrato, onerá-la desproporcional e injustamente. Essa *oneração* desproporcional e injusta da execução do contrato, comparada à proposta que o originou, pode, seguramente, configurar o crime que se pretende, *sem se revestir do vício de inconstitucionalidade que apontamos*.

Todas essas hipóteses disciplinadas no dispositivo legal em exame configuram *crime material*, e somente se consumam com o prejuízo efetivo à *Fazenda Pública*, pois esse prejuízo integra, aliás, expressamente, o tipo penal. E tal prejuízo, repita-se, não decorre de participação isolada, mas na prática de verdadeiro conluio entre todos os competidores. Fato este que deverá ser objeto de prova.

5.2 *"Licitação instaurada" para aquisição ou venda de bens ou mercadorias, ou contrato dela decorrente*

A prática deste crime pressupõe a existência de *licitação instaurada*. A *conduta fraudulenta*, incriminada neste dispositivo, só pode ocorrer em *licitação instaurada* ou *contrato celebrado* decorrente de licitação, e desde que verse sobre aquisição ou venda "de bens ou mercadorias". Em outros termos, a existência de "licitação instaurada" é pressuposto fundamental da ocorrência deste crime, significando que eventual conduta fraudulenta, por qualquer meio, praticada antes da instauração da licitação, não encontra correspondência típica neste dispositivo legal. Dever-se-á examinar a possibilidade da tipificação de uma das condutas insertas no art. 337-L do Código Penal, qual seja, "fraudar a realização de qualquer ato de procedimento licitatório", desde que seja antes da "instauração da licitação".

A *fraude* em relação a *contrato*, por sua vez, ocorre, na verdade, na *execução do contrato* e não no contrato propriamente, o qual se pressupõe seja verdadeiro, correto, legal e perfeito. O desvirtuamento do contrato, ou a *fraude,* acontece na realização ou execução daquilo que foi efetivamente pactuado, isto é, a *execução do objeto do contrato* não corresponde exatamente àquilo que foi realmente acordado. Exatamente nesse "descumprimento contratual" reside a conduta fraudulenta e não no contrato em si, que é perfeito e acabado, por isso, é necessário grande cautela para não confundir mero descumprimento contratual — uma espécie de fraude civil —, que se resolve na esfera civil, com a fraude penal, com magnitude suficiente para merecer a punição penal[17].

Mas a criminalização dessa *fraude*, neste dispositivo, está circunscrita somente a contrato decorrente de licitação *"para aquisição ou venda de bens ou mercadorias"*, estando excluído, portanto, contrato decorrente de licitação *"para a realização de serviços ou execução de obras"*, por absoluta inadequação típica. Com efeito, se a *fraude* ocorrer em *licitação ou contrato de serviços ou execução de obra* não configurará a conduta incriminada neste art. 337-L, devendo encontrar adequação típica em outro dispositivo deste mesmo diploma legal. Haveria, indiscutivelmente, *absoluta*

---

17. Veja, a respeito da semelhança entre fraude civil e fraude penal, os comentários que elaboramos quando da análise do art. 90.

inadequação típica, e embora seja incompreensível essa opção do legislador, a verdade é que a *taxatividade da tipicidade* e o *princípio da legalidade* não admitem tal extensão. Vicente Greco Filho, a despeito de lamentar essa opção político-criminal do legislador, invocando Manoel Pedro Pimentel, adota o mesmo entendimento, *in verbis*: "A limitação da lei à aquisição ou venda de bens deve ser respeitada tendo em vista o princípio da tipicidade, como advertiu Manoel Pedro Pimentel, referido na introdução deste trabalho, mas não se justifica, porque o mesmo tipo de conduta e de prejuízo pode ocorrer relativamente a contratos de prestação de serviços e, com maior frequência, em contratos de obras. É muito comum a utilização de material inadequado ou inútil na execução de obras públicas ou a elevação arbitrária de preços"[18].

Nessa mesma linha, destacamos que também *estão excluídas dessa infração penal condutas fraudulentas em contratos ou relações contratuais que não decorram de licitações públicas*, isto é, obrigações contratuais que não tenham se originado em licitações públicas. Assim, por exemplo, estão excluídas eventuais *condutas fraudulentas* praticadas em contratos ou decorrentes de contratos nas hipóteses de *dispensa ou inexigência de licitação*, porque, basicamente, falta a elementar típica "licitação instaurada" para aquisição de bens ou mercadorias. Pelas mesmas razões, as *condutas fraudulentas* praticadas em quaisquer outros contratos com o Poder Público que não tenham como base ou fundamento *licitações públicas* não se adéquam tipicamente ao crime descrito no art. 96, devendo-se buscar outro fundamento jurídico-penal.

6. Tipo subjetivo: adequação típica

Elemento subjetivo é o *dolo natural*, representado pela vontade consciente de praticar a conduta descrita no *caput* do art. 337-L, ou seja, *fraudar licitação instaurada para aquisição ou venda de bens ou mercadorias*, ou, ainda, *contrato dela decorrente*, por qualquer dos meios ou formas relacionados nos respectivos incisos. Logicamente, referida fraude resultará em prejuízo à Administração Pública. Trata-se, como se constata, de crime vinculado, somente podendo ser executado por um dos meios ou formas expressamente relacionados no próprio dispositivo legal.

A *consciência* do agente como elemento do dolo deve abranger, necessariamente, todas as elementares do tipo. Não basta que essa "consciência", elemento intelectual do dolo, seja meramente *potencial*, como ocorre na *culpabilidade*, sendo indispensável que ela seja *real*, isto é, que exista efetivamente no momento da ação. Dito de outra forma, essa distinção justifica-se porque o agente deve ter *plena consciência*, no momento em que pratica a infração penal, daquilo que quer realizar, qual seja, *fraudar, em prejuízo da Fazenda Pública, licitação instaurada para aquisição ou venda de bens ou mercadorias, ou contrato dela decorrente*.

Mas, além desse elemento intelectual — *consciência atual* ou *representação* —, é indispensável ainda o *elemento volitivo*, sem o qual não se pode falar em *dolo*, direto ou eventual. Em outras palavras, a *vontade* deve abranger, igualmente, *a ação*

---

18. Vicente Greco Filho, *Dos crimes da Lei de Licitações*, p. 116.

(visando fraudar licitação instaurada ou contrato dela decorrente), o *resultado* (execução efetiva da ação proibida com a materialização da fraude na licitação instaurada ou no contrato dela decorrente), os *meios* (vinculados àqueles elencados no dispositivo legal), a *relação de causa e efeito*. Por isso, quando o processo *intelectual-volitivo* não atinge um dos componentes da ação descrita na lei, o dolo não se aperfeiçoa, isto é, não se realiza. Na realidade, o *dolo* somente se completa com a *presença simultânea* da *consciência* e da *vontade* de todos os elementos constitutivos do tipo penal. A vontade pressupõe a previsão, isto é, a representação, na medida em que é impossível querer algo conscientemente senão aquilo que se previu ou representou na nossa mente, pelo menos parcialmente. Com efeito, quando o processo *intelectual-volitivo* não abrange qualquer dos requisitos da ação descrita na lei, não se pode falar em dolo, configurando-se o *erro de tipo*, e sem dolo não há crime, ante a ausência de previsão da modalidade culposa.

6.1 *(Des)necessidade de elemento subjetivo especial do injusto*

Além do dolo, constituído pelos elementos intelectual e volitivo (consciência e vontade de realizar os elementos do tipo)[19], haveria necessidade de algum elemento subjetivo especial do injusto, para completar o *tipo subjetivo* deste crime constante do art. 337-L? A doutrina, de um modo geral, tem se posicionado pela necessidade desse *elemento subjetivo especial do tipo*, embora o denomine ainda como "dolo específico". Vejamos alguns desses posicionamentos.

Para Paulo José da Costa Jr., além do dolo, que denomina genérico, haveria necessidade de "dolo específico", nos seguintes termos: "Ao dolo genérico haverá de juntar-se o específico, representado pela intenção de causar um prejuízo econômico à Fazenda"[20]. No mesmo sentido, posiciona-se Vicente Greco Filho, que, referindo-se ao elemento subjetivo, conclui: "É o dolo genérico, que consiste na vontade livre e consciente do agente de praticar uma das condutas do artigo, ao qual se adiciona o específico, isto é, a intenção de causar prejuízo à Administração"[21]. Tavares de Freitas não destoa dessa linha de pensamento, enfatizando: "Exige-se também outro elemento subjetivo além do dolo, que é o especial fim de agir, visualizado na específica intenção do agente de causar prejuízo à Fazenda Pública"[22]. Em sentido contrário, convém que se destaque, posiciona-se Rui Stoco[23], vislumbrando a ausência de elemento subjetivo especial do tipo.

---

19. Para que haja *vontade de agir* é necessário que primeiro haja *consciência* (representação intelectual) dos elementos do tipo.
20. Paulo José da Costa Jr., *Direito penal das licitações*, p. 60.
21. Vicente Greco Filho, *Dos crimes da Lei de Licitações*, p. 119.
22. André Guilherme Tavares de Freitas, *Crimes na Lei de Licitações*, p. 168. Pode-se destacar mais alguns doutrinadores, apenas ilustrativamente, que adotam a mesma orientação: Diógenes Gasparini, *Crimes na licitação*, p. 151; Guilherme de Souza Nucci, *Leis penais e processuais penais comentadas*, São Paulo, Revista dos Tribunais, 2006, p. 455.
23. Rui Stoco, Licitação, in *Leis penais e sua interpretação jurisprudencial*, p. 2590.

Questionamo-nos: qual seria, afinal, o fundamento jurídico-dogmático que leva referidos autores, dentre outros, a sustentar a presença de elemento *subjetivo especial do injusto*, e identificá-lo como "a intenção de causar prejuízo" à Fazenda Pública ou à Administração? Em que elementar típica, no caso subjetiva, estaria embasado esse entendimento? Será que o sujeito ativo deste crime do art. 337-L *frauda licitação instaurada* com a intenção especial de causar prejuízo à Administração Pública ou à Fazenda Pública? Não seria mais razoável, nessa infração penal, o sujeito objetivar locupletar-se, obter mais ganhos, sem se preocupar se causa ou não prejuízo a alguém? São questões que devem ser consideradas para obtermos uma resposta satisfatoriamente adequada, na medida em que reflete diretamente na consumação da própria infração penal, considerando especialmente que o elemento subjetivo especial do injusto não precisa concretizar-se para se considerar o crime consumado.

No crime de furto (art. 155 do CP), por exemplo — *subtrair, para si ou para outrem, coisa alheia móvel* —, há a necessidade desse elemento subjetivo especial, para alguns deles ainda denominado "dolo específico", mas nunca se identificou como sendo representado *pela intenção de causar prejuízo à vítima*, embora esta também o sofra! Aliás, apenas para ilustrar, examinando esse aspecto no crime de furto, e reconhecendo a existência de um *fim especial de agir*, fizemos a seguinte afirmação: "O *elemento subjetivo especial do tipo*, por sua vez, é representado pelo *fim especial* de apoderar-se da coisa subtraída, *para si* ou *para outrem*. A ausência desse *animus apropriativo* (finalidade de apossamento) desnatura a figura do crime de furto"[24]. A doutrina especializada, de um modo geral, não destoa desse entendimento.

Consideramos que, pela importância do tema e, particularmente, pelo forte entendimento acima indicado, do qual discordamos, devemos aprofundar um pouco mais o exame dogmático do sentido, extensão e configuração do *elemento subjetivo especial do injusto*, bem como de suas consequências.

As elementares *subjetivadoras especiais* — configuradoras do *especial fim de agir* — são representadas, normalmente, por expressões tais como "a fim de", "para o fim de", "com a finalidade de", "para si ou para outrem", "com o fim de obter", "em proveito próprio ou alheio", "com o intuito" ou "com a intenção de", entre outras, indicadoras de uma *finalidade transcendente*, além do *dolo natural* configurador do tipo subjetivo. Com efeito, pode figurar nos tipos penais, ao lado do dolo, uma série de *características subjetivas* que os integram ou os fundamentam. A doutrina clássica denominava, impropriamente, o *elemento subjetivo geral* do tipo *dolo genérico* e o *especial fim* ou motivo de agir, de que depende a ilicitude de certas figuras delituosas, *dolo específico*. Essa classificação — dolo geral e dolo específico — encontra-se completamente superada, representando um anacronismo do antigo *Direito Penal clássico*, abandonado pelas doutrinas contemporâneas. O próprio

---

24. Cezar Roberto Bitencourt, *Tratado de direito penal*; parte especial, 6. ed., São Paulo, Saraiva, 2010, v. 3, p. 41-42.

Welzel esclareceu que "ao lado do dolo, como momento geral *pessoal-subjetivo*, que produz e configura a ação como acontecimento dirigido a um fim, apresentam-se, frequentemente, no tipo, *especiais* momentos subjetivos, que dão colorido num determinado sentido ao conteúdo ético-social da ação". Assim, o *tomar* uma coisa alheia é uma atividade dirigida a um fim por imperativo do dolo; no entanto, seu sentido ético-social será completamente distinto se aquela atividade tiver como *fim* o uso passageiro ou se tiver o desígnio de apropriação.

Na realidade, o *especial fim* ou motivo de agir, embora amplie o aspecto subjetivo do tipo, não integra o dolo nem com ele se confunde, uma vez que, como vimos, o *dolo* esgota-se com a *consciência* e a *vontade* de realizar a ação com a *finalidade* de obter o resultado delituoso, ou na *assunção do risco* de produzi-lo. O *especial fim de agir* que integra determinadas definições de delitos condiciona ou fundamenta a *ilicitude* do fato, constituindo, assim, *elemento subjetivo especial do tipo* de ilícito, de forma autônoma e independente do dolo. A denominação correta, por isso, é *elemento subjetivo especial do tipo* ou *elemento subjetivo especial do injusto*, que se equivalem, porque pertencem, ao mesmo tempo, à *ilicitude* e ao *tipo* que a ela corresponde.

A ausência desses *elementos subjetivos especiais* descaracteriza o *tipo subjetivo*, que deles necessita, independentemente da presença do dolo. Enquanto o *dolo* deve materializar-se no fato típico, os elementos subjetivos especiais do tipo especificam o dolo, sem necessidade de se concretizarem, sendo suficiente que existam no psiquismo do autor, isto é, desde que a conduta tenha sido orientada por essa finalidade específica.

A evolução dogmática do Direito Penal nos revela que determinado ato poderá ser *justo* ou *injusto*, dependendo da *intenção* com que o agente o pratica. Um comportamento, que externamente é o mesmo, pode ser *justo* ou *injusto*, segundo o seu *aspecto interno*, isto é, de acordo com a *intenção* com que é praticado. Assim, por exemplo, quando o ginecologista toca a região genital da paciente com fins terapêuticos exercita, legitimamente, sua nobre profissão de médico; se o faz, no entanto, com intenções voluptuárias, sua conduta é ilícita. Determinados crimes requerem um agir com ânimo, finalidade ou *intenção adicional* de obter um resultado ulterior ou uma ulterior atividade, distintos da realização do tipo penal. Trata-se, portanto, de uma finalidade ou ânimo que vai além da simples realização do tipo. As *intenções especiais* integram a estrutura subjetiva de determinados tipos penais, exigindo do autor a persecução de um objetivo compreendido no tipo, mas que não precisa ser alcançado efetivamente. Faz parte do tipo de injusto uma *finalidade transcendente* — um especial fim de agir —, como, por exemplo, *para si ou para outrem* (art. 157); *com o fim de obter* (art. 159); *em proveito próprio ou alheio* (art. 180) etc.

Enfim, ao contrário do que afirmam, equivocadamente, alguns autores que mencionamos, *venia concessa*, a conduta incriminada no art. 96 não exige qualquer *elemento subjetivo especial do injusto*, a despeito de, *in concreto*, poder a ação incriminada ter alguma motivação especial. O que fez o legislador penal pelo uso da expressão "fraudar, *em prejuízo da Fazenda Pública*" foi identificar a vítima que é diretamente afetada pela conduta incriminada. Observe que se a fraude prejudicar vítima distinta, a exemplo de outro licitante, o agente não responderá por esse crime. Nesse sentido, pode-se afirmar que a Administração Pública é circunstância elementar desse tipo penal, que deve ser necessariamente abarcada pelo dolo. Ou seja, para que a conduta do agente se ajuste ao tipo penal, é necessário que atue com *consciência e vontade de fraudar a Fazenda Pública*. Esse juízo de *subsunção* nada mais é do que a afirmação de que o agente deve atuar com dolo, sem necessidade de perquirir nenhum outro elemento subjetivo especial.

Havendo alguma finalidade especial, para fraudar o certame licitatório, poderá transformar-se no denominado *crime-meio*, deixando, nessa hipótese, de ser punível esta infração licitatória; nessa hipótese, a fraude à *licitação instaurada* poderá ser apenas o *crime-meio*, mas o agente responderá somente pelo *crime-fim* que, eventualmente, tal conduta caracterizar, em razão do *princípio da consunção,* segundo o qual se pretende evitar a violação do *ne bis in idem,* consistente em *dupla punição por um único fato*. Assim, o crime tipificado no art. 337-L do Código Penal resulta absorvido pelo *crime-fim*, independentemente da natureza dos bens jurídicos em questão, bem como da maior ou menor punibilidade desta última conduta.

7. Consumação e tentativa

Como crime material, consumação e tentativa estão condicionadas ao prejuízo causado à Fazenda Pública. Consuma-se o crime com a fraude efetiva, causando prejuízo à Fazenda Pública, em *licitação instaurada* ou em contrato dela decorrente. A eventual fraude na preparação do procedimento preparatório ou mesmo de elaboração do edital, ainda que resulte prejuízo à Fazenda Pública, não configura este crime, pois ainda não existe "licitação instaurada". Costa Jr., destacando a indispensabilidade do efetivo prejuízo à Fazenda Pública, conclui: "Consequentemente, o crime em tela aperfeiçoa-se com a verificação do prejuízo, que se apresenta ao ensejo do pagamento da respectiva fatura"[25].

Consuma-se o crime de fraude à licitação instaurada, em prejuízo da Fazenda Pública, com o engano efetivo do sujeito passivo, que se opera com a venda ou entrega da mercadoria diferente daquela que foi contratada, seja vendendo como verdadeira ou perfeita mercadoria falsificada ou deteriorada, entregando uma mercadoria por outra, de menor valor ou qualidade, ou, por fim, alterando substância, qualidade ou quantidade da mercadoria fornecida. Não se consuma antes de a mercadoria encontrar-se em poder do sujeito passivo, para que se possa constatar o vício ou sua diversidade. Nesse momento, e nesse lugar, consuma-se o crime, que é material.

À evidência, é absolutamente insuficiente a simples manifestação de vontade ou a *intenção* do agente de fraudar *licitação instaurada*, sob pena de punir-se as simples "intenções", aliás, de difícil comprovação. Gostamos de lembrar sempre, nesse

---

25. Paulo José da Costa Jr., *Direito penal das licitações*, p. 61.

sentido, o magistério de Welzel, para quem "a vontade má, como tal não se pune, só se pune a vontade má realizada"[26]. Reforçando, ao contrário da doutrina católica, segundo a qual "peca-se por pensamento, palavras, obras e omissões", o pensamento, *in abstracto*, não constitui crime. Para arrematar, convém recordar que a simples *cogitatio*, primeira fase do *iter criminis*, é impunível. Ora, "nesse momento puramente de elaboração mental do fato criminoso, a lei penal não pode alcançá-lo, e, se não houvesse outras razões, até pela dificuldade da produção de provas, já estaria justificada a impunibilidade da *nuda cogitatio*"[27]. Aliás, a próxima fase do *iter criminis*, em regra, os atos preparatórios, tampouco são puníveis, salvo quando constituírem em si mesmo crimes (art. 31 do CP).

Por essas razões, este crime é impossível nas hipóteses de dispensa ou inexigibilidade de licitação, por faltar-lhe a elementar "licitação instaurada". Com efeito, pode ocorrer tentativa sempre que, praticada a conduta descrita, por qualquer dos meios mencionados no tipo legal, não ocorrer o pagamento por circunstâncias alheias à vontade do agente. Sempre que a casuística permitir o fracionamento do *iter criminis*, será admitida a figura tentada, ou seja, estarão presentes circunstâncias alheias à vontade do agente. Desta forma, em qualquer delas, pode haver fracionamento da fase executória, sendo possível, consequentemente, a interrupção do seu *iter criminis*.

8. Classificação doutrinária

Trata-se de *crime comum*, podendo ser praticado por qualquer indivíduo, licitante ou não, inclusive *funcionário público*. O tipo penal identifica somente o objeto contra o qual se destina a conduta fraudulenta, qual seja, *licitação instaurada* ou *contrato dela decorrente*, mas não limitou sua autoria a licitante ou contratado; *material*, em todas as suas modalidades, sendo indispensável a ocorrência de "prejuízo à Fazenda Pública", expressamente exigido no próprio tipo penal; *de forma vinculada*, somente podendo ser praticado pelos meios ou formas relacionados no texto legal, inclusive o contido no inciso V. Neste, a elementar normativa "de qualquer modo" não se refere a *qualquer outro meio ou modo de execução do prejuízo à Fazenda Pública*, mas apenas "tornar, de qualquer modo, mais onerosa a proposta ou a execução do contrato": são coisas diferentes. Aliás, somente para lembrar, sustentamos a *inconstitucionalidade* deste e do inciso I, por violarem o princípio da *legalidade estrita*; *instantâneo*, consuma-se no momento em que o agente pratica a ação incriminada, esgotando-se aí a lesão jurídica, nada mais podendo ser feito para evitar a sua ocorrência; em outros termos, não há delonga, não existe um lapso temporal entre a execução e sua consumação; *comissivo*, a sua prática, em todos os meios elencados no texto legal, exige um comportamento ativo do agente, sendo, teoricamente, impossível praticá-lo através da omissão; ressalvada eventual possi-

---

26. Hans Welzel, *Derecho penal alemán*, trad. Juan Bustos Ramírez e Sergio Yáñez Pérez, Santiago do Chile, Jurídica, 1987, p. 259.
27. Cezar Roberto Bitencourt, *Tratado de direito penal*; parte geral, 29. ed., São Paulo, Saraiva, 2023, v. 1, p. 523.

bilidade da modalidade *comissiva omissa*, que é uma *omissão imprópria*, como sabemos, esta sempre possível nos crimes de resultado; *de ação múltipla ou de conteúdo variado*, aliás, a própria conduta tipificada é única (fraudar), mas ainda que eventualmente o agente a pratique, por mais de um meio, incorrerá em crime único; *doloso*, não há previsão da modalidade culposa (excepcionalidade do crime culposo); *unissubjetivo*, que pode ser praticado por um agente apenas, embora admita a figura do concurso eventual de pessoas; *plurissubsistente,* trata-se de crime cuja conduta *admite fracionamento*, isto é, o *iter criminis* pode ser dividido em atos, facilitando, inclusive, a identificação da figura tentada.

9. Pena e ação penal

As penas cominadas, cumulativamente, são de detenção, reclusão de quatro a oito anos e multa. Como afirmamos, inicialmente, trata-se de uma das quatro infrações penais mais grave deste novo capítulo da Parte Especial do Código Penal, pelo menos a que é cominada com a sanção penal mais elevada. A ação penal, a exemplo de todos os crimes deste novo capítulo inserido na Parte Especial, são de ação pública incondicionada, sendo desnecessário qualquer manifestação de eventual ofendido (art. 100 do CP). Será admitida ação penal privada subsidiária da pública, se esta não for ajuizada no prazo legal (art. 103).

CONTRATAÇÃO INIDÔNEA | IX

Sumário: 1. Considerações preliminares. 2. Bem jurídico tutelado. 3. Sujeitos ativo e passivo do crime. 4. Tipo objetivo: adequação típica. 4.1. A elementar normativa "declarado inidôneo". 5. Declarado inidôneo que vier a licitar ou contratar com o poder público. 6. Tipo subjetivo: adequação típica. 7. Consumação e tentativa. 8. Classificação doutrinária. 9. Pena e ação penal.

Contratação inidônea

Art. 337-M. Admitir à licitação empresa ou profissional declarado inidôneo:

Pena — reclusão, de 1 (um) ano a 3 (três) anos, e multa.

§ 1º Celebrar contrato com empresa ou profissional declarado inidôneo:

Pena — reclusão, de 3 (três) anos a 6 (seis) anos, e multa.

§ 2º Incide na mesma pena do caput *deste artigo aquele que, declarado inidôneo, venha a participar de licitação e, na mesma pena do § 1º deste artigo, aquele que, declarado inidôneo, venha a contratar com a Administração Pública.*

---

1. Considerações preliminares

O art. 337-M do Código Penal estabelece, para a inexecução total ou parcial de contrato com a Administração Pública, as seguintes sanções: a) *advertência*; b) *multa*, na forma prevista no edital ou no contrato; c) *suspensão temporária* de participação em licitação e impedimento de contratar com a Administração; e d) *declaração de inidoneidade* para licitar ou contratar com a Administração Pública.

Não estabelece, contudo, quais as infrações ou hipóteses a que são ou devem ser aplicadas as referidas sanções, ampliando absurdamente a discricionariedade do legislador, afrontando diretamente o próprio texto constitucional e, particularmente, o *princípio de legalidade*. Marçal Justen Filho, referindo-se ao *princípio da legalidade* no Direito Administrativo, afirma: "É um truísmo afirmar que o princípio da legalidade domina toda atividade administrativa do Estado. Como regra, é vedado à Administração Pública fazer ou deixar de fazer algo senão em virtude de lei. Em contrapartida, somente se pode impor a um particular que faça ou deixe de fazer algo em decorrência da lei. (...) A legalidade é instituto fundamental tanto do Direito Penal como do Direito Administrativo. Logo, não poderia deixar de reconhecer-se que também o Direito Administrativo Repressivo se submete ao dito princípio.

Não se pode imaginar um Estado Democrático de Direito *sem o princípio da legalidade das infrações e sanções*"[1] (destacamos).

Pressuposto da incriminação contida no art. 337-M em exame é a "declaração de inidoneidade" da empresa ou profissional licitante, transformada em elementar normativa do tipo. É irrelevante que a inidoneidade do concorrente seja verdadeira, bastando que tenha sido declarado como tal pela autoridade competente, respeitado o devido processo legal. No entanto, é de competência exclusiva do Ministro de Estado, do Secretário Estadual ou Municipal, conforme o caso, facultada a defesa do interessado no respectivo processo, no prazo de dez dias da abertura de vista, podendo a reabilitação ser requerida após dois anos de sua aplicação.

2. Bem jurídico tutelado

Bem jurídico protegido é, mais uma vez, assegurar a respeitabilidade, probidade e moralidade do certame licitatório, especialmente a correta gestão das finanças públicas com atuação irrepreensível da autoridade pública e seus agentes preservando o patrimônio público. Objetiva ainda assegurar a contratação de empresas e profissionais idôneos que honrem os compromissos que assumirem com a Administração Pública.

O dispositivo ora examinado visa, acima de tudo, proteger a lisura, correção e transparência na realização de todo o certame licitatório, impedindo que pessoas consideradas inidôneas para licitar e contratar com o Poder Público participem do ato. A lisura e retidão de todo o certame não podem permitir que pessoas qualificadas como inidôneas para licitar participem de licitações públicas, pelo menos enquanto não resgatarem seu débito ou não tiverem conquistado a reabilitação que os torne novamente idôneos.

3. Sujeitos ativo e passivo do crime

Sujeito ativo do crime deste art. 337-M é o funcionário público, aquele encarregado do certame licitatório, ou, pelo menos, que trabalhe diretamente vinculado a esse setor. Nesse sentido, adotamos a precisa limitação de Rui Stoco, *in verbis*: "Sujeito ativo é o agente público com poderes e atribuições para admitir ou rejeitar pretendente à licitação ou com ele celebrar o contrato decorrente do certame. Portanto, não é qualquer servidor, mas apenas aquele que detém tais poderes"[2]. A conduta descrita no *caput* constitui *crime próprio*, não dispensando a necessidade dessa condição de funcionário público, embora admita, naturalmente, a possibilidade de concurso eventual de pessoas. Logicamente, na hipótese de concurso, deve existir, ademais, um *liame psicológico* entre os vários participantes, ou seja, *consciência* de que participam de uma obra comum. A ausência desse *elemento psicoló-*

---

1. Marçal Justen Filho, *Comentários à Lei de Licitações e contratos administrativos*, p. 615.
2. Rui Stoco et al., *Leis penais especiais e sua interpretação jurisprudencial*, 7. ed., São Paulo, Revista dos Tribunais, 2001, v. 2, p. 2591.

gico desnatura o concurso eventual de pessoas, transformando-o em condutas isoladas e autônomas. Somente a adesão voluntária, *objetiva* (nexo causal) e *subjetiva* (nexo psicológico), à atividade criminosa de outrem, objetivando a realização do fim comum, cria o vínculo do concurso de pessoas, sujeitando os agentes à responsabilidade penal pelas consequências de sua ação. No entanto, nem todo comportamento constitui "participação", pois precisa ter "eficácia causal", provocando, facilitando ou ao menos estimulando a realização da conduta principal.

Na hipótese da conduta prevista em seu parágrafo único, o *crime é comum*, podendo ser praticado por qualquer pessoa, desde que tenha sido *declarado inidôneo* para licitar ou celebrar contrato com a Administração Pública. Nada impede que, eventualmente, possa ser um servidor público, de outro setor ou mesmo de outra repartição pública, concorrendo, nesse caso, como cidadão comum.

Sujeito passivo é o Estado-Administração (União, Estados, Distrito Federal e Municípios), bem como a entidade de direito público na qual houve a prática de conduta incriminada no art. 337-M do Código Penal. Enfim, pode ser qualquer dos entes relacionados na mesma lei, que estende a *subjetividade passiva* criminal para "quaisquer outras entidades sob seu controle direto ou indireto". O Estado é sempre *sujeito passivo primário* de todos os crimes, naquela linha de que a lei penal tutela sempre o *interesse da ordem jurídica geral*, da qual aquele é o titular, embora, pessoalmente, discordemos dessa orientação, a nosso juízo equivocada, ou, no mínimo, demasiadamente publicista e autoritária (ver nossa justificativa exposta no mesmo tópico de nossos comentários ao art. 337-E do CP).

Por essas razões, nos "*Crimes contra a Administração Pública*", praticados, em grande parte, por seus próprios funcionários, é o Estado que aparece como sujeito passivo particular, pois é titular do bem jurídico diretamente ofendido pela ação incriminada. Quando, no entanto, nessa espécie de crime, como também nos *crimes licitatórios*, atinge-se também o patrimônio ou qualquer outro interesse penalmente tutelado do particular, este também se apresenta como *sujeito passivo*, e, se alguém deveria ser denominado como *sujeito secundário*, acreditamos que, ainda assim, seria o Estado, que é sempre ofendido, e não o particular eventualmente lesado.

Em síntese, o Estado, que é o *sujeito passivo permanente* de todos os crimes praticados contra a Administração Pública, deveria ser, contudo, considerado como sujeito passivo *secundário*, sempre que houver lesado ou ofendido diretamente bem jurídico pertencente a algum particular.

4. Tipo objetivo: adequação típica

As condutas criminalizadas neste art. 337-M objetivam impedir que participem de licitação ou contratem com a Administração Pública empresa ou profissional que tenha sido declarado inidôneo para esses fins. As condutas descritas são: a) *admitir* (acolher, aceitar, permitir, deixar participar) em licitação; b) *celebrar* (formalizar, contratar, acordar, realizar) contrato com empresa ou profissional declarado inidôneo. A *admissão* de licitante é feita pela comissão de licitação através da análise prévia da documentação e da satisfação dos requisitos exigidos pela lei e pelo edital de convocação. A contratação, no entanto, superada a fase inicial de admissão, é feita, diretamente ou por delegação, pelo chefe de Poder, Ministro, Secretário de Estado, Presidente de Tribunais, de autarquias ou empresas públicas etc. Nesse sentido, conclui Greco Filho: "... uma vez declarada a inidoneidade, fica a empresa ou profissional proibido de licitar ou contratar, e se o Administrador, tendo conhecimento dessa circunstância, deixa de desclassificá-lo, admitindo-o à licitação, ou o contrata com inexigibilidade ou dispensa, incide na incriminação"[3]. Em outros termos, as condutas incriminadas são *admitir* ao certame licitatório, e, superado este, *celebrar* contrato com empresa e profissional *declarado inidôneo*. Para Marçal Justen Filho, acertadamente, "admitir à licitação significa permitir a participação em procedimento licitatório. O ato formal de verificação das condições do licitante é o julgamento da fase de habilitação. Antes disso, a Administração não tem condições de verificar se o licitante foi declarado inidôneo"[4].

A *declaração de inidoneidade* é uma forma dura de punir, afastando da competição quem desonrou o certame, mas, fundamentalmente, quem não executou, total ou parcialmente, o contrato celebrado com a Administração Pública. Assim, a declaração de inidoneidade está diretamente vinculada a *inadimplemento contratual* do particular perante a Administração Pública, e o contrato inadimplido, por sua vez, deve aludir à licitação anterior.

Referindo-se ao fundamento da conduta incriminada, destaca Nucci:

"... busca-se evitar que o servidor público coloque em risco o erário, permitindo que pessoa, reputada inidônea, o que envolve vários aspectos, possa tomar parte da licitação, uma vez que tem potencial para prejudicar o processo. Além disso, ainda que vença, não poderia formalizar o contrato, pois há elevada probabilidade de não cumprir o pacto"[5]. *Venia concessa*, discordamos do exercício de futurologia elaborado por Nucci, pois, na verdade, o que impede que quem é *declarado inidôneo*, nos termos do art. 337-M, possa participar de licitação ou celebrar contrato com a Administração, não é o "potencial para prejudicar o processo" e tampouco a "elevada probabilidade de não cumprir o pacto", mas tão somente a condenação com pena de *declaração de inidoneidade* para licitar ou contratar com a Administração Pública, por não ter cumprido, total ou parcialmente, um contrato. Só isso! Aliás, qualquer pretenso licitante, declarado idôneo ou inidôneo, poderá ter potencial para prejudicar o processo ou apresentar elevada probabilidade de não cumprir o pacto. Portanto, não são esses os fundamentos para impedi-lo de licitar ou celebrar contrato, mas sim a existência de "declaração de inidoneidade", como tal, simplesmente, e enquanto persistir. Caso contrário, se assim não fosse, bastaria encontrar ou oferecer as maiores e melhores garantias, reais ou fidejussórias, de

---

3. Vicente Greco Filho, *Dos crimes da Lei de Licitações*, p. 123.
4. Marçal Justen Filho, *Comentários à Lei de Licitações e contratos administrativos*, p. 635.
5. Guilherme de Souza Nucci, *Leis penais e processuais penais comentadas*, São Paulo, Revista dos Tribunais, 2008, p. 828-829.

cumprimento contratual e se poderia levantar a declaração de inidoneidade e autorizar a participação em licitação, bem com a celebração contratual. No entanto, assim não é.

A *inidoneidade* a que se refere o art. 337-M é uma *inidoneidade vinculada*, não podendo ter as mesmas consequências a *inidoneidade* decorrente de outros fundamentos ou outras infrações de qualquer natureza (administrativa, fiscal, penal etc.). Convém destacar que a sanção de *declaração de inidoneidade* — referida no art. 337-M — é aquela decorrente da "inexecução total ou parcial" de contrato com a Administração Pública, que diríamos "qualificada" pela gravidade da consequência que produz (inabilitação, por tempo indeterminado, para licitar ou contratar com a Administração Pública). A rigor, a prática de atos ilícitos contra a Administração Pública, *visando frustrar objetivos da licitação*, até podem impedir seus autores de participarem de licitações, mas não os transforma em infratores do art. 337-M, se tentarem essa participação.

Com efeito, não basta que empresa ou profissional tenha, por exemplo, sofrido (a) condenação definitiva por fraude fiscal no recolhimento de tributo; (b) acusação de ter praticado atos ilícitos visando frustrar os objetivos da licitação; (c) demonstrem idoneidade para contratar com a Administração em virtude de atos ilícitos praticados. Mas é indispensável que lhe tenha sido aplicada especificamente a sanção de *inidoneidade para licitar* ou *celebrar contrato* com a Administração Pública, sob pena de violar-se o princípio da legalidade. É insuficiente que o agente tenha sido processado pelas infrações que acabamos de elencar, sendo indispensável que, através do *devido processo legal*, lhe tenha sido imposta a condenação, por tais fatos, qualquer deles, com a aplicação da sanção de "inidoneidade para licitar ou contratar" com a Administração Pública. Dito de outra forma: o pretenso licitante não poderá ser qualificado de *inidôneo* ou "ser condenado" por *inidoneidade* no momento em que vai fazer seu registro cadastral ou quando vai habilitar-se como licitante ou oferecer a sua proposta, pelo fato de ter incorrido em uma infração disciplinar. Afirmando não existir *discricionariedade* em matéria punitiva, mesmo no Direito Administrativo, afirma Marçal Justen Filho, *in verbis*:

"Assim expostos os pressupostos doutrinários, cabe sua aplicação a propósito do art. 87. Insiste-se na tese da impossibilidade de atribuição de competência discricionária para imposição de sanções, mesmo quando se tratar de responsabilidade administrativa. A ausência de discricionariedade refere-se, especialmente, aos pressupostos de imposição da sanção. Não basta a simples previsão legal da existência da sanção. O princípio da legalidade exige a descrição da 'hipótese de incidência' da sanção. A expressão, usualmente utilizada no campo tributário, indica o aspecto da norma que define o pressuposto de aplicação do mandamento normativo. A imposição de sanções administrativas depende da previsão tanto da hipótese de incidência quanto da consequência. A definição deverá verificar-se através de lei"[6].

---

6. Marçal Justen Filho, *Comentários à Lei de Licitações e contratos administrativos*, p. 619.

Por essas razões são, a nosso juízo, equivocados os "exemplos de declaração de inidoneidade para contratar", citados por Nucci. Os demais até podem qualificá-los como *inidôneos*, mas não integram a conduta incriminada que ora se examina. Vejamos esses exemplos:

a) (...); b) art. 12 da Lei n. 8.429/92: "Independentemente do ressarcimento integral do dano patrimonial, se efetivo, e das sanções penais comuns e de responsabilidade, civis e administrativas previstas na legislação específica, está o responsável pelo ato de improbidade sujeito às seguintes cominações, que podem ser aplicadas isolada ou cumulativamente, de acordo com a gravidade do fato: I — na hipótese do art. 9º desta Lei, perda dos bens ou valores acrescidos ilicitamente ao patrimônio, perda da função pública, suspensão dos direitos políticos até 14 (catorze) anos, pagamento de multa civil equivalente ao valor do acréscimo patrimonial e proibição de contratar com o poder público ou de receber benefícios ou incentivos fiscais ou creditícios, direta ou indiretamente, ainda que por intermédio de pessoa jurídica da qual seja sócio majoritário, pelo prazo não superior a 14 (catorze) anos; II — na hipótese do art. 10 desta Lei, perda dos bens ou valores acrescidos ilicitamente ao patrimônio, se concorrer esta circunstância, perda da função pública, suspensão dos direitos políticos até 12 (doze) anos, pagamento de multa civil equivalente ao valor do dano e proibição de contratar com o poder público ou de receber benefícios ou incentivos fiscais ou creditícios, direta ou indiretamente, ainda que por intermédio de pessoa jurídica da qual seja sócio majoritário, pelo prazo não superior a 12 (doze) anos; III — na hipótese do art. 11 desta Lei, pagamento de multa civil de até 24 (vinte e quatro) vezes o valor da remuneração percebida pelo agente e proibição de contratar com o poder público ou de receber benefícios ou incentivos fiscais ou creditícios, direta ou indiretamente, ainda que por intermédio de pessoa jurídica da qual seja sócio majoritário, pelo prazo não superior a 4 (quatro) anos".

De notar-se que, nessas três hipóteses exemplificadas, todas da *Lei de Improbidade Administrativa* (Lei n. 8.429/92), a despeito de cominarem a "proibição de contratar com o poder público", por determinado período, não trazem em seu bojo a *cominação da pena* de "declaração de inidoneidade para licitar ou contratar com a Administração Publica" (que é sanção por tempo indeterminado), como exige o tipo penal do art. 337-M em estudo. Observe-se que referido dispositivo penal traz em sua descrição típica a elementar normativa "declarado inidôneo", e, como não se pode presumir a existência de elementares típicas, sob pena de violar-se o *princípio da tipicidade estrita* e, por extensão, o de *legalidade*, é impossível estender a interpretação desse tipo penal para abranger outras condenações que não tenham aplicado, legalmente, a pena de "declaração de idoneidade para licitar ou contratar". Pode-se até concluir que alguém condenado por *improbidade administrativa* possa ser qualificado como *inidôneo* para contratar com a Administração Pública, mas essa conceituação ou adjetivação não satisfaz a exigência normativa do art. 337-M, qual seja, de tratar-se de empresa ou profissional "declarado inidôneo". Fora dessa hipótese, haverá absoluta *inadequação típica*, decorrente da ausência da *elementar normativa* "declarado inidôneo", que, repetindo, não pode ser presumida. Como reconhece Greco Filho, "observe-se que o elemento do tipo é a situação de o licitante ou contratado ser *declarado* inidôneo, por conseguinte, nos termos da lei, e não que ele o seja realmente. É irrelevante discutir se a decisão administrativa foi, ou não, correta. Enquanto pendente a declaração de inidoneidade, há impedimento de licitar ou contratar, sob a cominação penal"[7]. E essa cominação penal é inaplicável na hipótese de indivíduo *proibido de contratar* por condenação por *improbidade administrativa*, na medida em que essa lei não consagra a sanção de "declaração de inidoneidade" para licitar ou contratar com a Administração Pública. *Proibido de contratar*, por essa lei, não satisfaz a elementar normativa do art. 337-M, "declarado inidôneo", havendo, portanto, absoluta *inadequação típica*.

4.1 A elementar normativa "declarado inidôneo"

Aqui estamos diante de *norma penal em branco*, na medida em que este tipo penal é complementado pela atribuição à própria Administração Pública do poder de *declarar a inidoneidade* de determinada pessoa. Não se trata, contudo, de simples declaração de inidoneidade feita pela Administração, mas de sanção penal aplicada por esta, respeitado o *contraditório e a ampla defesa*, pela *inexecução*, total ou parcial, de contrato público. Em outras palavras, a *declaração de inidoneidade* é sanção administrativa decorrente de condenação em processo administrativo, devidamente transitado em julgado.

Por isso, enquanto *não transitar em julgado* a decisão administrativa, não se poderá falar em "empresa ou profissional declarado inidôneo". Consequência natural dessa afirmação: quem estiver respondendo processo administrativo, por *inexecução de contrato licitatório*, ainda que já tenha sido aplicada a sanção de "declaração de inidoneidade", não poderá responder o processo criminal por ter se habilitado como licitante, se referida decisão não houver transitado em julgado. O recurso administrativo, enquanto tramitar, impedirá que se possa atribuir ao recorrente a condição de "declarado inidôneo", pois essa situação ainda poderá mudar. Sem o trânsito em julgado dessa decisão não haverá *justa causa* para o oferecimento de denúncia. Se mesmo assim a exordial acusatória for oferecida pelo *Parquet*, deverá ser rejeitada pelo magistrado, por falta de *justa causa* (art. 395, III, do CPP). Nesse sentido, discordamos parcialmente da seguinte afirmação de Rui Stoco: "Caso a empresa ou profissional *declarado inidôneo* recorra no âmbito administrativo ou venha a discutir sua adequação em juízo, essas circunstâncias surgem como questões prejudiciais, impondo-se que o processo-crime seja suspenso até decisão nas outras

---

7. Vicente Greco Filho, *Dos crimes da Lei de Licitações*, p. 123.

esferas"[8]. Na realidade, como afirmamos anteriormente, havendo recurso administrativo, a decisão não transitou em julgado e, nessas circunstâncias, não pode ser oferecida denúncia, e muito menos ser recebida. Contudo, na segunda hipótese mencionada por Stoco — questionamento judicial da decisão administrativa — estaria realmente configurada uma *questão prejudicial*, sendo recomendada a suspensão do processo criminal até a decisão final.

Havendo *desconstituição judicial* da "declaração de inidoneidade" do agente, a ação penal por infração ao art. 97 deverá ser trancada ou antecipada a absolvição. Nesse sentido, é incensurável a conclusão de Vicente Greco Filho, *in verbis*: "Se o licitante ou contratado obtém, posteriormente, a revogação ou anulação da declaração de inidoneidade, por meio de recurso administrativo ou ação judicial, desaparece o elemento do tipo '*declarado inidôneo*', o qual, na verdade, nunca existiu, de modo que inexiste a infração penal, extinguindo-se qualquer providência penal a respeito, inclusive após sentença penal condenatória transitada em julgado. É o mesmo que ocorre com o crime falimentar se houver a rescisão da sentença declaratória da falência"[9].

A *reabilitação*, por fim, de alguém "declarado inidôneo", após ter praticado o crime, não o exclui, pois é um acontecimento posterior, que não tem efeito retroativo e tampouco exclui os efeitos que aquela declaração produziu.

5. Declarado inidôneo que vier a licitar ou contratar com o poder público

Trata-se de crime material, visto que o resultado, isto é, a *licitação* ou *contratação* com a Administração Pública, somente configurará o crime se o *declarado inidôneo* efetivamente *licitar* ou *contratar* com a Administração Pública. Neste caso, sujeito ativo será somente o licitante, isto é, o particular que conseguiu enganar ou corromper o funcionário encarregado de *admitir* ou rejeitar licitantes, ou, após selecionado, com ele *celebrar* contrato. No entanto, essa limitação não o transforma em *crime próprio*. Mais do que uma exceção à *teoria monística* da ação, o legislador pretendeu enfatizar a *responsabilidade penal do inidôneo*, condenado como tal, que ousar participar de licitação ou celebrar contrato com a Administração Pública. No entanto, trata-se de discutível incriminação, por possível violação do princípio da isonomia. Afinal, por que razões políticas, científicas ou ideológicas o indivíduo que descumpre outras obrigações com o Poder Público, ou é condenado por corrupção, peculato ou por qualquer ato de *improbidade administrativa*, também não é incriminado se vier a licitar ou celebrar contratos com o Poder Público? Por que, afinal, indivíduo condenado por atos ilícitos contra a Administração Pública e proibido de contratar não tem sua conduta incriminada se vier a licitar ou contratar com a Administração Pública?

---

8. Rui Stoco, *Leis penais especiais e sua interpretação jurisprudencial*, p. 2592.
9. Vicente Greco Filho, *Dos crimes da Lei de Licitações*, p. 123.

Lógica e sucintamente a resposta é esta: porque em todas essas hipóteses não está presente a elementar normativa "declarado inidôneo para licitar ou contratar com a Administração Pública". Pois bem, mas por que essa opção político-criminal do legislador, ou melhor, é legítima essa opção do legislador, ou, ainda, tal opção não estaria violando o princípio da isonomia ou do tratamento igualitário do cidadão?

Nessa linha de pensamento, Marçal Justen Filho, corajosamente, sustenta a *inconstitucionalidade do parágrafo único*, nos seguintes termos:

"A regra é inconstitucional por ferir os princípios da isonomia e proporcionalidade. É destituído de cabimento impor sancionamento penal contra o sujeito que, não dispondo de idoneidade, comparece para disputar uma licitação. Mas, se não fosse desproporcional cominar com sanção penal essa conduta, ter-se-ia de reconhecer que *todos* aqueles que, não preenchendo os requisitos de habilitação, pretendessem disputar o contrato incorreriam em idêntica ilicitude. Como justificar a ausência de tipificação de conduta similar praticada por aquele que teve suspenso seu direito de licitar? E o sujeito que, encontrando-se em dívida com a seguridade social, formulasse proposta? A antijuridicidade das diversas condutas é a mesma, que acarreta o descabimento de reservar a punição penal apenas para algumas delas"[10].

Nucci, contrariando esse entendimento, sustenta:

"Em primeiro lugar, o fato de não ter sido prevista a hipótese de impedimento àquele que teve o direito de participar de licitação suspenso, mas ainda não declarado inidôneo, pode ser uma falha legislativa, mas não envolve, em absoluto, lesão ao princípio da isonomia. Se o legislador olvidou determinado fato grave, não quer isto significar que deva haver impunidade a todos os demais, que sejam semelhantes e tenham sido tipificados. Por outro lado, não há nenhuma ofensa à proporcionalidade, uma vez que o Estado pode, desde que o faça legal e previamente, impor o dever e omissão a quem quer que seja"[11].

A despeito de nossa simpatia pelo entendimento de Marçal Justen Filho, nossa lealdade à cientificidade nos leva a endossar o entendimento sustentado por Nucci, fundamentalmente em razão do princípio da fragmentariedade do Direito Penal, que o impede de criminalizar todas as condutas que, por algum fator relevante, devessem ser também criminalizadas. Com efeito, fragmentariedade do Direito Penal é corolário do princípio da intervenção mínima e da reserva legal, como destaca Eduardo Medeiros Cavalcanti: "O significado do princípio constitucional da intervenção mínima ressalta o caráter fragmentário do Direito Penal. Ora, este ramo da ciência jurídica protege tão somente valores imprescindíveis para a sociedade. Não se pode utilizar o Direito Penal como instrumento de tutela de todos os bens jurídicos. E neste âmbito, surge a necessidade de se encontrar limites ao legislador penal"[12].

---

10. Marçal Justen Filho, *Comentários à Lei de Licitações e contratos administrativos*, p. 636.
11. Guilherme de Souza Nucci, *Leis penais e processuais penais comentadas*, p. 830.
12. Eduardo Medeiros Cavalcanti, *Crime e sociedade complexa*, Campinas, LZN, 2005, p. 302.

Nem todas as ações que lesionam bens jurídicos são proibidas pelo Direito Penal, como nem todos os bens jurídicos são por ele protegidos. O Direito Penal limita-se a castigar as ações mais graves praticadas contra os bens jurídicos mais importantes, decorrendo daí o seu *caráter fragmentário*, uma vez que se ocupa somente de uma parte dos bens jurídicos protegidos pela ordem jurídica. Isso, segundo Regis Prado, "é o que se denomina *caráter fragmentário* do Direito Penal. Faz-se uma tutela seletiva do bem jurídico, limitada àquela tipologia agressiva que se revela dotada de indiscutível relevância quanto à gravidade e intensidade da ofensa"[13].

O Direito Penal — já afirmava Binding — não constitui um "sistema exaustivo" de proteção de bens jurídicos, de sorte a abranger todos os bens que constituem o universo de bens do indivíduo, mas representa um "sistema descontínuo" de seleção de ilícitos decorrentes da necessidade de criminalizá-los ante a indispensabilidade da proteção jurídico-penal[14]. O *caráter fragmentário* do Direito Penal — segundo Muñoz Conde[15] — apresenta-se sob três aspectos: em primeiro lugar, defendendo o bem jurídico somente contra ataques de especial gravidade, exigindo determinadas intenções e tendências, excluindo a punibilidade da prática imprudente de alguns casos; em segundo lugar, tipificando somente parte das condutas que outros ramos do Direito consideram antijurídicas e, finalmente, deixando, em princípio, sem punir ações que possam ser consideradas como imorais.

Resumindo, "caráter fragmentário" do Direito Penal significa que o Direito Penal não deve sancionar todas as condutas lesivas dos bens jurídicos, mas tão somente aquelas condutas mais graves e mais perigosas praticadas contra bens mais relevantes. Além disso, o princípio de *fragmentariedade* repercute de maneira decisiva tanto na determinação da função que deve cumprir a norma penal como na delimitação de seu conteúdo específico. Em síntese, por todas essas razões, não vemos com a clareza necessária uma possível *inconstitucionalidade* na previsão constante do § 2º, primeira parte, deste art. 337-M. Não constatamos, tampouco, violação aos princípios de isonomia e de proporcionalidade.

6. Tipo subjetivo: adequação típica

Elemento subjetivo é o dolo, representado pela vontade consciente de praticar qualquer das duas condutas descritas no *caput* do art. 337-M, ou seja, de admitir à licitação ou celebrar contrato com empresa ou profissional declarado inidôneo. É indispensável que o funcionário público encarregado do procedimento licitatório

---

13. Regis Prado, *Direito penal ambiental*, São Paulo, Revista dos Tribunais, 1992, p. 52.
14. Jescheck, *Tratado de derecho penal*, Barcelona, Bosch, 1981, v. 1, p. 73. Palazzo esclarece que fragmentariedade não significa, obviamente, deliberada lacunosidade na tutela de certos bens e valores e na busca de certos fins, mas antes limites necessários a um totalitarismo de tutela, de modo pernicioso para a liberdade (*Il principio di determinatezza nel diritto penale*, Padova, CEDAM, 1979, p. 414).
15. Muñoz Conde, *Introducción al derecho penal*, p. 72.

tenha conhecimento da condição de "declarado inidôneo" para licitar ou contratar, sob pena de incorrer em erro de tipo.

A *consciência* do agente deve abranger todas as elementares do tipo, como elemento do dolo, e, ademais, essa *consciência* deve ser *atual*, isto é, deve existir no momento em que a ação está acontecendo, ao contrário da *consciência da ilicitude* (elemento da culpabilidade), que pode ser apenas *potencial*. Na verdade, não basta que a "consciência", elemento intelectual do dolo, seja meramente *potencial*, como ocorre na *culpabilidade*, sendo indispensável que ela seja real, isto é, que efetivamente exista no momento da ação. Dito de outra forma, essa distinção justifica-se porque o agente deve ter *plena consciência*, no momento em que pratica a ação, daquilo que quer realizar, qual seja, admitir licitante declarado inidôneo.

Além desse elemento intelectual, é indispensável ainda o *elemento volitivo*, sem o qual não se pode falar em *dolo*, direto ou eventual. Em outras palavras, a *vontade* deve abranger, igualmente, *a ação (visando o afastamento do licitante)*, o *resultado* (execução efetiva da ação proibida), os *meios necessários* à execução da ação proibida. Por isso, quando o processo *intelectual-volitivo* não atinge um dos componentes da ação descrita na lei, o dolo não se aperfeiçoa, isto é, não se realiza. Na realidade, o *dolo* somente se completa com a *presença simultânea* da *consciência* e da *vontade* de todos os elementos constitutivos do tipo penal. Por essas razões a aplicação da sanção de "declaração de inidoneidade" deve ser registrada no cadastro de fornecedores e pretensos licitantes, para que a autoridade pública e seus agentes possam tomar conhecimento. A existência de referida anotação cadastral torna inócua eventual alegação do funcionário de desconhecimento da condição de inidoneidade declarada do licitante. Não havendo, contudo, sido anotada nos registros próprios a declaração de inidoneidade, por negligência ou descuido do outro funcionário, o responsável pela admissão não pode ser incriminado, por faltar-lhe o elemento intelectual do dolo, o conhecimento dos fatos.

Igualmente as condutas descritas nos §§ 1º e 2º devem ser praticadas *conscientemente* e *livremente* pelo particular que, declarado inidôneo, venha a solicitar ou contratar com a Administração Pública. Todos os aspectos que descrevemos sobre o dolo relativamente às condutas descritas no *caput* aplicam-se integralmente às condutas contidas nos §§ 1º e 2º.

Por fim, não há exigência de qualquer elemento subjetivo especial do injusto, tanto para o *caput* quanto para seu parágrafo único. Na verdade, por sua estrutura típica, não exige o *especial fim de agir* que integra determinadas definições de delitos e condicionam ou fundamentam a *ilicitude* do fato, qual seja, o *elemento subjetivo especial do tipo* de injusto, de forma autônoma e independente do dolo.

7. Consumação e tentativa

Consuma-se o crime, descrito no *caput* do art. 337-M, cujo sujeito ativo é servidor público, com a simples admissão de licitante "declarado inidôneo", nos termos do §§ 1º e 2º deste art. 337-M. Na hipótese de deficiência ou ausência de dados do licitante nos registros cadastrais, o funcionário encarregado do *juízo de admissibilidade* não pode responder penalmente pela admissão de *licitante declarado inidôneo*, sem que fique efetivamente comprovado nos autos que tinha *conhecimento* de que se tratava de licitante *declarado inidôneo*. O servidor público encarregado que admitir, equivocadamente, *licitante inidôneo*, desconhecendo essa circunstância, deverá responder somente no âmbito administrativo, se restar configurada infração nessa seara, ante a falta de previsão da modalidade culposa.

Repita-se que *licitante proibido de contratar* em razão de condenação por *improbidade administrativa* não configura este crime, por faltar-lhe a condição de "declarado inidôneo", mesmo que se trate de *indivíduo inidôneo* por dedução de dita condenação. Falta-lhe a imposição de pena, qual seja, a imposição da sanção de "declaração de inidoneidade" para licitar ou contratar com a Administração Pública. Essa sanção, ou mesmo condição, não se presume, mas decorre da aplicação da respectiva sanção em hipótese específica prevista em lei.

Trata-se de *crime de ação múltipla* ou *de conteúdo variado*, isto é, ainda que o servidor admita, indevidamente, licitante declarado inidôneo, já consumando o crime, venha, num segundo momento, a celebrar sua contratação, não praticará dois crimes, mas apenas um, qual seja, o de admiti-lo ilegalmente. Ainda que assim não fosse, a contratação após a ilegal admissão representaria somente o exaurimento desse crime. Contudo, na hipótese que ventilamos anteriormente, de a admissão de licitante inidôneo ocorrer, sem conhecimento do funcionário encarregado, que não configura o crime, por falta do elemento subjetivo (vontade e consciência), poderá, num segundo momento, ao contratar referido licitante inidôneo, praticar o crime na segunda modalidade, qual seja, celebrando contrato, desde que já saiba que se trata de licitante declarado inidôneo para contratar.

Na hipótese prevista no parágrafo único — quem declarado inidôneo vier a licitar ou contratar com a Administração — a consumação ocorre com sua *efetiva admissão* ou inscrição para participar de certame licitatório, ou, observada as circunstâncias, com a *celebração de contrato* com a Administração Pública, desde que tenha conhecimento de sua condição de, legalmente, "declarado inidôneo", com trânsito em julgado. Trata-se, a nosso juízo, de crime material, visto que o resultado, isto é, a *licitação* ou *contratação* com a Administração Pública, somente configurará o crime se o *declarado inidôneo* efetivamente *licitar* ou *contratar*.

Convém destacar, para evitar grave equívoco, que o fato, por exemplo, de a admissão à licitação não ser confirmada em recurso administrativo, não configura, por si só, a tentativa, pois, a essa altura, ou o crime já estará consumado ou a conduta é atípica. Adotando em sentido contrário, destaca-se Tavares de Freitas, *in verbis*: "A tentativa será plenamente possível, em face da possibilidade de, em várias situações, ser fracionado o *iter criminis* a partir da execução (ex.: admissão à licitação não confirmada em grau de recurso administrativo)"[16]. *Venia concessa*, quando da interposição de recurso administrativo, se a conduta for típica, o crime já estará

---

16. André Guilherme Tavares de Freitas, *Crimes na Lei de Licitações*, p. 175.

consumado, e nenhum recurso — administrativo ou judicial — tem, como efeito secundário, a possibilidade de configurar a *tentativa* de um crime se o ato administrativo não for confirmado.

Nas figuras constantes do *caput*, devemos distingui-las: na modalidade de *admitir*, parece-nos tratar-se de crime de mera conduta, consumando-se com a simples ação, sem qualquer consequência de outra natureza. Relativamente, a segunda figura — celebrar contrato — trata-se de uma conduta que admite fracionamento, e, consequentemente, admite a figura tentada, quando essa ação for interrompida por circunstâncias alheias à vontade do agente. Por fim, em relação às figuras constantes do parágrafo único, tratando-se de crime material, a figura tentada pode ser facilmente constatada.

8. Classificação doutrinária

Trata-se de *crime próprio*, quanto ao *caput* (somente pode ser cometido por funcionário público encarregado do setor de cadastro e habilitação ao certame licitatório); *crime comum*, quanto ao parágrafo único (que não exige qualquer qualidade ou condição especial do sujeito ativo, podendo ser praticado por qualquer pessoa, *declarada inidônea*, que pretenda habilitar-se a certame licitatório. A exigência de que se trate de alguém *declarado inidôneo* não transforma sua conduta em *crime próprio*, como também não ocorreria se a exigência fosse de tratar-se de reincidente. A exigência de tratar-se de indivíduo *declarado inidôneo* constitui apenas uma elementar típica); *formal* (que não exige resultado naturalístico para sua consumação); *de forma livre* (que pode ser praticado por qualquer meio ou forma escolhida pelo agente); *instantâneo* (consuma-se no momento em que o agente pratica a ação incriminada, esgotando-se aí a lesão jurídica, nada mais podendo ser feito para evitar a sua ocorrência); *comissivo* (os verbos nucleares indicam ações, sendo impossível praticá-los através da omissão); *doloso* (não há previsão da modalidade culposa); *unissubjetivo* (que pode ser praticado por um agente apenas, embora admita a figura do concurso eventual de pessoas); *plurissubsistente* (trata-se de crime cuja conduta *admite fracionamento*, isto é, pode ser dividida em atos, tanto que admite a figura tentada).

9. Pena e ação penal

As penas cominadas, cumulativamente, são reclusão de um a três anos e multa. Trata-se de infração de pequeno potencial ofensivo, isto é, com pena mínima não superior a um ano de prisão, pode receber a *suspensão condicional do processo*, nos termos do art. 89 da Lei n. 9.099/95. A ação penal é *pública incondicionada*, sendo desnecessária qualquer manifestação de eventual ofendido; residualmente há a possibilidade de *ação penal privada subsidiária da pública*, se esta não for ajuizada no prazo legal (§ 3º do art. 100 do CP).

IMPEDIMENTO INDEVIDO | X

Sumário: 1. Considerações preliminares. 2. Bem jurídico tutelado. 3. Sujeitos do crime. 4. Tipo objetivo: adequação típica. 5. Tipo subjetivo: adequação típica. 6. Consumação e tentativa. 7. Classificação doutrinária. 8. Pena e ação penal.

Impedimento indevido

Art. 337-N. Obstar, impedir ou dificultar injustamente a inscrição de qualquer interessado nos registros cadastrais ou promover indevidamente a alteração, suspensão ou o cancelamento de registro do inscrito:

Pena — reclusão, de 6 (seis) meses a 2 (dois) anos, e multa.

1. Considerações preliminares

Embora, teoricamente, o *direito de participar de licitações públicas seja o mais amplo possível*, estando aberto e disponível a todos os cidadãos, a segurança burocrática recomenda a existência de mecanismos de controle para filtrar a regularidade, legalidade e legitimidade dos participantes. Objetiva-se, em outros termos, permitir que o Poder Público detenha um certo *banco de dados* daqueles que se apresentem aptos a competir, isto é, que satisfaçam os requisitos mínimos indispensáveis estabelecidos previamente pela legislação específica (arts. 62 e s. dessa lei). Com essa finalidade disciplinou e regulou a formalização desses "registros cadastrais".

A previsão de *registros cadastrais* assume a natureza de *interesse público*, na medida em que facilita à Administração Pública e aos próprios cadastrados a apresentação de propostas, ampliando o universo de possíveis participantes, além de preparar o próprio Poder Público para recepcioná-los, considerando que pode fazer precisão do volume ou número de participantes. Por isso mesmo, obstar, impedir ou dificultar, injustamente, inscrição de qualquer interessado nos registros cadastrais, ou causar-lhe obstáculos após inscrito, constitui crime definido neste dispositivo legal, o qual passamos a examinar. Antes do registro dos dados cadastrais, cuidou o legislador das *formalidades da própria habilitação* nas licitações previstas nos arts. 62 a 66 da nova Lei de Licitações.

Cadastro é um conjunto de dados organizados ou não em arquivos que documentam o *status* jurídico, técnico, financeiro e fiscal de quem, normalmente, participa de licitações públicas. Trata-se de um método simplificador de armazenagem de dados dos múltiplos concorrentes ao certame licitatório e representa uma atividade burocrático-organizativa da Administração Pública que facilita a consulta, comprovação, identificação e registro dos dados mais importantes daqueles que estarão aptos a participar de atuais e futuras licitações que órgãos e entidades da Administração necessitam realizar. Antecipa-se, assim, as condições e qualificações que legitimam o direito de licitar, independentemente de qualquer licitação específica. Sobre esse aspecto, destaca Marçal Justen Filho, comentando a lei revogada, *verbis*:

"O registro cadastral funciona como uma espécie de banco de dados que permite à Administração Pública obter informações importantes, inclusive acerca do universo de eventuais licitantes em condições de executar certas prestações. A Administração Pública não necessitará dedicar-se à verificação de alguns requisitos de habilitação no momento em que realiza a licitação. *Verifica-se uma espécie de dissociação entre o julgamento da habilitação e o julgamento das propostas.* É possível, inclusive, atribuir as duas tarefas a agentes distintos. Os registros cadastrais simplificam e tornam mais rápido o trâmite das licitações"[1].

Esses registros devem receber a mais ampla divulgação e devem estar permanentemente abertos aos interessados. Devem sofrer anualmente atualização, e ser renovados com abertura de novos chamamentos para ingresso de novos interessados. Essa divulgação deve ser feita pelo *Diário Oficial* e um jornal diário de boa circulação. Os inscritos serão classificados por categorias, observando-se suas especializações, que deverão ser, por sua vez, divididos em grupos, segundo a qualificação técnica e econômica, avaliada pelos elementos constantes da documentação exigida.

Enfim, essa regulamentação administrativa relativa aos registros cadastrais é o objeto material das condutas criminalizadas neste art. 337-N, cuja legitimidade e necessidade de tutela penal colocamos em dúvida.

2. Bem jurídico tutelado

"Levantamento cadastral" é uma espécie *sui generis* de investigação ou de pesquisa curricular, ou seja, uma coleta de dados pessoais e profissionais de possíveis interessados em participar de grandes licitações promovidas pela Administração Pública brasileira. As condutas incriminadas *omitir*, *modificar* ou *entregar* à Administração Pública levantamento cadastral ou *condição de contorno* em importante, significativa e relevante dissonância, ou seja, em desacordo com a realidade dos fatos.

A doutrina, de um modo geral, tem se esforçado na tentativa de identificar o possível bem jurídico tutelado por este dispositivo legal, na vigência da lei revogada, aliás, cujo texto foi repetido, *ipsis litteris*, pela Lei n. 14.133/2021. Segundo Costa Jr., "é a regularidade e a eficiência da Administração Pública, interessada na obtenção de um maior número de concorrentes a fim de que o preço da proposta apresentada seja o mais conveniente possível"[2]. Greco Filho, por sua vez,

---
1. Marçal Justen Filho, *Comentários à Lei de Licitações e Contratos Administrativos*, 11. ed., São Paulo, Dialética, 2005, p. 365.
2. Paulo José da Costa Jr., *Direito penal das licitações*, p. 67.

destaca: "O bem jurídico tutelado é o interesse da Administração em que haja o maior número possível de concorrentes em licitações e, de maneira indireta ou consequentemente, o interesse de obter a melhor proposta no mercado"[3]. Para Tavares de Freitas, por outro lado: "Almeja-se tutelar, através desta norma penal, o regular funcionamento da Administração Pública, que poderá ser prejudicado caso haja ingerência no registro cadastral para fins licitatórios. Uma das formas de se preservar a regularidade do funcionamento da Administração Pública é com o resguardo da certeza, *segurança* e confiabilidade de seus registros cadastrais na seara contratual e licitatória"[4].

Em pequena síntese, pode-se dizer que os autores em geral convergem em admitir que se procura tutelar a regularidade e o interesse da Administração Pública em obter um maior número de concorrentes à licitação pública. Na verdade, trata-se de *uma fórmula genérica* repetida basicamente em alguns dos dispositivos penais deste diploma legal, sem maior significado específico, e, por isso mesmo, *vazia de conteúdo*.

A rigor, enfrentamos grande dificuldade em encontrar o verdadeiro bem jurídico específico tutelado por esta norma penal, que, a nosso juízo, não teria razão de existir, por sua inocuidade, redundância e desnecessidade, além de discutível eficácia enquanto norma protetora de algum bem jurídico. A doutrina, de um modo geral, ante essa dificuldade apontada, tem se conformado em repetir, acriticamente, que se tutela o interesse da Administração na participação do maior número de concorrentes, visando à melhor proposta no mercado.

3. Sujeitos do crime

Sujeito ativo deste crime, segundo parte da doutrina especializada, comentando a lei revogada, relativamente às condutas de sua primeira parte (obstar, impedir ou dificultar, injustamente), pode ser qualquer pessoa, inclusive funcionário público, tendo ou não interesse pessoal no procedimento licitatório, não sendo exigida qualidade ou condição especial[5]. Em outros termos, para esse setor doutrinário sujeito ativo poderia ser qualquer pessoa, seja ou não licitante, isto é, qualquer terceiro, interessado ou não no processo; pode, inclusive, ser *funcionário público* encarregado do respectivo setor de registros ou não. E quanto à conduta descrita na segunda parte do dispositivo *sub examine*, "promover", tratar-se-ia de crime próprio, que somente funcionário público poderia, indevidamente, alterar, suspender ou cancelar registro de inscrito.

Para outro setor da doutrina, no entanto, também as condutas da primeira parte do tipo penal — *obstar, impedir* ou *dificultar* — injustamente a inscrição nos

---

3. Vicente Greco Filho, *Dos crimes da Lei das Licitações*, p. 129.
4. André Guilherme Tavares de Freitas, *Crimes na Lei de Licitações*, p. 176-177.
5. Paulo José da Cosa Jr., *Direito penal das licitações*, p. 69; Vicente Greco Filho, *Dos crimes da Lei de Licitações*, p. 129.

registros cadastrais também seria *crime próprio*, que só poderia ser praticado por funcionário público encarregado do setor[6]. Confira-se, por sua pertinência, a essência do entendimento de Rui Stoco, que sedimenta, basicamente, em quatro argumentos: a) a interpretação da primeira parte do art. 98 da lei revogada (atual art. 337-N), cujo texto foi mantido) não pode ser puramente literal — obstar, impedir ou dificultar a inscrição em registros cadastrais, injustamente, são ações que só podem ser praticadas internamente, por servidor público com atribuições específicas, considerando-se que dependem de providências *interna corporis*; b) numa interpretação teleológica constata-se que a pretensão do legislador foi punir o funcionário público que dificulte ao particular na obtenção de sua inscrição nos registros cadastrais (primeira parte), ou, superada a inscrição, *promova* alteração, suspensão ou cancelamento desse registro; c) o particular que concorrer para que outro interessado não consiga o registro cadastral praticará o crime previsto no art. 93 *(atual art. 337-O)* considerando-se que o registro cadastral integra o procedimento licitatório; d) finalmente, a impugnação, pelo particular, do registro de qualquer outro concorrente, ainda que com fundamento fático ou legal equivocado, mesmo com a finalidade de afastá-lo do certame, configura simples *direito de ação*, não constituindo crime algum[7]. Para Guilherme Nucci, na mesma linha de Stoco, sujeito ativo é o servidor público. "O tipo penal — prossegue Nucci — é voltado a quem pode promover a inscrição ou de qualquer forma manipular o registro, logo, somente o servidor público. Se terceiro impedir alguém de ir ao órgão competente inscrever-se, não está cometendo crime contra a Administração Pública, mas contra o particular, configurando-se constrangimento ilegal"[8].

Realmente, o texto da norma proibitiva do art. 337-N, que repetiu literalmente o texto do revogado art. 98, inclusive a pena cominada (o único que não a teve gravemente majorada), deve ser interpretado a partir de sua *literalidade*, mas orientando-se, contudo, *teleologicamente*, e, nessa linha interpretativa, chega-se, inevitavelmente, no verdadeiro *destinatário* da norma proibitiva, qual seja, *quem tem atribuição para promover a inscrição dos registros cadastrais* de pretensos licitantes, qual seja, o servidor público.

Essa proibição destina-se a evitar a *infidelidade do dever funcional* ou mesmo o *desvio de finalidade* de sua atribuição. Trata-se, na verdade, de autêntico *crime funcional*, admitindo como sujeito ativo somente servidor público, que é verdadeiramente quem pode manipular os registros cadastrais. Se o fizer, injustamente, isto é, obstar, impedir ou dificultar a inscrição cadastral de algum interessado, sem justa causa, incorrerá nessa infração penal. O particular, no entanto, não dispõe nem de espaço e tampouco de atribuição para manipular registros cadastrais, que é uma atividade *interna corporis*, específica do servidor, que, por isso mesmo, também

---

6. Rui Stoco, *Leis penais especiais e sua interpretação jurisprudencial*, p. 2594; Guilherme de Souza Nucci, *Leis penais e processuais penais comentadas*, p. 831.
7. Rui Stoco, *Leis penais especiais e sua interpretação jurisprudencial*, p. 2594.
8. Guilherme de Souza Nucci, *Leis penais e processuais penais comentadas*, p. 831.

pode promover alteração, suspensão ou cancelamento de registro cadastral, indevidamente. Se sua ação for indevida, incorrerá na proibição contida na segunda parte do dispositivo *sub examine*.

Aliás, o particular se *impedir, dificultar* ou mesmo *obstar* a inscrição de algum concorrente não cometerá, em tese, crime algum, pois fará parte, inclusive, da própria competição eliminar concorrentes. Se usar de *meios ilícitos*, fraudulentos ou violentos responderá por outro crime, mas não este. A única forma do particular responder pelo crime descrito o art. 98 será somente se estiver conluiado com o servidor responsável, sendo alcançado pela norma de extensão do art. 29 do CP. Para não deixar dúvidas, Rui Stoco arrematava:

"Em reforço ao entendimento de que o particular não pode ser sujeito ativo, acrescente-se que a impugnação à pretensão de registro ou ao registro já efetivado, por parte de qualquer pessoa, ainda que não tenha fundamento legal ou fático, ou seja, feita com o só propósito de afastar o licitante, não constitui crime, pois se traduz em exercício de um direito legítimo. O direito de petição é constitucionalmente assegurado"[9].

Em síntese, trata-se de *crime funcional*, isto é, *crime próprio* que, em qualquer de suas modalidades, somente pode ser praticado por funcionário público, no exercício de suas funções.

Sujeito passivo é, prioritariamente, qualquer pessoa que seja prejudicada pela conduta irregular do sujeito ativo em relação a qualquer ato relativo aos procedimentos de registros cadastrais; secundariamente, o Estado, sempre titular do bem jurídico ofendido *Administração Pública lato sensu*, mais especificamente, empresas públicas, autarquias ou entes da Administração Pública em geral.

4. Tipo objetivo: adequação típica

Trata-se de um tipo penal absolutamente desnecessário e totalmente infundado, isto é, duplamente inútil! Em primeiro lugar, porque as condutas que incrimina já estão devidamente abrangidas pelo conteúdo do art. 337-I, que proíbe "impedir, perturbar ou fraudar a realização de qualquer ato do procedimento licitatório", o qual abrangeria, por certo, também essa fase preambular de registros cadastrais. Em segundo lugar, porque *não identifica especificamente nenhum bem jurídico em especial* merecedor e legitimador da proteção penal, e, consequentemente, poderia receber melhor e suficiente repressão no âmbito do Direito Administrativo. Certamente, nesse plano, a *repressão* poderia apresentar melhor eficácia pela simplicidade e celeridade procedimental, longe da morosidade judicial e da absoluta ausência de repercussão no prontuário individual do funcionário relapso. Relativamente ao particular, certamente, sanções administrativas, do tipo impedir ou restringir a sua participação em futuros certames licitatórios, alcançaria maior repercussão e com melhores resultados pragmáticos.

---

9. Rui Stoco, *Leis penais especiais e sua interpretação jurisprudencial*, p. 2594.

As condutas descritas são: a) *obstar* significa estorvar, embaraçar, opor-se; b) *impedir* significa obstruir, impossibilitar, inviabilizar ou não deixar realizar; c) *dificultar* tem o significado de obstaculizar, tumultuar, confundir, perturbar ou atrapalhar a execução. Dificultar é, em outros termos, criar embaraços, atrapalhar, fazer exigências difíceis de serem cumpridas, com a finalidade de inviabilizar a execução do registro. Para Paulo José da Costa Jr., "dificultar é menos grave que obstar ou impedir. A ação de dificultar representa um estágio menos avançado que a ação de impedir. Esta última equivale ao impedimento absoluto do registro, enquanto dificultar é torná-lo mais difícil"[10]. Mas, como já destacamos, há uma certa redundância entre os verbos nucleares "obstar" e "impedir", o que indica, por si só, que apenas um deles seria suficiente para tutelar o bem jurídico que se pretende preservar. Aliás, redundância tem sido uma característica altamente negativa deste diploma legal, que, é bom que se diga, foi inaugurada pela antiga Lei de Drogas, já revogada sem deixar saudades.

A elementar normativa, *injustamente*, deixa claro que essas condutas são criminalizadas, como é natural, somente se forem praticadas injustamente, isto é, sem a existência de uma *causa justa* a impulsioná-las, caso contrário, isto é, se houver motivo para obstaculizar o registro cadastral, o servidor estaria não mais do que cumprindo com seu dever funcional. Por outro lado, ainda que não houvesse essa previsão expressa da necessidade da "injustiça" das condutas, esse elemento normativo estaria implícito e, igualmente, não poderia ser ignorado pelo intérprete da lei, a exemplo do que ocorre no crime de *devassa de sigilo de proposta em procedimento licitatório* (art. 337-J). A diferença dogmática que decorre da *ausência* dessa elementar expressa é que torna desnecessário que o dolo do agente a abranja.

Após o registro efetuado, criminaliza-se também a conduta de *promover*, que tem o significado de realizar, impulsionar ou fomentar, *indevidamente*, a alteração, suspensão ou cancelamento de registro do inscrito. Essa elementar normativa — indevidamente —, a exemplo da anteriormente referida, injustamente, deixa claro que, em havendo motivo justo para a promoção de alteração, suspensão ou cancelamento de registro já realizado, não há que se falar de crime, pois esse elemento normativo especial do injusto, que tem função híbrida, exclui a sua ilicitude. Diz-se *função híbrida* porque referida expressão funciona, ao mesmo tempo, como *elementar típica* e como *excludente especial do injusto*, mas em razão de sua existência expressa deve ser abrangida, também, pelo elemento intelectual do dolo, qual seja, *consciência* de sua existência.

O legislador, por fim, não estabelece os *meios* ou formas pelas quais o sujeito ativo pode *obstar, impedir* ou *dificultar* o registro cadastral de interessado, ou, ainda, *promover* sua alteração, suspensão ou cancelamento. Trata-se, por conseguinte, de crime de forma livre, podendo ser praticado por qualquer meio escolhido

---

10. Paulo José da Costa Jr., *Direito penal das licitações*, p. 68.

pelo agente. Enfim, o *objeto material* desta infração penal é a inscrição de interessados no registro cadastral, para habilitação de órgãos ou entidades públicas que realizem, com frequência, licitações.

5. Tipo subjetivo: adequação típica

Elemento subjetivo é o dolo, representado pela vontade consciente de praticar qualquer das condutas descritas no dispositivo em exame, ou seja, de obstar, impedir ou dificultar, injustamente, a inscrição de qualquer interessado nos registros cadastrais, bem como promover, indevidamente, a alteração, suspensão ou cancelamento de registro do inscrito. Trata-se de crime não vinculado, isto é, crime de forma livre, podendo ser praticado pelos meios ou formas que o agente escolher para fazê-lo.

A *consciência* do agente, como elemento do dolo, deve abranger todas as elementares do tipo. Ademais, essa *consciência* deve ser *atual*, isto é, deve existir no momento em que a ação está acontecendo. Quer dizer, o agente deve ter *plena consciência*, no momento em que pratica a ação, daquilo que quer realizar, ou seja, obstar, *impedir ou dificultar a realização dos atos descritos no tipo penal*. Mas além da consciência ou representação — elemento intelectual do dolo —, é indispensável ainda o *elemento volitivo*, sem o qual não se pode falar em *dolo*, direto ou eventual. Em outras palavras, a *vontade* deve abranger, igualmente, *a ação*, o *resultado*, os *meios* executórios e a relação de causa e efeito. *Injustamente* e *indevidamente*, como demonstramos anteriormente, constituem *elementos normativos especiais do tipo*, representando características especiais do dever jurídico; nessas circunstâncias, como o *dolo* deve abranger todos os elementos que compõem a descrição da figura típica, à evidência que o sujeito ativo deve ter *consciência* também desses *elementos normativos*, que é fundamental na determinação da tipicidade concreta.

Por isso, quando o processo *intelectual-volitivo* não atinge um dos componentes da ação descrita na lei, o dolo não se aperfeiçoa, isto é, não se realiza. Na realidade, o *dolo* somente se completa com a *presença simultânea* da *consciência* e da *vontade* de todos os elementos constitutivos do tipo penal. Nas condutas descritas no presente tipo penal, não há exigência de qualquer *elemento subjetivo especial do injusto*. Na verdade, por sua estrutura típica, não exige o *especial fim de agir* que integra determinadas definições de delitos e condiciona ou fundamenta a *ilicitude* do fato, e *elemento subjetivo especial do tipo* de ilícito, de forma autônoma e independente do dolo. Enfim, neste tipo penal o dolo, com seus dois elementos subjetivos, *vontade e consciência*, deve materializar-se no fato típico executado pelo agente.

Finalmente, não há previsão de modalidade culposa desta infração penal. Assim, eventual *displicência* do funcionário encarregado do certame licitatório, que poderia, em tese, caracterizar alguma conduta culposa, não constitui crime, exatamente pela ausência de previsão da modalidade culposa, para este tipo penal.

6. Consumação e tentativa

Consuma-se o crime com a efetiva *obstrução, impedimento ou dificuldade* criada, *injustamente*, à inscrição de qualquer interessado nos registros cadastrais, ou, ainda, com a real promoção indevida de alteração, suspensão ou cancelamento de registro do inscrito. Para Rui Stoco, "nas condutas de 'obstar' e 'dificultar' não exige a lei que se impeça ou não se realize o registro ou que a alteração, suspensão ou cancelamento se efetive. Basta a causação de empecilhos. Mas nas ações de 'impedir' e 'promover', impõe-se que o resultado ocorra"[11]. Consideramos, no entanto, que obstar é uma forma também de *inviabilizar* a realização do registro cadastral, por isso, obstar também é um crime material, e, no particular, divergimos de Stoco.

Com efeito, na hipótese de "obstrução" e "impedimento" consuma-se o crime com a efetiva produção do resultado naturalístico, qual seja, a não realização da inscrição pelo postulante, em decorrência da ação do sujeito ativo. Ou seja, a inscrição não se realiza, em razão da obstrução ou impedimento oposto pelo agente, configurando-se claramente a entidade crime material ou de resultado. Contudo, na conduta de "dificultar", na nossa ótica, é desnecessário que a inscrição não se realize para que o crime, nessa modalidade, se consume. É suficiente, com efeito, que a conduta do agente tenha não apenas *idoneidade para criar transtornos*, atrasando ou dificultando sobremodo a execução do ato, isto é, da sua inscrição nos registros cadastrais, mas que efetivamente crie esse tipo de inconveniente, de modo a demandar outras medidas supletivas e consertivas para que a inscrição se efetive. Não basta, por óbvio, a simples manifestação de vontade ou a *intenção do agente de dificultar* ou perturbar a realização da inscrição nos registros cadastrais, sob pena de punir-se as simples "intenções", aliás, de difícil comprovação.

A tentativa é admissível apenas nas duas modalidades de conduta, obstar e impedir, sendo impossível, contudo, na conduta de dificultar que, para nós, seria crime de mera conduta. Com efeito, em qualquer das duas condutas, pode haver fracionamento da fase executória, por circunstâncias alheias à vontade do agente. Para Stoco, no entanto, considerando que o legislador teria equiparado a conduta de "dificultar" às de "obstar" e "impedir", embora nesta última fosse tecnicamente possível, ela é inaceitável porque, em última instância, teria o mesmo significado de "dificultar". A despeito da lógica e da coerência do raciocínio de Stoco, não nos parece que essa seja a melhor interpretação, que seria extensiva, pois agravaria indevidamente a situação do infrator. Na realidade, são condutas diferentes, que comportam, por isso mesmo, formas de realização e obtenção de resultados igualmente distintas. O fato de *dificultar* o registro representar uma conduta menos grave não autoriza que se dê interpretação mais rigorosa à de "impedir", para considerá-la consumada, quando, na verdade, ela é *tentada*. A nosso juízo, a forma menos agressiva, hermeneuticamente falando, será no momento da dosimetria da pena, quando o juiz deverá valorá-las adequadamente.

---

11. Rui Stoco, *Leis penais especiais e sua interpretação jurisprudencial*, p. 2595-2596.

7. Classificação doutrinária

Trata-se de *crime próprio* (que exige qualidade ou condição especial do sujeito ativo, isto é, somente pode ser praticado por funcionário público. Na verdade, este tipo penal destina-se a quem tem atribuição para promover a inscrição no registro cadastral, ou seja, o servidor público encarregado do setor; ou, posteriormente a inscrição, quem pode *manipulá-lo*, alterando, suspendendo etc.); *material*, nas modalidades de *obstar* ou *impedir* (que causa transformação no mundo exterior, no caso, evitar que o registro se realize); *de mera conduta,* na modalidade de *dificultar* (o qual se consuma de imediato, com a simples ação, sem necessidade de qualquer resultado para sua consumação); *de forma livre* (que pode ser praticado por qualquer meio ou forma livremente pelo agente); *instantâneo* (consuma-se no momento em que o agente pratica a ação incriminada, esgotando-se aí a lesão jurídica, nada mais podendo ser feito para evitar a sua ocorrência); *comissivo* (sua prática exige um comportamento ativo do agente, sendo, teoricamente, impossível praticá-lo através da omissão); *de ação múltipla ou de conteúdo variado* (ainda que eventualmente o agente pratique mais de uma das condutas descritas, responderá por crime único); *doloso* (não há previsão da modalidade culposa); *unissubjetivo* (que pode ser praticado por um agente apenas, embora admita a figura do concurso eventual de pessoas); *plurissubsistente* (trata-se de crimes cuja conduta *admite fracionamento*, isto é, pode ser dividida em atos, tanto que admite a figura tentada em todas as figuras penais, com exceção da que "dificulta", que é de mera conduta).

8. Pena e ação penal

As penas cominadas, cumulativamente, são de detenção de seis meses a dois anos e multa. Admite-se a *transação penal* em razão de a pena máxima abstratamente cominada não ser superior a dois anos, sendo, portanto, da competência dos Juizados Especiais Criminais (art. 61 da Lei n. 9.099/95 e art. 98, I, da CF). É admissível, igualmente, a *suspensão condicional do processo*, considerando-se que sua pena mínima cominada não é superior a um ano (art. 89 da Lei n. 9.099/95).

A ação penal é pública incondicionada, sendo desnecessário qualquer manifestação de eventual ofendido. Será admitida ação penal privada subsidiária da pública, se esta não for ajuizada no prazo legal (art. 100, § 3º, do CP).

OMISSÃO GRAVE DE DADO OU DE INFORMAÇÃO POR PROJETISTA — XI

Sumário: 1. Considerações preliminares. 2. Bem jurídico tutelado. 3. Sujeitos ativo e passivo. 4. Tipo objetivo: adequação típica. 5. Tipo subjetivo: adequação típica. 6. Consumação e tentativa. 7. Pena e ação penal.

Omissão grave de dado ou de informação por projetista

Art. 337-O. Omitir, modificar ou entregar à Administração Pública levantamento cadastral ou condição de contorno em relevante dissonância com a realidade, em frustração ao caráter competitivo da licitação ou em detrimento da seleção da proposta mais vantajosa para a Administração Pública, em contratação para a elaboração de projeto básico, projeto executivo ou anteprojeto, em diálogo competitivo ou em procedimento de manifestação de interesse:

Pena — reclusão, de 6 (seis) meses a 3 (três) anos, e multa.

§ 1º Consideram-se condição de contorno as informações e os levantamentos suficientes e necessários para a definição da solução de projeto e dos respectivos preços pelo licitante, incluídos sondagens, topografia, estudos de demanda, condições ambientais e demais elementos ambientais impactantes, considerados requisitos mínimos ou obrigatórios em normas técnicas que orientam a elaboração de projetos.

§ 2º Se o crime é praticado com o fim de obter benefício, direto ou indireto, próprio ou de outrem, aplica-se em dobro a pena prevista no caput *deste artigo.*

---

1. Considerações preliminares

Criminalizando a "omissão grave de dado ou de informação por projetista", o legislador utiliza-se de uma redação prolixa, confusa, obscura, em péssimo português, com uma construção frasal incompreensível, equivocada e sem nenhuma concordância nominal, de difícil leitura e improvável compreensão. Não bastasse a pobreza linguística o legislador utiliza, inapropriadamente, locução que "expressa um conceito matemático", como alternativa a "levantamento cadastral", ou seja, "ou *condição de contorno* em relevante dissonância com a realidade". Certamente, trata-se de uma definição ou conceito matemático, segundo a Wikipedia, desconhecida da imensa maioria dos não matemáticos, dentre os quais nos incluímos.

2. Bem jurídico tutelado

Com a ação de *omitir, modificar ou entregar* à Administração Pública levantamento cadastral em dissonância com a realidade, frustrando o caráter competitivo de licitação ou em detrimento da seleção da proposta mais vantajosa para a Administração Pública, visivelmente o bem jurídico ofendido é a própria administração pública, na medida em que há um desvirtuamento no objetivo pretendido por ela. Ou seja, em ação realizada exatamente para atender as necessidades da Administração Pública, o agente ativo ou passivo desvirtua a sua finalidade, o faz contrariando as expectativas desta, causando-lhe prejuízo na elaboração de atividade que deveria lhe beneficiar. Trata-se a rigor de uma infidelidade dos contratados, traindo, inclusive, a confiança que a Administração Pública lhe confiara.

3. Sujeitos ativo e passivo

Pode ser sujeito ativo qualquer pessoa candidata a projetista, teoricamente, com alguma formação técnico-profissional para a *elaboração de projeto básico, projeto executivo ou anteprojeto nas modalidades elencadas no* caput *deste artigo*, além da decência, dignidade, bons antecedentes e responsabilidade para o exercício dessa atividade profissional.

Sujeito passivo é, prioritariamente, o Estado Administração que é o titular do bem jurídico ofendido *Administração Pública lato sensu*, e, mais especificamente, empresas públicas, autarquias ou outros entes da Administração Pública em geral.

4. Tipo objetivo: adequação típica

O *levantamento cadastral* é uma espécie *sui generis* de investigação ou de pesquisa curricular, ou seja, uma coleta de dados pessoais e profissionais de possíveis interessados em participar de licitações promovidas pela Administração Pública brasileira. As condutas incriminadas são *omitir, modificar* ou *entregar* à Administração Pública levantamento cadastral por pessoas interessadas a integrar uma espécie de quadro ou grupo de pessoas para elaborar projetos.

Alternativamente enumera "*condição de contorno* em importante, significativa e relevante dissonância, em desacordo com a realidade dos fatos". A locução "condição de contorno", segundo a Wikipedia (enciclopédia livre), significa "em matemática é um tipo de *condição de contorno*, nomeada devido a *Carl Neumann*. Quando aplicada a uma equação diferencial ordinária ou parcial, especifica os valores que a derivada de uma solução deve tomar no contorno do domínio"[1].

Em outros termos, mesmo diante da definição de Neumann temos grande dificuldade de interpretar o significado contextual dessa expressão alternativa a *levantamento cadastral*, qual seja, "condição de contorno em relevante dissonância com a realidade, em frustração ao caráter competitivo da licitação ou em detrimento da

---

1. Ver o conceito de "Problema de valor sobre o contorno". Disponível em: https://pt.wikipedia.org/wiki/Problema_de_valor_sobre_o_contorno. Acesso em: 17 abr. 2021.

seleção da proposta mais vantajosa para a Administração Pública". Em outros termos, essa locução "condição de contorno" encontra-se no lugar errado para desempenhar função absolutamente equivocada, mostrando-se um *corpo estranho* dentro do contexto que tem a finalidade de definir uma das duas formas ou modos de realizar as condutas incriminadas neste tipo penal. Com todas as escusas, referida locução constitui uma *impropriedade técnico-linguística* para elemento constitutivo do crime que se pretende tipificar. Na realidade, nunca vimos uma construção tipológica em que o seu próprio conteúdo inviabilize a realização da descrição típica pretendida pelo legislador.

Nessas condições, para tentar salvar o texto legal e sua pretensão de descrever um comportamento criminoso, sugerimos que se ignore essa locução "condição de contorno", que representaria apenas a descrição de uma segunda forma ou modo de realizar as condutas tipificadas, mantendo-se o restante da descrição típica.

Assim, as condutas incriminadas de *omitir* que pode significar *deixar de agir* ou de *manifestar-se*, quando necessário, *modificar* ou alterar a entrega à Administração Pública *levantamento cadastral* com grave ou significativa contrariedade a realidade fática, isto é, com frontal diferença com a realidade dos fatos, frustrando, dessa forma, o *caráter competitivo da licitação*, bem como dificultando ou até inviabilizando a seleção adequada da proposta mais vantajosa para a Administração Pública. Ou seja, apresentando resultado final diverso do pretendido pela Administração Pública, contrariando, flagrantemente, a expectativa, como diz o texto legal, "em relevante dissonância com a realidade, em frustração ao caráter competitivo da licitação ou em detrimento da seleção da proposta mais vantajosa para a Administração Pública". *Prejudica* e até inviabiliza a correta contratação para a elaboração desses projetos, quais sejam, de projeto básico, projeto executivo ou anteprojeto em diálogo competitivo ou em procedimento de manifestação subjetiva.

5. Tipo subjetivo: adequação típica

O *elemento subjetivo* do crime de *"omissão grave de dado ou de informação por projetista"* é representado pela vontade consciente de participar de uma espécie *sui generis* de investigação ou de pesquisa, ou seja, uma coleta de dados pessoais e profissionais de possíveis interessados em participar de licitações promovidas pela Administração Pública, orientadas pela vontade consciente de *omitir, modificar ou entregar* à Administração Pública levantamento cadastral com resultado diverso do pretendido, ou seja, *frustrando o caráter competitivo da licitação ou em detrimento da seleção da proposta mais vantajosa* para a Administração Pública. Em outros termos, *fraudando* a expectativa da Administração Pública, *em contratação para a elaboração de projeto básico, projeto executivo ou anteprojeto, em diálogo competitivo ou em procedimento de manifestação de interesse*. Ou seja, apresentando resultado final diverso ao pretendido pela Administração Pública contrariando flagrantemente a expectativa, como diz o texto legal, "em relevante dissonância com a realidade, em frustração ao caráter competitivo da licitação ou em detrimento da seleção da proposta mais vantajosa para a Administração Pública".

6. Consumação e tentativa

Tratando-se de crime *omissivo-comissivo,* ou seja, *omitir* (deixar de fazer, deixar de realizar a ação devida) e *modificar* ou *entregar* o resultando do levantamento realizado, a tentativa é, em tese, de difícil configuração. Curiosamente, o *resultado* propriamente deste tipo penal, em sua essência, não reside no fazer ou deixar de fazer o levantamento cadastral desejado, mas consiste na essência ou no conteúdo do que é feito e como é feito. Em outros termos, a licitude ou ilicitude da ação não reside na realização do levantamento cadastral, mas no conteúdo e na forma em que essa ação é realizada, isto é, uma espécie *sui generis* de *falsidade ideológica,* na medida em que o agente desvirtua a ação de pesquisa que realiza para prejudicar a Administração Pública, quando deveria beneficiá-la; trata-se, portanto, de *crime formal,* pois não deixa vestígios, cuida-se, enfim, de crime formal, não havendo possibilidade da ocorrência de tentativa.

Consuma-se o crime no momento da própria realização da conduta omissiva ou positiva do agente. Consuma-se, enfim, com a obtenção da manifestação do interessado em participar do levantamento de currículos de interessados em participar dessa pesquisa, desvirtuado pelo agente que deseja prejudicar a Administração Pública.

7. Pena e ação penal

As penas cominadas a este crime são seis meses a três anos de reclusão, cumulada com a pena de multa. A natureza da ação penal é pública incondicionada, não dependendo de qualquer manifestação de vítima ou ofendido.

A PENA DE MULTA NOS CRIMES LICITATÓRIOS — XII

Sumário: 1. Considerações preliminares. 2. O Direito Penal positivo brasileiro. 2.1. Cominação e aplicação da pena de multa. 3. O sistema dias-multa aplicado pelo Código Penal. 4. Limites da pena de multa. 5. Competência para execução da pena de multa a partir da Lei n. 13.964/2019. 6. A inaplicabilidade do sistema trifásico adotado pela Reforma Penal de 1984 para a pena de prisão. 7. Sistema trifásico da aplicação da pena de multa, a partir da Lei n. 13.964/2019. 7.1. As três fases do cálculo da pena de multa.

Art. 337-P. *A pena de multa cominada aos crimes previstos neste Capítulo seguirá a metodologia de cálculo prevista neste Código e não poderá ser inferior a 2% (dois por cento) do valor do contrato licitado ou celebrado com contratação direta.*

1. Considerações preliminares

O legislador, no caso concreto, demonstra desconhecer a pena de multa disciplinada no nosso Código Penal, e tampouco ter noção de como ela é disciplinada no Código Penal, que adotou, desde a Reforma Penal de 1984, o sistema dias-multa.

Por isso, ao aplicar a pena de multa nos crimes licitatórios, fez uma miscelânia ao disciplinar a pena de multa nos crimes licitatórios. Prevendo que "a pena de multa cominada aos crimes previstos, neste Capítulo (Capítulo II-B), seguirá a metodologia de cálculo prevista neste Código e não poderá ser inferior a 2% (dois por cento) do valor do contrato licitado ou celebrado com contratação direta"!

Trata-se, contudo, de questões absolutamente diferentes e incompatíveis uma coisa com a outra. Ou seja, o Código Penal, como sabido por todos, menos pelo legislador, adota o sistema dias-multa, com metodologia própria e específica, no qual fixa, como limite inferior, um terço do salário mínimo, ou seja, o resultante da combinação da previsão do *caput* do art. 49 (mínimo dez dias-multa) combinado com o disposto em seu § 1º (um trigésimo do maior salário mínimo). Com efeito, nesse sistema, genuinamente brasileiro (teve origem no Código Criminal do Império), nosso Código fixa como mínimo dez dias-multa, correspondendo, portanto, a um terço do salário mínimo, e tendo como limite máximo trezentos e sessenta dias-multa.

Portanto, é absolutamente contraditória e equivocada a previsão do legislador, para os crimes licitatórios, constante no art. 337-P. Com efeito, pretendendo estabelecer como limite mínimo um "percentual do contrato licitado" (2%), não poderia ter afirmado que a aplicação da pena de multa "seguirá a metodologia de cálculo prevista neste Código". A Assessoria do Congresso Nacional deveria ter advertido o "legislador" sobre a impossibilidade de adotar dois sistemas incompatíveis, quais sejam, o sistema dia-multa do Código Penal, com o sistema de percentual do valor do contrato licitado previsto na Lei das Licitações Públicas (Lei n. 14.133/2021). No entanto, o sistema jurídico-penal brasileiro não pode prescindir da aplicação do sistema dias-multa que, além de moderno e atualizado, é benéfico ao infrator.

Posto isso, façamos um raciocínio hipotético e criativo para tentarmos solucionar este impasse, considerando que os dois diplomas legais estão aí vigentes e necessitam encontrar uma saída honrosa e menos traumática aos direitos do cidadão.

Como se trata de contradição *interna corporis*, isto é, no seio do mesmo diploma legal, considerando que a nova lei licitatória incluiu um novo capítulo (Capítulo II-B no Título XI da Parte Especial do Código Penal), urge que se encontre uma fórmula para superar essa *contraditio interna corporis*. Seria razoável, a nosso juízo, tomarmos, como base, o percentual mínimo de 2% (dois por cento) do valor do contrato licitado ou celebrado, como determina a Lei n. 14.133/2021, e dividi-lo por 360 (trezentos e sessenta), que é o máximo de dias-multa permitido pelo sistema dias-multa do Código Penal. O resultado dessa divisão seria o valor do dia-multa para os crimes licitatórios acrescidos ao Código Penal. Dessa forma encontrar-se-ia o menor valor do dia-multa para os novos crimes licitatórios, segundo o percentual previsto nesse novo diploma legal, ponto de partida da metodologia do cálculo da pena de multa previsto no Código Penal, posto que assim teríamos o menor valor do dia-multa para os crimes licitatórios. Como a pena mínima aplicada será de dez dias-multa e o máximo de trezentos e sessenta, será multiplicar ao valor encontrado na divisão anterior e teríamos o menor valor da pena de multa, comparando-se com a pena de multa normalmente aplicada nos demais crimes. A partir dessa premissa, pode-se adotar o sistema trifásico aplicável no sistema dia-multa do Código Penal, como demonstraremos a seguir.

2. O Direito Penal positivo brasileiro

2.1 *Cominação e aplicação da pena de multa*

O legislador de 1984 adotou a seguinte classificação de penas: a) privativas de liberdade; b) restritivas de direitos; c) multa[1]. Abandonou a velha e desgastada classificação de penas principais e penas acessórias. As acessórias não mais existem, pelo menos como penas acessórias. Algumas foram deslocadas para efeitos da condenação (não automáticos)[2] e outras fazem parte do elenco das chamadas "penas substitutivas", que são as restritivas de direitos.

Com a adoção do dia-multa e das penas restritivas de direitos, o legislador inaugurou uma nova sistemática de cominação de penas. Em vez de repetir em cada

---

1. Art. 32 do Código Penal.
2. Art. 92 do Código Penal.

tipo penal a espécie ou cabimento da pena restritiva ou a quantidade de multa, inseriu um capítulo específico para as penas restritivas e cancelou as referências a valores de multa, substituindo a expressão "multa de..." simplesmente por "multa" em todos os tipos da Parte Especial do Código que cominam pena pecuniária. Em decorrência dessa técnica, os tipos penais não trazem mais, em seu bojo, os limites mínimo e máximo da pena cominada, dentro dos quais o julgador deveria aplicar a sanção necessária e suficiente à reprovação e prevenção do crime. E, nas duas hipóteses possíveis de multa substitutiva, esta não é prevista no tipo penal, conforme se examinará mais adiante.

Observa-se que a multa, revalorizada, com o critério adotado, pode surgir como pena comum (principal), isolada, cumulada ou alternadamente, e como pena substitutiva da privativa de liberdade, quer sozinha, quer em conjunto com a pena restritiva de direitos, independentemente de cominação na Parte Especial.

3. O sistema dias-multa aplicado pelo Código Penal

Segundo esse sistema, o valor de um dia-multa deverá corresponder à renda média que o autor do crime aufere em um dia, considerando-se sua situação econômica e patrimonial. Nessa aferição levar-se-á em consideração não só o seu salário, mas toda e qualquer renda, inclusive de bens e capitais, apurados na data do fato. Cientificamente, pode-se concluir, o *sistema dia-multa* é o mais completo de todos os que até agora foram utilizados. A forma de avaliação da culpabilidade e das condições econômicas do réu ajusta-se melhor aos princípios de igualdade e de proporcionalidade[3]. Na instrução criminal, a avaliação da situação socioeconômica do autor do crime passa a ser de vital importância. Além dos elementos que a polícia puder fornecer no inquérito policial, deverá o magistrado, no interrogatório, questionar o acusado sobre a sua situação econômico-financeira. O Ministério Público poderá requisitar informações junto às Receitas Federal, Estadual e Municipal, para melhor aferir a real situação do réu, em casos em que as circunstâncias o exigirem[4].

4. Limites da pena de multa

De acordo com o art. 49 e seus parágrafos, o *valor mínimo de um dia-multa* é de trinta avos do maior salário mínimo vigente à época do crime e o valor máximo é de cinco vezes esse salário. Estabelecendo a renda média que o acusado aufere em um dia, o juiz fixará o valor do dia-multa entre os limites de 1/30 do salário mínimo, que é o menor valor do dia-multa, e cinco salários mínimos, que é o seu maior valor. E o limite mínimo da pena de multa aplicada é de 10 dias-multa e o máximo aplicável é de 360 dias-multa (*caput* do art. 49).

---

3. Luiz Regis Prado, Do sistema de cominação da multa no Código Penal brasileiro, *RT*, 650/252, dez. 1989.
4. Luiz Regis Prado, *Pena de multa*: aspectos históricos e dogmáticos, São Paulo, 1980, p. 69.

Para encontrarmos a menor pena de multa aplicável tomaremos o menor valor do dia-multa, um trigésimo do salário mínimo, e o limite de dias-multa, que é dez, o que representará um terço do salário mínimo. E para encontrarmos a maior pena de multa faremos uma operação semelhante: tomaremos o maior valor do dia-multa, cinco salários mínimos, e o limite máximo de dias-multa, que é trezentos e sessenta, o que representará 1.800 salários mínimos. Mas esse é o limite normal, ordinário. Há um outro limite, especial, extraordinário: se, em virtude da situação econômica do réu, o juiz verificar que, embora aplicada no máximo, essa pena é ineficaz, poderá elevá-la até o triplo (art. 60, § 1º, do CP), o que representará 5.400 salários mínimos. No entanto, essa fixação não pode ser produto de uma decisão arbitrária. Logicamente que as razões que levarem o magistrado a aplicar esta ou aquela quantia de multa deverão ser demonstradas fundamentadamente na sentença[5].

Dessa forma, percebe-se, a pena de multa recuperou sua eficácia, revitalizou-se, tomou vulto e assumiu, definitivamente, importância no Direito Penal moderno. Com essa nova regulamentação, atingindo essas proporções, poder-se-á dizer, com Silvio Teixeira Moreira, que "os doutrinadores afirmam ser a pena de multa mais aflitiva que a privação da liberdade, dizem-na mais flexível e, por isso, mais permeável ao princípio da individualização da pena; asseveram-na menos degradante que a segregação e sem as nefastas consequências desta; preconizam-na como mais econômica para o Estado, que, ao invés de despender grandes somas no sustento dos internos, recebe pagamento dos condenados"[6].

A majoração estabelecida no § 1º do art. 60 permite a elevação do valor dia-multa até o triplo. Essa é aplicável a todas as hipóteses em que houver aplicação da pena de multa. Enfim, os limites da multa não são só os do art. 49 e seus parágrafos, mas também o do art. 60, § 1º, que se aplica tanto à multa prevista nos tipos legais de crimes como nas multas substitutivas. O legislador deu dimensão mais abrangente à pena de multa. Ela aparece não só na condição de pena comum, como também na condição de pena substitutiva ou multa substitutiva. As mais recentes reformas europeias consagram a pena de multa como substitutiva da pena privativa de liberdade, como ocorre na Alemanha, França e Itália, entre outros países.

5. Competência para execução da pena de multa a partir da Lei n. 13.964/2019

A Lei n. 13.964, de 24 de dezembro de 2019, tem o mérito de, pelo menos, afastar a dificuldade interpretativa de grande parte da doutrina e da jurisprudência sobre a competência para a execução da pena de multa, ao definir, expressamente, *que ela é do juiz da vara de execução penal*, como sempre sustentamos. Na nossa

---

5. Basileu Garcia, Reforma da pena de multa, *RT*, 306/25; Nélson Ferraz, Aplicação da pena..., *RT*, cit., p. 430.
6. Silvio Teixeira Moreira, Penas pecuniárias, *Revista de Direito Penal*, n. 28, p. 94.

concepção, sempre foi do juízo da execução penal e do correspondente representante do Ministério Público com atribuição naquela vara criminal, mas esse nosso entendimento sempre foi amplamente minoritário. Agora, com o texto da Lei n. 13.964/2019, não resta mais qualquer dúvida sobre essa competência e respectiva atribuição do *Parquet*. Sempre sustentamos que a Lei n. 9.268/96 não alterou a competência para a execução da pena de multa como previa a Reforma Penal de 1984, ao contrário do que passaram a sustentar, a nosso juízo equivocadamente, doutrina e jurisprudência nacionais, inclusive dos Tribunais Superiores.

O *processo executório* da pena de multa, inclusive para esse diploma legal, continuou sendo regulado pelos arts. 164 e 169 da LEP, que, propositalmente, não foram revogados pela Lei n. 9.768/96. Sempre defendemos que: "A competência, portanto, para a execução da pena de multa continuou sendo do Juiz das Execuções Criminais, bem como a legitimidade para a sua promoção continua sendo do Ministério Público correspondente. Assim, todas as questões suscitadas na execução da multa penal, como, por exemplo, o *quantum* da execução ou causas interruptivas ou suspensivas, eventualmente suscitadas em embargos de execução, não serão da competência do juízo cível. Referida lei, além de não fazer qualquer referência sobre a execução da pena de multa, deixou vigentes os dispositivos penais relativos à sua execução"[7].

A redação do art. 51 do Código Penal, definida pela Lei n. 9.268/96, passou a ser a seguinte: "Transitada em julgado a sentença condenatória, a multa será considerada dívida de valor, aplicando-se-lhe as normas da legislação relativa à dívida ativa da Fazenda Pública, inclusive no que concerne às causas interruptivas e suspensivas da prescrição". O fundamento político-legislativo da definição da pena de multa como dívida de valor objetivou, somente, justificar a inconversibilidade da pena de multa não paga em prisão, e, ao mesmo tempo, satisfazer os hermeneutas civis, segundo os quais "dívida de valor" pode ser atualizada monetariamente. A edição da Lei n. 9.268/96, que definiu a condenação criminal como "dívida de valor", acabou sendo objeto de grande desinteligência na doutrina e jurisprudência nacionais, particularmente sobre a competência para a execução da pena de multa e sua natureza jurídica. A corrente, maciçamente majoritária, passou a entender que a competência passava a ser das varas da Fazenda Pública, além de a condenação dever ser lançada em dívida ativa. Outra corrente, humilhantemente minoritária, à qual nos filiamos, entende que nada mudou: a competência continua com a vara das execuções criminais e a condenação à pena de multa mantém sua natureza de sanção criminal, além de ser juridicamente impossível inscrever em dívida ativa uma sentença penal condenatória. Ademais, aquela redação do dispositivo citado não falava em "inscrição na dívida ativa da Fazenda Pública". Ao contrário, limitava-se a referir que são aplicáveis "as normas

---

7. Essa definição sempre constou em todas as edições de nosso *Tratado de Direito Penal*, bem como em nosso *Falência da pena de prisão*.

da legislação relativa à dívida ativa da Fazenda Pública, inclusive no que concerne às causas interruptivas e suspensivas da prescrição".

Definir, juridicamente, nome, título, ou espécie da obrigação do condenado não altera, por si só, a natureza jurídica de sua obrigação, ou melhor, da sua condenação. A mudança do rótulo não altera a essência da substância! Na verdade, a natureza jurídica da pena de multa criminal não sofreu qualquer alteração com a terminologia utilizada pela Lei n. 9.268/96, considerando-a "dívida de valor", após o trânsito em julgado. Dívida de valor ou não a pena de multa (ou pena pecuniária) continua sendo uma sanção criminal. Não se pode esquecer que a sanção criminal — seja de natureza pecuniária ou não — é a consequência jurídica do crime e, como tal, está restringida pelos princípios limitadores do direito repressivo penal, dentre os quais destacam-se os princípios da legalidade e da personalidade da pena. Pelo princípio da personalidade da pena — aliás, a grande característica diferenciadora da pena criminal pecuniária (multa) das demais penas pecuniárias —, ao contrário do que se chegou a afirmar, por alguns intérpretes — pouco afeitos à teoria geral do delito — herdeiros e sucessores não respondem por essa sanção. Ademais, não se pode esquecer que a morte do agente é a primeira causa extintiva de punibilidade (art. 107, I, do CP). A rigor, como no passado as condenações a penas de multas eram, normalmente, irrisórias, especialmente para os crimes comuns do Código Penal, levaram o Ministério Público a repelir a função que lhe cabia de exercer execução da pena de multa, como determina a LEP, impondo que a Fazenda Pública assumisse tal ônus. Ademais, o procedimento adotado pela Lei de Execução Penal (arts. 164 a 169) era mais trabalhoso e, ao mesmo tempo, mais democrático, na medida em que possibilitava ao condenado executado defender-se, em juízo, sobre as exigências formais desejadas pela acusação. Contudo, a nova era dos "crimes contra o colarinho branco", possibilitando cifras estratosféricas, despertou o interesse do *Parquet*, permitindo, inclusive, que alguns tenham dado destinação equivocada aos seus resultados.

Inúmeras questões de ordem jurídico-sistemática impedem que se admita a possibilidade de *inscrição em dívida ativa* da pena de multa transitada em julgado como se defendia, de um lado e, de outro lado, que a competência para a sua execução fosse transferida para as varas da Fazenda Pública, como já sustentávamos há longa data. Afinal, qual seria a vantagem ou finalidade de inscrição em dívida ativa da pena de multa? Por que, por exemplo, se inscrevem em dívida ativa os créditos tributários? Simplesmente porque só se pode executar a cobrança judicial, de algum crédito, mediante a execução de um título judicial ou extrajudicial, *v.g.*, títulos de crédito.

Ora, a *certidão de inscrição em dívida ativa* é o título de crédito que permite ao Poder Público executar judicialmente os créditos tributários, caso contrário teria que ter um título judicial, isto é, uma sentença condenatória, com tudo o que demanda um processo de conhecimento. Portanto, não havia nenhum sentido em inscrever em dívida ativa a pena de multa, que já é resultado de uma decisão judicial, portanto, é um título judicial, e transformá-la em título extrajudicial, seria prejudicial, além de dispendioso e perda de tempo, ficaria mais sujeito a impugnações etc. Sem falar-se que a *autoridade competente para inscrever créditos públicos em dívida ativa* é o Procurador da Fazenda Nacional, o qual, consultado para tanto, respondeu que não pode inscrever em *dívida ativa* a multa penal, porque não faz parte do rol *numerus clausus* dos créditos passíveis de serem inscritos em dívida ativa. Aliás, sua inscrição em dívida ativa seria uma absoluta inutilidade, menos mal que referida inscrição é juridicamente impossível!

Enfim, a Lei n. 9.268/96 não revogou o art. 49 do Código Penal, que continuou em pleno vigor. Aliás, reforçando a previsão desse dispositivo, a Lei Complementar n. 79/94, que criou o Fundo Penitenciário Nacional, prevê como uma de suas receitas a pena de multa (art. 2º, V). O fato de a multa penal passar a ser considerada dívida de valor, repetindo, além de não alterar a natureza jurídica dessa sanção penal, como já afirmamos, também não pode alterar a sua destinação final, qual seja, o Fundo Penitenciário Nacional. A execução de sanções criminais — privativas de liberdade, restritivas de direitos ou multas — é competência exclusiva do juízo criminal!

Finalmente, a previsão da Lei n. 13.964/2019 deu a seguinte redação ao art. 51 do CP, *verbis*: "Art. 51. Transitada em julgado sentença condenatória, a multa será executada perante o juiz da execução penal e será considerada dívida de valor, aplicáveis as normas relativas à dívida ativa da Fazenda Pública, inclusive no que concerne às causas interruptivas e suspensivas da prescrição". Enfim, passa a reinar tranquilidade e harmonia na interpretação do texto legal e da competência para a execução da pena de multa que, à luz da legislação brasileira, sempre foi do Juiz da execução penal e atribuição do *Parquet* vinculado à referida vara. A execução ou "cobrança" da pena de multa integra a persecução penal, cujo único órgão do Estado com "competência" para exercitá-la é o Ministério Público com assento no juízo criminal. Com efeito, o Processo de Execução Penal é o instrumento legal que o Estado pode utilizar, coercitivamente, para tornar efetivo o conteúdo decisório de uma sentença penal condenatória.

6. A inaplicabilidade do sistema trifásico adotado pela Reforma Penal de 1984 para a pena de prisão

Há um grande equívoco no entendimento que sustenta a aplicabilidade do tradicional sistema trifásico do cálculo de pena assegurado no art. 68 do Código Penal, o qual seguiu a orientação resultante do conhecido debate de Roberto Lyra (bifásico) e Nélson Hungria (trifásico), vencido por este. A rigor, a *Reforma Penal de 1984* adotou, repetindo, o *sistema dias-multa*, por isso, mudou toda a sistemática relativamente à pena de multa, desvinculando-a, por completo, da pena privativa de liberdade, e em especial da gravidade do crime e dos próprios tipos penais, *vinculando-a expressamente à situação econômico-financeira do infrator*.

Nesse sentido é a previsão constante dos arts. 49, 58 e 60, todos do Código Penal, os quais deixam claros os *limites da pena de multa*, destacando, inclusive, que na sua aplicação "o juiz deve atender, principalmente, à *situação econômica do réu*" (art. 60). Logo, há completa *desvinculação da gravidade do crime* e das penas a ele cominadas. Ademais, estabelece seus próprios critérios, os quais denomina especiais, para a fixação da pena de multa, nos termos do art. 60 do CP, alheios, portanto, aos critérios estabelecidos no art. 68. Aliás, adota, como veremos adiante, *o seu próprio sistema trifásico de aplicar a pena de multa*.

Esses aspectos resultam cristalinos, inclusive quando autoriza o pagamento da multa, até mesmo com desconto em folha, nos seguintes termos: "O desconto não deve incidir sobre os recursos indispensáveis ao sustento do condenado e de sua família" (art. 50, §§ 1º e 2º). Nessa linha, calha ressaltar que as agravantes e as causas de aumentos da pena de prisão referem-se somente à gravidade do crime e não à situação econômico-financeira do infrator, que é prioritária para aplicação da pena de multa, segundo a dicção do *caput* do art. 60 do Código Penal. Por isso, essas causas modificadoras da pena (gravidade do crime, circunstâncias judiciais, legais e causas de aumento ou diminuição) não podem e não devem ser consideradas individualmente na dosimetria da pena de multa, exatamente porque o sistema de seu cálculo é absolutamente distinto, como demonstraremos abaixo.

Enfim, constata-se que o sistema dias-multa tem sua própria metodologia de aplicação de penas (diversa daquela descrita no art. 68 do CP), a qual deve ser operacionalizada em duas ou três fases, dependendo das circunstâncias casuísticas, como demonstramos anteriormente. Inegavelmente, os fundamentos e os elementos a serem utilizados na dosimetria da pena de multa são absolutamente diversos daqueles adotados no cálculo da pena privativa de liberdade, sintetizados no art. 68 do Código Penal, tanto que para a pena de multa não existe sequer a denominada "pena-base" sobre a qual as demais causas modificadoras da pena, relacionadas no art. 68, incidiriam. Ora, se não existe sequer a *pena-base*, tampouco poderá haver *pena provisória* ou definitiva. Essa linguagem não existe para a pena de multa dentro do sistema dias-multa consagrado pela Reforma Penal de 1984. Na verdade, a pena de multa tem seu próprio sistema trifásico de aplicação, distinto daquele previsto no art. 68 para a pena de prisão, com outros parâmetros, com outros fundamentos e outros critérios, como demonstraremos no tópico seguinte.

7. Sistema trifásico da aplicação da pena de multa, a partir da Lei n. 13.964/2019

Não se pode ignorar o verdadeiro sentido da adoção, pela Reforma Penal de 1984, do sistema dias-multa, que não se resume a simples previsão do dia-multa, mas na adoção do seu próprio sistema de aplicação da pena de multa previsto nos arts. 49 e 60, e seus respectivos parágrafos, o qual leva em consideração, *prioritariamente*, a condição financeira do infrator, e não, repetindo, a gravidade da infração penal. De notar-se que, ao contrário da filosofia do Código Penal de 1940, os tipos penais não estabelecem mais, ao lado da pena de prisão, a quantidade mínima e máxima da pena de multa, mas tão somente se lhe é aplicável pena de multa ou não. Essa é outra grande demonstração da desvinculação da pena de multa da gravidade do crime e de sua metodologia de aplicação de pena (art. 68), caso contrário, continuaria com a previsão em cada tipo penal dos limites mínimo e máximo da pena de multa.

Com efeito, a criação de uma seção exclusiva, a III (arts. 49 a 52, acrescida dos arts. 58 e 60), para a *cominação e aplicação da pena de multa*, tem sido, equivocadamente, desprezada pela orientação que sustenta a aplicabilidade do sistema trifásico tradicional também na aplicação da pena de multa. Na realidade, a interpretação deve ser feita do conjunto de todo o Código Penal, e não individualmente deste ou daquele dispositivo legal, para não se perder a *grande harmonia* que esse diploma penal consagra. Nesse sentido, vejamos como restou definida a aplicação das respectivas sanções penais, quais sejam, da pena privativa de liberdade e da pena de multa. Dispõe o art. 53 que "as penas privativas de liberdade têm seus limites estabelecidos na sanção correspondente a cada tipo legal de crime". Por sua vez, o art. 58 determina que "a multa, prevista em cada tipo legal de crime, tem os limites fixados no art. 49 e seus parágrafos deste Código", adotando-se, portanto, critérios diferentes para dimensionar as penas aplicáveis às infrações penais que tipifica. Essa distinção é complementada pelo art. 60, segundo o qual, "na fixação da pena de multa o juiz deve atender, principalmente, à situação econômica do réu", mas o referido dispositivo não faz nenhuma referência à gravidade do crime ou suas consequências!

Essa disposição legal sobre a pena de multa não representa somente uma previsão programática, mas se trata de norma imperativa orientadora da política de aplicação da pena de multa, considerando prioritária a situação econômica do denunciado, ao contrário da pena de prisão, cujo fundamento básico é a gravidade do crime e a culpabilidade do agente. Toda essa sistemática, criteriosamente disciplinada pelo legislador, para a aplicação da pena de multa, não pode ser ignorada pelo intérprete-aplicador, mesmo na tentativa de dar-lhe atendimento similar, pois contraria diretamente a disciplina diferenciada que atribuiu a cada uma das duas espécies de pena que então cominara aos crimes que tipificou.

Com efeito, o Código Penal ao cominar a pena de multa, agora com caráter aflitivo, considerou dois aspectos absolutamente distintos: (i) a renda média que o condenado aufere em um dia, de um lado, e (ii) a gravidade do crime e a culpabilidade do agente, de outro lado[8], *priorizando, contudo, a renda do condenado*. Para que se possa aplicar a pena de multa, com equidade, entendemos que o seu cálculo, de regra, deve ser feito em duas fases, ou seja, em duas operações, e, excepcionalmente, em três fases, aliás, semelhante à pena de prisão, cuja terceira fase somente ocorrerá se houver causas de aumento ou de diminuição de pena.

Na pena de multa, por sua vez, somente haverá a terceira fase, se o valor da multa resultante da segunda fase for considerado insuficiente em razão das condições

---

8. Antonio Beristain, La multa penal y administrativa, *Anuario de Derecho Penal y Ciencias Penales*, n. 28, 1975, p. 378.

socioeconômicas do infrator, sem qualquer relação com a gravidade do crime. Pois nisso reside o sistema trifásico da aplicação da pena de multa, devendo-se adotar os seus próprios critérios. Repetindo, na primeira fase deve ser encontrada a quantidade de dias-multa (art. 49, *caput*); na segunda fase deverá ser encontrado o valor do dia-multa (§ 1º do art. 49), por fim, na terceira fase — se for necessário — o julgador poderá elevar o valor do dia-multa até o triplo (§ 1º do art. 60), dependendo da condição econômico-financeira do condenado.

7.1 As três fases do cálculo da pena de multa

Assim, destacamos as três fases de aplicação da pena de multa, no *sistema dias-multa* adotado pela Reforma Penal de 1984, devendo-se enfatizar que não foi apenas uma mudança do sistema antigo pelo dia-multa, mas, a rigor, a adoção de um novo sistema, o *denominado sistema dias-multa*, com sua própria metodologia de aplicação e dosimetria da pena de multa. Vejamos, a seguir, cada uma dessas três fases do cálculo (dosimetria) da pena de multa.

Primeira fase: estabelece-se o número de dias-multa dentro do limite estabelecido de 10 a 360 dias-multa (art. 49). Na escolha desse número deve-se levar em conta a gravidade do crime, em respeito ao princípio da proporcionalidade, visto que não há mais a cominação individual para cada crime, como ocorria no sistema anterior. Deve-se, por outro lado, considerar ainda a *culpabilidade, os antecedentes, a conduta social, a personalidade*, bem como os motivos, as circunstâncias e as consequências do crime, além de todas as circunstâncias legais, inclusive as majorantes e minorantes, nessa fixação. Nesse aspecto, a aplicação da pena de multa diferencia-se da pena de prisão. Aqui, o critério para a *pena de multa* é outro. Nesse sentido, também é o magistério de dois grandes doutrinadores, especialistas em matéria de aplicação de pena, quais sejam, Juarez Cirino dos Santos e Sérgio Salomão Shecaira, os quais, como nós, sustentam que para encontrar adequadamente *a quantidade de dias-multa aplicável*, o julgador deve considerar nessa primeira fase as agravantes e atenuantes, bem como as causas especiais de aumento e diminuição da pena, ao lado das circunstâncias judiciais[9].

Ou seja, nessa primeira fase, examinam-se as circunstâncias judiciais do art. 59, as agravantes e atenuantes (da 2ª fase da pena de prisão), bem como as majorantes e minorantes, se existirem (que seriam da 3ª fase da pena de prisão). Tudo somente para encontrar, na primeira fase, a quantidade de dias-multa, entre 10 e 360 previstos no *caput* do art. 49 do CP. Imaginemos, nesta primeira fase, em um cálculo hipotético, um crime de *corrupção ativa* praticado por um rico empresário, ou seja, com grande capacidade de pagamento. Pela gravidade do crime e demais circunstâncias etc. etc., podemos aplicar cem dias-multa, hipoteticamente falando.

---

9. Juarez Cirino Santos, *Direito Penal* — Parte Geral, 2. ed., Rio de Janeiro, Lumen Juris, 2007, p. 54; Sérgio Salomão Shecaira e Alceu Corrêa Junior, *Teoria da Pena*, São Paulo, Revista dos Tribunais, 2002, p. 286.

Segunda fase: nesta fase do cálculo da pena de multa deverá ser encontrado *o valor de cada dia-multa*, e, nessa oportunidade, o julgador valorará somente as condições econômico-financeiras do sentenciado, dando-lhes especial importância, segundo determinação do *caput* do art. 60. Com efeito, aqui, nesta fase, não se deverão valorar circunstâncias judiciais, agravantes e causas de aumento, pois elas já foram consideradas, na primeira fase, para fixar a quantidade de dias-multa a ser aplicada em eventual sentença condenatória. Merece destaque aqui que todos os aspectos que se referem ao crime propriamente, gravidade, circunstâncias, inclusive quanto ao infrator, já foram considerados na primeira fase, ou seja, na *fixação da quantidade de dias-multa*.

Portanto, de posse da quantidade de dias-multa obtida na primeira fase, examinando os dados anteriormente mencionados, passa-se, nesta segunda fase, ao exame dos aspectos necessários para fixar o valor de cada dia-multa, nos limites estabelecidos no § 1º do art. 49, já referido. Enfim, para a fixação do valor do dia-multa, leva-se em consideração, tão somente, a situação econômica do acusado e sua *capacidade de pagamento*, pois a gravidade do crime e a culpabilidade do agente e demais circunstâncias já foram valoradas todas na primeira operação (primeira fase) para fixar a quantidade de dias-multa.

Para a verificação da real situação financeira do apenado, especialmente o quanto ganha por dia, o magistrado poderá, além de haver questionado em seu interrogatório, *determinar diligências* para apurar com mais segurança a verdadeira situação do infrator, para se evitar a aplicação de pena exorbitante, algumas vezes (para o pobre), e irrisória e desprezível, outras vezes (para o rico). Dessa forma, atende-se à previsão do ordenamento jurídico-penal, que determina que se leve em conta, principal, e não exclusivamente, a situação econômica do acusado. Assim, no caso hipotético que imaginamos na primeira fase, empresário rico e corruptor, pode-se, em tese, examinando bem a *situação econômica* e a proporcionalidade, aplicar-se o valor máximo do dia-multa, prevista em *cinco salários mínimos*, consoante disposto no § 1º do art. 49 do CP. Dessa forma, *nessas duas fases*, hipoteticamente, chegou-se a quinhentos salários mínimos, que atinge, nas circunstâncias imaginadas, um bom valor, ou seja, mais de 500 mil reais.

Não havendo, contudo, na situação concreta, elementos probatórios necessários, nos autos, para permitir que a fixação do valor do dia-multa se afaste do mínimo legal, qual seja, um trigésimo do salário mínimo, como prevê o Código Penal, essa pena deverá ser fixada no mínimo legal, ou próximo do seu valor mínimo, dependendo das condições do acusado, independentemente da gravidade do crime.

Terceira fase: finalmente, esta fase somente poderá ocorrer quando, por exemplo, mesmo aplicando o valor do dia-multa no máximo previsto (cinco salários mínimos), o juiz puder constatar que, em virtude da situação econômica do acusado, ela não seja suficiente para puni-lo adequadamente. Nesses casos, hipoteticamente falando, poderá elevá-la até o triplo (art. 60, § 1º, do CP), ajustando-a ao fato e às condições financeiras do agente. Observa-se, no entanto, que existem algumas leis extravagantes que cominam penas mais elevadas, mesmo violando as previsões do

Código Penal e, nesses casos, deve-se atendê-las, ante o princípio da especialidade (adotado no art. 12 do CP).

Continuando no cálculo da pena de dias-multa que imaginamos, na primeira e segunda fases, aqui, considerando que foi aplicado cem dias multa, e, na segunda fase, foi fixado o valor de cinco salários mínimos o dia-multa, mas como se trata de rico empresário e a necessidade de maior valor do dia-multa, em consideração ao poder econômico-financeiro do acusado, e também respeitando o princípio da proporcionalidade, pode-se elevar o valor do dia-multa até o triplo, aplicando o limite máximo permitido da pena imaginada, pois, na hipótese imaginada, referida multa atingiria o valor de 1.500 (mil e quinhentos) salários mínimos, que convenhamos, trata-se de um valor bem elevado, que ultrapassa a um milhão e meio de reais. Não é multa para qualquer cidadão, não. Mas, lembrando que se poderia, por exemplo, aumentar somente em 20%, por exemplo, ou até metade, ou dobrá-la, quando as circunstâncias econômico-financeiras do condenado recomendarem, a critério do julgador. Elevar até o triplo representa a possibilidade do valor máximo da pena de multa aplicável, logicamente quando se trata de condenado com boas condições econômicas e as demais circunstâncias recomendarem essa elevação.

Aliás, aplicando-se o máximo de dias-multa possível (360), bem como o valor máximo do dia-multa, que é de cinco salários mínimos, e, na hipótese, de elevação até o triplo (§ 1º do art. 60), ou seja, pode-se chegar até a 5.400 salários mínimos de multa, teoricamente. Observa-se, por outro lado, que existem algumas leis extravagantes que cominam penas mais elevadas, mesmo violando as normas gerais do CP, contudo, deve-se atendê-las, ante o princípio da especialidade, ressalvado no art. 12 deste Código.

Nesta terceira fase, é bom que se destaque, não há nenhum fundamento legal para se acrescer dias-multa na sanção imposta, portanto, relativamente à quantidade de dias-multa não se pode alterar, por falta de previsão legal. A quantidade de dias-multa, repetindo, somente pode ser fixada na primeira fase da dosimetria penal, fundamentando-se, sempre, nas circunstâncias judiciais, nas circunstâncias legais (agravantes e atenuantes) e nas majorantes e minorantes, nos limites previstos no *caput* do art. 49, como já demonstramos, não podendo ultrapassar o limite máximo de 360 dias.

CRIMES CONTRA AS FINANÇAS PÚBLICAS	SEGUNDA PARTE
ASPECTOS GERAIS DOS CRIMES CONTRA AS FINANÇAS PÚBLICAS	XIII

Sumário: 1. Pressuposto e fundamentos dos crimes contra as finanças. 2. Bem jurídico e injusto penal. 3. Responsabilidade fiscal, criminal e improbidade administrativa. 4. Cumulação de sanções e *bis in idem*: inconstitucionalidade. 5. Efeitos da condenação, penais e extrapenais. 6. Leis penais em branco e *novatio legis* criminalizadora.

CAPÍTULO IV
DOS CRIMES CONTRA AS FINANÇAS PÚBLICAS

• Capítulo IV acrescentado pela Lei n. 10.028, de 19 de outubro de 2000.

1. Pressuposto e fundamentos dos crimes contra as finanças

O art. 37 da CF estabelece que "a administração pública direta e indireta de qualquer dos Poderes da União, dos Estados, do Distrito Federal e dos Municípios obedecerá aos princípios da legalidade, impessoalidade, publicidade e eficiência". Enfim, a improbidade administrativa, disciplinada pela Lei n. 8.429/92, ampliada e reforçada pela Lei Complementar n. 101, de 4 de maio de 2000 (responsabilidade fiscal), constitui pressuposto dos crimes contra as finanças públicas.

Além do citado art. 37 da CF, o art. 165 dispõe que leis estabelecerão o plano plurianual, as diretrizes orçamentárias e o orçamento anual; o art. 167 fixa as vedações e proibições referentes à gestão pública das receitas e despesas; a Lei Complementar n. 101/2000 complementa o arcabouço constitucional, disciplinando a responsabilidade fiscal.

Harmonizando e complementando o sistema jurídico, a Lei n. 10.028/2000 acrescentou um novo capítulo ao último título da Parte Especial do Código Penal, com os arts. 359-A a 359-H, criando novos tipos penais, objetivando proteger a Administração Pública, particularmente em relação a suas finanças[1].

2. Bem jurídico e injusto penal

O bem jurídico constitui a base da estrutura e interpretação dos tipos penais; no entanto, não pode identificar-se simplesmente com a *ratio legis*, mas deve possuir

---

1. Ver Damásio de Jesus, *Código Penal anotado*, 11. ed.

um sentido social próprio, anterior à norma penal e em si mesmo decidido, caso contrário não seria capaz de servir a sua função sistemática, de parâmetro e limite do preceito penal e de contrapartida das causas de justificação na hipótese de conflito de valorações.

A proteção de bem jurídico, como fundamento de um direito penal liberal, oferece um critério material extremamente importante e seguro na construção dos tipos penais, porque, assim, será possível distinguir o crime das simples atitudes interiores, de um lado, e, de outro, dos fatos materiais não lesivos de bem algum. No atual estágio da teoria do delito, deve-se partir do ponto de vista de que no tipo somente se admitem aqueles elementos que fundamentam o conteúdo material do injusto. O tipo tem a finalidade precípua de identificar o bem jurídico protegido pelo legislador. Na hipótese dos crimes contra as finanças públicas, acrescentados no Código Penal pela Lei n. 10.028/2000, no dizer de Stoco, "o bem jurídico tutelado é especial e de máxima importância para o Estado organizado. Tutelam-se e protegem-se as finanças públicas, a correta gestão do dinheiro público e busca-se preservar a moralidade e probidade administrativa"[2].

Se uma concepção liberal concede ao direito penal uma função protetora de bens e interesses, uma concepção social, em sentido amplo, pode, por sua vez, adotar uma orientação predominantemente imperialista e, portanto, reguladora de vontades e atitudes internas, como ocorreu, por exemplo, com o nacional-socialismo alemão. A primeira concepção destaca a importância do bem jurídico; a segunda apoia-se na infração de dever, na desobediência, na rebeldia da vontade individual contra a vontade coletiva. Agora, se um Estado Social pretende ser também um Estado de Direito, terá de outorgar proteção penal à ordem de valores constitucionalmente assegurados, rechaçando os postulados funcionalistas protetores de determinado *status quo*.

3. Responsabilidade fiscal, criminal e improbidade administrativa

A partir da Lei de Improbidade Administrativa (Lei n. 8.429/92), com a edição da Lei de Responsabilidade Fiscal (LC n. 101/2000), complementada pela Lei n. 10.028/2000, que criou novos tipos penais — crimes contra as finanças públicas —, tornam-se efetivos os princípios constitucionais da Administração Pública (art. 37 da CF). E, ainda, princípios constitucionais, disciplinados em lei ordinária e lei complementar, acabaram sendo incluídos no Código Penal (novo capítulo no Título dos Crimes contra a Administração Pública) e tipificados como crimes[3].

A legislação específica prevê sanções de natureza política (suspensão de direitos políticos — arts. 37, § 4º, da CF e 12, I, da Lei n. 8.429/92), administrativa (perda

---

2. Rui Stoco e Tatiana de O. Stoco, in Alberto Silva Franco et al., *Código Penal comentado*, 8. ed., São Paulo, Revista dos Tribunais, 2007, p. 1747.
3. Ver Rui Stoco, Improbidade administrativa e os crimes de responsabilidade fiscal, *Bol. IBCCrim*, n. 99, fev. 2001, p. 2-5.

de cargo e função pública, proibição de contratar com o Poder Público etc. — art. 12, I, da Lei n. 8.429/92), civil (ressarcimento de dano e multa civil — art. 12, I, da Lei n. 8.429/92), pecuniária (multa aplicável por Tribunal de Contas a chefes de Poderes e ocupantes de cargos de direção — art. 5º da Lei n. 10.028/2000) e penal (prisão, multa e penas restritivas de direitos — Lei n. 10.028/2000, que criou o último capítulo do CP e deu nova redação à Lei n. 1.079/50 e ao Decreto-lei n. 201/67). Por tudo isso, eventual sentença penal condenatória por crimes da Lei n. 10.028/2000, embora constitua título executivo no cível (art. 63 do CPP), não abrange as demais sanções aqui referidas.

4. Cumulação de sanções e *bis in idem*: inconstitucionalidade

Todas as sanções supramencionadas, penal, civil, administrativa e política, em tese, podem ser aplicadas cumulativamente pela prática do mesmo fato, na medida em que são independentes e não se excluem[4]. Em princípio, essa soma de penas, pelo mesmo fato, reveste-se da pecha de inconstitucional. A previsão do art. 63 do CPP não autoriza a imposição da perda de cargo público, suspensão de seu exercício, perda dos direitos políticos, imposição de pena pecuniária etc. Apenas, segundo referido artigo, a condenação tornará certa a obrigação de indenizar os danos produzidos pelo crime. Demais sanções dependerão de ação própria no juízo cível.

Sempre que estiverem satisfeitos os requisitos exigidos pelo art. 44 do CP, devem ser aplicadas as penas restritivas de direitos previstas no CP (Lei n. 9.714/98), em caráter substitutivo, independentemente da previsão da Lei de Improbidade Administrativa. Pelas mesmas razões, quando a pena aplicada não for superior a um ano, será possível substituí-la por pena de multa somente (art. 44, § 2º, do CP), desde que os requisitos objetivos e subjetivos se façam presentes.

5. Efeitos da condenação, penais e extrapenais

Somente quando o crime for praticado com abuso de poder ou com violação de dever para com a Administração Pública o agente poderá perder cargo, função pública ou mandato eletivo, independentemente de ação civil de improbidade administrativa. Esses efeitos serão inaplicáveis a condenações por crimes contra as finanças públicas, pois nenhuma das novas infrações tem pena superior a quatro anos. Nessa hipótese, para condenação superior a quatro anos, seria irrelevante o abuso de poder ou violação de dever para com a Administração Pública.

A condenação criminal, afora a obrigação de indenizar (arts. 91, I, do CP e 63 do CPP), não faz coisa julgada extrapenal, para abranger as demais sanções civil, administrativa ou política. Para as consequências administrativa, civil e política a legislação estabeleceu mecanismos especiais para apurar a improbidade

---

4. Ver Rui Stoco, Improbidade administrativa e os crimes de responsabilidade fiscal, *Bol. IBCCrim*, n. 99, fev. 2001, p. 2-5.

administrativa[5]. Assim, as sanções política, administrativa, civil e até pecuniária (Lei n. 8.429/92) não são automaticamente aplicáveis: somente com ação própria, no juízo cível, poder-se-á apurar a responsabilidade do agente público; a multa, também, de 30% dos vencimentos anuais do agente público somente pode ser aplicada pelo Tribunal de Contas respectivo. Exigem ações próprias, nas quais a sentença penal condenatória não tem aplicação automática.

Pelo mesmo fato, o agente público poderá, em condenação criminal, sofrer pena de prisão, ou multa, perder cargo, função, atividade ou mandato eletivo (lei criminal); poderá ser punido com perda de bens ou valores acrescidos a seu patrimônio, ressarcimento de dano, perda de função pública, suspensão de direitos políticos, multa civil (até três vezes o acréscimo patrimonial), proibição de contratar com o Poder Público. Há, inegavelmente, um exagero de sanções para uma única conduta, exigindo, por conseguinte, criteriosa avaliação e valoração do aplicador da lei.

6. Leis penais em branco e *novatio legis* criminalizadora

Leis penais em branco são as de conteúdo incompleto, vago, lacunoso, que necessitam ser complementadas por outras normas jurídicas, geralmente de natureza extrapenal. Na linguagem figurada de Binding, "a lei penal em branco é um corpo errante em busca de sua alma". Como conclui Luiz Regis Prado, "portanto, na lei penal em branco, o comportamento proibido vem apenas enunciado ou indicado, sendo a parte integradora elemento indispensável à conformação da tipicidade".

Nos novos crimes incluídos no CP, quais sejam contra as finanças públicas, o legislador abusou do expediente de utilizar-se da norma penal em branco, que, embora admitida dentro de certos limites, vulnera o princípio da taxatividade da tipicidade; assim ocorre nos arts. 359-A, 359-B, 359-D, 359-E, 359-F, 359-G e 359-H. Teoricamente, apenas o art. 359-C evitou o recurso da norma penal em branco.

Novatio legis incriminadora, ao contrário da *abolitio criminis*, considera crime fato anteriormente não incriminado, sendo, portanto, irretroativa, não podendo ser aplicada a fatos praticados antes de sua vigência (20-10-2000), segundo o velho aforisma *nullum crimen sine praevia lege*, hoje erigido a dogma constitucional (arts. 5º, XXXIX, da CF e 1º do CP). Nessas circunstâncias, o autor do fato não praticou crime algum, uma vez que, no momento da execução, sua conduta era indiferente para o direito penal. Ora, como aqui se trata de criminalização de novas condutas, à evidência, não retroage para atingir fatos praticados antes de 20 de outubro de 2000, ainda que referidos fatos já constituíssem ilícitos administrativos (LC n. 101/2000).

Todas as novas figuras incluídas no capítulo "Dos crimes contra as finanças públicas" (Lei n. 10.028/2000) admitem, em tese, a suspensão condicional do pro-

---

5. Ver Rui Stoco, Improbidade administrativa e os crimes de responsabilidade fiscal, *Bol. IBCCrim*, n. 99, fev. 2001, p. 4.

cesso, desde que satisfeitos os demais requisitos, na medida em que nenhuma de suas penas ultrapassa, em seu limite mínimo, um ano de privação de liberdade (art. 89 da Lei n. 9.099/95).

Nenhuma das infrações disciplinadas na Lei n. 10.028/2000, que acrescentou novo capítulo ao CP, prevê a punição de modalidade culposa. Assim, somente poderão ser punidas quando praticadas dolosamente, ou seja, com vontade e consciência de descumprir as normas que disciplinam a gestão fiscal e as finanças públicas. Desnecessário repetir que o direito penal da culpabilidade não admite responsabilidade penal objetiva.

CONTRATAÇÃO DE OPERAÇÃO DE CRÉDITO — XIV

Sumário: 1. Bem jurídico tutelado. 2. Sujeitos do crime. 2.1. Sujeito ativo. 2.2. Sujeito passivo. 3. Tipo objetivo: adequação típica. 3.1. Sem prévia autorização legislativa. 3.2. Autorização legislativa e autorização legal. 3.3. Operação de crédito. 3.4. Interno ou externo: elementar típica. 4. Tipo subjetivo: adequação típica. 5. Consumação e tentativa. 5.1. Consumação. 5.2. Tentativa. 6. Modalidades de operação de crédito. 6.1. Inobservância do limite, condição ou montante. 6.2. Inobservância do limite da dívida consolidada. 6.3. Definição legal de "dívida consolidada". 7. Pena e ação penal.

Contratação de operação de crédito

Art. 359-A. Ordenar, autorizar ou realizar operação de crédito, interno ou externo, sem prévia autorização legislativa:

Pena — reclusão, de 1 (um) a 2 (dois) anos.

Parágrafo único. Incide na mesma pena quem ordena, autoriza ou realiza operação de crédito, interno ou externo:

I — com inobservância de limite, condição ou montante estabelecido em lei ou em resolução do Senado Federal;

II — quando o montante da dívida consolidada ultrapassa o limite máximo autorizado por lei.

• Artigo acrescentado pela Lei n. 10.028, de 19 de outubro de 2000.

Antecedentes legislativos: arts. 29, III, e 32 a 39, todos da LC n. 101/2000.

1. Bem jurídico tutelado

Bem jurídico protegido é a probidade administrativa, relativamente às operações realizadas no âmbito das finanças públicas da União, Estados, Distrito Federal e Municípios. Protege-se o princípio da legalidade administrativa, punindo-se criminalmente condutas praticadas sem a observância legal[1], ou, dito de outra forma,

---

1. Luiz Flávio Gomes e Alice Bianchini sustentam que: "A dificuldade de se estabelecer o bem jurídico tutelado no tipo penal referido decorre do fato de que a Lei trata de incriminar a conduta sem especificar a lesão que dela possa advir. Descreve, tão só, a ação e o requisito

protege-se a regularidade e legitimidade de todas as operações de crédito, interno ou externo, exigindo prévia autorização legislativa. Segundo Stoco, "os objetos jurídicos ou bens jurídicos penalmente tutelados são, genericamente, a Administração Pública e, específico, as finanças públicas, a boa gestão da receita tributária"[2].

A ausência de autorização prévia do parlamento leva à presunção de que a operação é ilícita, erigindo essa conduta à condição de crime. O rigorismo do legislador criminaliza o simples descumprimento de uma formalidade, pois ainda que se comprove que a operação destinou-se adequadamente aos fins públicos legalmente previstos, haveria a adequação típica, desde que não seja produto de uma conduta culposa.

2. Sujeitos do crime

2.1 *Sujeito ativo*

Sujeito ativo somente poderá ser um agente público (funcionário público *lato sensu*). No entanto, somente poderá cometer esse tipo penal quem possui atribuição

---

normativo pertinentes à prévia autorização legislativa. Isso permitiria, à primeira vista, afirmar, segundo os parâmetros do velho *Direito penal* formalista, tratar-se de um crime de mera conduta. No entanto, já não é aceitável conceber a existência de delito sem que haja a produção de um resultado jurídico (cfr. CP, art. 13, que exige resultado em todo delito), justamente porque nenhum crime pode exaurir-se no simples desvalor da ação.

A interpretação possível (e necessária), neste caso, a fim de que a descrição legal possa adquirir *status* de crime (em sentido material), exige algo mais que a realização da conduta sem a devida autorização legislativa.

A probidade administrativa já foi apontada como o bem jurídico protegido pela norma penal em destaque. Ocorre que a inexistência de autorização legislativa, por si, não significa que o ato reveste-se de improbidade. Ele não é regular, isso sim, pois carece de requisito que a lei exige. Mas pode não configurar hipótese de improbidade, porque se poderia estar diante de uma situação em que tanto o ato de ordenar quanto o de autorizar ou o de realizar operação de crédito interno ou externo esteja devidamente planejado e não venha a afetar o equilíbrio orçamentário ou das contas públicas. O que justificaria, então, a punição, já que não se tem um ato que resulte em improbidade administrativa?

O tipo penal em questão, segundo essa perspectiva, visa a impedir o arbítrio administrativo perpetrado quando da contratação de operação de crédito à revelia do (controle do) poder legislativo, que tem a função de fiscalizá-la, devendo manifestar-se acerca da sua regularidade, podendo, também, emitir juízo de conveniência. Ainda que preencha os requisitos de admissibilidade, o poder legislativo poderá negar-se a proceder à autorização, desde que se valha de argumento baseado no despropósito ou inconveniência da medida proposta pelo executivo. Em suma, o bem jurídico protegido no *caput* do art. 359-A é o controle legislativo do orçamento e das contas públicas. Controle esse, aliás, indispensável, na medida em que precisamente no poder legislativo é que estão os representantes diretos da soberania popular" (*Crimes de responsabilidade fiscal*).

2. Stoco e Stoco, *Código Penal comentado*, cit., p. 1750.

legal para ordenar, autorizar ou realizar operação de crédito, interno ou externo. Se o funcionário que emitir o ato administrativo (ordem, autorização ou ele próprio realizar a operação) não tiver atribuição legal para tanto, referido ato será passível de anulação pelo próprio Poder Público. Essa falta de atribuição legal torna a conduta praticada atípica.

Deve-se destacar que pode ser sujeito ativo tanto o agente público que emite o ato administrativo, isto é, que ordena ou autoriza a operação de crédito, como aquele funcionário (subordinado) que a realiza. Tratando-se de Presidente da República, ver o art. 10 da Lei n. 1.079/50, e quando se referir a Prefeito Municipal, ver o art. 1º, XVI e XX, do Decreto-lei n. 201/67, ambos alterados pela Lei n. 10.028/2000. Na verdade, quando o sujeito ativo for Prefeito Municipal ou seu substituto legal, em tese, os dispositivos aplicados serão aqueles do decreto-lei referido (incisos XVI ou XX).

2.2 *Sujeito passivo*

Sujeito passivo será a União, os Estados, o Distrito Federal ou os Municípios, relativamente ao erário, isto é, à Receita Pública, nas respectivas searas. Secundariamente, destaca Guilherme Nucci, também é sujeito passivo "a sociedade, pois o abalo nas finanças públicas (...) gera consequências desastrosas para toda a coletividade"[3], embora, a nosso juízo, nessa hipótese, a coletividade confunde-se com o Estado-Administração, não havendo razão para distinguir a sociedade como sujeito passivo secundário nesse tipo de infração penal.

3. Tipo objetivo: adequação típica

As condutas tipificadas são ordenar, autorizar e realizar operação de crédito, constituindo crime de conteúdo variado. Ordenar significa mandar, determinar a realização de operação de crédito, sem a existência de autorização legislativa; nessa hipótese, a manifestação do agente público é imperativa: a autoridade pública (agente público) tem legitimidade, isto é, atribuição legal para a prática da conduta, ou, como afirma Damásio, a "iniciativa é do mandante"[4]; autorizar é permitir, aprovar, conceder autorização para a prática do ato; ao contrário da conduta "ordenar", na modalidade autorizar, a iniciativa da celebração da operação de crédito pode ter partido de outrem, embora não necessariamente. Para Damásio, nessa hipótese, o agente não tem a iniciativa da ação[5]; realizar é efetivar, concretizar, executar ou celebrar operação de crédito. Em regra, quem realiza a operação de crédito não é o agente que tem atribuição para ordená-la ou autorizá-la. No entanto, é irrelevante que aquele que ordena ou autoriza tal operação também a realize, pois se trata de crime de ação múltipla.

---

3. Guilherme de Souza Nucci, *Código Penal comentado*, 5. ed., São Paulo, Revista dos Tribunais, 2005, p. 1103.
4. Cezar Roberto Bitencourt, *Tratado*, v. 4 (1. ed.), p. 606-607.
5. Cezar Roberto Bitencourt, *Tratado*, v. 4 (1. ed.), p. 606-607.

Segundo Stoco, aspecto formal do crime na modalidade "ordenar" consuma o crime com a simples ordem para o início da operação, mesmo que não obtenha o empréstimo, abertura de crédito, financiamento ou qualquer outra operação[6]. Temos dificuldade em aceitar esse entendimento, especialmente por se tratar de uma operação complexa, que demanda uma série de atividades operacionais para que a preparação da execução de uma operação de câmbio, inclusive a autorização legislativa. A nosso juízo somente se poderá falar em crime, nas hipóteses de ordenar e autorizar, quando o funcionário encarregado der início ao cumprimento da ordem superior, pois mera infração de dever não constitui crime, pela ausência da efetiva ofensividade do bem jurídico. Ademais, a complexidade da operação, que exige várias formalidades, pode nascer condicionada ao atendimento de todas, inclusive da autorização legislativa, mas no curso do procedimento, por qualquer razão, não lograr obter dita autorização, abortando seu andamento. Como se poderia, nesses casos, sustentar que a simples autorização já configuraria crime, em ofender os princípios da taxatividade e da ofensidade? A modalidade realizar, por sua vez, configura crime material, uma vez que somente se consuma com a efetiva celebração de tal operação de crédito.

Por fim, o objeto material é a operação de crédito, ato através do qual a Administração Pública obtém recursos junto às instituições financeiras, oficiais ou privadas, no âmbito interno ou externo. Na verdade, basicamente, em duas situações os órgãos públicos buscam recursos nesse tipo de instituições: seja porque se encontram em dificuldades ou necessidade de caixa ou para a realização de projetos sociais ou de obras estruturais, de expansão, que envolvam grande custo e longo prazo[7].

3.1 *Sem prévia autorização legislativa*

Em termos genéricos, a operação de crédito deve ser, em tese, lícita; concretamente, contudo, é realizada sem a existência específica de autorização legislativa. Significa, em termos bem esquemáticos, que determinados atos praticados pelo administrador público são condicionados a prévia autorização legislativa que, como veremos, não se confunde com autorização legal, pois esta é sempre obrigatória, aliás, a própria "autorização legal" pode condicionar a prática de certos atos a existência específica de prévia autorização legislativa, que, nessa hipótese, passa a configurar uma formalidade intrínseca da própria operação. Esse elemento normativo — autorização legislativa anterior — constitui uma espécie de condição do procedimento administrativo do agente público, sem o qual sua conduta não pode ser realizada, sob pena de cometer crime. Em outros termos, a existência de autorização legislativa torna o fato atípico.

Referida autorização legislativa poderá ser atribuição do Senado Federal, das Assembleias Legislativas ou das Câmaras Municipais, dependendo, logicamente, da natureza do órgão autorizador, federal, estadual ou municipal.

---

6. Stoco e Stoco, *Código Penal comentado*, cit., p. 1750.
7. Stoco e Stoco, *Código Penal comentado*, cit., p. 1750.

3.2 Autorização legislativa e autorização legal

Autorização legislativa não se confunde com autorização legal. A autorização legislativa, quando estabelecida por lei, exige uma manifestação específica, individual e própria, para aquele fim determinado, do Poder Legislativo competente, como é a hipótese prevista no dispositivo em exame. Autorização legal, por sua vez, é aquela decorrente de um texto legal, previamente existente, com caráter genérico e permanente, não exigindo um ato específico do parlamento. Alguns órgãos públicos não têm seus atos condicionados a autorização legislativa, como autarquias, empresas públicas ou o Poder Judiciário, o Ministério Público etc. Essas instituições, órgãos ou entidades públicas, em regra, têm suas atividades, atos e ações disciplinados em lei e não apenas em autorização legislativa.

3.3 Operação de crédito

Segundo definição da Lei Complementar n. 101/2000, operação de crédito é o "compromisso financeiro assumido em razão de mútuo, abertura de crédito, emissão e aceite de título, aquisição financiada de bens, recebimento antecipado de valores provenientes da venda a termo de bens e serviços, arrendamento mercantil e outras operações assemelhadas, inclusive com o uso de derivativos financeiros" (art. 29, III). Trata-se, como se percebe, de norma penal em branco.

3.4 Interno ou externo: elementar típica

É irrelevante, para a tipificação do crime, que a operação creditícia seja celebrada com organismo nacional ou internacional. Destaca Rogério Greco que, "operação de crédito interno é aquela realizada no âmbito nacional; externa é a operação levada a efeito no exterior, devendo-se lembrar, nos termos do inciso IV do § 1º do art. 32 da Lei Complementar n. 101/2002 (*sic*), sobre a necessidade de autorização específica do Senado Federal, quando se tratar de operação de crédito externo". Ademais, as condutas tipificadas não se limitam aos entes federativos, abrangendo outros órgãos, entidades ou instituições alheios aos Poderes instituídos.

4. Tipo subjetivo: adequação típica

O elemento subjetivo é o dolo, representado pela vontade consciente de ordenar, autorizar ou realizar operação de crédito, interno ou externo, sem prévia autorização. É indispensável que o sujeito ativo tenha conhecimento da inexistência de autorização legislativa. O dolo deve abranger a ação, o fim proposto, os meios escolhidos e o fim pretendido. A previsão, elemento cognitivo do dolo, deve abranger correta e completamente todos os elementos essenciais do tipo, sejam eles descritivos, normativos ou subjetivos. Enfim, o dolo deve abranger também o conhecimento dos chamados "elementos negativos do tipo" (ex.: sem prévia autorização legislativa). Não existe dolo restrito ou limitado, isto é, que abranja apenas parte dos elementos constitutivos do tipo penal. Não há previsão de qualquer fim especial, que era dominado pela doutrina clássica de dolo específico.

Não há previsão de modalidade culposa.

5. Consumação e tentativa

5.1 *Consumação*

Consuma-se o crime, em qualquer de suas modalidades, com a ordem ou autorização de abertura de crédito incorrendo nas irregularidades relacionadas no inciso ora examinado. As modalidades ordenar e autorizar somente consumam o crime com a efetiva abertura de crédito, nas circunstâncias mencionadas, na medida em que somente assim se pode expor a risco de lesão o bem jurídico protegido. Mera infração de dever não constitui crime, pela ausência da efetiva ofensividade do bem jurídico. A modalidade realizar configura crime material, uma vez que somente se consuma com a efetiva celebração de tal operação de crédito.

5.2 *Tentativa*

Nas duas figuras — ordenar e autorizar — acreditamos, diante de nossa definição de consumação, ser admissível a tentativa. Não se pode esquecer que estamos na seara administrativa, onde as condutas criminalizadas recebem uma configuração complexa, e "ordenar" e "autorizar" qualquer ato ou atividade compõem-se de alguns atos (fracionamento) que somente se consumam com a efetiva realização, isto é, com a concretização da determinação. Assim, embora o sujeito ativo, Prefeito Municipal, haja exteriorizado sua manifestação de vontade no sentido de ordenar ou autorizar a abertura de crédito, ela poderá não se concretizar por circunstâncias alheias a sua vontade, como, por exemplo, é impedido pelo técnico especializado, que o adverte de sua impossibilidade jurídica ou ausência de requisitos legais ou simplesmente não cumpre as determinações recebidas por ter observado a falta de tais requisitos. Na figura realizar, como crime material, o fracionamento da conduta é mais facilmente comprovável, e, consequentemente, a tentativa é perfeitamente possível.

6. Modalidades de operação de crédito

As modalidades de operação de crédito criminalizadas neste tipo penal são as seguintes: a) inexistência de prévia autorização legislativa (*caput*); b) inobservância de limite, condição ou montante estabelecido em lei ou em resolução do Senado Federal (inciso I); e c) montante da dívida consolidada superior ao limite máximo autorizado por lei (inciso II).

Por sua percuciência, mais uma vez merece ser citado o entendimento de Luiz Flávio Gomes e Alice Bianchini, que afirmam: "Em ambas as situações, a conduta do agente precisa interferir diretamente no planejamento e/ou equilíbrio das contas públicas. É preciso que cause lesão ou ao menos perigo concreto de lesão a esse bem jurídico. Se a conduta realizada for puramente antinormativa (contra o limite imposto, contra condição imposta etc.), mas não colocar, nem de longe, em perigo o equilíbrio das contas públicas, não há crime. Exemplo: a operação de crédito inobservou o montante estabelecido em lei, ultrapassando-o em pouca monta. Um valor absolutamente insignificante não coloca em risco o equilíbrio das contas públicas. Logo, apesar de a conduta ser antinormativa, não é antijurídica (em sentido material). Há desvalor da ação, mas não desvalor do resultado. Não há crime, portanto"[8].

6.1 Inobservância do limite, condição ou montante

O *caput*, como já demonstrado, pune a operação de crédito realizada sem prévia autorização legislativa. O parágrafo único, por sua vez, pune a operação de crédito que ultrapassa limite, condição ou montante estabelecido em lei ou em resolução do Senado Federal (inciso I) ou quando o montante da dívida consolidada ultrapassa o limite máximo autorizado por lei (inciso II). Na verdade, as condutas tipificadas são as mesmas: ordenar, autorizar e realizar. Nessas hipóteses, o sujeito ativo está autorizado a proceder à operação de crédito; apenas se excede, ultrapassando o limite legalmente permitido. Em outros termos, a ordem, autorização ou realização da operação de crédito é correta, isto é, satisfaz as formalidades legais, inclusive a autorização legislativa.

No caso do inciso I do parágrafo único, repetindo, a autoridade competente ativa está devidamente autorizada, por lei ou resolução do Senado Federal, a celebrar a operação de crédito. Contudo, exorbita os parâmetros legais, inobservando limite, condição ou montante estabelecido. A previsão regulamentar existe (lei ou resolução), mas os parâmetros fixados são ultrapassados, tipificando-se a conduta delituosa. Nesse sentido, é o magistério de Stoco, que afirma: "contudo, age a autoridade administrativa com abuso ou excesso do poder concedido, de modo que a licitude inicial de sua conduta converte-se em ilícito, posto inobservado o limite de valor estabelecido em lei ou pelo Senado Federal (CF/88, art. 52, V), através de Resolução, obtendo-se recursos em maior volume do que o permitido. Ou, ainda, a operação é realizada sem observância de condição imposta"[9].

Em síntese, pune-se a ordenação, autorização ou realização de operação individualizada de crédito, sem respeitar condição ou montante estabelecido em lei ou em Resolução do Senado.

6.2 Inobservância do limite da dívida consolidada

O inciso II do parágrafo único refere-se à dívida consolidada, cujo limite é autorizado por lei (na hipótese do inciso I, contrariamente, limite, condição ou montante são fixados tanto por lei quanto por resolução do Senado Federal). Tipifica-se qualquer das condutas descritas no *caput* quando o montante da dívida consolidada ultrapassa o limite fixado em lei. Essa infração somente pode ser praticada por administradores do plano estadual, em razão da definição de dívida consolidada (ente da Federação), pois, para o Prefeito Municipal, há previsão legal específica (art. 1º, XVI e XX, do Decreto-Lei n. 201/67). Por essa razão, os Prefeitos não podem ser sujeitos ativos dessa infração penal.

---

8. Luiz Flávio Gomes e Alice Bianchini, *Crimes de responsabilidade fiscal*.
9. Stoco e Stoco, *Código Penal comentado*, cit., p. 1751.

6.3 Definição legal de "dívida consolidada"

Dívida consolidada é o "montante total, apurado sem duplicidade, das obrigações financeiras do ente da Federação, assumidas em virtude de leis, contratos, convênios ou tratados e da realização de operações de crédito, para amortização em prazo superior a doze meses" (art. 29, I, da LC n. 101/2000). No entanto, comentando esse dispositivo legal, Ives Gandra Martins sentencia: "apesar da preocupação do legislador com os conceitos por ele utilizados, não há, na lei, uma definição do que seja 'dívida pública fundada ou consolidada', mas apenas a enumeração dos elementos que a compõem. A somatória total das obrigações financeiras de uma entidade federativa é que constitui seu montante global, não podendo, à evidência, haver duplicação, ou seja, a mesma obrigação aparecer em mais de um item de sua descrição"[10].

De qualquer sorte, não se pode olvidar que além de a lei exigir a fixação de um limite para cada operação de crédito, os entes federativos têm, necessariamente, que obedecer outro limite permitido para o comprometimento de sua arrecadação, ou seja, para o seu endividamento (art. 30 da LRF e 52, V, da CF). Contudo, é necessário que o limite da dívida seja estabelecido, no caso da União, pelo Senado Federal através de resolução, que, para esses fins, tem força de lei (art. 59, VII, combinado com o art. 68, § 2º, da CF).

Nessa definição legal de montante de dívida consolidada incluem-se ainda as "operações de crédito" de prazo inferior a doze meses (§ 3º) e os "precatórios judiciais" cujos pagamentos não se tenham efetivado quando da execução do orçamento em que houverem sido incluídos (art. 30, § 7º). Essas duas hipóteses são acrescidas somente para fins de considerar o limite máximo fixado pelo Senado Federal.

7. Pena e ação penal

A pena cominada, isoladamente, é de um a dois anos de reclusão. Trata-se de infração de menor potencial ofensivo, sendo da competência, em princípio, dos Juizados Especiais Criminais. A ação penal, como em todos os crimes contra a Administração Pública, é pública incondicionada, devendo a autoridade agir de ofício.

---

10. Ives Gandra Martins e Carlos Valder do Nascimento, *Comentários à lei de responsabilidade fiscal*, São Paulo, Saraiva, 2001, p. 182-183.

INSCRIÇÃO DE DESPESAS NÃO EMPENHADAS EM RESTOS A PAGAR | XV

Sumário: 1. Bem jurídico tutelado. 2. Sujeitos do crime. 2.1. Sujeito ativo. 2.2. Sujeito passivo. 3. Tipo objetivo: adequação típica. 3.1. Inscrição em restos a pagar. 3.2. Despesa não empenhada previamente. 3.3. Que exceda limite estabelecido em lei. 4. Tipo subjetivo: adequação típica. 5. Consumação e tentativa. 5.1. Consumação. 5.2. Tentativa. 6. Distinção do crime anterior. 6.1. Interpretação garantista. 7. Desistência voluntária. 8. Conflito aparente de normas. 8.1. Exceção à teoria monística. 9. Pena e ação penal.

Inscrição de despesas não empenhadas em restos a pagar

Art. 359-B. Ordenar ou autorizar a inscrição em restos a pagar, de despesa que não tenha sido previamente empenhada ou que exceda limite estabelecido em lei:

Pena — detenção, de 6 (seis) meses a 2 (dois) anos.

• Artigo acrescentado pela Lei n. 10.028, de 19 de outubro de 2000.

Antecedente legislativo: o art. 42 da Lei Complementar n. 101/2000, atendendo ao disposto no art. 37 da CF, proíbe o administrador público de assumir obrigações financeiras sem a existência de correspondentes recursos para honrá-las. Essa previsão objetiva impedir que se perpetuem os débitos públicos, repassando-se às gestões futuras, dificultando a boa administração dos novos mandatários.

1. Bem jurídico tutelado

Bem jurídico protegido é a probidade administrativa e a estrita regularidade da Administração Pública, particularmente em relação às operações realizadas no âmbito das finanças públicas da União, Estados, Distrito Federal e Municípios. O presente dispositivo pretende tutelar especificamente a regularidade da administração das finanças públicas, visando limitar ou restringir gastos descontrolados que comprometam os recursos do exercício financeiro seguinte. Em termos bem esquemáticos, objetiva-se tutelar as finanças públicas, bem como a correta gestão do dinheiro público, além de assegurar a moralidade e a probidade administrativa.

Com a denominada Lei de Responsabilidade Fiscal (Lei Complementar n. 101/2000), restringe-se a possibilidade de o titular de poder ou órgão público contrair obrigação de despesa que não possa ser cumprida integralmente dentro do próprio exercício financeiro, sem que haja suficiente disponibilidade de caixa (art.

42). Complementando esse rigor, em outros termos, o dispositivo penal que ora examinamos comina pena criminal ao administrador público que assumir compromissos financeiros sem que haja recursos para pagá-los.

2. Sujeitos do crime

2.1 *Sujeito ativo*

Como se trata de crime próprio, sujeito ativo só poderá ser um agente público (funcionário público *lato sensu*). No entanto, somente poderá cometer esse tipo penal quem possuir atribuição legal para praticar as condutas incriminadas, quais sejam ordenar ou autorizar inscrição em restos a pagar irregularmente, ou seja, sem estar devidamente empenhados ou exceder os limites legalmente autorizados. Somente pode ser sujeito ativo o titular de Poder ou órgão referido no art. 20 da LC n. 101/2000 (art. 42), ou seus respectivos representantes legais, modernamente identificados como "ordenadores de despesas". Além dos sujeitos ativos relacionados nos comentários ao artigo anterior, também podem ser sujeitos ativos desta infração penal os Presidentes dos Tribunais, no âmbito do Judiciário, dos Tribunais de Contas, os Procuradores-Gerais, no âmbito do Ministério Público, os Presidentes das Casas Legislativas (nos âmbitos federal, estadual e municipal), no âmbito parlamentar, e todos os diretores, chefes ou presidentes dos demais órgãos ou sociedades da administração pública, direta ou indireta, que tenham a função de ordenar despesas.

Se o funcionário que praticar qualquer das condutas incriminadas não tiver atribuição legal, o comportamento será atípico, ressalvado, evidentemente, o instituto do concurso eventual de pessoas.

2.2 *Sujeito passivo*

Sujeito passivo será a União, os Estados, o Distrito Federal ou os Municípios, segundo as respectivas searas lesadas. Repetimos aqui o mesmo entendimento que sustentamos no artigo anterior, contrariando orientação adotada por alguns autores, ou seja, não vemos razão para distinguir a sociedade do Estado como sujeito passivo secundário nesse tipo de infração penal.

3. Tipo objetivo: adequação típica

As condutas tipificadas são ordenar e autorizar, que constituem crime de ação múltipla. Ordenar significa mandar, determinar a inscrição em restos a pagar de despesa que não tenha sido previamente empenhada ou que exceda limite estabelecido em lei; o verbo ordenar traz em seu bojo um cunho imperativo, definitivo, incontestável, ação própria de quem faz prevalecer sua vontade; na hipótese, o sujeito ativo tem legitimidade, isto é, atribuição legal para ordenar a prática administrativa; autorizar tem o sentido de permitir, aprovar, conceder autorização para a prática do ato; ao contrário da conduta "ordenar", na modalidade autorizar, a iniciativa da inscrição pode ter partido de outrem, embora não necessariamente. Significa que o executor da inscrição em "restos a pagar" não tem autoridade para decidir, e, assim, a autorização é condição indispensável para que a inscrição seja feita.

Em síntese, criminalizam-se as condutas do agente público de ordenar ou autorizar a inscrição em restos a pagar de despesa que não foi empenhada ou, mesmo que empenhada, ultrapasse o limite fixado na lei. Empenho de despesa, nos termos do art. 58 da Lei n. 4.320/64, é ato emanado de autoridade competente que cria para o Estado obrigação de pagamento pendente ou não de implemento de condição, o qual não pode ultrapassar o limite dos créditos concedidos (art. 59). É proibida a realização de despesa sem empenho prévio (art. 60). Cada empenho é representado por um documento denominado "nota de empenho", no qual constará o nome do credor, o valor da despesa, a representação e a dedução da dotação orçamentária. A finalidade dessa previsão, reforçando a proibição da Lei de Responsabilidade Fiscal, é proibir que o agente público ordene ou autorize a inscrição em restos a pagar de despesa que ainda não foi empenhada, ou que, apesar de empenhada, exceda o limite estabelecido em lei, e, principalmente, impedir que os administradores públicos deixem para o ano seguinte (principalmente para o sucessor) despesas que não tenham sido previamente empenhadas e, quando empenhadas, que ultrapassem o limite estabelecido em lei.

Há duas formas de realizar qualquer das duas condutas, ordenar ou autorizar a inscrição em restos a pagar: a) despesa não empenhada previamente; b) despesa que exceda o limite estabelecido em lei. Examinaremos, a seguir, essas elementares típicas, de forma individualizada.

3.1 Inscrição em restos a pagar

Pela definição da Lei n. 4.320/64, "consideram-se restos a pagar as despesas empenhadas mas não pagas até o dia 31 de dezembro, distinguindo-se as processadas das não processadas. Parágrafo único. Os empenhos que correm à conta de créditos com vigência plurianual, que não tenham sido liquidados, só serão computados como restos a pagar no último ano de vigência do crédito" (art. 36). Hely Lopes Meirelles definia como "restos a pagar" os pagamentos que, em geral, devem ser efetuados até o último dia do ano financeiro, sob pena de caírem em exercício findo ou exercício encerrado, mas as despesas empenhadas e não pagas até 31 de dezembro são classificadas como restos a pagar, podendo ser realizadas e quitadas em qualquer tempo, enquanto não se verificar a prescrição quinquenal em favor da Fazenda Pública[1]. Na verdade, restos a pagar constituem dívida flutuante que não foi paga no exercício financeiro esgotado em 31 de dezembro, e que deve ser registrada em rubrica própria. Restos a pagar são pagos, via de regra, através de crédito especial.

O art. 36 da Lei n. 4.320/64 estabelece que os restos a pagar podiam ser classificados em processados e não processados. Restos a pagar processados são cons-

---

1. Hely Lopes Meirelles, *Finanças municipais*, p. 182.

tituídos pelas despesas que foram formalmente encaminhadas à liquidação e que somente não foram pagas por falta de fluxo de caixa e em razão do encerramento do exercício financeiro; não processados, por sua vez, são as despesas que ficaram em um estágio anterior, isto é, que sequer foi formalizado o procedimento de liquidação. Em sentido semelhante encaminha-se o magistério de Luiz Flávio Gomes e Alice Bianchini, que afirmam: "os restos a pagar processados representam as despesas que cumpriram o estágio da liquidação e que deixaram de ser pagas apenas por circunstâncias próprias do encerramento do exercício. Os não processados são todas as despesas que deixaram de passar pelo estágio da liquidação"[2].

Teoricamente, todas as obrigações assumidas devem ser liquidadas no próprio exercício. No entanto, pelo disposto no art. 42 da LC n. 101/2000, somente nos dois últimos quadrimestres do mandato (a partir do mês de maio) está vedada a assunção de obrigações de despesa que não possa ser cumprida no mesmo exercício ou deixar parcelas a pagar sem a suficiente e correspondente disponibilidade de caixa. Logo, a previsão não impede que nos primeiros quatro meses possam ser assumidas obrigações cujo resgate venha a ocorrer em exercícios seguintes, velha praxe que tem causado grandes lesões aos cofres públicos, além de gerar grandes dificuldades aos novos administradores.

Pelo menos, agora, deixar de ordenar, autorizar ou promover o cancelamento do montante de restos a pagar inscrito em valor superior ao permitido em lei passa a ser crime (art. 359-F). Não há, contudo, previsão semelhante para o Decreto-lei n. 201/67.

3.2 Despesa não empenhada previamente

Trata-se de princípio administrativo-financeiro cuja infringência foi elevada à condição de crime: nenhuma despesa pública pode ser paga sem o prévio empenho; pelo mesmo fundamento, a inscrição em restos a pagar necessita do prévio empenho. Não se trata da existência ou inexistência de recursos para honrar a obrigação no ano seguinte (que também é uma exigência da LC n. 101/2000), mas tão somente da necessidade da formalidade de proceder ao empenho respectivo. Ademais, não tem qualquer relação com o mandato do autor, pois, mesmo que continue no exercício seguinte, é indispensável o empenho prévio para poder inscrever despesas em restos a pagar.

Segundo o art. 58 da Lei n. 4.320/64, "empenho de despesa é o ato emanado de autoridade competente que cria para o Estado a obrigação de pagamento pendente de implemento de condição". Empenho é o instrumento contábil utilizado pela Administração Pública para documentar e controlar formalmente suas despesas a pagar. Na realidade, o empenho é uma formalidade prévia indispensável para o pagamento de despesas na contabilidade pública, ou seja, primeiramente, empenha-se

---

2. Luiz Flávio Gomes e Alice Bianchini, *Crimes de responsabilidade fiscal — Lei n. 10.028/00*, São Paulo, Revista dos Tribunais, 2001, p. 53.

a despesa, reservando-se recursos do orçamento público para resgatá-la. Formalmente, o administrador público emite a nota de empenho e, a seguir, providencia a sua liquidação, verificando a documentação correspondente (notas e documentos que comprovem a regularidade e autenticidade da despesa), para, afinal, emitir a ordem de pagamento.

3.3 *Que exceda limite estabelecido em lei*

Essa hipótese ocorre quando há o empenho prévio, ao contrário da anterior, mas a inscrição da despesa em restos a pagar "excede o limite estabelecido em lei". A formalidade do empenho foi satisfeita, mas é inscrita despesa além do permitido, configurando o crime, em sua segunda modalidade. Essa proibição fundamenta-se na necessidade de assegurar a regularidade do exercício fiscal do Estado, devendo-se respeitar os limites das despesas "roladas" para o exercício seguinte. Constata-se, enfim, que é lícito inscrever despesas em restos a pagar, desde que observados esses dois elementos normativos.

A prática das duas condutas representadas pelos verbos nucleares "ordenar e autorizar" configuram crimes de ação múltipla ou de conteúdo variado, não constituindo, por conseguinte, concurso de crimes; da mesma forma, ordenar e/ou autorizar a inscrição em restos a pagar de despesa violando as duas elementares típicas, isto é, sem ter sido previamente empenhada e, ao mesmo tempo, ultrapassando limite estabelecido em lei, também constitui crime único.

4. Tipo subjetivo: adequação típica

O elemento subjetivo é o dolo, representado pela vontade consciente de ordenar ou autorizar a inscrição em restos a pagar de despesa que não foi previamente empenhada ou que exceder o limite legalmente estabelecido. É necessário que o sujeito ativo tenha conhecimento de que a despesa não foi prévia e devidamente empenhada, ou que, a despeito de empenhada, ultrapasse o limite estabelecido em lei.

Desconhecendo qualquer dessas circunstâncias, a conduta será atípica. Não se pode esquecer que o dolo deve abranger correta e completamente todos os elementos constitutivos do tipo, sejam descritivos, normativos ou subjetivos. Não há previsão de qualquer fim especial de agir.

5. Consumação e tentativa

5.1 *Consumação*

Consuma-se o crime quando a ordem ou autorização é executada, ou seja, quando se opera efetivamente a inscrição de despesa em restos a pagar. Enquanto não for atendida a ordem ou autorização, não se produz qualquer efeito. É uma questão de tipicidade estrita. A existência do empenho ou mesmo a definição do limite autorizado, muitas vezes, depende de exame prévio, e a ordem ou autorização pode ser genérica, abrangente, encerrando-se quando atingir o limite estabelecido em lei, ou devendo ser executada após a realização do devido empenho.

5.2 Tentativa

Nossa definição de consumação deixa clara a possibilidade de tentativa, embora de difícil comprovação. Parece-nos perfeitamente possível o fracionamento da ação tipificada, tratando-se de crime plurissubsistente, dependendo das circunstâncias. Luiz Flávio Gomes admite a possibilidade de tentativa[3]; Damásio de Jesus não admite, nesse caso, a tentativa[4].

6. Distinção do crime anterior

Os verbos nucleares ordenar e autorizar são os mesmos do tipo anterior; contudo, a impossibilidade da tentativa naquela infração fundamenta-se na existência do elemento normativo: sem prévia autorização legislativa. Trata-se de tipo anormal, cujo elemento normativo compõe-se de atividades complexas, as quais, necessariamente, passam pelo âmbito decisório do sujeito ativo. Ao passo que, neste dispositivo, quem realiza os empenhos ou controla concretamente os limites estabelecidos em lei não é, necessariamente, o sujeito ativo.

6.1 Interpretação garantista

Admitir a consumação do crime com a simples ordem ou autorização da inscrição de restos a pagar, na forma descrita no tipo, implica a punição da simples infringência de dever, pura abstração normativa, com dolo presumido (não se pode esquecer que a modalidade culposa é impunível), ao passo que admitir a consumação somente quando se opera efetivamente a inscrição de despesa em restos a pagar configura interpretação garantista, constitucional, no marco do direito penal da culpabilidade.

7. Desistência voluntária

Se, depois de ordenada ou autorizada a inscrição de despesas em restos a pagar, nas condições descritas no tipo, o sujeito ativo revoga ou anula o ato anterior, antes que se tenha operado a efetiva inscrição, configura-se a desistência voluntária, nos termos do art. 15 do CP, que, em nosso entendimento, exclui a tipicidade. Assim, ainda que se afirme que se trata de crime formal, e que já estaria consumado, inegavelmente, a realização consciente, pelo gestor público, de uma nova conduta, agora impeditiva da concretização do dano que poderia causar, afasta a punibilidade da conduta anterior, configurando-se ou a desistência voluntária ou o arrependimento eficaz, um ou outro. A desinteligência quanto a espécie de instituto, desistência ou arrependimento, como mencionamos, é irrelevante, pois o efeito é o mesmo, qual seja, afastar a sua punibilidade.

---

3. Luiz Flávio Gomes e Alice Bianchini, *Crimes de responsabilidade fiscal*, p. 45.
4. Damásio de Jesus, *Código Penal anotado*, 11. ed.

8. Conflito aparente de normas

O sujeito ativo que ordenar ou autorizar a "inscrição de despesas não empenhadas em restos a pagar" (art. 359-B) poderá ser o mesmo que não ordenar ou não autorizar o "cancelamento de restos a pagar" (art. 359-F), quando, por exemplo, houver reeleição ou recondução ao mesmo cargo ou função do mandato anterior. À evidência que não poderá responder "por fazer" e "por não fazer" a mesma coisa, ferindo o *ne bis in idem*. A duplicidade da proibição tem um fundamento: objetiva destinatários diferentes. Quem praticou a conduta comissiva (art. 359-B) responderá apenas por ela.

8.1 *Exceção à teoria monística*

Sucessão de mandatários, por exemplo: quem deixa o cargo pode responder pela "inscrição de despesas não empenhadas em restos a pagar" (art. 359-B); quem assume pode responder por não ter determinado o "cancelamento do montante de restos a pagar" (art. 359-F) inscrito em valor superior ao permitido legalmente. Esses dois dispositivos assemelham-se à corrupção ativa e passiva (oferecer-receber); nesse caso, "fazer e não desfazer". Ou seja, não há concurso de pessoas entre os dois sujeitos ativos, a menos que haja o vínculo subjetivo entre ambos, quando, então, responderão pelos dois crimes (hipótese de conluio). Parece-nos que, nessa hipótese, estamos diante de mais uma exceção, ainda que de forma *sui generis*, da denominada teoria monística da ação.

9. Pena e ação penal

A pena cominada, isoladamente, é de detenção, de seis meses a dois anos. Trata-se de infração de menor potencial ofensivo, sendo da competência, em princípio, dos Juizados Especiais Criminais. A ação penal é de natureza pública incondicionada, devendo a autoridade (policial ou agente do Ministério Público), cada uma na sua seara de atuação, agir *ex officio*.

ASSUNÇÃO DE OBRIGAÇÃO NO ÚLTIMO ANO DO MANDATO OU LEGISLATURA — XVI

Sumário: 1. Bem jurídico tutelado. 2. Sujeitos do crime. 2.1. Sujeito ativo. 2.2. Sujeito passivo. 3. Tipo objetivo: adequação típica. 3.1. Despesa não paga no mesmo exercício financeiro. 3.2. Indisponibilidade de caixa para o exercício seguinte. 3.3. Contrapartida suficiente de disponibilidade de caixa. 4. Assunção de obrigação antes dos dois últimos quadrimestres. 4.1. Mandato ou legislatura. 5. Tipo subjetivo: adequação típica. 5.1. Erro de tipo: irrelevância da evitabilidade. 6. Consumação e tentativa. 6.1. Consumação. 6.2. Tentativa. 7. Pena e ação penal.

Assunção de obrigação no último ano do mandato ou legislatura

Art. 359-C. Ordenar ou autorizar a assunção de obrigação, nos 2 (dois) últimos quadrimestres do último ano do mandato ou legislatura, cuja despesa não possa ser paga no mesmo exercício financeiro ou, caso reste parcela a ser paga no exercício seguinte, que não tenha contrapartida suficiente de disponibilidade de caixa:

Pena — reclusão, de 1 (um) a 4 (quatro) anos.

• Artigo acrescentado pela Lei n. 10.028, de 19 de outubro de 2000.

Antecedente legislativo: art. 42 da LC n. 101/2000[1].

1. Bem jurídico tutelado

Bem jurídico protegido, como gênero, é a Administração Pública. Especificamente, no entanto, protege-se o equilíbrio das contas públicas, especialmente em relação à sucessão dos mandatários titulares dos Poderes Públicos[2]. Este dispositivo, ao contrário do anterior, procura precaver a Administração Pública contra

---

1. "É vedado ao titular de Poder ou órgão referido no art. 20, nos últimos dois quadrimestres do seu mandato, contrair obrigação de despesa que não possa ser cumprida integralmente dentro dele, ou que tenha parcelas a serem pagas no exercício seguinte sem que haja suficiente disponibilidade de caixa para este efeito.
Parágrafo único. Na determinação da disponibilidade de caixa serão considerados os encargos e despesas compromissadas a pagar até o final do exercício."
2. Nesse sentido, ver: Damásio de Jesus, *Código Penal anotado*, 11. ed., São Paulo, Saraiva, 2001; Luiz Flávio Gomes e Alice Bianchini, *Crimes de responsabilidade fiscal*, São Paulo, Revista dos Tribunais, 2001.

os excessos tradicionais de final de mandato, que impedem as novas administrações de colocar em prática imediatamente seu plano de governo. O artigo anterior refere-se ao fim do exercício fiscal, independentemente de tratar-se de fim de mandato ou não.

O presente dispositivo pretende tutelar especificamente a regularidade da administração das finanças públicas, visando impedir a velha prática de nossos administradores públicos, que eram acostumados a contrair grandes dívidas, especialmente em final de mandato. Deixavam, dessa forma, todos os encargos para serem honrados por seus sucessores, agravando seriamente a administração das finanças públicas, com graves prejuízos a toda coletividade. Em termos bem esquemáticos, objetiva-se tutelar as finanças públicas, bem como a correta gestão do dinheiro público, além de assegurar a moralidade e a probidade administrativa.

Com a denominada Lei de Responsabilidade Fiscal (Lei Complementar n. 101/2000), proíbe-se que o titular de poder ou órgão público contraia, nos últimos dois quadrimestres de seu mandato, obrigação de despesa que não possa ser cumprida integralmente dentro dele, ou que tenha parcelas a serem pagas no exercício seguinte, sem que haja suficiente disponibilidade de caixa (art. 42). Complementando esse rigor, o dispositivo penal que ora examinamos comina pena criminal ao administrador público que assumir compromissos financeiros sem que haja recursos para pagá-los, mesmo que posteriormente.

2. Sujeitos do crime

2.1 *Sujeito ativo*

Sujeito ativo é a autoridade titular de mandato. Como todos os demais crimes deste novo capítulo do CP, trata-se de crime próprio, mas este é especialíssimo, na medida em que não basta ser funcionário público, mas deve ser titular de mandato (eletivo ou não), com poderes decisórios em nome da instituição ou Poder Público que representa. Assim, sujeitos ativos são os Presidentes (da República, do Senado, da Câmara, de Assembleias Legislativas, de Câmaras de Vereadores, de Tribunais etc.), o Governador do Estado, os Procuradores-Gerais de Justiça, da República, dos Estados, o Advogado-Geral da União, o Defensor-Geral da União, o Defensor-Geral do Estado, do Município etc. (arts. 42 e 20, § 2º, da Lei n. 101/2000). Tratando-se de mandatos, sujeito ativo pode ser o eventual substituto legal.

2.2 *Sujeito passivo*

Sujeito passivo imediato, por sua vez, é a Administração Pública, que pode ser representada pela União, pelo Estado, pelo Distrito Federal ou pelo Município. Podem ser, ademais, outros órgãos ou instituições públicas, tais como o Poder Legislativo, o Poder Judiciário, o Ministério Público, cujos representantes máximos são detentores de mandatos e gozam de poderes decisórios quanto a orçamentos, despesas e finanças públicas e seus respectivos âmbitos. Nada impede que, mediatamente, sejam atingidos terceiros, que também seriam sujeitos passivos.

3. Tipo objetivo: adequação típica

As condutas tipificadas são ordenar e autorizar, que constituem crime de ação múltipla ou de conteúdo variado, representado pelos mesmos verbos do tipo anterior. Ordenar, aqui como lá, significa mandar, determinar a inscrição em restos a pagar, de despesa que não tenha sido previamente empenhada ou que exceda limite estabelecido em lei; o verbo ordenar traz em seu bojo um cunho imperativo, definitivo, incontestável, ação própria de quem faz prevalecer sua vontade; na hipótese, o sujeito ativo tem poder para ordenar a assunção de obrigação.

Autorizar, igualmente, significa permitir, aprovar, conceder permissão para assumir obrigação; ao contrário da conduta ordenar, na modalidade autorizar, a iniciativa de assumir obrigação pode ter partido de outrem (funcionário encarregado), embora não necessariamente. Significa, nessa modalidade, que o executor da assunção da obrigação não tem autoridade para decidir, para assumir esse compromisso, e, assim, a autorização de quem tem poder é condição indispensável para que a obrigação seja assumida. Há duas hipóteses em que essa obrigação não pode ser assumida, nos últimos oito meses de mandato: a) quando a despesa não possa ser paga no mesmo exercício financeiro; b) quando, havendo restos a pagar, não haja previsão de disponibilidade de caixa suficiente para o exercício seguinte.

Na exigência da disponibilidade de caixa, por determinação legal, o administrador deve considerar os encargos e as despesas comprometidas a serem resgatadas até o final do exercício (art. 42, parágrafo único, da LC n. 101/2000). Na verdade, a criminalização da assunção de obrigação em final de mandato complementa o disposto no art. 42 da LC n. 101/2000.

3.1 *Despesa não paga no mesmo exercício financeiro*

O dispositivo criminaliza a criação de despesa para ser resgatada pela próxima administração "sem que haja contrapartida suficiente de disponibilidade". Objetiva-se moralizar as Administrações Públicas, que, ao longo do tempo, têm-se mostrado perdulárias, especialmente quando os encargos são empurrados para os sucessores.

Todo administrador probo deve assumir, em tese, obrigação que possa honrar durante o lapso temporal de seu mandato. Aqueles projetos, no entanto, que demandem de maior diluição no tempo não podem ser elaborados ou implementados praticamente no final do mandato ou legislatura do sujeito ativo (nos dois últimos quadrimestres do último ano). Objetiva-se impedir que o administrador, por quaisquer razões, acabe inviabilizando ou pelo menos dificultando a próxima administração em razão do endividamento precedente. Era essa "política orçamentária" irresponsável que criava débitos impagáveis para a Administração Pública.

As condutas aqui descritas apresentam gravidade consideravelmente superior àquelas contidas no dispositivo anterior, conforme demonstram as respectivas sanções cominadas. Com efeito, a inscrição em restos a pagar de despesas não empenhadas ou além do limite legal não caracteriza o estouro de caixa efetuado no último ano do mandato ou da legislatura, como ocorre na hipótese do previsto neste artigo.

Lá não passa de uma espécie de desautorizada rolagem de dívida; aqui transfere indevidamente o ônus do caixa desfalcado ao sucessor, que terá de honrar compromissos que não assumiu.

3.2 Indisponibilidade de caixa para o exercício seguinte

Na realidade, pelo texto legal, não há uma proibição absoluta de assumir obrigação em fim de mandato que não possa ser resgatada no mesmo exercício. Com efeito, a lei admite, ainda que implicitamente, a assunção de obrigação, mesmo nos últimos dois quadrimestres, cujo adimplemento não se complete no mesmo exercício, isto é, permite que parcelas dessa obrigação possam ficar para serem resgatadas no próximo mandato, sob uma condição: desde que "tenha contrapartida suficiente de disponibilidade de caixa". Nesse sentido, comentando o art. 42 da Lei de Responsabilidade Fiscal, Misabel de Abreu Machado Derzi pontifica, *in verbis*: "o dispositivo, não obstante, não atinge as novas despesas contraídas no primeiro quadrimestre do último ano do mandato, ainda que de duração continuada superior ao exercício financeiro. Também não deverá alcançar outras despesas contraídas no final do exercício para socorrer calamidade pública ou extraordinária para atender a urgências necessárias"[3]. Assim, não será a simples assunção de obrigação cujo resgate parcial venha a operar-se no exercício seguinte que tipificará a conduta incriminada, mas sim a ausência de "contrapartida suficiente de disponibilidade em caixa" para efetuar esse resgate.

O objetivo do legislador foi absolutamente claro, como destaca Guilherme Nucci: "quer-se proteger a administração pública dos constantes desmandos de ocupantes de cargos de direção que, estando prestes a deixar o governo ou o parlamento, em plena época de eleição, terminam comprometendo o orçamento vindouro, assumindo obrigações que não farão diretamente, mas, sim, o seu sucessor. Assume-se a obrigação de pagar levianamente, como se o orçamento fosse multiplicável, conforme o desejo do administrador, o que não ocorre, havendo constante estado de inadimplência e desequilíbrio fiscal por parte de muitos órgãos públicos"[4].

Enfim, como destaca Damásio de Jesus, "tutela-se a regularidade e o equilíbrio das contas públicas em relação à sucessão de administradores de mandato"[5], bem como de legislatura, acrescentamos nós.

3.3 Contrapartida suficiente de disponibilidade de caixa

Afinal, qual é o verdadeiro sentido e a real extensão dessa elementar contida no final do artigo em exame? Para impedir a tipificação do crime, será suficiente que no vencimento da obrigação, no novo exercício, haja dinheiro em caixa, produto de receita corrente? Ou será necessário que essa disponibilidade em caixa tenha

---

3. Misabel de Abreu Machado Derzi, *Comentários à Lei de Responsabilidade Fiscal*, p. 310.
4. Guilherme de Souza Nucci, *Código Penal comentado*, p. 1108.
5. Damásio de Jesus, *Código Penal anotado*, 11. ed.

origem mais remota, isto é, seja produto de previsão orçamentária anterior?

Não se pode perder de vista a finalidade dessa lei (moralizar a Administração Pública e assegurar o equilíbrio das contas públicas); por isso, o vocábulo "contrapartida suficiente" tem um sentido especial: não basta que no dia do vencimento da obrigação haja numerário em caixa; a receita corrente, provavelmente, tem destinação orçamentária prevista, cujo comprometimento não pode ser desviado. Assim, a contrapartida exigida pela lei não se refere evidentemente à disponibilidade de caixa do novo orçamento, sendo necessário que, juntamente com a inscrição em restos a pagar, desde que devidamente empenhada, seja prevista a fonte de custeio.

A maior gravidade do desvalor da conduta objeto desta matriz típica fica claramente evidenciada na maior severidade da sanção cominada, e acreditamos nós se deva ao fato de refletir seus danosos efeitos para além do mandato do sujeito ativo, prejudicando, inclusive, o período presidido por seu sucessor. Indiscutivelmente, os desvalores da ação e do resultado são bem mais acentuados em relação à infração prevista no dispositivo anterior.

4. Assunção de obrigação antes dos dois últimos quadrimestres

A *contrario sensu*, a assunção de obrigação em período anterior aos dois últimos quadrimestres do último ano do mandato ou legislatura, mesmo que não possa ser cumprida no mesmo exercício financeiro ou que reste parcela para o exercício seguinte, sem suficiente disponibilidade de caixa, não constituirá o presente crime. Poderá haver outras consequências, mas não configurará este tipo penal, a despeito da presença das duas elementares antes referidas, pois lhe falta a elementar temporal (os dois últimos quadrimestres de mandato ou legislatura). Nesse sentido, comentando o art. 42 da Lei de Responsabilidade Fiscal, Misabel de Abreu Machado Derzi pontifica, *in verbis*: "o dispositivo, não obstante, não atinge as novas despesas contraídas no primeiro quadrimestre do último ano do mandato, ainda que de duração continuada superior ao exercício financeiro. Também não deverá alcançar outras despesas contraídas no final do exercício para socorrer calamidade pública ou extraordinária para atender a urgências necessárias"[6]. Dessa forma, pune-se o administrador público que assume obrigação sabendo que não poderá resgatá-la até o final de seu mandato, criando grandes dificuldades ao seu sucessor.

A alternativa para o administrador, quando for necessário o investimento, será priorizar o pagamento de todas as obrigações assumidas nos dois últimos quadrimestres do fim do mandato, deixando, se for o caso, inadimplidas obrigações assumidas antes do período mencionado. A ausência do requisito temporal — dois últimos quadrimestres — tornará a assunção dessa obrigação uma conduta penalmente atípica.

---

6. Misabel de Abreu Machado Derzi, *Comentários à Lei de Responsabilidade Fiscal*, p. 310.

4.1 Mandato ou legislatura

Mandato é a delegação de poderes atribuída pelo povo, ou parte dele (determinada classe, instituição ou setor da sociedade), aos seus representantes, muito característico de democracias representativas. A evolução e o aprimoramento das democracias têm ampliado as hipóteses de concessão de mandatos, como, por exemplo, para o exercício de determinadas funções ou atividades, tanto no setor público como no privado, conferindo determinado período para o exercício dessa representação, como, por exemplo, escolha, pelas próprias classes, dos Presidentes dos Tribunais, Procuradores-Gerais, Defensores-Gerais etc. Legislatura, por sua vez, é o período correspondente ao prazo previsto para os eleitos ao Poder Legislativo exercerem seus mandatos. Constata-se que o legislador atribuiu significados distintos aos vocábulos mandato e legislatura, a nosso ver, acertadamente[7], pois nem sempre coincidem em seus limites, situações e extensões. Com efeito, o mandato não se limita ao Poder Legislativo, aplicando-se a todas as hipóteses em que determinado representante receba poderes para desempenhar determinada função, atividade ou ofício, por lapso temporal previamente determinado, como exemplificamos anteriormente; a legislatura, por outro lado, corresponde ao período para o qual são eleitos os membros do Poder Legislativo, mesmo que não o cumpram integralmente (por cassação, renúncia, morte etc.), e, nesse aspecto, coincidem com o "mandato", que, contudo, como vimos, tem abrangência bem maior.

O administrador público ou parlamentar, e não qualquer funcionário, aproveitando-se de mandato ou legislatura, através das condutas nucleares constantes do dispositivo em exame acabam empurrando aos seus sucessores despesas que assumiram, sabendo que não irão pagar. Como o texto legal fala em "mandato ou legislatura", inclusive no *nomen iuris*, limita o contingente de destinatários da proibição legal, que, necessariamente, precisam ostentar a condição especial de quem exerce mandato ou cumpre legislatura. Assim, qualquer outra autoridade pública ou funcionário somente poderá responder por esse crime se for alcançado pelo instituto do concurso de pessoas, nos termos do art. 29 do CP.

5. Tipo subjetivo: adequação típica

Elemento subjetivo é o dolo, representado pela vontade consciente de assumir obrigação geradora de despesa, que necessite ser cumprida, total ou parcialmente, no próximo mandato ou legislatura. O dolo deve abranger correta e completamente todos os elementos constitutivos do tipo, sejam descritivos, normativos ou subjetivos.

É necessário que o sujeito ativo tenha conhecimento, em primeiro lugar, de que já se encontra no período depurador das finanças públicas (últimos oito meses de mandato); em segundo lugar, deve ter consciência de que a obrigação a assumir não pode ser resgatada no mesmo exercício ou de que eventual saldo a ser honrado no

---

[7]. Em sentido contrário, ver Luiz Regis Prado, *Curso de Direito Penal brasileiro*, 4. ed., São Paulo, Revista dos Tribunais, 2006, p. 770.

exercício seguinte não tem "contrapartida suficiente de disponibilidade de caixa". Não há previsão de qualquer fim especial de agir.

5.1 Erro de tipo: irrelevância da evitabilidade

O desconhecimento de qualquer dessas circunstâncias caracterizará erro de tipo. Esse tipo de erro, como determina a Parte Geral do CP, exclui o dolo e, por extensão, a tipicidade (art. 20, *caput*). No entanto, para esses crimes contra as finanças públicas, a evitabilidade ou inevitabilidade do erro é irrelevante, na medida em que não há previsão da modalidade culposa. Assim, independentemente da natureza do erro, haverá exclusão da tipicidade.

6. Consumação e tentativa

6.1 Consumação

Consuma-se o crime quando a ordem ou autorização é efetivamente executada, ou seja, quando a obrigação é realmente assumida dentro do período proibido. Enquanto não é cumprida a ordem ou autorização, não se produz qualquer efeito, isto é, não há qualquer lesividade ao patrimônio público, e sem lesividade não se pode falar em crime; a ausência de lesividade impede a caracterização da tipicidade material ou tipicidade estrita.

Ademais, deve-se ter presente que a lei está criminalizando um comportamento complexo, isto é, uma ação — ordenar ou autorizar — que encerra em seu bojo uma prognose: a previsão de que durante o exercício haverá suficiente disponibilidade financeira para honrar a obrigação autorizada. E se houver erro de avaliação, ou seja, se a prognose, embora provável, não se confirmar por fatores aleatórios, poder-se-á considerar tipificado o comportamento? Tais fatores constituirão excludentes de tipicidade ou apenas afastarão a culpabilidade pela inexigibilidade de outra conduta? Ou, quem sabe, justificarão a conduta, excluindo sua antijuridicidade? Enfim, são múltiplos aspectos, que demandarão muita reflexão e, certamente, criarão insegurança jurídica, podendo dar causa a muitas injustiças: esse condicionamento futuro para tipificar criminalmente um comportamento afronta as garantias dogmáticas penais, que não podem ser ignoradas.

6.2 Tentativa

Pela nossa definição de consumação, deixamos claro que admitimos a possibilidade de tentativa, embora de difícil comprovação. Parece-nos perfeitamente possível o fracionamento da ação tipificada, tratando-se de crime plurissubsistente, que não apenas admite o fracionamento da ação, mas depende de acontecimentos futuros para configurar-se, como é a comprovação da existência ou inexistência da possibilidade de pagamento ou de que, no próximo exercício, haverá a contrapartida necessária para honrá-lo. Damásio de Jesus não admite, nesse caso, a tentativa[8].

---

8. *Código Penal anotado*, 11. ed.

7. Pena e ação penal

A pena cominada, isoladamente, é a reclusão, de um a quatro anos. Pelos requisitos objetivos é, teoricamente, admissível a substituição por pena restritiva de direitos; igualmente, é admissível a suspensão condicional do processo, nos termos do art. 89 da Lei n. 9.099/95.

A ação penal, como nos demais crimes contra as finanças, é pública incondicionada.

ORDENAÇÃO DE DESPESA NÃO AUTORIZADA — XVII

Sumário: 1. Bem jurídico tutelado. 2. Sujeitos do crime. 2.1. Sujeito ativo. 2.2. Sujeito passivo. 3. Tipo objetivo: adequação típica. 3.1. Despesa não autorizada por lei. 3.2. Despesa "justificada" (embora não autorizada por lei). 4. Tipo subjetivo: adequação típica. 5. Consumação e tentativa. 5.1. Consumação. 5.2. Tentativa. 6. Pena e ação penal.

Ordenação de despesa não autorizada
Art. 359-D. *Ordenar despesa não autorizada por lei:*
Pena — reclusão, de 1 (um) a 4 (quatro) anos.
• Artigo acrescentado pela Lei n. 10.028, de 19 de outubro de 2000.

Antecedentes legislativos: os arts. 15, 16 e 17, todos da LC n. 101/2000, constantes do Capítulo IV, relacionam as despesas que referida lei considera não autorizadas. Em outros termos, esses dispositivos da lei de responsabilidade fiscal são complementos indispensáveis para a interpretação e aplicação da previsão contida neste art. 359-D do Código Penal.

1. Bem jurídico tutelado

Bem jurídico protegido, como gênero, é a Administração Pública. Especificamente, no entanto, protege-se o orçamento público sob a ótica do princípio da legalidade dos encargos e despesas públicas, que o moderno direito administrativo-constitucional tem procurado vincular. Nessa linha, bem jurídico tutelado, para Stoco, "são as finanças públicas, com supedâneo naquelas regras de caráter financeiro da LRF. São, como se verifica, as finanças públicas que se busca proteger e, também, a correta gestão do dinheiro público. Busca-se, ainda, preservar a moralidade e a probidade administrativa"[1].

2. Sujeitos do crime

2.1 *Sujeito ativo*

Sujeito ativo, tratando-se de crime próprio, deve ser funcionário público, com poder e atribuição para "ordenar despesas". Somente poderá cometer este crime

---

1. Stoco e Stoco, *Código Penal comentado*, p. 1763.

quem possui atribuição legal para "ordenar despesa", o denominado tradicionalmente "ordenador de despesas". Não abrange, ao contrário do previsto no art. 359-A, quem apenas realiza, isto é, quem cumpre ou executa a ordem expedida pelo sujeito ativo próprio, o "ordenador de despesas". Nesse caso, à evidência, o funcionário que executa a ordem deverá ter sua conduta examinada à luz do art. 22, segunda parte, do CP, ou seja, à luz do princípio da obediência hierárquica[2].

Neste artigo, a limitação do sujeito ativo não é tão restrita como ocorre nos dois dispositivos anteriores: na hipótese do art. 359-B, somente pode ser sujeito ativo o titular de Poder ou órgão referido no art. 20 da LC n. 101/2000 (art. 42), ao passo que no caso do art. 359-C o sujeito ativo "deve ser titular de mandato (eletivo ou não), com poderes decisórios em nome da instituição ou Poder Público que representa".

2.2 Sujeito passivo

Sujeito passivo será a União, os Estados, o Distrito Federal ou os Municípios, relativamente ao erário, isto é, à Receita Pública, nas respectivas searas, que tenham despesas ordenadas contrariando o ordenamento jurídico.

3. Tipo objetivo: adequação típica

A conduta nuclear do tipo está representada pelo verbo ordenar, que, para não ser repetitivo, tem o mesmo sentido empregado nos três dispositivos anteriores (arts. 359-A, B e C). Nessa hipótese, o dispositivo "pressupõe o exercício do poder de determinar. Apenas o agente político ou agente público com a prerrogativa de decidir acerca das despesas que possam ser empenhadas e com poder de decidir é que cometerá o delito"[3].

Para a configuração do crime, no entanto, é necessária a existência de lei disciplinando a gestão financeira e, principalmente, estabelecendo as vedações. Em verdade, essa lei já existe, ou seja, há a LC n. 101/2000, que em seus arts. 15, 16 e 17, constantes do Capítulo IV, relaciona as despesas que a lei considera não autorizadas; os arts. 18 a 24 do mesmo capítulo complementam as vedações. Nada impede, evidentemente, que as leis orçamentárias próprias (lei orçamentária anual, plano plurianual e lei de diretrizes orçamentárias) estabeleçam novas proibições. A LC n. 101/2000, quando disciplina a geração de despesa, estabelece, segundo Damásio de Jesus, que "a ação governamental que resulte no aumento de despesa deve ser acompanhada de declaração de que o aumento tem adequação orçamentária e financeira com a lei orçamentária anual e compatibilidade com o plano plurianual e com a lei de diretrizes orçamentárias"[4]. No entanto, a Lei de Responsabilidade Fiscal (LC n. 101/2000) não esclarece quais seriam as despesas autorizadas, pois se limitou a

---

2. Veja nosso *Tratado de Direito Penal*; Parte Geral, v. 1.
3. Rui Stoco e Tatiana de O. Stoco, *Código Penal comentado*, p. 1764.
4. Damásio de Jesus, *Código Penal anotado*, 11. ed.

definir quais são as despesas não autorizadas (arts. 15, 16 e 17). Na verdade, serão lícitas e autorizadas as despesas que cumpram os requisitos determinados nos arts. 16 e 17 e que estejam previstas na lei orçamentária de cada ente público.

É absolutamente irrelevante que o autor do crime se beneficie ou não com a "ordenação de despesa não autorizada por lei". A aprovação das contas pelo Poder Legislativo respectivo não vincula o juízo criminal, e tampouco a manifestação favorável do Tribunal de Contas gera esse vínculo.

3.1 *Despesa não autorizada por lei*

Trata-se de elemento normativo que estabelece exatamente a ilicitude da operação. A falta de autorização legal não constitui mera irregularidade administrativa, como sustentam alguns, mas representa um elemento constitutivo do tipo cuja ausência, ou seja, a existência de autorização legal, afasta a tipicidade da conduta. Na verdade, deve-se destacar que os elementos normativos do tipo não se confundem com os elementos jurídico-normativos da ilicitude. Enquanto aqueles são elementos constitutivos do tipo penal (*v.g.*, alheia, honesta etc.), estes, embora integrem a descrição do crime, referem-se à ilicitude, e, assim sendo, constituem elementos *sui generis* do fato típico, na medida em que são, ao mesmo tempo, caracterizadores da ilicitude. Esses elementos normativos especiais da ilicitude, normalmente, são representados por expressões como "indevidamente", "injustamente", "sem justa causa", "sem licença da autoridade", "sem autorização legal" ou mesmo "não autorizada por lei" etc.

Em síntese, como o dolo deve abranger todos os elementos que compõem a figura típica, e se as características especiais do dever jurídico forem elemento determinante da tipicidade concreta, a nosso juízo, o erro sobre elas deve ser tratado como erro de tipo, aí, logicamente, excluindo a tipicidade.

Por fim, com o vocábulo "despesa não autorizada por lei" deve-se entender "despesa legalmente proibida", sob pena de inverter-se o princípio elementar de qualquer Estado Democrático de Direito, segundo o qual tudo o que não está proibido é permitido[5].

---

5. Por ora, as despesas proibidas estão elencadas na LRF:
"Art. 15. Serão consideradas não autorizadas, irregulares e lesivas ao patrimônio público a geração de despesa ou assunção de obrigação que não atendam o disposto nos arts. 16 e 17".
"Art. 16. A criação, expansão ou aperfeiçoamento de ação governamental que acarrete aumento da despesa será acompanhado de: I — estimativa do impacto orçamentário-financeiro no exercício em que deva entrar em vigor e nos dois subsequentes; II — declaração do ordenador da despesa de que o aumento tem adequação orçamentária e financeira com a lei orçamentária anual e compatibilidade com o plano plurianual e com a lei de diretrizes orçamentárias. § 1º Para os fins desta Lei Complementar, considera-se: I — adequada com a lei orçamentária anual, a despesa objeto de dotação específica e suficiente, ou que esteja abrangida por crédito genérico, de forma que somadas todas as despesas da mesma espécie, realizadas

3.2 Despesa "justificada" (embora não autorizada por lei)

Não se pode perder de vista que a probidade e a moralidade administrativa exigem, presentemente, respeito absoluto à legalidade administrativa; aliás, esse é o fundamento do emaranhado de leis "embretadoras" dos administradores públicos. No entanto, esta, como qualquer outra conduta criminosa, pode beneficiar-se de uma excludente de criminalidade, particularmente do estado de necessidade, desde que seus requisitos estejam presentes.

Discordamos, nesse particular, da orientação adotada por Luiz Flávio Gomes e Alice Bianchini, quando afirmam que "a inexistência de autorização constitui, tão somente, indício de irregularidade, havendo necessidade, para se criminalizar a conduta, que se verifique, diretamente, a existência de uma lesão não justificada ao

---

e a realizar, previstas no programa de trabalho, não sejam ultrapassados os limites estabelecidos para o exercício; II — compatível com o plano plurianual e a lei de diretrizes orçamentárias, a despesa que se conforme com as diretrizes, objetivos, prioridades e metas previstos nesses instrumentos e não infrinja qualquer de suas disposições. § 2º A estimativa de que trata o inciso I do *caput* será acompanhada das premissas e metodologia de cálculo utilizadas. § 3º Ressalva-se do disposto neste artigo a despesa considerada irrelevante, nos termos em que dispuser a lei de diretrizes orçamentárias. § 4º As normas do *caput* constituem condição prévia para: I — empenho e licitação de serviços, fornecimento de bens ou execução de obras; II — desapropriação de imóveis urbanos a que se refere o § 3º do art. 182 da Constituição."
"Art. 17. Considera-se obrigatória de caráter continuado a despesa corrente derivada de lei, medida provisória ou ato administrativo normativo que fixem para o ente a obrigação legal de sua execução por um período superior a dois exercícios. § 1º Os atos que criarem ou aumentarem despesa de que trata o *caput* deverão ser instruídos com a estimativa prevista no inciso I do art. 16 e demonstrar a origem dos recursos para seu custeio. § 2º Para efeito do atendimento do § 1º, o ato será acompanhado de comprovação de que a despesa criada ou aumentada não afetará as metas de resultados fiscais previstas no anexo referido no § 1º do art. 4º, devendo seus efeitos financeiros, nos períodos seguintes, ser compensados pelo aumento permanente de receita ou pela redução permanente de despesa. § 3º Para efeito do § 2º, considera-se aumento permanente de receita o proveniente da elevação de alíquotas, ampliação da base de cálculo, majoração ou criação de tributo ou contribuição. § 4º A comprovação referida no § 2º, apresentada pelo proponente, conterá as premissas e metodologia de cálculo utilizadas, sem prejuízo do exame de compatibilidade da despesa com as demais normas do plano plurianual e da lei de diretrizes orçamentárias. § 5º A despesa de que trata este artigo não será executada antes da implementação das medidas referidas no § 2º, as quais integrarão o instrumento que a criar ou aumentar. § 6º O disposto no § 1º não se aplica às despesas destinadas ao serviço da dívida nem ao reajustamento de remuneração de pessoal de que trata o inciso X do art. 37 da Constituição. § 7º Considera-se aumento de despesa a prorrogação daquela criada por prazo determinado."
"Art. 26. A destinação de recursos para, direta ou indiretamente, cobrir necessidades de pessoas físicas ou déficits de pessoas jurídicas deverá ser autorizada por lei específica, atender às condições estabelecidas na lei de diretrizes orçamentárias e estar prevista no orçamento ou em seus créditos adicionais."

bem jurídico"⁶. Com efeito, uma "lesão justificada" a qualquer bem jurídico penalmente tutelado constitui excludente de criminalidade, deslegitimando-se, como afirmam, a possibilidade de se punir criminalmente referida conduta. Na realidade, ante o atual ordenamento jurídico, com o advento da CF de 1988, das Leis n. 8.666/93 e 10.028/2000 e da LC n. 101/2000, "a inexistência de autorização legal" constitui "indício de antijuridicidade", que pode, à evidência, ser afastada por uma causa de justificação (art. 23 do CP).

Por outro lado, eventuais dificuldades administrativo-orçamentárias podem socorrer ao administrador probo e honesto, mesmo que não se revistam da condição de causas de justificação, penalmente falando, mas, circunstancialmente, tornando inexigível comportamento diverso, eliminando, nesse caso, a reprovabilidade da ação, configurando causa supralegal de exclusão da culpabilidade.

4. Tipo subjetivo: adequação típica

Elemento subjetivo é o dolo, representado pela vontade livre e consciente de ordenar despesa não autorizada por lei. Já que não existe dolo restrito, este deve abranger correta e completamente todos os elementos constitutivos do tipo, e especialmente ter consciência de que a despesa que ordena não é autorizada por lei.

O eventual desconhecimento da inexistência de autorização legal caracteriza erro de tipo, que exclui o dolo e, por extensão, a tipicidade (art. 20, *caput*). No entanto, como já afirmamos, para esses crimes contra as finanças públicas, a evitabilidade ou inevitabilidade do erro é irrelevante, na medida em que não há previsão da modalidade culposa. Assim, independentemente da natureza do erro de tipo, haverá exclusão da tipicidade.

5. Consumação e tentativa

5.1 *Consumação*

Consuma-se o crime, que para nós é formal, quando a ordem é efetivamente executada, ou seja, quando a "despesa ordenada" é realmente assumida pelo Poder Público, contrariando previsão legal. Enquanto não for cumprida a ordem não se produzirá qualquer efeito, isto é, não haverá qualquer lesividade ao patrimônio público, e sem lesividade não se pode falar em crime; a ausência desta impede a caracterização da tipicidade material ou tipicidade estrita.

5.2 *Tentativa*

Em nossa concepção, trata-se de crime formal. Assim, coerente com nossa definição de consumação, admitimos a possibilidade de tentativa, embora de difícil comprovação. Parece-nos perfeitamente possível o fracionamento da ação tipificada, tratando-se de crime plurissubsistente, que admite fracionamento da ação. Damásio

---

6. Luiz Flávio Gomes e Alice Bianchini, *Crimes de responsabilidade fiscal*.

de Jesus não admite, nesse caso, a tentativa, por considerá-la crime de mera conduta e unissubsistente[7]. Luiz Flávio Gomes e Alice Bianchini, por outro lado, admitem, como nós, a tentativa quando exemplificam: "o agente público ordena a despesa não autorizada e por circunstâncias alheias a sua vontade a ordem não é cumprida, responde pelo crime na forma tentada"[8].

6. Pena e ação penal

A pena cominada, isoladamente, é de reclusão, de um a quatro anos. Pelos requisitos objetivos é, teoricamente, admissível a substituição por pena restritiva de direitos; igualmente, é admissível a suspensão condicional do processo, nos termos do art. 89 da Lei n. 9.099/95.

A ação penal, como nos demais crimes contra as finanças, é pública incondicionada.

---

7. *Código Penal anotado*, 11. ed., São Paulo, Saraiva, 2001.
8. Luiz Flávio Gomes e Alice Bianchini, *Crimes de responsabilidade fiscal*.

PRESTAÇÃO DE GARANTIA GRACIOSA | XVIII

Sumário: 1. Bem jurídico tutelado. 2. Sujeitos do crime. 2.1. Sujeito ativo. 2.2. Sujeito passivo. 3. Tipo objetivo: adequação típica. 3.1. Retenção de receita tributária. 3.2. Contragarantia de operação de crédito. 3.3. Na forma da lei. 3.4. Contragarantia exigida por ente federativo superior. 4. Garantia não condicionada à adimplência: atipicidade. 5. Tipo subjetivo: adequação típica. 6. Consumação e tentativa. 6.1. Consumação. 6.2. Tentativa. 7. Pena e ação penal.

Prestação de garantia graciosa

Art. 359-E. Prestar garantia em operação de crédito sem que tenha sido constituída contragarantia em valor igual ou superior ao valor da garantia prestada, na forma da lei:

Pena — detenção, de 3 (três) meses a 1 (um) ano.

• Artigo acrescentado pela Lei n. 10.028, de 19 de outubro de 2000.

Antecedentes legislativos: arts. 29, IV, 40 e seus parágrafos, ambos da LC n. 101/2000.

1. Bem jurídico tutelado

Bem jurídico protegido é a segurança das operações de créditos celebradas pelo Poder Público, que, para garanti-la, exige contragarantia de eventual garantia exigida. A validade da garantia é condicionada à existência de contragarantia em valor igual ou superior. Para imprimir caráter coercitivo à necessidade de contragarantia e impedir ações graciosas dos gestores públicos em operações de crédito, criminalizou-se a prestação de garantia sem a correspondente contragarantia em valor igual ou superior.

2. Sujeitos do crime

2.1 *Sujeito ativo*

Sujeito ativo é somente autoridade pública com poderes decisórios em nome do ente federativo, União, Distrito Federal, Estados e Municípios e respectivos órgãos, empresas ou autarquias que celebrem operações de crédito, internas ou externas. Em outros termos, sujeito ativo será qualquer servidor público que, tendo atribuição para tanto, autorize a prestação de garantia em operação de crédito, sem exigir contragarantia em valor igual ou superior ao da garantia prestada.

2.2 Sujeito passivo

Sujeito passivo, por sua vez, é a Administração Pública, que pode ser representada pela União, pelo Estado, pelo Distrito Federal ou pelo Município, ou seus órgãos de administração direta e indireta.

3. Tipo objetivo: adequação típica

A conduta nuclear está representada pelo verbo prestar, que tem o sentido de oferecer, conceder, dar em favor de. A concessão de garantia em operações de crédito é legalmente permitida (art. 40, *caput*, da LC n. 101/2000). A concessão de garantia, no entanto, estará condicionada ao oferecimento de contragarantia, em valor igual ou superior ao da garantia a ser concedida. O sujeito ativo que conceder garantia incorre no crime se o fizer sem se prevenir de possíveis riscos que a operação de crédito pode trazer, ou seja, nos termos da lei, sem exigir contragarantia de adimplência da obrigação[1]. Caso a garantia tenha sido prestada mediante regular exigência de contragarantia pelo beneficiário do crédito, a operação terá sido lícita. Pune-se, na verdade, não apenas a ausência de contragarantia, mas sua obtenção em valor insuficiente.

Assim, somente haverá tipicidade se o sujeito passivo prestar garantia sem exigir contragarantia em valor não inferior à concedida. A norma objetiva impedir garantias graciosas ou de favor sem assegurar o patrimônio público. Na realidade, a Lei de Responsabilidade Fiscal autoriza os entes da Federação, assim entendidos a União, os Estados, o Distrito Federal e os Municípios (art. 2º, I), a conceder garantias em operação de crédito, desde que observadas as condições estabelecidas em seu art. 40.

A simples ausência de contragarantia, quando foi prestada garantia exigida em operação de crédito, é suficiente para caracterizar o crime, desde que o administrador saiba dessa exigência e, conscientemente, a omita, na medida em que a ausência de contragarantia coloca em risco o patrimônio público, que a lei complementar e esse tipo penal pretendem proteger[2]. Para Damásio de Jesus, "mesmo provando que a contragarantia era dispensável na operação de crédito, o fato permanece típico"[3].

Enfim, a lei visa impedir a garantia graciosa, colocando em risco o patrimônio público, ante a ausência de contragarantia em operação de crédito efetuada pelo administrador, ou pela obtenção de contragarantia em valor inferior ao da garantia prestada.

---

1. Nesse sentido, Damásio de Jesus, *Código Penal anotado*, 11. ed.
2. Em sentido contrário: Luiz Flávio Gomes e Alice Bianchini, *Crimes de responsabilidade fiscal*.
3. Damásio de Jesus, *Código Penal anotado*, 11. ed.

Garantia é o compromisso de adimplir obrigação financeira ou contratual assumida por ente da Federação ou entidade a ele vinculada (art. 29, IV, da LC n. 101/2000). A concessão dessa garantia, em operação de crédito, interno ou externo, é autorizada pelo art. 40, *caput*, da lei complementar referida. No entanto, tal garantia estará condicionada à oferta de contragarantia, em valor igual ou superior, e à adimplência da entidade que a pleitear (art. 40, § 1º, da LC n. 101/2000). Contragarantia, por sua vez, é a contracautela prestada pelo devedor ao garantidor (que ofertou a cautela), que é um terceiro estranho ao vínculo obrigacional original; seria, em outros termos, a garantia da garantia. Quando um Estado-membro contrai uma obrigação internacional, normalmente lhe é exigida uma garantia da União, e a União, para assegurar-se dessa operação, exige do Estado uma contragarantia.

Do exposto, constata-se que os entes federativos, teoricamente, podem prestar garantia (real ou pessoal) de adimplir as obrigações que assumem.

3.1 Retenção de receita tributária

Questão relevante, a nosso juízo, situa-se na avaliação de poder ou não ser oferta em garantia a vinculação ou retenção de receita orçamentária. Existem orientações respeitáveis nos dois sentidos. Francisco Campos, em seu tempo, já sustentava que "não pode o Estado dar em garantia de empréstimo a cláusula de hipoteca de determinados impostos ou de sua execução imediata, nem pode outorgar procuração para recebê-los. Tal disposição significaria a possibilidade de abdicação de poderes como unidade de Poder Público e, pois, de sua própria existência como Estado, o que seria inadmissível"[4]. Essa orientação é seguida pela maioria dos especialistas brasileiros. Regis Fernandes de Oliveira, ainda quando desembargador, adotou entendimento semelhante no seguinte acórdão: "A autonomia municipal não pode ser sacrificada em prol da satisfação de interesses privados. Podem os credores e devem ter garantia no patrimônio público. Todavia, não podem esvaziar o conteúdo jurídico do princípio da autonomia municipal, agredindo o princípio da não afetação das receitas públicas. Não pode, assim, subsistir a cláusula vinculante da arrecadação das receitas transferidas do ICM"[5].

Na verdade, o particular não pode ter privilégio relativamente à cobrança de seu crédito, e qualquer acordo celebrado nesse sentido é nulo *pleno iure*.

Excepcionalmente, no entanto, a lei autoriza a retenção de receitas entre entes federativos, mas somente quando se tratar daquelas que devam ser transferidas aos menores, para compensá-las na liquidação da dívida vencida (art. 40, § 1º, II, da LC n. 101/2000). A exceção, como destaca Regis Fernandes de Oliveira, deixa claro que não pode haver retenção de recursos, pelos entes federativos maiores em relação aos menores, relativamente aos recursos tributários que devam ser transferidos aos menores. A única ressalva para a retenção de tributos será através da existência de convênio especificamente celebrado entre as partes.

---

4. Apud Regis Fernandes de Oliveira, *Responsabilidade fiscal*, p. 75.
5. Regis Fernandes de Oliveira, *Responsabilidade fiscal*, p. 76.

3.2 Contragarantia de operação de crédito

Operação de crédito é, no mínimo, celebrada entre duas partes. Se uma delas exige da outra determinada garantia, para manter o equilíbrio relacional, nada mais justo que admitir a exigência de contragarantia. É uma espécie de seguro e contrasseguro.

A partir da Lei n. 10.028/2000, prestar garantia sem exigir, em contrapartida, contragarantia constitui o crime em exame. A contragarantia a ser exigida deve ser de igual ou superior valor à garantia oferecida (art. 40, § 1º). No entanto, órgãos e entidades do mesmo ente federativo não podem exigir garantia (art. 40, § 1º, I).

A precaução do legislador visando proteger as operações de crédito celebradas pelos organismos públicos e, particularmente, o patrimônio público dado em garantia chega à minúcia de estabelecer o valor da contragarantia, que não pode ser inferior à garantia prestada.

Não teria sentido exigir contragarantia menor do que a garantia dada, deixando espaço, inclusive, para a barganha, isto é, a propina. A lei complementar, enfim, em seu art. 40, disciplina detalhadamente os limites, condições e hipóteses em que garantia e contragarantia podem ser aplicadas.

3.3 Na forma da lei

Não basta que o servidor público obtenha a contragarantia, sendo indispensável que essa contracautela revista-se da formalidade legalmente exigida, isto é, que seja conforme a lei. Que lei? Afinal, que lei estabelece a forma e as condições em que "a contragarantia deve ser exigida"? A LC n. 101/2000 disciplina a contragarantia no art. 40, §§ 1º, I e II, e 2º. Enfim, o art. 40 e seus oito parágrafos (dois foram vetados) estabelecem condições, situações, vedações e exceções à obtenção de garantias[6].

---

6. "Da Garantia e da Contragarantia. Art. 40. Os entes poderão conceder garantia em operações de crédito internas ou externas, observado o disposto neste artigo, as normas do art. 32 e, no caso da União, também os limites e as condições estabelecidos pelo Senado Federal.

§ 1º A garantia estará condicionada ao oferecimento de contragarantia, em valor igual ou superior ao da garantia a ser concedida, e à adimplência da entidade que a pleitear relativamente a suas obrigações junto ao garantidor e às entidades por este controladas, observado o seguinte:

I — não será exigida contragarantia de órgãos e entidades do próprio ente;

II — a contragarantia exigida pela União a Estado ou Município, ou pelos Estados aos Municípios, poderá consistir na vinculação de receitas tributárias diretamente arrecadadas e provenientes de transferências constitucionais, com outorga de poderes ao garantidor para retê-las e empregar o respectivo valor na liquidação da dívida vencida.

§ 2º No caso de operação de crédito junto a organismo financeiro internacional, ou a instituição federal de crédito e fomento para o repasse de recursos externos, a União só prestará

Essa exigência normativa, necessariamente, deve ser conhecida do sujeito ativo, sob pena de ocorrer a hipótese de erro de proibição, que não se confunde com o simples desconhecimento de lei.

3.4 *Contragarantia exigida por ente federativo superior*

A contragarantia exigida pela União dos Estados ou Municípios, ou pelos Estados dos Municípios, pode consistir na vinculação de receitas tributárias diretamente arrecadadas e provenientes de transferências constitucionais. Essas receitas tributárias vinculadas podem ser retidas e utilizadas para liquidar a dívida vencida (art. 40, § 1º, II, da LC n. 101/2000). Na verdade, foi exatamente o que fez a União com a conhecida renegociação das dívidas dos Estados, vinculando a retenção de receitas em razão de seu eventual inadimplemento.

Convém destacar, para evitar equívocos, que a contragarantia aqui referida não se confunde com garantia, que, no item 3.2 *supra*, destacamos ser, em tese, inadmissível.

Somente a prestação de garantia pelo ente público justifica a exigência de contragarantia, na medida que esta representa contracautela daquela, que seria a cautela. É criminalizada a prestação de garantia em operação de crédito sem contragarantia. Contudo, se não houver prestação de garantia, será desnecessária, criminalmente falando, a exigência de contragarantia, ainda que haja risco de inadimplência do

---

garantia a ente que atenda, além do disposto no § 1º, as exigências legais para o recebimento de transferências voluntárias.

§ 3º (Vetado.)

§ 4º (Vetado.)

§ 5º É nula a garantia concedida acima dos limites fixados pelo Senado Federal.

§ 6º É vedado às entidades da administração indireta, inclusive suas empresas controladas e subsidiárias, conceder garantia, ainda que com recursos de fundos.

§ 7º O disposto no § 6º não se aplica à concessão de garantia por:

I — empresa controlada a subsidiária ou controlada sua, nem à prestação de contragarantia nas mesmas condições;

II — instituição financeira a empresa nacional, nos termos da lei.

§ 8º Excetua-se do disposto neste artigo a garantia prestada:

I — por instituições financeiras estatais, que se submeterão às normas aplicáveis às instituições financeiras privadas, de acordo com a legislação pertinente;

II — pela União, na forma da lei federal, a empresas de natureza financeira por ela controladas, direta e indiretamente, quanto às operações de seguro de crédito à exportação.

§ 9º Quando honrarem dívida de outro ente, em razão de garantia prestada, a União e os Estados poderão condicionar as transferências constitucionais ao ressarcimento daquele pagamento.

§ 10. O ente da Federação cuja dívida tiver sido honrada pela União ou por Estado, em decorrência de garantia prestada em operação de crédito, terá suspenso o acesso a novos créditos ou financiamentos até a total liquidação da mencionada dívida."

contratante. Aliás, a própria lei complementar não a exige. Nessas circunstâncias, o administrador que arriscar a celebração de operação de crédito praticará conduta atípica, pelo menos em relação ao presente dispositivo legal, havendo absoluta inadequação típica.

4. Garantia não condicionada à adimplência: atipicidade

Prestar garantia significa comprometer-se a satisfazer a dívida assumida por outrem, apresentando algum tipo de caucionamento, segundo a definição contida no art. 29, IV, da Lei de Responsabilidade Fiscal. "Garantia — segundo Misabel Derzi — é expressão ampla, que inclui qualquer caução destinada a conferir segurança ao pagamento, quer oferecida pelo próprio devedor, em adição à garantia genérica que o seu próprio patrimônio configura, quer por terceiro, estranho à obrigação principal." Esse compromisso deve ser firmado por um ente da Federação (União, Estado ou Município) ou por algum ente da administração direta ou indireta.

É tipificada a prestação de garantia sem constituir contragarantia em valor igual ou superior. Contudo, a prestação de garantia também é condicionada "à adimplência da entidade que a pleitear" (art. 40, § 1º, 2ª parte, da Lei de Responsabilidade Fiscal). Essa segunda exigência, no entanto, não foi incluída como elementar do tipo penal em exame. Assim, a eventual prestação de garantia sem condicioná-la "à adimplência da entidade que a pleitear", embora inválida, por inobservância legal, será atípica, pois o tipo penal a ela não se refere.

5. Tipo subjetivo: adequação típica

Elemento subjetivo é o dolo, representado pela vontade consciente de prestar garantia em operação de crédito sem constituir contragarantia em valor não inferior ao da garantia prestada. É necessário que o sujeito ativo saiba das condições determinadas pela lei complementar e conheça os valores da garantia, para poder exigir contragarantia em valor não inferior.

Não há exigência de elemento subjetivo especial do injusto.

6. Consumação e tentativa

6.1 *Consumação*

Consuma-se o crime quando o sujeito ativo presta efetivamente a garantia em operação de crédito sem exigir a contragarantia exigida por lei. É desnecessário que a contragarantia seja pré-constituída, isto é, prestada antes. É, como afirma Damásio, "comum a circunstância de a contragarantia, em contrato administrativo, ser constituída no mesmo momento da garantia".

6.2 *Tentativa*

Admitimos a possibilidade de tentativa, que ocorre, por exemplo, quando o sujeito ativo determina a prestação de garantia sem exigir contragarantia, mas, por circunstâncias alheias a sua vontade, sua determinação não é cumprida. Nesse sentido concordam Luiz Flávio Gomes e Alice Bianchini; Damásio de Jesus, por sua vez, não admite a tentativa[7].

7. Pena e ação penal

A pena cominada, isoladamente, é de detenção, de três meses a um ano. Trata-se de infração de menor potencial ofensivo, sendo da competência dos Juizados Especiais Criminais. Admite-se também a suspensão condicional da pena.

A natureza da ação penal é pública incondicionada.

---

7. Luiz Flávio Gomes e Alice Bianchini, *Crimes de responsabilidade fiscal*; Damásio de Jesus, *Código Penal anotado*, 11. ed.

NÃO CANCELAMENTO DE RESTOS A PAGAR

XIX

Sumário: 1. Bem jurídico tutelado. 2. Sujeitos do crime. 2.1. Sujeito ativo. 2.2. Sujeito passivo. 3. Tipo objetivo: adequação típica. 4. Inscrição não superior ao limite permitido: atipicidade. 5. Tipo subjetivo: adequação típica. 5.1. Erro de tipo e erro de proibição. 6. Consumação e tentativa. 7. Conflito aparente de normas: arts. 359-F e 359-B. 7.1. Exceção à teoria monística. 8. Pena e ação penal.

Não cancelamento de restos a pagar

Art. 359-F. *Deixar de ordenar, de autorizar ou de promover o cancelamento do montante de restos a pagar inscrito em valor superior ao permitido em lei:*

Pena — detenção, de 6 (seis) meses a 2 (dois) anos.

• Artigo acrescentado pela Lei n. 10.028, de 19 de outubro de 2000.

Antecedente legislativo: art. 1º, § 1º, da LC n. 101/2000.

1. Bem jurídico tutelado

Bem jurídico protegido é a gestão fiscal responsável, representada pela estrita regularidade da Administração Pública, particularmente em relação às operações realizadas no âmbito das finanças públicas da União, Estados, Distrito Federal e Municípios. Especificamente esta figura penal objetiva garantir o respeito ao princípio da "reserva legal" na execução do orçamento público, criminalizando a omissão do administrador que deixa de ordenar, autorizar ou promover o cancelamento de restos a pagar indevidamente inscritos em valor superior ao permitido em lei.

2. Sujeitos do crime

2.1 *Sujeito ativo*

Como se trata de crime próprio, sujeito ativo só poderá ser um agente público (funcionário público *lato sensu*), que deve possuir atribuição legal para praticar as condutas incriminadas, quais sejam deixar de ordenar, de autorizar ou de promover o cancelamento do montante de restos a pagar inscrito em valor superior ao permitido em lei. Se o funcionário que deixar de praticar qualquer das condutas incriminadas não tiver atribuição legal, o comportamento será atípico. No entanto, na modalidade "não promover" pode ser sujeito ativo tanto quem tem atribuição para ordenar ou autorizar o cancelamento dos restos a pagar como quem tem apenas atribuição para promovê-lo, isto é, para executar a determinação.

Desnecessário afirmar que o sujeito ativo do crime tipificado no art. 359-B (ordenar ou autorizar a inscrição em restos a pagar...) não pode ser sujeito ativo de qualquer das ações descritas neste dispositivo (art. 359-F), para evitar o *bis in idem*. Para aquele que ordena ou autoriza a inscrição em restos a pagar, nos termos descritos naquele dispositivo, o "não cancelamento de restos a pagar", tipificado neste artigo, constitui *post factum* impunível. Enfim, a obrigação de cancelamento, sob o ponto de vista penal, de inscrição irregular deve, necessariamente, recair em pessoa diversa daquela que ordenou ou autorizou a inscrição indevida.

2.2 *Sujeito passivo*

Sujeito passivo será a União, os Estados, o Distrito Federal ou os Municípios, segundo as respectivas searas lesadas, incluindo-se os Poderes, instituições ou órgãos respectivos. Como em todos os demais artigos deste capítulo do Código Penal, o fato de tratar-se de crime próprio não impede a eventual configuração do concurso eventual de pessoas.

3. Tipo objetivo: adequação típica

As condutas tipificadas são deixar de ordenar, de autorizar e de promover o cancelamento de restos a pagar inscritos além do limite legalmente permitido. "Ordenar" e "autorizar" têm o mesmo significado já examinado nos dispositivos anteriores; o diferencial, contudo, neste artigo reside justamente no seu caráter negativo, ou, melhor dito, na forma omissiva em que os verbos nucleares são empregados, ou seja, "deixar de..." fazê-lo. Por seu turno, promover tem o sentido de executar, realizar ou operacionalizar a atividade ordenada ou autorizada, no caso em exame, o cancelamento da inscrição de restos a pagar; o comportamento criminalizado, porém, é omissivo próprio, isto é, "deixar de..." ordenar, autorizar ou promover o cancelamento referido.

Com efeito, as condutas criminalizadas podem apresentar-se sob três modalidades: deixar de ordenar, deixar de autorizar e deixar de promover.

a) deixar de ordenar

O sujeito ativo tem poder ou atribuição para determinar o cancelamento, mas não o faz, omite-se, descumprindo dever funcional, aqui elevado agora à condição de crime omissivo próprio. A ordem omitida evitaria a lesão ao erário, anulando o montante de restos a pagar inscrito em valor superior ao legalmente permitido[1]. Nessa hipótese, o administrador deve determinar que um subordinado efetue o cancelamento, mas nada impede que ele próprio o promova.

---

1. Nesse sentido, Damásio de Jesus, *Código Penal anotado*, 11. ed.

b) deixar de autorizar

Funcionário subordinado ao administrador pode necessitar de autorização para promover o cancelamento da inscrição indevida de restos a pagar, pois, embora tenha atribuição para realizar o cancelamento, não tem competência decisória para tanto, dependendo da autorização de outrem. Nessa hipótese, segundo Damásio, "já há iniciativa de corrigir o desvio por parte de terceira pessoa..."[2].

Quer-nos parecer, contudo, que não necessariamente deva já existir iniciativa de outrem, pois nada impede que, embora inexista tal iniciativa, ainda assim o sujeito ativo não autorize o cancelamento quando tal decisão se apresente necessária. Enfim, configura-se o tipo quando a situação fática exista e o administrador competente omita a autorização quando podia e devia dá-la.

c) deixar de promover

Ao contrário das condutas "não ordenar" e "não autorizar", na modalidade "não promover" a decisão de não efetuar o cancelamento dos restos a pagar, nos termos definidos, pode ter partido de outrem, isto é, de quem tem poder ou atribuição para ordenar ou autorizar o cancelamento, embora não necessariamente. Nesse caso, o encarregado de executar a ordem ou autorização se submete aos princípios que regem a obediência hierárquica, definida no art. 22, segunda parte, do CP, e, se não for manifestamente ilegal, somente quem deu a ordem ou autorização responderá pelo crime.

Significa, ademais, que o encarregado de executar o ato de cancelar, ou melhor, de não cancelar (não promove), não tem autoridade para decidir, e, assim, a "ordem" ou "autorização" é condição indispensável para que se proceda ao cancelamento. Contudo, responderá pelo crime, isoladamente, quando, a despeito da ordem ou autorização emanada de autoridade competente, não efetuar o cancelamento, por sua omissão, pois, nesse caso, "deixa de promover" o cancelamento, como refere o texto legal.

Concluindo, na modalidade "não promover" pode ser sujeito ativo tanto quem tem atribuição para ordenar ou autorizar o cancelamento dos restos a pagar como quem tem apenas atribuição para promovê-lo, isto é, para cumprir a determinação.

Restos a pagar, por fim, constituem dívida flutuante que não foi paga no exercício financeiro esgotado em 31 de dezembro, e que deve ser registrada em rubrica própria. Restos a pagar são pagos, via de regra, mediante crédito especial. Nesse sentido, a Lei n. 4.320/64, que estabelece as normas gerais para elaboração e controle dos orçamentos e balanços públicos (União, Estados, Distrito Federal e Municípios), define restos a pagar como "as despesas empenhadas mas não pagas até o dia 31 de dezembro, distinguindo-se as processadas das não processadas" (art. 36, *caput*). Restos a pagar processados, por sua vez, são constituídos pelas despesas que

---

2. Damásio de Jesus, *Código Penal anotado*, 11. ed.

foram formalmente encaminhadas à liquidação e que somente não foram pagas por falta de fluxo de caixa e em razão do encerramento do exercício financeiro; não processados, por outro lado, são as despesas que ficaram em um estágio anterior, isto é, que sequer foi formalizado o procedimento de liquidação.

4. Inscrição não superior ao limite permitido: atipicidade

O "não cancelamento de restos a pagar", cujo limite não ultrapasse o "permitido em lei", mesmo "que não tenha sido previamente empenhada", não tipificará este crime, pois a omissão somente é criminalizada quando a inscrição for superior ao legalmente permitido. Nesse particular, há uma lacuna na lei, que é, aliás, exageradamente minuciosa e detalhista. Poderá constituir infração administrativa, fiscal, contábil, mas não constituirá crime. Enfim, qualquer outra irregularidade que não seja exceder o valor permitido em lei não tipificará esse crime.

O conteúdo proibitivo constante do art. 359-F, ora em análise, apresenta uma lacuna, comparando-o com a similar prescrição contida no art. 359-B, qual seja: inscrição em restos a pagar, de despesa que não tenha sido previamente empenhada ou que exceda limite estabelecido em lei. Em outros termos, por esse dispositivo, é crime ordenar ou autorizar a inscrição em restos a pagar, nessas duas circunstâncias, ou seja, sem prévio empenho ou excedendo o limite estabelecido em lei. Natural seria, por um raciocínio lógico, que, no exercício seguinte, o sucessor determinasse o cancelamento de todo e qualquer restos a pagar inscrito indevidamente. Contudo, o presente art. 359-F criminaliza somente a omissão desse cancelamento relativamente àquela inscrição que excedeu o limite autorizado em lei. Dessa forma, deixar de ordenar, autorizar ou promover o cancelamento de inscrição em restos a pagar de despesa que não tenha sido previamente empenhada não constitui crime. Ou seja, o legislador deu tratamento distinto a duas situações semelhantes, criminalizando a inscrição indevida de restos a pagar de despesa, seja por não ter sido regularmente empenhada, seja por ultrapassar o limite previsto em lei. Contudo, criminaliza somente a omissão posterior do cancelamento daquela inscrição indevida que ultrapassou o limite estabelecido, silenciando quanto à inscrição, igualmente indevida, que não tenha sido previamente empenhada.

Enfim, nessa última hipótese, a omissão do administrador público no cancelamento da inscrição irregular por falta de prévio empenho constitui figura atípica, independentemente de caracterizar eventual infração administrativa, podendo até configurar improbidade administrativa, mas não constitui o crime aqui previsto.

5. Tipo subjetivo: adequação típica

O elemento subjetivo é o dolo, representado pela vontade consciente de se abster da conduta devida, isto é, de não ordenar, não autorizar ou não promover o cancelamento de restos a pagar inscritos em valor superior ao legalmente permitido. É indispensável que o sujeito ativo tenha conhecimento da existência da inscrição irregular de restos a pagar, nos termos deste artigo. Eventual desconhecimento desse fato torna a omissão atípica, configurando o conhecido erro de tipo. É irrelevante para a configuração típica a existência de algum fim especial. Não há, por outro lado, previsão de modalidade culposa.

5.1 *Erro de tipo e erro de proibição*

Ninguém ignora que se trata de proibição nova e fundamentada em um emaranhado de leis novas e complexas, que tornam difícil sua interpretação inclusive pelos operadores do direito. O administrador público pode não determinar o cancelamento da inscrição de restos a pagar acima do limite legal, por desconhecer que tem o dever de tomar essa providência, principalmente quando referida inscrição houver sido determinada por seu antecessor.

Nesse caso, incorre em erro de proibição. Mas pode, igualmente, ter conhecimento desse dever legal, ter consciência da inscrição de restos a pagar, mas ignorar que essa inscrição ultrapassa o limite legalmente permitido. Nessa hipótese, ignorar que a inscrição de restos a pagar ultrapassa o limite permitido em lei configura erro de tipo.

6. Consumação e tentativa

A consumação deste crime, que é omissivo próprio, constitui verdadeira *vexata questio*, pois é simplificar demais afirmar, simplistamente, que o crime se consuma "com a simples conduta negativa". Sabido é que o crime omisso próprio consuma-se no lugar e no momento em que a ação devida não se realiza. A questão fundamental é, afinal, em que momento tal crime se consuma, ou seja, quando o sujeito ativo passa a ter o dever de agir, quando assume o cargo ou função ou quando toma conhecimento da existência da situação fático-jurídica (da existência de montante de restos a pagar inscrito em limite superior ao permitido por lei).

À evidência que a responsabilidade penal não pode ser presumida, e ademais, não se responde por algo que não se conhece; consequentemente, essa responsabilidade não pode ser automática, decorrente da simples assunção do cargo ou função, pois configuraria autêntica responsabilidade objetiva, que foi proscrita do direito penal da culpabilidade. Esse momento consumativo, por evidente, está completamente afastado, por ser dogmaticamente insustentável.

Resta a segunda alternativa, ou seja, o administrador tem o dever jurídico de agir, a partir do momento em que toma conhecimento da existência de restos a pagar inscritos em valor superior ao legalmente permitido. Mas essa constatação ainda não resolve de todo a questão de quando ocorre o momento consumativo; tratando-se de crime omissivo, ocorre quando deve agir e, voluntariamente, isto é, podendo e devendo, deixa de fazê-lo. A questão reside na dificuldade de identificar, afinal, em que momento da administração o sujeito ativo toma conhecimento dos fatos, o que pode ocorrer no primeiro dia, no primeiro mês, quem sabe no final do primeiro ano etc. A solução dessa dificuldade será encontrada na prova, que, segundo os penalistas, passa a ser um problema de processo penal. Com a devida vênia, em termos de crime omissivo é problema de direito material, pois define não só o momento consumativo do crime como sua própria configuração. Enfim, o problema está posto, a dúvida levantada e a cautela recomendada.

A tentativa, tratando-se de crime omissivo próprio, pela simples definição de sua consumação, exsurge como inadmissível. Se o agente deixa passar o momento em que devia agir, consuma-se o crime; se ainda pode agir, não há falar em crime. Até o momento em que a atividade do agente ainda é eficaz, a ausência desta não constitui crime. Se nesse momento a atividade devida não se realiza, consuma-se o delito. Enfim, como dissemos, o crime omissivo próprio consuma-se no lugar e no momento em que a atividade devida tinha de ser realizada.

7. Conflito aparente de normas: arts. 359-F e 359-B

O sujeito ativo que não ordene ou não autorize o "cancelamento de restos a pagar" (art. 359-F) poderá ser o mesmo que ordena ou autoriza a "inscrição de despesas não empenhadas em restos a pagar" (art. 359-B). À evidência que não poderá responder "por fazer" e "por não fazer" a mesma coisa, ferindo o *ne bis in idem*. A duplicidade da proibição tem um fundamento: objetiva destinatários diferentes. Quem praticou a conduta comissiva (art. 359-B) responderá apenas por ela; somente poderá responder pela conduta omissiva (art. 359-F) quem não tiver sido autor da primeira.

7.1 Exceção à teoria monística

Sucessão de mandatários, por exemplo: quem deixa o cargo pode responder pela "inscrição de despesas não empenhadas em restos a pagar" (art. 359-B); quem assume pode responder por não ter determinado o "cancelamento do montante de restos a pagar" (art. 359-F), inscrito em valor superior ao legalmente permitido. Esses dois dispositivos assemelham-se à corrupção ativa e passiva (oferecer-receber); nesse caso, "fazer e não desfazer", o que não deixa de configurar as duas faces de uma mesma moeda. Pela teoria adotada pelo Código Penal — monística ou unitária —, deveriam responder pelo mesmo crime, mas, como o legislador preferiu disciplina-los em crimes distintos, configura-se mais uma exceção à mencionada teoria; ou seja, não há concurso de pessoas entre os dois sujeitos ativos, a menos que haja o vínculo subjetivo entre ambos, quando, então, responderão pelos dois crimes (hipótese de conluio).

8. Pena e ação penal

A pena, isoladamente cominada, é de detenção, de seis meses a dois anos. Trata-se de infração de menor potencial ofensivo, sendo da competência dos Juizados Especiais Criminais. Admite-se também a suspensão condicional da pena.

AUMENTO DE DESPESA TOTAL COM PESSOAL NO ÚLTIMO ANO DO MANDATO OU LEGISLATURA

XX

Sumário: 1. Bem jurídico tutelado. 2. Sujeitos do crime. 2.1. Sujeito ativo. 2.2. Sujeito passivo. 3. Tipo objetivo: adequação típica. 3.1. Aumento de despesa total com pessoal. 3.2. Elementar temporal: últimos 180 dias de mandato ou legislatura. 3.3. Executar: obediência hierárquica. 4. Tipo subjetivo: adequação típica. 5. Consumação e tentativa. 5.1. Consumação. 5.2. Tentativa. 6. Semelhanças e diferenças com o disposto no art. 359-C. 7. Pena e ação penal.

Aumento de despesa total com pessoal no último ano do mandato ou legislatura

Art. 359-G. Ordenar, autorizar ou executar ato que acarrete aumento de despesa total com pessoal, nos 180 (cento e oitenta) dias anteriores ao final do mandato ou da legislatura:

Pena — reclusão, de 1 (um) a 4 (quatro) anos.

• Artigo acrescentado pela Lei n. 10.028, de 19 de outubro de 2000.

Antecedentes legislativos: arts. 18, 19, 21 e 42 da LC n. 101/2000.

1. Bem jurídico tutelado

Bem jurídico protegido é a moralidade, regularidade e equilíbrio das contas públicas, nos âmbitos federal, estadual e municipal. Procura-se impedir que o administrador público, em final de mandato, conceda "benesses" aos servidores públicos com fins eleitoreiros, criando e atribuindo o ônus de seu cumprimento ao sucessor.

O presente dispositivo pretende tutelar especificamente a regularidade da administração das finanças públicas, visando impedir a velha prática de nossos administradores públicos, em conceder aumentos generosos em final de mandato, com fins exclusivamente eleitoreiros, deixando, dessa forma, todos os encargos para serem honrados por seus sucessores, agravando seriamente a administração das finanças públicas, com graves prejuízos a toda a coletividade. Em termos bem esquemáticos, objetiva-se tutelar as finanças públicas, bem como a correta gestão do dinheiro público, além de assegurar a moralidade e a probidade administrativa.

2. Sujeitos do crime

2.1 *Sujeito ativo*

Sujeito ativo é somente autoridade com mandato. Trata-se de crime próprio, que exige especial condição pessoal, na medida em que não basta ser funcionário público, mas deve ser titular de mandato (eletivo ou não), com poderes decisórios em nome da instituição ou Poder Público que representa. Assim, sujeito ativo é o Presidente (da República, do Senado, da Câmara, de Assembleias Legislativas, de Câmaras de Vereadores, de Tribunais etc.), o Governador de Estado, os Procuradores-Gerais de Justiça, da República, dos Estados, o Advogado-Geral da União, o Defensor-Geral da União, do Estado, do Município etc. (arts. 42 e 20, § 2º, da LC n. 101/2000). Tratando-se de mandatos, sujeito ativo pode ser o eventual substituto legal.

Neste tipo penal, sujeito ativo pode ser outra espécie de funcionário público que não o detentor de mandato, quando a figura típica for a modalidade "executar". Nessa hipótese, normalmente, o executor será um subordinado, em regra o chamado "ordenador de despesas", que põe em prática a determinação superior, revestida de ordem ou de autorização. Contudo, nada impede que o executor seja o próprio administrador, isto é, aquele que tem poder ou atribuição para ordenar ou autorizar a prática de ato que acarrete aumento de despesa com pessoal.

2.2 *Sujeito passivo*

Sujeito passivo, por sua vez, é a Administração Pública, que pode ser representada pela União, pelo Estado, pelo Distrito Federal ou pelo Município. Pode ser, ademais, por outros órgãos ou instituições públicas, tais como o Poder Legislativo, o Poder Judiciário, o Ministério Público etc., cujos representantes máximos são detentores de mandatos e gozam de poderes decisórios quanto a orçamentos, despesas e finanças públicas, em seus respectivos âmbitos.

3. Tipo objetivo: adequação típica

O objetivo da criminalização das condutas nucleares deste dispositivo é impedir que o administrador aumente o comprometimento do orçamento público com os gastos com pessoal em final de mandato ou legislatura. Controlar ou tentar equilibrar os gastos com pessoal, que consome o maior percentual de todo orçamento público de Estados e Municípios, tem sido o maior desafio do administrador público nos últimos tempos.

As condutas tipificadas estão representadas pelos verbos nucleares ordenar, autorizar e executar. Os dois primeiros já tiveram seus sentidos e significados examinados em dispositivos anteriores, para os quais remetemos o leitor, a fim de evitarmos a repetição enfadonha. Executar, por sua vez, significa realizar, pôr em prática, cumprir ordem ou autorização de superior promovendo ato que importe em aumento de despesa com pessoal nos últimos seis meses de mandato ou legislatura. Quem ordena e autoriza, em regra, é a mesma autoridade, ao passo que quem executa normalmente é outro funcionário, embora possa ser realizada por quem tem poder ou atribuição para ordenar ou autorizar.

Não se pode ignorar que as despesas com o pagamento de pessoal são, e sempre foram, as que acarretam os maiores custos ao orçamento dos entes públicos, União, Estados, Distrito Federal e Municípios. No entanto, criminalização do aumento de despesa com pessoal, nos últimos cento e oitenta dias anteriores ao final de mandato, não se limita a aumentos indevidos ou concessões de vantagens injustas, mas a todo e qualquer aumento dessa despesa, independentemente da justiça ou injustiça da sua concessão, a vedação se impõe. É indiferente, para a configuração do crime, que haja suficiência de recursos orçamentários para o pagamento, pois a vedação é expressa e tem a finalidade de evitar as tentações beneméritas e eleitoreiras de final de mandato. No mesmo sentido, sustenta Guilherme Nucci, quando afirma: "o crime em tela veda aumento de despesa em final de mandato, com ou sem folga orçamentária, estando ou não no limite fixado pela Lei de Responsabilidade Fiscal (art. 20). Quer-se garantir que a decisão de elevação de despesas fique a cargo do futuro ocupante do cargo e não simplesmente permitir que o administrador, que se despede, brinde o funcionalismo com qualquer tipo de aumento. Logo, quer-nos parecer que, para o fim de preenchimento deste tipo penal, basta a conduta de ordenar, autorizar ou executar ato que provoque aumento de despesa total com pessoal"[1]. Em síntese, a intenção do legislador foi impedir que o administrador público aumente os gastos com essa rubrica comprometendo o orçamento subsequente e até mesmo superando o limite imposto por lei, onerando sobremodo a gestão do seu sucessor. No entanto, não vemos maiores dificuldades para a nomeação de funcionários concursados, havendo vacância, pois, nessa hipótese, não existe aumento, mas simples reposição de funcionários faltantes.

Procuramos evitar o termo "mandante" quando nos referimos ao sujeito ativo que ordena ou autoriza, em razão de seu sentido técnico-jurídico específico, no campo do concurso de pessoas, particularmente disciplinado pelas teorias do domínio do fato e da autoria mediata (*vide*, a respeito, nosso *Tratado de Direito Penal; Parte Geral*, v. 1).

3.1 *Aumento de despesa total com pessoal*

Despesa total com pessoal é "o somatório dos gastos do ente da Federação com os ativos, os inativos e os pensionistas, relativos a mandatos eletivos, cargos, funções ou empregos, civis, militares e de membros de Poder, com quaisquer espécies remuneratórias, tais como vencimentos e vantagens, fixas e variáveis, subsídios, proventos da aposentadoria, reformas e pensões, inclusive adicionais, gratificações, horas extras e vantagens pessoais de qualquer natureza, bem como encargos sociais e contribuições recolhidas pelo ente às entidades de previdência" (art. 18 da LC n. 101/2000). A Constituição Federal, por sua vez, estabelece que a despesa com pes-

---

1. Guilherme de Souza Nucci, *Código Penal comentado*, p. 1116.

soal, ativo e inativo, da União, Estados, Distrito Federal e Municípios, não pode ultrapassar os limites estabelecidos em lei complementar (art. 169). Pois, atendendo a esse mandamento constitucional, a Lei Complementar n. 101/2000 fixou os limites da receita líquida corrente, que podem ser gastos com pessoal, nos seguintes termos: 50% para a União e 60% para Estados e Municípios (art. 19). A mesma Lei Complementar estabelece que será nulo o ato que provoque aumento de despesa com pessoal, deixando de atender às exigências por ela determinadas ou exceda os limites de comprometimento com despesas com pessoal inativo (art. 21).

Temos grandes dificuldades em aceitar a constitucionalidade dos dispositivos que estabelecem limites específicos de gastos com pessoal para os entes federativos (Estados e Municípios), ultrapassando os limites de normas gerais, e invadindo, assim, a seara de competência de Estados e Municípios. Invocamos, nesse sentido, o magistério de Regis Fernandes de Oliveira, o qual subscrevemos: "Supremo Tribunal Federal, em recente decisão, entendeu constitucional o art. 20 da lei ora comentada, por seis votos a cinco. Pelo resultado, vê-se a dificuldade do problema. No entanto, para nós, não há como se entender constitucional o dispositivo, no que vincula Estados e Municípios, impondo-lhes restrições, bem como no que alcança os Poderes Judiciário e Legislativo. A norma nacional complementar apenas pode dispor sobre 'normas gerais' e, positivamente, assim não se podem entender aquelas que descem a detalhes sobre percentuais de aplicação obrigatória. Reconhece-se que o Supremo Tribunal Federal é um tribunal político e, como tal, amoldou-se à exigência ética da norma. Jamais poderia ter entendido o dispositivo como aplicação de 'norma geral'"[2].

3.2 Elementar temporal: últimos 180 dias de mandato ou legislatura

A vedação criminal do acréscimo de despesa total com pessoal circunscreve-se aos últimos seis meses de mandato ou de legislatura[3]. Esse aspecto não oferece nenhuma dificuldade. Uma coisa é ordenar ou autorizar o aumento de despesa, e outra é concretizar esse aumento, isto é, disponibilizar os recursos para honrar esse ônus. O período — seis meses —, a nosso juízo, refere-se ao dispêndio efetivo, ou seja, ao desencaixe que o Tesouro faz para cumprir o ato administrativo anterior. Assim, está vedada a velha prática de alguns demagogos administradores que concediam aumentos e vantagens a servidores para vigorar, no futuro, a partir de determinada data, particularmente em mandatos ou legislaturas futuras. Mesmo que

---

2. Regis Fernandes de Oliveira, *Responsabilidade fiscal*, p. 48.
3. "Art. 42. É vedado ao titular de Poder ou órgão referido no art. 20, nos dois últimos quadrimestres de seu mandato, contrair obrigação de despesa que não possa ser cumprida integralmente dentro dele, ou que tenha parcelas a serem pagas no exercício seguinte sem que haja suficiente disponibilidade de caixa para este efeito.
Parágrafo único. Na determinação da disponibilidade de caixa serão considerados os encargos e despesas compromissadas a pagar até o final do exercício."

o ato concessivo tenha sido praticado antes do período depurador, ainda assim tipificará conduta proibida neste dispositivo.

O eventual aumento de despesa total com pessoal fora do período proibido, mesmo que infrinja outras normas administrativas ou fiscais, não tipifica este crime.

3.3 *Executar: obediência hierárquica*

O cumprimento de ordem legal não apresenta nenhuma conotação de ilicitude, mesmo que configure alguma conduta típica; ao contrário, constitui causa de sua exclusão, se a ordem não for manifestamente ilegal. Quando a ordem for ilegal, mas não manifestamente, o subordinado que a cumpre não agirá com culpabilidade, por ter avaliado incorretamente a ordem recebida, incorrendo numa espécie de erro de proibição. Agora, se cumprir ordem manifestamente ilegal, tanto o superior hierárquico quanto o subordinado são puníveis. O subordinado não tem a obrigação de cumprir ordens ilegais. Tem obrigação de cumprir ordens inconvenientes, inoportunas, mas não ilegais. Não tem o direito, como subordinado, de discutir a oportunidade ou conveniência de uma ordem, mas a ilegalidade, mais que o direito, tem o dever de apontá-la, e negar-se a cumprir ordem manifestamente ilegal, sob pena de responder em coautoria pelo crime.

4. Tipo subjetivo: adequação típica

Elemento subjetivo é o dolo, representado pela vontade consciente de aumentar a despesa total com pessoal, nos últimos seis meses de mandato ou legislatura. Como não se admite dolo restrito, parcial ou limitado, este deve abranger completamente todos os elementos constitutivos do tipo, e especialmente ter consciência de que aumenta a despesa nos últimos seis meses de mandato ou legislatura.

O eventual desconhecimento de que o ato que pratica acarretará aumento de despesa total com pessoal ou de que esse aumento se produzirá nos últimos seis meses do mandato ou legislatura, ou de que já se encontra nesse período, configura erro de tipo, que exclui o dolo e, por extensão, a tipicidade (art. 20, *caput*, do CP).

5. Consumação e tentativa

5.1 *Consumação*

Consuma-se o crime quando o ato ordenado ou autorizado é efetivamente executado no período proibido de seis meses de final de mandato. Enquanto não for cumprida a ordem ou autorização não se produz qualquer efeito, isto é, não há qualquer lesividade ao patrimônio público, e sem lesividade não se pode falar em crime. A simples violação de dever, norma puramente abstrata, não pode constituir crime, pois não há tipicidade material. A modalidade executar é crime material, e somente se consuma com a efetiva realização do ato ordenado por quem tem atribuição para tanto.

Trata-se de crime formal, nas figuras ordenar ou autorizar, cujo resultado não integra o tipo penal, como ocorre nos crimes materiais, o que não quer dizer que não exista, pois o reflexo do aumento no orçamento público configura o resultado.

5.2 Tentativa

Em nossa concepção, é perfeitamente admissível a tentativa, embora de difícil comprovação. Parece-nos possível o fracionamento da ação tipificada, tratando-se de crime plurissubsistente. Assim, por exemplo, quando a ordem ou autorização não é executada por circunstâncias alheias à vontade do agente, configura-se a forma tentada. Quanto à figura executar, não há qualquer dúvida sobre a possibilidade de tentativa, uma vez que se trata de crime material, cuja ação pode facilmente ser dividida em vários atos.

Damásio de Jesus não admite, nesse caso, a tentativa nas modalidades "ordenar" e "autorizar", pois as considera crimes de mera conduta[4]; admite-a, contudo, na modalidade "executar".

6. Semelhanças e diferenças com o disposto no art. 359-C

O art. 359-C criminaliza a conduta de ordenar ou autorizar a assunção de obrigação nos dois últimos quadrimestres (oito meses) do mandato ou legislatura, enquanto este dispositivo criminaliza o aumento de despesa com pessoal nos últimos seis meses do mandato ou legislatura. Naquele dispositivo, proíbe-se a assunção de obrigação cuja despesa não possa ser liquidada no mesmo exercício financeiro, ou de eventual resto a pagar no exercício seguinte que não tenha contrapartida suficiente de disponibilidade de caixa; neste artigo, pune-se o aumento de pessoal, independentemente de poder ser resgatado no mesmo exercício[5]. Com efeito, aumento de despesa com pessoal não se limita ao exercício, na medida em que é constitucionalmente proibido reduzir vencimentos de servidores. Assim, os aumentos com servidores perpetuam-se para o futuro, onerando, inevitavelmente, os próximos exercícios financeiros.

Por outro lado, a proibição constante do art. 359-C é abrangente, genérica, englobando toda e qualquer despesa, enquanto a criminalização deste art. 359-G é restrita, específica, limitando-se à despesa com pessoal. Por fim, o prazo depurador do primeiro dispositivo é de oito meses (dois quadrimestres), enquanto o do segundo é de seis meses (180 dias). Significa dizer que, embora já esteja proibida a assunção de obrigação a ser resgatada no ano seguinte, a partir do oitavo e último mês, será possível efetuar gastos com pessoal, antes de ingressar no sexto mês. E não há nisso nenhum paradoxo, na medida em que a especificidade dos encargos acaba autorizando essa práxis.

7. Pena e ação penal

A pena cominada, isoladamente, é de reclusão, de um a quatro anos. Trata-se de infração de médio potencial ofensivo, que admite, em princípio, a aplicação de penas alternativas. Admite-se, igualmente, suspensão condicional da pena.

A natureza da ação penal é pública incondicionada.

---

4. Damásio de Jesus, *Código Penal anotado*, 11. ed.
5. No mesmo sentido, Luiz Flávio Gomes e Alice Bianchini, *Crimes de responsabilidade fiscal*.

OFERTA PÚBLICA OU COLOCAÇÃO DE TÍTULOS NO MERCADO — XXI

Sumário: 1. Bem jurídico tutelado. 2. Sujeitos do crime. 2.1. Sujeito ativo. 2.2. Sujeito passivo. 3. Tipo objetivo: adequação típica. 4. Controle jurídico ou legislativo. 5. Tipo subjetivo: adequação típica. 5.1. Erro de tipo e erro de proibição. 6. Consumação e tentativa. 6.1. Consumação. 6.2. Tentativa. 7. Pena e ação penal.

Oferta pública ou colocação de títulos no mercado

Art. 359-H. *Ordenar, autorizar ou promover a oferta pública ou a colocação no mercado financeiro de títulos da dívida pública sem que tenham sido criados por lei ou sem que estejam registrados em sistema centralizado de liquidação e de custódia:*

Pena — reclusão, de 1 (um) a 4 (quatro) anos.

• Artigo acrescentado pela Lei n. 10.028, de 19 de outubro de 2000.

Antecedentes legislativos: arts. 29, II, 30 e parágrafos e toda a Seção IV do Capítulo VII da LC n. 101/2000.

1. Bem jurídico tutelado

Bem jurídico protegido é a lisura da dívida pública mobiliária, nas respectivas áreas federal, estadual e municipal. Criminaliza-se a movimentação ilegal de títulos da dívida pública, quer por não existirem legalmente (não foram criados por lei), quer por não estarem devidamente registrados em sistema centralizado de liquidação e custódia.

2. Sujeitos do crime

2.1 *Sujeito ativo*

Sujeito ativo é somente a autoridade pública com poderes decisórios em nome do ente federativo. No mesmo sentido, sustenta Regis Prado: "... poderão figurar como sujeitos ativos do delito de oferta pública ou colocação de títulos no mercado tão somente os chefes do Poder Executivo da União, dos Estados, do Distrito Federal e dos Municípios (presidente da República, governadores e prefeitos, respectivamente)"[1]. Neste tipo penal, sujeito ativo pode ser outra espécie de funcionário público, quando a figura típica for a modalidade "promover", que, em tese, é subordinada com a função de executar a ordem ou autorização do sujeito ativo das outras figuras delitivas.

2.2 *Sujeito passivo*

Sujeito passivo imediato, por sua vez, é a Administração Pública, que pode ser representada pela União, pelo Estado, pelo Distrito Federal ou pelo Município. Pode ser, ademais, sujeito passivo mediato qualquer terceiro prejudicado com a compra de títulos irregulares que, certamente, causarão prejuízos consideráveis.

3. Tipo objetivo: adequação típica

As condutas criminalizadas estão representadas pelos verbos ordenar, autorizar e promover. Os dois primeiros — ordenar e autorizar — já foram exaustivamente examinados e definidos, sendo desnecessário repetir. Promover, no entanto, significa realizar, executar, levar a efeito, isto é, cumprir a ordem ou autorização do superior. Quem ordena e autoriza, em regra, é a mesma autoridade, ao passo que quem promove ou executa normalmente é outro funcionário, embora possa ser o mesmo sujeito ativo que tem poder ou atribuição para ordenar ou autorizar.

O sujeito ativo pode praticar o crime realizando qualquer das três condutas tipificadas, por meio de oferta pública ou colocação no mercado financeiro de títulos da dívida pública que não tenham sido criados por lei ou que não tenham sido registrados no sistema centralizado de liquidação e custódia. Denomina-se dívida pública imobiliária a resultante da emissão de títulos da dívida pública pela União (inclusive os do Banco Central), pelos Estados e pelos Municípios.

Para nós, o sujeito ativo que ordena é o mesmo que autoriza, isto é, um mesmo agente pode praticar qualquer das duas condutas, que, dependendo das circunstâncias, podem assumir a natureza de ordem ou de autorização; a diversidade de formas de conduta procura ampliar a abrangência das ações que possivelmente podem ser realizadas, sem qualquer conotação com a espécie ou natureza do sujeito ativo, que, nessas modalidades, será sempre quem tiver poder ou atribuição para decidir a comercialização dos títulos mobiliários da dívida pública, em sua área de atuação, federal, estadual ou municipal.

4. Controle jurídico ou legislativo

O controle, a nosso juízo, não é legislativo, mas jurídico ou legal, na medida em que a comercialização de títulos da dívida pública, por este dispositivo, está condicionada a sua criação por lei. Com efeito, o controle do comércio de títulos da dívida pública, pelo menos na seara criminal, não está condicionado a resoluções legislativas quer da esfera federal, quer da estadual ou mesmo da municipal. Portanto, o controle é jurídico e não legislativo.

---

1. Luiz Regis Prado, *Curso de direito penal brasileiro*, p. 790.

5. Tipo subjetivo: adequação típica

Elemento subjetivo é o dolo, representado pela vontade consciente de comercializar títulos da dívida pública, legalmente inexistentes ou sem o devido registro no sistema centralizado de liquidação e custódia. Como não existe dolo presumido, é indispensável que o sujeito ativo saiba que o título que comercializa não foi criado por lei ou que, a despeito de legalmente existente, não foi registrado no sistema centralizado de liquidação e de custódia.

O eventual desconhecimento de que os títulos não foram legalmente criados ou de que não se encontram devidamente registrados no órgão próprio torna a conduta atípica, uma vez que tais elementares típicas não foram abrangidas pelo dolo.

É irrelevante, para a tipificação deste crime, a existência eventual de algum fim especial, na medida em que o tipo não exige nenhum elemento subjetivo especial do injusto. Não há previsão de modalidade culposa.

5.1 *Erro de tipo e erro de proibição*

Se o sujeito ativo pratica qualquer das figuras tipificadas neste dispositivo imaginando que os títulos estão em situação regular, isto é, que foram legalmente criados e que estão regularmente inscritos no órgão próprio, quando, concretamente, nenhuma dessas circunstâncias existe, incorre em erro de tipo, pois seu dolo não abrangeu essas ausências, que imaginava existentes.

Se o sujeito ativo pratica qualquer das condutas ignorando que eles deveriam ser criados por lei ou desconhecendo que não basta serem legalmente criados, mas que ainda necessitam ser devidamente inscritos no órgão próprio, desconhecendo, enfim, essa exigência legal, incorre em erro de proibição, que pode ser evitável ou inevitável.

6. Consumação e tentativa

6.1 *Consumação*

Consuma-se o crime quando o ato ordenado ou autorizado é efetivamente executado, isto é, quando se operacionaliza a oferta pública ou colocação no mercado financeiro dos títulos da dívida pública inexistentes legalmente ou não regularmente inscritos no órgão próprio. Enquanto não for cumprida a ordem ou autorização não se produz qualquer efeito, isto é, não há qualquer lesão ao patrimônio público, e sem lesão não se pode falar em crime. A simples inobservância de dever, norma puramente abstrata, não pode constituir crime, pois não há tipicidade material.

A modalidade "promover" constitui crime material, e somente se consuma com a efetiva colocação dos títulos no mercado financeiro. As figuras ordenar ou autorizar constituem crimes formais, cujos resultados não integram o tipo penal, ao contrário do que ocorre com os crimes materiais, o que não quer dizer que não existam.

6.2 *Tentativa*

Em nossa concepção, nas figuras ordenar e autorizar é admissível a tentativa, embora seja de difícil comprovação. É possível o fracionamento dessas ações tipificadas, tratando-se de crime plurissubsistente; assim, por exemplo, quando a ordem ou autorização não é cumprida por circunstâncias alheias à vontade do agente, configura-se a forma tentada.

Quanto à figura promover, não há qualquer dificuldade sobre a possibilidade de tentativa, uma vez que se trata de crime material, cuja ação pode facilmente ser dividida em vários atos. Damásio de Jesus não admite, nesse caso, a tentativa nas modalidades "ordenar" e "autorizar"[2].

7. Pena e ação penal

A pena cominada, isoladamente, é de reclusão, de um a quatro anos. Trata-se de infração de médio potencial ofensivo, que admite, em princípio, a aplicação de penas alternativas. Admite-se, igualmente, suspensão condicional da pena.

A natureza da ação penal, aliás, como de resto, de todos os crimes contra as finanças públicas, é pública incondicionada.

---

2. Damásio de Jesus, *Código Penal anotado*, 11. ed.

CRIMES PRATICADOS POR PREFEITOS
(LEI N. 10.028/2000)

	TERCEIRA PARTE
NOVOS CRIMES PRATICADOS POR PREFEITOS	**XXII**

Sumário: Seção I — Aspectos comuns às novas infrações penais do Decreto-lei n. 201/67: 1. Bem jurídico tutelado. 2. Sujeitos dos crimes. 2.1. Sujeito ativo. 2.2. Sujeito passivo. 3. Concurso eventual de pessoas. 3.1. Coautoria em crime omissivo: possibilidade. 4. Competência por prerrogativa de função. 5. Suspensão condicional do processo. 6. Penas aplicáveis e ação penal. Seção II — Novos crimes em espécie — incluídos no Decreto-lei n. 201/67 pela Lei n. 10.028/2000: 1. Disposições gerais. Seção III — Deixar de ordenar, no prazo, redução do montante da dívida consolidada: 1. Tipo objetivo: adequação típica. 2. Montante da dívida consolidada e sua redução no prazo legal. 2.1. Prazos estabelecidos em lei. 2.1.1. Pressupostos fundamentais do crime omissivo. 2.2. Limite máximo fixado pelo Senado Federal. 3. Tipo subjetivo: adequação típica. 3.1. Erro de tipo e erro de proibição. 4. Consumação e tentativa. 5. Concurso com o art. 359-A do Código Penal: operação de crédito. 5.1. Princípio da especialidade. Seção IV — Ordenar ou autorizar a abertura de crédito em desacordo com os limites: 1. Tipo objetivo: adequação típica. 1.1. Abertura de operação de crédito. 1.2. Em desacordo com os limites estabelecidos pelo Senado Federal. 2. Elementos normativo-negativos do tipo. 3. Tipo subjetivo: adequação típica. 4. Consumação e tentativa. 4.1. Consumação. 4.2. Tentativa. Seção V — Não anular os efeitos de operação de crédito irregular: 1. Tipo objetivo: adequação típica. 1.1. Elementar normativa: na forma da lei. 1.2. Elementares contraditórias: cancelamento, amortização ou constituição de reserva. 1.2.1. Para anular os efeitos de operação de crédito. 1.3. Formas irregulares de operação de crédito: com inobservância de limite, condição ou montante estabelecido em lei. 2. Tipo subjetivo: adequação típica. 3. Consumação e tentativa. Seção VI — Não liquidação de operação de crédito por antecipação de receita: 1. Tipo objetivo: adequação típica. 1.1. Operação de crédito por antecipação de receita orçamentária. 1.2. Encerramento do exercício financeiro. 1.3. Liquidação integral. 2. Excludente de criminalidade e dirimente de culpabilidade. 3. Tipo subjetivo: adequação típica. 4. Consumação e tentativa. Seção VII — Refinanciamento ou postergação de dívida contraída anteriormente: 1. Tipo objetivo: adequação típica. 1.1. Realização de operação de crédito em desacordo com a lei. 2. Tipo subjetivo: adequação típica. 3. Consumação e tentativa. Seção VIII — Captar recursos antecipando receita tributária por fato gerador futuro: 1. Tipo objetivo: adequação típica. 2. Tipo subjetivo: adequação típica. 3. Consumação e tentativa. Seção IX — Destinação de recursos provenientes da emissão de título para finalidade diversa da prevista em lei: 1. Tipo objetivo: adequação típica. 2. Tipo subjetivo: adequação típica. 3. Consumação e tentativa. Seção X — Transferência voluntária em desacordo com a lei: 1. Tipo objetivo: adequação típica. 2. Transferência voluntária em desacordo com a lei.

Trataremos individualmente cada uma das novas figuras incluídas no Decreto-Lei n. 201/67 pela Lei n. 10.028/2000, porque, didaticamente, facilitam a compreensão dos múltiplos aspectos que envolvem as novas figuras delituosas. Contudo, como existem algumas questões que são comuns a todos os novos tipos penais, para evitar repetições desnecessárias faremos sua análise antes de examinar as novas figuras.

Seção I
Aspectos comuns às novas infrações penais do Decreto-Lei n. 201/67

Sumário: 1. Bem jurídico tutelado. 2. Sujeitos dos crimes. 2.1. Sujeito ativo. 2.2. Sujeito passivo. 3. Concurso eventual de pessoas. 3.1. Coautoria em crime omissivo: possibilidade. 4. Competência por prerrogativa de função. 5. Suspensão condicional do processo. 6. Penas aplicáveis e ação penal.

1. Bem jurídico tutelado

Bem jurídico protegido é a Administração Pública municipal, que a partir da Lei Complementar n. 101, de 4 de maio de 2000 (Lei de Responsabilidade Fiscal), ganhou destaque especial, na esteira do art. 37 da Constituição Federal, especialmente sob o aspecto da moralidade e da probidade. Assim, a Lei n. 10.028, que entrou em vigor em 20 de outubro de 2000, ao criminalizar muitos dos comportamentos proibidos pelos diplomas referidos, atribuiu caráter coercitivo às proibições mencionadas.

2. Sujeitos dos crimes

2.1 *Sujeito ativo*

a) *Prefeito*

Sujeito ativo das novas infrações penais acrescentadas ao Decreto-lei n. 201/67 pela Lei n. 10.028/2000 somente pode ser Prefeito Municipal ou quem eventualmente o substitua, transitória ou definitivamente. Trata-se, como efeito, de crime próprio ou especial, que exige como condição o exercício da função de Prefeito.

b) *Ex-Prefeito*

Após longa turbulência questionando a possibilidade ou impossibilidade de ex-Prefeito responder por crime de responsabilidade que eventualmente tivesse praticado durante o seu mandato, emitiu-o a Súmula 164, nos seguintes termos: "O prefeito municipal, após a extinção do mandato, continua sujeito a processo por crime previsto no art. 1º do Dec.-Lei n. 201, de 27 de fevereiro de 1967". Como destacam, com acerto, Luiz Flávio Gomes e Alice Bianchini, "hoje, em suma, segue-se a Súmula 164, mas para se chegar a esse entendimento foi necessária uma grande evolução jurisprudencial e doutrinária. Informa Tito Costa que o STF fixou mais recentemente o entendimento de que 'após o término do mandato o ex-prefeito pode responder por quaisquer crimes praticados como prefeito, perante a Justiça ordinária e através de processo comum', o que foi seguido pelos tribunais do país"[1].

À evidência que, após ter deixado o cargo, o ex-Prefeito não pode praticar qualquer dos crimes previstos no Decreto-Lei n. 201/67, pois não detém mais a qualidade indispensável de Prefeito Municipal.

Quanto às infrações político-administrativas (art. 4º do Dec.-Lei n. 201/67), que atingem inclusive os Vereadores, é necessário que o agente político (Prefeito ou Vereador) continue na função (mandato) quando da instauração do procedimento administrativo, caso contrário perderia sua razão de ser, uma vez que a sanção prevista é a cassação do mandato; logo, mandato extinto elimina o objeto daquele procedimento administrativo.

A situação é diferente quando se trata de improbidade administrativa (Lei n. 8.429/92), pois há previsão, além da pena de perda da função pública, das seguintes sanções político-administrativas: suspensão dos direitos políticos, pagamento de multa civil, proibição de contratar com o Poder Público ou de receber benefícios ou incentivos fiscais ou creditícios, bem como a perda dos bens e valores acrescidos ilicitamente ao patrimônio e o ressarcimento integral do dano.

c) *Vereadores*

Todas as infrações tipificadas no art. 1º do Decreto-Lei n. 201/67 têm como destinatário somente Prefeito Municipal, estando excluídos os Vereadores. Por isso, perdeu-se mais uma oportunidade de corrigir a ementa do referido decreto-lei, segundo a qual a norma dispõe sobre crimes de responsabilidade de Prefeitos e Vereadores; na verdade, quanto aos Vereadores, estabelece, apenas, as hipóteses de cassação e de extinção de mandato e o procedimento a ser adotado[2]. Os Vereadores podem responder pelos crimes definidos no Decreto-Lei n. 201/67 somente quando forem alcançados pelo disposto no art. 29 do Código Penal (concurso de pessoas).

2.2 *Sujeito passivo*

Sujeito passivo, nos crimes funcionais de Prefeitos (Dec.-Lei n. 201/67), é o Município, suas empresas estatais, paraestatais ou autarquias.

---

1. Luiz Flávio Gomes e Alice Bianchini, *Crimes de responsabilidade fiscal*.
2. Luiz Flávio Gomes e Alice Bianchini, *Crimes de responsabilidade fiscal*.

Eventualmente, como destacam Luiz Flávio Gomes e Alice Bianchini, podem a União ou o Estado apresentar-se como sujeito passivo, quando o objeto do crime integrar o patrimônio de qualquer dessas entidades.

3. Concurso eventual de pessoas

O concurso de pessoas é perfeitamente possível, inclusive na modalidade coautoria, a despeito de tratar-se de crimes omissivos, como demonstraremos no tópico seguinte.

Em regra, os tipos acrescidos ao Decreto-Lei n. 201/67 descrevem fatos realizáveis por uma única pessoa, em princípio, o Prefeito Municipal. Contudo, o fato punível pode ser obra de um ou de vários sujeitos. Nada impede que a ação delituosa seja produto da concorrência de várias condutas praticadas por sujeitos distintos. Essa reunião de pessoas na prática de uma infração penal dá origem ao chamado *concursus delinquentium*. A cooperação na realização do fato típico pode ocorrer desde a elaboração intelectual até a consumação do crime. Assim, responde pelo crime quem ajudou a planejá-lo, aquele que fornece os meios necessários para a execução, quem intervém na execução e, inclusive, quem colabora na sua consumação.

Não aceitamos a terminologia "concurso de agentes" adotada, majoritariamente, pela doutrina brasileira. Por isso, procuramos lembrar que o Código Penal de 1940 utilizava "coautoria" para definir o concurso eventual de delinquentes. Mas na verdade coautoria é apenas uma espécie do gênero "codelinquência", que também pode apresentar-se sob a forma de participação. Consciente desse equívoco, o Código Penal de 1969 utilizou a expressão "concurso de agentes", que abrangeria as duas espécies referidas de concurso. A reforma de 1984 considerou, porém, que "concurso de agentes" não era a terminologia mais adequada, por ser extremamente abrangente e poder compreender inclusive fenômenos naturais, pois agentes físicos também podem produzir transformações no mundo exterior[3]. Na visão da Reforma, "concurso de pessoas" é a melhor forma para definir a reunião de pessoas para o cometimento de um crime e a mais adequada à natureza das coisas.

Deve-se ter presente que o chamado concurso necessário, na hipótese dos crimes plurissubjetivos, que só podem ser cometidos por duas ou mais pessoas, como bigamia, adultério, rixa etc., não oferece as dificuldades a serem aqui examinadas. Por isso, só nos ocuparemos do concurso eventual, próprio dos crimes passíveis de serem executados por uma única pessoa, os crimes unissubjetivos.

3.1 *Coautoria em crime omissivo: possibilidade*

A coautoria é dogmaticamente possível nos crimes omissivos, porquanto o que a caracteriza não é a natureza ativa ou passiva da ação, mas a existência de vínculo subjetivo entre os participantes, anuindo um na ação de outrem.

Se o agente estiver igualmente obrigado a agir, não será partícipe, mas autor, ou, como pensamos ser possível, coautor, desde que haja a consciência de anuir na

---

3. René Ariel Dotti, Concurso de pessoas, in *Reforma penal brasileira*, p. 96-97.

omissão de outrem. Esse vínculo subjetivo, caracterizador da unidade delitual, tem o mesmo efeito tanto na ação ativa quanto na passiva. Assim como o comando é comum nos crimes omissivos, a proibição da conduta criminosa é igualmente comum nos crimes comissivos, o que nem por isso impede a coautoria.

Do afirmado fica claro que entendemos ser perfeitamente possível a coautoria em crime omissivo próprio. Se duas pessoas, por exemplo, deixarem de prestar socorro a outra pessoa gravemente ferida, podendo fazê-lo sem risco pessoal, praticarão, individualmente, o crime autônomo de omissão de socorro. Agora, se essas duas pessoas, de comum acordo, deixarem de prestar socorro nas mesmas circunstâncias, serão coautoras do crime de omissão de socorro. O princípio é o mesmo dos crimes comissivos: houve consciência e vontade de realizar um empreendimento comum, ou melhor, no caso, de não realizá-lo conjuntamente, e é exatamente esse vínculo subjetivo que caracteriza a coautoria e não a natureza ativa ou passiva da conduta incriminada, conforme entende grande parte da doutrina[4].

Pensamos que a participação também pode ocorrer nos chamados "crimes omissivos impróprios" (comissivos por omissão), "mesmo que o partícipe não tenha o dever jurídico de não se omitir". Claro, se tivesse tal dever seria igualmente autor, ou coautor, se houvesse a resolução conjunta de se omitir. É perfeitamente possível que um terceiro, que não está obrigado ao comando da norma, instigue o garante a não impedir o resultado. Qual seria a natureza da responsabilidade desse instigador? Seria autor do crime consumado? Claro que não. Sua atividade acessória, secundária, contribuiu moralmente para a resolução criminosa do garante. Este é autor do crime ocorrido, que tinha o domínio do fato e o dever jurídico de impedir sua ocorrência; aquele, o instigador, que não estava obrigado ao comando legal e não dispunha do domínio da ação final, contribuiu decisivamente para sua concretização. Não pode ficar impune, mas tampouco cometeu ilícito autônomo. A tipicidade de sua conduta só pode ser encontrada por meio da norma integradora, na condição de partícipe[5]. Se tiver o dever jurídico de não se omitir será autor, ou coautor, conforme já referimos, mas jamais partícipe.

Por isso, sustentamos a possibilidade de coautoria nos novos crimes omissivos de Prefeitos[6], e, apenas para argumentar, a possibilidade de ser coautor não significa que o terceiro tenha de se omitir em lugar do Prefeito, como se pode imaginar.

4. Competência por prerrogativa de função

O art. 2º do Decreto-Lei n. 201/67 estabelecia que a competência para processar e julgar os crimes praticados pelos Prefeitos Municipais era do juiz singular. No

---

4. Para aprofundar, ver argumentação nesse sentido em nosso *Tratado de Direito Penal*; Parte Geral, v. 1, no capítulo de "Concurso de pessoas".
5. Cezar Roberto Bitencourt, *Tratado de Direito Penal*; Parte Geral, v. 1, p. 554.
6. Em sentido contrário, ver Luiz Flávio Gomes e Alice Bianchini, *Crimes de responsabilidade fiscal*.

entanto, a Constituição Federal de 1988 alterou essa competência, assegurando àqueles a chamada prerrogativa de função. Com efeito, a Carta Magna determina que o Prefeito Municipal deve ser julgado pelo Tribunal de Justiça do Estado da Federação a que pertença o Município respectivo.

Convém destacar que prerrogativa de função não se confunde com privilégio, na medida em que se fundamenta na maior independência assegurada ao Prefeito, com julgamento distante das influências e paixões locais, que só conturbariam o julgamento. Na realidade, algumas autoridades exercem cargos e funções de extrema importância no contexto da Administração Pública, justificando-se que, quando forem processadas, a competência pertença à instância de segundo grau, na qual, com certeza, será mais fácil manter a independência, garantir a soberania dos julgamentos e evitar eventuais influências locais a favor ou contra. Portanto, a razão fundamental da "prerrogativa de função" não é privilegiar a autoridade pública, no caso, o Prefeito Municipal, mas ancorar-se na maior independência dos tribunais superiores, garantindo, assim, a lisura do julgamento.

Esses mesmos fundamentos, a nosso juízo, não se limitam aos chamados crimes funcionais ou de responsabilidade, mas devem abranger toda e qualquer espécie de infração penal, inclusive os chamados crimes comuns. No entanto, essa prerrogativa de função — assegurando a instância superior — deve harmonizar-se com a competência em razão da matéria; por exemplo, quando o Prefeito praticar crime da competência da Justiça Federal, deverá ser julgado pelo Tribunal Regional Federal, e, quando se tratar de crime eleitoral, a competência será do Tribunal Regional Eleitoral.

Essa interpretação, que nos parece mais adequada, evitaria um paradoxo: nos crimes funcionais, o Prefeito ser julgado pelo Tribunal de Justiça, e, nas demais infrações penais, ser denunciado pelo Promotor de Justiça e ser julgado pelo juiz singular.

O Supremo Tribunal Federal revogou a Súmula 394, que tinha o seguinte enunciado: "Cometido o crime durante o exercício funcional, prevalece a competência especial por prerrogativa de função, ainda que o inquérito ou a ação penal sejam iniciados após a cessação daquele exercício".

5. Suspensão condicional do processo

Como nenhuma das penas cominadas nos novos crimes acrescentados no Decreto-Lei n. 201/67, em seu limite mínimo, ultrapassa um ano de prisão, podem receber a suspensão condicional do processo (art. 89 da Lei n. 9.099/95). Basta que os demais requisitos, objetivos e subjetivos, façam-se presentes. Para esse fim, é irrelevante que os crimes de responsabilidade estejam previstos em lei especial ou que a competência seja de instância superior, na medida em que o instituto não é exclusividade dos Juizados Especiais, como repetidamente temos afirmado[7].

---

7. Cezar Roberto Bitencourt, *Juizados Especiais Criminais e alternativas à pena de prisão*.

6. Penas aplicáveis e ação penal

Pelos mesmos fundamentos, são aplicáveis as "penas alternativas", ampliadas pela Lei n. 9.714/98, aos crimes de responsabilidade de Prefeitos: nenhum deles configura os chamados crimes violentos (praticados com violência ou grave ameaça à pessoa), e as respectivas penas cominadas não ultrapassam o limite de quatro anos.

Aliás, atendendo à política criminal que orientou a Lei n. 9.714/98, deve-se reservar as prisões para aqueles delinquentes que delas precisem efetivamente, e, até pela escassez de vaga, a própria economia e inteligência mediana recomendam sua adoção.

As penas aplicáveis às novas infrações penais (incisos XVI a XXIII) são as mesmas cominadas aos incisos III a XV do art. 1º do Decreto-Lei n. 201/67, ou seja, três meses a três anos de detenção (§ 1º). Para os crimes capitulados nos incisos I e II, a pena cominada é de dois a doze anos de reclusão.

Todas as novas infrações com sanções não superiores a quatro anos podem, inclusive, ser substituídas por pena de multa, desde que satisfaçam os demais requisitos contidos nos arts. 44 e seguintes do CP.

A natureza da ação penal é pública incondicionada, justificando-se por sua objetividade jurídica, qual seja proteger a probidade administrativa e o equilíbrio e correção das finanças público-municipais.

Seção II
Novos crimes em espécie — incluídos no
Decreto-Lei n. 201/67 pela Lei n. 10.028/2000

Sumário: 1. Disposições gerais.

1. Disposições gerais

O art. 1º do Decreto-Lei n. 201/67 teve acrescidas oito novas infrações penais pelo art. 4º da Lei n. 10.028, que entrou em vigor no dia 20 de outubro de 2000. Todos os crimes elencados naquele art. 1º somente podem ter como sujeito ativo o Prefeito Municipal, ou quem o substitua, na forma da lei (art. 3º do Dec.-Lei n. 201/67), temporária ou permanentemente. O bem jurídico protegido em todos os novos tipos penais a seguir examinados é a Administração Pública municipal, especialmente sob o aspecto da moralidade e probidade das finanças públicas municipais. Procura-se, por meio da coerção penal, acabar com o festival de desperdício do dinheiro público, pelo menos no âmbito municipal.

O julgamento das infrações penais referidas é atribuição do Poder Judiciário; outras infrações, político-administrativas, relacionadas no art. 4º do Decreto-Lei n. 201/67, estarão sujeitas a julgamento pela Câmara de Vereadores, e, por conseguinte, não são objeto desta obra.

Afora o acréscimo dessas novas infrações penais, não houve qualquer outra alteração no Decreto-Lei n. 201/67, inclusive quanto às sanções penais, que permanecem inalteradas.

A seguir, as singelas anotações que fizemos, como resultado de nossas primeiras reflexões sobre o tema, sem, contudo, nos comprometermos em definitivo com eventuais teses aqui sucintamente esboçadas. É, enfim, um pequeno opúsculo, *sub censura*, que está aberto a sugestões e críticas, as quais, certamente, só enriquecerão esta modesta contribuição.

Seção III
Deixar de ordenar, no prazo, redução do montante da dívida consolidada

Sumário: 1. Tipo objetivo: adequação típica. 2. Montante da dívida consolidada e sua redução no prazo legal. 2.1. Prazos estabelecidos em lei. 2.1.1. Pressupostos fundamentais do crime omissivo. 2.2. Limite máximo fixado pelo Senado Federal. 3. Tipo subjetivo: adequação típica. 3.1. Erro de tipo e erro de proibição. 4. Consumação e tentativa. 5. Concurso com o art. 359-A do Código Penal: operação de crédito. 5.1. Princípio da especialidade.

Decreto-Lei n. 201/67

Art. 1º ....

XVI — *deixar de ordenar a redução do montante da dívida consolidada, nos prazos estabelecidos em lei, quando o montante ultrapassar o valor resultante da aplicação do limite máximo fixado pelo Senado Federal;*

---

1. Tipo objetivo: adequação típica

A conduta tipificada é deixar de ordenar "a redução do montante da dívida consolidada, nos prazos estabelecidos em lei, quando o montante ultrapassar o valor resultante da aplicação do limite máximo fixado pelo Senado Federal". O destaque, contudo, neste artigo, reside justamente no seu caráter negativo, isto é, na forma omissiva em que o verbo nuclear é empregado, ou seja, "deixar de..." fazê-lo; o comportamento criminalizado é omissivo próprio, isto é, "deixar de..." ordenar...

O sujeito ativo tem poder ou atribuição para determinar o cancelamento, mas não o faz, omite-se, descumprindo dever funcional, aqui elevado agora à condição de crime omissivo próprio. A ordem omitida evitaria, em tese, a lesão ao erário público, determinando que o montante da dívida consolidada fosse reduzido, até ficar dentro do limite máximo autorizado.

Pela imperatividade do verbo, ordenar, o Prefeito deve determinar que um subordinado efetue a redução; contudo, nada impede que ele próprio a promova.

2. Montante da dívida consolidada e sua redução no prazo legal

Dívida consolidada, segundo a Lei Complementar n. 101/2000, é o "montante total, apurado sem duplicidade, das obrigações financeiras do ente da Federação, assumidas em virtude de leis, contratos, convênios ou tratados e da realização de operações de crédito, para amortização em prazo superior a doze meses" (art. 29, I). Mas, segundo o mesmo diploma legal, "também integram a dívida pública consolidada as operações de crédito de prazo inferior a doze meses, cujas receitas tenham constado do orçamento" (§ 3º). Como o "montante da dívida consolidada" referida neste inciso XVI é abrangente — ao contrário da previsão restritiva do art. 359-A do Código Penal —, "os precatórios judiciais não pagos durante a execução do orçamento em que houverem sido incluídos integram a dívida consolidada, para fins de aplicação dos limites" (art. 30, § 7º).

Mas o descumprimento do dever jurídico-penal de determinar "a redução do montante da dívida consolidada", para constituir este crime omissivo, tem prazos estabelecidos em lei e limite máximo "fixado pelo Senado Federal". Os prazos legais e o limite máximo, como mais uma norma penal em branco, dependerão de fixação em outro diploma legal, como veremos. Os prazos, necessariamente, devem ser fixados em lei, enquanto o limite máximo, prevê o texto legal, compete ao Senado Federal fixá-lo. Mas o Senado Federal, como órgão isolado do Congresso Nacional, pode elaborar, deliberar e aprovar "lei", considerada em seu sentido estrito, ou não?

2.1 *Prazos estabelecidos em lei*

Afinal, que prazos estabelecidos em lei são esses? Certamente não são aqueles prazos referidos no *caput* do art. 30 da LC n. 101/2000 (noventa dias após a publicação da lei complementar para o Presidente da República encaminhar projeto de lei ao Poder Legislativo).

Na realidade, o art. 30, § 4º, da LC n. 101/2000 estabelece que, "para fins de verificação do atendimento do limite, a apuração do montante da dívida consolidada será efetuada ao final de cada quadrimestre", ou seja, três vezes ao ano (exercício financeiro), cada ente federativo, União, Estados e os milhares de Municípios, deverá fazer, criteriosamente, essa avaliação, isto é, a apuração do montante da dívida consolidada, para constatar se esta se encontra dentro do limite regulamentar.

O Prefeito ou seu substituto legal tem o prazo de até três quadrimestres subsequentes àquele em que o limite máximo fixado foi ultrapassado pelo montante da dívida consolidada para "ordenar a redução" respectiva (arts. 30, § 4º, e 31, *caput*). Em verdade, esse prazo começa a correr a partir do final (último dia) do quadrimestre avaliado, ou, na linguagem da lei, "apurado" o montante da dívida consolidada; como se vê, existem dois prazos conjugados, um para verificar o atendimento do limite (art. 30, § 4º), outro para reconduzi-lo a tal limite (art. 31, *caput*). Curiosamente, o descumprimento do primeiro prazo não constitui crime, já que praticamente tudo está criminalizado. São esses, pois, os "prazos estabelecidos em lei", constantes do dispositivo em exame (inciso XVI).

Constatado, enfim, que o montante do quadrimestre superou o limite máximo fixado pelo Senado Federal, no prazo legal suprarreferido, o Prefeito (ou quem o esteja substituindo) deverá ordenar sua redução (art. 1º, XVI) até o término dos três quadrimestres seguintes. Necessariamente, essa redução deverá atingir 25% do excedente no primeiro quadrimestre seguinte àquele em que houve o excesso.

E os restantes 75% do excesso constatado, como deverão ser eliminados, para reconduzir o montante ao limite permitido? A lei não diz e tampouco fixa os percentuais que devem atingir a redução em cada um dos segundo e terceiro quadrimestres. Apenas estabelece consequências para o ente público (no caso, o Município) que ultrapassar o limite legal do montante da dívida consolidada, nos §§ 1º a 3º do art. 31.

Convém destacar, no entanto, que a conduta criminalizada é "deixar de ordenar a redução" do montante que ultrapassar o limite permitido. Logo, desde que essa ordem seja efetivamente emitida pelo Prefeito — ato administrativo —, sua efetiva redução passa a ser uma questão operacional, que pode, inclusive, esbarrar na impossibilidade jurídica de se adequar aos limites estabelecidos e nos prazos fixados; mas isso já não será um problema de tipicidade, pois os crimes omissivos também têm, como um de seus pressupostos, a possibilidade jurídica de cumprir o imperativo legal.

2.1.1 Pressupostos fundamentais do crime omissivo

Já demonstramos que o tipo penal em exame tem natureza omissa em sua modalidade simples. E os crimes omissivos têm seus próprios pressupostos básicos, a saber: poder agir; evitabilidade do resultado; dever de impedir o resultado (para a omissão imprópria).

a) Poder agir: o poder agir é um pressuposto básico de todo comportamento humano; logo, também na omissão, à evidência, é necessário que o sujeito tenha a possibilidade (física e jurídica) de agir, para que se possa afirmar que não agiu voluntariamente. É insuficiente, pois, o dever de agir, como estabelece o inciso XVI ora analisado. É necessário que, além do dever, haja também a possibilidade física ou jurídica de agir, ainda que com risco pessoal. Essa possibilidade física falta, por exemplo, na hipótese de coação física irresistível, não se podendo falar em omissão penalmente relevante, porque o omitente não tinha a possibilidade física de agir; falta a possibilidade jurídica igualmente quando, por exemplo, se determina a realização do impossível, como, *v.g.*, determinar que se altere a meteorologia, que se multipliquem as receitas sem oferecer as fontes, ou, o que é o caso, que se reduzam brutalmente as despesas orçamentárias, em período tão exíguo, quando não há custos a cortar ou reduzir. É, pois, juridicamente impossível reduzir vencimentos dos servidores, deixar de pagar o 13º salário, não liquidar as despesas empenhadas, retirar da previsão despesa previamente empenhada etc. Enfim, as obrigações legais do administrador público (decorrentes das Constituições Federal e Estadual, da Lei Orgânica do Município, das Leis n. 8.666/93, 10.028/2000, do Dec.-lei n. 201/67 e da LC n. 101/2000, entre outros diplomas legais) podem tornar juridicamente impossível a redução do excesso do montante da dívida consolidada que ultrapassar o limite permitido.

Nesses casos, não se pode falar em crime omissivo do sujeito ativo, por não ter concretizado a redução, determinada pela lei e ordenada por ele. Aliás, a rigor, nem poderia ser chamado de omitente, (a) ou porque lhe faltou a própria vontade, (b) ou, a despeito da existência de vontade, as circunstâncias fáticas conjugadas com o ordenamento jurídico impediram o cumprimento ou realização da ordem exteriorizada.

b) Evitabilidade do resultado: mas, ainda que o omitente tivesse a possibilidade de agir, fazendo-se um juízo hipotético de eliminação — seria um juízo hipotético de acréscimo —, imaginando-se que a conduta devida foi realizada — ordenou a redução do montante —, precisamos verificar se o resultado teria ocorrido ou não. Ora, se a realização da conduta devida impede o resultado, considera-se sua omissão causa desse resultado. No entanto, se a realização da conduta devida não tivesse impedido a ocorrência do resultado — o montante da dívida consolidada continua acima do limite permitido —, que, a despeito da ação do agente, ainda assim se verificasse, deve-se concluir que a omissão não deu "causa" a tal resultado. E a ausência dessa relação de causalidade, ou melhor, no caso, relação de não impedimento, não autoriza que se atribua o resultado ao "omitente", sob pena de consagrar-se odiosa responsabilidade objetiva, como acaba de fazer o famigerado Código de Trânsito Brasileiro (art. 304, parágrafo único).

Ora, se o sujeito ativo está juridicamente impossibilitado de agir ou, podendo agir, ainda assim não logra o "resultado" pretendido, qual seja impedir que o montante permaneça acima do limite máximo fixado pelo Senado Federal, não se pode falar em crime omissivo. Lamentamos, mas, se os governantes insistem em utilizar o direito penal para criminalizar simples infringência de normas de dever, ficam submetidos aos princípios e dogmas que essa forma de controle social formalizado tem, sob pena de se destruir o direito penal, que é uma conquista da moderna civilização, a partir do iluminismo.

c) Dever de impedir o resultado: por fim, este último pressuposto é inaplicável no caso, pois se destina somente aos crimes omissivos impróprios.

Nestes, se o agente podia agir e se o resultado desapareceria com a conduta omitida, ainda assim não se pode imputar o resultado ao sujeito que se absteve. É necessária uma terceira condição, ou seja, é preciso que o sujeito tivesse o dever de evitar o resultado, isto é, o especial dever de evitá-lo, ou, em outros termos, que ele fosse garantidor da sua não ocorrência. A Reforma Penal de 1984, vale a pena repetir, cedendo à antiga elaboração doutrinária, ao regular a figura do garantidor, determina que o dever de agir, para evitar o resultado, incumbe a quem: a) tenha por lei obrigação de cuidado, proteção ou vigilância; b) de outra forma, assumiu a responsabilidade de impedir o resultado; c) com seu comportamento anterior, criou o risco da ocorrência do resultado (art. 13, § 2º).

2.2 Limite máximo fixado pelo Senado Federal

E quais serão esses limites máximos fixados pelo Senado Federal, referidos no final do inciso XVI, ora analisado?

O art. 30, I, da LC n. 101/2000 determina que, no prazo de noventa dias da publicação da referida lei, o Presidente da República encaminhará proposta ao Senado Federal para estabelecer limites globais do montante da dívida consolidada, nos termos do art. 52, VI, da Constituição Federal. Com efeito, como registram Luiz Flávio Gomes e Alice Bianchini, "cumprindo a determinação contida na LRF, em 03 de agosto de 2000, o presidente da República encaminhou a Mensagem 1.069 ao Senado Federal (n. 154/2000)"[8]. No entanto, não passa ainda, pelo menos enquanto fazemos estas anotações, de mero projeto legislativo.

Na verdade, os limites máximos, referidos no final do inciso XVI, de que trata o inciso I do *caput* do art. 30 da LC n. 101/2000, "serão fixados em percentual da receita corrente líquida para cada esfera de governo e aplicados igualmente a todos os entes da federação que a integram, constituindo, para cada um deles, limites máximos" (art. 30, § 3º).

Tipifica-se a conduta descrita, em sua forma omissiva, quando o Prefeito Municipal, ao ter conhecimento de que o montante da dívida consolidada ultrapassou o limite máximo fixado pelo Senado, não determinar sua redução, nos prazos supramencionados (art. 31, *caput*).

3. Tipo subjetivo: adequação típica

O elemento subjetivo é o dolo, representado pela vontade consciente de abster-se da conduta devida, isto é, de não ordenar, não determinar a redução do montante da dívida, nos termos previstos no tipo ora analisado. É indispensável que o sujeito ativo tenha conhecimento de que o montante da dívida consolidada ultrapassou o limite máximo fixado pelo Senado Federal. Ademais, é necessário que conheça os limites fixados pelo Senado, e os prazos previstos em lei para ordenar a redução. Enfim, a previsão, elemento cognitivo do dolo, deve abranger correta e completamente todos os elementos essenciais do tipo, sejam eles descritivos, normativos ou subjetivos.

Eventual desconhecimento do montante da dívida, dos limites fixados ou mesmo dos prazos para cumprir a ordem torna a omissão atípica. É irrelevante para a configuração típica a existência de algum fim especial.

3.1 Erro de tipo e erro de proibição

O Prefeito Municipal (ou seu substituto legal) pode não ordenar a redução do montante da dívida, por desconhecer que tem esse dever de fazê-lo. Nesse caso, incorre em erro de proibição; pode, igualmente, ter consciência desse dever legal, ter conhecimento do montante da dívida consolidada, mas ignorar que ultrapassa o limite fixado pelo Senado, até porque esses limites podem ser alterados (art. 30, § 6º, da LC n. 101/2000). Nessa hipótese, configura-se erro de tipo.

---

8. Luiz Flávio Gomes e Alice Bianchini, *Crimes de responsabilidade fiscal*.

4. Consumação e tentativa

Determinar o momento consumativo deste crime é tarefa das mais complicadas e difícil de ser precisada com a exatidão que a matéria (criminal) requer, pois não se pode pecar pela concisão afirmando, simplistamente, que este crime consuma-se "com a simples conduta negativa". É inquestionável que, como crime omissivo próprio, consuma-se no lugar e no momento em que a ação devida não se realiza, ou seja, em que a ordem de redução não é emitida. A questão fundamental é, afinal, quando o sujeito ativo (Prefeito) passa a ter o dever de agir. Claro, quando toma conhecimento da situação fático-jurídica. Mas quando isso ocorre (toma conhecimento), se, regra geral, não é o Prefeito que trabalha diariamente com o orçamento de uma Prefeitura, mas sim seus auxiliares, e alguns deles (quiçá a maioria) nem lhe são tão próximos assim? Na verdade, o marco definitivo para não se omitir é o prazo fixado no art. 31.

Evidentemente que a responsabilidade não pode ser automática, isto é, presumida, decorrente do simples exercício do cargo de Prefeito, pois configuraria autêntica responsabilidade objetiva, que foi proscrita do direito penal da culpabilidade.

Na verdade, o Prefeito tem o dever jurídico de agir, a partir do momento em que toma conhecimento efetivo da situação fática. Mas, neste tipo omissivo especial, a dificuldade aumenta, na medida em que não há um momento, relâmpago, fugaz, passageiro, como ocorre nos crimes omissivos, pois aqui há um prazo para realizar a conduta devida — três quadrimestres —, mas a redução será parcelada, com 25% no primeiro quadrimestre, após aquele em que se constatou o excesso.

Enfim, o problema está posto, a dúvida levantada e a cautela recomendada. Por questões puramente de funcionalidade, pode-se aceitar como limite o último dia do quadrimestre que o Prefeito tem para ordenar a redução, pois, enquanto houver prazo, isto é, tempo para fazê-lo, não se poderá dizer que a conduta devida foi omitida, pois ainda poderá ser realizada, e, assim sendo, não haverá crime.

A tentativa, tratando-se de crime omissivo próprio, pela simples definição de sua consumação, exsurge como inadmissível. Se o agente deixa passar o momento em que devia agir, consuma-se o crime; se ainda pode agir, não há falar em crime. Até o momento em que a atividade do agente ainda é eficaz, a ausência desta não constitui crime. Se nesse momento a atividade devida não se realiza, consuma-se o crime. Enfim, como dissemos, o crime omissivo próprio consuma-se no lugar e no momento em que a atividade devida tinha de ser realizada.

5. Concurso com o art. 359-A do Código Penal: operação de crédito

Deve-se observar que, pelo art. 359-A, parágrafo único e incisos I e II, do Código Penal (redação da Lei n. 10.028/2000), é incriminado quem ordena, autoriza ou realiza operação de crédito: "I — com inobservância de limite, condição ou montante estabelecido em lei ou em resolução do Senado Federal; II — quando o montante da dívida consolidada ultrapassa o limite máximo autorizado por lei".

O sujeito não pode ser criminalizado por ordenar, autorizar ou realizar alguma atividade (no caso, operação de crédito) e também por deixar de realizá-la. Como tivemos oportunidade de afirmar, quando examinamos o art. 359-F do CP, "à evidência que não poderá responder 'por fazer' e 'por não fazer' a mesma coisa, ferindo o *ne bis in idem*. A duplicidade da proibição tem um fundamento: objetiva destinatários diferentes. Quem praticou a conduta comissiva (art. 359-B) responderá apenas por ela; somente poderá responder pela conduta omissiva (art. 359-F) quem não tiver sido autor da primeira". Constata-se que estávamos traçando um paralelo entre as figuras típicas dos arts. 359-B e F do Código Penal; *mutatis mutandis*, aplica-se o mesmo raciocínio em relação ao presente inciso (XVI) e o art. 359-A, ou seja, quem for sujeito ativo do crime descrito no art. 359-A, parágrafo único, I e II, não pode ser, posteriormente, criminalizado pelo art. 1º, XVI, do Decreto-Lei n. 201/67.

Contudo, convém destacar que o dispositivo comparado do Código Penal (art. 359-A) refere-se à "operação de crédito", enquanto o inciso XVI do decreto-lei em exame se preocupa com a redução do "montante da dívida consolidada", sem qualquer restrição ou limitação, como faz o dispositivo do Código Penal.

Em se tratando de Prefeito Municipal, afinal, qual diploma legal deve ser aplicado: o Código Penal ou o Decreto-Lei n. 201/67? E quando o "montante da dívida consolidada" for decorrente de operação de crédito produzida nas condições proibidas pelo disposto no art. 359-A, parágrafo único, do Código Penal? O Prefeito responderá pela ação (Código Penal) ou pela omissão descrita no decreto-lei em exame? Afinal, entre o choque de um comportamento proibido (crime comissivo) e uma obrigação de agir (crime omissivo), qual dos deveres deve ser obedecido, ou melhor, infringindo ambos, por qual deles deve responder?

Embora a solução deva ser encontrada por meio do princípio da especialidade, ela não é tão simples assim, como se pode perceber, pois, ademais da especialidade, poderemos estar diante de uma *vexata quaestio*, isto é, diante de um choque entre dois deveres: de um lado o dever de não agir (uma norma proibitiva), e, de outro lado, um dever de agir (uma norma imperativa ou mandamental). Estando obrigado a optar, afinal, a qual dos dois deveres deve submeter-se? A solução somente deste tópico demandaria profundas considerações e tem natureza político-dogmática, que, talvez, nesse caso, não leve à melhor solução, que, de qualquer sorte, acabaria em um estado de necessidade[9]. Nas circunstâncias, e diante da exiguidade de espaço e

---

9. Para aqueles que se interessarem, tivemos oportunidade de escrever sobre o tema sob o tópico "estado de necessidade e colisão de deveres", nos seguintes termos: "Apesar de nosso Código Penal adotar a teoria unitária, ainda assim, como já afirmamos, se admite a inexigibilidade de outra conduta, para se reconhecer o estado de necessidade exculpante, principalmente nos casos de colisão de deveres, quando o agente tem que optar por uma alternativa: cumprimento de um dever em detrimento de outro. A escolha do dever poderá não ser exatamente a mais adequada aos fins do Direito. Essa opção poderá ser motivada por fatores pessoais, de tal significação, que seria impossível exigir um comportamento diverso.

da singeleza de propósitos, acreditamos que se pode encontrar uma solução adequada por meio do princípio da especialidade, que é de todos conhecido.

5.1 *Princípio da especialidade*

Embora os dois dispositivos legais — aquele (art. 359-A) do Código Penal e este (art. 1º, XVI) do Decreto-Lei n. 201/67 — integrem o universo da Lei n. 10.028/2000, que, graficamente, é um diploma legal que disciplina, criminalmente, a responsabilidade fiscal das finanças públicas, não se pode ignorar que existe uma relação de especialidade entre um e outro dispositivos. Aquele do Código Penal está num capítulo que protege as finanças públicas em geral, isto é, nos âmbitos federal, estadual e, inclusive, municipal, desde que, nesta última hipótese, o sujeito ativo não seja o

---

Por exemplo, entre um dever de agir e um dever de omitir-se, qual o dever que deve prevalecer? Todos têm o dever de omitir qualquer comportamento que possa lesar interesses alheios. Temos o dever de omitir uma conduta que cause a morte de alguém. Mas, por outro lado, podemos ter o dever de agir para salvaguardar uma vida humana, na condição de garantidor. Só que para salvar essa vida, para cumprir a norma mandamental, o dever de agir, poderemos ter que descumprir o dever de não matar, de não agir. Enfim, para salvarmos a vida de uma pessoa poderemos ter que sacrificar a vida de outra. Das duas uma: ou cumprimos o dever de não matarmos, e descumprimos o dever de agir, de salvar uma vida humana, ou, ao contrário, cumprimos o dever de salvá-la, e descumprimos o comando proibitivo, matando alguém. É um grande conflito! Temos que optar por um dever ou outro. Ou matamos para salvar ou deixamos de salvar para não matarmos.

Neste conflito, entre um dever de agir e um dever de omitir-se, entende-se que tem preferência o dever de omitir-se. Porque, se não salvar aquela pessoa garantida, na verdade, não se está fazendo nada: ela morrerá, mas não pela ação do agente, morrerá pelo não impedimento. Agora, o dever de omitir-se significa — para o seu descumprimento — a violação de uma norma proibitiva. Assim, entre este dever e o de ação predomina o dever de não agir, que é mais consentâneo com os fins do Direito.

Imagine-se, em estado de necessidade, um terceiro estranho e um filho do agente, onde somente um pode ser salvo, e o terceiro está em melhores condições. Como proceder: deixar o próprio filho morrer para não matar o terceiro? E se preferir matar o terceiro para salvar o filho? Pode não ter agido de acordo com os fins ideais do Direito, mas se impõe a pergunta: seria exigível, nas circunstâncias, um comportamento diverso? Poderá, razoavelmente, invocar estado de necessidade exculpante. Na verdade, embora não previsto em lei, caracteriza, perfeitamente, a inexigibilidade de outra conduta, que exclui a culpabilidade, pela falta desse elemento estrutural.

E pode haver ainda outras hipóteses de conflitos de deveres, criando impasses seríssimos, em que a solução dada pelo agente não é a ideal, mas que a sua escolha não pode ser censurada. Por exemplo, preserva-se uma vida e sacrificam-se várias, porque aquela pertence a uma pessoa íntima. Embora as vidas tenham o mesmo valor, para o Direito importa preservar o maior número de vidas possível. A escolha pode não ser considerada lícita, mas será censurável? Para Jescheck, nas hipóteses irresolvíveis pelo Direito, qualquer opção será legítima" (Cezar Roberto Bitencourt e Francisco Muñoz Conde, *Teoria geral do delito*, p. 279-281; Cezar Roberto Bitencourt, *Tratado de Direito Penal*; Parte Geral, 29. ed., v. 1, p. 403).

Prefeito Municipal ou seu substituto eventual; o do decreto-lei integra o art. 1º do referido diploma legal, que disciplina exclusivamente os crimes de responsabilidade dos Prefeitos; logo, toda e qualquer conduta praticada por Prefeito ou seu substituto legal que encontrar previsão no Decreto-Lei n. 201/67 prevalecerá em relação a qualquer outro diploma legal, em razão do princípio da especialidade, guardadas, evidentemente, as peculiaridades que orientam referido princípio[10].

Por outro lado, para estancar qualquer dúvida que pudesse existir, o inciso XX do decreto-lei, também incluído pela nova lei, criminaliza a realização de operação de crédito em desacordo com a lei, afastando definitivamente aquela previsão do Código Penal. O choque com este novo dispositivo, examinaremos mais adiante.

Seção IV
Ordenar ou autorizar a abertura de crédito em desacordo com os limites

Sumário: 1. Tipo objetivo: adequação típica. 1.1. Abertura de operação de crédito. 1.2. Em desacordo com os limites estabelecidos pelo Senado Federal. 2. Elementos normativo-negativos do tipo. 3. Tipo subjetivo: adequação típica. 4. Consumação e tentativa. 4.1. Consumação. 4.2. Tentativa.

Decreto-Lei n. 201/67

Art. 1º ....

XVII — ordenar ou autorizar a abertura de crédito em desacordo com os limites estabelecidos pelo Senado Federal, sem fundamento na lei orçamentária ou na de crédito adicional ou com inobservância de prescrição legal;

A despeito da similitude com o disposto no art. 359-A do Código Penal (acrescido pela Lei n. 10.028/2000), este tipo penal (inciso XVII) tem abrangência superior à daquele que se restringe a) à inexistência de prévia autorização legislativa (*caput*); b) à inobservância de limite, condição ou montante estabelecido em lei ou em resolução do Senado Federal (inciso I); e c) ao montante da dívida consolidada superior ao limite máximo autorizado por lei (inciso II)[11]. Não inobstante a restrição mencionada, a previsão do Código Penal criminaliza qualquer operação de crédito, nas condições que especifica, enquanto a previsão em exame se limita à "abertura de crédito", que é uma espécie daquela.

---

10. Ver, sobre esses princípios, entre outros, o Capítulo XI de nosso *Tratado de Direito Penal*; Parte Geral, v. 1.
11. No mesmo sentido, Luiz Flávio Gomes e Alice Bianchini, *Crimes de responsabilidade fiscal*.

1. Tipo objetivo: adequação típica

As condutas tipificadas são ordenar e autorizar "abertura de crédito", que, se repetidas, não configurarão concurso de crimes, pois caracterizam o chamado crime de conteúdo variado.

a) Ordenar significa mandar, determinar a abertura de crédito, em desconformidade com os limites fixados ou estabelecidos pelo Senado Federal (mais restrita que a disposição do art. 359-A, que, segundo sua elementar, condicionava o "sem a existência de autorização legislativa"); na hipótese de "ordenar", a manifestação do agente público é imperativa, a autoridade pública tem legitimidade, isto é, atribuição legal para a prática da conduta, tem a iniciativa da ação.

b) Autorizar é permitir, aprovar, conceder autorização para a prática do ato; ao contrário da conduta "ordenar", na modalidade autorizar, a iniciativa da celebração da abertura de crédito pode ter partido de outrem, embora não necessariamente; no entanto, a responsabilidade legal, tanto por uma quanto por outra, segundo a lei, é do senhor Prefeito Municipal, que, para evitar problemas futuros, não deve conferir esses poderes a sua assessoria.

Contrariamente ao art. 359-A, que proíbe a "contratação de operação de crédito" irregularmente, este inciso XVII não inclui a conduta realizar, que tem o sentido de efetivar, concretizar, executar ou celebrar a conduta proibida. Normalmente, quem realiza a abertura de crédito não é, em princípio, quem tem atribuição para ordená-la ou autorizá-la, no caso, o Prefeito Municipal. No entanto, é indiferente que quem ordene ou autorize a abertura de crédito também a realize, e, nesse caso, não constitui crime continuado, uma vez que se trata de crime de ação múltipla.

Mas, para se tipificar como crime, a determinação de abertura de crédito tem de ser "em desacordo com os limites estabelecidos pelo Senado Federal, sem fundamento na lei orçamentária ou na de crédito adicional ou com inobservância de prescrição legal".

1.1 *Abertura de operação de crédito*

Abertura de crédito, para efeitos da Lei Complementar n. 101/2000, é uma das espécies do gênero operação de crédito, definida no art. 29 do mesmo diploma legal[12]; abertura de crédito nada mais é que um contrato de abertura de conta especial perante uma instituição financeira (não necessariamente bancária), que disponibiliza ao cliente determinado limite de crédito, incidindo juros e encargos relativos somente ao crédito efetivamente utilizado.

Estados e Municípios podem proceder à abertura de créditos, para suprir insuficiência de caixa, por antecipação de receita (art. 38, § 2º). Contudo, não podem

---

12. "Operação de crédito: compromisso financeiro assumido em razão de mútuo, abertura de crédito, emissão e aceite de título, aquisição financiada de bens, recebimento antecipado de valores provenientes da venda a termo de bens e serviços, arrendamento mercantil e outras operações assemelhadas, inclusive com o uso de derivativos financeiros" (art. 29, III).

desconsiderar os limites estabelecidos pelo Senado Federal, e as previsões legais constitucionais e orçamentárias, sob pena, agora, de responder por esse crime.

Trata-se, como se percebe, de mais uma norma penal em branco; aliás, esse tipo penal depende, como veremos, de uma pluralidade de normas, constitucionais e infraconstitucionais.

1.2 *Em desacordo com os limites estabelecidos pelo Senado Federal*

Esse elemento normativo — limites estabelecidos pelo Senado Federal — constitui uma espécie de condição ou pressuposto para a abertura de crédito — sem o qual a conduta não pode ser realizada, sob pena de constituir crime. Em outros termos, a abertura de crédito, "de acordo com os limites estabelecidos pelo Senado Federal", torna-a um fato atípico.

A atribuição do Senado Federal para estabelecer os limites, entre outros, das operações de crédito, entre as quais se inclui a "abertura de crédito", tem sede constitucional (art. 52, VII, da CF).

Mas, além de estar em desacordo com os limites estabelecidos pelo Senado Federal, para tipificar esse crime, é necessário que a abertura de crédito seja autorizada sem fundamento na lei orçamentária ou na de crédito adicional ou com inobservância de prescrição legal. Ora, segundo a Constituição Federal, as leis orçamentárias (plano plurianual, diretrizes orçamentárias e orçamentos anuais) são de iniciativa do Poder Executivo (art. 165); a Lei Complementar n. 101/2000, por sua vez, estabelece as normas de finanças públicas voltadas para a responsabilidade na gestão fiscal, entre outros aspectos. Quanto aos créditos adicionais, como destacam Luiz Flávio Gomes e Alice Bianchini, "os créditos adicionais representam as autorizações de despesas, as quais não estavam computadas na lei de orçamento, ou a sua dotação fora feita de forma insuficiente. Nos termos do art. 41 da lei antes mencionada, eles se classificam em suplementares: destinados ao reforço de dotações orçamentárias; especiais: endereçados a despesas, às quais não exista dotação orçamentária específica; extraordinários: dizem respeito a despesas urgentes, imprevistas, em caso de guerra, comoção intestina ou calamidade pública"[13].

O art. 167 da CF estabelece um longo elenco de proibições, entre as quais se incluem os créditos suplementares e os especiais, desde que não sejam precedidos de autorização legislativa[14] e da indicação dos recursos correspondentes (inciso V).

---

13. Luiz Flávio Gomes e Alice Bianchini, *Crimes de responsabilidade fiscal*.
14. Autorização legislativa não se confunde com autorização legal. Alguns órgãos públicos não têm seus atos condicionados à autorização legislativa, como autarquia, empresas públicas ou o Poder Judiciário, Ministério Público etc. Essas instituições, órgãos ou entidades públicas, em regra, têm suas atividades, atos e ações disciplinados em lei e não apenas em autorização legislativa, que pode ser, por exemplo, resolução, decreto etc.

2. Elementos normativo-negativos do tipo

A previsão, isto é, a representação, deve abranger correta e completamente todos os elementos constitutivos do tipo, sejam descritivos, normativos ou subjetivos. Em outros termos, a consciência deve abranger a realização dos elementos descritivos e normativos do tipo penal e, inclusive, dos seus elementos acidentais[15]. Mais que isso: em verdade, além do conhecimento dos elementos positivos exigidos pelo tipo objetivo, o dolo deve abranger também o conhecimento dos "caracteres negativos", isto é, de elementos negativos, tais como "sem consentimento de quem de direito" (art. 164 do CP), "sem licença da autoridade competente" (art. 166 do CP), da inexistência de nascimento (art. 241 do CP) etc. Por isso, quando o processo intelectual-volitivo não atinge um dos componentes da ação descrita na lei, o dolo não se aperfeiçoa, isto é, não se completa[16].

Assim, para tipificar a infração penal descrita no inciso XVII, ora em exame, é indispensável que o sujeito ativo, isto é, o Prefeito Municipal, saiba, ou seja, tenha conhecimento de que ordena ou autoriza a abertura de crédito "sem fundamento na lei orçamentária ou na de crédito adicional ou com inobservância de prescrição legal". Logo, se o sujeito ativo determinar a abertura de crédito, desconhecendo a inexistência de previsão legal, não praticará o crime, pois essa elementar normativa não foi abrangida pelo dolo do agente.

Por outro lado, se o Prefeito determinar a abertura de crédito de acordo com os limites estabelecidos pelo Senado Federal, tampouco tipificará a infração penal *sub examine*, mesmo que o faça com inobservância de qualquer das três leis mencionadas no tipo penal, pois lhe falta a primeira elementar normativa, "em desacordo com os limites estabelecidos...". Na verdade, as elementares — em desacordo com os limites estabelecidos pelo Senado Federal, sem fundamento na lei orçamentária ou na de crédito adicional ou com inobservância de prescrição legal — são cumulativas, isto é, todas devem estar presentes na representação do agente, e, assim sendo, qualquer delas, não tendo sido abrangida pelo dolo, será impossível o aperfeiçoamento da conduta. Aqui, a prolixidade do legislador — na tentativa de ampliar a abrangência da proibição — acaba tendo efeito contrário ao pretendido: quanto mais elementares forem incluídas na descrição típica, mais restrita fica sua configuração, na medida em que todas necessitam ser alcançadas pelo elemento subjetivo orientador do comportamento do agente.

3. Tipo subjetivo: adequação típica

O elemento subjetivo é o dolo, representado pela vontade consciente de ordenar, autorizar ou realizar abertura de crédito em desacordo com os limites estabelecidos pelo Senado Federal e ainda sem fundamento na lei orçamentária ou na de crédito adicional ou com inobservância de prescrição legal.

---

15. Cezar Roberto Bitencourt e Francisco Muñoz Conde, *Teoria geral do delito*, p. 152.
16. Cezar Roberto Bitencourt, *Tratado de Direito Penal*; Parte Geral, v. 1, p. 371.

É necessário, como já afirmamos, que o sujeito ativo, isto é, o Prefeito, tenha conhecimento de que determina (ordena ou autoriza) a abertura de crédito fora dos limites fixados pelo Senado Federal, devendo, igualmente, ter consciência de que referida conduta não encontra respaldo nem na lei orçamentária nem na de crédito adicional, ou, de qualquer sorte, que não observa a determinação legal.

Nunca se pode perder de vista que a previsão, elemento cognitivo do dolo, deve abranger correta e completamente todos os elementos integrantes do tipo, sejam eles descritivos, normativos ou subjetivos. Enfim, o dolo deve abranger, inclusive, o conhecimento dos chamados "elementos negativos do tipo" (ex.: sem fundamento na lei orçamentária ou na de crédito adicional ou com inobservância de prescrição legal). Não há previsão de qualquer fim especial.

4. Consumação e tentativa

4.1 *Consumação*

Consuma-se o crime, em qualquer de suas modalidades, com a ordem ou autorização de abertura de crédito incorrendo nas irregularidades relacionadas no inciso ora examinado. As modalidades ordenar e autorizar somente consumam o crime com a efetiva abertura de crédito, nas circunstâncias mencionadas, na medida em que somente assim pode expor a risco de lesão o bem jurídico protegido. Mera infração de dever não constitui crime, pela ausência da efetiva ofensividade do bem jurídico.

4.2 *Tentativa*

Nas duas figuras — ordenar e autorizar — acreditamos, diante de nossa definição de consumação, ser admissível a tentativa. Não se pode esquecer que estamos na seara administrativa, onde as condutas criminalizadas recebem uma configuração complexa, e "ordenar" e "autorizar" qualquer ato ou atividade compõem-se de alguns atos (fracionamento) que somente se consumam com a efetiva realização, isto é, concretização da determinação. Assim, embora o sujeito ativo, Prefeito Municipal, haja exteriorizado sua manifestação de vontade no sentido de ordenar ou autorizar a abertura de crédito, ela poderá não se concretizar por circunstâncias alheias a sua vontade, como, por exemplo, é impedido por técnico especializado, que o adverte de sua impossibilidade jurídica ou da ausência de requisitos legais ou simplesmente não cumpre as determinações recebidas por ter observado a falta de tais requisitos.

Seção V
Não anular os efeitos de operação
de crédito irregular

Sumário: 1. Tipo objetivo: adequação típica. 1.1. Elementar normativa: na forma da lei. 1.2. Elementares contraditórias: cancelamento, amortização ou constituição de reserva. 1.2.1. Para anular os efeitos de operação de crédito. 1.3. Formas irregulares de operação de crédito: com inobservância de limite, condição ou montante estabelecido em lei. 2. Tipo subjetivo: adequação típica. 3. Consumação e tentativa.

Decreto-Lei n. 201/67
Art. 1º ....

XVIII — deixar de promover ou de ordenar, na forma da lei, o cancelamento, a amortização ou a constituição de reserva para anular os efeitos de operação de crédito realizada com inobservância de limite, condição ou montante estabelecido em lei;

1. Tipo objetivo: adequação típica

As condutas tipificadas são "deixar" de promover ou de ordenar, "na forma da lei, o cancelamento, a amortização ou a constituição de reserva para anular os efeitos de operação de crédito..."[17]. Deve-se, contudo, destacar que, neste dispositivo, as condutas incriminadas são omissivas, ou seja, o sujeito ativo descumpre um comando jurídico-penal, representado pelos verbos nucleares promover e ordenar, porém, em forma negativa, ou seja, representados pelas locuções "deixar de promover", "deixar de ordenar", em síntese, deixar de cumprir a determinação imperativa da norma penal; o comportamento criminalizado é omissivo próprio, deixar de fazer o que a lei determina.

Promover tem o sentido de executar, realizar ou operacionalizar a atividade ordenada, no caso em exame, "o cancelamento, a amortização ou a constituição de reserva para anular os efeitos de operação de crédito", realizada irregularmente; o comportamento criminalizado, porém, é omissivo próprio, isto é, "deixar de" promover ou ordenar a atividade devida. Por seu turno, ordenar tem o mesmo significado já examinado nos dois dispositivos anteriores, com o diferencial, contudo, como já afirmamos, de que, neste dispositivo, apresenta-se em forma negativa, ou, melhor dito, na forma omissiva.

a) *Deixar de ordenar*

O sujeito ativo tem poder ou atribuição para determinar o cancelamento, mas não o faz, omite-se, descumprindo dever funcional, aqui elevado à condição de crime omissivo próprio. A ordem omitida evitaria a lesão ao erário público, ou, pelo menos, minimizaria os efeitos da operação de crédito celebrada irregularmente, ou seja, "realizada com inobservância de limite, condição ou montante estabelecido em lei".

Nessa hipótese, o administrador deixa, em outros termos, de determinar que um subordinado efetue, na forma da lei, "o cancelamento, a amortização ou a constituição de reserva para anular os efeitos da operação de crédito"; nada impede

---

17. Operação de crédito, segundo a LC n. 101/2000, "é o compromisso financeiro assumido em razão de mútuo, abertura de crédito, emissão e aceite de título, aquisição financiada de bens, recebimento antecipado de valores provenientes da venda a termo de bens e serviços, arrendamento mercantil e outras operações assemelhadas, inclusive com o uso de derivativos financeiros" (art. 29, III).

que ele próprio deixe de promover essas mesmas atividades pessoalmente; aliás, esse nos parece ser o verdadeiro sentido do verbo nuclear promover, utilizado, indevidamente, como sinônimo de ordenar.

b) *Deixar de promover*

Ao contrário da conduta "deixar de ordenar", na modalidade "deixar de promover" a decisão de não agir, nos termos definidos, pode ter partido de outrem, isto é, de quem tem poder ou atribuição para ordenar o cancelamento, a amortização ou a constituição de reserva, embora não necessariamente; com efeito, pode ser dada a ordem devida e, no entanto, não ser executada, isto é, promovida por quem de direito, que se omite.

Emitida, formalmente, a ordem exigida pelo texto legal, cumpre verificar se, concretamente, o primeiro mandatário municipal viabilizou seu cumprimento, sendo insuficiente o mero ato administrativo formalmente perfeito, que não se materializa em sua execução, quer por não haver disposição (*animus*) para tanto, quer por existir, informalmente, "contraordem" para sua não realização; enfim, no âmbito administrativo, inúmeras razões podem inviabilizar a real execução de "ordens formais", atribuindo-se, não poucas vezes, com razão, à excessiva burocratização do serviço público, de a ordem ter sido emitida pelo Prefeito Municipal, o encarregado de executá-la que deixar de cumpri-la ou de "promovê-la" não pratica o crime de "deixar de promover", uma vez que se trata de crime próprio, e somente o Prefeito (ou quem o substitua regularmente) pode praticá-lo. No entanto, se deixar de promover, isto é, de cumprir a ordem superior, de comum acordo com o Prefeito, responderá pelo crime através da figura do concurso de pessoas (art. 29 do CP).

1.1 *Elementar normativa: na forma da lei*

Inicialmente, deve-se esclarecer se a preliminar — na forma da lei — refere-se à conduta omissiva, ora incriminada, "deixar de promover ou de ordenar" as atividades referidas, ou à forma de realização da operação de crédito, "com inobservância de limite, condição ou montante estabelecido em lei".

Decididamente, não se refere à forma de realização da operação de crédito, já que esta tem seu próprio fundamento jurídico e restringe-se a limite, condição ou montante fixados em lei. Com efeito, trata-se efetivamente do *modus operandi*, isto é, da forma imperativa exigida por lei para evitar ou minimizar o dano ao patrimônio público, que não é atendida pelo sujeito ativo.

1.2 *Elementares contraditórias: cancelamento, amortização ou constituição de reserva*

Cancelamento, amortização e constituição não têm o mesmo sentido e não exigem o mesmo complemento, e, por isso, não podem objetivar a mesma finalidade, sob pena de se assassinar o vernáculo. Senão vejamos: "cancelamento de operação de crédito" não se confunde nem se conjuga com "amortização de operação de crédito", como parece ter sido a pretensão da redação do dispositivo; cancelamento tem o sentido de anulação, de retorno ao *status quo*; aliás, a própria Lei Complementar n. 101/2000, ao definir a nulidade de operação de crédito irregular, diz que se procede ao seu "cancelamento, mediante a devolução do principal, vedados o pagamento de juros e demais encargos financeiros" (art. 32, § 1º); amortização, por sua vez, significa abatimento, diminuição, resgate de parcela do débito e não seu cancelamento ou anulação (art. 32, § 3º). Por fim, "constituição de reserva para anular os efeitos" (art. 32, §§ 2º e 4º) da operação de crédito tem significado absolutamente diverso das duas anteriores: não significa nem cancelamento nem amortização, que têm sentido de imediatidade, ao passo que a constituição de reserva implica decurso de tempo, isto é, algo para o futuro. Enfim, é gramaticalmente incompreensível e inaceitável essa redação do legislador: "o cancelamento, a amortização ou a constituição de reserva para anular os efeitos de operação de crédito realizada com inobservância de limite, condição ou montante estabelecido em lei".

1.2.1 Para anular os efeitos de operação de crédito

Essa contradição ganha importância na medida em que qualquer das elementares em exame — cancelamento, amortização ou constituição — tem o mesmo objetivo: anular os efeitos de operação de crédito, realizada com inobservância das condições referidas no texto legal.

O cancelamento, pela disposição citada da lei complementar, anula a própria operação de crédito, com a devolução do principal e a vedação de cobrança de juros e encargos financeiros; a amortização é, pode-se dizer, o resgate parcelado do débito, ou, na linguagem da lei, dos efeitos da operação, enquanto a constituição de reserva é uma espécie de formação de fundo, pecúlio ou poupança para, no futuro, resgatar o compromisso decorrente de tal operação irregular.

Assim, o cancelamento implica a anulação da operação, tornando-a, em termos práticos, inexistente; a amortização, a despeito da irregularidade, mantém a validade da operação e objetiva resgatá-la em parcelas; a constituição de reserva também reconhece sua validade e prepara-se para resgatá-la no futuro. Enfim, apesar de a operação de crédito ter sido irregular, a lei penal aceita que o administrador municipal, em vez de cancelá-la, opte por amortizá-la ou até por constituir reserva para resgatá-la no futuro.

1.3 *Formas irregulares de operação de crédito: com inobservância de limite, condição ou montante estabelecido em lei*

Os limites, condição e montante de operação de crédito estão estabelecidos na Lei n. 9.985/2000, que tem a finalidade de dispor sobre as diretrizes para a elaboração da lei orçamentária de 2001, além de outras providências.

A operação de crédito será ilegal sempre que não respeitar limite, condição ou montante estabelecido em lei, seja a orçamentária, seja a de responsabilidade fiscal ou qualquer outra lei que discipline o orçamento público.

2. Tipo subjetivo: adequação típica

O elemento subjetivo é o dolo, representado pela vontade consciente de abster-se da conduta devida, ou seja, de não promover ou ordenar qualquer das condutas determinadas no tipo penal para eliminar ou, pelo menos, minimizar os danos do erário público municipal decorrentes de operação de crédito irregular.

É necessário que o sujeito ativo, isto é, o Prefeito, tenha conhecimento de que, ao se omitir, descumpre mandamento legal a que, como administrador municipal, deveria obedecer.

Não há previsão de qualquer fim especial.

3. Consumação e tentativa

Este crime omissivo consuma-se no lugar e no momento em que a ação devida não se realiza, ou seja, consuma-se no momento em que o sujeito ativo deve ordenar ou promover o cancelamento da operação de crédito irregular ou promover a amortização ou constituição de reserva de seus efeitos e não o faz, mantendo-se inerte.

Tratando-se de crime omissivo próprio, quer-nos parecer ser inadmissível a tentativa, ante a própria definição de consumação, não havendo espaço para o fracionamento da conduta humana.

Seção VI
Não liquidação de operação de crédito por antecipação de receita

Sumário: 1. Tipo objetivo: adequação típica. 1.1. Operação de crédito por antecipação de receita orçamentária. 1.2. Encerramento do exercício financeiro. 1.3. Liquidação integral. 2. Excludente de criminalidade e dirimente de culpabilidade. 3. Tipo subjetivo: adequação típica. 4. Consumação e tentativa.

Decreto-Lei n. 201/67

Art. 1º ....

XIX — deixar de promover ou de ordenar a liquidação integral de operação de crédito por antecipação de receita orçamentária, inclusive os respectivos juros e demais encargos, até o encerramento do exercício financeiro;

---

1. Tipo objetivo: adequação típica

As condutas tipificadas "deixar de promover ou de ordenar" são representadas exatamente pelos mesmos verbos utilizados no tipo penal descrito no inciso anterior. Assim, tudo o que lá dissemos aplica-se integralmente aqui. A distinção entre um e outro tipo penal, portanto, não está nos verbos nucleares empregados, mas nas demais elementares constitutivas de cada infração penal.

Este tipo penal não se confunde com aquele descrito no inciso XXI; embora tratem do mesmo tema — operação de crédito por antecipação de receita orçamentária —, fazem-no sob aspectos distintos, mais bem detalhados naquele dispositivo, que proíbe a antecipação de receita tributária relativa a fato gerador que ainda não tenha ocorrido.

1.1 Operação de crédito por antecipação de receita orçamentária

A elementar operação de crédito por antecipação de receita orçamentária está inteiramente disciplinada na Lei Complementar n. 101/2000, que estabelece normas de finanças públicas voltadas para a responsabilidade na gestão fiscal, além de outras providências (art. 38).

Segundo Geraldo Ataliba, "a operação de crédito por antecipação da receita é um tipo de empréstimo que o Poder Público faz com a exclusiva finalidade de suprir eventuais quedas de arrecadação, ou para enfrentar determinados períodos em que as suas receitas ordinárias são de tal forma baixas que não cobrem os dispêndios normais e ordinários"[18]. Na esteira da Lei n. 4.320/64, manifesta-se em sentido semelhante Hely Lopes Meirelles, afirmando que "as operações de crédito por antecipação de receita são atos praticados pelo Executivo, em qualquer mês do exercício financeiro, para atender às insuficiências de caixa"[19]. Seguindo essa linha, prescreve a Lei Complementar n. 101/2000, nos seguintes termos: "a operação de crédito por antecipação destina-se a atender insuficiência de caixa durante o exercício financeiro" (art. 38, *caput*).

Com efeito, essa operação de crédito, qual seja a "por antecipação de receita", somente se justifica quando for absolutamente indispensável para suprir eventuais insuficiências de caixa. A excepcionalidade dessa possibilidade exige a satisfação de determinadas condições, além da necessidade de resgatá-la no mesmo exercício. Essa exigência atinge o ápice da coercibilidade normativa, cujo descumprimento assume a categoria de crime, tipificado no inciso ora analisado. O art. 38 da LC n. 101/2000 estabelece expressamente as restrições para realizar operações de crédito por antecipação de receita: só podem ser operacionalizadas a partir do dia 10 de janeiro de cada exercício (inciso I); o pagamento integral deve ocorrer até o dia 10 de dezembro de cada ano (inciso II); é vedada a cobrança de qualquer encargo, salvo a taxa de juros da operação (inciso III); fica proibida qualquer outra operação antes de resgatada integralmente a anterior (inciso IV, letra *a*), assim como no último ano de mandato do Presidente, Governador ou Prefeito (inciso IV, letra *b*).

Essas restrições, como destaca Regis Fernandes de Oliveira, "são amplamente salutares, éticas e beneficiarão enormemente o erário público de cada ente federado. São normas que atendem aos reclamos da seriedade no exercício de mandato públi-

---

18. Geraldo Ataliba, *Empréstimos públicos e seu regime jurídico*, p. 105.
19. Hely Lopes Meirelles, *Finanças municipais*, p. 192.

co, especialmente o de Chefe do Executivo. Limita-se a ação dispersiva e irresponsável que impera no país"[20].

O controle e a fiscalização do saldo em aberto, bem como dos limites, são atribuições do Banco Central (art. 38, § 3º, da LC n. 101/2000). A seleção de quem irá efetuar a operação de crédito com o ente federativo está fora da discricionariedade do agente público. A prescrição legal estabelece que a escolha do agente financeiro deve decorrer de processo competitivo eletrônico junto ao Banco Central (art. 38, § 2º).

1.2 *Encerramento do exercício financeiro*

A Lei Complementar n. 101/2000, que, como afirmamos, disciplina integralmente a operação de crédito por antecipação de receita, estabelece que esta deverá ser liquidada até o dia 10 de dezembro de cada ano. A lei criminalizadora, por sua vez, pune a omissão dessa liquidação, que pode ocorrer até o encerramento do "exercício financeiro" (Dec.-Lei n. 201, art. 1º, XIX, com redação da Lei n. 10.028/2000).

Afinal, quando se encerra o "exercício financeiro"? Qual norma deve prevalecer: a lei complementar, que estabelece como limite o dia 10 de dezembro, ou a previsão posteriormente criada pela Lei n. 10.028/2000, que fixa como limite "o encerramento do exercício financeiro"?

Nessa divergência deve, necessariamente, prevalecer aquela que for mais benéfica ao cidadão. Ademais, o princípio da tipicidade estrita impede que se aceite qualquer outro limite temporal que não corresponda ao encerramento do exercício financeiro.

1.3 *Liquidação integral*

O resgate parcial do débito decorrente da realização de operação de crédito por antecipação de receita orçamentária não impede a configuração do crime. Para que este não se configure, é necessário que se promova ou se ordene "a liquidação integral" de tal operação de crédito.

O fato de a LC n. 101/2000, referindo-se à mesma obrigação de liquidar, utilizar locução distinta não cria nenhum inconveniente, na medida em que, com termos diferentes, faz a mesma exigência, *in verbis*: "II — deverá ser liquidada, com juros e outros encargos incidentes" (art. 38). Com efeito, "liquidar integralmente" (inciso XIX) e "liquidar com juros e outros encargos" (art. 38, II) não podem receber interpretação tão diversa a ponto de apresentarem contrariedade significativa.

2. Excludente de criminalidade e dirimente de culpabilidade

A despeito da determinação normativa, coercitiva como a natureza das normas penais incriminadoras, não se pode esquecer que, em nenhuma circunstância, nin-

---

20. Regis Fernandes de Oliveira, *Responsabilidade fiscal*, p. 75.

guém pode responder por algo impossível de ser realizado ou que demande esforço sobrenatural etc.

Com essa colocação inicial, queremos apenas lembrar que sempre, e especialmente nesse caso, as circunstâncias administrativas poderão demonstrar a absoluta impossibilidade de cumprir, no prazo e formas estabelecidos, a liquidação integral agora exigida pelo ordenamento jurídico, cujo não atendimento passou a constituir crime. Evidentemente que, em concreto, poder-se-á demonstrar a configuração de estado de necessidade e, inclusive, a inexigibilidade de outra conduta. Como se trata de dois institutos dogmáticos de todos conhecidos, não vamos desenvolvê-los neste espaço, podendo o leitor encontrá-lo em muitos locais com facilidade.

3. Tipo subjetivo: adequação típica

O elemento subjetivo é o dolo, representado pela vontade consciente de abster-se da conduta devida, ou seja, de não promover ou ordenar a liquidação integral de operação de crédito por antecipação de receita orçamentária, inclusive dos respectivos encargos.

É necessário que o sujeito ativo, isto é, o Prefeito, tenha conhecimento de que ao se omitir descumpre mandamento legal a que, como administrador municipal, deve obedecer.

Não há previsão de qualquer fim especial.

4. Consumação e tentativa

Como todo crime omissivo, consuma-se no lugar e no momento em que a ação devida não se realiza, ou seja, consuma-se no momento em que o sujeito ativo deixa de ordenar ou promover a liquidação integral do débito decorrente da operação mencionada no tipo penal, ou seja, mais objetivamente, consuma-se no dia-limite do encerramento do exercício financeiro. Antes desse dia, a conduta ainda pode ser realizada; logo, não há falar em crime.

Tratando-se de crime omissivo próprio, é absolutamente inadmissível a tentativa, ante a própria definição de consumação, não havendo espaço para o fracionamento da conduta humana.

SEÇÃO VII
Refinanciamento ou postergação de dívida contraída anteriormente

Sumário: 1. Tipo objetivo: adequação típica. 1.1. Realização de operação de crédito em desacordo com a lei. 2. Tipo subjetivo: adequação típica. 3. Consumação e tentativa.

> *Decreto-Lei n. 201/67*
> *Art. 1º* ....
> *XX — ordenar ou autorizar, em desacordo com a lei, a realização de operação de crédito com qualquer um dos demais entes da Federação, inclusive suas entidades da administração indireta, ainda que na forma de novação, refinanciamento ou postergação de dívida contraída anteriormente;*

1. Tipo objetivo: adequação típica

As condutas incriminadas — ordenar ou autorizar — são amplamente utilizadas em vários dispositivos examinados e, certamente, têm o mesmo sentido, que já examinamos, razão pela qual se torna desnecessária sua repetição.

1.1 *Realização de operação de crédito em desacordo com a lei*

Operação de crédito tem o significado utilizado na definição do crime tipificado no art. 359-A do Código Penal, com a nova redação, aliás, definida pelo art. 29, III, da Lei Complementar n. 101/2000. Constitui também operação de crédito, por equiparação, a captação de recursos a título de antecipação de receita de tributo ou contribuição, cujo fato gerador ainda não tenha ocorrido.

A própria lei complementar referida proíbe a realização de operações de créditos entre entes da Federação, nos seguintes termos: "É vedada a realização de operação de crédito entre um ente da Federação, diretamente ou por intermédio de fundo, autarquia, fundação ou empresa estatal dependente, e outro, inclusive suas entidades da administração indireta, ainda que sob a forma de novação, refinanciamento ou postergação de dívida contraída anteriormente" (art. 35). As exceções a essa proibição estão previstas no § 1º do mesmo dispositivo e no art. 36[21].

Essas restrições, enfim, que abrangem inclusive a administração indireta, praticamente inviabilizam a realização de operações de crédito pela imensa maioria dos Municípios brasileiros, que não podem ultrapassar os limites e as condições fixados no ordenamento jurídico. Agora, para completar essas limitações, o despeito às vedações é elevado à categoria de crime.

2. Tipo subjetivo: adequação típica

O elemento subjetivo é o dolo, constituído pela vontade consciente do sujeito ativo de realizar operação de crédito, em desconformidade com a lei, com qualquer dos demais entes federativos, inclusive com a administração indireta. É indispensá-

---

21. "§ 1º Excetuam-se da vedação a que se refere o *caput* as operações entre instituição financeira estatal e outro ente da Federação, inclusive suas entidades de administração indireta, que não se destinem a: I — financiar, direta ou indiretamente, despesas correntes; II — refinanciar dívidas não contraídas junto à própria instituição concedente". "É proibida a operação de crédito entre uma instituição financeira estatal e o ente da Federação que a controle, na qualidade de beneficiário do empréstimo" (art. 36).

vel que o sujeito ativo tenha consciência de que está realizando uma operação de crédito legalmente desautorizada. As formas de novação, refinanciamento ou postergação de dívida são invocações puramente exemplificativas, pois o que se proíbe é a realização de operações de crédito cujas espécies estão definidas no art. 29, III, da lei.

3. Consumação e tentativa

Consuma-se o crime com a efetiva realização de operação de crédito com qualquer ente federativo. A simples ordem ou autorização, como mero ato administrativo, constitui ato de uma conduta complexa que se desdobra necessariamente em vários momentos. Ademais, o simples ato de ordenar ou autorizar, sem se concretizar, não lesa nem expõe a perigo o bem jurídico, não tendo o condão de tipificar o comportamento que se pretende criminalizar no dispositivo que ora comentamos.

Evidentemente, pela definição de crime consumado que formulamos, admite-se a figura tentada. Sempre que o ato administrativo que determina a celebração da operação de crédito não se concretizar por causa estranha à vontade do sujeito ativo, estará configurada a tentativa.

SEÇÃO VIII
Captar recursos antecipando receita tributária por fato gerador futuro

Sumário: 1. Tipo objetivo: adequação típica. 2. Tipo subjetivo: adequação típica. 3. Consumação e tentativa.

Decreto-Lei n. 201/67

Art. 1º ....

XXI — captar recursos a título de antecipação de receita de tributo ou contribuição cujo fato gerador ainda não tenha ocorrido;

---

1. Tipo objetivo: adequação típica

Ao examinarmos o crime tipificado no inciso anterior, trabalhamos a definição de operação de crédito por antecipação de receita orçamentária, cujos comentários podem ser aqui aplicados naturalmente.

A Lei Complementar n. 101/2000 proíbe expressamente a "captação de recursos a título de antecipação de receita de tributo ou contribuição cujo fato gerador ainda não tenha ocorrido, sem prejuízo do disposto no § 7º do art. 150 da Constituição" (art. 37, I), ressalvando a hipótese prevista no art. 38, mediante as restrições que estabelece.

A Constituição Federal, por sua vez, como ressalva o art. 37 da LC n. 101/2000, consagra a possibilidade de lei especial antecipar o pagamento de imposto ou contribuição relativos a fato gerador futuro, nos seguintes termos: "A lei poderá atribuir a sujeito passivo de obrigação tributária a condição de responsável pelo pagamento de imposto ou contribuição, cujo fato gerador deva ocorrer posteriormente, assegurada a imediata e preferencial restituição da quantia paga, caso não se realize o fato gerador presumido" (art. 150, § 7º).

Diante do disposto no art. 37 da LC n. 101/2000, conjugado com a previsão do art. 38[22] do mesmo diploma legal, captar recursos a título de antecipação de receita orçamentária (de tributo ou contribuição) somente constitui crime quando relativo a fato gerador futuro ou, como prefere o inciso em exame, que "ainda não tenha ocorrido".

Mas, impõe-se o questionamento: se é proibida antecipação de receita orçamentária relativa a fato gerador futuro, será possível antecipar receita de fato gerador passado?

Num primeiro momento, parecem contraditórios e incompatíveis os dois artigos suprarreferidos da lei complementar, que, aparentemente, se excluem: se não se pode antecipar receita de fato gerador futuro em relação a fato passado, teoricamente, não seria possível antecipar qualquer coisa. Contudo, é preciso encontrar uma solução jurídica, nos limites sugeridos pela hermenêutica. Acreditamos que, afora a exceção prevista na Constituição Federal, existe espaço para a celebração de antecipação de receita tributária, caso contrário não teria sentido a previsão do art. 38 da LC n. 101/2000. Assim, a permissão de antecipação desse tipo de receita é muito limitada, podendo ocorrer somente em relação a fato gerador "já ocorrido", cuja receita, normalmente, seria arrecadada posteriormente, como, por exemplo, no exercício seguinte. Mas, convém destacar, não foi feliz o legislador ao disciplinar esse tema da antecipação de receita orçamentária de forma tão obscura, equívoca e, não se pode negar, um tanto paradoxal.

Assim, a antecipação de receita orçamentária (de tributo ou contribuição) relativa a fato gerador que ainda não ocorreu constitui o crime aqui tipificado.

---

22. "Art. 38. A operação de crédito por antecipação de receita destina-se a atender insuficiência de caixa durante o exercício financeiro e cumprirá as exigências mencionadas no art. 32 e mais as seguintes: I — realizar-se-á somente a partir do décimo dia do início do exercício; II — deverá ser liquidada, com juros e outros encargos incidentes, até o dia dez de dezembro de cada ano; III — não será autorizada se forem cobrados encargos que não a taxa de juros da operação, obrigatoriamente prefixada ou indexada à taxa básica financeira, ou à que vier a esta substituir; IV — estará proibida: a) enquanto existir operação anterior da mesma natureza não integralmente resgatada; b) no último ano de mandato do Presidente, Governador ou Prefeito Municipal."

2. Tipo subjetivo: adequação típica

O elemento subjetivo é o dolo, representado pela vontade consciente de antecipar receita de tributo ou contribuição relativa a fato gerador que ainda não ocorreu. É absolutamente indispensável que o sujeito ativo tenha conhecimento de que a receita federal que deseja antecipar refere-se a fato gerador que ainda não ocorreu.

Não há previsão ou exigência de qualquer fim especial.

3. Consumação e tentativa

Consuma-se o crime com a efetiva captação de recursos a título de antecipação de receita orçamentária relativa a fato gerador futuro. Não basta a simples ordem para captar; é insuficiente que os atos iniciais se tenham realizado, que a operação de crédito se tenha concretizado, pois somente se poderá considerar consumada a infração com a efetiva captação dos recursos, isto é, com seu ingresso nos cofres públicos; antes disso poderemos ter meros atos preparatórios ou, no máximo, a forma tentada do crime.

Trata-se de crime de execução complexa, ou, de forma bem esquemática, de crime material, cuja ação admite fracionamento; aliás, compõe-se, literalmente, de vários atos administrativos. A execução de uns deve ser sucedida de outros, que, a despeito da vontade do sujeito ativo, podem não se realizar por causas estranhas ao querer do agente. Na verdade, esse tipo penal admite a tentativa, que é de fácil configuração.

Seção IX
Destinação de recursos provenientes da emissão de título para finalidade diversa da prevista em lei

Sumário: 1. Tipo objetivo: adequação típica. 2. Tipo subjetivo: adequação típica. 3. Consumação e tentativa.

Decreto-Lei n. 201/67

Art. 1º ....

XXII — ordenar ou autorizar a destinação de recursos provenientes da emissão de títulos para finalidade diversa da prevista na lei que a autorizou;

---

1. Tipo objetivo: adequação típica

Esta infração penal não se confunde com aquela descrita no art. 359-H do Código Penal, acrescido pela Lei n. 10.028/2000: naquela previsão do Código Penal, os títulos são colocados no mercado financeiro irregularmente (sem terem sido criados por lei ou o devido registro), ao passo que, na hipótese do dispositivo em exame, os títulos são emitidos para finalidade diversa daquela prevista na lei que os autorizou[23].

A emissão de títulos da dívida pública depende sempre de lei que a autorize e será sempre vinculada, isto é, terá destinação específica, ou seja, sua finalidade deverá, necessariamente, constar do texto legal. Essa obrigatoriedade vinculativa ganha mais coercibilidade com a transformação de sua desobediência em crime. A experiência tem demonstrado que é inócuo estabelecer proibições ou criar obrigações aos agentes públicos se seu descumprimento não vier acompanhado das respectivas sanções.

As condutas tipificadas são ordenar e autorizar "a destinação de recursos" para finalidade diversa da prevista em lei que autorizou a emissão de títulos.

a) Ordenar significa mandar, determinar "a destinação de recursos" a finalidade diversa da prevista em lei que autorizou a emissão de títulos.

b) Autorizar é permitir, conceder autorização para a prática do ato incriminado; contrariamente à conduta "ordenar", na modalidade autorizar, a iniciativa da ação de destinar os recursos provenientes dos títulos a finalidade diversa da autorizada por lei pode ter partido de outrem, embora não necessariamente; no entanto, a responsabilidade legal, tanto por uma quanto por outra conduta, é do Prefeito Municipal, que, para evitar problemas futuros, não deve permitir que sua assessoria desfrute desses poderes.

Concluindo, a essência dessa infração penal reside na chamada "malversação de verba pública", ou, na linguagem do texto legal, em dar destinação diversa daquela determinada pela lei. Os recursos provenientes de títulos emitidos, enfim, devem ter exatamente aquela destinação que a lei que os autorizou previu.

2. Tipo subjetivo: adequação típica

O elemento subjetivo é o dolo, constituído pela vontade consciente de ordenar ou autorizar a destinação de recursos provenientes da emissão de títulos para finalidade diversa da prevista na lei que a autorizou. É necessário que o sujeito ativo tenha conhecimento de que está determinando a utilização dos recursos em desacordo com sua destinação legal.

O elemento subjetivo especial do injusto, em nossa concepção, está constituído pela "finalidade diversa da prevista em lei que a criou".

3. Consumação e tentativa

Essa infração penal consuma-se com a efetiva destinação dos recursos provenientes da emissão de títulos em desacordo com a finalidade prevista na lei que a

---

23. No mesmo sentido, Luiz Flávio Gomes e Alice Bianchini, *Crimes de responsabilidade fiscal*.

autorizou. Ordenar ou autorizar, como mero ato formal administrativo, não tem o caráter lesivo que o direito penal da culpabilidade exige para tipificar materialmente a lesão, juridicamente falando, ao bem jurídico protegido.

Nessa linha de raciocínio, a tentativa desse crime é, em tese, admissível quando, por exemplo, o sujeito ativo determina que se destinem os recursos referidos a fins diversos de sua destinação legal, mas, por qualquer razão, alheia a sua vontade, não se pode concretizar, configurando a forma tentada.

Seção X
Transferência voluntária em
desacordo com a lei

Sumário: 1. Tipo objetivo: adequação típica. 2. Transferência voluntária em desacordo com a lei.

Decreto-Lei n. 201/67
Art. 1º ....
XXIII — realizar ou receber transferência voluntária em desacordo com limite ou condição estabelecida em lei.

1. Tipo objetivo: adequação típica

As condutas tipificadas são "realizar" ou "receber" transferência voluntária em desacordo com a lei. A laconicidade e a concisão do texto legal não oferecem qualquer adjetivação que permita identificar, afinal, a que "transferência voluntária" está se referindo. Falta-lhe complemento que indique de que se trata ou para quem ou para onde se transfere. Enfim, a redação do dispositivo em exame afronta a gramática e a linguística brasileiras, exigindo desmedido esforço do intérprete para, fazendo adivinhação, encontrar no ordenamento jurídico algo que o permita. Na verdade, transferência, voluntária ou obrigatória, indiferentemente, pode ser de recursos, de funcionários, de responsabilidade, de direitos, de obrigações e, inclusive, de receitas.

Não se pode perder de vista que o dispositivo em exame tem natureza penal e, como tal, não admite lacuna, omissão, presunção, na medida em que a tipicidade estrita constitui garantia iluminista que não admite exceção. Os recursos hermenêuticos da analogia e interpretação analógica tampouco são admissíveis. Assim, temos sérias dúvidas quanto à constitucionalidade do presente dispositivo; para dar-lhe algum sentido, faz-se necessário "ler o que nele não existe", talvez recursos, receitas, capitais etc.

Percorrendo o ordenamento jurídico brasileiro, localiza-se na LC n. 101/2000 uma definição de transferência voluntária, e, como a preocupação desse diploma legal, prioritariamente, é com a responsabilidade fiscal dos entes públicos, não deixa de ser razoável admitir que, provavelmente, o legislador quis a ela se referir. Contudo, há uma grande diferença entre ser razoável e provável e ser efetivamente típico.

Assim, sucintamente, inclinamo-nos pela inconstitucionalidade do inciso XXIII do Decreto-lei n. 201/67, ficando inviabilizada sua aplicação. Diante desse entendimento, deixamos de analisar o elemento subjetivo e a consumação e tentativa da "conduta tipificada". Apenas, a título de contribuição, examinaremos o que se deve entender por transferência voluntária de recursos, na ótica da lei complementar.

2. Transferência voluntária em desacordo com a lei

A Constituição Federal atribui "competência tributária" aos três entes federativos — União, Estados e Municípios (Distrito Federal equiparado a Estado) —, conferindo-lhes legitimidade para instituir tributos.

A competência concorrente para legislar sobre determinada matéria destina-se (a) a suprir a ausência de normas federais sobre o tema, ou (b) a adicionar pormenores à lei federal básica já editada. Destarte, não pode haver conflito entre as legislações estaduais ou municipais e a legislação federal, e, se ocorrer, prevalecerá a legislação federal. Não se desconhece, ademais, a competência concorrente para legislar sobre alguns tributos, como, por exemplo, prevê o art. 24 da CF.

Como, em regra, os entes federativos maiores arrecadam mais que os entes menores, destaca Regis Fernandes de Oliveira que há determinação constitucional para "que haja transferência de parte de alguns tributos aos entes menores. Tais transferências tributárias são obrigatórias e compulsórias, descabendo a qualquer deles impedir ou evitar o repasse. A eles não pertence o tributo, mas àquele que é dele titular, cabendo apenas ao que arrecada tal tarefa. Não se torna titular do tributo pelo fato de arrecadá-lo, exercendo mera atividade material. Logo, descabe retê-la a qualquer título, salvo exceções constitucionalmente previstas"[24].

À evidência, não é dessas transferências — obrigatórias e compulsórias — que o tipo penal em exame se ocupa. Com efeito, transferência voluntária depende da vontade do titular da arrecadação, normalmente formalizada por meio de convênio celebrado pelos entes estatais. Para a Lei Complementar n. 101/2000, entende-se por "transferência voluntária a entrega de recursos correntes ou de capital a outro ente da Federação, a título de cooperação, auxílio ou assistência financeira, que não decorra de determinação constitucional, legal ou os destinados ao Sistema Único de Saúde" (art. 25). Os limites e as condições para se operar a transferência voluntária estão estabelecidos no § 1º do próprio art. 25 da LC n. 101/2000, além das exigências contidas na lei de diretrizes orçamentárias[25]. O art. 167 da CF, por sua vez,

---

24. Regis Fernandes de Oliveira, *Responsabilidade fiscal*, p. 56-57.
25. "§ 1º São exigências para a realização de transferência voluntária, além das estabelecidas na lei de diretrizes orçamentárias: I — existência de dotação específica; II — (vetado); III —

proíbe a "transferência voluntária de recursos e a concessão de empréstimos, inclusive por antecipação de receita, pelos Governos Federal e Estaduais e suas instituições financeiras, para pagamento de despesas com pessoal ativo, inativo e pensionista, dos Estados, do Distrito Federal e dos Municípios" (inciso X).

---

observância do disposto no inciso X do art. 167 da Constituição; IV — comprovação, por parte do beneficiário, de: a) que se acha em dia quanto ao pagamento de tributos, empréstimos e financiamentos devidos ao ente transferidor, bem como quanto à prestação de contas de recursos anteriormente dele recebidos; b) cumprimento dos limites constitucionais relativos à educação e à saúde; c) observância dos limites das dívidas consolidada e mobiliária, de operações de crédito, inclusive por antecipação de receita, de inscrição em restos a pagar e de despesa total com pessoal; d) previsão orçamentária de contrapartida. § 2º É vedada a utilização de recursos transferidos em finalidade diversa da pactuada."

TÍTULO XII DA PARTE ESPECIAL DO CÓDIGO PENAL

	QUARTA PARTE
CRIMES CONTRA O ESTADO DEMOCRÁTICO DE DIREITO	**XXIII**

Sumário: 1. Considerações preliminares.

TÍTULO XII

DOS CRIMES CONTRA O ESTADO DEMOCRÁTICO DE DIREITO

CAPÍTULO I

DOS CRIMES CONTRA A SOBERANIA NACIONAL

• Incluído pela Lei n. 14.197, de 2021.

---

1. Considerações preliminares

Os crimes contra o *Estado Democrático de Direito* foram inseridos no Código Penal pela Lei n. 14.197, de 2021, que revogou a Lei n. 7.170/83, a conhecida *Lei de Segurança Nacional*, de triste memória, criando o XII Título da Parte Especial do Código Penal, dividido em quatro capítulos, passando a regular os denominados *"crimes contra o Estado Democrático de Direito"*, quais sejam: o Capítulo I tratou dos "crimes contra a soberania nacional" (*art. 359-I, atentado à soberania; art. 359-J, atentado à integridade nacional; e art. 359-H, espionagem*); o Capítulo II, dos "crimes contra as instituições democráticas" (*art. 359-L, abolição violenta do Estado Democrático de Direito; e art. 359-M, golpe de estado*); o Capítulo III, dos "crimes contra o funcionamento das instituições democráticas no processo eleitoral" (*art. 359-N, interrupção do processo eleitoral; e art. 359-P, violência política; vetados os arts. 359-O e Q*); e o Capítulo IV, dos "crimes contra o funcionamento dos serviços essenciais" (*art. 359-R, sabotagem — com fim específico de abolir o Estado Democrático de Direito*). Foram acrescentados oito novos crimes, além daqueles que foram vetados.

Pela orientação político-legislativa do legislador, os crimes relacionados na Lei n. 14.197/2021 perderam, naturalmente, a *característica de crimes políticos*, como ocorria naquele diploma legal revogado. O objetivo fundamental desta lei nova foi exatamente estabelecer uma *ruptura definitiva* com o vetusto diploma legal revogado (Lei n. 7.170/83), especialmente visando afastar a natureza de *crimes políticos*[1] como era naquela lei, cuja demonstração mais eloquente dessa pretensão do legislador foi a ousadia de incluí-los no Código Penal, que, por tradição histórica, nunca tratou de *crimes políticos*, não seria agora que o legislador cometeria uma heresia dessa natureza. Aliás, o próprio legislador, que sabe disso, se os considerasse como *crimes políticos* não os teria incluído no Código Penal.

A doutrina nacional sempre classificou como *políticos* os crimes tipificados nas sucessivas *Leis de Segurança Nacional*, inclusive na Lei n. 7.170/83, agora revogada por esta Lei n. 14.197/2021. Considerava-se, inclusive, que o critério distintivo entre os crimes comuns e os crimes políticos residia na própria Lei de Segurança Nacional: considerava-se *político* o crime que, além de estar previsto na Lei n. 7.170/83, fosse praticado com a finalidade de ofender, lesar ou expor a perigo de lesão os bens jurídicos mencionados no art. 1º da referida lei. Em outros termos, ter-se-ia adotado um critério misto, segundo Nucci[2]. Adotaram-se, assim, pela doutrina, as concepções sustentadas pela então vigente Lei n. 7.170/83, ora revogada. A partir de agora, não se fala mais em Lei de Segurança Nacional, mas em *Lei do Estado Democrático de Direito*.

Não se ignora que a classificação de crime político não decorre de mera interpretação ou motivação filosófica, mas resulta, inegavelmente, da prevalência das forças políticas dominantes, não havendo um critério racional para fundamentar uma distinção ontológica entre crime comum e crime político. Por isso, é razoável adotar-se o entendimento de Padovani, segundo o qual a possível ausência ontológica de um tal critério, e o absurdo de delinear um *direito penal político*, o qual resulta de uma simples *valoração política*, mascarada pelos elementos exteriores do direito, para ser usada em tempos de repressão[3].

Não nos preocupa o fato de a Constituição Federal ainda referir-se a *crimes políticos*, pois ela surgiu em um momento de ruptura com o passado ditatorial e um novo amanhã democrático ou, em outros termos, surgiu em uma fase de transição desse passado obscuro para um novo e liberal Estado Constitucional e Democrático de Direito. No entanto, não deixa de merecer questionamentos a demora para a revogação daquela *Lei de Segurança Nacional*, pois o marco inicial de uma nova ordem constitucional iniciou-se em 1988, com a promulgação de nossa Carta Cida-

---

1. Conforme o art. 109, IV, da CF/88, compete aos juízes federais processar e julgar "*os crimes políticos* e as infrações penais praticadas em detrimento de bens, serviços ou interesse da União ou de suas entidades autárquicas ou empresas públicas, excluídas as contravenções e ressalvada a competência da Justiça Militar e da Justiça Eleitoral".
2. Guilherme de Souza Nucci, *Código Penal comentado*, p. 817: "(...) há três critérios para se considerar político um delito: a) objetivo, concentrando-se nos bens jurídicos lesados; no caso, os descritos no art. 1º desta Lei; b) subjetivo, enfocando apenas a motivação do agente para atentar contra interesses políticos do Estado; c) misto, considerando-se tanto o bem jurídico afetado quanto a motivação do autor".
3. Guilherme de Souza Nucci, *Código Penal comentado*, p. 8.

dã, portanto, nosso Congresso Nacional dormiu em *berço esplêndido* nesse longo período de mais de trinta anos. Esse novo marco constitucional está fundado na soberania, cidadania pluralista, dignidade da pessoa humana e no pluralismo político-partidário, cujo resgate, finalmente, é feito com a atual Lei n. 14.197/2021. Pois, nesse diploma legal, registra-se a *descriminalização do exercício democrático da cidadania*, nos seguintes termos: "Não constitui crime previsto neste Título a manifestação crítica aos poderes constitucionais nem a atividade jornalística ou a reivindicação de direitos e garantias constitucionais por meio de passeatas, de reuniões, de greves, de aglomerações ou de qualquer outra forma de manifestação política com propósitos sociais" (art. 359-T).

Talvez seja um dos dispositivos legais mais importantes desse novo diploma legal, embora tal *descriminalização* já tenha sido antecipada pela própria Constituição Federal. Não aprofundaremos aqui, nesta introdução, o questionamento sobre os *crimes políticos*, mas, no particular, subscrevemos as lições de Rogério Sanches Cunha e Ricardo Silvares, expostas no magnífico livro *Crimes contra o Estado Democrático de Direito*[4], o qual recomendamos, pois esgota a matéria com o brilhantismo que o caracteriza.

Estamos de acordo com as críticas que fizeram Rogério Sanches Cunha e Ricardo Silvares[5] sobre a classificação entre *crimes comuns* e *crimes políticos*, na medida em que em um Estado Democrático de Direito consolidado não há espaço para a classificação de *crime político* e muito menos para a tipificação de condutas sociais como caracterizadoras, por si só, de crimes políticos. Nas passagens em que o texto constitucional a ele se refere devem ser consideradas as circunstâncias e o momento logo após longo período de vigência de um *Estado de Exceção*, e, talvez, ainda certa insegurança sobre a redemocratização do País. No entanto, não há mais espaço, na atualidade, para essa dicotomia. Assim, deve-se ignorar essa classificação pela ausência de sentido em um *Estado Democrático de Direito* como é a nossa atual realidade. Também não vemos este novo rol de *crimes contra o Estado Democrático de Direito* como *crimes políticos*, mas como *crimes contra a República Democrática do Brasil*, crimes, diríamos, *constitucionais*, contra o próprio Estado Democrático de Direito, como diz a própria rubrica dessa lei, que é mais abrangente e mais profundo que falar-se simplesmente em *crimes políticos*, mas, digamos, algo como, *mutatis mutandis*, similar aos crimes contra a Administração Pública *lato sensu*. Na mesma linha de Cunha e Silvares, *verbis*:

"Afirmar que algum dos crimes do Título XII do CP é político levará à lógica e insuportável conclusão de que, por exemplo, alguém que tenha negociado para tentar suprimir a existência de um dos Poderes e, desse modo, do próprio Estado Democrático de Direito, possa, depois de condenado, voltar a cometer o mesmo ato, sem que seja considerado reincidente, bem como que, durante o cumprimento da

---

4. Rogério Sanches Cunha & Ricardo Silvares, *Crimes contra o Estado Democrático de Direito*, Salvador, JusPodivm, 2021.
5. Rogério Sanches Cunha & Ricardo Silvares, *Crimes contra o Estado Democrático de Direito*.

pena seja possivelmente o único de sua unidade prisional a estar desobrigado do dever de trabalhar. E mais: seria aceitar que alguém que tenha, em janeiro deste ano, participado da violenta tentativa de impedir o exercício das funções do colégio eleitoral norte-americano de referendar o resultado das urnas, e que venha a ser criminalmente processado por isso, tenha sua extradição negada pelo Brasil, sob o argumento do delito político"[6].

Pode-se até questionar sobre a *competência* para conhecer e julgar referidos crimes, se da Justiça Estadual ou da Justiça Federal, mas, certamente, não será invocando a *natureza política* desses crimes porque ela não existe, pois são, como diz sua própria ementa, *crimes contra o Estado Democrático de Direito*, e isso não tem nada a ver com *crime político*. Logicamente, não se pode comparar à competência da Justiça Federal assegurada para o julgamento dos *crimes contra o Sistema Financeiro Nacional*, pela singela razão de que, para estes crimes, o legislador tomou a cautela de prever, expressamente, a competência da Justiça Federal, no art. 26 da Lei n. 7.492/86. Por isso, não se pode invocar essa competência, porque, contrariamente, a Lei n. 14.197 silenciou a respeito de competência.

Contudo, os doutrinadores Eugênio Pacelli de Oliveira e Douglas Fisher sustentam que se trata de *crimes políticos*, nos seguintes termos:

"Tais delitos submetem-se à competência da Justiça Federal e poderão ser objeto de recurso ordinário para o Supremo Tribunal Federal (art. 102, II, *b*). É que, nos termos do art. 108, da Constituição, cabe aos Tribunais Regionais Federais o julgamento, em grau de recurso, das decisões proferidas pelos juízes federais (art. 108, II), texto esse perfeitamente compatível com a previsão de cabimento de recurso ordinário para o Supremo Tribunal Federal. Assim, este último recurso (o ordinário) será cabível apenas da decisão dos Tribunais Regionais Federais. Justificada a escolha do constituinte pela existência de três níveis de apreciação ordinária da matéria, exatamente em razão das particularidades que envolvem os crimes políticos"[7].

E, complementando o entendimento retromencionado, os dignos doutrinadores acrescem a seguinte afirmação:

"Extrai-se de decisões do Supremo Tribunal Federal (*v.g.*, RC n. 1.473-SP, Rel. Min. Luiz Fux, 1ª Turma, *DJ* 18-12-2017), que crimes políticos, para os fins do art. 102, II, *b*, da Constituição Federal, são aqueles dirigidos, subjetiva e objetivamente, de modo imediato, contra o Estado como unidade orgânica das instituições políticas e sociais e, por conseguinte, definidos na Lei de Segurança Nacional, presentes as disposições gerais estabelecidas nos arts. 1º e 2º do mesmo diploma legal. 2. 'Da conjugação dos arts. 1º e 2º da Lei n. 7.170/83, extraem-se dois requisitos, de ordem subjetiva e objetiva: i) motivação e objetivos políticos do agente, e ii) lesão real ou potencial à integridade territorial, à soberania nacional, ao regime representativo e

---

6. Rogério Sanches Cunha & Ricardo Silvares, *Crimes contra o Estado Democrático de Direito*.
7. Eugênio Pacelli de Oliveira & Douglas Fisher, *Comentários ao CPP e sua jurisprudência*, 13. ed., São Paulo, JusPodivm, 2021, p. 205 e s.

democrático, à Federação ou ao Estado de Direito. Precedentes' (*RC* 1.472, Tribunal Pleno, Rel. Min. Dias Toffoli, Rev. Min. Luiz Fux, unânime, j. 25-5-2016)".

Com todas as vênias, discordamos, respeitosamente, do entendimento assumido pelos doutrinadores Oliveira e Fisher, os quais, em seus *Comentários ao CPP e sua jurisprudência*[8], fundamentam a competência da Justiça Federal, basicamente, que seria pelo fato de referida lei estar substituindo, ainda que tardiamente, a Lei n. 7.170/83, a qual tinha esse viés político. Aliás, esse aspecto é, *venia concessa*, equivocado, sendo irrelevante o fato de o atual diploma legal suceder a indigitada e revogada Lei de Segurança Nacional (Lei n. 7.170/83), de triste memória. Ademais, se fosse para seguir a mesma orientação anterior, não haveria necessidade de substitui-la, bastaria alterar alguns de seus dispositivos, pois, convenhamos, é absolutamente irrelevante o fato de sucedê-la, até porque com o novo diploma legal — Lei n. 14.197/2021 —, o legislador pretendeu enterrar de uma vez por todas a malfadada *Lei de Segurança Nacional*, que tantos males causou à nação brasileira e aos brasileiros durante o Estado de Exceção, de um modo geral, e, como destacamos acima, não se trata de *crimes políticos*, aliás, não lhes há mais espaço em um *Estado Democrático de Direito*, como é o Brasil.

A despeito do bem fundamentado entendimento de ambos os doutrinadores, ousamos deles discordar, porque a estrutura que embasa esse entendimento, incluindo a citada decisão da Suprema Corte, tem, igualmente, a mesma base antiga superada pelo novo diploma legal. Assim, a nosso juízo, a partir da Lei n. 14.197/2021, a determinação da competência relativa aos *crimes contra o Estado Democrático de Direito* dependerá, caso a caso, se houver específica e concretamente interesse da União ou não. Por outro lado, partimos do pressuposto de que, regra geral, não há interesse concreto da União, e somos levados a esse raciocínio exatamente a partir da previsão expressa do inciso IV do art. 109 da Constituição Federal, o qual atribui à *Justiça Federal* a competência para processar e julgar "as infrações penais praticadas em detrimento de bens, serviços ou interesses da União". Simples assim!

Logo, a *competência residual* para conhecer e julgar esses *crimes licitatórios*, fora da hipótese supramencionada, é da Justiça Estadual, pois o próprio constituinte fez sua opção expressa na Carta Magna. Afinal, mal comparando, algo similar ocorre com os *crimes contra o sistema financeiro*, para os quais a lei de regência prevê expressamente que a competência para conhecê-los e julgá-los é da Justiça Federal (art. 26). No entanto, na lei dos *crimes licitatórios* não há previsão alguma sobre competência, ficando à mercê do casuísmo, com uma distinção: sempre que houver interesse direto da União incidirá o disposto no inciso IV do art. 109 da Constituição, cuja hipótese legislada atribui a competência à Justiça Federal.

Enfim, vejamos a seguir nossas considerações doutrinárias sobre cada um desses crimes contra o Estado Democrático de Direito.

---

8. Eugênio Pacelli de Oliveira & Douglas Fisher, *Comentários ao CPP e sua jurisprudência*, p. 205 e s.

CRIME DE ATENTADO À SOBERANIA NACIONAL | XXIV

Sumário: 1. Considerações preliminares. 2. Bem jurídico tutelado. 3. Sujeitos ativo e passivo. 4. Desvalor da ação e desvalor do resultado no crime de atentado à soberania. 5. Tipo objetivo: adequação típica. 5.1. Princípio da tipicidade estrita e tipificação deficiente. 5.2. Princípio da legalidade e as leis vagas, indeterminadas ou imprecisas. 6. Figuras majorada ou qualificada: declaração de guerra e participação de operação bélica. 7. Tipo subjetivo: adequação típica. 7.1. Elemento subjetivo especial do injusto: com o fim de provocar atos típicos de guerra contra o País ou invadi-lo. 8. Consumação e tentativa. 9. Classificação doutrinária. 10. Pena e ação penal.

Atentado à soberania

Art. 359-I. *Negociar com governo ou grupo estrangeiro, ou seus agentes, com o fim de provocar atos típicos de guerra contra o País ou invadi-lo:*

Pena — reclusão, de 3 (três) a 8 (oito) anos.

§ 1º Aumenta-se a pena de metade até o dobro, se declarada guerra em decorrência das condutas previstas no caput *deste artigo.*

§ 2º Se o agente participa de operação bélica com o fim de submeter o território nacional, ou parte dele, ao domínio ou à soberania de outro país:

Pena — reclusão, de 4 (quatro) a 12 (doze) anos.

1. Considerações preliminares

A criminalização da conduta de *"negociar* com governo ou grupo estrangeiro, ou seus agentes" atos de guerra ou de invasão externa é tratada pelo legislador contemporâneo com uma *displicência invulgar*, não lembrando nem de longe aquele legislador ferrenho dos últimos cinco ou seis anos que vem elevando penas de quaisquer crimes corriqueiros do dia a dia do cidadão brasileiro, que vai se acostumando com a violência diária que lhe preocupa permanentemente. No entanto, aqui, *nos crimes contra a soberania nacional*, o legislador está criminalizando condutas que podem colocar em perigo a Segurança Nacional, inclusive no âmbito internacional, pois se trata de *negociação de atos típicos de guerra* contra o nosso País ou de invasão externa, com penas não superiores aos crimes simples contra o patrimônio.

Enfim, nós que somos *considerados doutrinadores liberais* apenas procuramos chamar a atenção para essa postura benevolente do legislador contemporâneo, incompreensível pela gravidade do crime tipificado e, principalmente, pelas imprevisíveis consequências de sua execução, pois, ao que aparece, o legislador sentiu-se constrangido ou contrariado ao criminalizar referidas condutas, não observando a relevância e gravidade deste crime que pode provocar uma guerra com qualquer outro país.

2. Bem jurídico tutelado

O bem jurídico tutelado é a soberania nacional, especialmente a sua segurança, intangibilidade e respeitabilidade internacional conquistada ao longo do tempo. Qualquer *atentado à soberania nacional*, por qualquer meio e de qualquer forma, é um crime de lesa-pátria da maior grandeza, preocupa e ofende o sentimento patriótico de todo e qualquer cidadão que ama o seu País e que é capaz de lutar por ele. Veja-se o conteúdo deste tipo penal: "negociar com governo ou grupo estrangeiro, ou seus agentes, com o fim de provocar atos típicos de guerra contra o País ou invadi-lo". A despeito do gravíssimo erro de concordância nessa redação, assassinando nosso vernáculo, essa tipificação, além de criminalizar a conduta de um traidor, que vende a soberania e a segurança interna do seu país, colocando em risco milhões de brasileiros, além da dignidade e grandeza deste País, que são os verdadeiros bens jurídicos tutelados por este dispositivo legal. Em outros termos, a conduta criminalizada neste dispositivo legal atinge especialmente os bens jurídicos da lealdade e respeito à Pátria, ao próprio *Estado Democrático de Direito* e a Nação brasileira como um todo. Aliás, com a prática desse crime o sujeito ativo viola e desrespeita com sua *deslealdade institucional* não apenas o Brasil, mas também todo o povo brasileiro, que também se sente traído. Um *atentado à soberania* nacional *configura uma das formas mais odiosas de traição* à Pátria e ao próprio Estado Democrático de Direito, além da deslealdade que comete com todos.

3. Sujeitos ativo e passivo

Sujeito ativo do crime de *atentado à soberania nacional* em uma *democracia consolidada* como a brasileira é ou pode ser, sem sombra de dúvida, qualquer cidadão, organização ou instituição que se destine a praticar esse tipo de crime. Contudo, a responsabilidade penal é individual, por isso, na hipótese de uma *organização revolucionária* dever-se-á identificar os seus integrantes. Poder-se-á questionar se as *Forças Armadas* não poderiam ser, hipoteticamente, supostas autoras também deste crime. No entanto, embora teoricamente até se pudesse considerá-las como tal, mas, concretamente, não vislumbramos qualquer possibilidade de situação semelhante, porque representaria a mais grave traição à Pátria, e isso jamais se poderá imaginar de nossas Forças Armadas, como Instituição de Estado, e são absolutamente leais à nação brasileira e ao seu povo. Portanto, a nosso juízo, afasta-se qualquer cogitação sobre mera possibilidade de isso poder ocorrer.

Sujeito passivo direto e imediato é, indiscutivelmente, o *Estado Democrático de Direito*, a própria *República Federativa do Brasil*. A primeira grande vítima de um *atentado à soberania nacional*, sem dúvida nenhuma, é, repetindo, o próprio Esta-

do Democrático de Direito, que é traído por alguém dos seus, independentemente da gravidade das consequências decorrentes dessa traição.

4. Desvalor da ação e desvalor do resultado no crime de atentado à soberania

Pela limitada sanção prevista para o crime de "atentado à soberania", no *caput*, três a oito anos de reclusão, comparando-se com os *crimes patrimoniais*, é inferior a pena cominada ao *crime de roubo simples* (art. 157, *caput*), que é de quatro a dez anos, ou semelhante a pena do *furto qualificado* (art. 155, § 4º), que é de dois a oito anos de reclusão. De plano constata-se a absurda desproporcionalidade do *desvalor das duas infrações penais*, tanto quanto *as ações* como quanto aos respectivos *resultados*. Não há como comparar o *desvalor da ação* desses dois crimes patrimoniais, com o *desvalor da ação* de quem pratica o crime de *atentado à soberania nacional* (art. 359-I). A conduta incriminada neste crime contra o *Estado Democrático de Direito* é de extrema gravidade, qual seja, *negociar* com "governo ou grupo estrangeiro" para "provocar atos típicos de guerra contra o próprio país ou provocar a sua invasão" por mercenários ou país inimigo. No entanto, o *desvalor da ação* dos dois crimes patrimoniais, que têm sua gravidade no âmbito social, é absolutamente inferior ao *desvalor da ação do crime* de "atentado à soberania", não havendo termos de comparação.

Por outro lado, o *desvalor do resultado* do crime de "atentado à soberania" nacional é incomensuravelmente superior ao *desvalor do resultado* dos dois crimes patrimoniais, cujo resultado é individual, logicamente que referidas *valorações* foram, em ambos os casos, realizadas pelo legislador. E, igualmente, a desproporção do *desvalor* dos respectivos resultados entre os crimes patrimoniais e o crime de *atentado à soberania* também é monumental, significando, no mínimo, um *descritério valorativo* de parte do legislador no momento de cominar as respectivas penas. Há, sem dúvida, em termos *político-criminais*, no mínimo, um grande *equívoco valorativo* do legislador na cominação de penas aos crimes contra o Estado Democrático de Direito, considerando os desvalores em jogo, de ação e de resultado. Contudo, em termos *político-legiferantes* esse critério é exclusividade do legislador, que tem legitimidade para tanto, embora não deixe de transparecer um *descritério* adotado na valoração dos efeitos, causas e consequências desses crimes no âmbito político-social brasileiro. Enfim, não compete ao intérprete corrigir os equívocos do legislador ou completar as lacunas legislativas, mas apenas comentar o texto legal tal como foi publicado, independentemente de suas deficiências ou equívocos, limitando-se a apontá-los, se for o caso.

5. Tipo objetivo: adequação típica

Uma característica negativa do estilo ou critério de tipificação de crimes por este diploma legal é a sua obscuridade, a falta de clareza e a dificuldade de construir a redação dos respectivos tipos penais, inclusive deste, sendo de envergonhar qualquer neófito da língua portuguesa, resultando difícil a sua interpretação.

Por exemplo, "negociar" o quê com governo ou grupo estrangeiro ou seus agentes? Como *adivinhar* entre uma infinidade de possibilidades que alguém pode "negociar" com governo de outro país, inclusive contra o *Estado Democrático de Direito brasileiro*? Mas isso já será *adivinhação* e não *interpretação* na medida em que é impossível *interpretar o que não existe*, além de violar o *princípio da tipicidade estrita*.

Não se trata de má vontade com o legislador penal, mas da *impossibilidade jurídico-analítica* de descobrir qual seria o *objeto direto dessa ação*, o qual, certamente, não pode ser oculto. Se o legislador pensou em algo como objeto direto dessa *negociação* por que não o disse expressamente? Inventar, especular, imaginar ou "chutar" alguma coisa, como doutrinador ou como intérprete? Como assim, "criar" um tipo penal que o legislador não criou? Isso seria absolutamente inconstitucional pois o intérprete ou aplicador da lei estaria legislando em lugar do legislador, e, decididamente, isso ninguém pode fazer em nome deste.

Pela construção frasal *"negociar com governo ou grupo estrangeiro"*, certamente, não é negociar com o próprio governo, isto é, com o governo do seu país, mas com governo igualmente estrangeiro, logo trata-se de uma "conspiração" de uma *traição à Pátria* pretendendo deflagar uma "guerra" ou, como diz o texto legal, "atos de guerra", que dá no mesmo, contra seu próprio país, colocando-se, portanto, do lado oposto!

Enfim, a conduta incriminada, neste crime gravíssimo, é *negociar* com "governo ou grupo estrangeiro", que significa fazer negócios, comerciar, discutir para chegar a um acordo, enfim *transigir* com alguém para obter o que deseja, *in casu*, "provocar atos típicos de guerra contra o próprio país ou provocar a sua invasão" por mercenários ou país inimigo. Aliás, parece-nos claro que a ação incriminada configura uma traição abominável, aparentemente injustificável, na medida em que o tipo penal nada menciona. Embora o texto legal nada esclareça a respeito, mas a rigor, dificilmente, um indivíduo determinado, isoladamente, pode ter ou exercer tanta influência em qualquer país estrangeiro a ponto de conseguir deflagar senão uma guerra, pelo menos, a prática de atos de guerra contra o Brasil. Ou, o que é tão grave quanto, há uma *finalidade alternativa*, qual seja, a *invasão de nosso território nacional*, desfechando, pela obrigação de revide, o início de uma guerra entre países até então amigos. Logicamente, como a lei nada fala sobre *causa* ou *consequência* da conduta de "negociar com estrangeiros", no sentido do texto legal, não compete ao intérprete fazê-lo, isto é, criar hipóteses que o texto legal não sugere, por isso, ficamos na simplicidade sugerida pela redação, que apenas criminaliza uma conduta e indica sua finalidade, mas não a *causa*, não sendo permitido ao intérprete apontá-la. Enfim, não compete ao intérprete corrigir os equívocos do legislador ou completar as lacunas legislativas, mas apenas comentar o texto legal tal como foi publicado, independentemente de suas deficiências ou equívocos, limitando-se a apontá-los, se for o caso.

5.1 *Princípio da tipicidade estrita e tipificação deficiente*

A gravidade dos *meios* que o Estado emprega na repressão do crime, a drástica intervenção nos direitos mais elementares e, por isso mesmo, fundamentais da pessoa, o caráter de *ultima ratio* que esta intervenção penal deve ter, impõe, necessariamente, a busca de um princípio que controle o poder punitivo estatal e que confine sua aplicação em limites que excluam toda arbitrariedade e excesso do poder punitivo[1]. O princípio da legalidade constitui uma efetiva limitação ao poder punitivo estatal. Embora seja hoje um princípio fundamental do Direito Penal, seu reconhecimento percorreu um longo processo, com avanços e recuos, não passando, muitas vezes, de simples "fachada formal" de determinados Estados[2]. Feuerbach, no início do século XIX, consagrou o *princípio da legalidade* através da fórmula latina *nullum crimen, nulla poena sine lege*. O princípio da legalidade é um imperativo que não admite desvios nem exceções e representa uma conquista da consciência jurídica que obedece a exigências de justiça, que somente os regimes totalitários o têm negado.

Em termos bem esquemáticos, pode-se dizer que, pelo *princípio da legalidade*, a elaboração de normas incriminadoras é função exclusiva da lei, isto é, nenhum fato pode ser considerado crime e nenhuma pena criminal pode ser aplicada sem que antes da ocorrência desse fato exista uma lei definindo-o como crime e cominando-lhe a sanção correspondente. Mas a *lei deve definir com precisão e de forma cristalina a conduta proibida*, e, no entanto, não é o que ocorre com a *tipificação do crime* de "atentado à soberania nacional" (art. 359-I) acrescido ao Código Penal pela Lei n. 14.197/2021. Assim, seguindo a orientação moderna, a Constituição brasileira de 1988, ao proteger os *direitos e garantias fundamentais*, em seu art. 5º, XXXIX, determina que "não há crime sem lei anterior que o defina, nem pena sem prévia cominação legal". Quanto a esse *princípio de reserva legal*, significa que a regulação de determinadas matérias deve ser feita, necessariamente, por meio de *lei formal*, de acordo com as previsões constitucionais a respeito. Nesse sentido, o art. 22, I, da Constituição brasileira estabelece que compete privativamente à União legislar sobre Direito Penal.

A adoção expressa desses princípios significa que o nosso ordenamento jurídico cumpre com a exigência de segurança jurídica postulada pelos iluministas. Além disso, para aquelas sociedades que, a exemplo da brasileira, estão organizadas por meio de um sistema político-democrático, os *princípios de legalidade e de reserva legal* representam a garantia jurídico-política de que nenhuma pessoa poderá ser submetida ao poder punitivo estatal, se não com base em leis formais que sejam fruto do consenso democrático.

5.2 *Princípio da legalidade e as leis vagas, indeterminadas ou imprecisas*

Para que o princípio de legalidade seja, na prática, efetivo, cumprindo com a finalidade de estabelecer quais são as condutas puníveis e as sanções a elas comina-

---

1. Francisco Muñoz Conde e Mercedez García Arán, *Lecciones de Derecho Penal*, Sevilla, 1991, p. 74. Para aprofundar a análise sobre esse tema, consultar Maurício Antonio Ribeiro Lopes, *Princípio da legalidade penal*, São Paulo, Revista dos Tribunais, 1994.
2. Muñoz Conde e García Arán, *Lecciones*, cit., p. 75.

das, é necessário que o legislador penal evite ao máximo o uso de expressões vagas, equívocas ou ambíguas, ao contrário do texto do art. 359-I, *sub examine*. Nesse sentido profetiza Claus Roxin, afirmando que: "uma lei indeterminada ou imprecisa e, por isso mesmo, pouco clara não pode proteger o cidadão da arbitrariedade, porque não implica uma autolimitação do *ius puniendi* estatal, ao qual se possa recorrer. Ademais, contraria o *princípio da divisão dos poderes*, porque permite ao juiz realizar a interpretação que quiser, invadindo, dessa forma, a esfera do Legislativo"[3]. Também por isso nos negamos a considerar as Forças Armadas como possível sujeito ativo do crime tipificado neste artigo que ora comentamos.

Assim, objetiva-se que o *princípio de legalidade*, como garantia material, ofereça a necessária segurança jurídica para o sistema penal. O que deriva na correspondente exigência, dirigida ao legislador, de determinação mais precisa das condutas puníveis, que também é conhecida como princípio da taxatividade na definição dos tipos penais, o qual não pode ser ignorado ou infringido pelo legislador penal.

Não se desconhece, contudo, que, por sua própria natureza, a ciência jurídica admite certo grau de indeterminação, visto que, como regra, todos os termos utilizados pelo legislador admitem várias interpretações. De fato, o legislador não pode abandonar por completo os conceitos valorativos, expostos como cláusulas gerais, os quais permitem, de certa forma, uma melhor adequação da norma de proibição com o comportamento efetivado. O tema, entretanto, pode chegar a alcançar proporções alarmantes quando o legislador utiliza excessivamente conceitos que necessitam de complementação valorativa, isto é, não descrevem efetivamente a conduta proibida, requerendo, do magistrado, um *juízo valorativo* para complementar a descrição típica, com graves violações à segurança jurídica.

Na verdade, uma técnica legislativa correta e adequada ao *princípio de legalidade* deverá evitar ambos os extremos, quais sejam, tanto a proibição total da utilização de conceitos normativos gerais como o exagerado uso dessas cláusulas gerais valorativas, que não descrevem com precisão as condutas proibidas. Sugere-se que se busque um meio-termo que permita a proteção dos bens jurídicos relevantes contra aquelas condutas tidas como gravemente censuráveis, de um lado, e o uso equilibrado das ditas cláusulas gerais valorativas, de outro lado, possibilitando, assim, a abertura do Direito Penal à compreensão e regulação da realidade dinâmica da vida em sociedade, sem fissuras com a exigência de segurança jurídica do sistema penal, como garantia de que a total indeterminação será inconstitucional. Vários critérios, arrolados por Claus Roxin[4], vêm sendo propostos para encontrar esse equilíbrio, como, por exemplo: 1º) Conforme o Tribunal Constitucional Federal alemão, a exigência de determinação legal aumentaria junto com a quantidade de pena prevista para o tipo penal

---

3. Claus Roxin, *Derecho Penal. Fundamentos; La estructura de la teoría del delito*, Trad. Diego Manuel Pena, Miguel Días y Conlledo y Javier Vincente Remensal, Madrid, Civitas, 1997, t. I, p. 169.
4. Claus Roxin, *Derecho Penal*, p. 172.

(como se a legalidade fosse necessária somente para os delitos mais graves) e a consagração pela jurisprudência de uma lei indeterminada não atenderia ao mandamento constitucional (ferindo o princípio constitucional da divisão dos poderes e a garantia individual). 2ª) Haveria *inconstitucionalidade* quando o legislador, dispondo da possibilidade de uma redação legal mais precisa, não a adota, como é o caso do art. 359-I *sub examine*. Embora seja um critério razoável, ignora que nem toda previsão legal menos feliz pode ser tachada de inconstitucional. 3ª) O princípio da ponderação, segundo o qual os conceitos necessitados de complementação valorativa serão admissíveis se os interesses de uma justa solução do caso concreto forem preponderantes em relação ao interesse da segurança jurídica. Este critério é objetável porque relativiza o princípio da legalidade. Os pontos de vista da justiça e da necessidade de pena devem ser considerados dentro dos limites da reserva legal, ou estar-se-ia renunciando ao princípio da determinação em favor das concepções judiciais sobre a Justiça. Enfim, todos esses critérios sugeridos são insuficientes para disciplinar os limites da permissão do uso de conceitos necessitados de complementação mediante juízos valorativos, sem violar o princípio constitucional da legalidade.

Por tais motivos, estamos de acordo com Claus Roxin[5] quando sugere que a solução correta deverá ser encontrada mediante os "princípios da interpretação em Direito Penal". Segundo esses princípios, "um preceito penal será suficientemente preciso e determinado se e na medida em que dele se possa deduzir um claro fim de proteção do legislador e que, com segurança, o teor literal siga marcando os limites de uma extensão arbitrária da interpretação". No entanto, a despeito de tudo, os textos legais em matéria penal continuam abusando do uso excessivo de expressões valorativas, dificultando, quando não violando, os princípios de legalidade e da reserva legal.

6. Figuras majorada ou qualificada: declaração de guerra e participação de operação bélica

A conduta descrita no *caput* deste art. 359-I, "negociar com governo ou grupo estrangeiro" a provocação de atos típicos de guerra ou sua invasão, apresenta uma gravidade extraordinária, nunca dantes vista na legislação brasileira. Deixa-nos perplexos só de imaginar uma hipotética situação dessas, nosso País sendo invadido pela traição de um ou alguns brasileiros! No entanto, as penas cominadas não são condizentes com essa gravidade, sendo, aliás, inferiores às penas cominadas para um crime de roubo simples que é de dez anos de reclusão. Contudo, a pena será aumentada de metade até o dobro se, em razão da conduta criminalizada, for declarada guerra. Por outro lado, se o agente participar de operação bélica, com o fim de submeter o território nacional, ou parte dele, ao domínio ou à soberania de outro país, a pena será reclusão de quatro a doze anos, sendo, mesmo assim, convenhamos, pena insuficiente pela sua gravidade, ou seja, punição semelhante a um

---

5. Claus Roxin, *Derecho Penal*, p. 172.

simples crime de peculato. Pelo visto, o *legislador contemporâneo* não deu o devido valor nem ao *Estado Democrático de Direito* nem à gravidade das traições praticadas por brasileiros, chegando a entregar o País a aventureiros estrangeiros.

Para mostrar a contrastante postura na criminalização dessas contas gravíssimas contra o Estado de Direito, lembramos que os crimes patrimoniais (furto, roubo, extorsão etc.) praticados *com violência e grave ameaça* são os *meios* invariavelmente utilizados na prática dos denominados *crimes violentos*, especialmente em *crimes contra a pessoa e crimes contra o patrimônio tipificados* no Código Penal. Por isso, surge com naturalidade a opção do legislador pela utilização desses mesmos *meios* — *violência ou grave ameaça* — para tipificação de alguns dos crimes violentos praticados contra o *Estado Democrático de Direito*, neste novo diploma legal, que, repetindo, substituiu a sempre questionada *Lei de Segurança Nacional* (Lei n. 7.170, de 14 de dezembro de 1983).

No entanto, neste crime, especificamente, como se trata ou se refere a "atos de guerra" e traição à pátria, o legislador não se utilizou das figuras terminológicas da violência ou grave ameaça, ao contrário do que fez em relação a outros crimes deste mesmo diploma legal. No entanto, a nosso juízo, acabou fazendo acanhada cominação de penas, para a hipótese do *caput*, de três a oito anos de reclusão, a quem, portanto, a pena de um simples crime de roubo (pena de quatro a dez anos de reclusão). Contudo, chega até a duplicar essa pena "se declarada guerra em decorrência das condutas previstas no *caput* deste artigo", mas, ainda assim, convenhamos, uma punição muito acanhada para um crime que pode levar a declaração de guerra com algum país (§ 1º)! E, por fim, o crime será qualificado "se o agente participa de operação bélica com o fim de submeter o território nacional, ou parte dele, ao domínio ou à soberania de outro país", a pena cominada é de "reclusão, de 4 (quatro) a 12 (doze) anos".

7. Tipo subjetivo: adequação típica

Trata-se de um tipo penal com uma estrutura especial, distinta, que além do *elemento subjetivo* geral e comum a qualquer crime, exige também a presença do denominado *elemento subjetivo especial do injusto* ou do tipo penal. O *tipo subjetivo* abrange todos os aspectos subjetivos do tipo de conduta proibida que, concretamente, produzem o tipo objetivo. O *tipo subjetivo* é constituído de um *elemento geral — dolo —*, que, por vezes, é acompanhado de *elementos especiais — intenções e tendências —*, que são *elementos acidentais*, conhecidos como *elementos subjetivos especiais do injusto* ou do tipo penal. Neste tipo, antecipando, há também previsão da necessidade de *elemento subjetivo especial*, como demonstraremos adiante. Os *elementos subjetivos* que compõem a estrutura do tipo penal assumem transcendental importância na definição da conduta típica, pois é através do *animus agendi* que se consegue identificar e qualificar a *atividade comportamental* do agente. Somente conhecendo e identificando a intenção — *vontade* e *consciência* — do agente poder-se-á classificar um comportamento como típico, especialmente quando a figura típica exige, também, um *especial fim de agir*, que constitui o conhecido *elemento subjetivo especial do injusto ou do tipo*, que, para a corrente tradicional, denominava-se *dolo específico* (terminologia de há muito superada).

Em outros termos, *elemento subjetivo* da conduta descrita neste artigo (art. 359-I) da Lei n. 14.197/2021 (crimes contra o Estado Democrático de Direito) é o *dolo*, constituído pela *consciência* e a *vontade* de realização da conduta descrita, qual seja, de *negociar* com governo ou grupo estrangeiro, que significa fazer negócios, comerciar, discutir para chegar a um acordo, enfim transigir com alguém para obter o que se deseja, *in casu*, provocar atos típicos de guerra contra o próprio país ou provocar a sua invasão por mercenários ou país inimigo. Aliás, parece-nos claro que a ação incriminada é *negociar com governo ou grupo estrangeiro,* com o fim de provocar atos típicos de guerra contra o País ou para invadi-lo. Dito de outra forma, referida conduta deve ser praticada *voluntariamente consciente* pelo sujeito ativo, isto é, conhecendo todos os elementos constitutivos do tipo penal. Como afirmava Welzel, "dolo, em sentido técnico penal, é somente a vontade de ação orientada à realização do tipo de um delito"[6]. O dolo, *puramente natural*, constitui o elemento central do injusto pessoal da ação, representado pela vontade consciente de ação dirigida imediatamente contra o mandamento normativo. Embora a Reforma Penal de 1984 tenha afastado a *intensidade do dolo* da condição de circunstância judicial de medição da pena, não se pode negar, contudo, que uma ação praticada com dolo intenso será muito mais desvaliosa que outra realizada com dolo normal ou de menor intensidade, como, por exemplo, com dolo eventual, a despeito de o legislador ter equiparado as duas espécies de dolo (direto e eventual).

A *consciência* elementar do dolo deve ser *atual*, efetiva, ao contrário da *consciência da ilicitude*, que pode ser *potencial*. Mas a *consciência do dolo* abrange somente a representação dos *elementos integradores do tipo penal*, ficando fora dela a *consciência da ilicitude*, que hoje, como elemento normativo, está deslocada para o interior da culpabilidade. É desnecessário o conhecimento da configuração típica, sendo suficiente o conhecimento das circunstâncias de fato necessárias à composição da figura típica. Sintetizando, em termos bem esquemáticos, *dolo é a vontade de realizar o tipo objetivo, orientada pelo conhecimento de suas elementares no caso concreto*, ou seja, sabendo que negocia com governo ou grupo estrangeiro, ou seus agentes, com o fim de provocar atos típicos de guerra contra o País ou de invasão. Mas a *essência do dolo* deve estar na *vontade*, não de violar a lei, mas de realizar a ação e obter o resultado. Na verdade, *vontade* e *consciência* (representação) são, numa linguagem figurada, uma espécie de *irmãs siamesas*, uma não vive sem a outra, pois a *previsão* sem *vontade* é algo completamente inexpressivo, indiferente ao Direito Penal, e a *vontade* sem representação, isto é, sem *previsão*, é absolutamente impossível, eis que vazia de conteúdo.

Concluindo, para a configuração do dolo, puramente natural, é indispensável a presença de seus dois elementos: (a) um cognitivo, ou intelectual (consciência), e

---

6. Hans Welzel, *Derecho Penal alemán*, p. 95.

(b) outro volitivo (vontade), *sendo-lhe extirpado* o elemento normativo (*consciência da ilicitude*). Com efeito, a configuração do *dolo* exige a *consciência* (previsão ou representação) daquilo que se pretende praticar (negociar com governo ou grupo estrangeiro, ou seus agentes, com o fim de provocar atos típicos de guerra contra o País ou invadi-lo). Mas essa *consciência* deve ser *atual,* isto é, deve estar presente no momento da ação, quando ela está sendo realizada. É insuficiente, segundo Welzel, a *potencial consciência* das circunstâncias objetivas do tipo, uma vez que prescindir da atualidade da consciência equivale a destruir a linha divisória entre dolo e culpa, convertendo aquele em mera ficção. Em outros termos, a *consciência dos elementos objetivos e subjetivos do tipo* deve ser real, efetiva, concreta, no momento da ação, sendo *insuficiente a mera possibilidade ou potencial consciência* de tais elementos.

Nesse sentido, fica completamente afastada essa *consciência* quando, por exemplo, o agente age respaldado em fundamentado *parecer técnico-jurídico de assessoria especializada.* Aliás, o parecer é, por si mesmo, a demonstração da *ausência de consciência* (e também de vontade) de infringir a norma proibitiva, é a comprovação do desejo de agir *secundun legis,* afastando, por conseguinte, o elemento subjetivo, ou seja, o *dolus,* e, por extensão, a tipicidade subjetiva. Nessa hipótese, esbarra-se na *ausência de dolo,* na medida em que quem age escudado em estudos de *experts* não pretende violar a norma proibitiva, mas adequar-se a ela.

A *previsão,* isto é, a consciência, deve abranger correta e completamente todos os elementos essenciais e constitutivos do tipo, sejam eles descritivos, normativos ou subjetivos. Enfim, a *consciência* (previsão ou representação) abrange a realização dos elementos descritivos e normativos, do nexo causal e do evento (delitos materiais), da lesão ao bem jurídico, dos elementos da autoria e da participação, dos elementos objetivos das circunstâncias agravantes e atenuantes que supõem uma maior ou menor gravidade do injusto e dos elementos acidentais do tipo objetivo. Por isso, quando o *processo intelectual volitivo* não atinge um dos componentes da ação descrita na lei, o *dolo* não se aperfeiçoa, isto é, não se completa. Mas essa *previsão,* gizando, constitui somente a *consciência dos elementos integradores do tipo penal,* ficando fora dela a *consciência da ilicitude,* que hoje está deslocada para o interior da culpabilidade. É desnecessário o conhecimento da configuração típica, sendo suficiente o conhecimento das circunstâncias de fato necessárias à composição do tipo.

E, por fim, o dolo deve ser integrado pelo elemento volitivo, isto é, pela *vontade,* incondicionada, que também deve abranger a ação ou omissão (conduta), o resultado e o nexo causal. A vontade pressupõe a previsão, isto é, a representação, na medida em que é impossível querer algo conscientemente senão aquilo que se previu ou representou na nossa mente, pelo menos parcialmente. Nesse sentido, destacava Welzel: "O dolo como simples resolução é penalmente irrelevante, visto que o direito penal não pode atingir ao puro ânimo. Somente nos casos em que conduza a um fato real e o governe, passa a ser penalmente relevante". A vontade de realização do tipo objetivo pressupõe a possibilidade de *influir no curso causal*[7], pois tudo o que estiver fora da possibilidade de influência concreta do agente pode ser desejado ou esperado, mas não significa querer realizá-lo. Somente pode ser objeto da norma jurídica, proibitiva ou mandamental, algo que o agente possa realizar ou omitir. Dessa forma, o dolo, puramente psicológico, completa-se com a *vontade* e a *consciência* da ação, do resultado tipificado como injusto e da relação de causalidade, sem qualquer outro elemento constitutivo.

7.1 Elemento subjetivo especial do injusto: com o fim de provocar atos típicos de guerra contra o País ou invadi-lo

As elementares subjetivadoras especiais do tipo — configuradoras do *especial fim de agir* — são, normalmente, representadas por expressões, como "a fim de", "para o fim de", "com a finalidade de", "para si ou para outrem", "com o fim de obter"; "em proveito próprio ou alheio", entre outras, indicadoras de uma *finalidade transcendente*, além do dolo natural configurador do tipo subjetivo. Com efeito, pode figurar nos tipos penais, ao lado do dolo, uma série de características subjetivas que os integram ou os fundamentam. A doutrina clássica denominava, impropriamente, o *elemento subjetivo geral* do tipo *dolo genérico,* e o *especial fim* ou motivo de agir, de que depende a *ilicitude* de certas figuras delituosas, *dolo específico*. Essa classificação — *dolo geral e dolo específico* — encontra-se completamente superada, representando um anacronismo do antigo *direito penal clássico*, abandonado pelas doutrinas contemporâneas. O próprio Welzel esclareceu que: "ao lado do dolo, como momento geral *pessoal-subjetivo*, que produz e configura a ação como acontecimento dirigido a um fim, apresentam-se, frequentemente, no tipo *especiais momentos subjetivos*, que dão colorido num determinado sentido ao conteúdo ético-social da ação"[8]. Assim, o *tomar* uma coisa alheia é uma atividade dirigida a um fim por imperativo do dolo; no entanto, seu *sentido ético-social* será completamente distinto se aquela atividade tiver como *fim* o uso passageiro ou se tiver o desígnio de apropriação.

Na realidade, o *especial fim* ou motivo de agir, embora amplie o aspecto subjetivo do tipo, não integra o dolo nem com ele se confunde, uma vez que, como vimos, o *dolo* esgota-se com a *consciência* e a *vontade* de realizar a ação com a finalidade de obter o resultado delituoso, ou na *assunção do risco* de produzi-lo. O *especial fim de agir* que integra determinadas definições de delitos condiciona ou fundamenta a *ilicitude* do fato, constituindo, assim, *elemento subjetivo especial do tipo* de ilícito, de forma autônoma e independente do dolo. A denominação correta, por isso, é *elemento subjetivo especial do tipo* ou *elemento subjetivo especial do injusto*, que se equivalem, porque pertencem, ao mesmo tempo, à ilicitude e ao tipo que a ela corresponde.

---

7. Hans Welzel, *Derecho Penal alemán*, p. 97.
8. Welzel, *Derecho Penal*, p. 83.

A ausência desses *elementos subjetivos especiais* descaracteriza o *tipo subjetivo*, independentemente da presença do dolo. Enquanto o dolo deve materializar-se no fato típico, os elementos subjetivos especiais do tipo especificam o dolo, sem necessidade de se concretizarem, sendo suficiente que existam no psiquismo do autor, isto é, desde que a conduta tenha sido orientada por essa finalidade específica. A grande variedade de alternativas possíveis das mais diversas formas de elementos subjetivos especiais do tipo impede que se possa realizar, com segurança, a sua classificação, cuja ausência não traduz nenhum prejuízo ao desenvolvimento didático do tema.

A evolução dogmática do Direito Penal nos revela que determinado ato poderá ser justo ou injusto, dependendo da *intenção* com que o agente o pratica. Um comportamento, que externamente é o mesmo, pode ser *justo* ou *injusto*, segundo a *intenção* com que é praticado. Assim, por exemplo, quando o ginecologista toca a região genital da paciente com fins terapêuticos exercita, legitimamente, sua nobre profissão de médico; se o faz, no entanto, com intenções voluptuárias, sua conduta é ilícita. Determinados crimes requerem um agir com *animus*, finalidade ou *intenção adicional* de obter um resultado ulterior ou uma ulterior atividade, distintos da realização do tipo penal. Trata-se, portanto, de uma finalidade ou ânimo que vai além da simples realização do *tipo*. As *intenções especiais* integram a estrutura subjetiva de determinados tipos penais, exigindo do autor a persecução de um objetivo compreendido no tipo, mas que não precisa ser alcançado efetivamente. Faz parte do tipo de injusto uma *finalidade transcendente* — um *especial fim de agir* —, como, por exemplo, *para si ou para outrem* (art. 157); *com o fim de obter* (art. 159); *em proveito próprio ou alheio* (art. 180) etc.

8. Consumação e tentativa

Consuma-se o presente crime com a *realização efetiva de negociação do sujeito ativo com governo ou grupo estrangeiro*, ou seus agentes, *com a finalidade de provocar atos típicos de guerra* contra o País ou para invadi-lo, independentemente de que se concretize qualquer ato típico de guerra ou de que o país seja efetivamente invadido. Trata-se de um tipo penal especial *cuja finalidade* não precisa concretizar-se para que o crime se consume. Assim, o dolo do agente deve materializar-se no fato típico, qual seja, no ato de "negociar com governo estrangeiro ou seus agentes", consumando-se o crime, sem necessidade de a "finalidade especial realizar-se", isto é, sem que ocorra "atos de guerra" e sem que haja invasão ou mesmo tentativa destas. Em outros termos, os *elementos subjetivos especiais* do tipo (finalidade da ação) *especificam* o dolo, sem, contudo, necessidade de se concretizarem para que o crime se consume. É suficiente que existam no psiquismo do autor, isto é, desde que a conduta tenha sido orientada ou motivada por essa finalidade específica (negociar atos de guerra com governo estrangeiro), e o crime estará consumado, independentemente da superveniência de qualquer outra consequência.

Determinados crimes requerem um agir com *animus*, finalidade ou *intenção adicional* de obter um resultado ulterior ou uma ulterior atividade, distintos da realização do tipo penal, como é o caso deste crime do art. 359-L. Trata-se, portanto, de uma finalidade ou ânimo que vai além da simples realização do *tipo*. As *intenções especiais* integram a estrutura subjetiva de determinados tipos penais, exigindo do autor a persecução de um objetivo compreendido no tipo, mas que não precisa ser alcançado efetivamente. Faz parte do tipo de injusto uma *finalidade transcendente* — um *especial fim de agir* —, como, por exemplo, é o caso deste crime ora *sub examine*, que se consuma com um *especial fim de agir*, que, no caso concreto, é contratação de atos de guerra, os quais não precisam configurar-se para que o crime esteja consumado. Ou seja, essa finalidade visada não necessita ser alcançada para que o crime seja considerado consumado.

9. Classificação doutrinária

Trata-se de crime comum, que pode ser praticado por qualquer pessoa, individualmente ou em concurso de pessoas, não exigindo, portanto, qualidade ou condição especial, para poder realizar a conduta descrita neste tipo penal; *formal*, embora, a exemplo dos crimes materiais, o tipo descreva um resultado, mas este (negociar com governo ou grupo estrangeiro, ou seus agentes, com o fim de provocar atos típicos de guerra contra o País ou invadi-lo), como já afirmamos anteriormente, não precisa verificar-se *para que o crime se consume*, ou seja, trata-se, segundo a doutrina dominante, da denominada *execução antecipada*, em que a conduta criminosa consuma-se sem a ocorrência efetiva do resultado. Nesse tipo de crime, o legislador "antecipa a consumação", satisfazendo-se com o simples desvalor da ação[9]; simples, na medida em que protege somente um bem jurídico: o Estado Democrático de Direito (a República Federativa do Brasil); instantâneo, que se esgota e exaure-se com a própria ação, independentemente de eventual resultado concreto. Instantâneo não significa praticado rapidamente, mas, uma vez realizados os seus elementos constitutivos, nada mais se poderá fazer para impedir sua consumação. No entanto, embora seja instantâneo, é de efeito permanente.

10. Pena e ação penal

As penas cominadas para este crime também não nos parecem adequadas à gravidade da conduta incriminada, qual seja, um crime de "atentado à soberania nacional", verdadeira traição à Pátria, envolvendo, inclusive governos ou autoridades estrangeiras, enfim um dos crimes mais graves deste diploma legal. Ou seja, para a hipótese prevista no *caput*, a pena de reclusão é somente de três a oito anos, uma pena de furto qualificado, inferior, portanto, a um simples crime de roubo. O § 1º determina o aumento da pena de metade até o dobro, *se declarada guerra* em decorrência das condutas previstas no *caput* deste artigo. O § 2º, por sua vez, comina a pena de 4 (quatro) a 12 (doze) anos de reclusão, se o agente participa de *operação bélica* com o fim de submeter o território nacional, ou parte dele, ao domínio ou à soberania de outro país.

---

9. Cezar Roberto Bitencourt, *Tratado de Direito Penal* — Parte Geral, 25. ed., 2019, v. 1, p. 294.

ATENTADO À INTEGRIDADE NACIONAL | XXV

Sumário: 1. Considerações preliminares. 2. A injustificável desproporcional cominação de penas. 3. As qualificadoras inexistentes. 4. Bem jurídico tutelado. 5. Sujeitos ativo e passivo. 6. Tipo objetivo: adequação típica. 6.1. Praticar violência ou grave ameaça: meio ou essência da própria conduta tipificada. 6.1.1. Violência física (*vis corporalis*). 6.1.2. Grave ameaça (*vis compulsiva*). 6.2. Qualquer outro meio de redução da resistência: impossibilidade. 7. Tipo subjetivo: adequação típica. 8. Consumação e tentativa. 9. Classificação doutrinária. 10. Pena e ação penal.

Atentado à integridade nacional

Art. 359-J. *Praticar violência ou grave ameaça com a finalidade de desmembrar parte do território nacional para constituir país independente:*

Pena — reclusão, de 2 (dois) a 6 (seis) anos, além da pena correspondente à violência.

1. Considerações preliminares

Trata-se de um tipo penal, no mínimo, muito curioso, por criminalizar uma conduta praticamente impossível de se concretizar, pois, como poderá alguém, mesmo um lunático, pretender, mediante violência ou grave ameaça, propor-se a "desmembrar parte do território nacional para constituir país independente"? Parece-nos nada razoável, em um território continental como o Brasil, cercado de pequenos países, imaginar-se a utópica possibilidade de algum cidadão revoltar-se e tentar desmembrar o Brasil para constituir um país independente! Um outro pobre país latino-americano, abrindo mão de um rico país continental como o Brasil? Trata-se, *venia concessa*, de um grande equívoco do legislador, além de grande perda de tempo ao criminalizar conduta impossível de ser executada!

Falta-lhe razoabilidade, para dizer o mínimo, dessa tipificação inócua e despropositada, a não ser que se queira utilizar de uma forma *sui generis*, em uma espécie de *manobra diversionista* para desviar a atenção de algum incauto "antipatriota" de plantão! A rigor, não seria um pouco menos irrazoável imaginar o *desmembramento*, com ou sem violência, de parte do território nacional, *com a finalidade de anexar a outro país*, aliás, como já aconteceu em passado remoto? Por que isso poderia parecer menos impossível!? Seria, ainda que incomum nos tempos atuais, uma conduta menos irrazoável de acontecer, em termos político-geográficos. Considerando-se que nosso país é, literalmente, continental e, ademais, faz fronteira seca com todos os demais países da América do Sul, com exceção do Equador e do Chile. Enfim, será muito difícil, para não dizer impossível, que qualquer *"traidor da Pátria"*, por mais tresloucado e desequilibrado e irracional que seja, embrenhar-se em uma tarefa tão inglória de pretender "criar um país ou Estado independente", desmembrando parte, significativa ou não, do território nacional. Trata-se, com todas as vênias, de um tipo penal inútil, desnecessário, inexequível, e lunático pelo inusitado de sua tipificação penal.

Com efeito, o legislador não apenas pretendeu criar, como efetivamente criou, um crime inútil que, *venia concessa*, parece-nos um verdadeiro desvario, por ser uma grande utopia geográfica. Deveria ser um pouco mais razoável se, pelo menos, tivesse criminalizado conduta semelhante, mas com *uma finalidade menos utópica* que criar outro país independente. Ou seja, que objetivasse, com a mesma conduta aqui tipificada, qual seja, *praticar violência ou grave ameaça objetivando ou visando anexar parte do território nacional a outro país limítrofe* ou que faça fronteira com o Brasil. Em outros termos, trata-se de um tipo penal inaplicável, por inexequibilidade, o qual, aliás, nunca será aplicado. Mas enfim, como neste país tem lunático para tudo, inclusive em funções ou posições estratégicas, sabe-se lá o que pode passar na cabeça doentia de determinados cidadãos?!

Por fim, o *nomen iuris* deste crime constitui um grave erro vernacular ao defini-lo como "atentado à integridade nacional", considerando-se que "integridade" tem significado absolutamente distinto do pretendido pelo legislador nessa situação. Com efeito, "integridade" é um substantivo feminino com origem no latim *integritate*, que significa a qualidade ou estado do que é íntegro. Circunstancialmente, não nos parece o termo mais adequado para nominar o tipo penal *sub examine*, quando se pretende concebê-lo como integralidade, unidade ou totalidade do território nacional.

Mas, abordaremos a seguir duas curiosidades, para concluir estas palavras introdutórias destes *crimes antidemocráticos*, que não são crimes meramente políticos, até porque foram inseridos no rol dos crimes capitulados e tipificados no próprio Código Penal, até porque sequer existe um título de crimes políticos em nossa legislação codificada desde o Código Criminal do Império. A primeira curiosidade refere-se a surpreendente benevolência na cominação de penas a estes *crimes gravíssimos*, posto que *crimes contra o Estado Democrático de Direito*, logo o legislador contemporâneo, que tem abusado na cominação de penas excessivamente elevadas a quaisquer crimes, inclusive de médio potencial ofensivo. Aliás, tem revisitado velhas tipificações com o objetivo exclusivo de elevar as respectivas sanções penais, afinal, nesse cenário, cabe questionar o porquê de tanta displicência na tipificação deste tipo penal.

2. A injustificável desproporcional cominação de penas

Por que, afinal, crime tão grave como este do art. 359-J, "atentado à integridade nacional", que *afronta a soberania nacional* à mão armada, para desmembrar o território nacional e criar um novo país independente, recebe uma modesta cominação de pena de somente dois a seis anos de reclusão, inferior às cominadas aos corriqueiros *crimes licitatórios* (quatro a oito anos), a um simples *crime de furto qualificado* (dois a oito anos) ou mesmo de um *crime de roubo* (quatro a dez anos)? Como o Congresso Nacional pode explicar que se possa cominar a insignificante *pena de dois a seis anos de reclusão* para o gravíssimo crime de "atentado à integridade nacional", como se fora infração penal de médio potencial ofensivo? Serão os *crimes licitatórios* tão mais graves que um verdadeiro *golpe de Estado*, que pretende, mediante *violência armada*, desmembrar o país constituindo outro independente? Que fundamento político, jurídico, filosófico ou criminológico poderia justificar tamanha *desproporção inversa à gravidade* de referidos crimes? E este é apenas um dos crimes tipificados com penas tão amenas, previstos pela Lei n. 14.197, de 1º de setembro de 2021, exatamente na semana da Pátria! A cominação de penas para esses crimes é, em si mesma, uma afronta à *soberania nacional*, é um desrespeito do legislador com a grandeza da nação e a necessidade de sua tutela, inclusive, jurídico-penal.

Certamente, não é acidental, casual ou desavisadamente elaborado esse diploma legal, ou seja, foi examinado, debatido, aprovado pelo Congresso Nacional e sancionado pela autoridade presidencial. Afinal, os legisladores, além de preparados para o exercício de seu mister, contam com assessorias sabidamente qualificadas, sem falar que dispõem da boa vontade de professores, juristas, doutrinadores e *experts* nessa seara, sempre dispostos a colaborar com sugestões e pareceres.

Por outro lado, veja-se a cominação de pena para um modesto *crime de espionagem* previsto no art. 359-K, qual seja, *entregar a governo estrangeiro documento ou informação classificados como secretos ou ultrassecretos nos termos da lei*. Pois, para essa infração penal, *cominou-se pena de reclusão de três a doze anos*, ou seja, o dobro da pena prevista para o *crime de desmembramento territorial* (atentado à integridade nacional). E mais: se nessa entrega *houver violação de sigilo*, a pena cominada é de *seis a quinze anos de reclusão*. No entanto, repetindo, *desmembrar o território nacional* e criar outro país independente cominou-se a insignificante pena de dois a seis anos de reclusão?

Enfim, algo parece estar muito errado: desintegra-se a nação desmembrando-a e criando-se outro país independente e a pena cominada é de modestos dois a seis anos de reclusão. Afinal, quais são os critérios adotados pelo legislador contemporâneo para cominar penas? Aliás, há algum critério político-criminal nessa cominação de penas? Enfim, essa cominação de penas merece, no mínimo, uma revisão especial do próprio Congresso Nacional.

3. As qualificadoras inexistentes

Prosseguindo nessa linha equivocada de *cominação de penas*, questiona-se: Onde estão as *qualificadoras* indispensáveis de uma conduta tão grave como a descrita neste tipo penal do art. 359-J da Lei dos crimes contra o Estado Democrático de Direito, ora *sub examine*, que tipifica o crime de "atentado à integridade nacional"?

Crime dessa natureza implica, naturalmente, aglomeração de pessoas, utilização de armas etc. E esses aspectos, especialmente o *uso de armas*, inegavelmente agravam o crime e tornam a ação mais grave, por isso, necessitam ser previstas algumas qualificadoras para punir adequadamente seus autores.

Como o legislador não se deu conta de que um crime tão grave como o descrito neste dispositivo legal, inevitavelmente, poderá *causar a morte* de muitas pessoas, apresentando um dano material muito grande, especialmente se considerando que se trata de uma intervenção ilegal e abusiva à mão armada? Embora se trate de uma previsão abstrata utópica, se ela ocorrer, provavelmente, poderá colocar em risco muitas vidas, inclusive de pessoas inocentes. A finalidade de pretender *desmembrar o território nacional* para constituir um país independente pode ser ou parecer utópica, mas, em ocorrendo, provavelmente, causará vítimas fatais. E, em havendo vítimas fatais, a gravidade de tal conduta será muito maior e digna de *qualificar gravemente* referido crime, o que justificaria, por exemplo, a cominação de dez a vinte ou trinta anos de reclusão. Mas, curiosamente, o *desatento legislador,* que toda hora está ampliando a punição de qualquer tipo de crimes do Código Penal, inclusive sem se preocupar com a *falência do sistema prisional*, por nós denunciado há 30 anos em nossa tese doutoral[1], "esqueceu-se" de prever as necessárias e indispensáveis qualificadoras desse crime.

Inexplicavelmente, o legislador olvidou-se das possíveis consequências de um ato bárbaro como esse que, por si só, exige punição muito superior ao cominado, mas, mais que isso, pode causar a morte de vítimas inocentes, especialmente pelo emprego de armas como previsto. Mas, sintomaticamente, o Congresso Nacional olvidou-se de punir a provável ocorrência de resultado devastador, como dizimar vidas de pessoas inocentes, deixando eventual autor ou autores impunes, por falta de previsão legal do imprevidente e omisso legislador. Ou terá sido proposital essa omissão? Contudo, de *lege ferenda* essa inescrupulosa omissão pode ser suprida com o acréscimo de qualificadoras neste dispositivo legal.

4. Bem jurídico tutelado

O bem jurídico tutelado é, igualmente, o Estado Democrático de Direito, especialmente a sua segurança e sua integralidade, aliás conquistada há cinco séculos. Qualquer *atentado à sua integralidade e ao seu território*, por qualquer meio e de qualquer forma, viola também a sua própria soberania, especialmente quando há a pretensão de dividi-lo ou desmembrá-lo para constituir outro território independente. Não apenas ofende como também preocupa e agride o sentimento patriótico de todo e qualquer cidadão que ama o seu País e que por ele é capaz de lutar. Ofende também a honra, dignidade e grandeza do Brasil que também são bens jurídicos tutelados por este dispositivo legal. Bem jurídico ofendido também o sentimento de

---

1. Cezar Roberto Bitencourt, *Falência da pena de prisão*, 5. ed., São Paulo, Saraiva, 2013.

patriotismo do povo brasileiro, que também se sente traído com esse tipo de crime contra o Brasil.

5. Sujeitos ativo e passivo

Sujeito ativo do crime de "atentado à integridade nacional" pode ser executado ou realizado por qualquer pessoa, armada ou não, independentemente do sexo, embora seja mais comum ser praticado por homens, e, regra geral, por mais de uma pessoa, isto é, em concurso de pessoas, não sendo exigida qualquer qualidade ou condição especial, tratando-se, portanto, do denominado *crime comum*, ante sua descrição simplória.

Sujeito passivo direto deste crime é uma grande incógnita, especialmente pela *finalidade e gravidade da conduta criminalizada*, qual seja, "com a finalidade de desmembrar parte do território nacional para constituir país independente". Trata-se de uma elaboração típica *sui generis*, muito esquisita, complicada, indeterminada e incompleta, praticamente inviabilizando a identificação de quem pode ser o *sujeito passivo imediato*, isto é, quem sofre ou pode sofrer direta e imediatamente a violência ou grave ameaça visando alteração geográfica do país. Nessas condições, parece-nos que o bem jurídico tutelado é o próprio Estado Democrático de Direito.

Sujeito passivo mediato (vítima ou ofendido) quer nos parecer que, nesse aspecto, não resta dúvida de que se trata do próprio *Estado Democrático de Direito*, mas isso, por si só, não identifica quem pode ser o *sujeito passivo imediato*, isto é, quem é a *vítima* direta e imediata da *violência ou grave ameaça* descrita no *caput* deste dispositivo legal. Regra geral, pode ser qualquer pessoa, desde que capaz de sentir a violência e motivar-se com ela; em outros termos, é necessária a capacidade de autodeterminação, ou seja, a *capacidade* de conhecer e se autodeterminar de acordo com esse conhecimento. Assim, estariam excluídos os *enfermos mentais*, os menores de 18 anos, os loucos de todo o gênero etc., contudo, em se tratando de um crime de lesa-pátria, qualquer cidadão, independentemente de sua capacidade civil ou penal, será igualmente vítima de uma conduta criminosa dessa envergadura.

6. Tipo objetivo: adequação típica

Praticar violência ou grave ameaça com a finalidade de desmembrar parte do território nacional para constituir país independente constitui uma tipificação inusitada, *sui generis*, dentre os denominados crimes contra o "Estado democrático de direito". *Violência* e *grave ameaça* constituem elementares utilizadas na composição ou tipificação de alguns tipos penais constantes do Código Penal, normalmente nos crimes contra a pessoa ou contra o patrimônio e, inclusive, em alguns diplomas legais extravagantes, como, por exemplo, no Código de Trânsito. Referidas elementares — *violência ou grave ameaça* — exercem, algumas vezes, funções dogmáticas distintas nos tipos penais que as contemplam, ou seja, ora como *elementares* constitutivas da própria conduta típica, às vezes implicitamente, outra vezes de forma explícita. Por outro lado, não tipificam diretamente as condutas tipificadas, mas constituem qualificadoras, causas especiais de aumento (majorantes) ou mesmo limitam-se a meras agravantes, pois exercem a função de meios, formas ou modo da prática de crimes que usam de violência contra a pessoa (*v.g.*, roubo, extorsão mediante sequestro) ou contra a coisa (como nos crimes de furto, dano etc.). Mas, raramente, para não dizer praticamente nunca, constituem elas próprias — *violência e grave ameaça* — a essência da conduta incriminada (ou seu objeto) como ocorre no presente crime, qual seja, *praticar violência ou grave ameaça* — que constitui a essência da tipificação deste crime, complementado pelo *fim especial* de "desmembrar parte do território nacional para constituir país independente".

Trata-se de uma descrição típica inusitada, até então inexistente no ordenamento jurídico brasileiro, qual seja, "praticar violência ou grave ameaça". Afinal, o que pode ter pretendido o legislador com esse verbo "praticar" seguido dessa locução "violência ou grave ameaça"? Violência ou grave ameaça são, invariavelmente, meios de execução de algum crime, mas não o próprio crime, não o mero objeto do verbo nuclear "praticar", como ocorre nesta tipificação surrealista. Surrealista no sentido de que despreza a lógica e renega os padrões estabelecidos — não de ordem moral e social — pelo nosso *ordenamento jurídico*, embora não se trate de um movimento artístico-literário e tampouco de forma livre de expressão do pensamento[2]. Reflete, na verdade, a ignorância ou desconhecimento da técnica jurídico-penal de elaborar leis penais repressivas que tipificam condutas criminosas. Dentre algumas centenas de crimes catalogados em nosso sistema jurídico, não se conhece, nunca se viu algum tipo penal que tipifique crime de "praticar violência ou grave ameaça". Poder-se-ia, eventualmente, constituir alguma *qualificadora, causa de aumento ou agravante*, "mediante violência ou grave ameaça", por exemplo, e, ainda assim, indicaria *meio ou forma* da prática de outra conduta.

Sem pretender ensinar a legislar, mas já ensinando, considerando que o magistério foi e é a minha atividade profissional predileta, o legislador poderia criminalizar essa mesma conduta da seguinte forma:

"Desmembrar ou tentar desmembrar parte do território nacional, mediante violência ou grave ameaça, para constituir país independente"!

Fica aqui a nossa sugestão para quem sabe, *de lege ferenda*, se possa corrigir o texto legal, sem afrontar com tanta violência, o nosso sofrível vernáculo!

6.1 *Praticar violência ou grave ameaça: meio ou essência da própria conduta tipificada*

A *violência ou grave ameaça* empregadas na tipificação desta conduta criminosa são utilizadas de forma inusitada, na definição dos denominados *crimes contra o Estado Democrático Direito*, diversamente da utilizada no ordenamento jurídico

---

2. *Surrealismo* foi um movimento artístico e literário de origem francesa, caracterizado pela expressão do pensamento de maneira espontânea e automática, regrada apenas pelos impulsos do subconsciente, desprezando a lógica e renegando os padrões estabelecidos de ordem moral e social.

brasileiro, desde os idos de 1940 quando da edição de nosso Código Penal, cuja *Parte Especial*, retalhada como uma "colcha de retalhos" pelo legislador contemporâneo, continua em vigor. Aliás, desafortunadamente, o legislador descobriu uma forma grave, arriscada e perigosa de reescrever um novo Código Penal, acrescentando, desordenadamente, novos tipos penais, quando não Títulos ou Capítulos inteiros, de tal sorte que referido diploma legal, que era de 360 artigos, já conta com mais de quatrocentos artigos.

Com efeito, *violência e grave ameaça* são utilizadas, normalmente, como *meios* para a descrição de determinadas condutas do Código Penal, no entanto, nesta definição, ambas constituem a essência da própria definição criminosa, ao contrário, por exemplo, do que ocorre nos *crimes patrimoniais* e, por excelência, nas hipóteses dos crimes de roubo e de furto. A violência como elemento estrutural do *crime de roubo* é distinta da violência do *furto qualificado* (art. 155, § 4º, I); neste, a *violência* é empregada contra a *coisa*; naquele, contra a pessoa[3], mas sempre como *meio* de realização de conduta tipificada como crime. A *violência*, no crime de *roubo*, pode ser imediata ou mediata: *imediata*, contra o dono (detentor, posseiro ou possuidor) da coisa roubada; *mediata*, contra terceiro. Trata-se, ao contrário do *crime de furto*, de tipo especial cujos meios executórios são nele especificados. Aliás, o uso dos *meios*, qualquer deles, como elementares constitutivas, integram a figura típica do *roubo*, caracterizando seu emprego, por si só, o início da execução desse crime. Logicamente, desnecessário afirmar, desde que o uso da violência ou grave ameaça vise à subtração da coisa. Contudo, a violência ou grave ameaça utilizadas neste novo tipo penal não se confundem com aquelas próprias dos crimes contra o patrimônio.

Enfim, a utilização dessas duas *espécies de violência* (*violência física e violência moral*), aliás, parece que o legislador, neste novo tipo penal, não considera a "grave ameaça" como uma espécie de violência (violência moral), ante a utilização da disjuntiva "ou" no próprio tipo penal. Vejamos, a seguir, a distinção entre as duas *espécies de violência* (a física e a moral), adotadas, corretamente, pelo legislador de 1940.

6.1.1 Violência física (*vis corporalis*)

Violência física à pessoa consiste no emprego de força contra o corpo da vítima, ou, no caso deste tipo penal, até, ou principalmente, *violência física contra seus familiares* (*v.g.*, esposa, filhos, netos, pais etc.), embora o tipo penal não o diga, mas tampouco o proíbe. Sabe-se que, regra geral, para um pai ou uma mãe o ponto mais frágil de suas resistências físicas e emocionais reside na própria família. A rigor, este tipo penal relativamente ao sujeito passivo pode ser considerado uma espécie *sui generis* de tipo penal indeterminado na medida em que não identifica quem pode ser sujeito passivo deste crime.

---

3. Para aprofundar, ver Rosario de Vicente Martinez, *El delito de robo con fuerza en las cosas*, Valencia, Tirant lo Blanch, 1999; Silvia Valamaña Ochaita, *El tipo objetivo de robo con fuerza en las cosas*, Madrid, Centro de Publicaciones del Ministerio de Justicia, 1993.

Certamente, pela objetividade e *impessoalidade* da descrição típica, até pode destinar-se a uma vítima direta, individualmente, mas pela gravidade dos objetivos pretendidos pelo sujeito ativo, essa violência deve destinar-se a toda uma comunidade, região ou território para causar pavor ou medo de destruição em massa. Nada impede, contudo, que, para o apoderamento desse território, possa, inclusive, ser personificada em autoridades ou lideranças dessa comunidade vitimada. Dificilmente, porém, se poderá pensar em ameaças ou lesão corporal individuais, mas deverá ser, necessariamente, coletiva, contra, no mínimo, um aglomerado de pessoas, de autoridades, de funcionários públicos ou inclusive de toda a própria extensão territorial pretendida pelo sujeito ativo deste crime.

Temos consciência de que esta interpretação pode ampliar a abrangência deste tipo penal, mas como se trata da proteção do *Estado democrático de direito*, embora destine-se a punir o autor da conduta descrita, parece-nos que se trata de interpretação razoável ante a grandeza do bem jurídico tutelado. Para caracterizar a violência deste tipo penal, no entanto, não é suficiente que ocorra, por exemplo, mera lesão corporal leve ou simples vias de fato (violência física sem dano à integridade corporal), porque estas não terão força intimidativa suficiente para motivar ação da gravidade da finalidade descrita neste tipo penal. O termo "violência", empregado no texto legal, significa a força física, material, a *vis corporalis*, com a finalidade de amedrontar, causar medo ou insegurança, para vencer resistência e constranger a aceitar sua imposição, do desmembramento territorial para criação de Estado autônomo e independente.

Não é necessário que a violência empregada seja irresistível: basta que seja idônea para coagir a vítima, colocá-la em pânico, amedrontá-la, suficiente, enfim, para minar sua capacidade de resistência. Contudo, aquela violência típica e tradicional para caracterizar, por exemplo, o crime de roubo, por si só, não será suficiente para configurar este crime contra o *Estado Democrático de Direito*.

6.1.2 Grave ameaça (*vis compulsiva*)

Ameaça grave constitui a denominada *violência moral* e é aquela capaz de atemorizar a vítima, viciando sua vontade e impossibilitando sua capacidade de resistência. A grave ameaça objetiva criar na vítima o fundado receio de iminente e grave mal, físico ou moral, tanto a si quanto a pessoas que lhe sejam caras. É irrelevante a justiça ou injustiça do mal ameaçado, na medida em que, utilizada para a prática de crime, torna-a também antijurídica.

"Mediante grave ameaça" constitui forma típica da "violência moral", é a *vis compulsiva*, que exerce força intimidativa, inibitória, anulando ou minando a vontade e o querer da vítima, procurando, assim, inviabilizar eventual resistência desta. Na verdade, a ameaça também pode perturbar, escravizar ou violentar a vontade da pessoa, como a violência material. A violência moral pode materializar-se em gestos, palavras, atos, escritos ou qualquer outro *meio simbólico*. Mas somente a ameaça grave, isto é, aquela que efetivamente imponha medo, receio, temor na vítima, e que lhe seja de capital importância, opondo-se a sua liberdade de querer e de agir. No entanto, embora o tipo penal não o diga, certamente, não é desse tipo de *ameaça* que pode tipificar este crime, pois isso pareceria apenas uma brincadeira de mau gosto.

O mal ameaçado pode consistir em dano ou em simples perigo (ameaça, desde que seja grave, impondo medo à vítima (que pode ser coletiva), a qual, em razão da ameaça, sinta-se inibida, tolhida em sua vontade, incapacitada de opor qualquer resistência ao sujeito ativo. No entanto, é desnecessário que o dano ou perigo ameaçado à vítima seja injusto, bastando que seja grave. Na verdade, a *injustiça* deve residir na ameaça em si e não no dano ameaçado. O mal prometido, a título de *ameaça*, além de futuro e imediato, deve ser determinado, sabendo o agente o que quer impor[4]. Nesse sentido, referindo-se à natureza do mal prometido, Magalhães Noronha pontificava: "Compreende-se que o mal deva ser determinado, pois indefinível e vago não terá grandes efeitos coativos; verossímil também, ou seja, que se possa realizar e não fruto de mera fanfarronice ou bravata; iminente, isto é, suspenso sobre o ofendido: nem em passado, nem em futuro longínquo, quando, respectivamente, *não teria força coatora*, ou esta seria destituída do vigor necessário; inevitável, pois, caso contrário, se o ofendido puder evitá-lo, não se intimidará; dependente, via de regra, da vontade do agente, já que, se depende da de outrem, perderá muito de sua inevitabilidade"[5]. Enfim, esses são os requisitos que, em tese, a *ameaça grave* deve apresentar, penalmente falando. Esses *meios* não são nem absolutos nem *numerus clausus*, podendo, no caso concreto, apresentar-se alguns e outros não, desde que tenham idoneidade para impor medo. É indispensável que a *ameaça* tenha idoneidade intimidativa, isto é, que tenha condições efetivas de constranger a vítima. Enfim, essas são características naturais e indispensáveis do que a lei denomina de *grave ameaça* para conseguir ser *motivadora ou supressora do exercício livre da vontade* da pessoa *ameaçada ou constrangida* a fazer ou deixar de fazer qualquer coisa, legal ou ilegal, contra a sua vontade, enfim, que, teoricamente, não queira realizá-la, mas acaba *sendo forçado* a fazê-la ou realizá-la, para evitar que tal ameaça se concretize.

No entanto, regra geral, a *violência* e, particularmente, a *grave ameaça* tipificada no crime de ameaça, ou mesmo como elementar de alguns outros tipos penais do Código Penal ou de outras leis extravagantes, não se confundem com a *violência e grave ameaça* utilizadas na descrição deste crime de *atentado à integridade nacional*. Especialmente em razão da gravidade e intensidade que elas — *violência ou grave ameaça* — devem atingir, que, em regra, não será individual, *mas coletiva contra todo o Estado democrático de direito e a própria população brasileira*. Certamente, *in casu*, deve ser, necessariamente, *uma ameaça monumental*, com *demonstração de força bélica*, ainda que aparente, com desfiles de carros blindados, ordem

---

4. Cezar Roberto Bitencourt, *Tratado de Direito Penal — Parte Especial*, 21. ed., São Paulo, Saraiva, 2021, v. 2, p. 548-549.
5. Magalhães Noronha, *Direito Penal*, cit., v. 2, p. 163.

unida à tropa ou coisas do gênero, para impor medo, insegurança e risco de ruptura institucional, porque é disso que se trata neste artigo *sub examine*. Afora essa demonstração mínima de "poderio bélico" do autor para realmente levar a efeito a conduta descrita neste tipo penal, não será suficientemente idônea para tipificar esse crime, não passando de simples bravata de alguns irresponsáveis e inconsequentes querendo aparecer. Assim, ser-lhes-á suficiente a colocação em camisa de força por algum tempo.

6.2 Qualquer outro meio de redução da resistência: impossibilidade

O legislador, na tipificação deste crime, evitou a utilização da *locução genérica* — *ou qualquer outro meio* de redução da resistência da suposta vítima — empregada na definição de violência ou grave ameaça em outros crimes, como, por exemplo, no crime de *roubo*, após relacionar essas duas hipóteses casuísticas. Mesmo assim, apenas para esclarecimento faremos sucinto exame dessa locução alternativa. Com efeito, essa fórmula genérica objetiva tipificar *qualquer outro meio* utilizado que se assemelhe à violência (real ou moral) e que por ela não seja abrangida, mas que tenha o condão de deixar a vítima à mercê do sujeito ativo. Enfim, à violência ou grave ameaça é equiparada a todo e qualquer meio pelo qual o sujeito ativo — sem empregar violência ou incutir medo — consegue evitar que a vítima impeça a resistência ou defesa à ação executada pelo autor do crime[6].

Convém destacar, porém, que outro eventual "qualquer meio" tem natureza excludente, isto é, não é similar nem se confunde com *violência ou grave ameaça*, caso contrário seria desnecessário equipará-los. Assim, poderá ter qualquer outra natureza, produzir qualquer outra sensação (que não seja medo ou temor), minar a resistência da vítima, paralisá-la ou imobilizá-la, mas nunca poderá assemelhar-se a violência ou grave ameaça. Enfim, se o referido "qualquer outro meio" assemelhar-se ou confundir-se com qualquer delas se tornará desnecessária a "generalidade", pois terá idoneidade por si própria para integrar a gravidade representada pela violência ou grave ameaça.

Esses outros meios devem ser empregados subreptícia ou fraudulentamente, isto é, sem violência física ou grave ameaça, caso contrário, estariam incluídos nas outras duas alternativas. Devem, contudo, ter capacidade para reduzir ou diminuir a resistência da vítima. Estariam abrangidas, nesses outros crimes, pela expressão "qualquer outro meio" as ações químicas, estranhas ameaças, que restrinjam ou anulem a consciência, como o emprego de inebriantes, entorpecentes ou similares, ou até mesmo a máquina da verdade ou pílulas da confissão, destinadas a violentar a vontade e a liberdade do ofendido, levando-o a declarar o que pretendia calar.

Por isso, por ter necessariamente essas características distintas de violência ou grave ameaça, não pode ser aplicada *extensivamente*, neste *crime contra o Estado*

---

6. Weber Martins Batista, *O furto e o roubo no direito e no processo penal*, cit., p. 215.

democrático de direito, porque violaria o *princípio da tipicidade estrita*, aliás, o que seria inconstitucional. Houvesse, neste tipo penal, a previsão de "ou qualquer outro meio similar" estaria legitimada a extensão interpretativa, mas, neste caso, a sua utilização seria atípica, exatamente por falta de previsão legal.

7. Tipo subjetivo: adequação típica

O elemento subjetivo deste crime é constituído pelo dolo direto representado pela vontade consciente de "praticar violência ou grave ameaça com a finalidade de desmembrar parte do território nacional para constituir país independente". A *consciência atual* da ilegalidade, da gravidade e da injustiça da ação praticada contra o Estado democrático de direito é fundamental para configurar esse *crime de atentado contra a unidade, indivisibilidade e integralidade do Estado democrático de direito brasileiro*. Ao contrário da consciência da ilicitude (que pode ser potencial), a *consciência que representa o elemento intelectual do dolo deve ser* atual, pois, como dizia Welzel, afastar-lhe a atualidade equivale a destruir a linha divisória entre dolo eventual e culpa consciente, convertendo aquele em mera ficção, inadmissível no moderno Direito Penal da culpabilidade.

A ação tipificada, neste dispositivo legal, não se equipara e não tem a natureza de uma simples *ameaça, mas configura a realização efetiva e concreta da ação descrita neste dispositivo legal, que até pode ser interrompida, impedida a concretização da sua execução e preso o seu ou seus autores, o que poderá, dependendo das circunstâncias, configurar a forma tentada deste crime*. Além do dolo está implícito o elemento subjetivo especial do tipo, que é constituído pelo especial fim de praticar violência ou grave ameaça com a *finalidade de desmembrar parte do território nacional* para constituir país independente. Esse *elemento subjetivo especial* do crime se identifica na execução propriamente da conduta descrita no tipo penal, mais especificamente *na finalidade de desmembrar parte do território nacional e constituir um país independente*. Este fim especial pode inclusive não se confirmar, mas ainda assim o crime já estará consumado, com a simples prática da violência ou grave ameaça com essa finalidade.

8. Consumação e tentativa

Há duas formas de execução deste crime, quais sejam, praticando "violência ou ameaça grave" objetivando desmembrar parte do território nacional para constituir um país independente. Ambas as formas têm consumação distinta. A prática de violência significa ação própria de crime material que deixa vestígios. Logo, tem consumação instantânea ou imediata à prática da própria ação material de violência. Por outro lado, na modalidade de prática de ameaça o crime consuma-se no momento em que o teor da *ameaça* chega ao conhecimento do ameaçado. Se este, contudo, desconhece a existência de ameaça não se pode dizer ameaçado. Consuma-se com o resultado da ameaça, isto é, com a intimidação sofrida pelo sujeito passivo ou simplesmente com a idoneidade intimidativa da ação. No entanto, não se está diante de duas condutas singelas de violência ou grave ameaça, mas ambas, segundo o texto legal, são praticadas "com a finalidade de desmembrar parte do território nacional para constituir país independente". Contudo, esse objetivo ou finalidade visada não necessita ser alcançado para que o crime seja considerado consumado. Em outros termos, a despeito dos meios utilizados — violência ou grave ameaça —, trata-se de um *crime formal*, qual seja, de execução antecipada, consumando-se, portanto, mesmo que o objetivo visado não seja alcançado. Em outros termos, estamos considerando a ambas, violência e grave ameaça, com os *meios* utilizados para desmembrar ou tentar desmembrar o território nacional para fins de constituir outro país independente, a despeito da incompreensível redação deste tipo penal.

A tentativa é de difícil configuração, embora seja possível o eventual autor ter sua execução interrompida, impedida de consumar-se. A nosso juízo, a tentativa não é exclusividade do crime material, pois o crime formal também contém, na sua essência, o resultado, que apenas não precisa verificar-se para que esse tipo se consume, ou, como diz a doutrina, trata-se de crime de execução antecipada.

9. Classificação doutrinária

Trata-se de crime comum, que pode ser praticado por qualquer pessoa, não exigindo qualquer qualidade ou condição especial do infrator; formal, embora, a exemplo dos crimes materiais, o tipo descreve um resultado, mas este (desmembramento do território nacional) não precisa verificar-se para que o crime se consume, ou seja, trata-se, segundo a doutrina dominante, da denominada execução antecipada. Nesse crime, o legislador "antecipa a consumação", satisfazendo-se com o simples desvalor da ação[7]; crime de dano, pois o resultado desmembramento do território, por si só, constitui um dano ao bem jurídico lesado; simples, na medida em que protege somente um bem jurídico: a *integralidade e indivisibilidade do território nacional*, além de sua soberania; instantâneo, pois esgota-se com a ocorrência do resultado. Instantâneo não significa praticado rapidamente, mas, uma vez realizados os seus elementos constitutivos, nada mais se poderá fazer para impedir sua consumação. No entanto, embora seja instantâneo, é de efeito permanente.

10. Pena e ação penal

A pena cominada a este crime é reclusão de 2 (dois) a 6 (seis) anos, além da pena correspondente à violência. Significa dizer que a gravidade da *violência* poderá constituir, em si mesma, outro crime, *v.g.*, lesão corporal grave ou gravíssima, e, principalmente, homicídio único ou em concurso material. Nesses casos, as penas deverão ser aplicadas cumulativamente, segundo o sistema do cúmulo material. A ação penal é pública incondicionada.

---

7. Cezar Roberto Bitencourt, *Tratado de Direito Penal* — Parte Geral, 29. ed., 2023, v. 1, p. 265.

CRIME DE ESPIONAGEM | XXVI

Sumário: 1. Considerações preliminares. 2. Bem jurídico tutelado. 3. Sujeitos ativo e passivo. 4. Tipo objetivo: adequação típica. 4.1. Favorecimento especial de espião. 4.2. Figura qualificada: entregar documento com violação de sigilo. 4.3. Facilitar a prática de qualquer dos crimes previstos neste artigo. 5. Tipo subjetivo: adequação típica. 6. Consumação e tentativa. 7. Classificação doutrinária. 8. Pena e ação penal.

Espionagem

Art. 359-K. Entregar a governo estrangeiro, a seus agentes, ou a organização criminosa estrangeira, em desacordo com determinação legal ou regulamentar, documento ou informação classificados como secretos ou ultrassecretos nos termos da lei, cuja revelação possa colocar em perigo a preservação da ordem constitucional ou a soberania nacional:

Pena — reclusão, de 3 (três) a 12 (doze) anos.

§ 1º Incorre na mesma pena quem presta auxílio a espião, conhecendo essa circunstância, para subtraí-lo à ação da autoridade pública.

§ 2º Se o documento, dado ou informação é transmitido ou revelado com violação do dever de sigilo:

Pena — reclusão, de 6 (seis) a 15 (quinze) anos.

§ 3º Facilitar a prática de qualquer dos crimes previstos neste artigo mediante atribuição, fornecimento ou empréstimo de senha, ou de qualquer outra forma de acesso de pessoas não autorizadas a sistemas de informações:

Pena — detenção, de 1 (um) a 4 (quatro) anos.

§ 4º Não constitui crime a comunicação, a entrega ou a publicação de informações ou de documentos com o fim de expor a prática de crime ou a violação de direitos humanos.

1. Considerações preliminares

Os crimes contra o *Estado Democrático de Direito* foram inseridos no Código Penal pela Lei n. 14.197, de 2021, que revogou a Lei n. 7.170/83, a conhecida *Lei de Segurança Nacional*, de triste memória, criando o XII Título da Parte Especial do Código Penal, dividido em quatro capítulos, passando a regular os denominados *"Crimes contra o Estado Democrático de Direito"*, quais sejam: o Capítulo I tratou dos "crimes contra a soberania nacional" *(art. 359-I, atentado à soberania; art. 359-J, atentado à integridade nacional; e art. 359-H, espionagem)*; o Capítulo II, dos "crimes contra as instituições democráticas *(art. 359-L, abolição violenta do Estado democrático de direito; e art. 359-M, golpe de estado)*; o Capítulo III, dos "crimes contra o funcionamento das instituições democráticas no processo eleitoral" *(art. 359-N, interrupção do processo eleitoral; e art. 359-P, violência política; vetados os arts. 359-O e Q)*; e o Capítulo IV, dos "crimes contra o funcionamento dos serviços essenciais" *(art. 359-R, sabotagem — com fim específico de abolir o Estado democrático de direito)*. Foram acrescentados oito novos crimes, além daqueles que foram vetados, os quais ainda poderão ter seu veto derrubado pelo Congresso Nacional.

Pela postura político-legislativa do legislador, os crimes relacionados na Lei n. 14.197/2021 perderam, naturalmente, a *característica de crimes políticos*, como ocorria naquele diploma legal revogado. O objetivo fundamental desta lei nova foi exatamente estabelecer uma *ruptura definitiva* com o vetusto diploma legal revogado (Lei n. 7.170/83), especialmente visando afastar a natureza de *crimes políticos*[1] como era naquela lei, cuja demonstração mais eloquente dessa pretensão do legislador foi a ousadia de incluí-los no Código Penal, que, por tradição histórica, nunca tratou de *crimes políticos*, não seria agora que o legislador cometeria uma heresia dessa natureza. Aliás, o próprio legislador, que sabe disso, se os considerasse como *crimes políticos* não os teria incluído no Código Penal.

Poder-se-á até questionar sobre a *competência* para conhecer e julgar referidos crimes, se da Justiça Estadual ou da Justiça Federal, mas, certamente, não será invocando a *natureza política* desses crimes porque ela não existe. Logicamente, não se pode comparar à competência da Justiça Federal assegurada para o julgamento dos *crimes contra o Sistema Financeiro Nacional*, pela singela razão de que para estes o legislador tomou a cautela de prever, expressamente, a competência da Justiça Federal no art. 26 da Lei n. 7.492/86. Por isso, não se pode invocar essa competência porque, contrariamente, a Lei n. 14.197 silenciou a respeito de competência.

Contudo, os doutrinadores Eugênio Pacelli e Douglas Fisher[2] sustentam que se trata de *crimes políticos*, nos seguintes termos:

"Tais delitos submetem-se à competência da Justiça Federal e poderão ser objeto de recurso ordinário para o Supremo Tribunal Federal (art. 102, II, *b*)". É que, "nos termos do art. 108, da Constituição, cabe aos Tribunais Regionais Federais o julgamento, em grau de recurso, das decisões proferidas pelos juízes fe-

---

1. Conforme o art. 109, IV, da CF/88, compete aos juízes federais processar e julgar "*os crimes políticos* e as infrações penais praticadas em detrimento de bens, serviços ou interesse da União ou de suas entidades autárquicas ou empresas públicas, excluídas as contravenções e ressalvada a competência da Justiça Militar e da Justiça Eleitoral".
2. Eugênio Pacelli & Douglas Fisher, *Comentários ao CPP e sua Jurisprudência*, 13. ed., São Paulo, Atlas, 2021, p. 205 e ss.

derais (art. 108, II), texto esse perfeitamente compatível com a previsão de cabimento de recurso ordinário para o Supremo Tribunal Federal. Assim, este último recurso (o ordinário) será cabível apenas da decisão dos Tribunais Regionais Federais. Justificada a escolha do constituinte pela existência de três níveis de apreciação ordinária da matéria, exatamente em razão das particularidades que envolvem os crimes políticos".

E, complementando o entendimento retromencionado, os dignos doutrinadores acrescem a seguinte afirmação:

"Extrai-se de decisões do Supremo Tribunal Federal (*v.g.* RC n. 1473-SP, Rel. Min. Luiz Fux, 1ª Turma, *DJ* 18-12-2017), que 'crimes políticos, para os fins do art. 102, II, *b*, da Constituição Federal, são aqueles dirigidos, subjetiva e objetivamente, de modo imediato, contra o Estado como unidade orgânica das instituições políticas e sociais e, por conseguinte, definidos na Lei de Segurança Nacional, presentes as disposições gerais estabelecidas nos arts. 1º e 2º do mesmo diploma legal. 2. Da conjugação dos arts. 1º e 2º da Lei n. 7.170/83, extraem-se dois requisitos, de ordem subjetiva e objetiva: i) motivação e objetivos políticos do agente, e ii) lesão real ou potencial à integridade territorial, à soberania nacional, ao regime representativo e democrático, à Federação ou ao Estado de Direito. Precedentes' (RC 1.472, Tribunal Pleno, Rel. Min. Dias Toffoli, Rev. Min. Luiz Fux, unânime, j. 25-5-2016)".

Com todas as vênias, discordamos radicalmente do entendimento assumido pelos doutrinadores Pacelli e Fisher, os quais, em seus *Comentários ao CPP e sua Jurisprudência*[3], fundamentam, basicamente, que seria pelo fato de referida lei estar substituindo, ainda que tardiamente, a Lei n. 7.170/83, a qual tinha esse viés político. Aliás, esse aspecto é, convenhamos, absolutamente irrelevante, até porque com novo diploma legal — Lei n. 14.197/2021 — o legislador pretendeu enterrar de uma vez por todas a malfadada *Lei de Segurança Nacional*, que tantos males causou à nação brasileira e aos brasileiros de um modo geral.

2. Bem jurídico tutelado

A criminalização da conduta de "entrega de documento ou informação classificados como secretos ou ultrassecretos, nos termos da lei", a governo estrangeiro ou a organização criminosa estrangeira, "cuja revelação possa colocar em perigo a preservação da ordem constitucional ou a soberania nacional" ofende diretamente os bens jurídicos *Estado Democrático de Direito* e a própria soberania nacional da *República Federativa do Brasil*. Trata-se de uma questão de *segurança nacional* que ninguém, nenhum funcionário por mais graduado que seja, pode realizar "em desacordo com determinação legal ou regulamentar, documento ou informação classificados como secretos ou ultrassecretos". Trata-se, igualmente, de um crime de lesa-pátria cuja prática desqualifica seu autor que merece a classificação de "traidor",

---

3. Eugênio Pacelli & Douglas Fisher, *Comentários ao CPP e sua Jurisprudência*, 13. ed., São Paulo, Atlas, 2021, p. 205 e ss.

pois com tal revelação pode colocar em perigo a preservação da ordem constitucional e a própria soberania nacional. Ademais, com a prática desse crime os sujeitos ativos violam e desrespeitam a fé da qual eram portadores, e, sendo funcionários públicos, e, normalmente o são, devem ser demitidos por *justa causa*.

3. Sujeitos ativo e passivo

Sujeito ativo do crime, via de regra, é funcionário de alto escalão, que goza de confiança irrestrita de seu superior hierárquico, ou até mesmo a própria autoridade máxima encarregada do setor especializado de onde referido documento originou-se.

Sujeito passivo direto e imediato, por sua vez, indiscutivelmente, é o *Estado Democrático de Direito* e a própria República Federativa do Brasil, que acabam com sua confiança traída, normalmente, por altos funcionários que gozavam de confiança irrestrita, ou, no mínimo, por funcionário normal mas que gozava de alto prestígio e de confiança irrestrita.

4. Tipo objetivo: adequação típica

A *informação em poder dos órgãos e entidades públicas*, observado o seu teor e em razão de sua imprescindibilidade à segurança da sociedade ou do Estado, poderá ser classificada como *ultrassecreta, secreta* ou *reservada*. Este crime de *espionagem* caracteriza-se por *entregar a governo estrangeiro, ou seus agentes, ou, inclusive, a organização criminosa estrangeira, inobservando determinação legal ou regulamentar,* documento ou informação classificados *como secretos ou ultrassecretos nos termos da lei,* cuja revelação possa colocar em perigo a *preservação da ordem constitucional ou a soberania nacional*. Esses documentos devem ser aqueles classificados como *secretos ou ultrassecretos*. Se esses documentos ou informações forem daqueles classificados com o grau de *reservado*, não se adequará a esse comando típico, pois não se tratará de documento *secreto ou ultrassecreto*, havendo, por conseguinte, inobservância da denominada *tipicidade estrita*.

Referida tipificação caracteriza-se como uma *norma penal em branco* em sentido homogêneo, ou seja, seu complemento é originário da mesma fonte legislativa que editou a norma penal em branco. Não se desconhece, no entanto, a existência de outras normas que tratam do nível de *confidencialidade* de documentos, informes e informações, *v.g.*, a Lei n. 12.527, de 18 de novembro de 2011, que dispõe sobre o *acesso a informações*, a qual complementa o disposto no inciso XXXIII do art. 5º da Constituição Federal de 1988. Segundo esse dispositivo constitucional, todos têm direito a receber dos órgãos públicos informações de seu interesse particular ou de interesse coletivo ou geral, as quais devem ser prestadas no prazo legal, "sob pena de responsabilidade, ressalvadas aquelas cujo sigilo seja imprescindível à segurança da sociedade e do Estado".

Essa lei especial dispõe que não poderá ser negado acesso à *informação* necessária à tutela judicial ou administrativa de direitos fundamentais. Complementa, ainda, que as informações ou documentos que versarem sobre condutas ou comportamentos que impliquem *violação dos direitos humanos,* praticada por agentes públicos ou a mando de autoridades públicas, não poderão ser objeto de restrição de acesso.

O mesmo dispositivo constitucional, inciso XXXIII do art. 5º, faz oportuna ressalva, deixando claro que não se trata de um direito absoluto, ou seja, "ressalvando aquelas cujo sigilo seja imprescindível à segurança da sociedade e do Estado". Assim, observando essa ressalva constitucional, o art. 23 da Lei de Acesso às Informações destaca que "são consideradas *imprescindíveis à segurança da sociedade ou do Estado* e, portanto, passíveis de *classificação as informações* cuja divulgação ou acesso irrestrito possam:

"I — pôr em risco a defesa e a soberania nacionais ou a integridade do território nacional;

II — prejudicar ou pôr em risco a condução de negociações ou as relações internacionais do País, ou as que tenham sido fornecidas em caráter sigiloso por outros Estados e organismos internacionais;

III — pôr em risco a vida, a segurança ou a saúde da população;

IV — oferecer elevado risco à estabilidade financeira, econômica ou monetária do País;

V — prejudicar ou causar risco a planos ou operações estratégicos das Forças Armadas;

VI — prejudicar ou causar risco a projetos de pesquisa e desenvolvimento científico ou tecnológico, assim como a sistemas, bens, instalações ou áreas de interesse estratégico nacional;

VII — pôr em risco a segurança de instituições ou de altas autoridades nacionais ou estrangeiras e seus familiares; ou

VIII — comprometer atividades de inteligência, bem como de investigação ou fiscalização em andamento, relacionadas com a prevenção ou repressão de infrações".

Os prazos máximos de restrição de acesso à informação, conforme a classificação supramencionada, constam do art. 24 da mesma *Lei de Informações*, os quais vigoram a partir da data de sua produção, nos seguintes termos:

I — *ultrassecreta: 25 (vinte e cinco) anos;*

II — *secreta: 15 (quinze) anos; e*

III — *reservada: 5 (cinco) anos.*

4.1 Favorecimento especial de espião

O *favorecimento de espião* recebe uma tipificação especial do legislador, cominando a mesma pena a *quem presta auxílio a espião*, conhecendo essa circunstância, para subtraí-lo à ação da autoridade pública. A nosso juízo, *esse crime pode ser praticado por qualquer cidadão*, independentemente de reunir a qualidade ou condição de funcionário público, tratando-se, portanto, de crime comum. Ocorre que, nessa hipótese do § 1º, o *concorrente pode ser ou não estranho à função pública*, mas conhece os fatos, sabe de sua ilicitude e, deliberadamente, concorre para o crime auxiliando a espião furtar-se à *ação da autoridade pública*. No entanto, ele não é coparticipante direto da ação descrita no *caput*, mas concorre numa segunda fase, qual seja, *para garantir a impunidade de espião*, auxiliando-o "a subtrair-se à ação da autoridade pública", configurando, a nosso juízo, uma espécie *sui generis* de "favorecimento pessoal" (art. 348 do CP), com o diferencial de ser tipificado no próprio *crime de espionagem*, exatamente por sua gravidade superior àquele favorecimento genérico de todas as demais infrações penais.

Contudo, nesta hipótese, há grande diferença daquele "favorecimento" previsto no art. 348 do CP, aliás, distinção que quase o transforma em coautor, mas é, inegavelmente, *participante lato sensu*. Neste tipo especial, o *favorecimento é específico* e executado por quem *conhece a condição de espião*, praticamente o transformando em um *participante do fato criminoso*, exatamente para *assegurar o êxito dessa empreitada criminosa*. Auxilia-o a *subtrair-se* da ação da autoridade pública. Não se trata, portanto, de *qualquer favorecimento*, como aquele previsto no Código Penal, que pode ser qualquer um, sem nenhuma ligação com o fato anterior, ao contrário do que ocorre na previsão deste tipo especial. Esses aspectos justificam, sem sombra de dúvida, essa punição específica para o *favorecimento de um espião*. Aliás, se não houvesse essa previsão especial, referida conduta não poderia ser punida dessa forma, e, assim, restaria somente aquele *favorecimento genérico* lá do Código Penal, que tem uma função residual, isto é, para hipóteses em que não haja tipificação específica como esta desta lei especial.

4.2 *Figura qualificada: entregar documento com violação de sigilo*

Este tipo penal apresenta sua *forma qualificada*, com considerável elevação da pena cominada, ou seja, prevê pena de seis a quinze anos de reclusão, se o *documento, dado ou informação* for transmitido ou revelado com *violação do dever de sigilo*. Na verdade, nessa hipótese, há duas violações simultâneas: a ilegal entrega de *documento, dado ou informação sigilosos, que é a infração do caput* e, o que é mais grave ainda, com *violação do dever de sigilo*, o que justifica sua definição como *crime qualificado*. Mesmo assim, parece-nos que essa cominação penal, comparada com a punição do *caput*, é excessivamente rigorosa, reclusão, de seis a quinze anos.

Por outro lado, o § 3º cria, por sua vez, um tipo penal autônomo consistente em *facilitar a prática de qualquer dos crimes previstos neste artigo*, mediante atribuição, fornecimento ou empréstimo de senha, ou de qualquer outra forma de acesso de pessoas não autorizadas a sistemas de informações, cuja pena cominada é de um a quatro anos de detenção. Neste § 3º há, inegavelmente, uma *desproporção valorativa* das condutas aqui criminalizadas, ora elevando sua punição ao extremo, ora rebaixando-a inexplicavelmente, como neste § 3º.

Com efeito, *fornecer ou emprestar senha* ou qualquer outra forma de acesso não autorizado a *sistemas de informações* representa, no mínimo, somente uma forma indireta de "entregar documento ou informação classificados *como secretos ou ultrassecretos nos termos da lei*", como tipificado no *caput* deste artigo, quando não uma *forma disfarçada, dissimulada* ou *subreptícia* de cometer o mesmo crime descrito no *caput*. E, talvez, até com uma carga superior de gravidade, exatamente pela *dissimulação*, porque, claramente, sabe que está cometendo o mesmo crime, apenas escolhe um subterfúgio para fazê-lo. Por isso, esse *modus operandi*s furtivo, dissimulado, em vez de proporcionar uma "privilegiadora", como previsto neste parágrafo, seria mais adequado, pelo menos, a mesma pena do *caput*, senão até com uma *majorante*, considerando-se o *maior desvalor da ação* sub-reptícia do sujeito ativo. Para o titular do bem jurídico resulta em prejuízo maior funcionário com esse comportamento, porque pode correr o risco de contar em seus quadros com funcionário desleal e dissimulado, podendo levar mais tempo para descobrir quem é o fraudador, recaindo suspeitas indevidas a todo o quadro funcional especial.

Por fim, não constitui crime a comunicação, a entrega ou a publicação de informações ou de documentos *com o fim de expor a prática de crime ou a violação de direitos humanos* (§ 4º). Essa previsão constitui uma *excludente de criminalidade*, exatamente porque a sua prática tem a finalidade de demonstrar a ocorrência de um crime ou a violação de direitos humanos, configuradora de uma *causa especial de justificação*.

4.3 Facilitar a prática de qualquer dos crimes previstos neste artigo

Facilitar a prática de qualquer dos crimes previstos neste artigo mediante atribuição, fornecimento ou empréstimo de senha, ou de qualquer outra forma de acesso de pessoas não autorizadas a sistemas de informações. Nesta hipótese, prevista no § 3º, o legislador estende a tutela desse bem jurídico a qualquer das condutas incriminadas neste dispositivo legal, ampliando a proteção penal do sigilo dos documentos a atos ou fatos sigilosos de interesse público. Mas, inadvertidamente, também restringe sua abrangência quando delimita o meio utilizado para essa ampliação, qual seja, "mediante atribuição, fornecimento ou empréstimo de senha, ou de qualquer outra forma de acesso de pessoas não autorizadas a sistemas de informações". Ocorre que a *facilitação da prática desses crimes* de violação de sigilo de documentos, ato ou fatos sigilosos, pode ocorrer com uma variedade de outras formas ou meios, os quais, se vierem a acontecer, poderão ficar impunes, como, por exemplo, deixando o local aberto ou deschaveado, esquecendo os objetos sigilosos sobre a mesa, quando ausentar-se do local etc. Pois essas hipóteses são apenas alguns exemplos da forma como o funcionário encarregado ou responsável pelos documentos ou pelo setor específico pode, deliberadamente, facilitar a prática desses crimes previstos neste artigo, que não estão abrangidos pelo presente artigo legal.

5. Tipo subjetivo: adequação típica

O elemento subjetivo deste crime — *espionagem* — é constituído pelo dolo direto representado pela vontade consciente de "tentar depor, por meio de violência ou grave ameaça, o governo legitimamente constituído", com a finalidade de assumir o poder pela força, ilegitimamente, portanto. A *consciência atual* da ilegalidade, da gravidade e da injustiça da ação praticada contra o *Estado democrático de direito* é fundamental para configurar esse *crime*. Ao contrário da consciência da ilicitude (que pode ser potencial), a *consciência que representa o elemento intelectual do dolo deve ser* atual, pois, como dizia Welzel, afastar-lhe a atualidade equivale a destruir a linha divisória entre dolo eventual e culpa consciente, convertendo aquele em mera ficção, inadmissível no moderno direito penal da culpabilidade.

A ação tipificada, neste dispositivo legal, não se equipara e não tem a natureza de uma simples *ameaça,* mas configura a realização efetiva e concreta das ações descritas neste dispositivo legal, que até podem ser interrompidas, impedidas a concretização da sua execução e preso o seu ou seus autores. No entanto, neste crime, é indiferente que o sujeito ativo consiga ou não *consumar* as condutas aqui tipificadas, pois os crimes estarão consumados com a simples ação. Com efeito, a tipificação é exatamente entregar a governo estrangeiro, a seus agentes, ou a organização criminosa estrangeira. Neste tipo penal não existe, regra geral, o elemento subjetivo especial do tipo e, excepcionalmente, talvez até se possa localizar em alguma forma de sua execução, o que, aliás, é bastante improvável.

Vale citar que o STF recentemente publicou o acórdão referente à Ação Penal n. 1.060/DF, cujo objeto eram os atos criminosos realizados no dia 8-1-2023, em Brasília. Uma das conclusões obtidas durante o julgamento foi de que é possível a aplicação do concurso material entre os tipos penais do art. 359-L e 359-M do Código Penal, na medida em que são delitos autônomos e que exigem elementos subjetivos distintos do agente (AP 1060, Relator Ministro Alexandre de Moraes, Tribunal Pleno, julgado em 14-9-2023, publicado em 19-2-2024).

6. Consumação e tentativa

Este crime consuma-se com a efetiva entrega a governo estrangeiro, a seus agentes, ou a organização criminosa estrangeira, de documento ou informação classificados como secretos ou ultrassecretos nos termos da lei, cuja revelação possa colocar em perigo a preservação da ordem constitucional ou a soberania nacional, em desacordo com determinação legal ou regulamentar. Os aspectos relativos a tipicidade já foram examinados anteriormente, por isso, é desnecessário repetir neste tópico. Enfim, a consumação ocorre com a simples entrega de documentos secretos ou ultrassecretos a governo estrangeiro ou a organização criminosa estrangeira. Em outros termos, a entrega dos mesmos documentos a organização criminosa nacional ou a outras autoridades brasileiras não tipifica este crime, pois não satisfaz a elementar "estrangeiro" ou "estrangeira", exigidas pela tipificação estrita, ainda que viole as elementares *secretos* ou *ultrassecretos*.

Consuma-se, igualmente, o crime de *quem presta auxílio a espião*, conhecendo essa circunstância, para subtraí-lo à ação da autoridade pública, estando sujeito, inclusive, a mesma sanção penal, nesta modalidade; a nosso juízo, *esse crime pode ser praticado por qualquer cidadão*, independentemente de reunir a qualidade ou condição de funcionário público. Ocorre que, nessa hipótese do § 1º, o concorrente estranho à função pública conhece os fatos, sabe de sua ilicitude e, deliberadamente, concorre para o crime auxiliando a espião furtar-se à *ação da autoridade pública*. No entanto, ele não é coparticipante da ação descrita no *caput*, mas concorre numa segunda fase, qual seja, *para garantir a impunidade de espião*, auxiliando-o "a subtrair-se à ação da autoridade pública", configurando, a nosso juízo, uma espécie *sui generis* de "favorecimento pessoal" do autor (art. 348 do CP), com o diferencial de ser tipificado no próprio *crime de espionagem*, exatamente por sua gravidade superior àquele genérico favorecimento aplicável a, praticamente, todas as demais infrações penais.

Contudo, nesta hipótese, há grande diferença daquele "favorecimento" previsto no art. 348 do CP, aliás, que quase o transforma em coautor. Neste tipo especial, o *favorecimento é específico* e praticado por quem *conhece a condição de espião*, praticamente o transformando em um *participante do fato criminoso*, exatamente para *assegurar o êxito dessa empreitada criminosa*. Auxilia-o a subtrair-se da ação da autoridade pública. Não se trata, portanto, de *qualquer favorecimento*, como aquele previsto no Código Penal, que pode ser qualquer um, sem nenhuma ligação com o fato anterior, ao contrário do que ocorre na previsão deste tipo especial. Esses aspectos justificam, sem sombra de dúvida, essa punição específica para o favorecimento de um espião.

A tentativa, regra geral, é, teoricamente, possível, na prática da conduta descrita no *caput* do presente artigo. No entanto, relativamente às previsões constantes dos §§ 1º e 2º, sua ocorrência é de difícil comprovação, embora, concretamente, até se possa eventualmente comprová-la, pois cada caso é um caso. Por outro lado, a facilitação dos crimes previstos no § 3º, em regra, não comporta a *figura tentada*, ressalvada a última hipótese, que pode ser interrompida, qual seja, "facilitar acesso de pessoas não autorizadas a sistemas de informações". Nas demais hipóteses, não vemos como possível a figura tentada.

7. Classificação doutrinária

Trata-se de crime próprio, que não pode ser praticado por qualquer pessoa, mas somente por *funcionário público* que é encarregado em razão de cargo, ofício ou função da guarda, manipulação ou uso de referidos documentos. Cidadão comum não tem acesso a esse tipo de documento e, se o tiver, algo está errado, e mesmo que não haja nada de irregular, o cidadão comum não tem a *obrigação funcional do cargo ou função pública*, por isso, não pode ser sujeito ativo desse tipo de crime. No entanto, embora se trate de *crime próprio*, admite concurso de pessoas (não é crime de mão própria), estendendo, nessas condições, a responsabilidade penal a eventual coautor que não reúna a qualidade ou condição de funcionário público, por isso, pode responder como partícipe por esse tipo de crime; *crime comun*, na modalidade prevista no § 1º (prestar auxílio a espião, conhecendo essa circunstância, para subtraí-lo à ação da autoridade pública), que pode ser praticado por qualquer pessoa, sendo ou não funcionário público, não exigindo qualidade ou condição especial para seu autor, coautor ou partícipe; *formal*, embora a exemplo dos crimes materiais, o tipo descreva um resultado, mas este não precisa verificar-se *para que o crime se consume*, ou seja, trata-se, segundo a doutrina dominante, da denominada *execução antecipada*, em que a conduta criminosa consuma-se sem a ocorrência efetiva do resultado. Neste crime, o legislador "antecipa a consumação", satisfazendo-se com o simples desvalor da ação[4]; instantâneo, que se esgota ou se exaure com a ocorrência do resultado; instantâneo não significa praticado rapidamente, mas, uma vez realizados os seus elementos constitutivos, nada mais se poderá fazer para impedir sua consumação; unissubjetivo, podendo ser praticado por alguém individualmente, embora admita naturalmente o concurso de pessoas.

8. Pena e ação penal

A pena cominada a este crime é reclusão de três a doze anos. Incorre na mesma pena quem presta auxílio a espião, conhecendo essa circunstância, para subtraí-lo à ação da autoridade pública (§ 1º). Se o documento, dado ou informação é transmitido ou revelado *com violação do dever de sigilo*, a pena será reclusão de seis a quinze anos (§ 2º). Facilitar a prática de qualquer dos crimes previstos neste artigo mediante atribuição, fornecimento ou empréstimo de senha, ou de qualquer outra forma de acesso de pessoas não autorizadas a sistemas de informações, está sujeito a pena de detenção de um a quatro anos. Por fim, o § 4º destaca que não constitui crime a comunicação, a entrega ou a publicação de informações ou de documentos *com o fim de expor a prática de crime* ou a violação de direitos humanos. E, finalmente, a ação penal é pública incondicionada.

---

4. Cezar Roberto Bitencourt, *Tratado de Direito Penal* — Parte Geral, 29. ed., 2023, v. 1, p. 265.

ABOLIÇÃO VIOLENTA DO ESTADO DEMOCRÁTICO DE DIREITO | XXVII

Sumário: 1. Considerações preliminares. 2. Bem jurídico tutelado. 3. Sujeitos ativo e passivo. 4. Tipo objetivo: adequação típica. 4.1. Meios de execução da abolição do Estado Democrático de Direito: por meio de violência ou grave ameaça. 4.1.1. Violência física (*vis corporalis*). 4.1.2. Grave ameaça (*vis compulsiva*). 5. Tipo subjetivo: adequação típica. 6. Consumação e tentativa. 7. Classificação doutrinária. 8. Pena e ação penal.

Capítulo II
DOS CRIMES CONTRA AS INSTITUIÇÕES DEMOCRÁTICAS
Abolição violenta do Estado Democrático de Direito
Art. 359-L. Tentar, com emprego de violência ou grave ameaça, abolir o Estado Democrático de Direito, impedindo ou restringindo o exercício dos poderes constitucionais:
Pena — reclusão, de 4 (quatro) a 8 (oito) anos, além da pena correspondente à violência.

---

1. Considerações preliminares

Preliminarmente, convém destacar, de plano, que se trata de *crime similar*, praticamente idêntico, ao crime de *Golpe de Estado* (art. 359-M), sendo, por isso, permissível que repitamos aqui muito dos argumentos, fundamentos e conceituações que emitimos quando examinamos aquela conduta criminosa. E, por isso mesmo, causa perplexidade que a pena cominada aqui seja consideravelmente inferior àquela cominada para aquele crime, qual seja, de quatro a doze anos, enquanto, para este crime, a pena é de somente quatro a oito anos.

Há a rigor, na nossa concepção, pequena distinção no que se refere a *legitimidade ativa* para a prática deste crime de "abolição violenta do Estado Democrático de Direito", posto que naquele crime de *Golpe de Estado* a *legitimidade ativa* é, indiscutivelmente, das *Forças Armadas*, por todas as razões lá expostas. Ao passo que aqui, neste crime, embora possa ser praticado ou executado também pelas Forças Armadas, à primeira vista, não se pode afastar a possibilidade do surgimento de algo similar às extintas e abolidas (para ficar no mesmo verbo) supostas "organizações revolucionárias", com pretensão de "abolir de forma violenta o Estado Democrático de Direito". Em hipóteses que tais, indiscutivelmente, referidos organismos *sui generis* serão ou poderão ser autores deste tipo de crime, desde que comprovada sua existência, configuração e a prática consumada ou tentada de *abolição violenta do Estado Democrático de Direito*. Mas aí, nesses aspectos, já se trata de matéria de prova que deve ser resolvida no âmbito do direto processual, e não no plano do direito material que aqui examinamos.

Relembramos que nas democracias sólidas, tradicionais e com cultura elevada as *Forças Armadas* jamais cedem a *tentações subversivas*, deploráveis e desonrosas contra a própria Pátria que juraram defender com lealdade e destemor. No atual estágio da civilização e a solidez dos princípios democráticos asseguradores do *Estado Democrático de Direito*, não há mais espaço para as próprias *Forças Armadas* serem tentadas a subverter a ordem jurídico-democrática, derrubando governantes e/ou assumindo ilegitimamente o comando do controle estatal, sob quaisquer justificativas, que serão sempre inadmissíveis e reprováveis.

Por outro lado, deve-se reconhecer, destacar e aplaudir a postura que nossas *Forças Armadas* vêm mantendo nas últimas *três décadas de redemocratização* brasileira, com novas gerações de Generais com escorreita formação democrática, preocupados com as reais funções constitucionais que têm. São, inclusive, conscientes das *funções de Estado* que exercem, da respeitabilidade que vêm conquistando perante a sociedade brasileira e também no exterior, não estão dispostos a colocar tudo a perder. São conscientes de que, enquanto *instituição pública armada*, tem a função de proteger o Estado Democrático de Direito e, especialmente, contra forças externas.

As condutas tipificadas nessa lei e, particularmente, nesse dispositivo legal, não condizem com a postura ou o comportamento atual das Forças Armadas brasileiras, como demonstramos no exame global dessa Lei n. 14.197/2021. Na atualidade, as Forças Armadas *são uma das instituições mais respeitadas e prestigiadas pela população brasileira*, que, aliás, apenas faz Justiça pela forma como vêm desempenhando sua missão constitucional. Portanto, as condutas tipificadas nessa lei não se vinculam e tampouco se referem ao passado, mas substituem a antiga Lei de Segurança Nacional que tardiamente foi revogada e, necessariamente, precisam estabelecer as formas, os fundamentos e as condutas consideradas criminosas, objetivando assegurar a proteção efetiva do *Estado Democrático de Direito*, como fez a Lei n. 14.197, de 2021.

2. Bem jurídico tutelado

O bem jurídico tutelado, neste dispositivo legal, é, sem dúvida alguma, o próprio *Estado Democrático de Direito*, que é impedido ou tem restringido o exercício dos poderes constitucionais que lhe são próprios. O *Estado Democrático de Direito* não pode ser traído pela principal instituição nacional que o deveria proteger, respeitar e *garantir a sua funcionalidade*, qual seja, pelas próprias Forças Armadas. O Estado Democrático de Direito não pode, a pretexto algum, ser impedido ou ter restringido o exercício dos seus legítimos poderes constitucionais. Nenhum órgão público ou privado pode se arvorar em limitar, restringir ou censurar o exercício dos Poderes Constitucionais que lhe são assegurados pela Constituição Federal. Com efeito, o

Estado Democrático de Direito encontra suas limitações traçadas no próprio texto constitucional, fora disso nada e ninguém pode limitar o seu exercício.

3. Sujeitos ativo e passivo

Sujeito ativo do crime de "abolição violenta do Estado Democrático de Direito", em uma *democracia consolidada* como a brasileira, só pode ser, sem sombra de dúvida, as próprias *Forças Armadas*, embora, na atualidade, aparentemente, não apresentem qualquer sintoma possível de ter ou, no futuro vir a ter, tamanha *pretensão antidemocrática*, quer pela formação democrática de seus generais e respectivos comandados, quer pela consolidação do *Estado Democrático de Direito brasileiro*. Por outro lado, a conexão mundial via *Rede Internacional de Computadores* — Internet — transformou o mundo em uma verdadeira "aldeia global", como já se disse, e, certamente, as Forças Armadas Brasileiras, pela formação democrática que têm, não correriam o risco de transformar-se em *ditadoras* caindo no descrédito internacional, imediatamente. Seria, é bom que se diga, uma perda inestimável de tantas conquistas que as Forças Armadas brasileiras adquiriram interna e externamente ao longo das últimas décadas, aliás, inclusive, em alguns continentes, sendo, com frequência, chamadas para administrar crises de miséria associadas com ditaduras ou práticas antidemocráticas, vivenciadas por muitos pequenos países em situações caóticas, dominados pela miséria, pobreza e ímpetos antidemocráticos de seus representantes despreparados.

No entanto, neste tipo penal, contrariamente àquele que prevê o crime de *Golpe de Estado* (art. 359-M), aqui, neste crime, embora também possa ser praticado ou executado pelas próprias *Forças Armadas*, à primeira vista, não se pode afastar a possibilidade do surgimento de algo similar às extintas e *abolidas* "organizações revolucionárias", com pretensão de "abolir de forma violenta o Estado Democrático de Direito" e, inclusive, *diminuindo ou restringindo-lhe o exercício dos poderes constitucionais*. Em hipóteses que tais, indiscutivelmente, referidos organismos *sui generis* serão ou poderão ser autores deste tipo de crime, desde que comprovada sua existência, configuração da prática consumada ou tentada de *abolição violenta do Estado Democrático de Direito*. Mas aí, nesses aspectos legais procedimentais, já se trata de matéria de prova, que deve ser resolvida no âmbito do direto processual, e não no plano do direito material que aqui examinamos.

Sujeito passivo direto ou imediato, por sua vez, indiscutivelmente, é o próprio *Estado Democrático de Direito*. Aliás, é a primeira grande vítima do crime de "abolição violenta do Estado Democrático de Direito", como o próprio nome do crime o diz e o conteúdo do seu artigo reproduz. Esta modalidade de crime nada mais é do que um autêntico *golpe de Estado*, embora o legislador tenha tipificado esse tipo de crime, com esse *nomen iuris* em outro dispositivo legal similar *(art. 359-M)*.

4. Tipo objetivo: adequação típica

Este tipo penal, utilizando-se de técnica raramente aplicada, *criminaliza*, como crime consumado, a ação de *tentar depor o governo legitimamente constituído*, porque a sua gravidade é igual ou equivalente a sua consumação pelos gravíssimos efeitos danosos que causa ao *Estado democrático de direito*, bem como a toda a sua população. Não raro, em hipóteses tais, há derramamento de sangue, supressão de liberdades, prisões ilegais e abusivas, assassinatos, enfim, violências e constrangimentos de toda ordem, além da supressão dos direitos e garantias fundamentais do cidadão, justificando-se, nesse tipo de crime, a *antecipação de sua consumação* similar ao que ocorre com os denominados crimes formais.

Trata-se da criação de um *tipo penal especial* e específico com destinação certa, qual seja, as *Forças Armadas brasileiras*, as quais, desvirtuando-se de suas *funções institucionais*, como destacamos anteriormente, se mal comandadas, no caso, por subversivos ou traidores da Pátria, essa própria instituição pode, comandada e consumida pela ânsia de poder, *tentar depor*, de forma violenta (mediante violência ou grave ameaça), *governo legitimamente constituído*. Ou, dito de outra forma, *criminaliza-se*, neste dispositivo legal, a conduta de "tentar derrubar" um governo legitimamente eleito, pelo voto direto da população, destruindo, dessa forma, o *Estado Democrático de Direito,* o qual deveria ser protegido pelas próprias Forças Armadas, que é sua função institucional. Com ou sem uso efetivo de armas, mas mediante violência ou grave ameaça, a "abolição violenta do Estado Democrático de Direito" é sempre uma *ruptura institucional violenta* e antidemocrática, praticada por uma instituição armada destinada a protegê-lo, que se volta contra ele. Ainda que não utilize o seu armamento disponível, mas a simples *ostentação bélica* é mais que suficiente para criar o efeito psicológico ou físico do uso de armas contra uma população ordeira, democrática e desarmada, que acredita nessa instituição.

4.1 *Meios de execução da abolição do Estado Democrático de Direito: por meio de violência ou grave ameaça*

Violência e *grave ameaça* são os *meios* invariavelmente utilizados na prática dos denominados *crimes violentos*, especialmente em *crimes contra a pessoa e crimes contra o patrimônio tipificados* no Código Penal. Por isso, surge com naturalidade a opção do legislador pela utilização desses mesmos *meios* para tipificação de crimes violentos praticados contra o *Estado Democrático de Direito*, neste novo diploma legal, que, repetindo, substituiu a sempre questionada *Lei de Segurança Nacional* (Lei n. 7.170, de 14 de dezembro de 1983). Vejamos, analiticamente, cada um desses *meios* violentos a seguir (violência física ou grave ameaça).

4.1.1 Violência física (*vis corporalis*)

Violência física consiste no *emprego de força* contra o corpo da vítima que, na hipótese dos crimes desta Lei n. 14.197/2021, são as pessoas que habitam este país, que o integram, trabalham, criam seus filhos e contribuem para o seu crescimento. Este país chamado Brasil, que é o nosso país, é um *Estado Democrático de Direito legitimamente constituído*. Aliás, os *direitos* (inclusive sociais) e *garantias fundamentais* estão relacionados nos arts. 5º e 6º da Constituição Federal de 1988.

Certamente, pela objetividade e *impessoalidade* desta descrição típica até pode destinar-se a uma vítima direta, individualmente considerada, mas pela gravidade dos objetivos pretendidos pelo sujeito ativo da conduta aqui criminalizada, qual seja, "depor um governo legitimamente constituído", a violência ou grave ameaça, *como meio*, deve destinar-se aos detentores do Poder Constituído legitimamente, bem como contra a estrutura que o cerca objetivando dar-lhe segurança. Nada impede, por outro lado, que para "depor um governo legitimamente constituído" essa ação, aqui criminalizada, possa estender-se e abranger todos os segmentos necessários para assegurar o êxito dessa ação violenta, ilegítima e, agora, também criminosa. Afinal, a História Universal demonstra como ocorre, invariavelmente, a deposição de governos legitimamente constituídos, mesmo em Estados democráticos de direito.

Referida violência se estenderá para as estruturas e autoridades ou lideranças que objetivam dar segurança ao exercício do poder ou governo legitimamente eleito e constituído. Em outros termos, essa *violência ou grave ameaça* se estenderá para onde se fizer necessária para garantir e assegurar a "tomada violenta do poder", a qualquer custo, podendo, nessas circunstâncias, atingir, inclusive, as pessoas comuns do povo que nada têm a ver com a estrutura do Poder. Temos consciência de que esta interpretação pode ampliar a abrangência deste tipo penal, mas como se trata da proteção do *Estado democrático de direito*, embora destine-se a punir o autor da conduta descrita, parece-nos que se trata de interpretação razoável ante a grandeza do bem jurídico tutelado. O termo "violência", empregado no texto legal, significa a força física, material, a *vis corporalis*, com a finalidade de amedrontar, causar medo ou insegurança, para vencer resistências e constranger a aceitar sua imposição. Contudo, aquela violência típica e tradicional para caracterizar, por exemplo, o crime de roubo, por si só, não será suficiente para configurar este crime contra o *Estado Democrático de Direito*.

4.1.2 Grave ameaça (vis compulsiva)

Ameaça grave constitui a denominada *violência moral*, que é aquela capaz de atemorizar a vítima, viciando sua vontade e impossibilitando sua capacidade de resistência. A grave ameaça objetiva criar na vítima o fundado receio de iminente e grave mal, físico ou moral, tanto a si quanto a pessoas que lhe sejam caras. É irrelevante a justiça ou injustiça do mal ameaçado, na medida em que, utilizada para a prática de crime, torna-a também antijurídica. "Mediante grave ameaça" constitui forma típica da "violência moral", é a *vis compulsiva*, que exerce força intimidativa, inibitória, anulando ou minando a vontade e o querer da vítima, procurando, assim, inviabilizar eventual resistência desta. Na verdade, a ameaça também pode perturbar, escravizar ou violentar a vontade da pessoa, como a violência material. A violência moral pode materializar-se em gestos, palavras, atos, escritos ou qualquer outro *meio simbólico*. Mas somente a ameaça grave, isto é, aquela que efetivamente imponha medo, receio, temor na vítima, e que lhe seja de capital importância, opondo-se a sua liberdade de querer e de agir. No entanto, embora o tipo penal não o diga, certamente, não é desse tipo de *ameaça* simples que pode tipificar este crime, pois isso pareceria apenas uma brincadeira de mau gosto.

O mal ameaçado pode consistir em dano ou em simples perigo (ameaça, desde que seja grave), impondo medo à vítima, a qual, em razão da ameaça, sinta-se inibida, tolhida em sua vontade, incapacitada de opor qualquer resistência ao sujeito ativo. No entanto, é desnecessário que o dano ou perigo ameaçado à vítima seja injusto, bastando que seja grave. Na verdade, a *injustiça* deve residir na ameaça em si e não no dano ameaçado. O mal prometido, a título de *ameaça*, além de futuro e imediato, deve ser determinado, sabendo o agente o que quer impor[1]. Nesse sentido, referindo-se à natureza do mal prometido, Magalhães Noronha pontificava: "Compreende-se que o mal deva ser determinado, pois indefinível e vago não terá grandes efeitos coativos; verossímil também, ou seja, que se possa realizar e não fruto de mera fanfarronice ou bravata; iminente, isto é, suspenso sobre o ofendido: nem em passado, nem em futuro longínquo, quando, respectivamente, *não teria força coatora*, ou esta seria destituída do vigor necessário; inevitável, pois, caso contrário, se o ofendido puder evitá-lo, não se intimidará; dependente, via de regra, da vontade do agente, já que, se depende da de outrem, perderá muito de sua inevitabilidade"[2]. Enfim, esses são os requisitos que, em tese, a *ameaça grave* deve apresentar, penalmente falando. Esses *meios* não são nem absolutos nem *numerus clausus*, podendo, no caso concreto, apresentar-se alguns e outros não, desde que tenham idoneidade para impor medo. É indispensável que a *ameaça* tenha idoneidade intimidativa, isto é, que tenha condições efetivas de constranger a vítima. Enfim, essas são características naturais e indispensáveis do que a lei denomina *grave ameaça* para conseguir ser *motivadora ou supressora do exercício livre da vontade* da pessoa *ameaçada ou constrangida* a fazer ou deixar de fazer qualquer coisa, legal ou ilegal, contra a sua vontade, enfim, que, teoricamente, não queira realizá-la, mas acaba *sendo forçado* a fazê-la ou realizá-la, para evitar que tal ameaça se concretize.

No entanto, regra geral, a *violência* e, particularmente, a *grave ameaça* tipificada no crime de ameaça, ou mesmo como elementar de alguns outros tipos penais do Código Penal ou de outras leis extravagantes, não se confundem com a *violência e grave ameaça* utilizadas na descrição deste crime de abolir mediante violência ou grave ameaça o Estado Democrático de Direito. Especialmente em razão da gravidade e intensidade que elas — *violência ou grave ameaça* — devem atingir, que, em regra, não será individual, *mas coletiva contra todo o Estado democrático de direito e a própria população brasileira*. Certamente, *in casu*, deve ser, necessariamente, *uma ameaça monumental*, com *demonstração de força bélica*, ainda que aparente, com desfiles de carros blindados, ordem unida à tropa ou coisas do gênero, para impor medo, insegurança e risco de ruptura institucional, porque é disso que se

---

1. Cezar Roberto Bitencourt, *Tratado de Direito Penal — Parte Especial*, 21. ed., São Paulo, Saraiva, 2021, v. 2, p. 548-549.
2. Magalhes Noronha, *Direito Penal*, cit., v. 2, p. 163.

trata neste artigo *sub examine*. Afora essa demonstração mínima de "poderio bélico" do autor para realmente levar a efeito a conduta descrita neste tipo penal, não será suficientemente idônea para tipificar esse crime, não passando de simples bravata de alguns irresponsáveis e inconsequentes querendo aparecer. Assim, ser-lhes-á suficiente a colocação em camisa de força por algum tempo.

5. Tipo subjetivo: adequação típica

O elemento subjetivo deste crime — *abolição do Estado Democrático de Direito* — é constituído pelo dolo direto representado pela vontade consciente de "tentar depor, por meio de violência ou grave ameaça, o governo legitimamente constituído", com a finalidade de assumir o poder pela força, ilegitimamente, portanto. A *consciência atual* da ilegalidade, da gravidade e da injustiça da ação praticada contra o *Estado democrático de direito* é fundamental para configurar esse *crime*. Ao contrário da consciência da ilicitude (que pode ser potencial), a *consciência que representa o elemento intelectual do dolo deve ser* atual, pois, como dizia Welzel, afastar-lhe a atualidade equivale a destruir a linha divisória entre dolo eventual e culpa consciente, convertendo aquele em mera ficção, inadmissível no moderno Direito Penal da culpabilidade.

A ação tipificada, neste dispositivo legal, não se equipara e não tem a natureza de uma simples *ameaça,* mas configura a realização efetiva e concreta da ação descrita neste dispositivo legal, que até pode ser interrompida, impedida a concretização da sua execução e preso o seu ou seus autores. No entanto, neste crime, é indiferente que o sujeito ativo (Forças Armadas) consiga ou não *consumar* sua ação de "tentar dar o golpe" no "Poder legitimamente constituído", pois o crime estará consumado. Com efeito, a tipificação é exatamente "tentar abolir o Estado Democrático de Direito", e, assim, lograr êxito da ação, representará somente o *exaurimento do crime*, o que deverá ser considerado na aplicação da pena, pois o crime estará consumado com a simples tentativa. Neste crime não existe elemento subjetivo especial do tipo.

6. Consumação e tentativa

Há duas formas de execução deste crime, quais sejam, "por meio de violência ou de grave ameaça" objetivando "tentar abolir o Estado Democrático de Direito". Ambas as formas têm consumação distinta. A prática de violência significa ação própria de crime material que deixa vestígios. Logo, tem consumação instantânea ou imediata à prática da própria ação material de violência. Por outro lado, na modalidade de prática de ameaça o crime consuma-se no momento em que o teor da *ameaça* chega ao conhecimento do ameaçado, que pode ser instantâneo ou não. Consuma-se com o resultado da ameaça, isto é, com a *intimidação sofrida pelo sujeito passivo* ou simplesmente com a idoneidade intimidativa da ação. No entanto, não se está diante de duas condutas singelas de violência ou grave ameaça, mas ambas, segundo o texto legal, são praticadas com a *finalidade* de "tentar depor, por meio de violência ou grave ameaça, o governo legitimamente constituído. Contudo, esse objetivo ou finalidade visada não necessita ser alcançado para que o crime seja considerado consumado, na medida em que a tipificação é de "tentar depor", o que significa dizer que a simples *tentativa* da ação já consuma esse crime. Em outros termos, a despeito dos meios utilizados — violência ou grave ameaça —, trata-se de um *crime material* e, eventualmente, *formal*, qual seja, de execução antecipada. A rigor, consuma-se o crime com a simples *tentativa*, que é a conduta incriminada, "tentar depor". Portanto, nesta hipótese, a simples tentativa já consuma o crime de "tentar depor governo legitimamente constituído", não havendo espaço, portanto, para a figura tentada desse crime.

7. Classificação doutrinária

Trata-se de crime próprio, que não pode ser praticado por qualquer pessoa, mas somente pode ser praticado por uma instituição pública poderosa, *in casu*, pelas Forças Armadas do país, ou por qualquer *organização ou organismo revolucionário*. Exige, portanto, qualidade ou condição especial, para poder realizar a conduta descrita neste tipo penal, e, clara e legalmente, quem pode ter referida condição são as Forças Armadas, inclusive por definição e autorização constitucional. As demais instituições públicas, ou privadas, não reúnem e não podem conseguir tais condições por mais que possam tentar arregimentar-se para tanto. Poder-se-ia pensar em construir ou elaborar as condições necessariamente indispensáveis para tentar implementar a "abolição do Estado democrático de direito", nos termos previstos no dispositivo *sub examine* (art. 359-M)? No plano puramente teórico tudo é possível, na medida em que não é proibido sonhar ou elocubrar, especialmente em termos conspiratórios! Em tese, tudo é possível, inclusive, por exemplo, arregimentar todas as Polícias Militares dos Estados, as quais são tidas como Reservas do Exército Brasileiro? Ou, ainda, quem sabe, arregimentar todas as Polícias Militares dos Estados e todos os caminhoneiros do país, para implementar um Golpe no Estado Democrático de Direito, para continuar no Poder, sem a realização de eleições livres para disputar sua reeleição? *Formal* embora, a exemplo dos crimes materiais, o tipo descreva um resultado, mas este (*tentar depor*, por meio de violência ou grave ameaça, o governo legitimamente constituído) não precisa verificar-se *para que o crime se consume*, ou seja, trata-se, segundo a doutrina dominante, da denominada *execução antecipada*, em que a conduta criminosa consuma-se sem a ocorrência efetiva do resultado. Neste crime, o legislador "antecipa a consumação", satisfazendo-se com o simples desvalor da ação[3]; crime de dano, pois o resultado *deposição do governo legitimamente constituído*, por si só, constitui um dano imenso ao bem jurídico lesado; simples, na medida em que protege somente um bem jurídico: o respeito a um governo legitimamente constituído em um Estado Democrático de Direito; instantâneo, crime que se esgota ou se exaure com a ocorrência do resultado. Instantâneo não significa praticado rapidamente, mas, uma vez realizados os

---

3. Cezar Roberto Bitencourt, *Tratado de Direito Penal* — Parte Geral, 29. ed., 2023, v. 1, p. 265.

seus elementos constitutivos, nada mais se poderá fazer para impedir sua consumação. No entanto, embora seja instantâneo, é de efeito permanente.

8. Pena e ação penal

Sendo este crime de "abolição violenta do Estado Democrático de Direito", qual seja, *impedindo ou restringindo o exercício dos poderes constitucionais,* similar ao crime de Golpe de Estado, com a mesma gravidade tanto dos meios utilizados quanto dos objetivos pretendidos, qual seja, depor o governo legitimamente constituído, é incompreensível que para este crime, *sub examine,* lhe seja cominada uma pena de reclusão somente de quatro a oito anos, quando para aquele — Golpe de Estado — a pena cominada seja reclusão de 4 (quatro) a 12 (doze) anos, além da pena correspondente à violência. A punição cumulativa correspondente à violência significa reconhecer que a gravidade da *violência* poderá constituir, em si mesma, outro crime, *v.g.*, lesão corporal grave ou gravíssima, e, principalmente, homicídio único ou em concurso material. Nesses casos, as penas deverão ser aplicadas cumulativamente, segundo o *sistema do cúmulo material*. A ação penal é pública incondicionada.

GOLPE DE ESTADO | XXVIII

Sumário: 1. Considerações preliminares. 2. Bem jurídico tutelado. 3. Sujeitos ativo e passivo. 4. Tipo objetivo: adequação típica. 4.1. Meios de execução do golpe de Estado: por meio de violência ou grave ameaça. 4.1.1.Violência física (*vis corporalis*). 4.1.2. Grave ameaça (*vis compulsiva*). 5. Tipo subjetivo: adequação típica. 6. Consumação e tentativa. 7. Classificação doutrinária. 8. Pena e ação penal.

Golpe de Estado

Art. 359-M. *Tentar depor, por meio de violência ou grave ameaça, o governo legitimamente constituído:*

Pena — reclusão, de 4 (quatro) a 12 (doze) anos, além da pena correspondente à violência.

1. Considerações preliminares

A criminalização da conduta de "tentar depor, por meio de violência ou grave ameaça, o governo legitimamente constituído", indiscutivelmente, tem destinação certa, e nem poderia ser diferente, qual seja, as *Forças Armadas*, especialmente se estiverem unidas as três Forças, é a única instituição pública democrática, com poder suficiente de subverter sua função institucional de defesa do Estado Democrático de Direito. Tem que ser muito grande a *indignidade institucional* e a falta de patriotismo reveladora da *deformação moral* e *institucional* de seus generais, para pensar em executar um *atentado* dessa natureza contra o *Estado Democrático de Direito* e toda a população brasileira que deveriam servir, proteger e respeitar. Um *atentado* dessa natureza *configura a mais odiosa traição* à Pátria praticada exatamente pela instituição criada e destinada a servir, proteger e garantir o Estado Democrático de Direito, sendo uma marca indelével difícil de ser apagada na História das civilizações. Aliás, representa a maior desonra para uma instituição dessa natureza, que, no *odioso interesse subvertido pela própria Instituição*, não acontece nas grandes democracias, nos países sólidos e bem estruturados, nos quais as Forças Armadas conhecem sua função e o seu papel no Estado Democrático de Direito. Por isso, ao longo da História, sempre que as Forças Armadas de muitas republiquetas desvirtuam-se de suas funções institucionais, cedendo à *tentação subversiva*, conhecidas e registradas, na História, como *traidores da Pátria*, levam décadas para apagar as marcas da deslealdade com o seu País, com a população e, igualmente, com a própria Instituição que representam.

Nos países tradicionais, com democracias sólidas, jamais as Forças Armadas cedem a tentações subversivas, deploráveis e desonrosas para a Pátria, mas também e, principalmente, para a própria instituição Forças Armadas, cujo respeito e dignidade são jogados no lixo perante a sociedade a que devia servir, como também perante a comunidade internacional, e serão sempre vistas como "ditaduras" impostas por "ditadores", traidores e usurpadores das funções que deveriam proteger e garantir do Estado Democrático de Direito.

Não se pode ignorar, nesse sentido, que as Forças Armadas brasileiras, depois do golpe militar de 1964, levaram décadas para recuperar o prestígio e respeitabilidade, inclusive no exterior, que referida instituição deve ter e manter com muito zelo, seriedade e independência do "governo de plantão". Por outro lado, deve-se reconhecer, destacar e aplaudir a postura que nossas *Forças Armadas* vêm mantendo nas últimas *três décadas de redemocratização* brasileira, com novas gerações de Generais com escorreita formação democrática, preocupados com as reais funções constitucionais que têm. São, inclusive, conscientes das *funções de Estado* que exercem, da respeitabilidade que vêm conquistando perante a sociedade brasileira e também no exterior, não estão dispostos a colocar tudo a perder. São conscientes de que, enquanto *instituição pública armada*, tem a função de proteger o Estado Democrático de Direito e, principalmente, contra forças externas.

Por tudo isso, ao longo da História, sempre que as Forças Armadas de muitas republiquetas ficam conhecidas e registradas, historicamente, como *traidores da Pátria*, levam muitas décadas para apagar as marcas da *deslealdade* com o seu País, com a população e, igualmente, com a própria instituição que representam. Daí merecerem ser saudadas as *Forças Armadas brasileiras* pela consciência democrática de suas *funções de Estado*, que vêm exercendo com sabedoria, inteligência e dignidade, honrando as funções democráticas que exercem em nosso Brasil.

As condutas tipificadas nesta lei e, particularmente, neste dispositivo legal, não descrevem a postura ou o comportamento atual das Forças Armadas brasileiras, que, como demonstramos anteriormente, são, na atualidade, uma das instituições mais respeitadas e prestigiadas pela população brasileira, que, aliás, apenas fazem Justiça pela forma como vêm desempenhando sua missão constitucional. Portanto, as condutas tipificadas nesta lei não se vinculam e tampouco se referem ao passado, mas substituem a antiga Lei de Segurança Nacional que tardiamente foi revogada e, necessariamente, precisam estabelecer as formas, os fundamentos e as condutas consideradas criminosas, objetivando assegurar a proteção efetiva do Estado Democrático de Direito.

2. Bem jurídico tutelado

A criminalização da conduta de "tentar depor, por meio de violência ou grave ameaça, o governo legitimamente constituído" atinge diretamente os bens jurídicos da lealdade e respeito à Pátria, ao próprio Estado Democrático de Direito, que é representado pelo governo legitimamente constituído. Aliás, com a prática desse crime os sujeitos ativos violam e desrespeitam com sua deslealdade institucional as próprias Forças Armadas que têm, dentre as suas funções, a de proteção direta desses bens jurídicos contra quaisquer ataques à sua integridade, integralidade, honra e dignidade que deveriam preservar. Um *atentado* dessa natureza *configura a mais odiosa traição* à Pátria e ao próprio Estado Democrático de Direito, além da deslealdade que cometem com a própria instituição Forças Armadas que, como ser inanimado, não pode impedir que seus próprios representantes a manipulem por seus interesses subalternos que se chocam com a sua finalidade institucional. Aliás, representa a maior desonra para uma instituição dessa natureza, que, no *odioso interesse subvertido pela própria instituição*, não acontece nas grandes democracias, nos países sólidos e bem estruturados, nos quais as Forças Armadas conhecem sua função e o seu papel no Estado Democrático de Direito.

Nos países tradicionais, com democracias sólidas, jamais as Forças Armadas cedem a tentações subversivas, deploráveis e desonrosas para a Pátria, mas também e, principalmente, para a própria Instituição Forças Armadas, cujo respeito e dignidade são jogados no lixo perante a sociedade que devia servir, como também perante a comunidade internacional, e serão sempre vistas como "ditaduras" impostas por "ditadores", traidores e usurpadores das funções que deveriam proteger e garantir do Estado Democrático de Direito.

3. Sujeitos ativo e passivo

Sujeito ativo do crime de "Golpe de Estado", em uma *democracia consolidada* como a brasileira, é, sem sombra de dúvida, as *Forças Armadas brasileiras*, embora, na atualidade, aparentemente, não apresentem qualquer sintoma possível de ter ou, no futuro vir a ter, tamanha *pretensão antidemocrática*, quer pela formação democrática de seus generais e respectivos comandados, quer pela consolidação do *Estado Democrático de Direito brasileiro*. Por outro lado, a conexão mundial via Rede Internacional de Computadores — Internet — transformou o mundo em uma verdadeira "aldeia global", como já se disse e, certamente, as Forças Armadas brasileiras, pela formação democrática que têm, não correriam o risco de transformar-se em *ditadoras* caindo no descrédito internacional, imediatamente. Seria, é bom que se diga, uma perda inestimável de tantas conquistas que as Forças Armadas brasileiras adquiriram interna e externamente, aliás, por alguns continentes, sendo, inclusive, com frequência, chamada para administrar crises de miséria associadas com ditaduras ou práticas antidemocráticas, vivenciadas por muitos pequenos países em situações caóticas, dominados pela miséria, pobreza e ímpetos antidemocráticos de seus representantes despreparados.

Sujeito passivo direto ou imediato, por sua vez, indiscutivelmente, é o *Estado Democrático de Direito*! A primeira grande vítima de um *golpe de Estado armado* — que só pode ser praticado pelas Forças Armadas internas —, sem dúvida nenhuma, é o próprio Estado democrático de Direito, que é traído pela principal Instituição nacional, que o deveria proteger, respeitar e *garantir a sua funcionalidade*. Inclusive porque um "golpe militar", que é sempre uma *grave traição*, ainda que negue que se trata de *golpe*, como ocorre até hoje relativamente ao "golpe militar de 1964", será sempre uma trágica *ruptura institucional* que nunca se apagará da História, pairando para todo o sempre como um marco negativo na construção do Estado democrático de direito brasileiro.

4. Tipo objetivo: adequação típica

Este tipo penal, utilizando-se de técnica raramente aplicada, *criminaliza*, como crime consumado, a ação de *tentar depor o governo legitimamente constituído*, porque a sua gravidade é igual ou equivalente a sua consumação pelos gravíssimos efeitos danosos que causa ao Estado democrático de direito, bem como a toda a sua população. Não raro em hipóteses tais há derramamento de sangue, supressão de liberdades, prisões ilegais e abusivas, assassinatos, enfim, violências e constrangimentos de toda ordem, além da supressão dos direitos e garantias fundamentais do cidadão, justificando-se, nesse tipo de crime, a *antecipação de sua consumação* similar ao que ocorre com os denominados crimes formais.

Trata-se de um tipo penal especial e específico com destinação certa, qual seja, as *Forças Armadas brasileiras*, as quais, desvirtuando-se de suas funções institucionais, como destacamos anteriormente, se mal comandadas por traidores da Pátria e dessa própria instituição, podem, consumidos pela ânsia de poder, *tentar depor*, de forma violenta (mediante violência ou grave ameaça), *governo legitimamente constituído*. Ou seja, dito de outra forma, *criminaliza-se*, neste dispositivo legal, a conduta de "tentar derrubar" um governo legitimamente eleito, pelo voto direto da população, destruindo, dessa forma, o *Estado Democrático de Direito*, que deveria proteger, que é sua função institucional. Com ou sem uso efetivo de armas, o "golpe de Estado" é sempre uma *ruptura institucional violenta* e antidemocrática, porque se trata de uma instituição armada destinada a protegê-lo, e a simples *ostentação bélica* é mais que suficiente para criar o efeito psicológico ou físico do uso de armas contra uma população ordeira, democrática e desarmada, que acredita nessa instituição.

4.1 Meios de execução do golpe de Estado: por meio de violência ou grave ameaça

Violência e *grave ameaça* são os *meios* invariavelmente utilizados na prática dos denominados *crimes violentos*, especialmente em *crimes contra a pessoa e crimes contra o patrimônio tipificados* no Código Penal. Por isso, surge com naturalidade a opção do legislador pela utilização desses mesmos *meios* — *violência ou grave ameaça* — para tipificação dos crimes violentos praticados contra o *Estado Democrático de Direito*, neste novo diploma legal, que, repetindo, substituiu a sempre questionada *Lei de Segurança Nacional* (Lei n. 7.170, de 14 de dezembro de 1983). Vejamos, analiticamente, cada um desses *meios* a seguir (violência física ou grave ameaça).

4.1.1 Violência física *(vis corporalis)*

Violência física contra a pessoa consiste no *emprego de força* contra o corpo da vítima que, na hipótese dos crimes dessa Lei n. 14.197/2021, são as pessoas que habitam este país, que o integram, trabalham, criam seus filhos e contribuem para o seu crescimento. Este país chamado Brasil, que é o nosso país, é um *Estado democrático de Direito legitimamente constituído*. Aliás, os *direitos* (inclusive sociais) e *garantias fundamentais* estão relacionados nos arts. 5º e 6º da Constituição Federal de 1988.

Certamente, pela objetividade e *impessoalidade* desta descrição típica, até pode destinar-se a uma vítima direta, individualmente considerada, mas pela gravidade dos objetivos pretendidos pelo sujeito ativo da conduta aqui criminalizada, qual seja, "depor um governo legitimamente constituído" a violência ou grave ameaça, como meio, deve destinar-se aos detentores do Poder Constituído legitimamente, bem como contra a estrutura que o cerca objetivando dar-lhe segurança. Nada impede, por outro lado, que para "depor um governo legitimamente constituído" essa ação, aqui criminalizada, possa estender-se e abranger todos os segmentos necessários para assegurar o êxito dessa ação violenta, ilegítima e, agora, também criminosa. Afinal, a História Universal demonstra como ocorrem, invariavelmente, a deposição de governos legitimamente constituídos, mesmo em Estados democráticos de direito.

Referida violência se estenderá para as estruturas e autoridades ou lideranças que objetivam dar segurança ao exercício do poder ou governo legitimamente eleito ou constituído. Em outros termos, essa *violência ou grave ameaça* se estenderá para onde se fizer necessária para garantir e assegurar a "tomada violenta do poder", a qualquer custo, podendo, nessas circunstâncias, atingir, inclusive, as pessoas comuns do povo que nada têm a ver com a estrutura do Poder. Temos consciência de que esta interpretação pode ampliar a abrangência deste tipo penal, mas como se trata da proteção do *Estado democrático de direito*, embora destine-se a punir o autor da conduta descrita, parece-nos que se trata de interpretação razoável ante a grandeza do bem jurídico tutelado. O termo "violência", empregado no texto legal, significa a força física, material, a *vis corporalis*, com a finalidade de amedrontar, causar medo ou insegurança, para vencer resistência e constranger a aceitar sua imposição. Contudo, aquela violência típica e tradicional para caracterizar, por exemplo, o crime de roubo, por si só, não será suficiente para configurar este crime contra o *Estado Democrático de Direito*.

4.1.2 Grave ameaça *(vis compulsiva)*

Ameaça grave constitui a denominada *violência moral* e é aquela capaz de atemorizar a vítima, viciando sua vontade e impossibilitando sua capacidade de resistência. A grave ameaça objetiva criar na vítima o fundado receio de iminente e grave mal, físico ou moral, tanto a si quanto a pessoas que lhe sejam caras. É irrelevante a justiça ou injustiça do mal ameaçado, na medida em que, utilizada para a prática de crime, torna-a também antijurídica. "Mediante grave ameaça" constitui forma típica da "violência moral", é a *vis compulsiva*, que exerce força intimidativa, inibitória, anulando ou minando a vontade e o querer da vítima, procurando, assim, inviabilizar eventual resistência desta. Na verdade, a ameaça também pode perturbar, escravizar ou violentar a vontade da pessoa, como a violência material. A violência moral pode materializar-se em gestos, palavras, atos, escritos ou qualquer outro *meio simbólico*. Mas somente a ameaça grave, isto é, aquela que efetivamente imponha medo, receio, temor na vítima, e que lhe seja de capital importância, opondo-se a sua liberdade de querer e de agir. No entanto, embora o tipo penal não o diga, certamente, não é esse tipo de *ameaça* simples que pode tipificar este crime, pois isso pareceria apenas uma brincadeira de mau gosto.

O mal ameaçado pode consistir em dano ou em simples perigo (ameaça, desde que seja grave), impondo medo à vítima, a qual, em razão da ameaça, sinta-se inibida, tolhida em sua vontade, incapacitada de opor qualquer resistência ao sujeito ativo. No entanto, é desnecessário que o dano ou perigo ameaçado à vítima seja injusto, bastando que seja grave. Na verdade, a *injustiça* deve residir na ameaça em si e não no dano ameaçado. O mal prometido, a título de *ameaça*, além de futuro e imediato, deve ser determinado, sabendo o agente o que quer impor[1]. Nesse sentido, referindo-se à natureza do mal prometido, Magalhães Noronha pontificava: "Compreende-se que o mal deva ser determinado, pois indefinível e vago não terá grandes efeitos coativos; verossímil também, ou seja, que se possa realizar e não fruto de mera fanfarronice ou bravata; iminente, isto é, suspenso sobre o ofendido: nem em passado, nem em futuro longínquo, quando, respectivamente, *não teria força coatora*, ou esta seria destituída do vigor necessário; inevitável, pois, caso contrário, se o ofendido puder evitá-lo, não se intimidará; dependente, via de regra, da vontade do agente, já que, se depende da de outrem, perderá muito de sua inevitabilidade"[2]. Enfim, esses são os requisitos que, em tese, a *ameaça grave* deve apresentar, penalmente falando. Esses *meios* não são nem absolutos nem *numerus clausus*, podendo, no caso concreto, apresentar-se alguns e outros não, desde que tenham idoneidade para impor medo. É indispensável que a *ameaça* tenha idoneidade intimidativa, isto é, que tenha condições efetivas de constranger a vítima. Enfim, essas são características naturais e indispensáveis do que a lei denomina de *grave ameaça* para conseguir ser *motivadora ou supressora do exercício livre da vontade* da pessoa *ameaçada ou constrangida* a fazer ou deixar de fazer qualquer coisa, legal ou ilegal, contra a sua vontade, enfim, que, teoricamente, não queira realizá-la, mas acaba *sendo forçado* a fazê-la ou realizá-la, para evitar que tal ameaça se concretize.

No entanto, regra geral, a *violência* e, particularmente, a *grave ameaça* tipificada no crime de ameaça, ou mesmo como elementar de alguns outros tipos penais do Código Penal ou de outras leis extravagantes, não se confundem com a *violência e grave ameaça* utilizadas na descrição deste crime de *golpe de Estado*. Especialmente em razão da gravidade e intensidade que elas — *violência ou grave ameaça* — devem atingir, que, em regra, não será individual, *mas coletiva contra todo o Estado demo-*

---

1. Cezar Roberto Bitencourt, *Tratado de Direito Penal — Parte Especial*, 21. ed., São Paulo, Saraiva, 2021, v. 2, p. 548-549.
2. Magalhes Noronha, *Direito Penal*, cit., v. 2, p. 163.

crático de direito e a própria população brasileira. Certamente, *in casu*, deve ser, necessariamente, *uma ameaça monumental*, com *demonstração de força bélica*, ainda que aparente, com desfiles de carros blindados, ordem unida à tropa ou coisas do gênero, para impor medo, insegurança e risco de ruptura institucional, porque é disso que se trata neste artigo *sub examine*. Afora essa demonstração mínima de "poderio bélico" do autor para realmente levar a efeito a conduta descrita neste tipo penal, não será suficientemente idônea para tipificar esse crime, não passando de simples bravata de alguns irresponsáveis e inconsequentes querendo aparecer. Assim, ser-lhes-á suficiente a colocação em camisa de força por algum tempo.

5. Tipo subjetivo: adequação típica

O elemento subjetivo deste crime — *Golpe de Estado* — é constituído pelo dolo direto representado pela vontade consciente de "tentar depor, por meio de violência ou grave ameaça, o governo legitimamente constituído", com a finalidade de assumir o poder pela força, ilegitimamente, portanto. A *consciência atual* da ilegalidade, da gravidade e da injustiça da ação praticada contra o *Estado democrático de direito* é fundamental para configurar esse *crime*. Ao contrário da consciência da ilicitude (que pode ser potencial), a *consciência que representa o elemento intelectual do dolo deve ser* atual, pois, como dizia Welzel, afastar-lhe a atualidade equivale a destruir a linha divisória entre dolo eventual e culpa consciente, convertendo aquele em mera ficção, inadmissível no moderno direito penal da culpabilidade.

A ação tipificada, neste dispositivo legal, não se equipara e não tem a natureza de uma simples *ameaça,* mas configura a realização efetiva e concreta da ação descrita neste dispositivo legal, que até pode ser interrompida, impedida a concretização da sua execução e preso o seu ou seus autores. No entanto, neste crime, é indiferente que o sujeito ativo (Forças Armadas) consiga ou não *consumar* sua ação de "tentar dar o golpe" no "Poder legitimamente constituído", pois o crime estará consumado. Com efeito, a tipificação é exatamente "tentar dar o golpe", e, assim, lograr êxito da ação, representará somente o *exaurimento do crime*, o que deverá ser considerado na aplicação da pena, pois o crime estará consumado com a simples tentativa. Neste crime não existe elemento subjetivo especial do tipo.

6. Consumação e tentativa

Há duas formas de execução deste crime, quais sejam, "por meio de violência ou grave ameaça" objetivando "tentar depor, por meio de violência ou grave ameaça, o governo legitimamente constituído". Ambas as formas têm consumação distinta. A prática de violência significa ação própria de crime material que deixa vestígios. Logo, tem consumação instantânea ou imediata à prática da própria ação material de violência. Por outro lado, na modalidade de prática de ameaça o crime consuma-se no momento em que o teor da *ameaça* chega ao conhecimento do ameaçado, que pode ser instantâneo ou não. Consuma-se com o resultado da ameaça, isto é, com a *intimidação sofrida pelo sujeito passivo* ou simplesmente com a idoneidade intimidativa da ação. No entanto, não se está diante de duas condutas singelas de violência ou grave ameaça, mas ambas, segundo o texto legal, são praticadas com a finalidade de "tentar depor, por meio de violência ou grave ameaça, o governo legitimamente constituído. Contudo, esse objetivo ou finalidade visada não necessita serem alcançados para que o crime seja considerado consumado, na medida em que a tipificação é de "tentar depor", o que significa dizer que a simples *tentativa* da ação já consuma esse crime. Em outros termos, a despeito dos meios utilizados — violência ou grave ameaça —, trata-se de um *crime material* e, eventualmente, *formal*, qual seja, de execução antecipada. A rigor, consuma-se o crime com a simples *tentativa*, que é a conduta incriminada, "tentar depor". Portanto, nesta hipótese, a simples tentativa já consuma o crime de "tentar depor governo legitimamente constituído", não havendo espaço, portanto, para a figura tentada desse crime.

7. Classificação doutrinária

Trata-se de crime próprio, que não pode ser praticado por qualquer pessoa, mas somente por uma instituição pública poderosa, *in casu*, pelas Forças Armadas do país. Exige, portanto, qualidade ou condição especial, para poder realizar a conduta descrita neste tipo penal, e, clara e legalmente, quem pode ter referida condição são as Forças Armadas, inclusive por definição e autorização constitucional. As demais instituições públicas, ou privadas, não reúnem e não podem conseguir tais condições por mais que possam tentar arregimentar-se para tanto. Poder-se-ia pensar em construir ou elaborar as condições necessariamente indispensáveis para tentar implementar um "Golpe de Estado", nos termos previstos no dispositivo *sub examine* (art. 359-M)? No plano puramente teórico tudo é possível, na medida em que não é proibido sonhar ou elocubrar, especialmente em termos conspiratórios! Em tese, tudo é possível, inclusive, por exemplo, arregimentar todas as Polícias Militares dos Estados, as quais são tidas como Reservas do Exército Brasileiro? Ou, ainda, quem sabe, arregimentar todas as Polícias Militares dos Estados e todos os caminhoneiros do país, para implementar um Golpe no Estado Democrático de Direito, para continuar no Poder, sem a realização de eleições livres para disputar sua reeleição?; *formal*, embora a exemplo dos crimes materiais, o tipo descreva um resultado, mas este (*tentar depor*, por meio de violência ou grave ameaça, o governo legitimamente constituído) não precisa verificar-se *para que o crime se consume*, ou seja, trata-se, segundo a doutrina dominante, da denominada *execução antecipada*, em que a conduta criminosa consuma-se sem a ocorrência efetiva do resultado. Neste crime, o legislador "antecipa a consumação", satisfazendo-se com o simples desvalor da ação[3]; crime de dano, pois o resultado *deposição do governo legitimamente constituído*, por si só, constitui um dano imenso ao bem jurídico lesado; simples, na medida em que protege somente um bem jurídico: o respeito a um governo legitimamente constituído em um Estado Democrático de Direito; instantâneo, que se esgota ou exaure-se com a ocorrência do resultado. Instantâneo não significa praticado rapidamente,

---

3. Cezar Roberto Bitencourt, *Tratado de Direito Penal* — Parte Geral, 29. ed., 2023, v. 1, p. 265.

mas, uma vez realizados os seus elementos constitutivos, nada mais se poderá fazer para impedir sua consumação. No entanto, embora seja instantâneo, é de efeito permanente.

8. Pena e ação penal

A pena cominada a este crime é reclusão de quatro a doze anos, além da pena correspondente à violência. Significa dizer que a gravidade da *violência* poderá constituir, em si mesma, outro crime, *v.g.*, lesão corporal grave ou gravíssima, e, principalmente, homicídio único ou em concurso material. Nesses casos, as penas deverão ser aplicadas cumulativamente, segundo o sistema do cúmulo material. A ação penal é pública incondicionada.

| INTERRUPÇÃO DO PROCESSO ELEITORAL | XXIX |

Sumário: 1. Considerações preliminares. 2. Bem jurídico tutelado. 3. Sujeitos do crime. 4. Tipo objetivo: adequação típica. 4.1. Impedir ou perturbar a aferição de seu resultado, mediante violação indevida de mecanismos de segurança do sistema eletrônico de votação. 5. Tipo subjetivo: adequação típica. 6. Classificação doutrinária. 7. Consumação e tentativa. 8. Pena e ação penal.

Capítulo III
DOS CRIMES CONTRA O FUNCIONAMENTO DAS INSTITUIÇÕES DEMOCRÁTICAS NO PROCESSO ELEITORAL

Interrupção do processo eleitoral

Art. 359-N. *Impedir ou perturbar a eleição ou a aferição de seu resultado, mediante violação indevida de mecanismos de segurança do sistema eletrônico de votação estabelecido pela Justiça Eleitoral:*

Pena — reclusão, de 3 (três) a 6 (seis) anos, e multa.

1. Considerações preliminares

Trata-se de um tipo penal simples e com pretensões igualmente modestas, ainda que absolutamente legítimas, qual seja, de coibir interferência ilegal e injustificada na realização do processo eleitoral, mais especificamente da própria realização da eleição ou da aferição de seu resultado, cujas condutas só podem ser executadas no dia, ou a partir do dia da realização da votação, bem como da sua apuração pelos mecanismos utilizados pela Justiça Eleitoral. Nesse sentido, parece-nos que o *nomen iuris* deste crime "interrupção do processo eleitoral" diz mais do que o seu conteúdo próprio tipificador das condutas proibidas em seu texto pretende dizer. Verifica-se esse aspecto porque o título do crime é "interrupção do processo eleitoral", que é bem mais abrangente, porque envolve todo o procedimento eleitoral, desde seus atos preparatórios, ao longo do período de campanha até sua culminância com o dia de votação e sua apuração final pela Justiça Eleitoral. No entanto, as condutas incriminadas limitam-se às vésperas das eleições, à sua realização, no dia da votação, e, inclusive, ao seu encerramento com "a aferição do resultado" final.

2. Bem jurídico tutelado

O bem jurídico tutelado, por este dispositivo legal, é visivelmente a integridade, lisura, honestidade e correção da *Justiça Eleitoral*, bem como dos pleitos eleitorais neste país por ela organizados, supervisionados e executados, observando-se a legislação específica que disciplina, com detalhes, os direitos e limites do exercício de campanhas eleitorais, da utilização de publicidade, dos investimentos dos candidatos, das doações permitidas por pessoas físicas e jurídicas durante a campanha eleitoral. Integram, igualmente, a realização das eleições livres municipais, estaduais e federais, todas coordenadas, supervisionadas e dirigidas pela própria Justiça Eleitoral, que, ao final das votações no horário tradicional das 17 horas, com sua apuração final, em seguida ao encerramento da votação, no mesmo horário, respeitando os respectivos fusos. Culminam, finalmente, com a proclamação dos respectivos resultados, sendo admissíveis os recursos jurídicos previstos, nos prazos legalmente estabelecidos, a quem, motivadamente, achar-se prejudicado ou mesmo para questionar eventuais irregularidades que desejar.

3. Sujeitos do crime

Sujeito ativo pode ser qualquer pessoa imputável, homem ou mulher, na medida em que não exige qualquer qualidade ou condição especial e tampouco exclui alguém, embora possa haver envolvimento de pessoas diretamente interessadas no resultado do pleito eleitoral. Mas esse aspecto, que não exclui ninguém da possibilidade de poder ser autor deste crime e a existência de eventual, de qualquer natureza, não transforma qualquer crime em tipo especial ou distinto dos demais.

Sujeito passivo, inegavelmente, é a própria Justiça Eleitoral que é violentada, despeitada e fraudada em seu mister de realizar, organizar e administrar eleições livres periodicamente (de dois em dois anos), "mediante violação indevida de mecanismos de segurança do sistema eletrônico de votação" estabelecido, legalmente, pela própria Justiça Eleitoral

4. Tipo objetivo: adequação típica

As condutas incriminadas, neste tipo penal, são *impedir* ou *perturbar* a realização de eleição ou a aferição de seu resultado. A ordem das condutas, naturalmente, é em sentido inverso, qual seja, *perturbar* ou *impedir*, embora possa ocorrer impedimento direto, sem uma anterior *perturbação*, não havendo necessidade, portanto, de uma progressão da conduta criminosa. *Impedir* significa opor-se, obstaculizar, não deixar realizar-se o pleito eleitoral na forma, nas condições e no dia programado pela Justiça Eleitoral. Trata-se, indiscutivelmente, de conduta de extrema gravidade, aliás, não há recordação de que tal *impedimento* tenha acontecido nas últimas décadas[1]. Chegar ao ponto de *impedir* a realização de uma eleição, sejam as muni-

---

1. Não tivemos tempo de pesquisar se houve, em nossa história democrática, o impedimento forçado da realização de algum pleito eleitoral, fiscalizada pelo Poder Judiciário.

cipais, sejam as estaduais/federais, não importa, estará instalada a anarquia, será a balbúrdia total, o desmando, a instalação da desordem, a perda do controle não apenas do Sistema de Justiça Eleitoral, mas também da segurança de toda a sociedade, caracterizando o desrespeito total às instituições públicas como um todo.

Perturbar, por sua vez, significa atrapalhar, embaraçar, confundir, causar alteração ou transtorno na realização da eleição ou na aferição de seu resultado. *Perturbar* a realização das eleições tem dimensão muito aquém de *impedir* a sua realização, podendo ocorrer com maior frequência, mas, ainda assim, tem dignidade e grandeza suficiente para ser penalmente proibida; deve, contudo, ser observada e valorada com cautela, para não criminalizar conduta insignificante do ponto de vista lesivo. Logicamente, em relação a essa conduta de "perturbar" a realização de eleição, devem as autoridades agir com mais prudência, mais cautela em sua *valoração*, pois não poderá ser considerada criminosa, a *mera importunação*, pressão ou pequenos aglomerados de pessoas reivindicando qualquer coisa que poderá ser considerada como crime de "perturbação da realização das eleições". Trata-se, enfim, de conduta extremamente abrangente que demanda maior critério e exigência valorativa, para distinguir a simples *importunação* — que não deixa de ser uma espécie de perturbação — mas que não tem idoneidade e gravidade suficiente para tipificar o *crime eleitoral de "perturbar"* a realização de uma eleição.

Mutatis mutandis, ocorre ou pode ocorrer algo similar com o crime de lesões corporais, em que qualquer ofensa a integridade física ou a saúde pessoal pode, em tese, caracterizar "lesões corporais". Contudo, na prática, não raro, constata-se que, a rigor, não houve uma ofensa efetiva, real e até mesmo perceptível à integridade física, *v.g.*, um pequeno vermelhão, um singelo risquinho na pele etc., não passando de algo (ofensa) insignificante em termos de lesão à integridade física da suposta vítima. Seria, convenhamos, demasiado para movimentar a máquina da administração da Justiça, com seu pesado custo para punir esse tipo de comportamento. Portanto, algo semelhante deve ser observado relativamente à conduta de "perturbar" a realização de eleição.

4.1 *Impedir ou perturbar a aferição de seu resultado, mediante violação indevida de mecanismos de segurança do sistema eletrônico de votação*

Nesta segunda hipótese, após encerrada a votação e fechadas as urnas, nada mais justifica a explosão ou exteriorização violenta da insatisfação de quem quer que seja, pois *o resultado da eleição é inalterável* e já está registrada nos computadores da Justiça Eleitoral, presidida e comandada pelo Superior Tribunal de Justiça. Ademais, já houve tempo mais que suficiente para acalmar os ânimos, inclusive de arruaceiros, desordeiros de toda sorte. Afinal, *consummatum est*, segundo as últimas palavras de Cristo na cruz, nada mais havendo a ser feito!

Portanto, condutas como essas de *"impedir ou perturbar a aferição do resultado"*, inclusive *por qualquer meio*, não merecem a menor complacência ou contemporização, e as autoridades da segurança pública devem agir com rigor. Serão apenas desordeiros, arruaceiros querendo desacreditar a Justiça Eleitoral e devem ser contidos a qualquer custo, merecendo, inclusive, *prisão em flagrante*, além de ser processados "aos costumes", sem complacência.

Por fim, praticar as mesmas condutas — impedir e perturbar — *a aferição do resultado* "mediante violação indevida de mecanismos de segurança do sistema eletrônico de votação", implica gravidade muito maior e, a nosso juízo, *deveria ter sido tipificado como uma qualificadora* desse crime, ampliando razoavelmente as respectivas penas de prisão. Porque a prática dessa, "violando os mecanismos de segurança do sistema eletrônico de votação", configura uma gravidade absurda, que deve ser reprimida exemplarmente, sob pena de colocar em risco o próprio *sistema eleitoral eletrônico*. Ademais, se isso vier a ocorrer algum dia, *ad argumentandum tantum*, tem potencial para desacreditar o sistema eleitoral protegido pelos meios eletrônicos, deixando a todos vulneráveis, inclusive o próprio sistema de votação e sua apuração. Aliás, esse controle deve ser sempre aperfeiçoado e mantido incólume com seu sistema de segurança invulnerável.

5. Tipo subjetivo: adequação típica

O elemento subjetivo do crime de impedir ou perturbar a eleição ou a aferição de seu resultado é o dolo representado pela vontade livre e consciente de inviabilizar a realização do pleito eleitoral, bem como da sua apuração. Não vemos a presença ou mesmo a necessidade de um *elemento subjetivo especial do injusto* neste crime de interrupção do processo eleitoral, sendo irrelevante, em tese, os motivos que levam o infrator a praticar este tipo de crime. Se houver alguma *motivação especial* na prática desse crime até poderá alterar sua tipificação, desde que o seja para crime mais grave.

6. Classificação doutrinária

Trata-se de crime comum na medida em que não exige qualquer qualidade ou condição especial do sujeito ativo, podendo ser praticado por qualquer pessoa imputável; poderia, teoricamente, ser um crime formal, não causando ou produzindo qualquer transformação no mundo exterior; doloso, não há previsão legal de modalidade culposa; de forma livre, pode ser praticado por qualquer meio, forma ou modo escolhido pelo agente; instantâneo, pois a consumação opera-se de imediato, não se alongando no tempo. Instantâneo não significa praticado rapidamente, mas, uma vez realizados os seus elementos, nada mais se poderá fazer para impedir sua consumação. No entanto, embora seja instantâneo, é de efeito permanente; unissubjetivo, pode ser praticado, em regra, apenas por um agente, admitindo, contudo, o concurso de pessoas; plurissubsistente, podendo ser desdobrado em vários atos, que, no entanto, integram a mesma conduta típica, isto é, seu *iter criminis* pode ser fracionado em vários atos, permitindo, consequentemente, a tentativa na modalidade de *impedir* a eleição ou sua aferição.

7. Consumação e tentativa

Ocorre a consumação da prática desse crime, nas modalidades de *impedir ou perturbar* a eleição com a obtenção do resultado, qual seja, com a sua não realização, tratando-se, portanto, de condutas que se exaurem na própria ação. Mas na modalidade de *impedir* a eleição ou a aferição de seu resultado admite, teoricamente, a figura tentada, na medida em que, sendo descoberta a tempo, poderá ser interrompida, isto é, impedida de consumar-se. Por fim, cabe destacar que na modalidade de "perturbar" não existe a figura tentada, consumando-se com o simples *ato de perturbar* com gestos, algazarras, arruaças visando, ou não, criar aglomeração insistente e persistente, com ameaças ou arroubos, já será suficiente para caracterizar o crime consumado na modalidade de perturbar a eleição ou a aferição do resultado. A utilização, como *meio* de ação, a violação indevida de *mecanismos de segurança do sistema eletrônico de votação* estabelecido pela Justiça Eleitoral, permite que a ação criminosa possa ser interrompida, e, em o sendo, configurada estará a forma tentada.

8. Pena e ação penal

As penas cominadas são a reclusão de 3 (três) a 6 (seis) anos e multa. A ação penal é pública incondicionada, não exigindo qualquer formalidade para o seu início, além do oferecimento da denúncia subscrita pelo Ministério Público.

VIOLÊNCIA POLÍTICA POR DISCRIMINAÇÃO | XXX

Sumário: 1. Considerações preliminares. 2. Bem jurídico tutelado. 3. Sujeitos ativo e passivo. 4. Tipo objetivo: adequação típica. 4.1. Com emprego de violência física, sexual ou psicológica, o exercício de direitos políticos de qualquer pessoa em razão de sexo, raça, cor, etnia, religião ou procedência nacional. 5. Tipo subjetivo: adequação típica. 6. Classificação doutrinária. 7. Consumação e tentativa. 8. Pena e ação penal.

Violência política

Art. 359-P. *Restringir, impedir ou dificultar, com emprego de violência física, sexual ou psicológica, o exercício de direitos políticos a qualquer pessoa em razão de seu sexo, raça, cor, etnia, religião ou procedência nacional:*

Pena — *reclusão, de 3 (três) a 6 (seis) anos, e multa, além da pena correspondente à violência.*

1. Considerações preliminares

Embora o seu *nomen iuris* seja "violência política", preferimos denominá-lo crime de "violência política por discriminação", considerando a *absurda discriminação fundamentadora* e motivadora dessas condutas criminosas, consideramos importante destacar, para chamar a atenção de todos, que a *causa motivadora* do impedimento ou restrição dos direitos políticos de alguém, qual seja, a *discriminação preconceituosa* da(s) vítima(s) "em razão de seu sexo, raça, cor, etnia, religião ou procedência nacional". Em outros termos, não se trata somente de *violência política* e não objetiva apenas suprimir o *exercício dos direitos políticos* de alguém, mas o faz movido por odiosa *discriminação preconceituosa* (art. 140, § 3º, do CP), assumindo um *verniz nazista*, para dizer o mínimo. A rigor, por esse injustificável e odioso fundamento preconceituoso as penas cominadas deveriam ser mais rigorosas, como veremos a seguir.

2. Bem jurídico tutelado

Bem jurídico tutelado é o exercício dos direitos políticos de qualquer cidadão e, inclusive, o respeito de todas as características, qualidades e sentimentos de cada um e de todos relativamente a sexo, raça, cor, etnia, religião ou procedência nacional. Embora pareça difícil sua violação, principalmente em uma sociedade politicamente organizada, pacífica, ordeira e, até certo ponto, inofensiva como a brasileira, a verdade é que a maldade surge com certa naturalidade, quando *motivada em razões de ordem discriminatória* como aqui elencadas. Esses sentimentos ou concepções sobre *sexo, raça, cor, etnia, religião ou procedência nacional*, teoricamente, nem deveriam preocupar comunidades ordeiras, pacíficas e de boa formação ético-moral, especialmente em um Estado democrático de direito, igualitário e pluralista como é ou deveria ser o nosso país. Eventuais infringências a esses valores não deveriam sequer preocupar a ordem jurídica, pois, teoricamente, poderiam e até deveriam resolver-se no plano puramente sociopolítico. Ademais, não se pode perder de vista que o direito penal, necessariamente, é e deve ser sempre a *ultima ratio*, isto é, somente podendo intervir quando os demais *meios de controle social* forem incapazes de impedir ou evitar determinados comportamentos lesivos a esses mesmos valores políticos e ético-sociais.

3. Sujeitos ativo e passivo

Sujeito ativo pode ser qualquer pessoa imputável, homem ou mulher, na medida em que não exige qualidade ou condição especial e tampouco exclui alguém por razão alguma de poder figurar como sujeito ativo desse crime. Nesse sentido não deixa de ser, fazendo um trocadilho, uma criminalização democrática na medida em que não exclui ninguém de figurar tanto como sujeito ativo ou passivo desse crime.

Sujeito passivo, igualmente, pode ser qualquer pessoa, independentemente de exigência de formalidade, condição ou requisitos de qualquer natureza. Qualquer cidadão do povo poderá ser sujeito passivo deste crime, inclusive autoridades, não havendo nenhuma distinção, sendo, nesse sentido, um direito penal democrático, pois a vida humana tem o mesmo valor real e perante o Estado democrático de direito.

4. Tipo objetivo: adequação típica

As condutas incriminadas, neste tipo penal, são *restringir, impedir* ou *dificultar* o exercício de direitos políticos a "qualquer pessoa", visivelmente, por pura *discriminação*, ou seja, "em razão de seu sexo, raça, cor, etnia, religião ou procedência nacional". *Restringir* "o exercício de direitos" significa, segundo os léxicos, limitar, diminuir, estreitar ou "reduzir a limites mais estreitos". Mas neste tipo penal significa mesmo que, além de uma violência criminal, também há a *violação de uma garantia constitucional*, independentemente do *meio* utilizado, que é assegurado a todo e qualquer cidadão. Por outro lado, a conduta de *impedir* "o exercício de direitos políticos" é muito mais grave e mais séria pela contundente radicalização, independentemente da *motivação* que, no caso deste tipo penal, também é extremamente grave, posto que, além da *inconstitucionalidade* desse "impedimento", é abusiva e *excessivamente discriminatório*, porque, segundo o texto legal, qualquer das três condutas são praticadas "em razão de seu sexo, raça, cor, etnia, religião ou procedência nacional". Em outros termos, em um mesmo texto criminalizador de três condutas similares, apresenta duas *inconstitucionalidades*, ou seja, uma em relação ao "exercício de direitos políticos" e outra relativamente a *discriminação* "em razão de seu sexo, raça, cor, etnia, religião ou procedência nacional". Aliás, as condutas incriminadas, especialmente pela *motivação*, violam os direitos e garantias fundamentais do cidadão. De certa forma, a *criminalização* e punição pelas condutas relacionadas neste artigo cumprem o mandamento constitucional contido no inciso XLI do art. 5º, segundo o qual "a lei punirá qualquer discriminação atentatória dos direitos e liberdades individuais".

Há, ainda, as condutas de *impedir* ou *dificultar* "o exercício de direitos políticos", pelos mesmos fundamentos descritos neste tipo penal e pela mesma motivação. *Impedir*, ou mesmo dificultar, significa opor-se, obstacularizar, não deixar a vítima *exercer seus direitos políticos*, puramente pela odiosa discriminação "em razão de seu sexo, raça, cor, etnia, religião ou procedência nacional". É impensável que alguém, ou qualquer autoridade pública, possa por qualquer *discriminação, especialmente as de natureza aqui elencadas,* suprimir ou dificultar o *exercício de direitos políticos* de alguém. Por isso, nada mais justo que se criminalize esse tipo de conduta, independentemente de seu autor ser autoridade pública ou um cidadão comum.

Dificultar, por sua vez, significa atrapalhar, embaraçar, confundir, causar transtorno para alguém, pelas razões mencionadas no tipo, para exercer seus direitos políticos. *Dificultar* o exercício de direitos políticos tem significado ou dimensão bem aquém de *impedir* ou *restringi-los* e sua punição justifica-se mais por sua *motivação*, qual seja, *discriminação pessoal da vítima*, do que pela própria ação praticada, se é que me entendem. Trata-se, a rigor, de conduta mais abrangente e, ao mesmo tempo, sem a mesma eficácia que as duas anteriores, demandando um bom critério valorativo, para constatar sua eficácia e, principalmente, a sua efetiva motivação para considerá-la típica, especialmente valorando adequadamente sua idoneidade para ofender o bem jurídico "exercício dos direitos políticos".

4.1 Com emprego de violência física, sexual ou psicológica, o exercício de direitos políticos de qualquer pessoa em razão de sexo, raça, cor, etnia, religião ou procedência nacional

Este tipo penal relaciona várias *formas* ou *meios* de realização ou execução deste crime. Assim há várias *modalidades* de restringir, impedir ou dificultar o *exercício de direitos políticos* de qualquer pessoa. Esses direitos, contudo, são inalienáveis, intransferíveis e não admitem restrição de qualquer natureza, em qualquer circunstância, a não ser através do *devido processo legal* e por *justa causa*. O mais incompreensível de tudo são dois aspectos, quais sejam, os meios utilizados e suas causas ou fundamentos: (i) os *meios* utilizados, quais sejam, *emprego de violência física, sexual ou psicológica,* e, o que é mais grave, (ii) são as *causas* ou *fundamentos* para violentar ou desrespeitar os *direitos políticos* de alguém, ou seja, *em razão de seu sexo, raça, cor, etnia, religião ou procedência nacional*.

A utilização de *violência física* ou *psicológica,* como *meios*, embora condenável, situa-se dentro de certa *razoabilidade* para restringir ou impedir o exercício de direitos políticos de alguém, mas é absolutamente incompreensível utilizar, *como meio*, a *violência sexual* para essa finalidade. Como imagina o legislador que alguém usaria de *violência sexual* para cercear os direitos políticos de alguém? Isso poderia violentar a *liberdade sexual* de alguém, configurar um crime de estupro, mas nunca ser um *meio* ou *forma* de restringir, impedir ou dificultar o *exercício de direitos políticos* de alguém! Por isso, a nosso juízo, o acréscimo dessa locução "violência sexual" resulta de um imperdoável e injustificável *error legiferante,* pela absoluta impropriedade de sua utilização sem função típica adequada, pois *violência sexual* jamais poderia ser *meio* adequado para restringir direitos políticos de alguém, pode violar a liberdade sexual de alguém, mas não os direitos políticos que têm outra natureza e outro fundamento constitucional.

Mais grave, contudo, da *restrição dos direitos políticos*, são, em tese, os seus fundamentos elencados, quais sejam, "em razão de seu sexo, raça, cor, etnia, religião ou procedência nacional". Porque esses fundamentos, elencados *como razão da restrição, lato sensu*, dos direitos políticos de alguém, são criminosos em si mesmos, pois constituem crimes de *injúria racial qualificada como preconceituosa* com tipificação específica, podendo, dependendo das circunstâncias, incidir também neste crime de *injúria preconceituosa* (art. 140, § 3º, do CP)[1].

5. Tipo subjetivo: adequação típica

O elemento subjetivo deste crime, absurdamente *discriminatório*, é o dolo constituído e representado pela *vontade consciente* de restringir, impedir ou dificultar o *exercício de direitos políticos* de qualquer pessoa, autoridade ou não, especialmente *em razão de seu sexo, raça, cor, etnia, religião ou procedência nacional*. Embora pareça difícil sua ocorrência, principalmente em uma sociedade politicamente organizada, pacífica, ordeira e, até certo ponto, inofensiva como a brasileira, a verdade é que a maldade surge com certa naturalidade, quando *motivada em razões de ordem discriminatória* como aqui elencadas. Esses sentimentos ou concepções sobre *sexo, raça, cor, etnia, religião ou procedência nacional*, teoricamente, nem deveriam preocupar comunidades ordeiras, pacíficas e de boa formação ético-moral, especialmente em um Estado democrático de direito, igualitário e pluralista como é ou deveria ser o nosso país. Eventuais infringências a esses valores não deveriam sequer preocupar a ordem jurídica, pois, teoricamente, poderiam e até deveriam resolver-se no plano puramente sociopolítico. Ademais, não se pode perder de vista que o direito penal, necessariamente, é e deve ser sempre a *ultima ratio*, isto é, somente podendo intervir quando os demais *meios de controle social* forem incapazes de impedir ou evitar determinados comportamentos lesivos a esses mesmos valores políticos e ético-sociais.

---

1. Cezar Roberto Bitencourt, *Tratado de Direito Penal — Parte Especial*, 21. ed., São Paulo, Saraiva, 2021, v. 2, p. 496.

6. Classificação doutrinária

Trata-se de crime comum, que pode ser praticado por qualquer pessoa, não exigindo qualquer qualidade ou condição especial do infrator; material, nas modalidades de restringir e impedir, com emprego de violência física, *o exercício de direitos políticos* de qualquer pessoa, bastando ser arbitrário, abusivo e antidemocrático, independentemente de conseguir o resultado pretendido (admitindo tentativa); formal, quando utiliza, nas mesmas condutas, a "violência psicológica", embora, a exemplo das duas modalidades materiais (restringir e impedir), o tipo descreva um resultado, mas este (restrição de direitos políticos) não precisa verificar-se para que o crime se consume, ou seja, trata-se, segundo a doutrina dominante, da denominada *execução antecipada*. Nesse crime, o legislador "antecipa a consumação", satisfazendo-se com o simples desvalor da ação[2]; instantâneo, pois se esgota com a ocorrência do resultado. Instantâneo não significa praticado rapidamente, mas, uma vez realizados os seus elementos constitutivos, nada mais se poderá fazer para impedir sua consumação. No entanto, embora seja instantâneo, é de efeito permanente; unissubjetivo, pois pode ser praticado por uma única pessoa, embora, na prática, seja mais provavelmente que haja concurso de pessoas, pela própria natureza do crime; plurissubsistente, podendo ser desdobrado em vários atos, embora possa ser objeto de ato único.

7. Consumação e tentativa

Como crime material nas modalidades de *restringir* e *impedir o exercício de direitos políticos* de qualquer pessoa, *com emprego de violência física*, consuma-se com a simples prática dessas condutas com a *finalidade* de excluir ou suprimir *o exercício dos direitos políticos* de qualquer cidadão. Pois a *finalidade especial* dessas condutas tipificadas é suficiente para antecipar a consumação de referido crime, havendo, pode-se afirmar, um misto de crime *material-formal*, não havendo qualquer necessidade de aguardar-se a materialização do resultado pretendido para considerar o crime como consumado. Bastando, portanto, em qualquer das duas condutas, a sua prática abusiva e antidemocrática com a finalidade de excluir ou suprimir *o exercício dos direitos políticos*, independentemente de conseguir o resultado pretendido, o crime estará consumado. Enfim, nessa hipótese, da prática do *crime* nas modalidades de *restringir* ou *impedir* o referido *exercício de direitos políticos*, consuma-se com a própria ação visando essa finalidade, por isso, a nosso juízo, a *tentativa* é de difícil configuração, embora não a consideremos de todo impossível. Assim, por exemplo, no início das referidas condutas, alguém antevendo o objetivo pretendido pelo autor ou autores *interrompe a pretensão deste(s)*, impedindo que prossiga, não se pode negar a possibilidade, nessas circunstâncias, da configuração da figura tentada.

---

2. Cezar Roberto Bitencourt, *Tratado de Direito Penal — Parte Geral*, 29. ed., 2023, v. 1, p. 265.

No entanto, na modalidade da conduta de "*dificultar*, com emprego de violência física, sexual ou psicológica" configura um crime formal, a despeito do emprego de violência física, não havendo a menor necessidade de que tal violência se efetive para que o crime se considere consumado, pois na modalidade de *crime formal* a consumação da conduta criminosa é antecipada, segundo orientação doutrinária prevalente. Bastando, portanto, a conduta ser arbitrária, abusiva e antidemocrática, independentemente de conseguir o resultado pretendido; *formal*, quando utiliza, nas mesmas condutas, a "violência psicológica", embora, a exemplo das duas modalidades materiais (restringir e impedir), o tipo descreva um resultado, mas este (restrição de direitos políticos) não precisa verificar-se para que o crime se consume, ou seja, trata-se, segundo a doutrina dominante, da denominada *execução antecipada*. Nesse crime, o legislador "antecipa a consumação", satisfazendo-se com o simples desvalor da ação[3]; instantâneo, pois se esgota com a ocorrência do resultado. Instantâneo não significa praticado rapidamente, mas, uma vez realizados os seus elementos constitutivos, nada mais se poderá fazer para impedir sua consumação. No entanto, embora seja *instantâneo*, seus efeitos são permanentes, no sentido de permanecerem por tempo determinado ou não; *unissubjetivo*, pois pode ser praticado por uma única pessoa, embora, na prática, seja mais provável que haja *concurso de pessoas*, pela própria natureza do crime; *plurissubsistente*, podendo ser desdobrado em vários atos, embora possa ser objeto de ato único.

8. Pena e ação penal

A pena cominada a este crime é reclusão de dois a seis anos, além da pena correspondente à violência. Significa dizer que a gravidade da *violência* poderá constituir, em si mesma, outro crime, *v.g.*, lesão corporal grave ou gravíssima, e, principalmente, homicídio único ou em concurso material. Nesses casos, as penas deverão ser aplicadas cumulativamente, segundo o sistema do cúmulo material. A ação penal é pública incondicionada.

---

3. Cezar Roberto Bitencourt, *Tratado de Direito Penal* — Parte Geral, 29. ed., 2023, v. 1, p. 265.

CRIME DE SABOTAGEM | XXXI

Sumário: 1. Considerações preliminares. 2. Bem jurídico tutelado. 3. Sujeitos ativo e passivo. 4. Tipo objetivo: adequação típica. 5. Inexistência de concurso de crimes entre sabotagem e abolição violenta do Estado Democrático de Direito. 6. Tipo subjetivo: adequação típica. 7. Consumação e tentativa. 8. Classificação doutrinária. 9. Pena e ação penal.

CAPÍTULO IV
DOS CRIMES CONTRA O FUNCIONAMENTO DOS SERVIÇOS ESSENCIAIS

Sabotagem

Art. 359-R. *Destruir ou inutilizar meios de comunicação ao público, estabelecimentos, instalações ou serviços destinados à defesa nacional, com o fim de abolir o Estado Democrático de Direito:*

Pena — reclusão, de 2 (dois) a 8 (oito) anos.

---

1. Considerações preliminares

Este crime denominado "sabotagem" objetiva destruir ou inutilizar *meios de comunicação ao público, estabelecimentos, instalações ou serviços destinados à defesa nacional*, especialmente realizado por sabotadores que tenham como finalidade "abolir o Estado Democrático de Direito", que constitui o *fim especial* das condutas aqui descritas e criminalizadas. O objetivo desta norma penal é preservar a integridade e a integralidade dos meios de comunicação ao público, estabelecimentos, instalações ou serviços destinados à defesa nacional, criminalizando as ações que objetivam abolir o Estado democrático de direito. Esta tipificação criminal objetiva proteger e preservar o Estado Democrático de Direito, constituindo um tipo penal especial, por sua finalidade e agir.

No entanto, nada impede que este crime de *sabotagem* possa, eventualmente, ser cumulado com o crime de "abolição violenta do Estado Democrático de Direito" previsto no art. 359-L. Pode, inclusive, ser absorvido por ele, como *crime-meio,* na configuração de um concurso *sui generis* de crimes. Para se verificar esta segunda hipótese, dependeria de que o *elemento subjetivo específico* do autor ou autores do crime de "abolição violenta do Estado Democrático de Direito" seja o de usar, *como meio,* o crime de *sabotagem* descrito no art. 359-R. Com efeito, aquele crime descrito no art. 359-L não tem previsão de *elemento subjetivo especial do injusto,* que é, normalmente, representado pelo *especial fim de agir,* ao contrário deste crime de *sabotagem* que o tem (art. 359-R). No entanto, a ausência de previsão desse elemento *subjetivo especial* naquele crime mais grave — "abolição violenta do Estado Democrático de Direito" — não impede que seus autores possam utilizar-se da prática do *crime de sabotagem,* menos grave para conseguir o mesmo objetivo, qual seja, para "tentar abolir o Estado Democrático de Direito, impedindo ou restringindo o exercício dos poderes constitucionais".

Na realidade, ambos os crimes são muito parecidos, com uma pequena diferença: os dois desejam *abolir o Estado Democrático de Direito,* distinguem-se, apenas, no *modus faciendi*: naquele, mais grave (art. 359-L), o faz com emprego de violência ou grave ameaça: neste (art. 359-R), menos grave, a *violência é utilizada contra a coisa* (contra o patrimônio público), mas o objetivo final de ambos é o mesmo: a abolição do Estado Democrático de Direito, enfim, em ambos a finalidade é antidemocrática. Na ausência de *elemento subjetivo especial* na prática desses dois crimes (arts. 359-R e 359-L), especialmente no menos grave (sabotagem), o qual não dispõe de elemento subjetivo especial, o autor ou autores que praticarem essas duas infrações penais poderão responder por ambas, em concurso material de crimes, e, nessa hipótese, as respectivas sanções penais deverão ser somadas, aplicando-se o sistema do *cúmulo material* de penas. Logicamente, esses aspectos, um tanto quanto confusos, precisam ser verificados cuidadosamente, *in concreto,* para aplicar adequadamente as respectivas tipificações.

2. Bem jurídico tutelado

O bem jurídico tutelado, neste dispositivo legal, é, inegavelmente, o próprio *Estado Democrático de Direito,* eis que as referidas condutas tipificadas são praticadas "com o fim de abolir o Estado Democrático de Direito". A rigor, todos os crimes relacionados nesta Lei n. 14.197/2021 têm, direta ou indiretamente, como bem jurídico tutelado o *Estado Democrático de Direito*. A previsão específica deste "crime de sabotagem" mais clara é impossível, pois sua finalidade é expressa na própria descrição típica, qual seja, a "abolição do Estado Democrático de Direito". Embora, a nosso juízo, nos pareça um certo exagero do legislador nesta tipificação, posto que, racionalmente, *venia concessa,* será extremamente difícil, para não dizer impossível, que se possa "abolir o Estado Democrático de Direito" com a simples *destruição ou inutilização de meios de comunicação ao público, ainda que essa seja a sua finalidade.* Ainda que sejam, como diz o texto legal, "estabelecimentos, instalações ou serviços destinados à defesa nacional".

3. Sujeitos ativo e passivo

Sujeito ativo pode ser qualquer pessoa, sem qualquer condição ou qualidade especial, inclusive aquela que executa os referidos serviços, podendo também ser alguma organização ou instituição legal ou ilegal, mesmo temporária, tratando-se, por conseguinte, de crime comum, admitindo, com facilidade, a figura do concurso eventual de pessoas. A diferença básica deste crime para aquele tipificado no art. 359-L (abolição violenta do Estado Democrático de Direito) é que nessa abolição violenta do Estado de Direito o autor mais provável seja as Forças Armadas, ressalvada a possibilidade eventual de surgirem, no futuro, novas organizações ou associações, como no passado, com essa finalidade. Ao passo que neste "crime de sabotagem" qualquer um pode ser seu autor, isto é, qualquer entidade, organização, associação *ou simples grupo de arruaceiros* podem ser sujeito ativo deste crime. Nada impede, contudo, que as próprias *Forças Armadas,* eventualmente, possam também ser sujeito ativo deste crime, o que, no entanto, a nosso juízo, seja muito improvável.

Sujeito passivo é o Estado democrático de direito, ou seja, a coletividade brasileira como um todo e eventuais pessoas que sofram diretamente as consequências dessa ação violenta proibida e criminalizada.

4. Tipo objetivo: adequação típica

A conduta tipificada é destruir (eliminar, fazer desaparecer), inutilizar (tornar imprestável, inútil) o objeto ou instrumento danificado, ou, mais precisamente, os meios de comunicação ao público, estabelecimentos, instalações ou serviços destinados à defesa nacional. Na conduta de destruir o bem deixa de existir em sua individualidade, ainda que subsista a matéria que a compõe (por exemplo, destruir meios de comunicação), ou também quando venha a desaparecer, tornando-se inviável sua recuperação. A *destruição* diz respeito, em geral, à ação que recai sobre a coisa ou objeto de tal forma que a faça perder a essência ou forma primitivas, atentando contra sua existência. Na inutilização a coisa ou o objeto não é destruído, perde somente a adequação ao fim a que se destinava, desaparecendo sua utilidade, sem perder completamente sua individualidade. A *inutilização* vai além da deterioração, por isso que produz o efeito de tornar estéril a coisa, de tirar a sua utilidade ou funcionalidade. Não é mister a destruição ou inutilização sejam integrais: a danificação parcial também é crime. Enfim, qualquer das condutas incriminadas (conteúdo variado) implica diminuição de valor e de utilidade do objeto da ação tipificada. Deteriorar não deixa de ser uma forma de *inutilizar*, pois tem o significado de estragar, enfraquecer sua essência, diminuindo seu valor ou utilidade, sem destruí-la ou inutilizá-la por completo, fazendo-o, contudo, perder a utilidade para o fim a que se destinava. Não é necessário que sejam integrais: a danificação parcial também é crime. Enfim, qualquer das condutas incriminadas (conteúdo variado) implica diminuição de valor e de utilidade da coisa alheia.

Por fim, o eventual "desaparecimento" que pode decorrer da "destruição" do objeto não se confunde com o fazer desaparecer, pois naquela hipótese há o perecimento da coisa, ou seja, sua desintegração material, seu desmanche, sua decomposição, que tem como consequência a imprestabilidade, algo que inocorre com a ação de fazer desaparecer, pois a coisa ou o objeto permanece intacto, inteiro, completo, perfeitamente útil para a finalidade a que se destina.

5. Inexistência de concurso de crimes entre sabotagem e abolição violenta do Estado Democrático de Direito

Nada impede que este crime de *sabotagem* (art. 359-R) possa ser cumulado com o crime de "abolição violenta do Estado Democrático de Direito" previsto no art. 359-L. O crime de *sabotagem* pode, inclusive, ser absorvido, como *meio,* por esse crime que acabamos de mencionar (art. 359-L), que é mais grave, resultando imputável, consequentemente, somente o crime mais grave, que é o absorvente. Para se verificar esta hipótese de *absorção*, dependerá de *elemento subjetivo específico* do autor ou autores do "crime de abolição violenta do Estado Democrático de Direito" (art. 359-L), qual seja, de utilizar, *como meio,* a prática do crime de *sabotagem* (art. 359-R).

Essa eventual *finalidade específica* na prática daquele crime de *abolição violenta do Estado democrático de direito*, que não é uma exigência típica dessa infração penal, mas se existir, da utilização dos meios descritos neste art. 359-R, devidamente comprovados, o *crime de sabotagem*, certamente, será absorvido por aquele crime de *abolição violenta do Estado Democrático de Direito*, que é mais grave e pode ser praticado por qualquer meio, inclusive de outro crime, no caso este de *sabotagem* (art. 359-R). Enfim, o que definirá essa possível *absorção* do crime menos grave pelo mais grave será o eventual *elemento subjetivo* dirigido à utilização dos meios representados pelo *crime de sabotagem*. No entanto, se referidas condutas criminosas forem praticadas em momentos diferentes e em circunstâncias distintas, certamente, haverá *concurso material de crimes* e seus autores deverão responder por ambos, aplicando-se o sistema do *cúmulo material de penas*, somando-se as respectivas sanções penais. Acreditamos que, salvo melhor juízo, somente em circunstâncias como essas poderá haver o cúmulo material de penas, sem que um crime seja absorvido pelo outro.

6. Tipo subjetivo: adequação típica

O elemento subjetivo deste crime material é o *dolo*, representado pela vontade consciente de destruir ou inutilizar meios de comunicação ao público, estabelecimentos, instalações ou serviços destinados à defesa nacional. Nesta modalidade de crime há a exigência de um fim especial de agir, qual seja, o de *abolir*, de extinguir ou eliminar o *Estado Democrático de Direito*. Contudo, ante exigência legal da *finalidade especial* das ações tipificadas, a eventual ausência dela, *in concreto,* como motivadora das condutas incriminadas, por si só, excluem a sua tipicidade, pois é ela que justifica a sua incriminação. Em outros termos, o objeto material das condutas aqui tipificadas são exatamente garantir ou assegurar a proteção, existência, validade e legitimidade do *Estado Democrático de Direito*. E em não havendo esse *fim especial* contra o Estado democrático de Direito nas condutas *destruir* ou *inutilizar* meios comunicação, não há que se falar em crime. Enfim, nessas condições, sem essa *finalidade especial* nas condutas mencionadas de "abolir o Estado democrático de direito", elas serão atípicas, ainda que ocorra destruição ou inutilização de meios de comunicação ao público, estabelecimentos, instalações ou serviços.

Poderá, eventualmente, configurar outro crime, mas não este, pela ausência desse fim especial.

Poder-se-ia pensar como crime residual o *dano* produzido pelas ações descritas neste dispositivo legal. Contudo, o especial fim de agir quando for o móvel orientador da conduta do agente, como é a hipótese descrita neste tipo penal, desnatura o simples *crime de* dano, dando-lhe outra fisionomia, especialmente porque não se pode olvidar que o dano pode ser, e frequentemente é, meio de execução ou elementar de outro crime, como é o presente caso. Na verdade, quando o *dano* deixa de ser *um fim em si mesmo*, passando a ser *meio* ou *modo* para executar ou realizar outro crime, desconfigura-se como crime autônomo, passando a integrar uma figura complexa ou progressiva de outra infração penal. Passando-se uma vista d'olhos em nosso Código Penal, encontrar-se-ão inúmeros exemplos do que acabamos de afirmar: furto com destruição ou rompimento de obstáculo (art. 155, § 4º, I); destruição de tapumes (art. 161); sabotagem (art. 202, *in fine*); violação de sepultura com violência à coisa (art. 210); destruição de prova documental (art. 305) etc.

Por outro lado, o dano pode constituir elementar de outros tipos penais, especialmente aqueles que integram o rol das infrações penais contra a incolumidade pública (que acarretam perigo comum), tais como incêndio, inundação, explosão, desmoronamento. E quando o dano for causado para evitar ou impedir a prova de autoria de outro crime patrimonial (*v.g.*, furto, roubo, apropriação indébita etc.), praticado pelo mesmo agente, será absorvido por aquele. O *dano*, convém destacar, é sempre absorvido, nunca absorvente.

7. Consumação e tentativa

Consuma-se o crime com o efetivo dano causado, isto é, com a destruição, inutilização ou deterioração da coisa alheia. O dano é crime material, que só se configura quando há prejuízo para a vítima, decorrente da diminuição do valor ou da utilidade da coisa destruída, inutilizada ou deteriorada. Por isso faz-se necessária a comprovação pericial do resultado danoso, sob pena de não se tipificar a figura delituosa. Mesmo que a destruição seja parcial, desde que torne imprestável a coisa ou a inutilize, é suficiente para consumar o crime desde que a intenção do agente seja a destruição total.

O dano é crime de ação múltipla ou de conteúdo variado. Assim, mesmo que o agente, num primeiro momento, deteriore a coisa alheia e, insatisfeito com esse resultado, inutilize-a para seus fins normais e, por fim, a destrua, haverá somente um crime. Essa determinação enfurecida no agir demolidor do agente deverá ser avaliada na dosimetria penal, particularmente no exame da censurabilidade da conduta (culpabilidade) e consequências do crime, além, especialmente, da intensidade do dolo do agente.

Como crime material que é, o dano admite a tentativa, quando o agente é interrompido na ação que executava objetivando a deterioração, inutilização ou destruição de coisa alheia. Consideramos temerário afirmar que há tentativa quando o agente não obtém o resultado pretendido, uma vez que o resultado parcial já é suficiente para consumar o crime de dano. Na verdade, a tentativa somente pode configurar-se quando o estrago não for relevante, ficando muito aquém da pretensão inicial do agente.

8. Classificação doutrinária

Trata-se de crime comum (porque não exige condição especial do sujeito ativo); material, por excelência, na medida em que produz um resultado naturalístico; doloso (não há previsão legal); de forma livre (pode ser praticado por qualquer meio, forma ou modo); instantâneo (a consumação opera-se de imediato, não se alongando no tempo); comissivo (o verbo nuclear implica a prática de uma ação); unissubjetivo (pode ser praticado, em regra, apenas por um agente, admitindo, contudo, o concurso de pessoas); plurissubsistente (pode ser desdobrado em vários atos, que, no entanto, integram a mesma conduta), isto é, seu *iter criminis* pode ser fracionado em vários atos, permitindo, consequentemente, a tentativa.

9. Pena e ação penal

A pena é reclusão de 2 (dois) a 8 (oito) anos. A ação penal, por sua vez, é pública incondicionada, não dependendo de manifestação outra para sua instauração.

BIBLIOGRAFIA

AMARAL, Sylvio do. *Falsidade documental*. 2. ed. São Paulo, Revista dos Tribunais, 1978.

ANTOLISEI, Francesco. *Manuale di Diritto Penale; Parte Speciale*. Milano, 1954 e 1977.

ARAÚJO, Fabio Roque. *Direito Penal* — Parte Especial. Salvador, JusPodivm, 2020.

ATALIBA, Geraldo. *Empréstimos públicos e seu regime jurídico*. São Paulo, Revista dos Tribunais, 1973.

BACIGALUPO, Silvina. *La responsabilidad penal de las personas jurídicas*. Barcelona, Bosch, 1998.

BAJO FERNANDEZ, M. *Manual de Derecho Penal; Parte Especial*. 2. ed. Madrid, Civitas, 1991.

BALESTRA, Fontán. *Tratado de Derecho Penal*. Buenos Aires, 1969. t. 5.

BARBOSA, Marcelo Fortes. *Latrocínio*. 1. ed. 2. tir. São Paulo, Malheiros Ed., 1997.

BATISTA, Nilo. *Decisões criminais comentadas*. Rio de Janeiro, Liber Juris, 1976.

———. *Introdução crítica ao Direito Penal brasileiro*. Rio de Janeiro, Renovar, 1990.

———. *Temas de Direito Penal*. Rio de Janeiro, Liber Juris, 1984.

———. *O elemento subjetivo da denunciação caluniosa*. Rio de Janeiro, 1975.

BATISTA, Weber Martins. *O furto e o roubo no Direito e no processo penal*. 2. ed. Rio de Janeiro, Forense, 1997.

BELING, Ernest von. *Esquema de Derecho Penal. La doctrina del delito tipo*. Trad. Sebastian Soler. Buenos Aires, Depalma, 1944.

BENTO DE FARIA, Antônio. *Código Penal brasileiro (comentado)*; Parte Especial. Rio de Janeiro, Record Ed., 1961. v. 4.

———. *Código Penal brasileiro comentado*. Rio de Janeiro, Record Ed., 1961. v. 6.

———. *Código Penal brasileiro comentado*. 3. ed. Rio de Janeiro, Record Ed., 1961, v. 7.

BETTIOL, Giuseppe. *Diritto Penale*. Padova, s. n., 1945.

———. *Direito Penal*. Trad. Paulo José da Costa Jr. e Alberto Silva Franco. São Paulo, Revista dos Tribunais, 1977. v. 1.

BEVILÁQUA, Clóvis. *Código Civil*. 1934. v. 4.

BIANCHINI, Alice. Verdade real e verossimilhança fática. *Boletim IBCCrim*, ano 6, n. 67, jun. 1998, p. 10-11.

BIANCHINI, Alice & GOMES, Luiz Flávio. *Crimes de responsabilidade fiscal*. São Paulo, Revista dos Tribunais, 2001.

BIERRENBACH, Sheila de Albuquerque. *Crimes omissivos impróprios*. Belo Horizonte, Del Rey, 1996.

BITENCOURT, Cezar Roberto. *Código Penal comentado*. 10. ed. São Paulo, Saraiva, 2019.

—————. *Erro de tipo e erro de proibição*. 3. ed. São Paulo, Saraiva, 2003.

—————. *Juizados Especiais e alternativas à pena privativa de liberdade*. 3. ed. Porto Alegre, Livr. do Advogado, 1997.

—————. *Juizados Especiais Criminais Federais*. São Paulo, Saraiva, 2003.

—————. *Lições de Direito Penal*. 2. ed. Porto Alegre, Livraria Editora Acadêmica/ EDIPUCRS, 1993.

—————. *Lições de Direito Penal*. 3. ed. Porto Alegre, Livr. do Advogado, 1995.

—————. *Tratado de Direito Penal*; Parte Geral. 29. ed. São Paulo, Saraiva, 2023. v. 1.

—————. *Tratado de Direito Penal*; Parte Especial. 19. ed. São Paulo, Saraiva, 2019. v. 2.

—————. *Tratado de Direito Penal*; Parte Especial. 15. ed. São Paulo, Saraiva, 2019. v. 3.

—————. *Tratado de Direito Penal*; Parte Especial. 13. ed. São Paulo, Saraiva, 2019. v. 4.

BITENCOURT, Cezar Roberto & MUÑOZ CONDE, Francisco. *Teoria geral do delito*. São Paulo, Saraiva, 2000.

BITENCOURT, Cezar Roberto & PRADO, Luiz Regis. *Código Penal anotado*. 2. ed. São Paulo, Revista dos Tribunais, 1999.

BITTENCOURT, Sidney (Org.). *A nova Lei de Responsabilidade Fiscal e legislação correlata atualizada*. Rio de Janeiro, Temas & Ideias, 2000.

BOSCHI, José Antonio Paganella. *Ação penal*. Rio de Janeiro, Aide, 1993.

BRANDÃO, Paulo de Tarso. *Ação civil pública*. Florianópolis, Obra Jurídica, 1996.

BRAZ, Petrônio. *Direito municipal na Constituição*. 3. ed. LED, 1996.

BROSSARD, Paulo. *O "impeachment"*. 3. ed. São Paulo, Saraiva, 1992.

BRUNO, Aníbal. *Direito penal*. 3. ed. Rio de Janeiro, Forense, 1967. v. 1 e 2.

CARRARA, Francesco. *Programa de Derecho Criminal*. Bogotá, Temis, 1973. v. 4 e 5.

CARRAZZA, Roque Antonio. *Curso de Direito Constitucional Tributário*. 14. ed. São Paulo, Malheiros Ed., 2000.

CARVALHO, Márcia Dometila Lima de. *Crimes de contrabando e descaminho*. São Paulo, Saraiva, 1983.

CEREZO MIR, José. *Curso de Derecho Penal español; Parte General*. 4. ed. Madrid, Civitas, 1995.

──────. *Curso de Derecho Penal español*. Madrid, Tecnos, 1985.

──────. O tratamento do erro de proibição no Código Penal. *RT*, n. 643/400, 1989.

CERNICCHIARO, Luiz Vicente. *Questões penais*. Belo Horizonte, Del Rey, 1998.

CERVINI, Raúl. Macrocriminalidad económica — apuntes para una aproximación metodológica. *RBCCrim*, n. 11, 1995.

CÓRDOBA RODA, Juan. *El conocimiento de la antijuricidad en la teoría del delito*. Barcelona, 1962.

COSTA, Álvaro Mayrink da. *Direito Penal — doutrina e jurisprudência*; Parte Especial. 3. ed. Rio de Janeiro, Forense, 1993. v. 2. t. 1.

COSTA, Antonio Tito. *Responsabilidade de prefeitos e vereadores*. 3. ed. São Paulo, Revista dos Tribunais, 1998.

COSTA JR., Paulo José da. *Comentários ao Código Penal*; Parte Especial. São Paulo, Saraiva, 1988. v. 2.

──────. *Comentários ao Código Penal*. 6. ed. São Paulo, Saraiva, 2000.

──────. *Direito Penal objetivo*. 2. ed. Rio de Janeiro, Forense Universitária, 1991.

──────. *Direito Penal das licitações:* comentários aos arts. 89 a 99 da Lei n. 8.666, de 21-6-1993. São Paulo, Saraiva, 1994.

CRIVELLARI, Giulio. *Dei reati contro la proprietà*. Itália, 1887.

CUELLO CALÓN, Eugenio. *Derecho Penal; Parte Especial*. Madrid, 1936 e 1955.

CUNHA, Rogério Sanches. *Manual de Direito Penal* — Parte Geral. 12. ed. Salvador, JusPodivm, 2020.

──────; SILVARES, Ricardo. *Crimes contra o Estado Democrático de Direito*: Lei n. 14.197, de 2 de setembro de 2021. Salvador: JusPodivm, 2021.

D'AVILA, Fabio Roberto. Lineamentos estruturais do crime culposo. In: *Crime e sociedade* (obra coletiva). Curitiba, Juruá, 1999.

DELMANTO, Celso. *Código Penal comentado*. 3. ed. Rio de Janeiro, Renovar, 1991.

DIAS, Jorge de Figueiredo. *O problema da consciência da ilicitude em Direito Penal*. 3. ed. Coimbra, Coimbra Ed., 1987.

DOHNA, Alexandre Graf Zu. *La estructura de la teoría del delito*. Trad. Carlos F. Balestra e Eduardo Friker. Buenos Aires, Abeledo-Perrot, 1958.

DOTTI, René Ariel. A incapacidade criminal da pessoa jurídica. *RBCCrim*, n. 11, jul./set. 1995.

──────. *O incesto*. Curitiba, Dist. Ghignone, 1976.

ELUF, Luiza Nagib. *Crimes contra os costumes e assédio sexual*. São Paulo: Jurídica Brasileira, 1999.

ESPÍNOLA FILHO, Eduardo. *Código de Processo Penal brasileiro anotado*. Edição histórica. Rio de Janeiro, Ed. Rio, 1990. v. 1.

FAZZIO JUNIOR, Waldo. *Improbidade administrativa e crimes de prefeitos*. São Paulo, Atlas, 2000.

FERNANDES, Antonio Scarance. *O papel da vítima no processo criminal*. São Paulo, Malheiros Ed., 1995.

FERRI, Enrico. *Princípios de Direito Criminal*. Trad. Lemos d'Oliveira. São Paulo, 1931.

FIGUEIREDO, Ariosvaldo Alves de. *Comentários ao Código Penal*. São Paulo, 1986. v. 2.

—————. *Compêndio de Direito Penal*; Parte Especial. Rio de Janeiro, Forense, 1990. v. 2.

FIGUEIREDO, Carlos M. C., FERREIRA, Cláudio S. O., TORRES FERNANDO, R. G., BRAGA, Henrique A. S. & NÓBREGA, Marcos A. R. da. *Comentários à Lei de Responsabilidade Fiscal*. Recife, Nossa Livraria, 2001.

FLORIAN, Eugenio. *Delitti contro la libertà individuale*. Milano, 1936.

—————. *Trattato di Diritto Penale*. Milano, 1910. v. 1.

—————. *Trattato di Diritto Penale*. Milano, 1936.

—————. *Ingiuria e diffamazione*. Milano, 1939.

FONSECA, Antonio Cezar Lima da. *Abuso de autoridade*. Porto Alegre, Livraria do Advogado, 1997.

FONSECA, João Eduardo Grimaldi da. O "furto" de sinal de televisão a cabo. *Boletim IBCCrim*, n. 103, jun. 2001.

FRAGOSO, Christiano; BÉZE, Patrícia Mothé Glioche. *Cargo em comissão e função de direção ou assessoramento*: notas ao art. 327, § 2º, do Código Penal. Rio de Janeiro, Processo, 2022.

FRAGOSO, Heleno Cláudio. *Lições de Direito Penal*; Parte Geral. 2. ed. São Paulo, Bushatsky, 1962. v. 1.

—————. *Lições de Direito Penal*; Parte Especial. 10. ed. Rio de Janeiro, 1988. v. 1.

—————. *Lições de Direito Penal*; Parte Especial. 11. ed. Rio de Janeiro, Forense, 1995. v. 1.

—————. *Lições de Direito Penal*. Rio de Janeiro, Forense, 1981. v. 2.

FRANCO, Alberto Silva et alii. *Código Penal e sua interpretação jurisprudencial*. 7. ed. São Paulo, Revista dos Tribunais, 2001.

FREITAS, Gilberto Passos de. *Decreto-lei 201/67 anotado*. São Paulo, Fundação Prefeito Faria Lima/CEPAM.

FREITAS, Gilberto Passos de & FREITAS, Wladimir Passos de. *Abuso de autoridade*. São Paulo, Revista dos Tribunais, 1993.

GALLAS, Wilhelm. La struttura del concetto di illecito penale. Trad. Francesco Angioni. *Rivista di Diritto e Procedura Penale*, ano 25, 1982.

GALVÃO, Fernando. *Imputação objetiva*. Belo Horizonte, Mandamentos, 2000.

———. *Concurso de pessoas*. Belo Horizonte, Mandamentos, 2000.

GARCIA, Basileu. *Instituições de Direito Penal*. São Paulo, Max Limonad, 1982. v. 1 e 2.

GARCÍA ARÁN, Mercedes & MUÑOZ CONDE, Francisco. *Derecho Penal*; Parte General. Valencia, Tirant lo Blanch, 1999.

GIMBERNAT ORDEIG, Enrique. *Delitos cualificados por el resultado y causalidad*. Madrid, Ed. Reus, 1966; ECERA, 1990.

GOMES, Luiz Flávio. *Erro de tipo e erro de proibição*. 3. ed. São Paulo, Revista dos Tribunais, 1998.

———. Teoria constitucional do delito no limiar do 3º milênio. *Boletim IBCCrim*, ano 8, n. 93, ago. 2000.

GOMES, Luiz Flávio & BIANCHINI, Alice. *Crimes de responsabilidade fiscal*. São Paulo, Revista dos Tribunais, 2001.

GOMEZ, Eusebio. *Tratado de Derecho Penal*. 1939. v. 2.

GOMEZ BENITEZ, José Manuel. *Teoría jurídica del delito* — Derecho Penal; Parte General. Madrid, Civitas, 1988.

GONÇALVES, Victor Eduardo Rios. *Dos crimes contra a pessoa*. São Paulo, Saraiva, 1998 (Col. Sinopses Jurídicas, v. 8).

HASSEMER, Winfried. *Três temas de Direito Penal*. Porto Alegre, Escola Superior do Ministério Público, 1993.

———. *Fundamentos del Derecho Penal*. Trad. Arroyo Zapatero e Francisco Muñoz Conde. Barcelona, Bosch, 1984.

HUNGRIA, Nélson. *Comentários ao Código Penal*. Rio de Janeiro, Forense, 1942. v. 2.

———. *Comentários ao Código Penal*. Rio de Janeiro, Forense, 1958. v. 5; 5. ed. 1979, v. 5.

———. *Comentários ao Código Penal*. 5. ed. Rio de Janeiro, Forense, 1980. v. 6.

———. *Comentários ao Código Penal*. 5. ed. Rio de Janeiro, Forense, 1980. v. 7.

———. *Comentários ao Código Penal*. 5. ed. Rio de Janeiro, Forense, 1981. v. 8.

———. *Comentários ao Código Penal*. 2. ed. Rio de Janeiro, Forense, 1959. v. 9.

———. O arbítrio judicial na medida da pena. *RF*, n. 90, jan. 1943.

JACQUES LECLERC, Abbé. *Leçons de Droit naturel*. 1937. v. 4.

JAKOBS, Günther. *Derecho Penal — fundamentos y teoría de la imputación*; Parte General. Madrid, Marcial Pons, 1995.

———. *Suicidio, eutanasia y Derecho Penal*. Madrid, Marcial Pons, 1999.

JESCHECK, H. H. *Tratado de Derecho Penal*. Trad. Santiago Mir Puig e Francisco Muñoz Conde. Barcelona, Bosch, 1981.

———. *Tratado de Derecho Penal*. Trad. da 4. ed. al. de 1988 por José Luis Manzanares Samaniago. Granada, Comares, 1993.

JESUS, Damásio E. de. *Direito Penal*; Parte Especial. 22. ed. São Paulo, Saraiva, 1999. v. 2.

———. *Direito Penal*. São Paulo, Saraiva, 1979. v. 2.

———. *Direito Penal*; Parte Especial. 15. ed. São Paulo, Saraiva, 2002. v. 3.

———. *Direito Penal*; Parte Especial. São Paulo, Saraiva, 1988. v. 4.

———. *Bol. IBCCrim*, n. 52, mar. 1997.

———. *Novíssimas questões criminais*. São Paulo, Saraiva, 1998.

———. *Direito Criminal*. São Paulo, Saraiva, 1998.

———. Dois temas da Parte Penal do Código de Trânsito Brasileiro. *Boletim IBCCrim*, n. 61, dez. 1997.

———. *Código Penal anotado*. 11. ed. São Paulo, Saraiva, 2001.

JIMÉNEZ DE ASÚA, Luis. *Principios de Derecho Penal — la ley y el delito*. Buenos Aires, Abeledo-Perrot, 1990.

KHAIR, Amir Antônio. *Lei de Responsabilidade Fiscal*: guia de orientação para prefeituras. Brasília, Ministério do Planejamento e Orçamento, Orçamento e Gestão/BNDES, 2000.

KOSOVISKI, Éster. *O "crime" de adultério*. Rio de Janeiro, Ed. Mauad, 1997.

LOGOZ, Paul. *Commentaire du Code Pénal suisse*; Partie Spéciale. Paris, Neuchâtel, 1955. v. 1.

———. *Commentaire du Code Pénal suisse*. 2. ed. Paris, Delachaux & Nestlé, 1976.

LOPES, Jair Leonardo. *Curso de Direito Penal*. 3. ed. São Paulo, Revista dos Tribunais, 1997.

LUISI, Luiz. *Os princípios constitucionais penais*. Porto Alegre, Sergio A. Fabris, Editor, 1991.

LUNA, Everardo Cunha. O crime de omissão de socorro e a responsabilidade penal por omissão. *Revista Brasileira de Direito Penal e Criminologia*, n. 33, 1982.

LYRA, Roberto. *Noções de Direito Criminal*; Parte Especial. 1944. v. 1.

———. Estelionato. In: *Repertório enciclopédico do Direito brasileiro*. Rio de Janeiro, Borsoi, s. d. v. 21.

MAGGIORE, Giuseppe. *Diritto Penale*; Parte Speciale. Bologna, 1953 e 1958. v. 1. t. 2.

――――――. *Derecho Penal*. Trad. José J. Ortega Torres. Bogotá, Ed. Temis, 1956. v. 5.

MANFRONI, Carlos A. *Suborno transnacional*. Buenos Aires, Abeledo-Perrot, 1988.

MANZINI, Vincenzo. *Trattato di Diritto Penale italiano*. Padova, 1947. v. 3.

――――――. *Istituzioni di Diritto Penale italiano*; Parte Speciale. 3. ed. Padova, CEDAM, 1955. v. 2.

――――――. *Trattato di Diritto Penale italiano*. Padova, 1947. v. 8.

――――――. *Trattato di Diritto Penale italiano*. Padova, UTET, 1952. v. 9.

――――――.*Trattato di Diritto Penale italiano*. Torino, 1951. v. 7.

MARQUES, José Frederico. *Tratado de Direito Penal*; Parte Especial. São Paulo, Saraiva, 1961. v. 3.

――――――. *Tratado de Direito Penal*. São Paulo, Saraiva, 1961. v. 4.

――――――. Estelionato, ilicitude civil e ilicitude penal. *RT*, São Paulo, v. 560, jun. 1982.

MAURACH, Reinhart & ZIPF, Heins. *Derecho Penal*; Parte General. Buenos Aires, Ed. Astrea, 1997. v. 1.

MAZZUOLI, Valerio de Oliveira. *O controle jurisdicional da constitucionalidade das leis*. 2. ed. São Paulo, Revista dos Tribunais, 2011.

MEIRELLES, Hely Lopes. *Estudos e pareceres de Direito Público*. São Paulo, Revista dos Tribunais, 1984. v. 8.

――――――. *Direito municipal brasileiro*. 10. ed. São Paulo, Malheiros Ed., 1998.

――――――. *Finanças municipais*. São Paulo, Revista dos Tribunais, 1979.

――――――. *Direito administrativo brasileiro*. 16. ed. São Paulo, Revista dos Tribunais, 1991.

MELO, João Ozorio de. *Suprema Corte dos EUA decide que receber presentes não é suborno*. Disponível em: http://www.conjur.com.br/2016-jul-07/suprema-corte-eua-decide-receber-presentes-nao-suborno. Acesso em: 30-8-2016.

MEZGER Edmund. *Derecho Penal*; Parte General. México, Cardenas Editor y Distribuidor, 1985.

――――――. *Tratado de Derecho Penal*. Trad. José Arturo Rodriguez Muñoz. Madrid, Revista de Derecho Privado, 1935. t. 1 e 2.

MIRABETE, Julio Fabbrini. *Manual de Direito Penal*. São Paulo, Atlas, 1995. v. 2.

MIR PUIG, Santiago. *Derecho Penal*; Parte General. 5. ed. Barcelona, Ed. PPU, 1998.

MONTEIRO, Washington de Barros. *Curso de Direito Civil*. São Paulo, Saraiva, 1984. v. 2.

――――――.*Curso de Direito Civil*. São Paulo, Saraiva, 1994. v. 5.

MOTTA, Carlos Pinto Coelho; SANTANA, Jair Eduardo; FERNANDES, Jorge Ulisses Jacob & ALVES, Léo da Silva. *Responsabilidade fiscal*: Lei Complementar 101 de 04/05/2000. Belo Horizonte, Del Rey, 2000.

MUÑOZ CONDE, Francisco. *Derecho Penal*; Parte Especial. 12. ed. Valencia, Tirant lo Blanch, 1999.

———. *El error en Derecho Penal*. Valencia, Tirant lo Blanch, 1989.

———. Principios políticos criminales que inspiran el tratamiento de los delitos contra el orden socioeconómico en el proyecto de Código Penal español de 1994. *RBCCrim*, n. 11, 1995.

MUÑOZ CONDE, Francisco & BITENCOURT, Cezar Roberto. *Teoria geral do delito*. São Paulo, Saraiva, 2000.

MUÑOZ CONDE, Francisco & GARCÍA ARÁN, Mercedes. *Derecho Penal; Parte General*. 3. ed. Valencia, Tirant lo Blanch, 1996.

NASCIMENTO, José Flávio Braga. *Direito Penal*; Parte Especial. São Paulo, Atlas, 2000.

NORONHA, Edgard Magalhães. *Curso de Direito Processual Penal*. 21. ed. São Paulo, Saraiva, 1992.

———. *Direito Penal*; Parte Geral. São Paulo, Saraiva, 1985. v. 1.

———. *Direito Penal*; Parte Especial. 15. ed. São Paulo, Saraiva, 1979. v. 2.

———. *Direito Penal*; Parte Especial. 11. ed. São Paulo, Saraiva, 1978. v. 3.

———. *Direito Penal*; Parte Especial. São Paulo, Saraiva, 1986. v. 4.

NUCCI, Guilherme de Souza. *Código Penal comentado*. 2. ed. São Paulo, Revista dos Tribunais, 2002.

———. *Tribunal do Júri*. São Paulo, Revista dos Tribunais, 2008.

NUNES JR., Flavio Martins Alves. *O furto de uso*. Disponível em: <www.direitocriminal.com.br>.

OLIVEIRA, Eugênio Pacelli de; FISCHER, Douglas. *Comentários ao CPP e sua jurisprudência*. 13. ed. Salvador: JusPodivm, 2021.

OLIVEIRA, Regis Fernandes de. *Responsabilidade fiscal*. São Paulo, Revista dos Tribunais, 2001.

OLIVEIRA, William Terra de. CBT — controvertido natimorto tumultuado. *Boletim do IBCCrim*, n. 61, dez. 1997.

PAGLIARO, Antonio & COSTA JR., Paulo José da. *Dos crimes contra a administração pública*. São Paulo, Malheiros Ed., 1999.

PANTUZZO, Giovanni Mansur Solha. *Crimes funcionais de prefeitos*. Belo Horizonte, Del Rey, 2000.

PEDROSO, Fernando de Almeida. Apropriação indébita, estelionato e furto qualificado pelo emprego de fraude: distinção típica entre as espécies. *RT*, n. 697, nov. 1993.

PIERANGELI, José Henrique. *Códigos Penais do Brasil — evolução histórica*. São Paulo, Ed. Jalovi, 1980.

PIERANGELI, José Henrique & ZAFARONI, Eugenio Raúl. *Da tentativa — doutrina e jurisprudência*. 4. ed. São Paulo, Revista dos Tribunais, 1995.

PIMENTEL, Manoel Pedro. *Contravenções penais*. 2. ed. São Paulo, Revista dos Tribunais, 1978.

PITOMBO, Cleunice A. Valentim Bastos. *Da busca e da apreensão no processo penal*. São Paulo, Revista dos Tribunais, 1999.

PRADO, Luiz Regis. *Curso de Direito Penal brasileiro*; Parte Especial. São Paulo, Revista dos Tribunais, 2000. v. 2.

——————. *Curso de Direito Penal brasileiro*; Parte Especial. São Paulo, Revista dos Tribunais, 2001. v. 3.

——————. *Curso de Direito Penal brasileiro*; Parte Especial. 6. ed. São Paulo, Revista dos Tribunais, 2010. v. 3.

——————. *Curso de Direito Penal brasileiro*; Parte Especial. São Paulo, Revista dos Tribunais, 2001. v. 4.

——————. *Crimes contra o ambiente*. São Paulo, Revista dos Tribunais, 1998.

——————. *Falso testemunho e falsa perícia*. 2. ed. São Paulo, Revista dos Tribunais, 1994.

PRADO, Luiz Regis & BITENCOURT, Cezar Roberto. *Código Penal anotado*. 2. ed. São Paulo, Revista dos Tribunais, 1999.

——————. *Elementos de Direito Penal*. São Paulo, Revista dos Tribunais, 1995. v. 1.

QUINTANO RIPOLLÉS, Antonio. *Compêndio de Derecho Penal*. Madrid, Revista de Derecho Privado, 1958.

——————. *Curso de Derecho Penal*. Madrid, Revista de Derecho Privado, 1963. t. 1.

QUITERO OLIVARES, Gonzalo; MORALES PRATS, Fermín & PRATS ANUT, Miguel. *Curso de Derecho Penal*; Parte General. Barcelona, Cedecs Editorial, 1996.

RANIERI, Silvio. *Manuale di Diritto Penale*; Parte Especial. Milano, 1952. v. 3.

ROCCO, Arturo. *L'oggeto del reato*. Roma, 1932.

ROCHA, Luiz Otavio de Oliveira. Código de Trânsito Brasileiro. *Boletim IBCCrim*, n. 61, dez. 1997.

RODRIGUEZ DEVESA, José Maria. *Derecho Penal español*; Parte Especial. 9. ed. Madrid, Artes Gráficas Carasa, 1983.

RODRIGUEZ MOURULLO, Gonzalo. *Derecho Penal*. Madrid, Civitas, 1978.

ROSA, Antonio José Miguel Feu. *Direito Penal*; Parte Especial. São Paulo, Revista dos Tribunais, 1995.

ROXIN, Claus. *Derecho Penal*; Parte General. Fundamentos. La estructura de la teoría del delito. Madrid, Civitas, 1997. t. 1.

——————. *Autoría y dominio del hecho en Derecho Penal*. Madrid, Marcial Pons, 1998.

————. *Política criminal y sistema del Derecho Penal.* Trad. Francisco Muñoz Conde. Barcelona, Bosch, 1999.

————. *Política criminal e sistema de Direito Penal.* Trad. Luis Grecco. Rio de Janeiro, Renovar, 2000.

————. *Teoría del tipo penal.* Buenos Aires, Depalma, 1979.

SALES, Sheila Jorge Selim de. *Dos tipos plurissubjetivos.* Belo Horizonte, Del Rey, 1997.

SALLES JR., Romeu de Almeida. *Código Penal interpretado.* São Paulo, Saraiva, 1996.

SANTOS, Juarez Cirino dos. *Direito Penal*; Parte Geral. Rio de Janeiro, Forense, 1985.

SANTOS, Maria Celeste Cordeiro Leite dos. *Do furto de uso.* Rio de Janeiro, Forense, 1986.

SCHMIDT, Andrei Zenckner. *O princípio da legalidade penal no Estado Democrático de Direito.* Porto Alegre, Livr. do Advogado Ed., 2001.

SERRANO GOMEZ, Alfonso. *Derecho Penal; Parte Especial.* Madrid, Ed. Dykinson, 1997.

SHECAIRA, Sérgio Salomão. A mídia e o Direito Penal. *Boletim IBCCrim*, edição especial, n. 45, ago. 1996.

————. Primeiras perplexidades sobre a nova Lei de Trânsito. *Boletim IBCCrim*, n. 61, dez. 1997.

SILVA, José Afonso da. *Curso de Direito Constitucional Positivo.* 5. ed. São Paulo, Revista dos Tribunais, 1989.

SILVEIRA, Euclides Custódio da. *Crimes contra a honra.* São Paulo, Max Limonad, 1959.

SIQUEIRA, Galdino. *Tratado de Direito Penal*; Parte Especial. Rio de Janeiro, Konfino, 1947. t. 4.

SOLER, Sebastian. *Derecho Penal argentino.* Buenos Aires, Tipográfica Editora Argentina, 1970. v. 3.

————. *Derecho Penal argentino.* 3. ed. Buenos Aires, TEA, 1970. v. 4.

————. *Derecho Penal argentino.* Buenos Aires, TEA, 1951. v. 4.

STEVENSON, Oscar. Concurso aparente de normas penais. In: *Estudos de Direito Penal e processo penal em homenagem a Nélson Hungria.* Rio de Janeiro, Forense, 1962.

STOCO, Rui. Código de Trânsito Brasileiro: disposições penais e suas incongruências. *Boletim IBCCrim*, n. 61, dez. 1997.

————. *Leis penais especiais e sua interpretação jurisprudencial.* São Paulo, Revista dos Tribunais, 1997.

————. Improbidade administrativa e os crimes de responsabilidade fiscal. *Boletim IBCCrim*, n. 99, fev. 2001.

———. *Código Penal e sua interpretação jurisprudencial*. São Paulo, Revista dos Tribunais, 1995. t. 2.

STOCO, Rui & STOCO, Tatiana de O. In: Alberto Silva Franco et al. *Código Penal comentado*. 8. ed. São Paulo, Revista dos Tribunais, 2007.

STRECK, Lenio Luiz. *As interceptações telefônicas e os direitos fundamentais: Constituição — cidadania — violência*. Porto Alegre, Livr. do Advogado Ed., 1997.

———. O "crime de porte de arma" à luz da principiologia constitucional e do controle de constitucionalidade: três soluções à luz da hermenêutica. *Revista de Estudos Criminais do ITEC*, n. 1, 2001.

TAVARES, Juarez. Espécies de dolo e outros elementos subjetivos do tipo. *Revista de Direito Penal*, Rio de Janeiro, Borsoi, n. 6, 1972.

———. *Direito Penal da negligência*. São Paulo, Revista dos Tribunais, 1985.

———. *As controvérsias em torno dos crimes omissivos*. Rio de Janeiro, ILACP, 1996.

TIEDEMANN, Klaus. Responsabilidad penal de personas jurídicas y empresas en Derecho Comparado. *RBCCrim*, n. 11, 1995.

TOLEDO, Francisco de Assis. Teorias do dolo e teorias da culpabilidade. *RT*, v. 566, 1982.

———. *Princípios básicos de Direito Penal*. 4. ed. São Paulo, Saraiva, 1991.

———. *Teorias do delito*. São Paulo, Revista dos Tribunais, 1980.

TORNAGHI, Hélio. *Curso de processo penal*. 4. ed. São Paulo, Saraiva, 1987. v. 1.

TORRES, Antonio Magarinos. *Autoria incerta*. Rio de Janeiro, 1936.

TOURINHO FILHO, Fernando da Costa. *Código de Processo Penal comentado*. São Paulo, Saraiva, 1996. v. 2.

———. *Código de Processo Penal comentado*. São Paulo, Saraiva, 1996. v. 1.

———. *O processo penal*. 2. ed. São Paulo, Ed. Jalovi, 1977. v. 3.

———. *Manual de processo penal*. São Paulo, Saraiva, 2001.

VALAMAÑA OCHAITA, Silvia. *El tipo objetivo de robo con fuerza en las cosas*. Madrid, Centro de Publicaciones del Ministerio de Justicia, 1993.

VARGAS, José Cirilo. *Introdução ao estudo dos crimes em espécie*. Belo Horizonte, Del Rey, 1993.

VERGARA, Pedro. *Os motivos determinantes no direito penal*. Rio de Janeiro, 1980.

VIANNA, Segadas. *Direito coletivo do trabalho*. São Paulo, LTr, 1972.

VICENTE MARTINEZ, Rosario de. *El delito de robo con fuerza en las cosas*. Valencia, Tirant lo Blanch, 1999.

VIDAURRI ARÉCHIGA, Manuel. *La culpabilidad en la doctrina jurídico penal española*. Tese de doutorado — inédita. Sevilla, 1989.

VIEL, Luiz. *Temas polêmicos — estudos e acórdãos em matéria criminal*. Curitiba, JM Editora, 1999.

XAVIER, Carlos. *Tratado de Direito Penal brasileiro*. 1942. v. 7.

WELZEL, Hans. *Derecho Penal alemán*. 3. ed. cast. Trad. da 12. ed. al. por Juan Bustos Ramírez e Sérgio Yáñez Pérez. Santiago, Ed. Jurídica de Chile, 1987.

———. *El nuevo sistema del Derecho Penal — una introducción a la doctrina de la acción finalista*. Trad. José Cerezo Mir. Barcelona, Ed. Ariel, 1964.

WESSELS, Johannes. *Direito Penal*; Parte Geral. Trad. Juarez Tavares. Porto Alegre, Sergio A. Fabris, Editor, 1976.

ZAFFARONI, Eugenio Raúl & PIERANGELI, José Henrique. Da tentativa — doutrina e jurisprudência. 4. ed. São Paulo, *Revista dos Tribunais*, 1995.

———. *Manual de Derecho Penal*. 6. ed. Buenos Aires, Ediar, 1991.

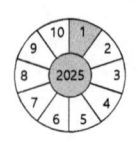